图书在版编目(CIP)数据

胜在自贸区Ⅱ:赵晓雷和他的团队论自贸区与“一带一路”建设/赵晓雷主编. --北京:首都经济贸易大学出版社,2017.12

ISBN 978-7-5638-2714-5

Ⅰ.①胜… Ⅱ.①赵… Ⅲ.①自由贸易区—关系—“一带一路”—国际合作—研究—中国 Ⅳ.①F752 ②F125

中国版本图书馆CIP数据核字(2017)第253436号

胜在自贸区Ⅱ:赵晓雷和他的团队论自贸区与“一带一路”建设
赵晓雷 主编

责任编辑 春 杨
封面设计 砚祥志远·激光照排 TEL: 010-65976003
出版发行 首都经济贸易大学出版社
地　　址 北京市朝阳区红庙(邮编100026)
电　　话 (010)65976483 65065761 65071505(传真)
网　　址 http://www.sjmcb.com
E-mail publish@cueb.edu.cn
经　　销 全国新华书店
照　　排 北京砚祥志远激光照排技术有限公司
印　　刷 北京玺诚印务有限公司
开　　本 710毫米×1000毫米 1/16
字　　数 616千字
印　　张 35
版　　次 2017年12月第1版 2017年12月第1次印刷
书　　号 ISBN 978-7-5638-2714-5/F·1516
定　　价 98.00元

编 委 会

序言

上海国际金融中心要成为“一带一路”建设国际融资端

亚投行需具备强大的国际投融资能力

亚投行作为全球新型多边金融机构的特殊定位

现有全球多边金融体系的核心是世界银行、亚洲开发银行、泛美开发银行、非洲开发银行和欧洲复兴开发银行等5家实力最强的多边开发银行，这5家多边金融机构均由以美国为首的发达国家主持。美国及发达国家将贷款、援助等金融流量的流向与反映西方国家价值观和意识形态的“规则”相捆绑，限制了多边金融机构对全球发展平衡、应对全球性发展问题的功能发挥。亚投行作为现有全球多边金融体系之外的新型多边机构，应当以更加开放和包容的宗旨与机制，为亚洲地区的合作发展发挥核心作用，并影响和推动全球多边金融体系的调整和改革。

强大的投融资能力是亚投行参与全球经济金融治理的基础条件

亚投行要在全球多边金融体系中有影响力和话语权，一个首要条件是需具备强大的国际投融资能力。据测算，未来10年亚洲各经济体的基础设施要想达到世界平均水平，内部基础设施投资需8万亿美元，平均每年需8 000亿美元。国际研究表明，现在国际多边开发机构的融资量要上千亿级乃至万亿级，才能满足低碳、和平等发展的需求。如此巨大的投融资缺口正是亚投行施展功能的空间。世界银行在2016财年（2015年7月1日至2016年6月30日）的贷款、赠款、股权投资和担保资金承诺额共计为610亿美元，亚洲开发银行2015年贷款、拨款总额为271．7亿美元，欧洲复兴开发银行2014年贷款额为118亿美元。中国国家开发银行和中国进出口银行近年来发放给海外贷款人的贷款额也逐年提升，未偿还海外贷款金额到2014年年末达到6 800亿美元。但这两家政策性银行不是严格意义上的多边开发银行。中国主导的两家新的多边开发银行——亚投行（AIIB）和新开发银行（NDB，金融国家开发银行）急需发展自身的投融资能力。对于多边金融机构而言，投融资流量和流向是承载信誉、理念、规则和政策等话语权的载体。强大的投融资能力是亚投行影响国际金融格局、参与全球经济和金融治理的基础条件。

上海国际金融中心的功能定位要与"一带一路"及亚投行的融资需求相契合

上海国际金融中心的功能特点

国际金融中心的核心功能是世界性货币兑换中心及资本和投资平台，为全球市场提供融资。如何发挥这一核心功能，上海国际金融中心应该有自己的特点。人民币资本项目可自由兑换的推进是与人民币国际化相联系的，人民币国际化是人民币资本项目可兑换的背景、主要通道甚至是重要目的。所以，上海国际金融中心的功能特点与亚洲其他国际金融中心如香港、新加坡等不同，它们是以美元为单一主权货币的中心，而上海应该是以人民币—美元二元主权货币"双中心"为特色的国际金融中心。上海国际金融中心建设要进一步推进人民币国际化，扩大人民币的国际使用，并拓宽离岸人民币回流渠道，增强人民币的国际投资功能，使人民币国际货币全功能培育与人民币资本项目自由兑换有效配合、互动推进。

上海国际金融中心要为亚投行国际投融资需求提供支持

世界舆论认为，亚投行的使命不单是地区性的多边基础设施投资银行，而是一个以人民币为主要货币的全球发行中心，是全球金融格局调整的谋势之举。在这样一个大格局中，上海国际金融中心建设要凭借金融开放创新方面的先行先试和深化改革优势，与“一带一路”、亚投行的投融资需求对接，成为“一带一路”、亚投行的国际金融链接端。

亚投行是中国主导的新型多边开发银行，人民币和美元是亚投行的主要融资货币。人民币要扩大国际使用，必须实现资本项目可自由兑换。如此，大量的海外人民币才会回流到亚投行的融资端，为“一带一路”建设提供充足的国际投资来源；同时，人民币与美元及其他主要国际货币逐步实现可自由兑换，人民币成为完全意义上的世界性货币。

上海国际金融中心要为亚投行提供制度—技术支持

上海要成为人民币全球循环支付交易和定价中心

人民币跨境支付系统是一项重要的金融基础设施。2015 年 12 月，人民币跨境支付系统（CIPS）一期在上海上线运行。上海要依托人民币跨境支付系统及相应的金融设施，包括设在上海的全球支付系统 SWIFT 亚洲数据运营中心，满足覆盖国际贸易、国际投资及资本项下的国际金融交易需求，成为人民币全球循环支付、交易和定价中心。

上海要促进成为亚投行营运总部或支付中心的进程

亚投行对亚洲的基础设施贷款中，如果人民币占融资的较大份额，将会成为人民币国际化的有效机制。人民币融资要占较大份额，必须有便捷、高效的人民币跨境支付系统，以及离岸人民币和在岸人民币市场顺畅联通的渠道。这就要求将亚投行的营运与人民币跨境支付系统及境内人民币资本市场打通，使亚投行成为以人民币为主要货币的全球发行中心。

上海要先行培育国际性人民币债券市场，成为亚投行的主要融资来源

截至 2016 年 12 月，中国已与“一带一路”沿线国家签署了多个跨境基础设施项目，建立了 50 多个境外经贸合作区，与 21 个沿线国家和地区签署了双边本币互换协议，在 8 个国家设立了人民币清算行。2016 年，中国与“一带一路”沿线国家的贸易额达到 6.3 万亿元人民币，中国对“一带一路”沿线国家的出口超过了对美国和欧盟的出口。2016 年，中国对“一带一路”

沿线国家的直接投资达到145 亿美元。

随着“一带一路”建设的展开，对人民币的投融资量也随之猛增。亚投行作为“一带一路”建设的主要多边投融资机构，需要有充足的资金来源。除了官方注资、半官方的区域合作基金及吸引民间资本参与外，如能将离岸人民币吸引到亚投行，不仅可以极大地提升亚投行的投融资能力，还可以成为人民币国际化的重要机制。

将离岸人民币吸引到亚投行，需要有一个资本市场平台。上海国际金融中心在现阶段要重点培育国际性人民币债券市场，使之成为离岸人民币回流与亚投行投融资端的一个中介环节。所谓国际性人民币债券市场，是指债券以人民币计价和交易，境外人民币可通过 FT 账户体系进入债券市场交易。国际投资者可以通过政府任命的代理行买入在岸债券（不必申请投资额度），国际金融机构如国际货币基金组织、世界银行等也可以在上海发行以人民币计价和交易的 SDR 债券、绿色债券、资产支持证券等。更重要的是，中央政府、上海市政府可以在国际性人民币债券市场发行国际认购的“一带一路”建设债券及市政建设债券，为离岸人民币提供有规模、有深度的在岸资本市场。上海债券市场的发行量、托管量和交易量规模增长迅速，在体量、结构、信用评级等方面为国际性人民币债券市场的发展提供了良好的市场基础，有条件使国际性人民币债券市场成为上海国际金融中心建设的重要突破口，为亚投行的投融资提供有力支持。

首都经济贸易大学出版社友情策划及团队合作

2017 年初，中国自由贸易试验区开启“1 +3 +7”新格局，“一带一路”建设在亚欧大陆持续展开。首都经济贸易大学出版社杨玲社长兼总编和我交流了一项策划，按照 2015 年 9 月出版的《胜在自贸区：赵晓雷和他的团队论自贸区的扩大与深化》的学术风格，研究撰写一部《胜在自贸区Ⅱ：赵晓雷和他的团队论自贸区与“一带一路”建设》，从自由贸易区与“一带一路”建设协同发展角度提出学术见解和政策建议。策划甫定，我们即组织强大的研究团队，在既有的研究基础上，经过调研、研讨、咨询和深入研究，形成了研究成果。我们认为，此项课题唯有团队合作，才能保证研究的专业性和即时性。感谢各位编委及研究团队的精诚合作，感谢中国自由贸易试验区协同创新中心办公室在科研组织方面提供支持。书稿提交后，首都经济贸易大学出版社组织精干的编辑力量投入编辑出版工作，并将此书成功申报北京市重点图书。在此，感谢首都经济贸易大学出版社和杨玲社长兼总编的创意策划和友情支持。

本书的研究框架确定、研究团队组织、篇章结构统筹等由赵晓雷负责。殷华协助全书统稿并撰写“知识链接”和附录一的“英文缩写英中对照表”。各篇章的撰写者姓名列在每章末尾，主要参考文献统一列在书末。

赵晓雷

2017 年 8 月于上海财经大学

目 录

CONTENTS

目 录
CONTENTS

第一篇

中国的自贸区战略及自贸区协定

多边贸易体制和区域经济合作是目前世界各国主要采取的对外贸易政策，其目的都在于推行自由贸易政策，促进各国经济发展，但是多哈回合谈判的失败使得各国越来越倾向于寻求区域经济合作。在日益开放的全球化时代，各国通过参与跨境生产分工，进入区域生产网络，基于全球价值链的劳动分工成为主流，全球形成了不同的跨境生产网络，双边/区域贸易投资自由化进入高潮。截至2016年年底，在世界贸易组织(WTO)备案，并且生效实施的区域贸易协定已多达430个，其中自由贸易区协定380多个。目前比较成功且具有影响力的自由贸易区协定包括1994年在《美加自由贸易协定》(CUSFTA)基础上扩建的北美自由贸易区(NAFTA)，2010年建成的中国—东盟自由贸易区(CAFTA)。自由贸易区的增加和扩大必将形成一个新的世界贸易格局。

早在“十五”规划中，中国就将“积极参与区域经济合作”确定为提高对外开放水平的重要途径之一，建立自由贸易区已成为中国对外开放的重要战略。截至目前，中国已先后与韩国、澳大利亚、我国港澳地区、东盟、巴基斯坦、智利、新西兰、新加坡、秘鲁、哥斯达黎加、冰岛、瑞士和格鲁吉亚等23个国家及地区签署了15个自由贸易区协定，建立了自由贸易区。另有8个自由贸易区正在谈判中，9个自由贸易区正在研究进行中。

自贸区发展的理论基础

推进中国自由贸易区建设，离不开基础理论的构建和支持。理清和辨析涉及自由贸易区的相关概念和内涵特征，有助于加深对自由贸易区以及相关理论的理解。李嘉图（Ricardo）的"比较优势理论"和赫克歇尔－俄林（Heckscher. Ohlin）的"要素禀赋理论"等新古典贸易理论是解释各国间开展区域经济合作的基石。随着经济全球化的趋势和新贸易现象的出现，逐渐出现运用关税同盟理论、轮轴—辐条理论和全球生产网络理论等新理论阐释全球不断涌现的区域经济合作的浪潮。

……………………………………………………………………………

一、相关概念界定

（一）区域经济合作

自由贸易区的相关概念颇多，无论是在世界贸易组织的正式法律文件还是学者的研究文献中，均存在着大量易混淆的术语和概念，因此，有必要对与自由贸易区相关的概念进行梳理和解释①。

自由贸易区最上位的概念是区域经济合作（Regional Economic Cooperation）或区域经济一体化（Regional Economic Integration）。区域经济合作符合生产社会化和经济活动国际化的历史趋势，其目的是消除各种贸易壁垒，通过在各个领域建立协调合作机制，实现两个或两个以上的国家或经济体区域内生产要素的自由流动和专业化分工，形成一个区域性经济联合体，以提升共同的经济和政治利益的活动。相对而言，从合作力度和深度上看，区域经济合作比区域经

① 有关自由贸易区和自由贸易园区两者概念的区分见本书第9页（二）节的内容。本篇主要论述自由贸易区（Free Trade Area）。

济一体化的层次低,而区域经济一体化表明参与经济合作的各经济体不仅是在生产流通流域,还包括统一协调经济政策制定等方面的合作。不过,随着全球经济自由化的逐步提升,区域经济合作也由各参与经济体之间相互取消货物贸易关税和非关税壁垒,拓展到服务贸易、知识产权和标准化等诸多领域。

区域经济合作最典型的形式有两种。第一种典型形式是论坛性质的合作。例如,亚太经合组织、东亚峰会均属于此种类型。这些论坛以政策对话、信息交流、增进了解为主,并非实质性的谈判,属于务虚性质的合作。第二种典型形式是区域贸易协定(Regional Trade Agreement,RTA)。区域贸易协定是一种国际条约,两个或两个以上经济体通过签订区域贸易协定,以消除缔结方关税和非关税等贸易壁垒的制度性安排,是属于世界贸易组织(WTO)框架内的具有特惠性质和互惠性质的贸易协定,是当前区域经济合作中适用范围最广、影响最大的一种形式。各经济体之所以倾向于签署区域贸易协定,主要原因在于:一是在一个区域内进行贸易谈判的成本小于多边谈判的成本,协调的结果可使各参与方利益最大化;二是由于经济实力、发展阶段和市场经济成熟程度的差异,各经济体倾向于首先在区域内达成自由贸易协定;三是受到外部竞争压力,区域内的经济体可以优势互补、取长补短,通过加强彼此间的合作来强化本地区在国际上的经济地位和话语权。

根据世界贸易组织的分类,区域贸易协定按自由化程度从低到高可分为三种形式:局部自由贸易协定(Partial Scope Agreement,PSA)、自由贸易区协定(Free Trade Agreement,FTA)和关税同盟(Custom Union,CU)。据世界贸易组织官方统计,目前生效实施的全部区域贸易安排中,自由贸易区协定和局部自由贸易协定占比约为90%,关税同盟占比约为10%①。

局部自由贸易协定(PSA)仅覆盖部分商品和部分关税,其范围仅限于货物贸易。局部自由贸易协定的自由化程度最低,其参与方均为世界贸易组织的发展中国家。需要注意的是,在世界贸易组织的法律框架内,优惠贸易安排(Preferential Trade Arrangement,PTA)是一个与局部自由贸易协定易相混淆的概念。从定义上看,优惠贸易安排是一个更加上位的概念,局部自由贸易协定、自由贸

---

① 数据来源:WTO 网站,https://www.wto.org/english/tratop_e/region_e/region_e.htm。

易区协定和关税同盟本质上都是特惠性质的协定。从性质上看,局部自由贸易协定本质上是相互给予优惠,属于双边协议,而优惠贸易安排本质上是单方给予优惠,属于单边协议。从类型上看,优惠贸易安排包括发达国家给予发展中国家的普惠制(Generalized System of Preferences,GSP)和其他优惠安排、世界贸易组织发达成员国给予最不发达国家的关税优惠等协定。

自由贸易区协定(FTA)是当今全球最为主流的区域贸易安排,是指两个或两个以上的经济体,为取消相互间绝大部分关税和非关税贸易壁垒,实现商品自由流通而签署的贸易协定。自由贸易区具有三个特点:区域内商品可以自由流动;成员国之间没有共同的对外关税;实行严格的原产地规则以避免贸易偏转①的发生。严格意义上讲,自由贸易区协定仅覆盖货物贸易内容,但根据世界贸易组织《服务贸易总协定》(GATS)的规定,经济一体化协定(Economic Integration Agreement,EIA)是覆盖服务贸易自由化的区域贸易安排。各成员国通常将经济一体化协定与自由贸易协定一并签署。因此,一般意义上,自由贸易区协定可做宽泛理解,既包括货物贸易内容,也包括经济一体化所指的服务贸易内容。

知识链接

原产地规则

原产地规则,也称“货物原产地规则”,可以看作商品的“国籍”,按照世界贸易组织《原产地规则协议》的规定,是指国际贸易中为了确定产品的原产地而实施的法律准则。原产地是指货物的原产国,是生产或制造某一产品的国家,是作为商品加入国际贸易流动的产品的来源地,这里的“国家”可以是一个国家、一个地区或一个贸易集团。在国际贸易中,原产地具有唯一性,即一种产品无论其生产制造加工过程涉及多少个国家,其原产地也只能是一个国家或地区。原产地规则包括两方面的内容:一部分为实质性内容,即某种产品获得一国的原产地身份所必须满足的要求;另一部分是程序性内容,即为了证明产品满足实质性内容的要求所需完成的手续和证明文件等。原产地规则实质性内容主要包括适用范围、原产地确定标准、管理机构、争端解决机制和惩罚条款等,其中原产地确定标准是原产

① 贸易偏转是指利用成员国之间的关税差异,从关税最低的国家进口商品以便在其他成员国销售。

地规则的核心。原产地确定标准又可以分为一般标准和补充标准，前者是非优惠性和优惠性原产地规则普遍适用的标准，又可以分为完全获得产品原产地规则和实质性改变标准；后者是自由贸易区判定货物原产国时的特殊标准。

原产地规则可以分为五种类型。

1. 非优惠性和优惠性原产地规则。非优惠性原产地规则适用于无关税优惠安排的货物原产地确定，主要用于海关统计、原产地标记、反倾销措施、最惠国待遇和反补贴措施等。优惠性原产地规则是与国际贸易中的优惠贸易直接相关的原产地规则。这种原产地规则的存在是为了保证优惠待遇的正确实施，用以确定产品是否有资格享受优惠关税待遇，防止无资格产品以"搭便车"的方式破坏贸易秩序。优惠性原产地规则是目前 WTO 多边贸易体制下最惠国待遇原则的最大例外。

2. 一国的原产地规则和区域性原产地规则。一国的原产地规则是由该国通过国内法立法的方式自主制定并实施的法律规范，属于国内法，在一国国境内具有法律效力，该国对这种原产地规则具有自主权。区域性原产地规则是由区域经济一体化组织的成员方通过谈判达成的，对区内所有成员方具有法律约束力，在区域内部施行，从性质上说属于国际法，单个成员方对该原产地规则不具有决定权，其制定、修改、解释及废止等只能通过各成员方的国际协商实现。

3. 进口原产地规则和出口原产地规则。进口原产地规则用以确定本国进口商品的原产地，进而确定该商品适用的海关税率、是否适用关税优惠和配额限制等。出口原产地规则主要针对本国出口的产品，用以确定该产品是否具备本国的原产地资格，为符合条件的产品出具原产地证书证明原产地资格。

4. 货物原产地规则和服务原产地规则。货物原产地规则用以确定货物的原产地身份，一般所说原产地规则就是指货物原产地规则。服务原产地规则用以确定服务的原产地身份，由于服务产品的特殊性，其原产地规则与货物差别极大。

5. 单一原产地规则和复式原产地规则。单一原产地规则是指一国对所有的进出口产品设置统一的原产地规则，这种原产地规则难以利用各种外贸政策工具，基本没有国家使用。复式原产地规则是指一国根据不同的适用范围制定不同的原产地规则，如对享受优惠待遇的产品制定优惠性原产地规则，对非优惠性产品制定非优惠原产地规则。绝大部分国家采用复式原产地规则。

自由贸易区原产地规则是适应自由贸易区的建立而出现的，其作用主要体现在四个方面。

第一，防止"搭便车"现象，避免贸易偏转和优惠利益外溢。自由贸易区原产地规则的存在，可以有效地防止区域外国家的"搭便车"行为。通过对产品进行原产地认定，获得自由贸易区成员国原产地资格的产品可以享受优惠贸易政策，不具备这种资格的产品只能按照其原产地国家的税率通关。设置了原产地规则之后，第三国无法以区域内低关税国家为跳板，将产品免税输入其他成员国。

第二，减少自由贸易区贸易创造效应，增加贸易转移效应。原产地规则的存在，由于需要申请各种证明，必然带来一定的成本和时间付出，一定程度上增加了自由贸易区内贸易的难度，抬高了区域内国家相互之间进出口产品的价格，导致贸易创造效应的降低。由于原产地规则从本质上说是一种隐性的贸易壁垒，其存在使得非成员国的产品更难以低价进入自由贸易区，会产生贸易转移效应。

第三，增加区内贸易，保护区内产业，增加就业。自由贸易区建立的初衷是为了增加区内贸易，对非成员国具有一定的歧视性，这种对内的保护性、对外的歧视性得以实现主要是依靠原产地规则的贸易转移效应。通过综合考虑原产地规则的贸易转移效应和贸易创造效应，可以科学地制定原产地规则，使之在贸易转移和贸易创造方面实现平衡，增加区内贸易，实现区内产业保护。

第四，增加交易成本和管理成本。有些时候，优惠贸易安排大于为了满足原产地规则而额外付出的成本，生产商会选择付出更多的成本满足原产地规则，这些额外的成本可能包括采用特定的加工工序或采用特定的中间投入品。尤其是在不同的自由贸易区原产地规则存在差异的条件下，一国如果加入了多个自由贸易区就有多种不同的原产地规则，不同的原产地规则相互交叉形成"意大利面碗"现象，什么情况下使用何种原产地规则对厂商和行政管理机构都是巨大的挑战。①

关税同盟（UC）是指成员国通过达成协议，对内完全消除关税壁垒和与关税具有同等效力的其他限制措施，对外实施统一的关税和贸易政策的经济一体

① 张振宁. 中国—东盟、中国—新西兰自由贸易区原产地规则比较研究[D]. 济南：山东财经大学，2012.

化组织。关税同盟的成员国商品在相互取消进口关税、实现自由贸易的同时建立了共同的对外关税，成员国不再需要附加原产地规则。关税同盟是比自由贸易区一体化程度更高的区域合作类型，对成员国的约束力更强。一般情形下，关税同盟成员国不能单独对外谈判自由贸易区协定。

根据世界贸易组织的定义，上述概念如图 1－1 的表述。

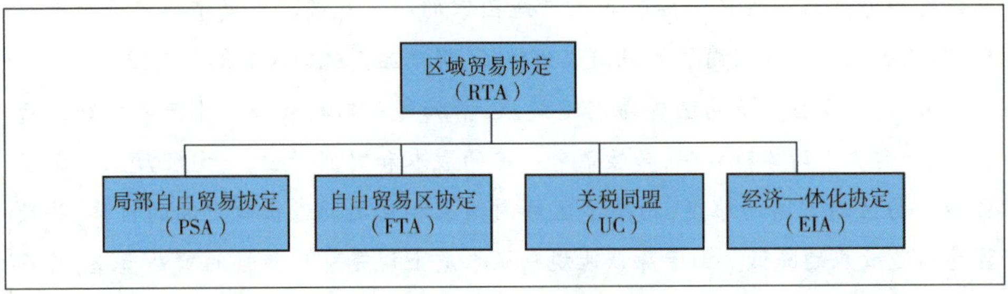

图 1－1　区域经济合作分类

此外，从国际经济学的角度来看，按照经济一体化程度的不同，一般可将区域经济合作分为优惠贸易安排、自由贸易区协定、关税同盟、共同市场、经济同盟和完全经济一体化六大类型。六大类型的区别如表 1－1 所示。

表 1－1　区域经济一体化六大类型的区别

类型＼特点	减少贸易壁垒	取消贸易壁垒	对外共同关税	生产要素自由流动	经济政策协调	经济政策完全统一
优惠贸易安排	√	×	×	×	×	×
自由贸易区协定	√	√	×	×	×	×
关税同盟	√	√	√	×	×	×
共同市场	√	√	√	√	×	×
经济同盟	√	√	√	√	√	×
完全经济一体化	√	√	√	√	√	√

资料来源：作者根据相关文献整理。

共同市场（Common Market）是指两个或两个以上的国家或经济体通过达成某种协议，不仅实现商品自由流动和建立共同对外关税，同时还实现人员、服务和资本自由流动的经济一体化组织。共同市场的约束力比关税同盟更进一步，欧盟于1993年初建成了共同市场。经济同盟(Economic Union)是比共同市场更高一个层次的一体化组织,要求成员国在共同市场的基础上进一步实现经济政策的协调一致。经济同盟的成员国不仅让渡了建立共同市场所需让渡的权利,更重要的是让渡了使用宏观经济政策干预本国经济运行的权利,而且还让渡了干预内部经济的财政政策和货币政策,如目前正在发展中的欧盟就具有经济同盟的大部分特征。完全经济一体化是经济一体化的最高阶段,除了具有经济同盟的特点外,还实现了经济各个方面完全的统一。

(二)自由贸易区与自由贸易园区

随着中国(上海)自由贸易试验区的设立和推进,以及“1+3+7”自由贸易试验区格局的逐步成型,自由贸易试验区的影响日益扩大,自由贸易区的提法越来越多地见诸媒体报道和学术文章中。但实际上,从官方文件定义来看,自由贸易区的概念有两层含义:一是国家间的自由贸易区(Free Trade Area,FTA),是指两个或两个以上的主权国家通过签署协定,在世界贸易组织最惠国待遇的基础上,分阶段取消绝大部分货物关税和非关税壁垒,改善服务和投资的市场准入条件,从而形成实现贸易和投资自由化的特定区域,其法律依据是GATT第24条第8款第2项;二是国家内的自由贸易区(Free Trade Zone,FTZ),根据世界海关组织在1973年订立的《京都公约》中提出的概念,它是指在一国或地区的境内关外设立的,以贸易自由化、便利化为主要目的的多功能经济型特区。具体而言,国家内的自由贸易区是在某一国或地区境内设立的在货物监管、外汇管理、税收政策和企业设立等领域实行特殊经济管理体制和特殊政策的特定区域,是关境内的一小片区域,一般需要进行围网隔离,且对境外入区货物的关税实施免税或保税。

为避免两者混淆,2008年我国商务部和海关总署联合发布《关于规范“自由贸易区”表述的函》,规定“Free Trade Zone”应称之为“自由贸易园区(FTZ)”,以此区别于国家间建立的自由贸易区。显然,两者在概念上存在着本质性的区别。从定义上看,自由贸易区是两个或两个以上国家或地区通过签署具有法律效力的贸易协定来规定双方之间的优惠政策;自由贸易园区是在一国之内由该国单方面自主给予的优惠政策，无他国参与，也不需要与相关国家签订具有法律效力的协定。从功能上看，自由贸易园区可作为一国在制度创新方面的“试验田”。例如，目前形成的“1+3+7”格局的中国自由贸易试验区属于自由贸易园区的范畴，但中国自由贸易试验区的内涵更加丰富，从货物贸易拓展到服务贸易、投资管理模式创新和金融领域开放创新等诸多领域。中国自由贸易试验区通过政府职能转变，行政管理体制改革，扩大投资领域、服务贸易领域和金融领域开放，完善法制领域制度保障等适应开放型经济新体制的实践探索和制度创新试验，为全面深化改革和扩大开放探索新路径，积累新经验，形成与国际经济贸易通行规则相互衔接的基本制度框架。中国自由贸易试验区通过主动开放、主动试验，为我国自由贸易区战略提供制度—技术支持。

自由贸易园区（FTZ）最突出的特征是海关治外法权，实质是“境内关外”，即只有当外国商品进入所在国海关的管辖区时才按照规定进行纳税，当外国商品进出自由贸易园区时不仅可以少缴、免缴关税，而且还可以在园区内进行加工、销售、改装或长期储存。自由贸易园区主要体现在“一线放开，二线管住，区内自由”的监管模式，核心是通过放松管制，加快货物流动、资金进出、人员流动以及信息传递。全球自由贸易园区从产业功能定位可大致划分为出口加工型、保税仓库型、转口集散型、贸工结合型、多功能和综合型。具有代表性的全球自由贸易园区有爱尔兰香农自由贸易园区、新加坡自由港、美国纽约港自由贸易园区和阿联酋迪拜自由贸易园区等。自由贸易区与自由贸易园区的异同比较如表1-2所示。

表1-2　自由贸易区与自由贸易园区的异同比较

<table>
<tr><th colspan="2">类型</th><th>自由贸易区（FTA）</th><th>自由贸易园区（FTZ）</th></tr>
<tr><td rowspan="5">区别</td><td>设立主体</td><td>两个或多个国家或地区</td><td>单个国家或地区</td></tr>
<tr><td>受惠对象</td><td>仅限于成员国</td><td>全球所有国家和地区</td></tr>
<tr><td>法律依据</td><td>国际协定</td><td>国内立法</td></tr>
<tr><td>核心政策</td><td>区内成员国之间相互取消大部分关税和非关税壁垒</td><td>以海关保税、免税政策为主，辅以其他财政税收优惠等政策</td></tr>
<tr><td>本质特征</td><td>成员国之间相互给惠</td><td>单方给惠</td></tr>
<tr><td>共性</td><td colspan="3">两者的目的都是为了降低贸易成本，促进对外贸易和国内产业发展，扩大对外开放</td></tr>
</table>

资料来源：作者根据相关文献整理。

二、自由贸易区发展的理论基础

推进中国自由贸易区建设，离不开基础理论的构建和支持。区域经济合作的传统理论建立在李嘉图的“比较优势理论”和赫克歇尔－俄林的“要素禀赋理论”等新古典贸易理论的基础上。具体而言，当两个经济体之间通过削减关税及非关税壁垒，建立区域经济合作后，会造成每个经济体基于各自的比较优势和要素禀赋水平，在一些生产领域内实现专业化发展，生产活动逐渐集中于具有比较优势的经济体，优势产业的规模随之扩大，区域内总体贸易水平进一步提升，最终实现区域内每个经济体的整体利益得到增加的目的。随着经济全球化的趋势和新贸易现象的出现，逐渐产生新的理论用以解释全球不断涌现的区域经济合作的浪潮，包括关税同盟理论、轮轴—辐条理论和全球生产网络理论①。

（一）关税同盟理论

关税同盟理论一般被认为是区域经济一体化理论的奠基石，在经济一体化的理论中，只有关税同盟理论得到了较为严密、系统的阐述和发展。关税同盟理论由美国经济学家维纳（J. Viner）在其1950年出版的《关税同盟问题》中提出，并总结提炼出“贸易创造”和“贸易转移”两个重要概念。按照维纳的理论，经济一体化带来的关税减让将会在关税同盟成员国间创造出新的贸易，非关税同盟成员国则将面临贸易被转移到成员国内部的情形。关税同盟在不增加对世界其他国家贸易壁垒的前提下，成员国贸易壁垒的消除意味着贸易向更加自由化的方向发展，相对于全世界实现自由贸易帕累托最优状况而言，关税同盟在一定区域内实现自由贸易是一种“次优”的选择。

贸易创造（Trade Creation）效应是指关税同盟成员国相互取消关税和非关税壁垒，从成员国进口的产品比本国成本低，本国就可以把更多的资源转移到生产成本较低和更有效率的产品上，创造出新的贸易，资源得到更合理的配置

① 陈志阳. 中国自由贸易区战略研究[D]. 武汉：武汉大学，2015；李艳丽. 中国自由贸易区战略的政治经济分析[D]. 厦门：厦门大学，2008.

和利用，从而推动社会整体福利的增加，形成“1+1>2”的经济效应。

贸易转移(Trade Diversion)效应是指关税同盟成员国相互取消关税和非关税壁垒，使得区域内成员国原来从世界上生产效率最高、成本最低的国家进口商品，转向部分或全部产品从区域内生产效率最高、成本最低的成员国进口。简而言之，由于关税同盟是对内自由和对外保护，建立关税同盟后，成员国之间相互取消关税并建立起共同的对外关税所带来的相互贸易，取代了与低价非成员国的贸易，从而造成贸易方向的改变和参与国、非参与国福利的损失，世界净福利也因此减少。作为评价建立经济一体化组织的重要标准，贸易创造效应和贸易转移效应是关税同盟建立所产生的两种相反的静态效应，关税同盟参与国的福利是否净增加取决于两个效应的比较。

从区域经济一体化的实践来看，贸易创造效应对关税同盟参与国产生正的效应，将激励不同国家积极参与自由贸易区等区域经济一体化进程，贸易转移效应对关税同盟非参与国产生的是负面效应，会导致非参与国被边缘化，贸易利益遭受较大损失，因此，贸易转移效应会从另一个方面倒逼非参与国积极参与自由贸易区等区域经济一体化进程。

自由贸易区发展的理论是在关税同盟理论框架的基础上，结合自由贸易区不同于关税同盟的基本特征发展而来。自由贸易区的建立同样存在贸易创造和贸易转移效应，但自由贸易区有不同于关税同盟的两个显著特征：一是没有共同的对外关税，对于区域外的产品，成员国保留了其各自原有的关税及决定税率的权利；二是实施严格的原产地规则，以使自由贸易区的优惠仅限于区域内的成员国。虽然自由贸易区实施严格的原产地规则，但自由贸易区的贸易偏转现象依然不可避免。贸易偏转会导致自由贸易区内的低关税成员国进口区外产品，然后向高关税国家出口。因此，自由贸易区一旦建立，区外产品将不会直接进入高关税国家，而是可能先进入低关税成员国，然后再通过该自由贸易区进入高关税成员国。相比于关税同盟由于贸易转移效应导致的贸易和福利损失，自由贸易区由于贸易偏转的存在反而会使得这部分贸易增加，不存在由生产和消费引起的损失，其净福利高于关税同盟。

自1980年克鲁格曼提出新贸易理论后，规模收益递增和不完全竞争的假设被引入区域经济一体化的研究中。因此，自由贸易区不仅存在着静态经济效应,还存在着规模经济和竞争促进两个动态经济效应。

对于规模经济效应而言,自由贸易区各成员国相互取消贸易壁垒后,在贸易便利化和投资自由化的作用下,清除了其成员国企业进入各内部市场的障碍,各成员国由单一的国内市场整合成统一的大市场,市场规模随之扩大。扩大后的市场为企业实现规模经济提供了机会。一方面,企业更大规模的生产可以降低单位产品的生产成本;另一方面,企业可以在整个区域内调配资源,实现资源的优化配置。面对统一的大市场,各成员国企业将面临更激烈的竞争,为应对市场竞争压力,迫使企业不得不追求规模化生产,加大研发投入,进行技术创新和产品升级,提高其技术水平和劳动生产率,自由贸易区的整体福利随之提高。

(二)轮轴—辐条理论

在自由贸易区的实践中,一些国家或地区分别与多个国家或地区签订自由贸易区协定。此种多个自由贸易区并行发展乃至形成自由贸易区网络的现象,可以由赫特鲍尔(Hutbauer)和肖特(Schott)于 1994 年提出的轮轴—辐条理论(Hub and Spoke)来解释。轮轴—辐条模式由一个轮轴国和多个辐条国组成,轮轴国处于中心地位,辐条国围绕在轮轴国周围。轮轴国与每个辐条国分别签订自由贸易区协定,而辐条国相互间并没有自由贸易区协定。一般而言,轮轴国多是大国或发达国家,辐条国多是小国或欠发达国家。

对于轮轴国而言,处于轮轴地位的国家至少可以在贸易和投资两方面获得特殊的优惠。在贸易方面,轮轴国的产品可以通过自由贸易区进入所有的辐条国市场,而各辐条国的产品因受原产地规则的限制,无法相互进入。在投资方面,轮轴国的特殊地位会吸引外部资本包括辐条国的资本进入。因此,轮轴—辐条模式可以提高轮轴国企业的出口产量和福利水平。随着辐条国数量的增加,轮轴国企业在所有市场的出口总量水平上升,随之价格水平降低,消费者和生产者剩余增加,轮轴国总体福利水平提高。

对于辐条国而言,相比于轮轴国的特殊地位,辐条国在进入轮轴国和辐条国市场时均处于劣势地位。在进入轮轴国市场时,由于轮轴国与多个辐条国签署了自由贸易协定,辐条国之间处于相互竞争的态势,其对轮轴国的竞争优势将被削弱。在进入其他辐条国市场时，由于辐条国之间没有签署自由贸易协定，将面临关税和非关税壁垒，与轮轴国可以自由进入各个辐条国市场相比，完全处于劣势地位。因此，轮轴—辐条模式降低了辐条国的出口总量水平和福利水平。随着辐条国数量的增加，每个辐条国对轮轴国的出口量下降，先进入轮轴—辐条体系的辐条国收益大于后进入的辐条国；同时，每个辐条国的生产者剩余下降，使得总体福利水平下降。

在这样的逻辑下，对于轮轴国而言，一国一旦成为轮轴国就可形成所谓的"自我加强过程"，并会进一步巩固这种地位，倾向于与更多的国家签署自由贸易区协定，形成以其为核心的自由贸易区网络。对于辐条国而言，为了打破轮轴—辐条格局的不利影响，避免辐条陷阱，辐条国将倾向于与其他辐条国签署自由贸易区协定，成为新的轮轴国。例如，作为发展中国家的智利，建立的 FTA 达到 37 个，其中即包括北美自由贸易区、欧盟、日本等发达国家或地区，也有像拉美十国这样的发展中国家或地区，借助这些 FTA 形成的全球化网络，智利已经成为全球 FTA 网络结构中的重要轮轴国，可以享受到 FTA 最大的经济利益。同样是发展中国家的墨西哥也是主动谋求轮轴国地位的典型代表，从北美自由贸易区(NAFTA)开始，墨西哥近年来签署了 12 个自由贸易区协定，据世界贸易组织官方统计，除欧洲国家外，墨西哥已经成为世界上签署区域贸易协定最多的国家，已经在全球内形成了涉及美洲、欧洲、亚洲的自由贸易区网络。

因此，总体上来看，在自由贸易区实践中，根据轮轴—辐条理论，将会有越来越多的国家主动或被动地参与到自由贸易区协定的谈判中，自由贸易区的发展会呈现快速扩张的趋势。

（三）全球生产网络理论

20 世纪 80 年代以来，国际贸易理论基本由"比较优势理论"和"中心—外围理论"所主导，发达国家间水平分工和发达国家与发展中国家间进行垂直分工是基本特征，产业内贸易和产业间贸易是两大具体表现形式。随着跨国公司在世界舞台上扮演越来越重要的角色，企业内贸易和产品内贸易这两种贸易形式逐渐产生，成为国际贸易中的重要内容。

跨国公司的全球化战略催生了产品内国际分工现象。产品在生产过程中，将生产分散化连接成跨区域的生产链条，越来越多的国家或地区参与到特定产品生产的过程中。产品内分工导致中间投入品在不同国家和生产环节间的贸易，全球价值链逐步形成，各国之间的贸易利益关系愈发紧密。随着产品构成复杂度的提高，生产工序的逐渐增多，全球价值链的纵向维度拉长，越是庞大的产业类型，通过专业化分工获得的规模经济就会越大，将不断形成在地理分布上规模巨大、结构更加复杂多样的全球生产网络（General Production Network，GPN）。

基于全球价值链，全球生产网络不断形成和发展，并延伸到全球各个地区，在跨区域性的价值链的作用下，吸引不同的经济体参与生产和销售同一种产品，全球生产网络体系的价值链管理和产品内分工的特征日趋明显，将各经济体的经济利益密切联系到一起，推动了新一轮区域经济合作的浪潮。

在全球价值链的影响下，发达经济体和发展中经济体都积极制定并实施有利于贸易发展的优惠贸易和投资政策。发达经济体希望在全球价值链的作用下，充分借助于不同经济体的市场资源、要素禀赋等降低生产和贸易成本，以获取更高的收益。发展中经济体希望在参与经济合作后，通过制定促进外资引进的经济与贸易政策，加强对跨国公司的吸引力，使其产业链扩展到本国，以促进自身的产业升级和技术进步，从而推动经济发展。因此，全球生产网络的发展，符合发达经济体和发展中经济体的要求，通过稳定的自由贸易区协定等各种制度安排，消除影响生产网络区域化的关税和非关税壁垒等障碍，进一步深化区域经济合作。

知识链接

全球价值链

根据联合国工发组织（UNIDO）的定义，全球价值链（Global Value Chain）重在“全球性”，既是指全球性的跨越企业界限的网络组织，也是产品和服务的采购、生产、运输、销售、消费，直至产品和服务的生命周期终止过程，以及在此过程中实现的价值和增值，更是通过产品和服务流程的自动化和链条上各个利益关系方（如供应商、合作伙伴、客户等）的互动，实现产品和服务的价值分配。

全球价值链可分为两种类型:生产者驱动型和购买者驱动型。生产者驱动型价值链主要由发达国家主导,通过垂直一体化投资,追逐产业资本。其核心环节在于研发与生产,通常发生在半导体或制药等高科技产业,因为这些行业发展的核心是技术和研发,企业处于产业上游并控制产品的设计,其组装环节大多数分割到了不同国家;或者是形成规模经济的汽车等耐用消费品行业。购买者驱动价值链通常是发展中国家的跨国公司,为了谋求商业资本,通过水平化投资,发展非耐用消费品行业。购买者驱动价值链通常发生在服装、鞋帽等对于资本和技术要求较低的行业,其关注重点是市场和销售①。

与全球价值链概念相似的还有全球产业链和全球供应链两个概念。产业链涉及多个上下游企业,包括从产品生产到最终消费整个过程,而全球产业链则诠释了国际分工的生产过程,从产业关联角度反映了分散在不同国家的不同企业对产品的贡献。供应链是指制造商与其最直接的供应商建立伙伴关系,而全球供应链是指企业在全球范围内组合供应链,以全球视野在全球范围内选取富有竞争力的合作伙伴。从这一定义可以看出,全球供应链强调的是从降低成本角度选择合作伙伴;全球产业链强调的是生产和供应的关系;全球价值链强调的是价值链各环节价值的增加。

三、FTA、FTZ与"一带一路"国家倡议的内洽关系

"一带一路"倡议是为了适应国内外经济新格局、新变化,突破以出口为主的外向型经济发展制约,化解国内经济结构性矛盾和产能过剩压力,打破欧美等发达国家通过国际经济贸易规则的重塑对中国发展的封堵,由新一届党中央领导集体提出的宏大战略构想。"一带一路"倡议是从构建对外开放新格局的战略高度出发的,在"一带一路"倡议实施过程中最重要的一项措施就是加快FTA的建设,在国内加快FTZ建设的进程。国内FTZ的建设主要体现在投资自由化、贸易便利化、金融国际化、行政管理简化等具体方面先行先试,为中国建

① Gereffi G. The Global Economy: Organization, Governance, and Development [J]. The Handbook of Economic Sociology, 2005: 160 – 182.

立双边及多边 FTA 积累经验。

(一)FTA 与"一带一路"国家倡议的关系

在中国加快实施自由贸易区(FTA)战略,积极参与新一轮国际经济贸易规则重塑的背景下,同"一带一路"沿线经济体签署双边或区域贸易协定,是"一带一路"建设中开展制度性合作的主要抓手。"一带一路"建设的任务和目标主要体现在"政策沟通、设施联通、贸易畅通、资金融通、民心相通",包含了国家政策、基础设施、贸易投资、金融体系等硬件和软件,核心要义是贸易畅通。自由贸易区的功能包括贸易畅通、货币流通、政策相通等,建立自由贸易区可作为推进"一带一路"建设优先启动的有效途径,逐步构建起"一带一路"沿线上的自由贸易区域链条,成为构筑"一带一路"国家倡议的依托平台。

"一带一路"沿线 65 个国家共约 46 亿人口(占世界人口 60% 多),GDP 总量达 20 万亿美元(约占世界 1/3)。作为亚洲地区最大的经济体,中国的 FTA 战略日益清晰,即要"逐步构筑起立足周边、辐射'一带一路'、面向全球的自由贸易区网络"。"一带一路"建设是我国新时期开放战略的重大突破和构建开放型经济新体制的重要内容之一,为我国构建以我国为中心的全方位开放新格局、从区域大国迈向全球性大国提供了新平台,同时也有利于我国适应多样化的贸易投资自由化的制度性安排,有利于我国与沿线国家进一步发挥各自的比较优势,促进区域内要素有序自由流动和资源配置高效率。显然,"一带一路"建设是中国 FTA 战略布局中的重要一环。

(二)FTZ 与"一带一路"国家倡议的关系

"一带一路"倡议的具体实施,需要自由贸易试验区作为基础支撑,形成以点带面、联动发展的改革开放新局面。自由贸易试验区是"一带一路"倡议的基础平台和重要节点。"一带一路"的核心要素在于东西互济、陆海统筹,要连接成线、发展成带。推进落实"一带一路"倡议,较为可行的途径是在国内外以一些核心区域和重要节点作为战略支撑,形成"一带一路"倡议的发展平台和重要的开放窗口,这些重要节点就是自由贸易试验区。自由贸易试验区战略与"一带一路"倡议的对接,可形成两者的纲与目的关系,即"一带一路"倡议为纲,自由贸易试验区战略为目,纲举而目张。

目前,全国自由贸易试验区已形成“1+3+7”的新格局,将两者相结合,已成为11个自由贸易试验区建设的新思路。从深化对外开放战略角度来看,“一带一路”站在构建对外开放新格局的高度,自由贸易试验区则是在投资自由化、贸易便利化、金融国际化、政府职能简化等方面先行先试,为国内经济转型升级,参与国际经济贸易规则谈判积累经验。具体而言,自由贸易试验区的“四化”是指以负面清单管理为核心的投资管理制度;以贸易便利化为重点的贸易监管制度;以资本项目可兑换和服务业开放为目标的金融创新制度;以政府职能转变为导向的事中、事后监管制度。特别是海关监管服务制度创新,为改进贸易口岸工作、促进扩大开放以及外贸稳定发展起到了重要的示范作用。“一带一路”建设的主体任务和目标主要体现在“政策沟通、道路联通、贸易畅通、货币流通、民心相通”,包含了国家政策、基础设施、贸易投资、金融体系等硬件和软件。“一带一路”的“五通”目标与自由贸易试验区的“四化”任务有相通之处,比如,贸易畅通、货币流通与贸易便利化、金融国际化相吻合。自由贸易试验区战略与“一带一路”倡议的全方位有效对接,将促进“一带一路”倡议目标的实现。

（殷华）

中国实施自贸区战略面临的国内外形势

自由贸易区的发展历史从古希腊时代就已经开始，第二次世界大战后自由贸易区在世界各地得到了蓬勃发展，而世界贸易组织的成立更是成为世界经济发展的重要支柱之一。自由贸易区协定已经成为最为主流的区域经济合作方式。中国在改革开放以后也积极加入世界贸易体系，构建了自身的自由贸易区战略，更是依托周边贸易的发展来推动“一带一路”倡议的实现。中国将继续在当前多元化的自由贸易区发展的基础上，应对未来高标准自由贸易区的发展趋势。

一、自由贸易区发展的历史

本节主要从全球自由贸易区的几个发展时期来介绍自由贸易区发展的历史进程和演变脉络。他山之石，可以攻玉，了解国际上自由贸易区从哪里来，走过了哪些路，对我国发展和建设自由贸易区有十分重要的参考价值。

(一)自由贸易区在第二次世界大战之前的发展状况

自由贸易区最早可追溯到古希腊时代。当时腓尼基人将泰尔和迦太基两个港口划为特区，对外来的商船尽量保证其安全航行，不受任何干扰，这即为自由港区的雏形。1228 年，法国南部马赛港在港区内划出特定区域，规定外国货物可以在不征收任何税赋的情况下出入这一区域。1367 年，德意志北部的几个自由市联合起来，建立了历史上称为“汉萨同盟”的自由贸易联盟；1547 年，意大利在其西北部热那亚湾建立雷格亨(Leghoyn)自由港，这被认为是世界上第一个正式命名的自由港。此后，自由港和自由贸易区开始逐渐在西欧许多国家风行。

真正现代意义上的区域经济合作是从 1648 年的《威斯特伐利亚和约》开始

的。该条约确立了主权国家的合法边界及对彼此国家内部事务的不干涉原则，体现了主权国家之间的平等交往关系。在平等的基础上，随着工业革命对商品和生产要素自由流动的需求日益上升，现代意义的自由贸易制度开始出现。17～18 世纪大约 100 多年的时间里，欧洲的贸易大国先后在一些主要港口创办自由港或自由贸易区，如意大利的那不勒斯（Naples）自由区、的里雅斯特（Trieste）自由区、威尼斯（Venice）自由区；德国汉堡（Hamburg）自由港、不莱梅（Bremen）自由区；法国的敦刻尔克（Dunkerque）自由区；丹麦的哥本哈根（Copenhagen）自由港；葡萄牙的波尔图（Porto）等。这些自由港或自由区利用优越的地理位置，采取免除进出口关税等措施，吸引外国商品到此转口，扩大对外贸易，发挥了商品集散中心的作用。

随着殖民主义的兴起，欧洲国家在全球进行商品输出和市场扩展，欧洲国家也把它们的自由贸易制度逐渐拓展到世界各地，主要表现为宗主国与殖民地之间相互给予优惠关税。同样，殖民地颇多的英国是其中最典型的代表。到 1932 年，为了防止其他国家向大英帝国渗透，巩固英国殖民统治，英国与其殖民地和自治领签署了《渥太华协定》，成立了“大英帝国特惠关税区”。该协定规定，英国对从殖民地和自治领的进口给予关税减免待遇，并设定较高的关税壁垒以减少大英帝国以外地区输入的农产品；反过来，殖民地和自治领也对英国的进口给予税收减免，同时提高英国以外国家进口的关税。

从自由港区问世至第二次世界大战前夕，世界自由贸易区经历了近 400 年的发展。从“量”的角度说，这一时期的自由贸易区发展数量和规模有限，主要以自由港和自由区为主，大约有 75 个，分布在 26 个国家和地区，绝大部分集中在发达国家。从“质”的角度说，这一时期的自由贸易区经营活动相对单一，主要从事对外贸易和转口贸易，允许外国商船自由进出，但各国对区内经营的业务范围普遍都有比较严格的规定。这一时期的自由贸易区因此被称为“古典和传统的自由贸易区”。

总体看，第二次世界大战之前欧洲国家对区域经济合作的实践，主要是基于不平等的贸易安排，尽管这种安排的自由化水平不高，但该种实践为此后更高水平的自由贸易区和区域经济合作提供了良好的示范。

(二)第二次世界大战后国际自由贸易区的三大发展阶段

1. 20世纪90年代前的自由贸易区发展

第二次世界大战后，世界范围内诸多殖民地、附属国相继独立，要求发展民族经济的呼声日益高涨。在经济社会发展的探索实践中，很多国家和地区纷纷开始划定隔离区域同外商合作发展出口工业，并以当地丰富廉价的劳动力和各种优惠待遇，吸收客商的资金和技术。由此，“出口加工区”作为一种自由贸易区新形式和发展的新形态登上历史舞台。世界上最早从事出口加工活动的自由港区一般认为是1958年在爱尔兰设立的香农(Shannon)出口自由区。但世界加工区协会(WEPZA)认为必须设有制造工厂并具有免税性质的自由区才是出口加工区，香农自由区仅是免税而已。据此，WEPZA认定1947—1951年间波多黎各岛上的免税工业区才是世界出口加工区的鼻祖。中国台湾地区在1966年建立的高雄出口加工区，是世界上第一个正式以“出口加工区”命名的自由贸易区。

1946年2月，联合国经济及社会理事会举行第一次会议，会议呼吁召开联合国贸易与就业问题会议，起草国际贸易组织宪章，进行世界性削减关税的谈判。随后，经济及社会理事会设立了一个筹备委员会。1946年10月，筹备委员会召开第一次会议，审查美国提交的国际贸易组织宪章草案。参加筹备委员会的与会各国同意在“国际贸易组织”成立之前，先就削减关税和其他贸易限制等问题进行谈判，并起草“国际贸易组织宪章”。1947年4—7月，筹备委员会在日内瓦召开第二次全体大会，就关税问题进行谈判，讨论并修改“国际贸易组织宪章”草案。经过多次谈判，美国等23个国家于1947年10月30日在日内瓦签订了“关税及贸易总协定”。按照原来的计划，关贸总协定只是在国际贸易组织成立前的一个过渡性步骤，它的大部分条款将在“国际贸易组织宪章”被各国通过后纳入其中。但是，鉴于各国对外经济政策方面的分歧以及多数国家政府在批准“国际贸易组织宪章”这样范围广泛、具有严密组织性的国际条约时遇到的法律困难，该宪章在短期内难以被通过。因此，关贸总协定的23个发起国于1947年年底签订了临时议定书，承诺在今后的国际贸易中遵循关贸总协定的规定。该议定书于1948年1月1日生效，后来则演变为世界贸易组织(WTO)。

随着以世界贸易组织为代表的多边贸易体制的逐步建立和推进,现代意义上的区域经济合作也在快速发展,符合世界贸易组织规定的自由贸易区实践也不断涌现,形成了国际自由贸易区的第一个大发展阶段。总体看,自由贸易区的第一个大发展阶段与第二次世界大战后的世界政治格局息息相关。第二次世界大战结束后,世界总体政治格局呈现出以苏联和美国为首的华约和北约两大阵营相互对立的特征,在国际经济领域也相应形成了两大阵营双轨并行的特点,两大区域化经济集团自然形成。

美国凭借其在第二次世界大战后初期具有的独特实力实施了"马歇尔计划",旨在帮助欧洲盟国恢复经济,并抗衡苏联在欧洲扩张的影响力。由此,西欧10多个国家于1948年4月成立了欧洲经济合作组织(Organization for European Economic Cooperation,OEEC),协调接受马歇尔计划的美援事宜。为了对抗马歇尔计划,1949年,苏联牵头成立欧洲的区域性经济合作组织——经济互助委员会(简称经互会),涉及苏联和5个东欧国家,之后逐渐扩员。

与苏联阵营相对应的西欧国家也在积极加强区域经济合作。1951年,法国、联邦德国等西欧六国成立了煤钢联营共同体,取消了有关产品的关税限制,基本实现了煤、焦炭、钢铁、生铁等产品的完全自由贸易,这为六国将自由贸易扩大到其他领域奠定了基础。1957年,六国签署了《欧洲经济共同体条约》,在煤钢联营共同体的基础上推进关税同盟建设,并于1968年成功消除了共同体内部关税,建立了对外的共同关税。

总体上看,区域经济合作发展的第一个阶段主要是在欧洲地区,其一直持续到20世纪90年代美苏对峙的结束。在此期间,欧洲地区共出现三大区域经济合作组织:以德国和法国为核心的欧洲经济共同体、由英国牵头的欧洲自由贸易联盟和苏联主导的经互会。这三大区域集团在数十年的发展中,既相互竞争,也相互融合。例如,随着欧洲经济共同体的快速发展,其在欧洲经济一体化中的核心地位逐渐凸显,英国就随之改变了其对欧洲区域一体化的战略,它于1973年退出欧洲自由贸易联盟,加入了欧共体。此后,欧洲自由贸易联盟的多个成员也纷纷退出联盟加入欧共体。目前,欧洲自由贸易联盟成员仅有瑞士、挪威、冰岛和列支敦士登四国。

从WTO的数据看,西欧国家是当时区域经济合作当之无愧的领头羊,其对外签署的区域贸易制度达到7个,期间共同体还进行了三次扩员,增加到12个成员,成为全球主要的区域经济合作组织。在上述所有的区域贸易制度中,自由贸易区性质的协定有9个,关税同盟性质的协定有6个,部分范围协定有6个。由此可以看到,从一开始自由贸易区就已成为区域经济合作的主要形式。

2. 2008年以前的自由贸易区发展

20世纪90年代之后,随着苏联的解体和经互会的解散,包括部分东欧国家在内的欧洲地区走上了经济一体化的快速发展之路。从1990年起,欧共体的成员逐步加入由联邦德国、法国、荷兰、比利时和卢森堡创建的《申根协定》。截至目前,欧共体绝大部分成员均已加入《申根协定》,基本实现了欧共体成员间劳动力的自由流动。1991年12月,欧共体又通过了旨在建立欧洲政治、经济、货币联盟的《欧洲联盟条约》,1993年11月该条约正式生效,欧洲联盟正式成立。根据该条约的规定,欧盟将逐步实现资本自由流动,加强经济政策协调,并在1999年之前建立欧洲央行和单一货币。

同样,在这一时期GATT的乌拉圭回合自1986年启动以来,由于发达国家成员和发展中国家成员分歧较大,历经多年无法完成。在多边谈判受挫和欧盟加快一体化进程的大背景下,美国积极顺应新的形势,开始将贸易政策的重点从多边转向区域,加快推动与加拿大、墨西哥的自由贸易区谈判。

美国首先与加拿大启动了自由贸易区谈判,并于1988年1月签署了自由贸易区协定,该协定于1989年1月1日正式生效。之后,美国又在1990年6月启动了与墨西哥的美墨自由贸易区谈判,加拿大于1990年9月加入了谈判。1992年8月,美、加、墨三国就《北美自由贸易区协定》达成一致。1994年1月1日,北美自由贸易区协定正式生效,北美自由贸易区宣告诞生。北美自由贸易区和欧盟一体化的进一步发展,带动了以自由贸易区为主要形式的区域贸易安排在全球范围内加快发展。

全球合作方面,1995年1月1日世界贸易组织正式开始运作,该组织负责管理世界经济和贸易秩序,总部设在瑞士日内瓦莱蒙湖畔。世界贸易组织的基本原则是通过实施市场开放、非歧视和公平贸易等原则,实现世界贸易自由化的目标。1996 年 1 月 1 日,它正式取代关贸总协定。世界贸易组织是具有法人地位的国际组织,在调解成员争端方面具有更高的权威性。1947—1993 年,关贸总协定主持了八轮多边关税与贸易谈判,第八轮谈判于 1986—1993 年 12 月 15 日在日内瓦举行,称为“乌拉圭回合”。其中第五轮称为“狄龙回合”,第六轮称为“肯尼迪回合”,第七轮称为“东京回合”。世界贸易组织与国际货币基金组织(IMF)、世界银行(WB)并称为世界经济发展的三大支柱。

3. 2008 年以来的自由贸易区发展

2007 年发生了美国次贷危机,该危机最终引发了波及全球的金融危机。2008 年 9 月,雷曼兄弟破产和美林公司被收购标志着金融危机的全面爆发。随着虚拟经济的灾难向实体经济扩散,世界各国经济增速放缓,失业率激增,一些国家开始出现严重的经济衰退。

全球金融危机之后,多哈回合谈判很长时间没有取得进展,但自 2010 年起,自由贸易协定开始突飞猛进地发展,向 WTO 通报的自由贸易协定达 221 个,而在 2010 年之前,向 WTO 通报的协定仅有 20 多个。其中,仅 2008—2014 年全球每年生效的区域贸易安排就高达 13. 4 个,比前一个发展阶段多了 4 个以上。尤其是在 2009 年,世界贸易组织成员之间生效并通报的区域贸易安排高达 19 个,创下单年生效并通报数量的历史最高纪录。

值得一提的是,根据世界贸易组织的相关规定,世贸组织成员在正式启动相关的区域贸易安排谈判之后,即使未签署协定,也有义务向世界贸易组织通报,这就是所谓的“早期通报”。根据世界贸易组织的统计数据,目前早期通报的区域贸易安排共有 38 个,均为自由贸易区协定,其中 25 个都是在 2008 年之后通报的。尽管这些自由贸易协定大部分还处于谈判进程中,没有正式签署或生效,但其中不乏重量级的自由贸易区协定,如 TPP 和 TTIP 谈判、东盟与中国等六国推进的 RCEP 谈判等。

从历史观察的角度看,在区域经济合作发展的三个发展阶段中,由于自由贸易区协定自由化水平较高,同时又不需要成员大幅让渡主权,已经成为最为主流的区域经济合作方式。

二、中国自由贸易区战略的提出与发展

(一)中国自由贸易区的提出

中国关于自由贸易区问题的系统研究始于20世纪90年代初。为使国家宏观决策科学化,根据中央领导的指示和钱学森的建议,国务院于1991年9月成立了国民经济和社会发展总体研究协调小组,开展国民经济和社会发展的总体研究工作。1991年年底,国务院总体研究协调小组针对我国的社会经济形势确定了13个重大研究课题,并落实了以国务院综合部门为主的课题承接单位。其中,当时的对外贸易经济合作部承担了“世界经济区域集团化趋势、影响及对策”课题,并成立了课题组。

进入21世纪以来,中国进一步加快深化改革、扩大开放的步伐,积极融入经济全球化进程,历经15年艰苦谈判后成功加入世界贸易组织,成为全球经济贸易体系中的重要参与者。2001年3月,中国—东盟经济合作专家组在中国—东盟经济贸易合作联合委员会框架下正式成立。专家组围绕中国加入世界贸易组织的影响及中国与东盟建立自由贸易关系两个议题进行了充分研究,认为中国—东盟建立自由贸易区对东盟和中国是双赢的决定,建议中国和东盟用10年时间建立自由贸易区。这一建议经过中国—东盟高官会和经济部长会的认可后,于2001年11月,也就是世界贸易组织宣布中国将于12月成为正式成员之际,在文莱举行的第五次中国—东盟领导人会议上正式宣布。2002年11月,第六次中国—东盟领导人会议在柬埔寨首都金边举行,朱镕基和东盟10国领导人签署了《中国与东盟全面经济合作框架协议》,决定到2010年建成中国—东盟自由贸易区。这标志着中国建立自由贸易区的进程正式启动,也是中国的第一个自由贸易区工程。

总体上看,中国参与区域经济一体化大致经历了三个阶段:一是最初的起步阶段,时间大约为2000—2007年。在这个阶段,中国政府从最初的游离于区域一体化进程之外,开始调整贸易政策,积极参与区域经济一体化进程。第二阶段为推进阶段,时间大约为2007年下半年到2013年。在这个阶段,中国政府正式提出自由贸易区战略,并加快推进,取得了实质性进展。第三阶段为提

升阶段，时间为2013年下半年至现在。在这个阶段，中国政府将实施自由贸易区提升到一个战略性的高度，主要体现在三个方面：中国共产党十八届三中全会提出要以周边为基础，加快实施自由贸易区战略；2015年12月国务院印发《关于加快实施自由贸易区战略的若干意见》；“十三五”规划纲要中再次提及“加快实施自由贸易区战略，推进区域全面经济伙伴关系协定谈判，推进亚太自由贸易区建设，致力于形成面向全球的高标准自由贸易区网络”。

2014年12月5日，中共中央政治局就加快自由贸易区建设进行第十九次集体学习。中共中央总书记习近平在主持学习时强调，站在新的历史起点上，实现“两个一百年”奋斗目标、实现中华民族伟大复兴的中国梦，必须适应经济全球化新趋势，准确判断国际形势新变化，深刻把握国内改革发展新要求，以更加积极有为的行动，推进更高水平的对外开放，加快实施自由贸易区战略，加快构建开放型经济新体制，以对外开放的主动赢得经济发展的主动、赢得国际竞争的主动。自由贸易区的发展逐步成为国家的重要战略。

（二）中国自由贸易区的发展阶段

1. 中国自由贸易区的起步阶段

中国推进自由贸易区建设始于21世纪初，中国—东盟自由贸易区是这一阶段标志性的自由贸易区。2000年11月，在第四次“10+1”领导人会议期间，中国总理朱镕基提出了建立“中国—东盟自由贸易区”的倡议，得到了东盟国家的积极响应。经过双方数年的共同努力，中国与东盟先后签署了《货物贸易协议》、《服务贸易协议》和《投资协议》等文件，成功推动了中国—东盟自由贸易区的建设。在这之后，中国又先后启动了与智利、海湾合作委员会等8个国家或经济体的自由贸易区谈判，并顺利完成了与智利、巴基斯坦的谈判。

中国在21世纪初积极加入到区域经济一体化进程中，主要是基于两方面的考虑：一是中国在此之前的外贸工作重心是加入世界贸易组织，在成功加入后，中国就可以考虑自由贸易区的选项；二是为了顺应全球范围内自由贸易区的发展，同时也是考虑到世界贸易组织西雅图部长级会议的失败。一些学者则认为，除了上述原因外，推进自由贸易区建设可在贸易和投资领域产生巨大的经济效益，这是中国推动与东盟自由贸易区建设的另一重要原因。

2. 中国自由贸易区的推进历程

中国加入 WTO 后，由通过多边机制参与全球合作，向多边、双边"双轮"驱动参与全球合作迈进，其特征主要体现在如下三个方面。

第一，自由贸易区数量增多。伙伴国由周边国家向拉美、非、欧辐射。在已经签订自由贸易区的 23 个国家和地区中有 15 个是中国周边国家和地区，说明中国自由贸易区建设的重点在周边。开展联合研究和谈判的国家中，包括日本、印度和俄罗斯等周边国家，挪威和瑞士等欧洲国家，哥伦比亚和南方共同市场等国家或集团，以及南部非洲关税同盟的非洲集团，从而可以看出，中国自由贸易区战略的特点是以周边国家为重点，向拉美、非、欧辐射。

第二，自由贸易区合作的领域在不断拓展与深化。从 2003 年签署第一份自由贸易协议开始，中国参与区域一体化的进程有加速的趋势，截至目前，已经签订的自由贸易区协定数量达到 15 个，而开展谈判或联合研究的总数更是达到 22 个之多。伴随着签订和开展谈判的自由贸易区数量的增多，合作的领域在不断拓展与深化。一方面，已经签订的自由贸易区进一步拓展与深化。根据 2002 年中国与东盟签署的《中国—东盟全面经济合作框架协议》，在中国—东盟自由贸易区的框架下于 2004 年 1 月 1 日启动了"早期收获"计划，2004 年 11 月双方签署了《货物贸易协议》，2007 年 1 月 14 日双方又签署了《服务贸易协议》，自由贸易区合作领域从农产品领域向一般货物贸易再向服务贸易不断拓展，合作的内容不断深化。另一方面，在中国与新西兰签订的自由贸易协议中包括货物贸易、服务贸易、人员流动和投资贸易的自由贸易协定也体现出自由贸易区深度一体化的特征。中国与新加坡双方在中国—东盟自由贸易区的基础上，于 2008 年 10 月 23 日签署了《中华人民共和国政府和新加坡共和国政府自由贸易协定》，进一步加快了贸易自由化的进程，拓展了双边自由贸易关系与经贸合作的深度与广度。

第三，自由贸易区战略推进模式呈现出多样化特征。开展自由贸易区建设几年来，中国根据对象国或地区的不同特点灵活地采取了多种不同的战略推进模式。从签订协议国家的类型上看，从签订南南型自由贸易区向签订南南、南北贸易区转变。在中国启动自由贸易区建设之初，中国在对象选择上主要偏向于发展中国家，先后与东盟、智利、巴基斯坦签署了自由贸易协议，随后与多个发达国家开展了自由贸易谈判，并于2008年4月与新西兰签署了自由贸易协议，成为我国与发达国家签署的第一个自由贸易协议，从而实现了我国由南南合作向南南合作、南北合作同时并存的局面。到目前为止，我国自由贸易区的建设总体上呈现出如下三种战略推进模式。

战略推进模式一：“一国两制”下自由贸易区战略推进模式。香港和澳门地区虽然是中国领土的一部分，但以一个地区的身份建立了独立于中国内地的关税区，并且都是WTO的成员。在“一国两制”框架下，中国内地与香港和澳门分别于2003年6月和2003年10月签订了更紧密的经贸关系的安排，这是一国内部签署的自由贸易协议，体现了内地方面单方面给予香港和澳门的优惠待遇。

战略推进模式二：中国与发展中国家的战略推进模式。中国与东盟采用的是先签订货物贸易协议，然后再签订服务贸易协议的逐步深化的模式。其后建立的中国—智利自由贸易区和中国—巴基斯坦自由贸易区都是采用的这种模式，可以把它称为发展中国家战略推进模式。采用这种模式主要有两个原因：一是发展中国家市场经济不是很发达；二是发展中国家与中国经济的竞争性较强，签署自由贸易区的效应，特别是短期效应不确定性较强。为了使签订自由贸易区对经济的负面影响降到最小，很有必要采取逐步深化的推进模式。

战略推进模式三：中国与经济规模较小的发达国家的战略推进模式。中国与新西兰采用的是一次性签订包括货物贸易、服务贸易、人员流动和投资自由化等内容的协议。新西兰代表了市场经济制度完善，但经济规模较小的发达国家。这种模式可以称之为中国与经济规模较小的发达国家的模式。中国与这一类国家谈判比较容易取得突破，一方面，中国与这些国家整体上来说互补性大于竞争性，这类国家只是某些产业有优势，一般不会要求中国开放其弱势领域；另一方面，经济规模较小的国家普遍有进入中国这样的新兴消费市场的需求。

综上所述，伴随着自由贸易区数量的增多，中国自由贸易区战略的实施以周边国家和地区为主，向拉美、欧洲和非洲辐射，合作的领域在不断拓展与深化，具体实施战略的推进模式根据对象国有区别地进行选择。

3. 中国自由贸易区的提升方向

中国自由贸易区的发展要实施更加主动的自由贸易区战略，通过自由贸易区扩大开放,提高开放水平和质量,深度参与国际规则制定,拓展开放型经济新空间,形成全方位开放新格局,开创高水平开放新局面,促进全面深化改革,更好地服务国内发展。中国自由贸易主要有以下六个方面的提升方向。

第一,加快构建周边自由贸易区。力争与所有毗邻国家和地区建立自由贸易区,不断深化经贸关系,构建合作共赢的周边大市场。

第二,逐步形成全球自由贸易区网络。争取同大部分新兴经济体、发展中大国、主要区域经济集团和部分发达国家建立自由贸易区,构建金砖国家大市场、新兴经济体大市场和发展中国家大市场等。

第三,提高货物贸易开放水平。坚持进出口并重,通过自由贸易区改善与自由贸易伙伴双向市场准入,合理设计原产地规则,促进对自由贸易伙伴贸易的发展,推动构建更高效的全球和区域价值链。在确保经济安全、产业安全和考虑产业动态发展需要的前提下,稳步扩大货物贸易市场准入。同时,坚持与自由贸易伙伴共同削减关税和非关税壁垒,相互开放货物贸易市场,实现互利共赢。

第四,扩大服务业对外开放。通过自由贸易区等途径实施开放带动战略,充分发挥服务业和服务贸易对我国调整经济结构、转变经济发展方式和带动就业的促进作用。推进金融、教育、文化和医疗等服务业领域有序开放,放开育幼养老、建筑设计、会计审计、商贸物流和电子商务等服务业领域外资准入限制。加快发展对外文化贸易,创新对外文化贸易方式,推出更多体现中华优秀文化、展示当代中国形象、面向国际市场的文化产品和服务。讲好中国故事、传播好中国声音、阐释好中国特色,更好地推动中华文化"走出去"。吸引外商投资于法律法规许可的文化产业领域,积极吸收借鉴国外优秀文化成果,切实维护国家文化安全。在与自由贸易伙伴协商一致的基础上,逐步推进以负面清单模式开展谈判,先行先试、大胆探索、与时俱进,积极扩大服务业开放,推进服务贸易便利化和自由化。

第五,放宽投资准入。大力推进投资市场开放和外资管理体制改革,进一步优化外商投资环境。加快自由贸易区投资领域谈判,有序推进以准入前国民待遇加负面清单模式开展谈判。在维护好我国作为投资东道国利益和监管权的前提下,为我国投资者"走出去"营造更好的市场准入和投资保护条件,实质性改善我国与自由贸易伙伴双向投资准入。在自由贸易区内积极稳妥地推进人民币资本项目可兑换的各项试点，便利境内外主体跨境投融资。加强与自由贸易伙伴的货币合作，促进贸易投资便利化。

第六，推进规则谈判。结合全面深化改革和全面依法治国的要求，对符合我国社会主义市场经济体制建设和经济社会稳定发展需要的规则议题，在自由贸易区谈判中积极参与。参照国际通行规则及其发展趋势，结合我国发展水平和治理能力，加快推进知识产权保护、环境保护、电子商务、竞争政策和政府采购等新议题谈判。

4. 中国“一带一路”贸易区的发展

中国的“一带一路”倡议是要构建以周边国家和地区为主的、以沿线国家为主的自由贸易区网络体系。“一带一路”倡议是习近平主席2013年9月、10月分别提出的，古代丝绸之路沿线覆盖60多个国家，但习近平主席在2015年和2014年多次出访的重要会议上讲，我国“一带一路”的倡议是开放的，是面对所有国家的。习近平主席的这些讲话引起了更多国家对“一带一路”倡议的关注，如加拿大及北美的其他一些国家都对它们能否被划入“一带一路”表现出积极的愿望。2015年，美国国会代表团到访中国国际经济交流中心，也提出美国是否有可能加入“一带一路”的问题。

现在社会上有很多的提法，60多个国家，借用古丝绸之路的文化符号，赋予它时代的内涵，用“一带一路”这样一个重大的倡议，使更多国家通过政策沟通、设施联通、贸易畅通、资金融通和民心相通这“五通”打通各个国家之间有形的、无形的壁垒和障碍。这里很重要的一条就是，我们在全球的产业链、价值链、服务链的转移中无障碍，贸易和投资便利化、自由化方面无障碍，起码是消除障碍，实际上这是一种共享经济，这也是对党的十八届五中全会提出的共享理念的诠释，是非常好的国际化诠释。

在“一带一路”这样一个重大倡议下，沿线国家能够加快构建以周边为主的自由贸易区网络，对于中国及周边国家都会带来新的机遇。按照古丝绸之路，沿线有60多个国家，44亿人口，人口占全世界的63%，经济规模占全世界的29%，货物和服务出口占全世界的24%，欧亚铁路网已经超过8万公里。

“一带一路”沿线国家有发达国家，也有不发达国家。比如，东盟自由贸易区中10个国家都是“一带一路”的沿线国家，推动与东盟自由贸易区2010年完成谈判之后，现在进入了“升级版”，从原来的黄金10年进入钻石10年，其实这就是与“一带一路”很好的结合，它既能推动自由贸易区战略升级，又能打通与东盟自由贸易区的几大通道。我国有“一带一路”的六大通道，其中一条非常重要的通道就是我国和面向东盟的战略通道，包括和东盟的经济走廊。另一条通道——中巴经济走廊，也在建设中积极推进贸易合作。习近平主席到巴基斯坦确定了“4+1”的立体工程，投资410亿元，这项投资系市场化运作，与巴基斯坦合作合资。这既是自由贸易区战略，又是“一带一路”建设。类似的情况还有很多，现在已涉及30多个国家，这30多个国家中，在“一带一路”范畴内的占50%以上。所以，推动“一带一路”和推进自由贸易区战略是并行不悖的。总体来说，以周边为主，围绕“一带一路”沿线国家构建自由贸易区网络体系，可能是未来发展我国自由贸易区战略中非常重要的一步，也是非常关键的一步。

（三）中国自由贸易区的特点

中国虽已提出“实施自由贸易区战略”的概念，但人们并不了解其具体内容，更不知发展目标及行动举措，因此，该战略仍停留在上层和少数操作部门层面上，致使地方和企业不能及时跟进并采取相应行动，以充分、有效地获取自由贸易区所产生的效益。鉴于此，应抓紧研究制定自由贸易区战略的近、中、长期规划以及实施方案，包括目标明确、可操作性强的具体实施措施等，为自由贸易区战略顺利、有效实施铺平道路。

在过去十几年的时间里，中国对外自由贸易区的建设在广度和深度上不断推进，与有关国家和地区的经济融合程度不断提高，但从总体上看，中国自由贸易区建设并没有固定的模式和标准。无论是在自由贸易区的对象选择、地区布局上，还是在谈判模式、自由化标准和覆盖内容等问题上，中国自由贸易区建设均呈现出开放包容的多元化特点，体现了中国推进自由贸易区务实灵活的立场。

1. 谈判对象多元化

中国对外商谈自由贸易区涉及多个对象，多元化特征突出。从经济总量来看，居前三位的分别是欧盟、日本和东盟，分别占全球的23.26%、7.99%和

3.24%。全球主要经济体最小的是马尔代夫、冰岛和哥斯达黎加，均占全球比重的0.02%以下。从进出口额来看，最大的前三位仍然是欧盟、日本和东盟，最小的是马尔代夫、冰岛和哥斯达黎加等国。从投资存量来看，最大的欧盟远远超过其他经济体，最小的同样是冰岛、马尔代夫和哥斯达黎加等国。

从成员数量来看，中国目前商谈自由贸易区以双边协定为主，涉及的对象主要是单独一个国家和地区，但也在与东盟、欧盟、海湾合作委员会等区域经济集团推进多边性质、涉及多个成员的自由贸易区建设。

从地理位置来看，中国的自由贸易区伙伴大部分位于亚洲，以南亚、西亚、东亚等周边国家和地区为主，也有少部分位于欧洲、拉美和大洋洲。从国家性质来看，中国的自由贸易区伙伴绝大多数是发展中国家，与发达国家签署自由贸易区协定的数量不多。

2. 自由化水平有差异

衡量一个自由贸易区协定自由化水平的高低通常有两个指标：一是最终实现零关税产品涉及的税目数和进口额比例；二是协定生效之日立即实施零关税产品涉及的税目数和进口额比例。由于部分自由贸易区谈判基年进口额数据无法获得，在此仅计算税目数比例。中国的自由贸易区协定自由化水平并无统一标准。

从第一个指标看，中国对外签署的9个自由贸易区协定中，除中国—巴基斯坦自由贸易区协定外，其他协定最终零关税产品涉及的税目数均在90%以上。

第二个指标反映的是协定生效后可以直接受益的产品比例，往往为企业所重视。从第二个指标看，中国对外已签署的自由贸易区协定立即自由化的标准也不是很固定，而且差异更大，标准高的如中国—冰岛自由贸易区协定，立即实施零关税产品涉及的税目数高达95.6%，低的则没有立即实施零关税的产品。

3. 对敏感产品的处理方式多样

在自由贸易区协定中，部分产业或产品由于竞争力较弱，可能受到降税的冲击。对于这一类产品，中国采取了不同的处理方式，既坚持较高自由化水平，同时也尽可能对国内产业实施保护，减少外部冲击的影响。相关处理方式主要有延长降税过渡期、部分降税、设立特殊保障措施、设立国别配额以及例外不参与降税等。

三、当前国际经济贸易新规则

第二次世界大战后建立起来的现行国际经济贸易规则框架,是由美欧国家主导操纵的产物,首先体现了发达国家的利益和诉求。布雷顿森林货币体系建成了以美元为中心的国际货币金融体系,奠定了全球经济治理的制度基础,世界银行和国际货币基金组织共同搭建了国际金融规则框架;世界贸易组织(WTO)是世界多边贸易体制和治理规则体系的基石;联合国在全球治理中发挥着中心作用。2008年爆发的全球性金融危机成为全球经贸治理体系的转折点。新兴市场国家继续保持绝对的竞争优势。改革全球经济治理机制,构建国际贸易投资新规则成为发达经济体力求占据制度"霸权"地位的主要表现。

国际经济贸易新规则主要从两大自由贸易协定谈判中体现:一是2002年开始的由新西兰、新加坡、智利和文莱四国发起,从2002年开始酝酿的一组多边关系的自由贸易协定——跨太平洋伙伴关系协定(Trans - Pacific Partnership Agreement,TPP);二是2013年6月启动的跨大西洋贸易与投资伙伴协定(Transatlantic Trade and Investment Partnership,TTIP)。由于两者具有一定的相似性,并且TPP的影响更大,所以下面主要介绍一下TPP的相关情况。

跨太平洋伙伴关系协定(TPP)原名亚太自由贸易区,旨在促进亚太地区的贸易自由化。TPP具有最显著的五大特征:一是全面的市场准入。TPP将在货物和服务贸易的几乎一切领域消除或削减关税及非关税壁垒,覆盖贸易的全部范围,包括货物和服务贸易及投资,以便为缔约国的企业、劳工和消费者创造新的机遇与利益。二是实现承诺的区域性方法。TPP将促进生产和供应链的发展,促进"无缝贸易",提升效率,支持工作岗位的创造和维持,提高生活水平,增强环保力度,促进跨境融合,促进国内市场开放。三是应对新的贸易挑战。为增进创新,提升生产力和竞争力,TPP将应对新问题,包括数字经济的发展、国有企业在全球经济中的角色等。四是包容性贸易。TPP包含一些新的要素,试图保障不同发展水平的经济体、不同规模的企业都能从贸易中获益。它包含了一些承诺,旨在帮助中小型企业理解这份协议,利用它所带来的机遇,并提醒

TPP 各缔约国政府关注中小企业所面临的独特挑战。它也包含了一些特别承诺,旨在促进各方发展并帮助其提升贸易能力,确保各方都能兑现协议中的承诺并充分利用其益处。五是区域一体化平台。TPP 意在为区域经济一体化提供一个平台,它从设计上鼓励其他亚太地区经济体加入进来。这些特征使得 TPP 成为一份 21 世纪的标志性协议,也可以为全球贸易设立新标准,并且着手应对下一代的问题。

TPP 除了对现有自由贸易协定(FTA)处理问题的传统方法进行改进之外,也出现了一些新的、正在形成的贸易问题和交叉性问题,包括与互联网和数字经济相关的问题、国有企业参与国际贸易投资的问题、小企业利用贸易协定的能力问题等。

虽然美国宣布退出了 TPP,但这些自由贸易协定仍然反映出当前国际贸易的新规则,主要有以下四个方面的特点。

第一,服务贸易、投资取代货物贸易成为核心。服务贸易和投资在全球范围内的迅速发展已成为国际贸易的主要趋势。国际贸易规则的聚焦点也从货物贸易转变为三位一体的“货物贸易—服务贸易—投资”。在服务贸易方面,TPP 新增加了包括金融服务、电子商务等服务业专门条款。过去的自由贸易协定往往不会把金融、娱乐、医疗、会计等高端服务行业列为开放部门,而 TPP、TTIP 和 TISA 则重点打开这些行业的市场准入,并设置条款以消除跨境服务贸易壁垒,提高各成员国服务贸易政策的透明度。在投资方面,TPP 把母国企业在东道国建立企业的权利放在首位,着力构建监管一致性规则,即在外国投资者与东道国之间建立一个共同的监管条款,避免东道国滥用本国法律对投资者制造壁垒。

第二,谈判议题向边界后规则转移。随着国际贸易环境的变化,信息化和电子商务得到广泛应用,贸易操作的形式发生变化,谈判中产生了许多新的交叉议题,如监管一致、国有企业、电子商务和中小企业等。这些交叉议题呈现出新的规则走势,即从边境贸易壁垒议题深入国境内部,构建边界后规则。边界后规则试图在关乎成员国国内经济制度建设方面建章立制,包括竞争中立、贸易便利化、数据自由流动、非歧视政策、知识产权保护、信息技术发展和政府透明度等。TPP 和 TTIP 中都涉及国有企业的竞争中立原则,以限制一国政府层面的商业行为，使国有企业不能享有比其他企业更高的特权，并允许其他国家企业进入其政府采购市场，对成员国国内市场提出了很高要求。

第三，标准和自由度更高。新贸易投资规则的标准比 WTO 与 APEC 现行规则更高，其中很多要求都超出了发展中国家的发展水平。TPP 成员国须在 10 年内实现百分之百零关税，包括敏感商品，以实现货物贸易完全自由化，并在知识产权保护部分加入了加强互联网知识产权保护、延长著作权的保护时间、规范临时性的侵权行为等高要求条款。在互联网自由与执行上涵盖数据的跨境流动，引起新西兰等国家对隐私的担忧。各项协议均在电信、金融等关键领域和电子商务等新兴领域主张全方位自由化，领域之广泛前所未有。在服务贸易方面，高标准、高自由度体现得格外明显。美国挑战《服务贸易总协定》的正面清单原则，力推负面清单原则，即除了明确列出的经济部门外，其余的都予以开放。这意味着在服务贸易中出现的任何新部门都将自动开放，使交易更加便利的同时，也为贸易带来了很大的不确定性。

第四，新规则更多地体现了高收入国家的意志。新规则是以美国为首的高收入国家为了促进本国增长与就业而推动建立的，适应了发达国家的需要，但是摒弃了 WTO 对发展中国家的优惠政策，很高的标准和很广的自由度远远超出了许多发展中国家的承受能力，也与发展中国家在全球经济中的责任义务不相符，实质上成为一种变相的贸易保护主义，限制发展中国家的出口贸易。如在 TPP 谈判中，美国主张针对敏感产品实施的原产地规则带有贸易保护主义色彩，对纺织品的生产采用北美自由贸易区的“纺纱前沿”方法，即从棉纱开始都要在 TPP 成员国中生产，避免中国等中间国获利。

（殷华　周犀行）

中国自贸区战略的发展现状和推进障碍

中国建立的自由贸易区以亚太地区为主，逐步向全世界发展，除了数量上的增加外，质量上也得到了大幅的提升，中国与自由贸易协定伙伴国家或地区的双边贸易在近10年来总体上呈现出快速增长的态势。但当前中国自由贸易区战略也面临着挑战。一是亚太地区区域合作出现碎片化趋势，该地区有超过56个自由贸易协定，多个自由贸易协定的相互重叠，削弱了每个自由贸易区的实际效果；二是中国当前谈判或建设中的自由贸易区普遍水平较低，主要以关税减让为主，与高水平自由贸易协定还有不少差距。

一、中国自由贸易区协定的发展阶段：亚太地区

早在“十五”规划中，中国就将“积极参与区域经济合作”确定为提高对外开放水平的重要途径之一，建立自由贸易区已成为中国对外开放的重要战略。截至目前，中国已先后和韩国、澳大利亚、中国港澳地区、东盟、巴基斯坦、智利、新西兰、新加坡、秘鲁、哥斯达黎加、冰岛、瑞士和格鲁吉亚等23个国家与地区签署了15个自由贸易区协定，建立了自由贸易区。这些已建成的自由贸易区的贸易总额已占中国外贸总额的1/3。目前中国另有8个自由贸易区正在谈判中，9个自由贸易区正在研究进行中①。

（一）中国—东盟

1. 基本情况

中国—东盟自由贸易区涵盖18亿人口，GDP接近6万亿美元，贸易额达4.5万亿美元，是世界上由发展中国家组成的最大的自由贸易区。2000年11

① 资料来源：中国自由贸易区服务网，http://fta.mofcom.gov.cn/。

月，朱镕基总理在新加坡举行的第四次中国—东盟领导人会议上，首次提出建立中国—东盟自由贸易区的构想，并建议在中国—东盟经济贸易合作联合委员会框架下成立中国—东盟经济合作专家组，就中国与东盟建立自由贸易关系的可行性进行研究。2001 年 3 月，中国—东盟经济合作专家组在中国—东盟经济贸易合作联合委员会框架下正式成立。专家组围绕中国加入世界贸易组织的影响及中国与东盟建立自由贸易关系两个议题进行了充分研究，一致认为中国—东盟建立自由贸易区对东盟和中国是双赢的决定，建议中国和东盟用 10 年时间建立自由贸易区。这一建议经过中国—东盟高官会和经济部长会的认可后，于 2001 年 11 月在文莱举行的第五次中国—东盟领导人会议上正式宣布。2002 年 11 月，第六次中国—东盟领导人会议在柬埔寨首都金边举行，朱镕基总理和东盟 10 国领导人签署了《中国与东盟全面经济合作框架协议》，决定到 2010 年建成中国—东盟自由贸易区，这标志着中国—东盟建立自由贸易区的进程正式启动。

《中国与东盟全面经济合作框架协议》提出：中国与东盟加强和增进各缔约方之间的经济、贸易和投资合作；促进货物和服务贸易，逐步实现货物和服务贸易自由化，并创造透明、自由和便利的投资机制；为各缔约方之间更紧密的经济合作开辟新领域等全面经济合作的目标。2004 年 11 月，中国—东盟签署了《货物贸易协议》，规定自 2005 年 7 月起，除 2004 年已实施降税的早期收获产品和少量敏感产品外，双方将对其他约 7 000 个税目的产品实施降税。2007 年 1 月，双方又签署了自由贸易区《服务贸易协议》和《投资协议》的谈判。

2. 贸易情况概述

中国—东盟自由贸易区的建设使双方业已密切的经贸合作关系得到了进一步加强，也对亚洲及世界的经济发展做出了积极的贡献。图 1 – 2 描述了 2006—2015 年 10 年内中国和东盟之间进出口总额的变化趋势。

中国与东盟的贸易量总体呈现稳步上升趋势，自 2005 年自由贸易协定签署以来，进出口总额快速增长，仅在 2009 年可能由于全球金融危机的原因有所下降，但次年就迅速反弹。到 2015 年，中国与东盟之间的进出口总额达到 4 717.66亿美元，基本与上年处于同一水平。

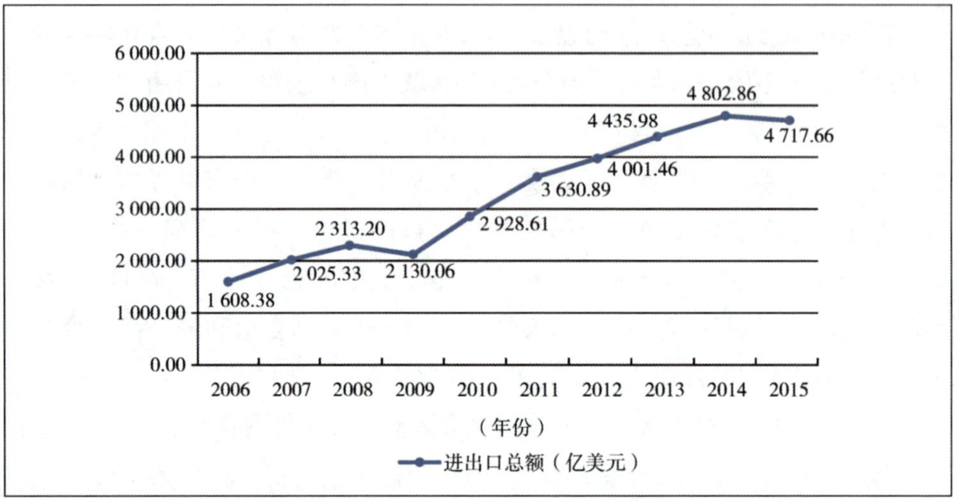

图1－2　2006—2015年中国与东盟贸易情况

数据来源:中国统计年鉴。

3. 经济效应与不足

中国—东盟自由贸易区除了一般贸易转移效应等优势外,更重要的一点是,中国同东盟国家地理位置相邻,东盟国家是中国西南省区的主要出口市场,其与东盟国家的贸易互补性也较强,通过与东盟在自由贸易区的框架下加强经济合作,将大大促进这些省区的出口,为其在更大范围内参与国际分工和分享分工效益创造条件,促进区域经济的协调发展,同时也将提升中国的整体经济实力和扩大中国的政治影响力。

但中国—东盟自由贸易区也有一些内在问题。一是双方产业结构存在相似性,市场竞争激烈。中国与部分东盟国家的经济发展水平接近,产业结构较为相似,并大都以农业、资源密集型产业和劳动密集型产业为主;同时,双方的主要出口国都集中在美国、欧洲及日本等发达国家和地区。这就必然导致双方贸易结构趋同,使双边在国际市场上的竞争日趋激烈,不仅影响双边贸易额的增长,也对双方的进一步合作带来负面影响。二是东盟内部矛盾重重。目前,东盟本身还处于逐渐成形的过程中,存在着一定的困难和各种矛盾。东盟区内各成员经济发展水平具有明显差异,从而其各成员在贸易自由化方面存在较大的分歧和矛盾。这可能对中国—东盟自由贸易区的发展形成一定障碍。三是双方增进互信仍有障碍。从区域经济集团化发展的要求来看,中国和东盟要加强区域经济合作必然涉及政治、外交和文化等多方面的沟通与合作,中国与部分东盟国家存在领土争议,部分东盟国家对中国也有意识形态的偏见。因此,要真正加强东盟国家和中国的互信还有许多工作要做,要从各个方面巩固和加强双方相互信任的基础。

(二)中国—巴基斯坦

1. 基本情况

2005 年 8 月,中巴自由贸易区全面降税的谈判在中国新疆乌鲁木齐正式拉开序幕。通过六轮谈判,在 2006 年 11 月胡锦涛主席访巴期间,《中华人民共和国政府和巴基斯坦伊斯兰共和国政府自由贸易协定》正式签署。中巴自由贸易协定是继中国—东盟自由贸易区货物贸易协议和中国—智利自由贸易协定之后我国对外签署的第三个自由贸易协定,是两国关系史上一个重要的里程碑。

货物贸易方面,中巴两国于2007 年7 月1 日起对全部货物产品分两个阶段实施降税。第一阶段在协定生效后 5 年内,双方对占各自税目总数 85% 的产品按照不同的降税幅度实施降税。其中,约 36% 的产品关税将在 3 年内降至零。中方降税产品主要包括畜产品、水产品、蔬菜、矿产品和纺织品等;巴方对应降税的产品主要包括牛羊肉、化工产品和机电产品等。其余约 49% 的降税产品将在 5 年完成不同幅度的关税减让:税率降至 5%,或削减 50% 和 20% 的关税。第二阶段从协定生效的第 6 年开始,双方将在对以往情况进行审评的基础上,对各自产品进一步实施降税。贸易目标是在不太长的时间内,在照顾双方各自关注的基础上,使各自零关税产品占税号和贸易量的比例均达到 90%。

服务贸易方面,相比于其他主要的服务贸易协定,中巴服务贸易协定是开放范围最广、开放程度最高的一个协定。这一特点体现在四个方面:一是对建筑、电信、金融、分销、医疗、环境、旅游、运输、研发和计算机教育等诸多服务部门和分部门扩大开放,大幅减少对外资的股比限制;二是在 56 个服务部门和分部门向中国提供市场准入,包括新开放分销、教育、环境、运输、娱乐文化和体育六个主要服务部门,以及新开放快递、法律、会计和簿记、建筑设计、兽医、助产士和护士护理、计算机及其办公设备维修、干租、印刷出版、农用设备等诸多服务分部门;三是根据具体情况,同意在外资股比方面给予中国服务提供者更加优惠的待遇,特别是在快递、电信、旅游三个服务部门视情允许独资;四是在人员流动方面提供更加宽松和便利的条件。总的来看,其开放的程度之高,主要是体现在影响“商业存在”的服务提供方式上。中方则在对 WTO 承诺的基础上,在6个主要服务部门的28个分部门进一步对巴方服务提供者开放,具体包括采矿、研发、环保、医院、旅游、体育、交通、翻译、房地产、计算机、市场调研、管理咨询、印刷出版、建筑物清洁、人员提供和安排服务等。

2. 贸易情况概述

中国与巴基斯坦的自由贸易协定对两国贸易发挥了重要的促进作用。图1-3描述了2006—2015年10年内中国和巴基斯坦之间进出口总额的变化趋势。

图1-3　2006—2015年中国与巴基斯坦贸易情况

数据来源:中国统计年鉴。

在2006年自由贸易协定签署的最初几年,中巴之间的贸易效应还没有充分显现,但从2009年开始,中巴之间的贸易迅速增长,进出口总额从2009年的67.88亿美元增长到2015年的189.17亿美元,提高了近3倍,而且其间并没有受到金融危机等因素的影响，基本呈现线性增长趋势。

3. 经济效应与不足

中巴自由贸易协定的高水平程度也是两国全天候战略伙伴关系的反映，中国也顺理成章地成为巴基斯坦第一大贸易伙伴。但在这项自由贸易协定的基础上，两国的合作依然有一些可以提升的方面。一是未将知识产权保护制度纳入其中。知识产权在各国之间的投资和贸易行为中扮演着重要角色，对其保护有利于区域的贸易自由化。同时，巴基斯坦在软件设计开发方面也具有一定优势，而这很可能涉及知识产权问题。将知识产权保护排除在外，不仅使其在结构上存在重大缺陷，而且不利于两国在知识产权领域的发展。二是电子商务规则的缺失。中巴自由贸易协定签署已经逾10年，目前电子商务成为实体经济和相关贸易的重要方式甚至是重要组成部分，电子商务相关规则的空缺，无疑会在一定程度上阻碍中巴未来在电子商务方面的合作，从而不利于促进中巴两国贸易的往来。三是政府采购规则的缺失。政府采购是一种重要的经济行为，特别是基于两国政府的友好关系，政府项目的经济合作比较多，自由贸易协定在此方面的空缺会明显缩小货物贸易自由化的范围。

（三）中国—新加坡

1. 基本情况

中国—新加坡自由贸易区谈判启动于2006年8月，经过八轮艰苦而坦诚的磋商，双方于2008年9月圆满结束谈判，签订了自由贸易协定。协定涵盖了货物贸易、服务贸易、人员流动、海关程序等诸多领域，是一份内容全面的自由贸易协定。双方在中国—东盟自由贸易区的基础上，进一步加快了贸易自由化进程，拓展了双边自由贸易关系与经贸合作的深度与广度。

货物贸易方面，根据中新协定，新方承诺在2009年1月1日取消全部自华进口产品关税；中方承诺在2012年1月1日前对97.1%的自新进口产品实现零关税。

在服务贸易方面，双方进一步相互扩大市场准入范围。在商务人员入境方面，双方在协定中设立了自然人移动章节，明确了商务人员临时入境的纪律和准则，并就居留时间和条件做出具体承诺，进一步便利两国人员往来，为自然人临时入境建立透明的标准和简化的程序。

同时，在诸如原产地规则之类的一些敏感问题上做出必要和合理的规范。由于新加坡在与中国签署协定之前已经先后同美国、日本、欧盟以及东盟其他国家签署了自由贸易协定，因此，新加坡对这些国家的进口产品也完全实施零关税。而这些欧美发达国家有可能把新加坡作为中转站，将一些产品输入中国而享受协定带来的贸易优惠。为了防止“搭便车”的情况发生，协定中强调了原产地规则的规定。建立有效的原产地规则就可以真正保证两国的原产品可以在自由贸易区内享受互惠性的贸易待遇。

2. 贸易情况概述

中国与新加坡的自由贸易协定对两国贸易起到了重要的稳固和促进作用。图1－4描述了2006—2015年10年内中国和新加坡之间进出口总额的变化趋势。

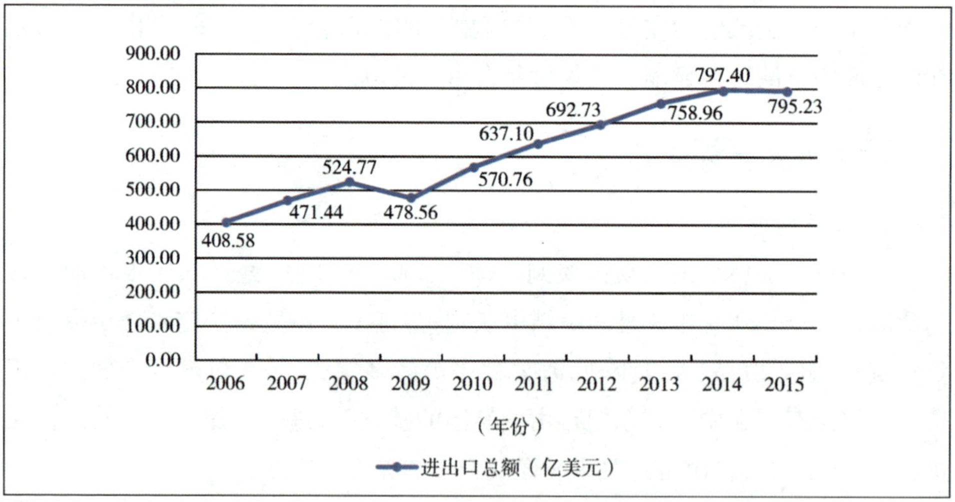

图1－4　2006—2015年中国与新加坡贸易情况

数据来源：中国统计年鉴。

中国与新加坡之间的进出口总额在2009年前的几年中处于稳定状态，大约在500亿美元左右，2009年还出现了下降。但从2009年自由贸易协定签署以后，中国与新加坡之间的进出口总额开始稳步上升，到2015年达到了795.23

亿美元,增长了60%左右,大幅提升了两国之间的贸易水平。

3. 经济效应与不足

一方面,中国—新加坡自由贸易区建立产生的贸易创造效应相对较大。然而值得注意的是,中国—新加坡自由贸易区的建立对两国贸易的影响程度不同,原因可能是中国从新加坡进口的基数大,所以增长速度缓慢;而中国对新加坡出口规模基数较小,所以增长速度较快,对中国向新加坡出口的影响大于中国从新加坡进口的影响。另一方面,中国—新加坡自由贸易区的成立对非成员国的贸易转移效应相对较小,自由贸易区的贸易效应以贸易创造效应为主。

中国—新加坡自由贸易区的发展经验表明,在积极推进自由贸易区发展战略的同时,应全面分析中国与对象国的贸易互补性与竞争性,积极探索新的经贸合作渠道,拓展新的合作方式,发挥各自的比较优势,促进双边贸易投资合作不断深化与贸易结构的调整升级。

(四)中国—新西兰

1. 基本情况

《中华人民共和国和新西兰政府自由贸易协定》的谈判和制定过程并不算太长,仅有3年的时间。首轮谈判于2004年12月举行,经过十五轮谈判,2007年12月,双方最终就协定涉及的所有问题达成一致,于2008年4月由中国商务部部长陈德铭与新西兰贸易部部长菲尔·戈夫代表各自政府在北京人民大会堂签署,并将在双方完成相关国内程序后正式生效。这是新西兰继1983年与澳洲签署的澳新更紧密经贸关系协定后最大的、与其他国家政府之间的贸易协定。新西兰国会在2008年7月通过了该协定,当年10月1日生效;协定中涉及的所有内容将在11年间逐步实施,并于2019年完全落实。

货物贸易方面,到2008年10月,37%的中国出口到新西兰的产品及35%的新西兰出口到中国的产品将取消进口产品关税。2016年1月1日前,新西兰将取消全部自华进口产品的关税,中国也将在2019年1月1日前取消96%自新西兰进口产品的关税。

人员流动方面,根据协定,新西兰将为中医、中餐厨师、中文教师、武术教练、中文导游等5类职业提供800个工作许可,同时允许来自中国的车工、焊工、计算机应用工程师和审计师等 20 类职业至少 1 000 个工作名额。对于这类条款,新西兰很多大型企业和加工业的协会表示欢迎,而本地的工会和一些贸易商则提出了反对协定中“劳工输入”的条文。

2. 贸易情况概述

中国与新西兰的自由贸易协定大幅度地促进和推动了两国贸易的发展。图 1 – 5 描述了 2006—2015 年 10 年内中国和新西兰之间进出口总额的变化趋势。

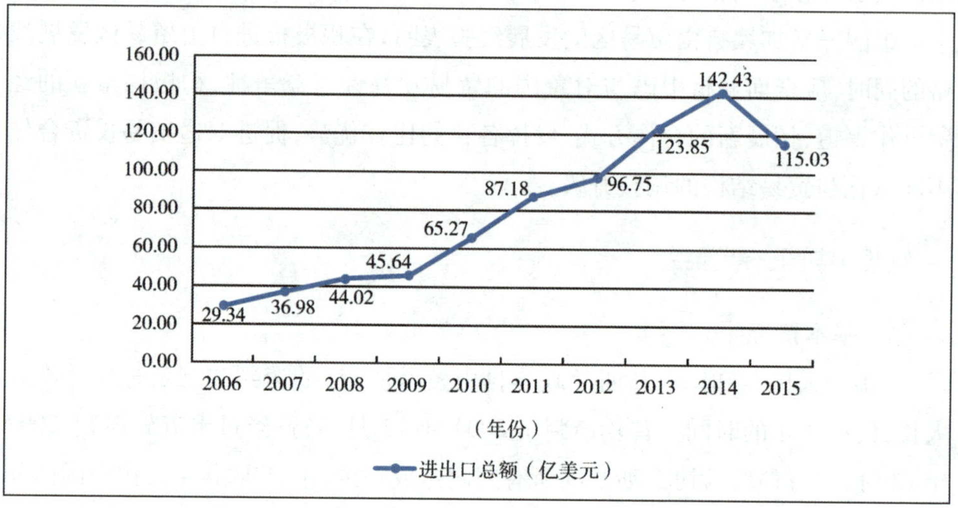

图 1 – 5　2006—2015 年中国与新西兰贸易情况

数据来源:中国统计年鉴。

中国与新西兰在签订自由贸易协定之前,进出口总额呈现缓慢增长态势,到 2009 年为 45. 64 亿美元。在自由贸易协定生效不久后,两国间的进出口总额快速增长,到 2014 年达到 142. 43 亿美元,是 2009 年的 3 倍多。但 2015 年贸易量有所下降,进出口总额为 115. 03 亿美元。

3. 经济效应与不足

中新签署自由贸易协定后,到 2011 年,中国就已经是新西兰的第二大贸易伙伴,协定产生了重要的积极作用。中新贸易协定的签署已经过去 9 年,很多迹象表明,当初的协定已经跟不上两国经贸发展趋势的变化,尤其是在邻国澳大利亚和中国达成条件更优厚的新自由贸易协定后，新西兰的对华贸易很可能会处于不利地位。

一个主要的例子是新西兰的乳制品业。在中新签署自由贸易协定前，新西兰在中国进口乳制品市场所占的比例只有39%，到2012年已经迅速增长到63%，而同期澳大利亚只有5%，中国是新西兰最大的乳制品出口国。但根据2008年的协定，如果新西兰出口中国的乳制品数量超过双方约定的临界值，中国政府有权对超出部分恢复关税征收。当初设置这一条款，是为了保护中国200万户奶场小农户，避免新西兰乳制品用过度贸易的方式垄断中国乳制品市场。2008年，中国的乳制品需求突飞猛进，中国每年新增的液态奶需求就已经与新西兰全年的总产量相当。这意味着每年新西兰对华出口都会超出临界值。中国和新西兰贸易的未来充满机会。巩固双边经贸关系发展，并进一步开拓新的合作领域和合作方式，仍然需要双方更多的沟通和努力。

（五）中国—澳大利亚

1. 基本情况

2014年11月17日，中国与澳大利亚完成了双边自由贸易区的实质性谈判。比中韩自由贸易区谈判尤甚，中澳FTA自2005年4月启动双边自由贸易区协定谈判，近10年间经历了二十一轮谈判，在2008—2009年更曾一度搁置，到2015年6月17日签署自由化整体程度最高的中澳自由贸易协定，过程十分曲折。

根据谈判结果，货物贸易自由化方面，最晚于2019年，澳大利亚对中国所有产品，包括牛奶、酒类、煤炭和海产品等，关税均降为零；中国对澳大利亚绝大多数产品关税最终降为零。在服务领域，中国承诺允许金融部门、工程服务等行业向澳开放，拥有进入中国市场的优待机遇。在投资方面，双方在协定生效日起相互给予最惠国待遇，大幅降低企业投资审查门槛，增加企业投资的市场准入机会、可预见性和透明度。澳大利亚承诺对中国国企审查采取更加宽松的模式，特别是针对对澳进行绿地投资的公司以及运营透明度较高的上市公司。中澳自由贸易协定范围涵盖货物贸易、服务贸易以及投资等10多个领域，其中还包括电子商务和政府采购等。

2. 贸易情况概述

中国与澳大利亚的双边贸易基本维持了较好的增幅。图1-6描述了2006—2015年10年内中国和澳大利亚之间进出口总额的变化趋势。

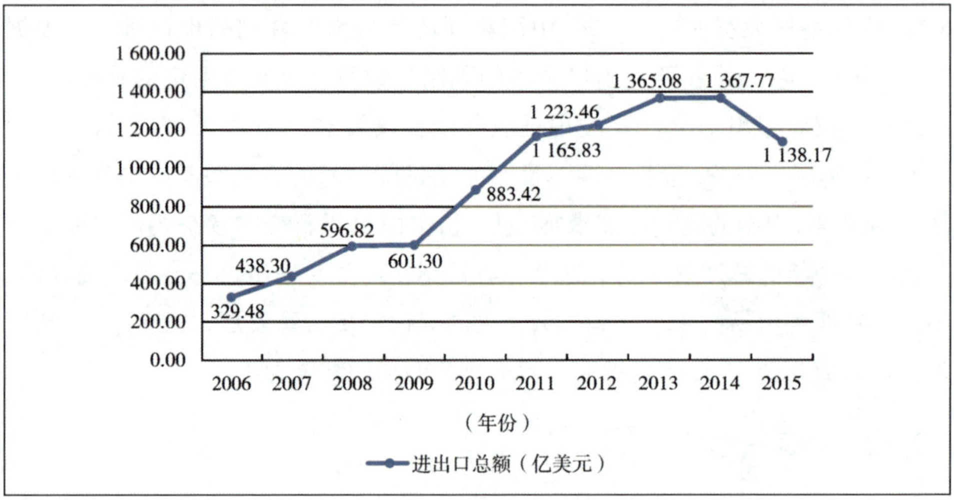

图1-6 2006—2015年中国与澳大利亚贸易情况

数据来源:中国统计年鉴。

由图1-6可见,中国与澳大利亚的进出口总额从2006年的329.48亿美元增长到2015年的1 138.17亿美元,10年间增长了3倍以上,其中主要是在2006—2008年,以及2010—2013年增长比较迅速。值得注意的是,最近几年中澳之间的进出口总额增幅不大,甚至在2015年还首次出现了下降,中澳自由贸易协定的效应还有待观察。

3. 经济效应与不足

关于中澳自由贸易的评价,首先要说明的是,澳大利亚矿产资源丰富,中澳双方依赖性强。澳大利亚与中国在矿产资源领域具有较强的互补性,是中国主要的矿产资源来源国。据OECD统计,中国是澳大利亚铜、镍、铁矿石主要的出口对象国。其次,澳大利亚矿产勘查技术创新能力强,双方合作潜力大。国际机构普遍认为,澳大利亚不仅矿产资源丰富、法律法规健全、市场化程度高,而且其勘查技术和采矿技术最先进,咨询服务业非常成熟,尤其是在地球物理勘探、航空遥感、矿产系统模拟、矿山开采可视化、无人开采及运输设备等领域在全球保持领先地位。

中澳自由贸易也会带来一些挑战,特别是国内矿产勘查业将受到冲击,倒逼地勘行业加速改革。目前,我国还没有建立起真正的勘查市场,承担主要矿产勘查任务的地勘单位不是真正的市场主体,未能成为"自主经营、自负盈亏"的企业,仍然按"戴事业帽子,走企业路子"的模式发展,缺少工作积极性和创新意识。面对澳大利亚勘查技术和服务公司的竞争,中国地勘单位急需进行市场化改革,建立企业化的经营管理模式,通过加大研发力度、吸引创新人才等多种方式提高自身创新能力和竞争力。

(六)中国—韩国

1. 基本情况

中韩自由贸易区从 2004 年 11 月启动双边民间可行性研究,经历了数轮官、产、学联合研究,于 2012 年 5 月启动双边协定的谈判,经过十四轮谈判,终于在 2014 年 11 月完成实质性谈判。2015 年 11 月 30 日,韩国国会经讨论,批准《中韩自由贸易协定》12 月 20 日正式生效。中国已成为韩国最大贸易伙伴、最大出口市场,对华出口约占韩国总出口额的 1/4,中国也是韩国最大的进口来源国、最大海外投资目的国和生产加工基地;韩国是中国第三大贸易伙伴国、第五大外资来源国。2013 年,韩国首度超过日本,成为中国第一大进口来源国,双方经贸相互依赖,贸易往来不断深化。

根据协定,货物贸易自由化方面,经过最长 20 年的过渡期后,实现中国零关税产品覆盖全部商品海关税目的 91%,占进口额的 85%;韩方承诺最终零关税产品覆盖商品税目的 92%,占进口额的 91%,实现高水平的货物贸易自由化。服务贸易自由化方面,中方承诺在视听合作合拍、出境游、环境等部门的开放和合作,韩方承诺在速递、建筑、医疗等方面的市场准入。

从国际贸易投资的新规则上看,中韩 FTA 首次涉及以准入前国民待遇和负面清单模式的谈判,承诺在协定生效后两年内,启动服务贸易的负面清单模式谈判和基于准入前国民待遇和负面清单模式的投资谈判,为今后中国对外区域贸易协定的谈判确定了基调,努力与国际高标准 FTA 的规则实现接轨。中韩自由贸易区首次在自由贸易区谈判中涉及电子商务和地方合作内容,首次设立金融服务、电信服务单独章节,还特别包含了竞争政策、环境等“21 世纪贸易议题”,形成了“高水平、全面”的新型 FTA 协定。

2. 贸易情况概述

中国与韩国的双边贸易在 10 年间基本呈现出稳步增长的趋势。图1 -7 描述了 2006—2015 年 10 年内中国和韩国之间进出口总额的变化趋势。

图 1 -7　2006—2015 年中国与韩国贸易情况

数据来源:中国统计年鉴。

中韩是近邻,双边贸易水平相对较高。由图 1 -7 可见,2006 年两国间的进出口总额就达到了 1 342. 46 亿美元,到 2015 年则达到了 2 757. 92 亿美元,其中,除了在2009 年出现了较为明显的下降以外,其他年份基本保持增长态势。但近两年贸易额的增长明显减缓,中韩自由贸易协定的贸易创造效应也还没有显现。

3. 经济效应与不足

中韩自由贸易协定同样在多方面影响了双边贸易。首先是货物贸易方面。近几年,中国对韩国的工业制成品贸易在资源要素禀赋上的比较优势逐步上升。虽然关税大幅下降和市场进一步开放会对两国一些处于比较劣势的产业造成严重冲击，但随着中国在电机、电气等技术领域产品的竞争力不断提高，中国与韩国在工业制成品贸易之间的技术差距在不断缩小，比较劣势带来的贸易损失也会减少。虽然中韩 FTA 会对中国相对弱势产业造成一定的影响，但这种外部刺激也可倒逼国内政策调整和产业结构升级，最终中韩两国贸易关系将逐步从垂直互补走向平衡竞争。其次是投资方面。中国在中韩双边直接投资中历来都是资金净流入国，主要原因在于韩国经济长期采取外向型的发展战略，忽视招商引资政策的制定与完善，致使国内投资环境不佳，存在融资难、赋税重、劳资纠纷严重等问题。《中韩自由贸易协定》扩大了中国企业投资韩国的领域范围，明确了双方投资准入领域和投资方式，实施投资便利化措施并加强对投资者的保护，有利于在中韩两国形成长期稳定的投资环境，从而增强中国企业对韩国进行直接投资的信心。

中韩自由贸易协定成为中国在东亚地区一体化进程中重要的"破冰"之举，虽然因为朝鲜问题等政治因素，两国的经贸关系还存在一些波动，但仍然无法掩盖中韩自由贸易协定的重大意义：一是有望促进中、日、韩自由贸易区的推进；二是成为亚太一体化进程中的一个"支柱"，在区域一体化进程中发挥"垫脚石"作用。

（七）中国内地—香港

1. 基本情况

2003 年 6 月 29 日，中国中央政府与香港特区政府签署《内地与香港关于建立更紧密经贸关系的安排》（Closer Economic Partnership Arrangement，CEPA）的协议，内容主要涵盖货物贸易、服务贸易和贸易便利化三个方面。

货物贸易方面，由 2004 年 1 月 1 日起，273 个内地税目涵盖的香港产品，只要符合原产地规则都可享有零关税优惠。这些产品包括部分电机及电子产品、塑料产品、纸制品、纺织及成衣制品、化学制品、药物、钟表、首饰、化妆品及金属制品等；最迟于 2006 年 1 月 1 日前，只要符合 CEPA 的原产地原则，香港厂商都可经申请享有零关税优惠。香港特区同意在协议下对所有原产于内地的货品维持零关税，并且不会对该等货品实施限制性贸易法规。

服务贸易方面，协议规定 17 个服务行业获得放宽准入。

贸易投资便利化方面，双方同意在7个领域内加强合作，即贸易投资促进、通关便利化、商品检验检疫、电子商务、法律透明度、中小企业合作和中医产业合作。

自2003年之后，双方于2004—2015年又陆续签署了《补充协议》《补充协议二》《补充协议三》《补充协议四》《补充协议五》《补充协议六》《补充协议七》《补充协议八》《补充协议九》《补充协议十》《广东协议》《服务贸易协议》，完善了CEPA的构成。

最新的进展是，2017年6月28日，商务部与香港特区政府财政司在香港签署了内地与香港《CEPA投资协议》和《CEPA经济技术合作协议》。两个协议自签署之日起生效，其中，《CEPA投资协议》将于2018年1月1日正式实施。

2. 贸易情况概述

内地与香港特别行政区之间的贸易额10年间在波动中实现了较快增长。图1－8描述了2006—2015年10年内中国内地与香港之间进出口总额的变化趋势。

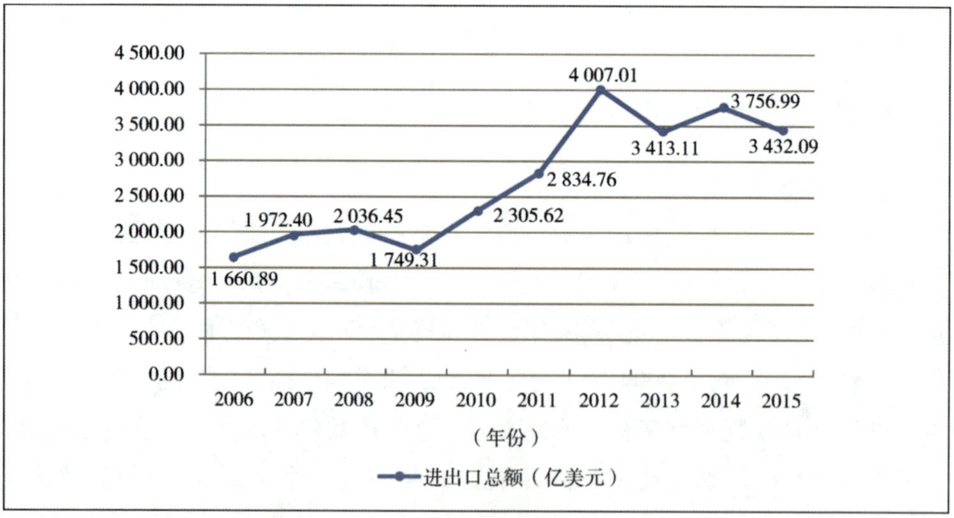

图1－8　2006—2015年中国内地与香港贸易情况

数据来源：中国统计年鉴。

由图 1 – 8 可见,2006 年,内地与香港的进出口总额为 1 660. 89 亿美元,比与台湾地区的贸易额更高。2009 年之前,两地之间的进出口总额基本呈现缓慢增长的趋势,2009 年两地间的进出口总额为 1 749. 31 亿美元,随后进出口总额快速增长,到 2012 年超过了 4 000 亿美元,达到了 4 007. 01 亿美元的高峰。之后的几年,进出口总额虽略有下降,但基本稳定在 3 500 亿美元左右,2015 年内地与香港的进出口总额为 3 432. 09 亿美元。

3. 经济效应与不足

中央政府与香港特区政府签署的协议显著地促进了双方的贸易增长。首先,货物贸易在原有贸易基础上规模不断扩大,内地与香港双边货物贸易的发展呈现出两个特征:一是内地与香港的经贸合作呈现领域不断扩大、层次不断提升。2003—2010 年香港对内地货物出口量累计增长 175%,内地对香港货物贸易出口量累计增长 398%。二是自 2001 年以来双边货物总贸易年增长率与内地出口香港的年增长率远大于香港出口内地商品的年增长率。香港经历三次经济转型以后,制造业向内地转移,制造业式微导致本土制造业空心化,香港产品出口大幅减少。其次,服务贸易与合作逐渐成为内地与香港贸易融合的重点。根据服务贸易方面的协议,内地对香港企业在服务贸易领域优先优惠开放,在开放时间、资金要求、准入条件、地域限制及允许独资经营等方面均超越了中国加入世界贸易组织承诺的内容。CEPA 签署后已有约 5 000 家内地企业赴港投资,香港的中小企业和香港居民可以个体工商户的形式在内地经营零售、餐饮、进出口等业务。服务业作为香港传统的支柱产业发展成熟,由于内地政府重视服务业发展,亚洲金融危机后两地的服务贸易保持稳定增长,特别是 2004 年以来,除 2009 年受国际金融危机的影响外,两地的双边服务贸易增长率均保持在 10% 左右,内地作为香港最主要的服务贸易输入和输出目的地,自 2003 年以来占香港服务贸易输入和输出总额的比重维持在 25% 左右。

研究显示,CEPA 框架下内地与香港的经贸交流呈现出合作领域不断扩大、层次不断提升的趋势;CEPA 框架下服务业逐渐成为内地和香港经贸合作的重点领域,“自由行”以及放宽内地服务市场准入等开放措施为香港经济带来商机和繁荣景象;CEPA 对香港和中国内地存在贸易创造效应,实行两地货物贸易自由化推进了两地经贸关系融合,但与 WTO 以及其他自由贸易协定相比,CEPA

的贸易创造效应还不是很明显。总的来看,CEPA及一系列补充协议的签署和其他合作措施深化了内地与香港的经济融合,其贸易创造效应已经显现并发挥积极作用,但CEPA框架下两地的贸易限制和障碍尚未真正消除。

(八)中国内地—澳门

1. 基本情况

2003年10月17日,在国家副主席曾庆红和澳门特区行政长官何厚铧的见证下,商务部副部长安民和澳门特区政府经济财政司司长谭伯源分别代表中央政府和澳门特区政府在澳门签署《内地与澳门关于建立更紧密经贸关系的安排》(CEPA)。

自2004年1月1日起,澳门273项商品零关税进入内地市场,并在2006年之前所有澳门商品进入内地市场享有零关税待遇;内地对澳门18个服务性行业实行准入;此外,内地与澳门将在7个领域内加强合作。

内地与澳门签署的CEPA主要框架包括三大方面:一是货物贸易;二是服务贸易;三是贸易投资便利化。

在货物贸易方面,根据两地货物贸易和海关监管的实际,内地对澳门原产地的货物分两批实行零关税:一是从2004年1月1日起,将对澳门有较大实际利益的273项税务商品,包括部分化工产品、纸制品、纺织服装、首饰制品、医药产品、食品、电子产品等,作为首批降税的产品实行零关税;二是从2006年1月1日起,所有原产澳门的货物均可享受内地零关税优惠政策。

在服务贸易方面,内地与澳门签署的CEPA涉及的服务业领域有管理咨询、会议及展览、广告、会计、法律、仓储、医疗及牙医、物流、货物运输代理服务、分销、运输、旅游、建筑、视听、银行、保险、证券和电讯等18个行业。

在贸易投资便利化方面包括7个领域的合作:①投资促进;②通关便利化;③商品检验检疫、食品安全、质量标准;④电子商务;⑤法律法规透明度;⑥中小企业合作;⑦产业合作。内地与澳门除加强上述7个领域的合作外,双方还明确在金融和旅游领域的合作内容,加快对专业人员资格的相互承认的磋商。

2. 贸易情况概述

内地与澳门特别行政区之间的贸易在10年间基本上呈现出稳步增长的趋势。

图 1 –9 描述了 2006—2015 年 10 年中内地与澳门之间进出口总额的变化趋势。

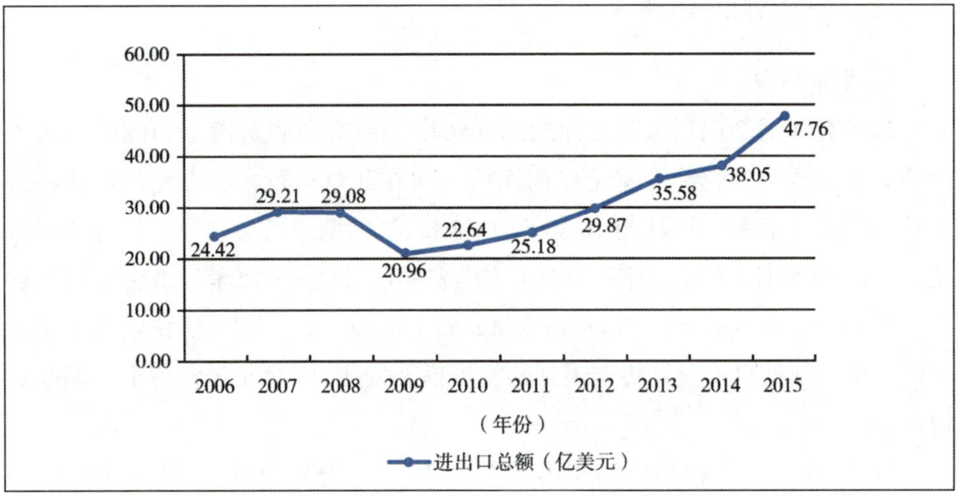

图 1 –9　2006—2015 年中国内地与澳门贸易情况

数据来源:中国统计年鉴。

由图 1 –9 可见,2006 年内地与澳门的进出口总额为 24. 42 亿美元,2008 年增长到 29. 08 亿美元,2009 年可能由于金融危机的原因,进出口总额产生下滑,为 20. 96 亿美元,之后则一路实现了较快增长,到 2015 年,两地间的进出口总额达到了 47. 76 亿美元,相比 2006 年,增幅几乎达到了 100% 。

3. 经济效应与不足

澳门 CEPA 与香港 CEPA 的原则内容上基本一致。同时,考虑到澳门的实际情况和经济差异,澳门 CEPA 中也充分体现了澳门的特点。由于与香港产业结构不同,澳门享受零关税的 273 项商品税目与香港有所不同。由于澳门没有深水港,澳门的许多货物必须经过香港转运,不给澳门货物转运的权利,享受 CEPA 就会打折扣,所以,给予澳门产品特殊的宽容就是澳门可以经过香港向内地转运。在投资贸易便利化方面,内地与香港有中医药的合作,澳门这方面比较薄弱,澳门 CEPA 就转换另一个产业合作。澳门 CEPA 不仅包括大部分澳门已经生产的产品,还有一些现在还未生产但有机会生产和预备生产的产品,如不锈钢餐具、电影以及一些电子产品等,为今后澳门新产业的发展预留了空间。

(九)中国大陆—台湾

1. 基本情况

2010年1月26日,大陆方面的海峡两岸关系协会和台湾方面的财团法人海峡交流基金会“两会”专家工作商谈第一次在北京举行。双方经过坦诚和善意的协商取得了多项共识,2010年6月29日,海峡两岸两会领导人签订合作协议。2010年8月17日,台湾“立法机构”表决通过《海峡两岸经济合作框架协议》(Economic Cooperatino Framework Agreement,ECFA)。这项协议实质上是两个经济体之间的自由贸易协定谈判的初步框架安排,同时又包含若干早期收获协议。

ECFA包括序言和5章16条及5个附件。5章分别为总则、贸易与投资、经济合作、早期收获、其他;16条依次为目标、合作措施、贸易与投资、服务贸易、投资、经济合作、货物贸易早期收获、服务贸易早期收获、例外、争端解决、机构安排、文书格式、附件及后续协议、修改、实施、终止;5个附件依次为《货物贸易早期收获产品清单及降税安排》、《适用于货物贸易早期收获产品的临时原产地规则》、《适用于货物贸易早期收获产品的双方保障措施》、《服务贸易早期收获部门及开放措施》和《适用于服务贸易早期收获部门及开放措施的服务提供者定义》。ECFA的内容基本涵盖了两岸间的主要经济活动,是一项综合性的、具有两岸特色的经济协议。

2. 贸易情况概述

大陆与台湾地区之间的贸易在10年间基本上呈现出稳步增长的趋势。图1-10描述了2006—2015年10年内大陆与台湾地区之间进出口总额的变化趋势。

由图1-10可见,2006年大陆与台湾之间的进出口总额就达到了1 078.32亿美元,站在了千亿元级的水平上;之后两岸之间的贸易额稳步增长,除了2009年出现了一定的下滑以外,其他各年份基本保持了增长态势,到2014年两岸之间的进出口总额达到了1 982.84亿美元,2015年进出口总额虽略有下降,但也达到了1 880.97亿美元,相对2006年虽然增幅不足100%,但数额增长巨大。

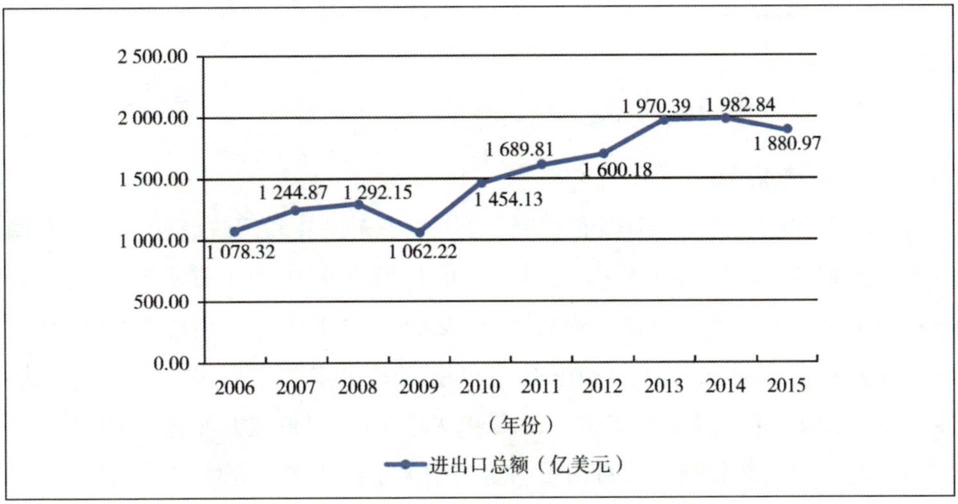

图 1－10　2006—2015 年中国大陆与台湾贸易情况

数据来源：中国统计年鉴。

这段时期两岸保持了政治互信，经贸关系也获得了良好发展。

3. 经济效应与不足

ECFA 的经济效应主要有四个特征。一是短期来看，ECFA 的建立虽然扩大了海峡两岸的贸易规模和总量，但是其早期收获计划将对大陆 GDP、贸易余额和贸易条件产生一定的负面冲击。由于大陆各部门或地区投入产出和贸易结构的差异以及技术水平、劳动生产率和生产规模的差异，大陆一些部门如渔业、机械电子业等领域会受到一定程度的冲击。因此，大陆要重点关注受到不同程度冲击的一些行业的负面影响，大力调整产业结构，提高这些部门的劳动生产率。二是在长期动态条件下来看，ECFA 将显著促进两岸的经济增长、贸易往来和福利水平，而且台湾的改善幅度均大于大陆。台湾地区除了可以借助 ECFA 的签订扩大两岸贸易和投资外，更有利于吸引外资，设立营运总部，有助于舒缓台湾地区面临经济边缘化的危机。三是早期收获计划将对两岸周边地区产生一定的冲击，其中作为两岸重要贸易中转地的中国香港地区所受影响最为显著。四是如果在早期收获计划的基础上全面实施零关税，则会加大对祖国大陆、台湾地区和香港地区的影响程度，但变化方向基本不变。

二、中国自由贸易区协定的发展阶段：非亚太地区

（一）中国—智利

1. 基本情况

2005 年 11 月 18 日，中国和智利签署《中华人民共和国政府和智利共和国政府自由贸易协定》（以下简称《协定》），并于 2006 年 10 月 1 日实施，这是中国与拉美国家签署的第一个自由贸易协定。2008 年 4 月 13 日，中智双方签署《中华人民共和国政府和智利共和国政府自由贸易协定关于服务贸易的补充协定》，并于 2010 年 8 月 1 日实施。2012 年 9 月 9 日，中智双方签署《中华人民共和国政府与智利共和国政府自由贸易协定中关于投资的补充协定》。

在货物贸易方面，《协定》规定，中方 63% 的税目在协定生效两年内降至零，产品主要有纺织品、服装、鞋、箱包、家用电器和蔬菜等；中方 13% 的税目在协定生效 5 年内降至零，产品主要有橡胶、皮革和玻璃制品；中方 21% 的税目在协定生效 10 年内降至零，产品主要有各类冻鱼、葡萄酒和数字电视等。智方 74% 的产品税目在协定生效后施行零关税，产品主要有蔬菜、水果、部分机械和电机产品等；智方 13% 的税目在协定生效 5 年内降至零，产品主要有化学产品、橡胶、箱包和纺织品等；智方 10% 的税目在协定生效 10 年内降至零，产品主要有部分纺织品、纸制品。按照《协定》，中国有 3% 产品的税目被作为协定的例外，主要包括一些关税配额产品，如农产品、磷产品和纸制品等；智利则将包括农产品在内不足 2% 的产品列入市场准入的名单之外。

在服务贸易方面，根据《中华人民共和国政府和智利共和国政府自由贸易协定关于服务贸易的补充协定》，中国的计算机、管理咨询、房地产、采矿、环境、体育和空运等 23 个部门和分部门，以及智利的法律、建筑设计、工程、计算机、研发、房地产、广告、管理咨询、采矿、制造业、租赁、分销、教育、环境、旅游、体育和空运等 37 个部门及分部门将在各自 WTO 承诺基础上向对方进一步开放。

在投资方面，《中华人民共和国政府与智利共和国政府自由贸易协定中关于投资的补充协定》涵盖了常规投资保护协定包括的主要内容和要素，明确将国民待遇限定于准入后阶段，同时允许双方保留现有的与国民待遇不符的

措施。

2. 贸易情况概述

中国与智利的双边贸易在10年间基本呈现出较快增长的趋势。图1－11描述了2006—2015年10年内中国和智利之间进出口总额的变化趋势。

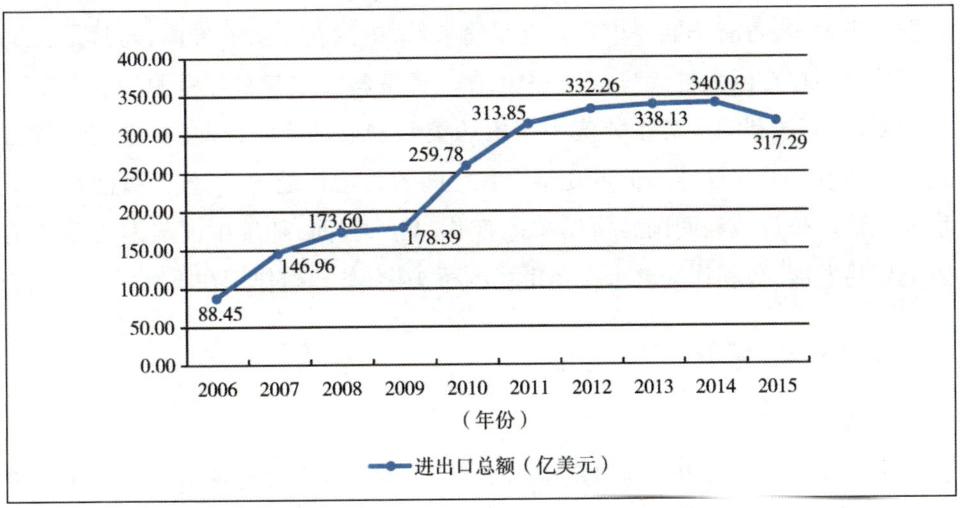

图1－11 2006—2015年中国与智利贸易情况

数据来源：中国统计年鉴。

由图1－11可见，2006年中国与智利之间的进出口总额为88.45亿美元。实施自由贸易协定以后，两国贸易快速增长，到2015年两国间的进出口总额已经达到317.29亿美元，是10年前的3倍以上。在2012年以前，两国的贸易额增幅都较高，其中仅在2009年增幅有过明显降低，近几年，两国的贸易增长放缓，2015年进出口总额更是出现了首次下降。

3. 经济效应与不足

《协定》实施以来，中智双边贸易一路走高，经济合作持续深化。在中智自由贸易协定完成货物贸易、服务贸易和投资三个阶段的渐进性的计划后，中国和智利两国之间的合作领域不断扩大，合作内容日益广泛，中智自由贸易协定发挥了积极作用：一是增强了抵御国际金融危机的能力。2007年年底以来的国际金融危机对全球经济造成了重大冲击，各国经济都受到不同程度的影响，但中智双方在《协定》及后续的关于服务贸易和投资的补充协定相继签署并实施、自由贸易区建设不断推进的背景下,双边经贸关系受国际金融危机的影响很小。2009 年,中国超过美国成为智利的第一大贸易伙伴,同时中国也是智利的第一大出口市场和第二大进口来源地;与此同时,智利已成为中国在拉美的第二大贸易伙伴。二是有助于保证我国的资源类产品进口需求。中国和智利都是发展中大国,各有不同的市场。就目前来看,中国在制造业方面,尤其是轻工业制造方面存在巨大的优势,但是中国在生产资料特别是自然资源方面存在巨大的缺口,而智利的优势主要集中于资源类和农业产品。因此,双方在经济结构上存在巨大的互补性。但近几年中智之间贸易增长乏力,一方面可能是由于世界经济增长放缓和两国经济结构的变化;另一方面,随着中国与南美其他国家的贸易发展,智利作为整个拉美市场的桥头堡,其辐射作用在下降。

(二)中国—秘鲁

1. 基本情况

中国和秘鲁的自由贸易协定谈判于 2007 年 9 月 7 日悉尼 APEC 领导人非正式会议期间,由胡锦涛主席与秘鲁总统加西亚共同宣布启动。经过八轮谈判和一次工作组会议,2008 年 11 月 19 日,在对秘鲁进行国事访问期间,胡锦涛主席与加西亚总统共同宣布中国—秘鲁自由贸易协定谈判成功结束。2009 年 4 月 28 日,两国政府代表在人民大会堂签署了中秘自由贸易协定。

在货物贸易方面,中秘双方将对各自 90% 以上的产品分阶段实施零关税。中秘两国的全部货物产品将分为五类实施关税减让。第一类产品在协定实施后当年实现零关税。第二类产品在协定生效 5 年内逐步降为零关税,分别约占中、秘税目总数的 11.7% 和 12.9% 。第三类产品在协定生效 10 年内逐步降为零关税,分别约占中、秘税目总数的 20.68% 和 14.35% 。第四类产品为例外产品,不作关税减让。第五类产品将分别通过 8、12、15、16、17 年逐步降为零关税,分别约占中、秘税目总数的 0.99% 和 1.95% 。贸易协定实施后,中方的轻工、电子、家电、机械、汽车、化工、蔬菜、水果等产品和秘方的鱼粉、矿产品、水果、鱼类等产品将从中获益。

在服务贸易方面,在各自对 WTO 承诺的基础上,秘方将在采矿、研发、中文教育、中医和武术等部门进一步对中方开放，中方则在采矿、咨询、翻译、体育和旅游等部门对秘方进一步开放。同时，为进一步便利两国人员往来，贸易协定为商务人员临时入境建立了透明的标准和简化的程序。

在投资方面，中秘双方相互给予对方投资者及其投资以准入后国民待遇、最惠国待遇和公平公正待遇；鼓励双边投资并为其提供便利；规定除非为公共利益并经法定程序不得进行征收外，一旦征收应当按照公平市场价值给予投资者补偿；保证投资和收益的自由汇出；确立了以投资者—东道国仲裁为特色的投资争端解决机制。

2. 贸易情况概述

中国与秘鲁之间的双边贸易在10年间获得了长足的发展。图1－12描述了2006—2015年10年内中国和秘鲁之间进出口总额的变化趋势。

图1－12 2006—2015年中国与秘鲁贸易情况

数据来源：中国统计年鉴。

在签署自由贸易协定之前，中国与秘鲁的贸易也在稳步增长，但在2009年出现了下滑，进出口总额为65.5亿美元。其后，两国间的进出口总额快速增长，到2013年达到145.97亿美元的高峰，大约是2006年的近4倍。最近几年两国的进出口总额总体维持在这个水平上，2015年的进出口总额为143.05亿美元。

3. 经济效应与不足

签署自由贸易协定后,中国和秘鲁的经济合作主要呈现出三方面的特点:一是中国对秘鲁的投资增长较快,但占比较低。2010 年双边自由贸易区成立后,中国对秘鲁投资额增长到 6.54 亿美元,占对整个拉美直接投资额的 1.49%,增长率也为历年最高,达到 129.47%。2012 年和 2015 年分别出现负增长,2014 年投资额达到最高,为 9.08 亿美元,但占比仍然较低,为 0.86%。2014 年秘鲁吸引外商直接投资共 76.07 亿美元,而来自中国的直接投资额为 9.08 亿美元,占比为 11.9%。二是进出口商品结构差异较大,互补性突出。中国对秘鲁出口的商品主要以机器、车辆等制成品为主,2015 年中国出口秘鲁的前十大商品主要以 16 类机器、机械器具和 17 类车辆、航空器等为主,两者占比为 36.86%。秘鲁的出口则主要以资源密集型的矿产品和贱金属产品为主。2015 年,中国从秘鲁进口的十大商品中第 5 类的矿产品占比为 71.31%。三是中国在秘鲁投资较少,双方投资不平衡。从中国对秘鲁的直接投资存量来看,2015 年中国对秘鲁的投资额为 7.05 亿美元,占对拉美投资的 0.56%。虽然占比较少,但是比较中国来自秘鲁的实际外商投资额,秘鲁对中国的投资则更少,占整个拉美投资的比例最高只有 0.03%。因此,增加对秘鲁的投资和吸引秘鲁的外商投资是双方自由贸易协定升级的出发点之一。

(三)中国—哥斯达黎加

1. 基本情况

中哥自由贸易协定谈判是在 2008 年 11 月胡锦涛主席访哥期间由胡主席和哥总统阿里亚斯共同宣布启动的。中哥双方经过六轮谈判,于 2010 年 2 月圆满结束谈判。《中国—哥斯达黎加自由贸易协定》经中哥双方友好协商并书面确认,于 2011 年 8 月 1 日起正式生效。

从贸易协定的主要内容来看,货物贸易方面,中哥双方将对各自 90% 以上的产品分阶段实施零关税。中哥两国的全部货物产品将分为六类实施关税减让:第一类产品在协定实施后立即实施零关税,分别约占中、哥税目总数的 65.3% 和 62.9%;第二类产品在协定生效 5 年内线性降税至零,分别约占中、哥税目总数的28.7%和4%;第三类产品在协定生效10年内线性降税至零,分别约占中、哥税目总数的1.8%和21.5%;第四类产品在协定生效15年内线性降税至零,分别约占中、哥税目总数的0.9%和2.5%;第五类为例外产品,不作关税减让,保持最惠国关税,分别约占中、哥税目总数的3.3%和8.9%;第六类为关税配额产品,配额内实施零关税,哥方实施配额管理的产品共4个,中方无关税配额产品。

服务贸易方面,在各自对WTO承诺的基础上,哥方将在电信服务、商业服务、建筑、房地产、分销、教育、环境、计算机和旅游服务等45个部门进一步对中方开放,中方则在计算机服务、房地产、市场调研、翻译与口译和体育等7个部门对哥方进一步开放。例如,哥旅游资源丰富,旅游业是其主要产业之一。在导游服务市场准入承诺中,哥方承诺没有限制,这意味着中国企业可以进入哥国内提供导游服务,分享这块“蛋糕”。

2. 贸易情况概述

中国与哥斯达黎加之间的双边贸易在10年间呈现出大幅波动的态势。图1-13描述了2006—2015年10年内中国和哥斯达黎加之间进出口总额的变化趋势。

图1-13 2006—2015年中国与哥斯达黎加贸易情况

数据来源:中国统计年鉴。

由图1－13可见,2006年中国与哥斯达黎加的贸易额为21.56亿美元,2007年两国建交,贸易额开始较快增长,从2007年的28.73亿美元增长到2012年的61.72亿美元,但之后两国之间的贸易额出现了一定幅度的下滑,特别是2015年的下滑幅度较大,当年进出口总额为21.57亿美元,基本回到了2006年的水平。不过,因为两国贸易额的基数比较小,所以变动幅度会更加明显。

3. 经济效应与不足

中哥自由贸易协定主要有四个特点:一是内容涵盖全面。协定涵盖货物贸易、服务贸易、原产地规则、海关程序、技术性贸易壁垒、卫生和植物卫生措施、贸易救济、知识产权及合作等内容,是我国与中美洲国家达成的第一个一揽子自由贸易协定。二是实现互利双赢。协定既满足了世界贸易组织对自由贸易协定的要求,也照顾了中哥双方的各项关注;既为各自具有优势的产品和产业进入对方市场创造了良好条件,也保护了双方的敏感产品和产业。三是体现出各部门密切合作。协定议题多,涉及外交部、发展改革委、工业和信息化部、财政部、农业部、海关总署和质检总局等30多个部委所管辖业务,共有200余人次参与协定谈判。在历次谈判中,各单位谈判人员以国家利益为重,发扬连续作战精神,团结协作,克服了诸多困难,共同促成了谈判的圆满完成。四是双方在享有贸易救济措施的同时,又对滥用保障措施做出必要的限制。双方将根据WTO相关协定继续保留“两反一保”(反倾销、反补贴和保障措施)的权利和义务。协定在参照WTO保障措施协定和国际上签署自由贸易协定通行做法的同时,将双边保障措施条款纳入其中。这势必有助于两国有效应对双边贸易自由化带来的挑战,又可防止其保障措施被滥用。

(四)中国—冰岛

1. 基本情况

中国—冰岛自由贸易区谈判于2006年12月启动并进行了四轮谈判,2009年,因冰岛提出加入欧盟申请,双方谈判中止。2012年4月,中冰两国领导人商定重启中冰自由贸易区谈判。后经两轮谈判,双方于2013年1月结束实质性谈判,就协定内容达成一致。

根据中冰自由贸易协定的关税减让方案,中冰双方将共同对近96%的税目逐步实施零关税。中方对冰方实施关税减让的商品主要包括冻格陵兰鳙鲽鱼、冻海参、冻黑线鳕鱼等水产品及其他部分农产品和工业品。渔业是冰岛经济的支柱产业之一,2004 年捕鱼量为 172.4 万吨,渔产品出口占冰岛出口总额的 50% 以上,产值约占国内生产总值的 13.5% 。该国对中国出口总量的 90% 为水产品。因此,中冰自由贸易协定对冰岛渔业企业乃至整体经济都意义重大。

2. 贸易情况概述

中国与冰岛之间的双边贸易在 10 年间基本呈现出稳步增长的态势。图 1－14 描述了 2006—2015 年 10 年内中国和冰岛之间进出口总额的变化趋势。

图 1－14　2006—2015 年中国与冰岛贸易情况

数据来源:中国统计年鉴。

因为冰岛经济体量较小,两国间的贸易额基数相对其他贸易伙伴来说比较小。由图 1－14 可见,2006 年中国与冰岛的进出口总额为 1.18 亿美元,之后两年稳步增长,但在 2009 年与很多贸易伙伴一样,贸易额也出现了下滑,随后两国的贸易额开始较快增长,到 2013 年达到了 2.22 亿美元,基本上是 2006 年的 2 倍,之后则基本维持这一水平但略有下降,2015 年的进出口总额为 1.91 亿美元。两国间自由贸易协定的促进效应还有待观察。

3. 经济效应与不足

对于冰岛的消费者来说，自由贸易协定有助于降低冰岛国内物价。以前，冰岛商家从中国进口服装需要经由第三国。如果从中国直接进口，商家将减少15%的关税成本。冰岛电视台报道，以鞋子为例，直接从中国进口将使价格降低13%。

中国与冰岛之间的贸易产品相对比较单一。从进口看，中国自冰岛进口将长期以水产品为主，水产加工品所占比重将逐渐提高。冰岛渔业资源丰富，渔业是冰岛赖以生存的经济命脉。虽然中国水产品也具有较强的竞争力，但双方水产品品种和市场定位不同，因此双方水产品具有一定的互补性。由于冰岛周边海域无污染，水中自然生物营养丰富，水产品质量较高，因而其定位以高端市场为主，其优质北极虾等高端水产品非常受中国消费者青睐。

从出口看，目前中国对冰岛出口的农产品以蔬菜、水果和谷物制品为主，但出口增长总量有限。根据双方贸易协定，冰方将自协定生效起，取消对中国所有水产品的关税，并削减自中国进口的蔬果等园艺产品关税，这必将进一步增强中国优势农产品的出口竞争力，促进中国对冰岛出口。但值得注意的是，由于中冰两国距离较远，冰岛农产品进口来源长期以欧洲国家为主，且冰岛人口较少，市场需求量总体不大，因此从长期来说，中国对冰岛的农产品出口增量仍然有限。

（五）中国—瑞士

1. 基本情况

2013年7月6日中瑞双方签署《中国—瑞士自由贸易协定》，于2014年7月1日正式实施。中瑞自由贸易协定规定，瑞士对中国出口99.7%的商品货物全面实行零关税，其余0.29%部分降税，0.01%为例外商品；考虑到中国产业的承受能力和市场情况，承诺84%的对瑞士出口产品实行零关税，也设定了关税递减的过渡期限（5～15年）。关税递减的例外产品包括机床、纺织品、汽车、液晶面板和医药等。中瑞自由贸易协定的内容，不仅涵盖货物贸易、服务贸易和投资，还包括环境保护、劳工就业和竞争政策等问题，特别是知识产权，是当时中国与其他国家的自由贸易协定中从未包含过的。中瑞自由贸易协定中对服务贸易，特别是金融、证券业的开放和合作也有所涉及，同时通过双边投资协定，鼓励中国企业走出去，进行对外投资。

2. 贸易情况概述

中国与瑞士之间的双边贸易在10年间基本呈现出波动中快速增长的态势。图1-15描述了2006—2015年10年内中国和瑞士之间进出口总额的变化趋势。

图1-15　2006—2015年中国与瑞士贸易情况

数据来源：中国统计年鉴。

由图1-15可见，2006年中国与瑞士的进出口总额为67.64亿美元，到2009年稳步增长到95.44亿美元，随后增幅开始迅速扩大，到2013年两国间进出口总额增长到595.88亿美元，几乎是2006年的9倍，增幅在各贸易伙伴中名列前茅。之后的两年，进出口总额则有所下降，但基本稳定在440亿美元左右。

3. 经济效应与不足

从贸易互补性来看，中国在初级产品以及一些低层次的制成品方面具有比较优势，而瑞士在高端制造业、高新技术领域则具有比较优势。这说明，双方的比较优势有所差异，而这也是双方进一步开展经贸合作的基础。从贸易互补性来看，虽然双边贸易额增长速度较快，但是，由于双方中一方对另一方的依赖程度不同,导致双边虽然具有贸易互补性的基础,但这种基础并没有完全转化为现实的贸易互补性和贸易流量;双边贸易增速虽然很快,但基数仍然不算大,导致双边贸易结构显得比较松散,双方还需要继续努力,以提升双边贸易额总量。

三、中国加快实施自由贸易区战略面临的困难

全球化的自由贸易为中国的发展激发出巨大的潜力,但当前我国自由贸易建设还存在很大的不足。从自由贸易区理论和全球自由贸易区发展形势来看,选择较大的经济体作为自由贸易对象,同时打造高标准自由贸易区对中国更有利,但从前文中谈到的中国自由贸易区推进实践来看,目前中国商谈的自由贸易区实际上规模较小,标准偏低,涉及领域也比较窄。

具体来说,当前,中国自由贸易区战略面临两大挑战:一是亚太地区区域合作出现碎片化趋势,该地区有56个自由贸易协定,多个自由贸易协定的相互重叠会引起“意大利面碗效应”,削弱自由贸易区的实际效果;二是中国当前谈判或建设中的自由贸易区普遍水平较低,主要以关税减让为主,只有与新西兰、瑞士等部分国家的自由贸易协定涉及知识产权、竞争政策等部分非传统议题,这与高水平自由贸易协定(如TPP和TTIP)尚有很大差距。如果不提高自由贸易区建设水平,将面临未来被其他自由贸易协定排除在外,以及在今后多边谈判的经贸制度构建中被边缘化的不利局面。

总体上看,由于中国的相关产业竞争力不强,经营体制和管理水平与国际同业尚有差距,这使中国深入参与相关谈判存在较多政策性和体制性障碍,难以做出较高水平的承诺。然而,如果中国不做出高水平的承诺,就很难在更多领域的合作中发挥引领作用。因此,从目前看,中国在参与高标准自由贸易区协定问题上确实存在较为棘手的困扰。

虽然国际上目前有一些反对全球化的声音,但是全球自由贸易必然是实现更高水平发展的必由之路。中国当前构建高标准自由贸易区主要存在三大困难。

第一,对自由贸易区重要性认识不足,对自由贸易区效应认识片面化,导致对推进自由贸易区谈判的懈怠心理。根据WTO的规则和各国商讨自由贸易协定的实践,自由贸易区要求参与各方在WTO最惠国待遇的基础之上,取消绝大

部分货物贸易的关税和非关税壁垒,实现区域内商品的自由流动,同时降低服务贸易的市场准入条件,减少投资障碍。可以说,自由贸易区对贸易投资自由化的标准远远超过 WTO,建成自由贸易区需要参与各方大幅提高经济的对外开放水平。然而,这与当前一些人对中国对外开放程度和继续推进开放必要性的认识形成了较大差异。这些观点认为,在加入世界贸易组织后,中国已经成为世界上最开放的发展中经济体之一,甚至认为中国开放过度了,因此没有必要大幅推进开放。

第二,一些研究者和政策制定者将自由贸易区效应仅局限于经济领域。在这种思想指导下,要求实现自由贸易区参与各方的经济利益平衡,甚至绝对平衡。实际上,区域经济合作发展的历程表明,对大国而言,建立自由贸易区从来都不是追求纯粹的经济目标,也不可能实现利益的绝对平衡。从本质上看,由于自由贸易区既能促进参与各方经济高度融合,又能巩固提升双边外交关系,有利于参与方化解对抗和增进合作,自由贸易区战略既是经济战略,也是外交战略。因此,在推动自由贸易区谈判时,绝不能仅仅局限于经济利益,必须综合考虑政治、外交、地缘等战略利益。

第三,研究中过多强调产业政策与自由贸易区政策相冲突的一面,忽视自由贸易区对产业发展的促进作用,导致对推进自由贸易区谈判的抵触心理。当前,我国正积极推进产业结构调整,加快转变经济增长方式,这对我国的贸易政策提出了新的要求。一些观点认为,由于我国大量产业正处于中低端向高端发展的关键时期,需要预留这些产业的未来发展空间;另外,由于自由贸易区以相互实现零关税和开放投资服务为目标,具有全面性、一次性和长远性的特征,且优惠待遇一旦给予就不可撤回,留给政府调控的手段和政策空间小,无回旋余地,可能对产业发展带来较大冲击,因此,不宜加快推进与有关国家的自由贸易谈判。

贸易政策是由一国的经济结构特别是产业结构演进内生决定的,两者是相互促进、相互影响的关系。在开放经济条件下,产业政策与贸易政策的联系确实越来越密切,一国的产业发展不可能孤立于国外市场和国际竞争对手。实际上,坚持扩大开放的贸易政策,从我国国情看,是我国产业扩大发展空间、提高国际竞争力的必经之路。江泽民同志在阐述加入世界贸易组织决心的时候就提到过:“我们搞现代化建设,必须要到国际市场的大海中游泳……这对我国提高国际竞争力、在国际综合国力的较量中掌握主动有利。”可见,中央是从掌握我国未来发展战略主动权的角度出发考虑开放问题的,在价值取向上超越了一般意义上的功利目标而升华到方法论层面。

推进自由贸易区建设,对于扩大我国产业发展空间的作用是明显的。当前,由于国内消费能力不足,投资持续快速增长以及重复建设等原因,我国家电、钢铁、水泥和汽车等诸多产业产能过剩的问题十分突出,一些新兴产业严重依赖外部市场,如光伏产业大约90%以上依靠外销。在当前金融危机影响未消、欧债危机持续发酵以及外部需求疲软的情况下,我国亟须加大自由贸易区的建设力度,获取优惠的贸易条件,拓展过剩产业的出口市场。

为了解决困难,中国自由贸易区战略需要考虑进行微调。首先,充分考虑区域整合的势头超过了竞争性开放的势头,在亚太地区应加速区域整合,推动亚太自由贸易区及区域全面经济合作伙伴关系的谈判和建设,整合亚太地区的诸多自由贸易机制安排,减少交易成本,便利投资与贸易,协调RCEP、TPP与FTAAP三者关系,不再单纯追求与周边国家双边的自由贸易谈判。其次,提高合作水平。2013年党的十八届三中全会上《中共中央关于全面深化改革若干重大问题的决定》指出:“加快环境保护、投资保护、政府采购、电子商务等新议题谈判,形成面向全球的高标准自由贸易区网络”。中国依然是发展中国家,但是也要认识到,中国已不同于一般的发展中国家,中国要在未来经贸规则制定权上有一席之地。因此,在与自由贸易伙伴国合作的内容方面,应不限于贸易自由化、便利化等传统领域,要向规制合作方向延伸,加强与伙伴国的相关政策协调,必要时以让渡部分贸易利益换取其他发展空间,为未来争夺更宽领域的国际经贸规则制定权打下牢固基础。

(殷华　周犀行)

对中国自贸区战略的展望和建议

中国参与优惠贸易安排、区域经济合作等多种形式的自由贸易区合作，逐步形成了以自由贸易区为核心，以周边国家为重点，面向全球其他区域，具有中国特色的区域经济合作总体布局。中国自由贸易区未来的发展有三个重点：一是中日韩自由贸易区，三国之间地理相近，经济联系密切，自由贸易区的发展将大大提升东北亚的经济乃至政治合作；二是区域全面经济伙伴关系一旦建成，将是世界上最大的自由贸易区；三是中美BIT谈判，以适应全球高标准国际经贸规则的新形势。

……………………………………………………………………………………

一、中国自由贸易区的战略规划布局

当今世界经济合作有两大潮流，即经济全球化和区域经济一体化。中国应顺势而动，融入潮流。一方面推动经济全球化朝着均衡、普惠、共赢的方向发展；另一方面积极推进区域经济一体化，初步构建具有中国特色的区域经济合作的总体布局，实施以自由贸易区为核心的战略。

自20世纪90年代以来，特别是加入WTO之后，中国积极参与区域经济合作与一体化进程，逐步形成了以自由贸易区为核心，以周边国家为重点，面向全球其他区域，具有中国特色的区域经济合作总体布局。目前，中国参与了多层次、多种形式的自由贸易或区域经济合作，在规划布局上主要有以下六类。

（一）优惠贸易安排

中国最早参加的第一个具有实质意义的区域性优惠贸易安排是《亚太贸易协定》，其前身为1994年签订的《曼谷协定》。该协定是在联合国亚洲及太平洋经济社会委员会的主持下，在发展中成员国之间按照授权条款达成的一项优惠贸易安排。现有成员有中国、印度、韩国、孟加拉、斯里兰卡和老挝。2003年2

月,中国代表团与印度代表团通过积极的双边磋商,在北京达成了《中国与印度关于〈曼谷协定〉的双边磋商纪要》,成功解决了我国与印度在《曼谷协定》中的相互适用问题,进一步增强了《曼谷协定》的活力。

(二)自由贸易区

目前中国已经签署的自由贸易协定达到了15个,涉及23个国家或地区,本篇第三章将详细介绍每个自由贸易协定的发展情况及各自的特点。

(三)跨洲区域经济合作

中国参加的跨洲区域经济合作官方论坛有亚太经合组织、亚欧会议和中非合作论坛。

(四)周边国家的区域经济合作

1. 中日韩与东盟区域经济合作

“10+3”区域经济合作是东亚与东南亚地区之间的合作。自2002年启动以来取得了较快发展,未来还有可能向其他地区扩展,将南亚的印度、大洋洲的澳大利亚和新西兰纳入进来,形成“10+6”区域经济合作,建立更加广泛的以亚洲为核心的区域经济合作。

2. 中日韩区域经济合作

中日韩三国是亚洲经济实力最强的国家,三国的区域经济合作呼声由来已久。其中最为引人注目的是中日韩自由贸易区,这一设想是2002年在中日韩三国领导人峰会上提出的。在这一设想中,中日韩自由贸易区是一个由人口超过15亿的大市场构成的三国自由贸易区。自由贸易区内关税和其他贸易限制将被取消,商品等物资流动更加顺畅,区内厂商由此可以降低生产成本,获得更大的市场和收益,消费者则可获得价格更低的商品,中日韩三国的整体经济福利都会有所增加。本章将在后续内容中单独论述这一重要区域的经济合作。

3. 上海合作组织区域经济合作

从上海五国发展而来的上海合作组织成立于2001年,中国是倡导者并得到了其他国家的积极响应,2004年通过了《上海合作组织多边经贸合作纲要》,

确立了该组织区域经济合作的基本目标和路径，即以商品、资本、技术和信息等要素自由化为目标，以贸易投资便利化和在投资领域的合作为途径，推进区域经济一体化。

（五）次区域经济合作

1. 大湄公河次区域经济合作

大湄公河次区域国家包括中国、柬埔寨、老挝、缅甸、泰国和越南。中国政府高度重视和积极支持中国参与大湄公河次区域的合作，该合作已成为中国与东南亚地区开展经济合作的重要组成部分，为中国与东盟合作的五个重点领域之一。目前次区域经济合作主要包括七个领域，即交通、能源、电信、环境、旅游、人力资源开发和贸易与投资。

2005 年 7 月，大湄公河次区域（GMS）第二次领导人会议批准《GMS 贸易投资便利化战略行动框架》，承诺在 2005—2010 年，配合中国—东盟自由贸易区的建设，在海关制度、检验检疫、贸易物流和商务人员流动四大领域采取具体的便利化措施，降低次区域贸易和交易成本。

2. 大图们江流域合作

图们江地区开发项目合作是 1995 年由联合国开发计划署发起，并在联合国总部由作为参与国的中国、俄罗斯、蒙古、朝鲜和韩国共同签署了加强合作的政府间协定。我国参与方主要是吉林省，2005 年又扩大到内蒙古自治区。目前该合作主要集中在基础设施和经贸合作上，至今已召开过八次部长级会议。2005 年，上述五国在图们江区域合作开发项目第八次政府间会议上，签署了《大图们江行动计划》，将“图们江区域合作开发”更名为“大图们江区域合作”，合作区域扩大到整个大图们江。

（六）“一带一路”跨洲国际合作

除了上述五类基础的自由贸易与经济合作战略，目前最值得关注的就是由中国提出的“一带一路”倡议。

2013 年 9 月和 10 月，习近平主席在出访中亚和东南亚国家期间，先后提出共建“丝绸之路经济带”和“21 世纪海上丝绸之路”的重大倡议。党的十八届三中全会通过的《中共中央关于全面深化改革若干重大问题的决定》明确提出了"推进丝绸之路经济带、海上丝绸之路建设,形成全方位开放新格局"的要求。

"一带一路"是新时期我国全面开放的总规划、总部署,是国家综合实力由大向强的新跨越,是我国今后相当长时期全面对外开放和对外经济合作的一项总规划。"一带一路"是指中国与亚太乃至欧洲,延伸至非洲广大地区和国家互联互通、互利合作的战略构想。它旨在促进经济要素有序自由流动、资源高效配置和市场深度融合,推动沿线各国政策协调,开展更大范围、更高水平、更深层次的区域合作,共同打造开放、包容、均衡、普惠的欧亚区域合作构架。

从国际布局看,"丝绸之路经济带"分为三个方向:一是从我国经中亚、俄罗斯至欧洲;二是从我国经中亚、西亚到波斯湾、地中海;三是从我国至东南亚、南亚、印度洋。陆上方向在实施层面着力打造六大经济合作走廊:新亚欧大陆桥、中俄蒙经济走廊、中亚—西亚经济走廊、中南半岛经济走廊、中巴经济走廊、孟中印缅经济走廊。通过这些经济走廊辐射周边地区。"21 世纪海上丝绸之路"分为两个方向:一是从我国沿海港口经南海到印度洋并延伸至欧洲;二是从我国沿海港口经南海到南太平洋。海上方向在实施层面以重点港口为支点,连通东盟、南亚、西亚、北非、欧洲等各大经济板块,发展面向南海、太平洋和印度洋的战略合作经济带。

"一带一路"是一项史无前例的跨洲国际合作工程,它的出台和实施有着深刻的历史背景,是顺应天时地利之举,是历史再次赋予我国的难得机遇。

从"天时"上看,"一带一路"提出的时间,恰逢中国发展转型期与国际格局调整期相契合的时点。经过 30 多年的改革开放,我国经济持续增长,资本积累基本完成,成为世界第一制造业大国,200 多种工业品产量居世界第一。与此同时,自 2008 年金融危机后,世界经济下行压力加大,发展动力不足。世界经济亟须新的增长点,突破制约经济发展的若干瓶颈。"一带一路"的实施,将推动相关各国实现经济政策协调,开展更大范围和更深层次的区域合作,为世界经济发展带来新的希望。

从"地利"上看,改革开放后,我国经济高速增长,综合国力跃升,但是东西部差距仍然很大,进一步发展亟须缩小地区差距,实现平衡发展。"一带一路"特别是"一带"的推进,将带来中国对外开放地域格局的重大调整和变化,促进占国土面积2/3的广大中西部地区开发，使东西部地区共同承担对外开放的重任。从国际上看，在欧亚大陆上，“一带一路”沿线国家发展极不平衡，通过“一带一路”建设，中国主动向西推广中国优质产能和比较优势产业，将使沿途、沿岸国家首先获益，区域合作各方可相得益彰，共同繁荣。

二、中国自由贸易区的未来发展路径

本小节重点论述我国正在建设的具有重大影响的自由贸易区。

（一）中日韩自由贸易区

2012年11月20日，在柬埔寨金边召开的东亚领导人系列会议期间，中日韩三国经贸部长举行会晤，宣布启动中日韩自由贸易区谈判。中日韩三国人口总数占世界的20%左右；三国经济总量合计超过16万亿美元，占亚洲的70%、世界的20%；三国外汇储备占世界的47%；三国对外贸易总额和对外投资总额均占世界的20%。从这些经济数据中可以看到，中日韩三国在东亚甚至亚洲都是最具经济实力的国家。三国如果能够很好地进行经济合作，不仅对三国自身有利，而且对东亚、亚洲乃至整个世界都将产生重要的影响。

1. 中日韩经济合作的现实性

2015年，中日贸易总额为2 790.38亿美元，同比大跌10.81%。与2011年的高点相比，中日贸易额在短短5年内减少超过600亿美元。2016年前8个月，中日贸易额再次下跌近100亿美元，至1 749亿美元。这是自2011年以来中日贸易额第五年出现连续下跌。日韩两国贸易额自2012年达到最高点以后也持续下跌。2013—2014年两年中，日韩两国的贸易额下降930.15亿美元（日方统计）、860亿美元（韩方统计）。2015年，日韩两国贸易额为709亿美元（日方统计）。就2016年的中日韩三国贸易情况而言，三国相互之间的贸易仍然处在萎缩当中，下降比例为9%～11%。

投资方面，日本对中国的累计投资额和美国基本持平，到2016年，投资存量在1 000亿美元以上。韩国对中国的投资，自1992年中韩建交至2015年年底，投资额累计近680亿美元。中国对日本和韩国的直接投资近年来增长较快，但总的来说，存量还比较低。就中日韩三国相互投资的状况而言，中国对日本与韩国的投资属于刚刚起步，但是增长较快，投资潜力巨大。但是，由于日本与韩国国内比较内向的商业习惯，中国对日本、韩国两国的投资还有诸多障碍，难以形成迅速扩大的局面。

2. 中日韩经济合作的战略基础、战略诉求与战略利益

中日韩经济合作具有深厚的战略基础。一是中日韩三国是东亚地区地理上紧密相连的邻居，这种天然的邻居因素永远不会改变。二是中日韩三国的经济合作在过去几十年取得了显著成就，三国的经济联系已经密不可分。中日韩之间紧密的经济合作联系，促进了自身和对方国家经济的长期增长和相对的经济大国地位。三是中日韩三国之间相互紧密的经济合作成为加强中日韩三国之间政治联系、安全联系的基础。因为三国之间有这样一种强力的相互需求与经济联系，三国面对彼此之间存在的一些矛盾时才能够斗而不破，理性看待。

中日韩三国各自的战略诉求有所不同。

日本长期以来作为东亚地区最发达的国家，一直持有一种傲慢的心态，想引领亚洲国家的发展。这有好的一面，日本有积极性，可以加强同亚洲国家的合作，但也有不利的一面，即日本想争夺亚洲地区的主导权，尤其是在新世纪中国崛起后，敌视中国的发展，在很大程度上把中国作为现实和潜在的敌对国家对待。特别是安倍政府推行的价值观联盟、海洋国家联盟、战略联盟和俯瞰地球仪外交等战略性政策，几乎都无一例外地把中国作为竞争目标，对中国加以围堵和阻遏。

韩国在第二次世界大战后长期执行对美国一边倒的政策，其国际政治和外交的中心都是以韩美同盟为基础，但自从与中国建交以后，中韩经贸关系得到了迅猛发展，为韩国的经济增长和民生改善带来了莫大的好处，也提升了韩国的国际地位。在这种情况下，韩国领导人和政府开始在中美两国之间搞平衡的战略政策。尤其是2015年6月，中韩两国签署自由贸易协定，对中韩两国今后的经济合作将发挥长远的推动作用。但在2016年7月，韩国同意美国在韩部署萨德导弹防御系统，为中韩政治与经济关系带来了极大的冲击。美国在韩国部署萨德导弹系统，实际上是使韩国变相地加入美国在全球的战略导弹防御体系，并由此改变了东北亚地区的战略平衡，中日韩未来的经济合作或将遭受到严重的负面干扰。

中国在东亚地区的战略诉求简单明确，长期以来执行与邻为善、以邻为伴的政策，并由此发展出睦邻、安邻、富邻的政策。中国期待通过和平发展，加大同周边国家全面合作，促进地区和谐、世界和谐局面的出现。习近平主席执政以后，又提出了正确的义利观原则，在正义和利益发生矛盾的时候，宁可舍利取义。中国在中日韩三国的经济合作中，坚持推动中日韩三国自由贸易协定的达成。基于深厚的文化传统，中国的大战略更着重谋势，而非获得具体利益。

3. 中日韩自由贸易区的成本收益分析

中日韩自由贸易区及东亚自由贸易区对于亚洲经济的未来同样具有深远意义。根据亚洲开发银行对2009年亚洲出口贸易进行的分解分析，约71.1%的产品最终流向欧美等域外市场，仅美国一国就占全部最终需求的23.9%，美国国内的巨大市场和消费能力成为影响亚洲经济的重要因素。只要美国还是亚洲经济主要的最终需求市场，亚洲经济与美国经济“脱钩”就无从谈起，亚洲经济特别是东亚经济就不可能摆脱外部危机的扰动。目前世界经济发展不平衡以及对中国或亚洲经济实现“再平衡”的要求的关键在于提高亚洲经济的内需，长期来看这种内需的提高有赖于区域内大国如中国、印度的国民收入水平提高所伴随的消费力提高。但是中短期来看，如果要再平衡，那么如何填补美国留下的需求缺口则关系到亚洲经济的可持续发展问题。而以中日韩自由贸易区为代表的亚洲区域经济一体化，为解决亚洲经济中期发展、适度摆脱美国需求并提高经济安全等问题提供了思路，因为以中日韩自由贸易区为核心的东亚自由贸易区带来的贸易创造效应，则可能填补美国留下的需求缺口，即市场“空白”。

中日韩三国贸易也面临着许多障碍。首先是三国在制造业方面开放的压力。根据相关研究，中国在纺织行业方面的优势明显，但在石化、钢铁、汽车方面存在着较明显的劣势。因此，如果进行自由贸易区谈判，石化、汽车等机械部门的开放问题成为能否取得谈判成功的关键；由于石油行业利益复杂，而且涉及经济安全问题，因而谈判的困难程度也是可想而知的。其次是投资协议方面的问题。投资协议虽然独立于中日韩自由贸易区，但是，根据近年来的发展，各国普遍签署比较全面的自由贸易区协议，即包括货物贸易、服务贸易和投资的广义自由贸易区协议。而中日韩自由贸易区问题中，日韩两国比较关心中国是否能在投资问题上变得更加开放，即中国放宽日韩两国在中国进行投资的行业限制等。虽然放宽投资许可可能会冲击中国某些部门的利益，但是从长期来看，竞争加剧会有效提高行业的国际竞争力，该行业并不一定总是受损的；通过投资协议上一定程度的妥协，也可能推动日韩两国在货物贸易协议上的积极性，这将在全局上推动完成一揽子中日韩自由贸易区协议。

4. 中日韩经济合作的必要性与大方向

政治关系是国家关系的主导与核心因素，由于政治关系是意识形态的产物，意识形态一旦形成则相对稳固，难以在短时间内发生颠覆性的改变。因此，期待中日韩三国关系短时期内在政治上获得大的突破是不切实际的。外交与国际政治关系，必须从经济这一务实的角度，在可能的方向上推动中日韩三边关系的改善。而经济关系中的亮点则非中日韩自由贸易协定谈判的突破莫属。中日韩三国一定要抓住这个地区经济合作的大方向。

中日韩三国签署自由贸易协定的必要性体现在如下五个方面。

第一，三国之间地理相近，是天然的经济合作区，再加上三国的经贸合作关系已经比较紧密，有必要通过签署自由贸易协定，进一步推动三国相互之间贸易和投资的便利化。

第二，尽管中日韩三国经济合作已经比较紧密，但是关税壁垒和非关税壁垒依然存在，通过自由贸易协定的谈判和签署，可以最大限度地消除三国之间经贸合作的壁垒，打通三国经贸合作中受阻的环节，促进贸易和投资的进一步增长。

第三，最近几年，世界贸易处于比较低迷的时期，国际贸易拉动经济增长的作用已经明显减弱，中日韩三国国内经济的增长也受到了影响，有必要通过签署三国自由贸易协定，促进双边贸易增长，拉动各自国内的经济增长。

第四，欧盟、北美等发达经济体之所以能够长期稳定地发展，和它们自身所依托的以自由贸易区为基础的紧密经济合作有很大的关联性。东亚地区的经济合作和地理条件较好，经济联系也比较紧密，却没有一个较大的自由贸易区，阻碍了东亚地区经济和各国经济的发展。因此，有必要通过签署中日韩自由贸易协定促进东亚区域经济合作安排，使东亚地区整体经济合作落后的局面得以改善。

第五,欧盟和北美自由贸易区是一个相对封闭的经济合作区域,对成员国之外的组织和国家保持着关税与非关税壁垒,这使中日韩三国与东亚的其他国家在世界经贸格局的竞争与合作中处于不利地位。只有中日韩和东亚国家建立所在区域的自由贸易区,才能够与欧盟和北美自由贸易区实现地位的对等。

再从双边关系看,中国和韩国之间,因为美国在韩国部署萨德导弹系统的问题,安全矛盾已急剧上升,但总体来说,这应该是中韩之间的局部矛盾,中韩两国应该发挥各自的智慧,找到解决问题的办法,而不要使中韩之间的局部矛盾上升为整体矛盾。中国要耐心向韩国解释中国自身的安全利益诉求,促使韩国理解和改变。同时,尽管中韩两国的自由贸易协定已经生效,但两国之间的贸易额却不断下降,这对日本等第三方也就失去了吸引力。中韩两国有必要加快减免关税与消除贸易壁垒的速度,促进双方互利共赢。

中日关系通过2014年的APEC(亚太经济合作组织)会议与2016年G20会议的两次首脑会晤得到改善,却始终没有大的突破。两国之间的对立和对峙,对双方经济发展都产生了极其负面的影响。当前的中日合作,应吸取20世纪二三十年代的教训,建立在对等与平等的基础之上。因此,除了继续培育两国之间的政治信任关系以外,从推动签署中日韩自由贸易协定的目标入手,建立中日韩自由贸易区,从而深化密切交往,促进中日两国关系的持续改善,这将成为化解中日矛盾的有效途径。

中日韩三国加强互信合作才能更好地促进自身与东亚地区的繁荣。因此,在政治与安全方面存在相对复杂矛盾的情况下,中日韩三国应加深彼此间的沟通与理解,最大限度地避免政治与安全冲突,避免对抗,在合作中寻求利益最大化。这时,以经促政无疑是最为切实可行的办法。为此,三方应积极克服各种阻力,加快签署自由贸易协定,引导中日韩经济合作的大方向。

(二)区域全面经济伙伴关系

区域全面经济伙伴关系(Regional Comprehensive Economic Partnership, RCEP)是由东盟10国发起,邀请中国、日本、韩国、澳大利亚、新西兰和印度共同参加(即"10+6"),通过削减关税及非关税壁垒,建立16国统一市场的自由贸易协定。它是东盟国家近年来首次提出,并以东盟为主导的区域经济一体化合作,是成员国间相互开放市场、实施区域经济一体化的组织形式。若 RCEP 成功,将涵盖约 35 亿人口,GDP 总和将达 23 万亿美元,占全球总量的比重将超过 1/3,所涵盖区域也将成为世界最大的自由贸易区。

RCEP 确立的议题包括货物贸易、服务贸易、投资、经济及技术合作、知识产权、限制企业联盟的竞争政策和争端解决机制七个方面。其中,货物贸易以及服务贸易是对经贸合作最具影响力的核心议题,也是决定整合能否成功的关键所在。本节将在货物贸易关税削减以及服务贸易部门开放两个方面,论述整合可能面临的困境与挑战。

货物贸易方面。关税削减是自由贸易协定中最关键的组成要素之一。从目前签署的 5 个“东盟 +1”自由贸易协定来看,每个协定针对各成员国不同的特色,所采用的关税削减内容有所差异。10 个东盟成员国中有 6 个成员国已经承诺在过渡期以后对超过 90% 的产品实行零关税,其余国家承诺对超过 80% 但低于 90% 的产品实行零关税,分别是印尼、老挝、缅甸以及越南。与东盟内部成员相比较,6 个东盟外部成员中,除印度之外,其他国家所承诺的关税削减幅度均超过了 90%。可见,RCEP 所面临的首要困境是成员国之间关税减让项目及税率各有不同。一方面,不同国家采用了不同的关税减让;另一方面,同一个国家对于不同的签署国也有不同的关税减让标准。对此,作为一个贸易自由化程度较高的新型自由贸易协定,不仅面临“统一关税标准”这个门槛,更要进一步提高关税减让幅度,至少要在 5 个“东盟 +1”自由贸易协定的平均水平之上。进一步发展,如果 RCEP 将关税削减幅度的门槛调高到甚至全面实行零关税,包括中国在内的大多数成员国尚需付出很大努力。

服务贸易方面。根据研究,东盟大多数国家的服务贸易限制指数较低,针对多数给定部门给定服务提供方式为“不作承诺”,显示出服务贸易市场准入程度不高。同时,与东盟签订服务贸易协定的新、澳、中、韩四国的服务部门市场准入程度均高于东盟各国的平均开放程度。由此,若有关服务部门开放的谈判标准以东盟服务贸易框架协定第七阶段的标准为基础,则新、澳、中、韩四国均能够分享到更高程度的东盟服务贸易市场自由化的水平。可见,各国政府对服务部门开放的承诺水平、范围和模式各有不同,在此基础上推进 RCEP、整合和优化东盟与中日韩等国已签署的自由贸易协定,需要制定出具有针对性的发展政策和更宽泛的行业自由化谈判方案,以有效提升 RCEP 服务贸易的自由化水平。此外,RCEP 谈判的战略选择主要应该注意把握三项原则。

第一,先易后难,抓住核心,考虑渐进性和各方国情。在谈判内容上,要从各经济体都关注且容易达成共识的货物贸易自由化入手,对于谈判中的阻碍要遵循先易后难的原则给予解决。对于经济水平较高的经济体,可以尽快地、高标准地进行和落实谈判;对于经济发展较落后的经济体可以设置一个缓冲期,在经过一个合理的时期以后再逐步放开国内市场。同时,谈判也要抓住货物、服务和投资自由化这几个核心要素,稳步推进竞争政策、知识产权保护等多个方面的议题谈判。

第二,搁置争议,深化互信,寻找利益共同点。长期以来,东盟的区域合作能够进行得较为顺利,主要归功于东盟国家遵循“搁置争议、推进共识、形成合力”的合作方式,这种方式也应被 RCEP 所采纳和运用。就像在东亚区域合作中,中国等国主张采用“10+3”模式的“东亚自由贸易区”,而日本赞成“10+6”机制的“东亚全面经济伙伴关系协定”一样,各经济体间都在努力打造有利于自身发展的各种 FTA,谈判中难免存在争议,这就需要各国的妥协,采取折中的方案。RCEP 就是这样一个折中的方案。

第三,兼顾筹建 RCEP 与完善既有 FTA 双结合。RCEP 各经济体要在稳步推进 RCEP 谈判的同时,不断对 5 个“10+1”FTA、中日韩 FTA 谈判、东盟共同体等各种 FTA 完善谈判。以中国—东盟自由贸易区为例,仍有大量后续工作需要完善,如投资合作、贸易便利化合作、知识产权合作以及不断开放市场等。在 RCEP 尚未正式成立时,RCEP 与既有的 FTA 两者间需要相辅相成、相互促进。RCEP 区域内现有的各种 FTA 是减小 RCEP 谈判阻力的“润滑剂”,这些 FTA 可以为 RCEP 最终建成奠定良好的基础。总之,“用两条腿走路”迈的步伐会更大一些,效果会更好一些。

(三)中美 BIT 谈判

双边投资协定(Bilateral Investment Treaty,BIT)包括双边投资保护协定和双边税收协定,目前提到的 BIT 如果不加以解释,一般是指双边投资保护协定。BIT 是指两个国家之间签署的旨在相互保护对方在本国直接投资财产与利益安全的协定。以往，BIT有美国、德国和加拿大范本，但目前的BIT范本主要指的是美国政府于2012年公布的《美国与××国家鼓励与相互保护投资条约(2012)》(2012 US Model BIT)。2012年的美国BIT范本是在2004年BIT范本的基础上经过修改形成的，以作为美国对外进行双边投资协定谈判的基础，在2004年之前美国还有1982年和1994年BIT范本。

2012年的美国BIT范本的主要条款包括定义、范围、国民待遇、最惠国待遇、最低待遇标准、征收和补偿、转移、业绩要求、高层管理与董事会、透明度、投资与环境、投资与劳工、不符措施、信息披露、金融服务、税收、磋商和谈判、提交仲裁请求、仲裁员的选择、仲裁程序的透明性、附件与脚注等。与2004年的范本相比，2012年的范本更强调透明度和公共参与，强化了关于劳动与环境的保护，并针对国有企业制定了更加严格的规定，具体变化和特点主要有五个：一是缔约方的领土范围进一步明确，包括领海以及根据反映于联合国海洋法公约的国际习惯法的、领海外的、缔约方可以实施主权和司法管辖权的区域。二是在透明度的规定上，业界一致认为透明度条款是2012年范本的一大亮点，2012年范本对与投资有关的法律法规和决策的公开做出了更加详细的规定，并且增加了向公众征询意见的环节，而且最后的规章应该充分反映和吸收制定者收到的公众评论。三是在环境和劳工标准方面，该条款是在2012年修订BIT范本过程中争议较多也是最终改动最大的部分，要求缔约方承诺不会为了鼓励投资而减少或削弱本国环境法中关于环境保护的措施和有效执行。四是政府竞争中立与国有企业管制，2012年范本专门对此做出了三项规定。规定之一是缔约方政府须保证外资在标准和技术法规立法过程中有所参与，对政府在国有资本和外国资本竞争中保持中立提出了要求；规定之二是明确规定国有企业也要承担缔约方在BIT项下的义务；规定之三是对政府竞争中立的要求也体现在禁止当地含量要求的条款中。五是在金融服务方面强化了东道国政府金融监管的合法性。①

中美在2006年12月举行的第一轮战略经济对话时将开启BIT谈判的可能

① 黄洁．美国双边投资新规则及其对中国的启示——以2012年BIT范本为视角[J]．环球法律评论，2013(4)：156－164.

性确定为对话的重要内容，在2008年的第四轮战略经济对话中启动了BIT谈判，但直到2013年的第五轮战略经济对话中才取得突破性进展，即双方同意以“准入前国民待遇+负面清单”模式为基础展开实质性谈判，从而打破了谈判僵局。此后，在2014年的第六轮战略经济对话中双方同意争取在当年就BIT文本的核心问题和主要条款达成一致，在2015年6月举行的第十九轮BIT谈判中，双方首次交换负面清单出价，并正式启动负面清单谈判。最近的一次谈判是双方于2016年年底在华盛顿完成的第三十一论谈判，并交换了第三次负面清单的出价，但形势并不乐观。自2008年开始，中美BIT谈判已经走过了9年，但中美BIT仍充满不确定性。

从总体上看，目前美国在中美BIT谈判中处于主导地位，而中国则处于相对的劣势，谈判的分歧主要在以下四个方面。①

1. 国有企业条款

在国有企业条款上，2012年BIT范本的第2条“范围”明确了双边投资协定的约束范围适用于国有企业及相关政府行为。该条款的主要目的在于：消除由政府不正当行为造成的资源配置扭曲，限制政府通过本国国有企业扭曲贸易或者阻碍投资，实现国有企业的“竞争中立”，从而使私营企业获得公平和公正的待遇。美方认为，中国政府对国有企业的各类补贴、优惠信贷以及其他政策支持，对包括外资企业在内的私营企业构成了“不公平竞争”。为此，美方希望通过相关条款约束和规范中国国有企业的经营行为和对国有企业的扶持，从而削弱中国跨国企业的国际竞争力。

2. 投资者与东道国争端解决机制

投资者如果与东道国政府发生利益纠纷，争端解决机制（ISDS）赋予投资者可以直接将东道国上诉至“解决投资争端国际中心”的权力。双方的分歧在于：中方要求在BIT范本中添加“用尽国内救济”这一条件，该条件要求投资者在向ISDS提交争端诉求前，需要先寻求东道国政府的投资争端解决，但美方不同意设置这一条件。

---

① 崔凡．美国2012年双边投资协定范本与中美双边投资协定谈判[J]．国际贸易问题，2013(2)：123-131.

3. 知识产权保护

中美 BIT 中有关知识产权问题的冲突主要体现在其作为“具有投资特征的资产”及其“投资特征”而适用的征收和补偿、投资者与东道国争端解决机制以及国有企业条款等相关规则上。同时,中方要求须将“依照东道国的法律和法规”写入范本,而美方没有此项规定。

4. 劳动和环境标准

2012 年范本的第 12 条即“投资与环境”,对与环境相关的内容做出了定义说明,即双方必须认识到“以削弱或降低国内环境法律提供的保护来促进投资是不恰当的”。美方的立场是,中方要承担更大的环境和劳工保护义务,不得以降低国内相关标准的方式吸引外资。劳动和环境标准条款将对正处于经济转型期的中方形成挑战,加大了中方被起诉的风险。

虽然 2012 年美国 BIT 范本中新增的一些条款对中美双方投资协定谈判不构成实质性障碍,但美国 BIT 范本的谈判目标不仅是一个投资保护协定,更是一个投资开放协定,涉及负面清单的准入前国民待遇、全口径的投资定义和投资自由转移的规定等,目前对于中国来说仍是难以接受的。鉴于 2012 年中日韩达成的投资协定中把投资保护谈判和投资自由化谈判进行适当分离,中国在与美国的谈判中也可参照这一模式,同时加快中国自由贸易试验区制度创新建设,为准入前国民待遇 + 负面清单、投资自由化等制度积累更多的经验。要继续推动中国与周边国家以及欧盟等各方的投资保护和投资自由化谈判,如果中国能在与其他国家的谈判条款中取得一些突破性进展,不仅有利于中美谈判的进行,起到示范作用,更有利于提高中国在国际投资体制建设中的话语权。

三、对中国自由贸易区发展的政策建议

面对经济全球化和区域经济一体化发展的大趋势,以及全球经贸体系和治理规则的新一轮调整,中国共产党先后在十七大、十八大以及十八届三中全会上提出了加快实施自由贸易区战略的重大决策,2015 年 12 月国务院印发了《关于加快实施自由贸易区战略的若干意见》,国家“十三五”规划纲要中再次提及“加快实施自由贸易区战略,推进区域全面伙伴关系协定谈判,推进亚太自由贸易区建设,致力于形成面向全球的高标准自由贸易区”网络,更加凸显了自由贸

易区在我国对外开放中的重大战略地位。中国是经济全球化的积极参与者和受益者,也是建设性方案的提供者,应以改革开放、和平发展的积极姿态融入经济全球化,适应经济全球化新形势,以开放促改革。自由贸易区战略是中国进一步扩大开放的重要抓手,从总体上来看,中国政府对自由贸易区战略的总体目标、战略布局和谈判标准已经有了一整套的构想,但依旧有待完善。

(一)完善自由贸易区战略的规划布局

中国自由贸易区建设的整体目标定位为"立足周边,辐射一带一路,面向全球",构建全球自由贸易区网络。目前中国的自由贸易区伙伴较集中于周边国家和地区,例如,中国已签署的15个自由贸易区协定涉及的23个国家和地区中,东盟10国、韩国、新加坡、巴基斯坦、中国香港和澳门均位于中国周边。

"一带一路"建设是新时期开放战略的重大突破和构建开放型经济新体制的重要内容之一,为我国构建以我国为中心的全方位开放新格局、从区域大国迈向全球性大国提供了新平台。建立自由贸易区作为推进"一带一路"建设优先启动的有效途径,逐步构建起"一带一路"沿线自由贸易区域链条,成为构筑"一带一路"国家战略依托的平台。按照中国自由贸易区网络"辐射一带一路"的要求,中国应积极同沿线国家和地区共同商建自由贸易区。沿丝绸之路经济带方向,在东南亚地区加快RECP谈判,构建以东盟为主导的更广泛的区域经济一体化合作;在南亚地区推动与印度、斯里兰卡和马尔代夫等南亚国家的谈判;在中东地区积极推进中国—海合会的自由贸易区谈判;在中亚和欧洲地区积极推进与中亚国家、俄罗斯牵头的欧亚经济联盟以及中东欧国家的自由贸易区建设。沿海上丝绸之路方向,积极探讨与南亚国家和南太平洋国家建设自由贸易区。

关于面向全球的自由贸易区网络,中国仍有很长的路要走。与大洋洲的澳大利亚和新西兰建立自由贸易区,是中国与发达国家自由贸易区谈判的早期实践,可为中国将来与更多发达国家谈判积累丰富经验。在南美洲,中国已先后与智利、秘鲁建立了自由贸易区,与哥伦比亚的自由贸易区建设正在研究进行中。非洲国家历来与中国交好,中国与非洲的合作已经启动,中非论坛更是对中非之间经贸关系的促动。欧洲诸国是中国重要的经贸伙伴,建设中国与欧洲的自由贸易区可以为中国带来实质性的经济优惠,也将增进中欧之间平等互利的贸易伙伴关系。目前中国只与冰岛建立了自由贸易区,与挪威的自由贸易区谈判正在进行中。因此,建立面向全球的自由贸易区网络有很大的发展空间。

(二)拓展中国自由贸易区涉及的谈判领域

中国目前的自由贸易区建设基本不涉及“21世纪新议题”,即使涉及,也只是原则性的提及,并不涉及具体的权利和义务,更不适用强制性的争端解决机制。如前文所述,TPP、TTIP和BIT等高标准的自由贸易和投资协定,其中关于投资规则、竞争中立、国有企业、知识产权、政府采购、环境保护、劳动标准和争端解决机制等领域的新规则、新标准,总体上反映了经济全球化深入发展的新趋势,这些“规则重构谈判”会对中国经贸利益产生重大影响。组成TPP的亚太经济体中大部分是中国重要的贸易伙伴;组成TTIP的美国和欧盟是中国第一、第二大贸易伙伴。TPP占全球经济总量的40%,TTIP占全球经济总量的50%和贸易总额的30%,TISA(服务贸易协定)占全球经济总量的近70%[①]。根据本篇第一章中的“轮轴—辐条”理论,这些在WTO全球框架之外的封闭型、半封闭型投资贸易协定直接阻隔中国的主要进出口市场,对中国全球投资和贸易利益产生不利影响。同时,“规则重构谈判”中的一些规则直指中国经济及治理的结构性弱点。

这些规则和标准与中国市场经济发展方向有契合之处,与中国转变经济发展方式有共通之处。《中共中央关于全面深化改革若干重大问题的决定》在推进中国自由贸易区建设方面,明确提出“加快环境保护、投资保护、政府采购、电子商务等新议题谈判,形成面向全球的高标准自由贸易区网络”,这表明了中国政府对“21世纪议题”坚定的开放立场。中国应积极主动参与这一进程,充分发挥自由贸易试验区作为经贸规则重构“试验田”的作用,积极开展双边、多边FTA谈判和BIT谈判,争取就诸多规则问题与自由贸易区伙伴达成最大限度的一致,使世界各国都能有效利用包容性投资和贸易规则安排。与此同时,中国也应从本国国情出发,在自由贸易区谈判中提出具有中国特色的主张和议题,

---

① 赵晓雷. 中国开放的大门不会关上,自贸试验区就是一个标杆[OL]. 上观新闻,http://www.shobserver.com/news/detail? id=51366. 2017-04-30.

不仅作为经贸新规则的跟随着，也要争做制定者。

在具体推进这些新议题谈判时，考虑到这些议题的敏感性和复杂性，应采取先难后易、逐步推进的灵活方式。例如，在环境保护和劳工标准等问题上，应在不承诺实质性义务和不适用于争端解决机制的前提下，重点加强信息交流、能力建设等务实合作，为未来谈判预留空间。通过这种渐进方式，既顺应世界可持续发展规则的大趋势，又兼顾中国的国情与发展阶段，能够稳妥、持续地推动中国在这些新议题上的进展。

（三）建立健全自由贸易区保障体系

随着中国加快实施自由贸易区战略，中国自由贸易区的数量未来将会有较大的增加，涉及的发达国家会越来越多，经济规模会越来越大，经济竞争力也会越来越强，这可能会对中国的部分弱势产业带来较大的冲击。为了应对未来可能出现的这种局面，中国需要借鉴国际经验，加快完善开放补偿机制建设。在开放过程中，为了确保中国的国家经济安全，中国应完善经济治理和监管体系建设，通过加强事中事后监管的方式加以管控，建立外资安全审查制度，反垄断、反不正当竞争的制度，以及环保、城市规划、产品管理标准等管理制度三位一体的监管体系。

（殷华　周犀行）

第二篇

“一带一路”倡议背景下的对外投资

了解中国对“一带一路”沿线国家投资的现状是进一步展开相关研究的重要前提。在空间分布上，中国对“一带一路”沿线国家的投资高度集中于澳大利亚、新加坡、印度尼西亚、老挝和巴基斯坦五国。在行业分布上，中国对“一带一路”沿线国家的投资较集中于能源行业等大型项目。深入掌握“一带一路”沿线国家的投资环境状况是研究沿线国家投资部署问题的前提。沿线国家的投资环境会影响中国企业对其投资的积极性；同时，沿线国家投资环境之间的差异也会影响企业的学习成本。因此，要激发中国企业的投资热情，需要采取适当的投资模式和构建有力的支撑体系。

投资环境、贸易互补性与产能互补性是中国对沿线国家投资的合作基础与现实基础。当前，政府在“一带一路”建设中起了关键作用，但是要形成长效机制，还需要企业的参与，以及三个方面的支撑：一是发挥好政府在“一带一路”建设中的作用，为企业提供高质量的公共服务；二是结合沿线国家与中国地理区位相连的特点，发挥中国在工业园区建设方面的经验优势，通过境外工业园区和基础设施建设，形成“珍珠链”式布局，降低对沿线国家投资的成本和风险；三是通过政府之间的高层沟通，加快区域合作制度设计，提供顶层平台框架，降低区域内的投资和贸易成本。

中国对“一带一路”沿线国家投资的空间分布

人口众多和资源丰富是“一带一路”沿线国家具有的两大特征。正是在这样的环境中，中国对“一带一路”沿线国家的投资呈现四个特点：一是投资区域高度集中，主要集中于澳大利亚、新加坡、印度尼西亚、老挝和巴基斯坦五国；二是对高收入国家投资较多；三是对大型项目的投资集中于澳大利亚、哈萨克斯坦和俄罗斯三国；四是对能源行业投资占沿线国家总投资的近一半。

……………………………………………………………………………………………

一、“一带一路”沿线国家概况

（一）“一带一路”沿线国家人口分布概况

2014年全世界人口总数约为72.08亿，中国和“一带一路”沿线国家人口合计占世界人口的62.77%（如图2-1所示）。其中，中国和印度为人口大国，占世界人口的比重分别为18.93%和17.58%。从各经济走廊的人口数量来看：2014年，孟中印缅经济走廊的人口占世界的21.22%，占沿线国家的48.4%，其中印度人口最多，占孟中印缅经济走廊的82.86%；中新经济走廊的人口占世界的7.91%，占沿线国家的18.05%，其中印度尼西亚人口最多，占中新经济走廊的44.32%；中伊土经济走廊的人口占世界的6.59%，占沿线国家的15.04%，其中埃及人口最多，占中伊土经济走廊的17.54%；“一带一路”沿线其他国家的人口占世界的5.16%，占沿线国家的11.77%，其中巴基斯坦人口最多，占沿线其他国家的49.77%；新亚欧大陆桥经济走廊的人口占世界的2.95%，占沿线国家的6.73%，其中乌克兰人口最多，占新亚欧大陆桥经济走廊的21.32%。

（二）“一带一路”沿线国家资源分布概况

根据《BP世界能源统计年鉴》的数据，2014年年底，从石油探明储量占世

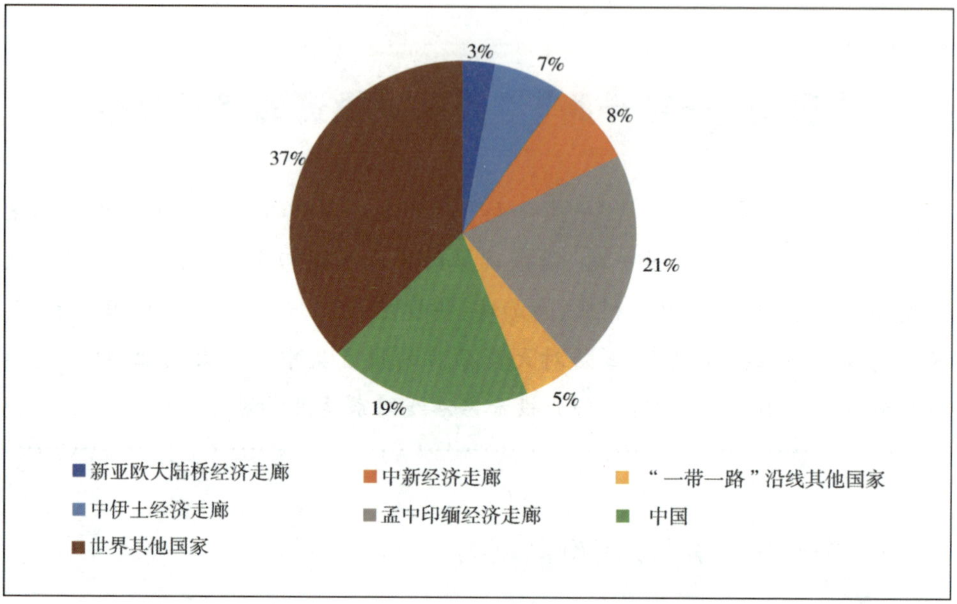

图2-1　中国和“一带一路”沿线国家人口占世界人口的比重(2014年年底)

数据来源：根据世界银行公布的数据整理。

界比重来看，中国为1.1%，中东国家为47.7%，“一带一路”沿线国家为57.5%，沿线国家中唯一占比超过10%的为沙特(15.7%)；从天然气探明储量占世界比重来看，中国为1.8%，中东国家为42.8%，“一带一路”沿线国家为78.6%，沿线国家中占比最高的为伊朗(18.2%)，超过10%的还有俄罗斯(17.4%)和卡塔尔(13.1%)，如表2-1所示。

表2-1　2014年年底“一带一路”沿线国家石油和天然气探明储量占世界比重

国家	石油探明储量占世界比重(%)	国家	天然气探明储量占世界比重(%)
沙特	15.70	伊朗	18.20
伊朗	9.30	俄罗斯	17.40
伊拉克	8.80	卡塔尔	13.10
俄罗斯	6.10	土库曼斯坦	9.30
科威特	6.00	沙特	4.40

续表

国家	石油探明储量占世界比重(%)	国家	天然气探明储量占世界比重(%)
阿联酋	5.80	阿联酋	3.30
哈萨克斯坦	1.80	澳大利亚	2.00
卡塔尔	1.50	伊拉克	1.90
中国	1.10	中国	1.80
阿塞拜疆	0.40	印度尼西亚	1.50
印度	0.30	科威特	1.00
阿曼	0.30	埃及	1.00
越南	0.30	哈萨克斯坦	0.80
澳大利亚	0.20	印度	0.80
印度尼西亚	0.20	阿塞拜疆	0.60
埃及	0.20	马来西亚	0.60
马来西亚	0.20	乌兹别克斯坦	0.60
也门	0.20	阿曼	0.40
叙利亚	0.10	越南	0.30
文莱	0.10	巴基斯坦	0.30
—	—	叙利亚	0.20
—	—	缅甸	0.20
—	—	也门	0.10
—	—	文莱	0.10
—	—	罗马尼亚	0.10
—	—	巴林	0.10
—	—	以色列	0.10
—	—	孟加拉国	0.10
—	—	泰国	0.10
合计	58.60	合计	80.40

数据来源：根据《BP 世界能源统计年鉴》公布的数据整理。

二、中国对“一带一路”沿线国家的投资分布

（一）中国对“一带一路”沿线国家投资的区域分布

中国对“一带一路”沿线国家的投资呈现出区位高度集中的特点，对其中一些国家的投资较多。根据《中国对外直接投资统计公报》公布的数据，2014 年，中国对澳大利亚直接投资流量为 40.49 亿美元，同比增长 17.1%，占当年中国对“一带一路”沿线国家投资流量的 22.55%，占比最高；中国对新加坡、印度尼西亚、老挝和巴基斯坦投资也较多，在当年中国对“一带一路”沿线国家投资中排名二至五位。2014 年对以上五国的投资合计占比为 56.67%。从 2007—2014 年的情况看，中国对以上五国投资占“一带一路”沿线国家投资总额的比重均较高，其中 2008 年和 2009 年超过 60%，如表 2－2 所示。

表 2－2　2007—2014 年中国对“一带一路”沿线部分国家投资流量及占比

（亿美元）

国家＼年份	2007	2008	2009	2010	2011	2012	2013	2014
澳大利亚	5.32	18.92	24.36	17.02	31.65	21.73	34.58	40.49
新加坡	3.98	15.51	14.14	11.19	32.69	15.19	20.33	28.14
印度尼西亚	0.99	1.74	2.26	2.01	5.92	13.61	15.63	12.72
老挝	1.54	0.87	2.03	3.14	4.59	8.09	7.81	10.27
巴基斯坦	9.11	2.65	0.77	3.31	3.33	0.89	1.64	10.14
五国小计	20.94	39.69	43.56	36.67	78.18	59.51	79.99	101.76
沿线总额	37.76	64.27	69.74	95.09	132.12	155.93	163.61	179.55
五国占比（%）	55.43	61.76	62.47	38.56	59.18	38.16	48.89	56.67

数据来源：根据《中国对外直接投资统计公报》公布的数据整理。

从对“一带一路”沿线经济走廊的投资来看，中国对中新经济走廊和沿线其他国家的投资较多，其中 2014 年对中新经济走廊投资 74.76 亿美元，占当年中国对“一带一路”沿线投资总额的 41.64%；对“一带一路”沿线其他国家投资

64.5亿美元，占当年中国对“一带一路”沿线投资总额的35.92%；对以上两组国家的投资合计占比为77.56%，如图2－2所示。其中，对中新经济走廊的投资主要流向新加坡、印度尼西亚和老挝，2014年占当年中国对中新经济走廊投资流量的68.39%；对沿线其他国家的投资主要流向澳大利亚，占当年中国对沿线其他国家投资流量的62.78%。

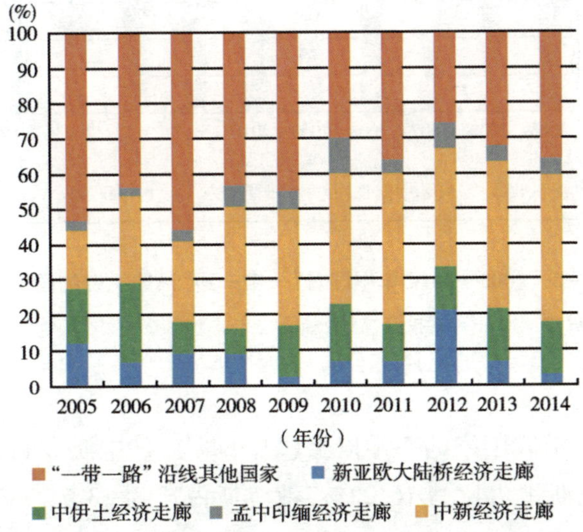

图2－2 2005—2014年中国对“一带一路”沿线经济走廊投资分布

数据来源：根据《中国对外直接投资统计公报》公布的数据整理。

从按收入划分的国家组别来看，中国对高收入国家投资较多，2014年中国对“一带一路”沿线高收入国家投资占对沿线国家投资总额的50.28%，对中高收入国家投资占比为16.49%，对中低收入国家投资占比为30.38%，而对低收入国家投资占比仅为2.85%。在2006年、2008年和2009年的3年中，中国对“一带一路”沿线高收入国家的投资占对沿线国家投资比重均超过60%，如图2－3所示。

从大型投资项目来看，根据《中国全球投资追踪》公布的2013年至2014年上半年的数据可以发现，中国对澳大利亚、哈萨克斯坦和俄罗斯三国的投资占

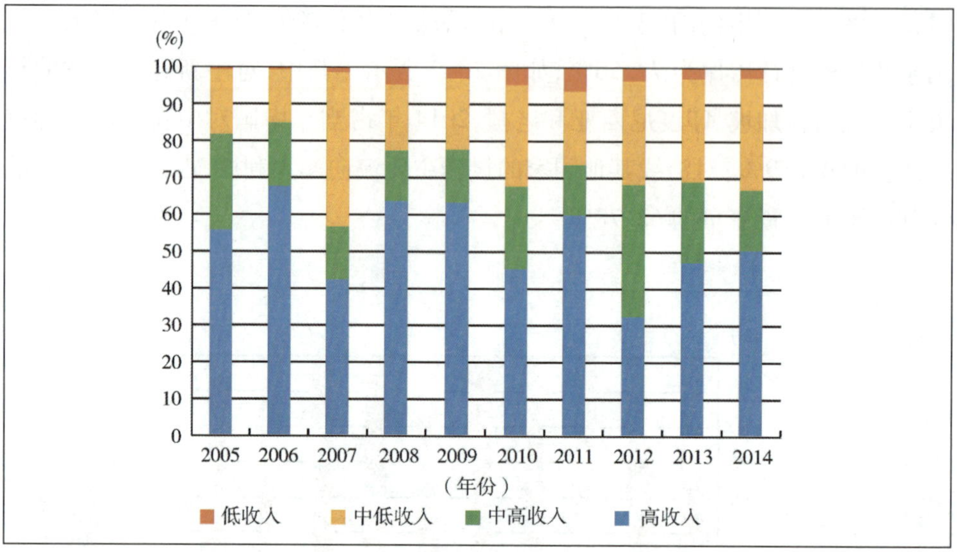

图 2-3 2005—2014 年中国对“一带一路”沿线投资的国家分布

数据来源:根据《中国对外直接投资统计公报》公布的数据整理,国家划分标准来自世界银行 2014 年公布的标准。

据了“一带一路”沿线国家的一半以上(51.96%),其中澳大利亚占比最高,为 21.99%,哈萨克斯坦占比为 16.22%,俄罗斯占比为 13.75%。而对“一带一路”沿线排名前十位国家的投资金额则占了 89.82%,如表 2-3 所示。

表 2-3 2013 年与 2014 年上半年中国境外大型投资项目分布(前十位国家)

投资/行业 国家	对外投资			投资该国的主要行业			
	项目数(个)	金额(百万美元)	比重(%)	行业	项目数(个)	金额(百万美元)	占比(%)
澳大利亚	12	8 810	21.99	有色金属、能源	10	7 500	85.13
哈萨克斯坦	2	6 500	16.22	能源	2	6 500	100.00
俄罗斯	8	5 510	13.75	能源、农业	3	4 120	74.77
埃及	2	3 600	8.98	能源	1	3 100	86.11
马来西亚	6	3 460	8.63	房地产	3	1 950	56.36
印度尼西亚	3	2 430	6.06	有色金属、能源	3	2 430	100.00

续表

投资/行业 国家	对外投资			投资该国的主要行业			
	项目数（个）	金额（百万美元）	比重（%）	行业	项目数（个）	金额（百万美元）	占比（%）
斯里兰卡	2	1 690	4.22	交通运输	1	1 430	84.62
新加坡	5	1 540	3.84	房地产	3	1 180	76.62
伊拉克	1	1 250	3.12	能源	1	1 250	100.00
以色列	2	1 200	2.99	农业	1	960	80.00
合计	43	35 990	89.82	合计	28	30 420	84.52

注：1.“比重”是指对该国投资占全部投资的比重。

2.“占比”指的是投资某国某行业的大型投资金额占投资该国大型投资总额的比重。

数据来源：根据美国企业研究所和美国传统基金会的《中国全球投资追踪》数据整理。

（二）中国对“一带一路”沿线国家投资的行业分布

表2-4展示了2013年至2014年上半年中国对“一带一路”沿线投资的整体行业分布情况。可以看到，对能源行业的投资占对沿线投资的44.35%，近一半，有色金属占18.02%，排第二位，排第三位至第五位的分别为房地产（10.93%）、交通运输（8.91%）和农业（7.94%）。从每个行业的投资目的地来看也较为集中，化工行业全部投资于新加坡，金融行业集中投资于土耳其和俄罗斯，农业有94.34%投资于俄罗斯和以色列，科技（主要是通信）有80%投资于泰国和巴基斯坦。

具体分析中国对澳大利亚投资的行业分布情况可见，2011—2014年采矿业一直占据相当大的比重，且有上升趋势，从2011年的63.3%上升到2014年的76.2%，可见中国对澳大利亚直接投资的行业高度集中。对其他行业投资比重较大的有房地产业以及租赁和商务服务业，其中房地产业所占比重较为稳定，并略有上升；租赁和商务服务业占比则呈下降趋势，从2011年的18.2%下降到2014年的4.9%，如表2-5所示。

表2－4　2013年与2014年上半年中国境外大型投资项目行业分布

行业＼投资	对外投资			该行业投资的主要目的地			
	项目数（个）	金额（百万美元）	比重（%）	国家	项目数（个）	金额（百万美元）	占比（%）
房地产	9	4 380	10.93	马来西亚、新加坡	6	3 130	71.46
化工	1	110	0.27	新加坡	1	110	100.00
交通运输	6	3 570	8.91	斯里兰卡、澳大利亚	2	2 250	63.03
金融	3	520	1.30	土耳其、俄罗斯	3	520	100.00
有色金属	13	7 220	18.02	澳大利亚	8	4 340	60.11
科技	4	1 750	4.37	泰国、巴基斯坦	2	1 400	80.00
能源	10	17 770	44.35	澳大利亚、哈萨克斯坦	4	9 660	54.36
农业	3	3 180	7.94	俄罗斯、以色列	2	3 000	94.34
其他	5	1 570	3.91	新西兰（公共事业）	1	800	50.96
合计	54	40 070	100.00	合计	29	25 210	62.91

注：1.“占比”为某行业投资流向某国的大型投资金额占该行业大型投资总额的比重。

2.“交通运输”主要包括汽车、航空和海运；“有色金属”主要包括钢铁、铜、铝等；“能源”主要包括石油、煤、天然气、新能源、核能和水电；“科技”主要包括通信和医药；“其他”主要包括公共事业、纺织品和木材等。

数据来源：根据美国企业研究所和美国传统基金会的《中国全球投资追踪》数据整理。

表2－5　2011—2014年中国对澳大利亚直接投资的主要行业

行业＼年份/项目	2011		2012		2013		2014	
	流量（万美元）	比重（%）	流量（万美元）	比重（%）	流量（万美元）	比重（%）	流量（万美元）	比重（%）
B	200 525	63.3	143 686	66.1	209 530	60.6	308 523	76.2
K	19 269	6.1	9 642	4.4	36 940	10.7	35 398	8.7
L	57 588	18.2	2 853	1.3	34 924	10.1	20 012	4.9
H	7 028	2.2	10 839	5.0	27 644	8.0	9 245	2.3
C	4 051	1.3	6 659	3.1	7 855	2.3	8 837	2.2

续表

年份/项目 行业	2011		2012		2013		2014	
	流量（万美元）	比重（%）	流量（万美元）	比重（%）	流量（万美元）	比重（%）	流量（万美元）	比重（%）
A	1 954	0.6	13 041	6.0	7 594	2.2	7 481	1.8
J	13 483	4.3	12 360	5.7	8 767	2.5	6 104	1.5
E	684	0.2	1 833	0.9	1 059	0.3	4 255	1.1
D	2 435	0.8	1 967	0.9	8 267	2.4	1 877	0.5
O	3 723	1.2	8 846	4.1	2 036	0.6	1 983	0.5
合计	310 740	98.2	211 726	97.5	344 616	99.7	403 715	99.7

注：1. 行业代码表示：B. 采矿业；K. 房地产业；L. 租赁和商务服务业；H. 批发和零售业；C. 制造业；A. 农、林、牧、渔业；J. 金融业；E. 建筑业；D. 电力、热力、燃气及水的生产和供应业；O. 居民服务、修理和其他服务业。

2. “流量合计”数为表中所列行业的流量合计，非该国所有行业流量合计。“比重”为当年该国该行业流量占当年该国所有行业流量总额的比重。“比重合计”数为表中所列行业的比重合计。

数据来源：根据《中国对外直接投资统计公报》公布的数据整理。

2014 年中国对新加坡投资 28.14 亿美元，位列“一带一路”沿线国家第二名，仅次于澳大利亚，投资主要流向商务服务业，批发和零售业，制造业，建筑业，电力、热力、燃气及水的生产和供应业，交通运输、仓储和邮政业等；对印度尼西亚投资 12.72 亿美元，位列第三，投资主要分布在制造业，农、林、牧、渔业，采矿业，电力、热力、燃气及水的生产和供应业，建筑业，金融业等；对老挝投资 10.27 亿美元，位列第四，投资主要流向采矿业，电力、热力、燃气及水的生产和供应业，建筑业，农、林、牧、渔业，房地产等。

从对俄罗斯投资的行业分布情况看，投资主要集中在农、林、牧、渔业，制造业，采矿业，其中对农、林、牧、渔业投资占比最大，2014 年达 55.6%，2011—2014 年一直保持迅速上升的势头，采矿业比重则迅速下降，从 2011 年的 42.4% 下降到 2014 年的 13%，批发和零售业以及房地产业占比也有不同程度的降低，如表 2－6 所示。

表2-6　2011—2014年中国对俄罗斯直接投资的主要行业

年份/项目 行业	2011		2012		2013		2014	
	流量（万美元）	比重（%）	流量（万美元）	比重（%）	流量（万美元）	比重（%）	流量（万美元）	比重（%）
A	14 747	20.6	23 525	30.0	40 042	39.2	35 234	55.6
C	4 415	6.2	17 401	22.2	16 525	16.2	11 550	18.2
B	30 386	42.4	10 667	13.5	22 698	22.2	8 235	13.0
H	8 126	11.4	4 602	5.9	4 257	4.2	2 469	3.9
L	4 242	5.9	18 258	23.3	1 383	1.3	2 258	3.6
J	525	0.7	-2 999	-3.8	14 474	14.2	1 484	2.3
K	7 628	10.7	190	0.2	362	0.4	1 075	1.7
E	1 209	1.7	6 263	8.0	2 049	2.0	652	1.0
合计	71 278	99.6	77 907	99.3	101 790	99.7	62 957	99.3

注:1. 行业代码表示:A. 农、林、牧、渔业;C. 制造业;B. 采矿业;H. 批发和零售业;L. 租赁和商务服务业;J. 金融业;K. 房地产业;E. 建筑业。

2. “流量合计”数为表中所列行业的流量合计,非该国所有行业流量合计。“比重”为当年该国该行业流量占当年该国所有行业流量总额的比重。“比重合计”数为表中所列行业的比重合计。

数据来源:根据《中国对外直接投资统计公报》公布的数据整理。

（吴一平　邹俊　葛鹏　赵阳　魏静恬）

对"一带一路"沿线国家的投资环境评估

深入掌握"一带一路"沿线国家的投资环境状况是研究沿线国家投资部署问题的前提。从整体上看,"一带一路"沿线国家之间投资环境有较大的差异,且部分国家投资环境较差,各经济走廊之间也有较大差距。"一带一路"沿线部分国家投资环境不佳,会降低中国企业对其投资的积极性,同时,"一带一路"沿线国家投资环境之间的差异性也会提高企业的学习成本。因此,要激发中国企业的投资热情,需要采取适当的投资模式和构建有力的支撑体系。

一、"一带一路"沿线国家投资环境概况

(一)"一带一路"沿线国家经济环境

1. 整体经济发展状况

从经济体量上看,2014 年全世界 GDP 约为 77.87 万亿美元。中国为 10.36 万亿美元,占世界比重为 13.3%,仅次于美国,排名世界第二位;"一带一路"沿线国家 GDP 为 14.48 万亿美元,占世界比重为 18.59%;中国和"一带一路"沿线国家 GDP 合计为 24.84 万亿美元,占世界比重为 31.9%,如图 2-4 所示。中国和"一带一路"沿线国家 GDP 占世界比重低于人口占世界比重(62.77%),人均 GDP 必然低于世界平均水平。

从人均 GDP 的水平来看,2014 年,中国人均 GDP 为 7 593.88 美元,低于 10 803.5美元的世界平均水平,高于沿线国家平均水平的 4 581.67 美元,如图 2-5 所示。"一带一路"沿线有 35 个国家人均 GDP 低于中国。根据世界银行公布的国家划分标准,"一带一路"沿线国家中有高收入国家 23 个,中高等收入国家 20 个,中低等收入国家 22 个,低收入国家 3 个。"一带一路"沿线国家的收入差异很大,其中 19 个国家人均 GDP 低于 3 000 美元,最低的为阿富汗和尼

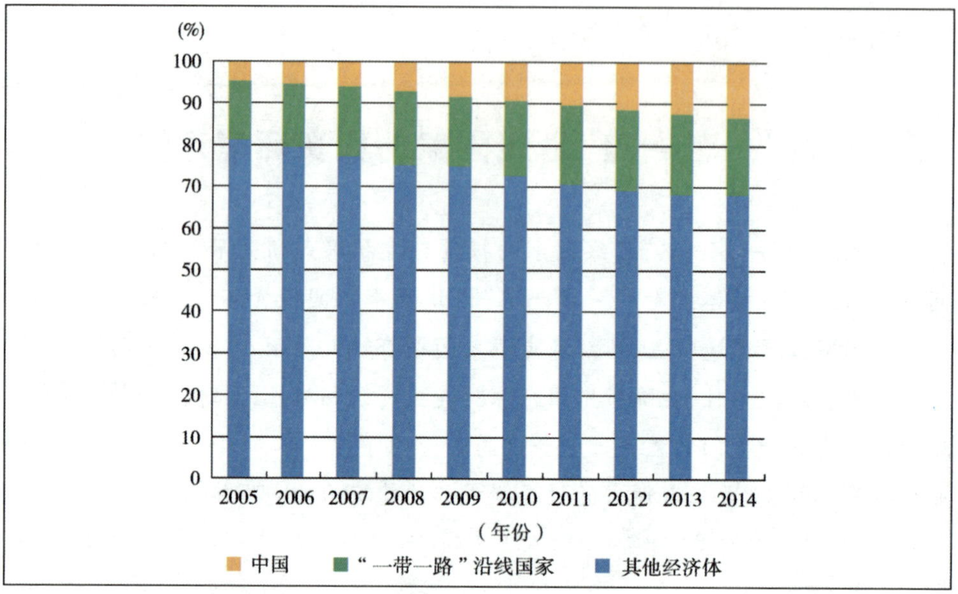

图2－4 2005—2014年中国和"一带一路"沿线国家GDP占世界比重

注：GDP按现价美元计。

数据来源：根据世界银行公布的数据整理。

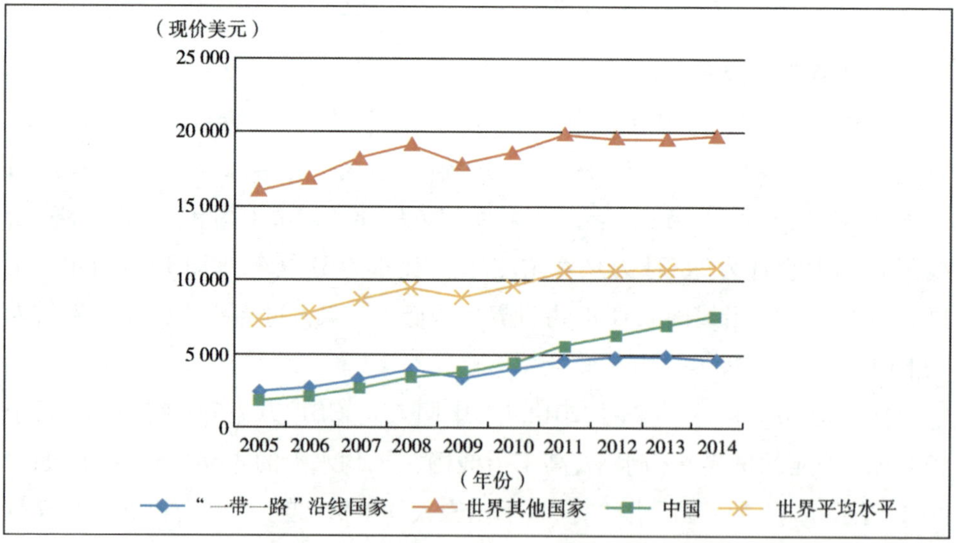

图2－5 2005—2014年中国和"一带一路"沿线国家人均GDP

注："一带一路"沿线国家人均GDP的计算是先加总沿线国家GDP，再除以加总的沿线国家人口得到。

数据来源：根据世界银行公布的数据整理。

泊尔,仅为 666. 29 美元和 698. 28 美元,卡塔尔和澳大利亚则高达 93 397. 09 美元和61 886. 96美元,最高的卡塔尔是最低的阿富汗的 140 多倍。

从各经济走廊情况看,相互之间差异很大,孟中印缅和中新经济走廊人均 GDP 比中国低,其他各经济走廊比中国高,如图 2 -6 所示。

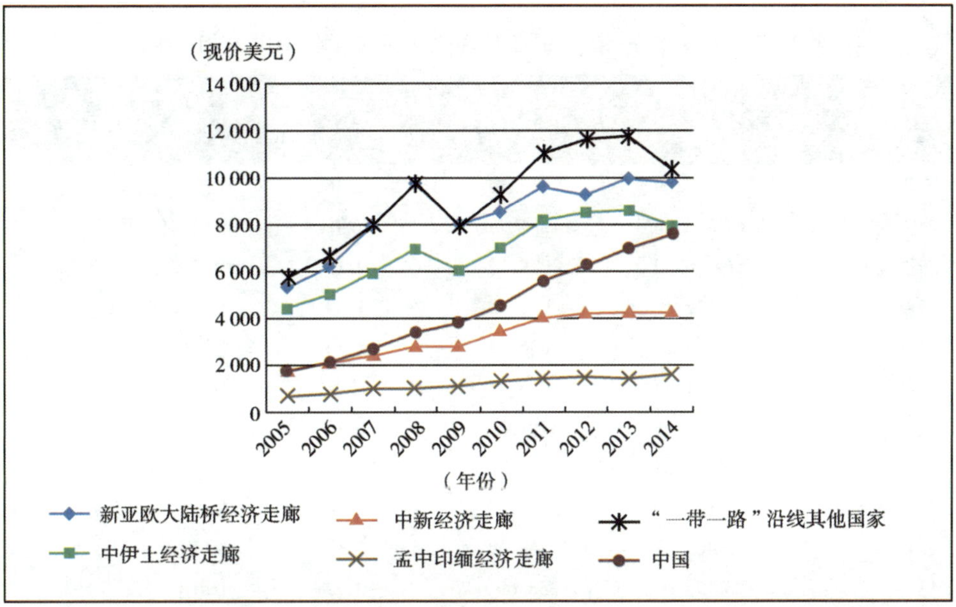

图 2 -6 2005—2014 年中国和“一带一路”沿线经济走廊人均 GDP

注:各经济走廊人均 GDP 的计算是先加总各经济走廊国家的 GDP,再除以加总的各经济走廊国家人口得到。

数据来源:根据世界银行公布的数据整理。

各经济走廊内部差异也很大,新亚欧大陆桥经济走廊中摩尔多瓦人均 GDP 仅为2 233. 77美元,斯洛文尼亚则为 23 962. 58 美元,是摩尔多瓦的 10. 73 倍;“一带一路”沿线国家中人均 GDP 最高和最低的国家都在中伊土经济走廊,其中阿富汗为 666. 29 美元,卡塔尔则为 93 397. 09 美元,是阿富汗的 140. 17 倍;中新经济走廊中柬埔寨最低,为 1 084. 45 美元,新加坡最高,为 56 286. 80 美元,是柬埔寨的 51. 9 倍;孟中印缅经济走廊中尼泊尔最低,为 698. 28 美元,马尔代夫最高,为 8 624. 80 美元,是尼泊尔的 12. 35 倍;沿线其他国家中巴基斯坦最低，为1 333.51美元，澳大利亚最高，为61 886.96美元，是巴基斯坦的46.41倍。此外，人口大国印度的人均GDP为1 630.82美元，低于中国；国土面积最大的俄罗斯人均GDP则为12 735.92美元，高于中国。表2－7所列国家为“一带一路”沿线高收入国家，按2014年人均GDP从高到低排序可见，高收入国家2014年GDP占“一带一路”沿线国家的一半以上（50.05%）。

表2－7　2014年“一带一路”沿线高收入国家人均GDP及相关情况

项目 / 国家	人均GDP（美元）	GDP（亿美元）	GDP占沿线比重（%）	经济走廊
卡塔尔	93 397.09	2 118.17	1.46	中伊土
澳大利亚	61 886.96	14 537.70	10.04	沿线其他国家
新加坡	56 286.80	3 078.72	2.13	中新
新西兰	44 342.16	1 999.70	1.38	沿线其他国家
科威特	43 593.70	1 636.12	1.13	中伊土
阿联酋	42 521.97	4 016.47	2.77	中伊土
文莱	40 776.35	172.57	0.12	中新
以色列	37 031.68	3 042.26	2.10	中伊土
塞浦路斯	27 194.39	232.26	0.16	沿线其他国家
沙特	25 409.03	7 462.49	5.15	中伊土
巴林	25 198.06	338.69	0.23	中伊土
斯洛文尼亚	23 962.58	494.16	0.34	新亚欧大陆桥
希腊	21 682.60	2 375.92	1.64	沿线其他国家
阿曼	20 831.98	817.97	0.56	中伊土
爱沙尼亚	19 719.84	259.05	0.18	新亚欧大陆桥
捷克	19 553.93	2 055.23	1.42	新亚欧大陆桥
斯洛伐克	18 416.54	997.90	0.69	新亚欧大陆桥
立陶宛	16 444.84	481.72	0.33	新亚欧大陆桥
拉脱维亚	16 037.78	319.21	0.22	新亚欧大陆桥
波兰	14 422.84	5 480.03	3.79	新亚欧大陆桥
匈牙利	13 902.70	1 371.04	0.95	新亚欧大陆桥
克罗地亚	13 507.36	572.23	0.40	新亚欧大陆桥
俄罗斯	12 735.92	18 605.98	12.85	沿线其他国家
合计	—	72 465.59	50.05	—

数据来源：根据世界银行公布的数据整理。

2. 产业结构状况

2013 年世界农业占 GDP 的比重为 3.08%,“一带一路”沿线国家中有 10 个国家低于世界平均水平,大部分国家高于世界平均水平。2013 年中国农业占 GDP 的比重为 9.41%,“一带一路”沿线国家中农业比重低于中国和高于中国的国家数均为 34 个。

2013 年世界工业占 GDP 的比重为 26.42%,“一带一路”沿线国家中有 19 个国家低于世界平均水平,大部分国家高于世界平均水平。2013 年中国工业占 GDP 的比重为 43.67%,“一带一路”沿线国家中仅有 8 个国家高于中国的水平,这 8 个国家除沙特外,均体量较小,如表 2-8 所示。因此,在“一带一路”沿线范围内,在工业体量上尚难以找到能够与中国匹敌的国家,实际上,作为世界工厂,中国工业在世界范围内都是很具竞争力的。

表 2-8 2013 年“一带一路”沿线国家工业占比高于中国和服务业占比高于世界平均水平的国家 (%)

国家 \ 产业	农业	工业	服务业	国家 \ 产业	农业	工业	服务业
阿曼	1.29	68.61	30.10	塞浦路斯	2.52	11.48	86.00
文莱	0.73	68.24	31.03	希腊	3.80	13.79	82.41
科威特	0.32	67.19	32.49	拉脱维亚	3.64	16.95	79.42
阿塞拜疆	5.66	62.07	32.27	马尔代夫	4.03	17.41	78.56
沙特	1.85	60.05	38.10	新加坡	0.03	25.11	74.86
阿联酋	0.66	59.02	40.33	黎巴嫩	7.18	19.69	73.13
土库曼斯坦	14.55	48.44	37.01	立陶宛	3.78	24.17	72.05
不丹	17.08	44.65	38.27	黑山	9.80	18.84	71.36
中国	9.41	43.67	46.92	澳大利亚	2.45	26.82	70.73
—	—	—	—	世界	3.08	26.42	70.49

数据来源:根据世界银行公布的数据整理。

2013 年世界服务业占 GDP 的比重为 70.49%,“一带一路”沿线国家中有 9 个国家高于世界平均水平,大部分国家低于世界平均水平,如表 2-8 所示。2013 年中国服务业占 GDP 的比重为 46.92%,“一带一路”沿线国家中仅有 14

个国家低于中国的水平,可见中国服务业占比还是偏低的。

从三次产业的产出结构来看,“一带一路”沿线普遍情况是农业和工业占比相对世界平均水平较高,而服务业占比则相对较低。相比“一带一路”沿线国家,中国工业比重较高,服务业比重较低,中国具有工业优势,服务业发展略显不足,可以通过与相关国家合作,将工业部分产能转移到国外,促进国内高端制造业和现代服务业的发展,促进产业升级。

3. 产业显性比较优势

再来看中国和“一带一路”沿线国家细分行业的竞争优势(运用显性比较优势指数衡量)。利用联合国贸易和发展会议(UNCTAD)公布的数据计算出中国和“一带一路”沿线国家部分行业的显性比较优势并进行整理,如表2－9所示。从表2－9中“一带一路”沿线国家RCA均值可以看出,沿线国家在政府商品和服务行业具有较强的竞争优势,为第一层次;第二层次是建筑和旅游行业;第三层次是交通运输和文化娱乐服务行业;第四层次是通信、计算机和信息行业。上述行业的显性比较优势指数(RCA)均值均大于1,说明与世界平均水平相比,“一带一路”沿线国家具有不同程度的优势。其他行业可以划分为第五层次,均小于1,说明这些行业产品出口份额低于世界平均水平,不具有比较优势。这些行业包括其他商业服务、保险、金融服务和专利许可服务,其中专利许可服务的RCA指数最低,这说明“一带一路”沿线国家在技术出口方面还有很大的提升空间。

表2－9 2014年中国和“一带一路”沿线国家部分行业显性比较优势指数

项目 / 行业	“一带一路”沿线国家			中国	
	均值	最小值	最大值	RCA	相对位置
交通运输	1.472 4	0.070 3	3.480 4	0.935 6	72
建筑	1.628 2	0.061 1	8.265 5	3.528 9	17
旅游	1.610 1	0.034 8	3.674 1	1.009 4	67
保险	0.385 9	0.001 0	2.513 4	0.771 5	14
金融服务	0.338 8	0.013 9	3.204 3	0.239 3	30
专利许可服务	0.135 2	0.000 8	1.596 4	0.052 6	55

续表

行业 \ 项目	“一带一路”沿线国家			中国	
	均值	最小值	最大值	RCA	相对位置
通信、计算机和信息	1.074 8	0.074 7	6.376 0	1.127 0	37
文化娱乐服务	1.467 3	0.016 9	13.172 6	0.095 0	93
政府商品和服务	2.012 5	0.004 9	28.535 2	0.327 7	73
其他商业服务	0.665 3	0.001 0	2.881 5	1.479 1	6

注：“中国相对位置”指的是中国与“一带一路”沿线国家相比的相对位置，计算公式为：中国相对位置 =（沿线 RCA 高于中国的国家数 +1）/（沿线国家数 +1）×100。

数据来源：作者根据联合国贸易和发展会议（UNCTAD）公布的数据计算。

与“一带一路”沿线国家有所不同，中国出口最强劲的行业是建筑业，其次是其他商业服务。与世界平均水平相比，通信、计算机和信息及旅游业具有较微弱的优势，而其他行业出口份额均小于世界平均水平，不具有比较优势。根据 RCA 指数从大到小的排序，这些行业依次为交通运输、保险、政府商品和服务、金融服务、文化娱乐服务和专利许可服务。其中，交通运输服务出口份额基本与世界平均水平持平，而文化娱乐服务和专利许可服务出口份额则与世界平均水平差距巨大，说明中国这两个行业的竞争力非常低，这对中国对外投资的行业选择具有一定的参考意义。2014 年“一带一路”沿线各产业显性比较优势位列前十的国家见表 2－10。

表 2－10 2014 年“一带一路”沿线各产业显性比较优势位列前十的国家

交通运输	旅游	建筑	保险	金融服务
立陶宛	马尔代夫	白俄罗斯	卡塔尔	塞浦路斯
哈萨克斯坦	柬埔寨	亚美尼亚	科威特	新加坡
白俄罗斯	克罗地亚	吉尔吉斯斯坦	新加坡	黎巴嫩
卡塔尔	泰国	马其顿	土耳其	拉脱维亚
埃及	阿联酋	俄罗斯	保加利亚	澳大利亚
希腊	不丹	塞尔维亚	斯里兰卡	柬埔寨
拉脱维亚	沙特	爱沙尼亚	不丹	斯里兰卡
乌克兰	越南	斯洛文尼亚	阿曼	科威特
阿曼	阿尔巴尼亚	黎巴嫩	马来西亚	新西兰
塔吉克斯坦	约旦	波黑	巴基斯坦	印度

续表

专利许可服务	通信、计算机和信息	文化娱乐服务	政府商品和服务	其他商业服务
匈牙利	科威特	吉尔吉斯斯坦	巴基斯坦	菲律宾
新加坡	印度	卡塔尔	尼泊尔	印度
新西兰	塔吉克斯坦	土耳其	科威特	印度尼西亚
捷克	摩尔多瓦	新西兰	约旦	俄罗斯
澳大利亚	菲律宾	匈牙利	埃及	蒙古
俄罗斯	巴基斯坦	塞尔维亚	卡塔尔	塔吉克斯坦
斯洛文尼亚	乌克兰	黎巴嫩	沙特	新加坡
乌克兰	斯里兰卡	马其顿	阿联酋	波兰
波黑	塞浦路斯	澳大利亚	哈萨克斯坦	黎巴嫩
塞尔维亚	塞尔维亚	亚美尼亚	摩尔多瓦	捷克

资料来源：作者根据联合国贸易和发展会议（UNCTAD）公布的数据计算整理。

知识链接

显性比较优势指数

显性比较优势指数（RCA）表示一个国家某种商品的出口值占该国所有出口商品总值的份额，与世界该类商品的出口值占世界所有商品出口总值的份额的比例。这项指数可以较好地反映一个国家某一产业的出口与世界平均出口水平相比较的相对优势。总体来说，若0 < RCA < 1，则表示某产业或产品具有比较劣势，其数值越是接近于0，比较劣势越明显；若RCA > 1，则表示一国某产业或产品在国际经济中具有显性比较优势，其数值越大，显性比较优势越明显；如果RCA > 2.5，则表明具有很强的竞争优势。

显性比较优势指数（RCA）计算公式如下：

$$RCA_{ijt} = \frac{X_{ijt} / \sum_{j=1}^{m} X_{ijt}}{\sum_{i=1}^{n} X_{ijt} / \sum_{j=1}^{m} \sum_{i=1}^{n} X_{ijt}}$$

其中，X_{ijt} 是国家 i 产品 j 在第 t 年的出口额。

4. 高科技出口产品比重

高科技出口产品是指具有高研发强度的产品，如航空航天、计算机、医药、科学仪器和电气机械等,高科技出口比重是指高科技产品出口占制成品出口的百分比。根据世界银行公布的数据,2013 年世界高科技出口比重为 17.05%,中国为 26.97%,高于世界平均水平。2013 年世界高科技出口比重高于中国的只有尼日尔、菲律宾、新加坡、马来西亚、哥斯达黎加、马耳他、哈萨克斯坦、越南和韩国共 9 个国家。图 2 -7 展示了 2005—2013 年“一带一路”沿线部分国家高科技出口比重在某一年或多年高于中国的国家。从图 2 -7 中可以看到,2013 年高科技出口比重高于中国的“一带一路”沿线国家有菲律宾、新加坡、马来西亚、哈萨克斯坦和越南 5 个国家,其中前 3 个国家在所有年份均高于中国,哈萨克斯坦在部分年份高于中国,而越南只在 2013 年高于中国,但是其近年发展速度非常快,塞浦路斯则曾经在一些年份高于中国,而自 2012 年起便远低于中国。

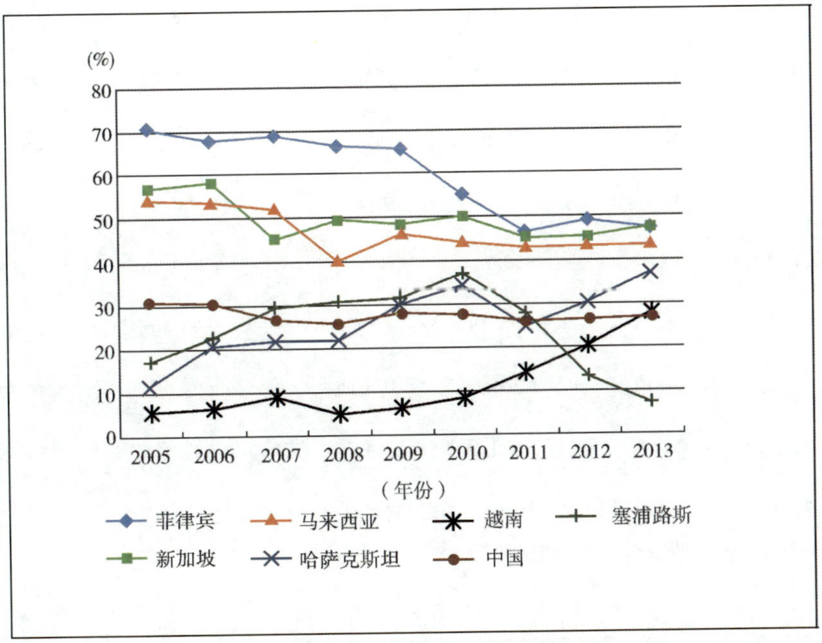

图 2 -7　2005—2013 年中国和“一带一路”沿线部分国家高科技出口占比

注:1. 图中所列国家(中国除外)为“一带一路”沿线国家中 2005—2013 年高科技出口占比曾经高于中国的所有国家。

数据来源:根据世界银行公布的数据整理。

从高科技出口绝对额来看,中国是世界高科技出口额最多的国家,德国、美国分别居第二位和第三位,但远低于中国,“一带一路”沿线国家高科技出口绝对额也远低于中国,如表2-11所示。整体来看,“一带一路”沿线仅新加坡、韩国和马来西亚有一定优势,高科技出口比重和绝对额均列入世界前十位,但从绝对额上看,中国比世界任何国家都更具有优势。

表2-11 2013年世界部分国家高科技出口及比重

高科技出口比重最高十国			高科技出口金额最高十国		
国家	比重(%)	金额(亿美元)	国家	金额(亿美元)	比重(%)
尼日尔	52.45	0.49	中国	5 600.58	26.97
菲律宾	47.11	196.45	德国	1 930.88	16.08
新加坡	46.99	1 356.02	美国	1 478.33	17.76
马来西亚	43.57	603.72	新加坡	1 356.02	46.99
哥斯达黎加	43.32	30.65	韩国	1 304.60	27.10
马耳他	38.55	10.12	法国	1 130.00	25.84
哈萨克斯坦	36.87	30.74	日本	1 050.76	16.78
越南	28.21	278.19	荷兰	690.40	20.41
韩国	27.10	1 304.60	马来西亚	603.72	43.57
中国	26.97	5 600.58	瑞士	533.50	26.55

注:“高科技出口比重”为该国高科技出口占该国制成品出口的百分比。

数据来源:根据世界银行公布的数据整理。

(二)“一带一路”沿线国家基础设施环境

基础设施是国际贸易的重要媒介,企业在对外投资过程中,肯定要考虑其产品的运输便利性,东道国是否具备较强的交通运输能力是对外投资的重要影响因素,本节主要考查“一带一路”沿线国家的交通基础设施环境。

1. **航海运输能力**

货柜码头吞吐量①是反映交通运输能力的重要指标。根据世界银行公布的数据，中国和“一带一路”沿线国家货柜码头吞吐量占世界的比重一直保持上升的趋势，2008 年首次超过 50%，如图 2－8 所示。2013 年世界货柜码头吞吐量 651.1 百万 TEU；中国为 174.08 百万 TEU，占世界比重的 26.74%；“一带一路”沿线国家为 186.62 百万 TEU，占世界比重的 28.66%；中国和“一带一路”沿线国家合计占世界比重的 55.4%。

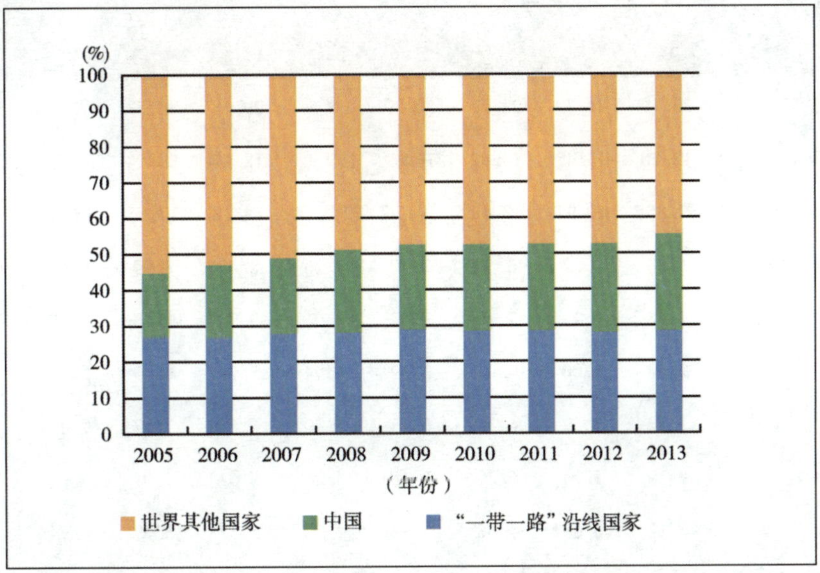

图 2－8　2005—2013 年中国、“一带一路”沿线国家和世界其他国家的货柜码头吞吐量比重

注：TEU 指的是 20 英尺当量单位。

数据来源：根据世界银行公布的数据整理。

表 2－12 列出了 2005—2013 年中国和“一带一路”沿线货柜码头吞吐量排名前十位的国家。从表 2－12 中可以看出，在所有年份，十国占“一带一路”沿

① 根据世界银行的定义，港口集装箱吞吐量衡量的是通过陆运到海运（反之亦然）方式运输的集装箱流量，以 20 英尺当量单位的标准尺寸集装箱为计算单位，数据包括沿海航运和国际航运。转运货物吞吐量是指在中转港的两次货物吊装（一次卸货，然后装货外运），也包括空箱。

线国家的比重均超过70%;中国高于沿线任何国家,且保持较大优势。从世界范围来看,新加坡货柜码头吞吐量33.52百万TEU,占世界比重的5.15%,位列世界第三位(美国居世界第二位,44.26百万TEU,占世界比重的6.8%),在“一带一路”沿线国家中排名第一位。美国和新加坡均远低于中国,由此可见,与世界各国相比,中国具有较大优势。

表2-12 2005—2013年中国和沿线部分国家货柜码头吞吐量

(百万TEU)

国家 \ 年份	2005	2006	2007	2008	2009	2010	2011	2012	2013
新加坡	23.19	24.79	28.77	30.89	26.59	29.18	30.73	32.50	33.52
马来西亚	12.20	13.42	14.83	16.09	15.92	18.27	20.14	20.90	21.43
阿联酋	9.85	10.97	13.18	14.76	14.43	15.18	17.55	18.12	19.34
印度尼西亚	5.50	4.32	6.58	7.40	7.26	8.48	8.97	9.64	10.79
印度	4.98	6.14	7.40	7.67	8.01	9.75	10.28	10.29	10.65
越南	2.54	3.00	4.01	4.39	4.94	5.98	6.93	2.94	8.12
泰国	5.12	5.57	6.34	6.73	5.90	6.65	7.17	7.47	7.70
澳大利亚	5.19	5.74	6.29	6.10	6.20	6.67	7.01	7.26	7.31
土耳其	3.17	3.68	4.68	5.22	4.52	5.57	5.99	6.74	7.28
埃及	4.03	5.37	5.18	6.10	6.25	6.71	7.74	7.36	7.14
十国小计	75.77	83.00	97.26	105.35	100.02	112.44	122.51	123.22	133.28
沿线合计	101.18	111.29	135.79	145.71	137.77	155.28	169.19	174.09	186.62
十国占比(%)	74.9	74.6	71.6	72.3	72.6	72.4	72.4	70.8	71.4
中国	67.25	84.81	103.82	115.94	108.80	130.29	144.64	160.06	174.08

注:TEU指的是20英尺当量单位。

数据来源:根据世界银行公布的数据整理。

2. 航空运输能力

航空运输量也是衡量一国交通运输能力的重要指标,世界银行一般用注册承运人全球出港量[①]来衡量。根据世界银行的数据,2014 年,世界完成航空运输量 3 199.33 万次;美国完成 955.32 万次,占世界比重的 29.86%,位列世界第一;中国完成 335.68 万次,占世界比重的 10.49%,仅次于美国。

2014 年,“一带一路”沿线国家完成航空运输量 738.94 万次,占世界比重的 23.1%;中国和“一带一路”沿线国家合计占世界航空运输量的比重从 2005 年的 19.97% 提升到 2014 年的 33.59%,提升速度较快,但占比仍然偏小,如图 2-9 所示。表 2-13 列出了中国和“一带一路”沿线 2014 年航空运输量排名前十位国家的数据,前十位国家占“一带一路”沿线国家的比重从 2005 年的 57.5% 提升到 2014 年的 69.5%,可见呈快速提升的趋势。其中,俄罗斯完成 74.78 万次,位列“一带一路”沿线国家第一位,但远低于中国。与沿线国家相比,中国航空运输具有较大优势。

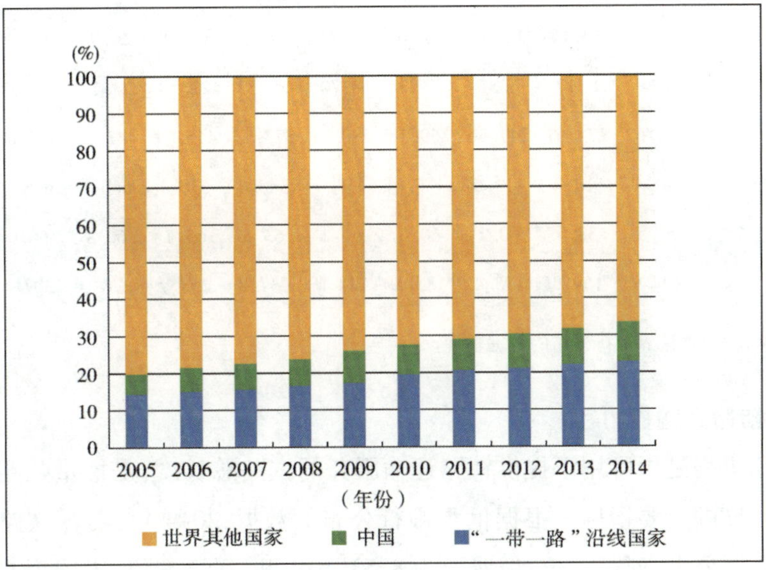

图 2-9 2005—2014 年中国和“一带一路”沿线国家航空运输占世界运输量的比重

数据来源:根据世界银行公布的数据整理。

① 注册承运人全球出港量为在所在国注册的承运人的国内起飞次数和国外起飞次数。

表 2－13　2005—2014 年中国和“一带一路”沿线部分国家航空运输量

（万次）

国家＼年份	2005	2006	2007	2008	2009	2010	2011	2012	2013	2014
俄罗斯	39. 08	42. 12	46. 77	52. 26	47. 53	52. 38	59. 60	63. 67	67. 81	74. 78
土耳其	14. 60	17. 71	19. 71	21. 53	27. 18	36. 92	42. 02	47. 61	62. 70	72. 32
印度	33. 05	45. 39	56. 90	59. 23	60. 20	62. 32	69. 56	67. 81	68. 36	72. 01
印度尼西亚	32. 07	35. 74	35. 78	34. 52	33. 01	52. 09	59. 97	64. 12	65. 38	70. 37
澳大利亚	34. 25	35. 29	35. 35	39. 34	40. 33	57. 29	59. 31	62. 29	64. 12	64. 49
马来西亚	17. 62	16. 37	18. 51	17. 65	18. 20	30. 22	33. 64	34. 34	42. 03	43. 86
阿联酋	0. 00	0. 00	0. 00	0. 00	17. 06	24. 09	26. 95	31. 18	32. 71	35. 68
泰国	12. 43	12. 68	12. 97	12. 59	12. 35	20. 13	22. 73	25. 24	29. 84	32. 30
沙特	11. 63	13. 15	15. 05	14. 83	15. 65	17. 76	19. 35	20. 90	21. 66	25. 30
菲律宾	5. 89	6. 17	6. 52	7. 23	8. 70	20. 53	22. 58	24. 17	20. 05	22. 54
十国小计	200. 62	224. 62	247. 56	259. 18	280. 21	373. 73	415. 71	441. 33	474. 66	513. 65
沿线国家	348. 9	381. 4	411. 0	427. 6	458. 0	588. 4	638. 4	660. 2	698. 0	738. 9
十国占比(%)	57. 5	58. 9	60. 2	60. 6	61. 2	63. 5	65. 1	66. 8	68. 0	69. 5
中国	134. 9	154. 3	175. 4	185. 3	214. 0	237. 8	253. 9	278. 0	307. 4	335. 7

数据来源：根据世界银行公布的数据整理。

3. 陆路运输能力

铁路里程是指可用于提供铁路运输服务的铁路总长度，是衡量陆路交通系统发达程度的重要指标。根据世界银行公布的数据，2014 年，美国铁路里程数为 22. 82 万公里，列第一位；俄罗斯为 8. 53 万公里，列第二位；中国为 6. 7 万公里，列第三位；印度为 6. 58 万公里，列第四位。表 2－14 列出了 2014 年铁路里程世界排名前十位的国家。从铁路里程的变化情况看，前十位国家中，中国 2014 年比 2005 年增加了 7. 7%，增速最快；印度增加了 3. 6%，居第二位；法国有小幅度的增减；巴西和墨西哥保持着相同的水平，其他国家则有不同程度的下降，其中阿根廷下降最快，降幅达 30. 01%。

表 2－14　2005—2014 年世界部分国家铁路里程

（万公里）

国家＼年份	2005	2006	2007	2008	2009	2010	2011	2012	2013	2014
美国	22.90	22.72	22.67	22.71	22.62	22.85	22.82	22.82	22.82	22.82
俄罗斯	8.55	9.22	8.42	8.42	8.52	8.53	8.52	8.42	8.42	8.53
中国	6.22	6.34	6.36	6.08	6.55	6.62	6.61	6.63	6.63	6.70
印度	6.35	6.33	6.33	6.33	6.33	6.40	6.45	6.45	6.45	6.58
加拿大	5.77	5.75	5.70	5.72	5.83	5.83	5.20	5.20	5.20	5.21
德国	3.42	3.41	3.39	3.39	3.37	3.37	3.36	3.35	3.34	3.34
法国	2.93	2.95	2.95	2.99	3.38	3.36	3.46	3.00	3.00	3.00
巴西	2.93	2.93	2.95	2.98	2.98	2.98	2.98	2.98	2.98	2.98
墨西哥	2.67	2.67	2.67	2.67	2.67	2.67	2.67	2.67	2.67	2.67
阿根廷	3.58	3.58	3.58	3.58	2.50	2.50	2.50	2.50	2.50	2.50

数据来源：根据世界银行公布的数据整理。

2014 年，“一带一路”沿线国家铁路里程 33.72 万公里，拥有量超过 1 万公里的国家共有 7 个，7 个国家铁路总里程 22.67 万公里，占沿线国家总量的 67.24%，如表 2－15 所示。沿线有 30 个国家铁路里程低于 1 000 公里。

表 2－15　2005—2014 年“一带一路”沿线部分国家铁路里程

（万公里）

国家＼年份	2005	2006	2007	2008	2009	2010	2011	2012	2013	2014
俄罗斯	8.55	9.22	8.42	8.42	8.52	8.53	8.52	8.42	8.42	8.53
印度	6.35	6.33	6.33	6.33	6.33	6.40	6.45	6.45	6.45	6.58
乌克兰	2.20	2.20	2.19	2.17	2.17	2.17	2.17	2.16	2.16	2.15
波兰	1.96	1.94	1.94	1.96	1.98	1.97	1.97	1.96	1.90	1.89
哈萨克斯坦	1.42	1.42	1.42	1.42	1.42	1.42	1.42	1.43	1.43	1.43
罗马尼亚	1.08	1.08	1.06	1.08	1.08	1.36	1.08	1.08	1.08	1.08
土耳其	0.87	0.87	0.87	0.87	0.87	0.96	0.96	0.96	0.97	1.01

数据来源：根据世界银行公布的数据整理。

4. 互联网和移动通信设施

随着信息技术的普及，互联网在生活和生产中的应用越来越广泛，通信网络的普及率成为衡量通信基础设施完备程度的重要指标。从每百人中有互联网用户数来看，2014 年世界平均水平为 40.69 人，冰岛为 98.16 人，居世界第一位；全世界有 15 个国家超过 90 人；中国为 49.30 人，高于世界平均水平。

表 2－16 中分别列出了“一带一路”沿线国家中每百人互联网用户数最多和最少的 10 个国家。从“一带一路”沿线国家来看，有 45 个国家高于世界平均水平，23 个国家低于世界平均水平；高于 90 人的有 3 个国家，分别为卡塔尔（91.49 人）、巴林（91.00 人）和阿联酋（90.40 人）；有 37 个国家高于中国，31 个国家低于中国，中国居于中间位置。

表 2－16　2011—2014 年中国和“一带一路”沿线部分国家每百人互联网用户数

国家＼年份	2011	2012	2013	2014	国家＼年份	2011	2012	2013	2014
卡塔尔	69.00	69.30	85.30	91.49	尼泊尔	9.00	11.15	13.30	15.44
巴林	77.00	88.00	90.00	91.00	老挝	9.00	10.75	12.50	14.26
阿联酋	78.00	85.00	88.00	90.40	巴基斯坦	9.00	9.96	10.90	13.80
新西兰	81.23	82.00	82.78	85.50	土库曼斯坦	5.00	7.20	9.60	12.20
澳大利亚	79.49	79.00	83.00	84.56	伊拉克	5.00	7.10	9.20	11.30
爱沙尼亚	76.50	78.39	79.40	84.24	孟加拉国	4.50	5.00	6.63	9.60
新加坡	71.00	72.00	81.00	82.00	柬埔寨	3.10	4.94	6.80	9.00
斯洛伐克	74.44	76.71	77.88	79.98	阿富汗	5.00	5.45	5.90	6.39
捷克	70.49	73.43	74.11	79.71	缅甸	0.98	1.07	1.60	2.10
科威特	65.77	70.45	75.46	78.70	东帝汶	0.90	0.91	1.10	1.14
中国	38.30	42.30	45.80	49.30	世界	31.82	35.15	37.99	40.69

数据来源：根据世界银行公布的数据整理。

从 2011—2014 年互联网用户的增长率来看，世界平均增长 27.86%，中国增长 28.72%，高于世界平均增速；“一带一路”沿线国家全部保持不同程度的增长，其中有 34 个国家增速高于中国，增长 1 倍以上的有 7 个国家，其中柬埔寨增长最快，增长了 190.32%；有 8 个国家增速低于 10%。

每百人移动电话租用数是指每百人移动蜂窝式无线通信系统的电话租用数,是衡量通信系统便捷程度的指标。根据世界银行公布的数据,2014 年,世界平均水平为 96.27 部;中国澳门和中国香港分别居世界第一、第二位,分别为 322.59 部和 233.62 部;中国为 92.27 部,低于世界平均水平。

表 2 - 17 列出了"一带一路"沿线国家中每百人移动电话租用数低于 100 部的国家,并与中国和世界平均水平对比。从表 2 - 17 中可以看出,"一带一路"沿线国家中有 21 个国家低于 100 部;其中 20 个国家低于世界平均水平,有 16 个国家低于中国水平。

表 2 - 17　2011—2014 年中国和"一带一路"沿线部分国家每百人移动电话租用数

年份 国家	2011	2012	2013	2014	年份 国家	2011	2012	2013	2014
世界	84.28	88.56	93.14	96.27	孟加拉国	55.19	62.82	74.43	75.92
中国	72.07	80.76	88.71	92.27	阿富汗	60.33	65.45	70.66	74.88
塞浦路斯	97.71	98.40	96.36	96.34	印度	73.20	69.92	70.78	74.48
塔吉克斯坦	80.92	81.51	91.83	95.13	乌兹别克斯坦	90.37	71.03	74.31	73.79
伊拉克	80.16	81.63	96.10	94.91	巴基斯坦	61.81	67.06	70.13	73.33
土耳其	89.41	91.46	92.96	94.79	巴勒斯坦	70.12	74.30	73.74	72.08
波黑	82.60	87.57	91.10	91.28	叙利亚	59.24	59.30	56.13	70.95
黎巴嫩	77.19	80.81	80.56	88.35	也门	50.07	58.28	69.01	68.49
伊朗	74.30	76.10	84.25	87.79	老挝	84.05	64.70	68.14	66.99
尼泊尔	49.18	60.45	76.85	82.49	东帝汶	56.02	55.74	57.38	58.74
不丹	66.38	75.61	72.20	82.07	缅甸	2.38	7.06	12.83	49.47

数据来源:根据世界银行公布的数据整理。

从 2011—2014 年每百人移动电话增长率来看,世界平均增长 14.22%,中国增长 28.03%;"一带一路"沿线国家中有 10 个国家增长快于中国,其中缅甸增长最快,2014 年是 2011 年的 20.79 倍,其次是尼泊尔,增长了 67.73%;沿线国家中有 13 个国家下降,其中老挝下降最快,降幅为 20.3%,其次是乌兹别克斯坦,下降了 18.35%。

（三）“一带一路”沿线国家政治和制度环境

1. 政治稳定性和法治水平

政治稳定性是企业对外投资的重要考量指标之一，关系到投资项目的进展和投资的收益保障。中国在“一带一路”沿线国家的投资曾经受到东道国政治稳定性的影响，比如，2015 年 1 月斯里兰卡选出新领导人后，斯里兰卡与中国的关系出现停滞状态，中国援建的斯里兰卡首都科伦坡港口城项目就此遭遇暂停，尽管现在危机已经解决，但是项目停工对中国也造成了不小的损失。

根据世界银行公布的全球治理指数①，2014 年，中国政治稳定性得分为 29.61 分，低于 50.02 分的世界平均水平；“一带一路”沿线国家平均得分为 44.84 分，低于世界平均水平，如图 2－10 所示。

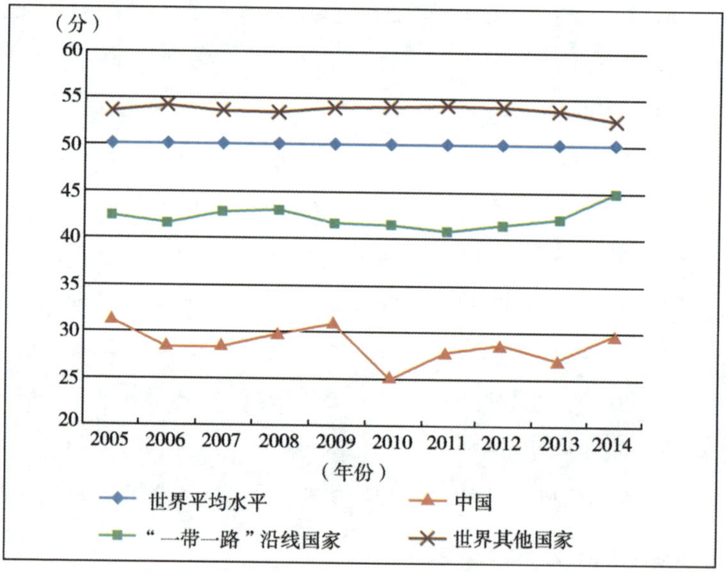

图 2－10　2005—2014 年中国和“一带一路”沿线国家政治稳定性（百分位数）

数据来源：根据世界银行公布的全球治理指数（WGI）整理。

---

① 世界银行公布的全球治理指数采用百分位数来衡量，得分越高表示在该方面表现越佳，虽然该指数的可代表性具有争议，但整体上具有较强的参考价值。

从各经济走廊政治稳定性得分的情况看，新亚欧大陆桥经济走廊和“一带一路”沿线其他国家最高，孟中印缅和中伊土经济走廊最低，中新经济走廊居中，如图2-11所示。各经济走廊内部差异也很大，新亚欧大陆桥经济走廊中乌克兰最低，为6.31分，捷克和斯洛伐克最高，分别为82.04分和84.95分；中伊土经济走廊中叙利亚最低，为0分，卡塔尔最高，达83.01分；中新经济走廊中泰国最低，为16.5分，新加坡和文莱最高，分别为92.23分和95.15分；孟中印缅经济走廊中缅甸和印度得分最低，分别为11.65分和13.59分，不丹最高，达82.52分；在沿线其他国家中新西兰和澳大利亚最高，分别为99.03分和87.38分，远远超过最低的俄罗斯和巴基斯坦的18.45和3.4分。

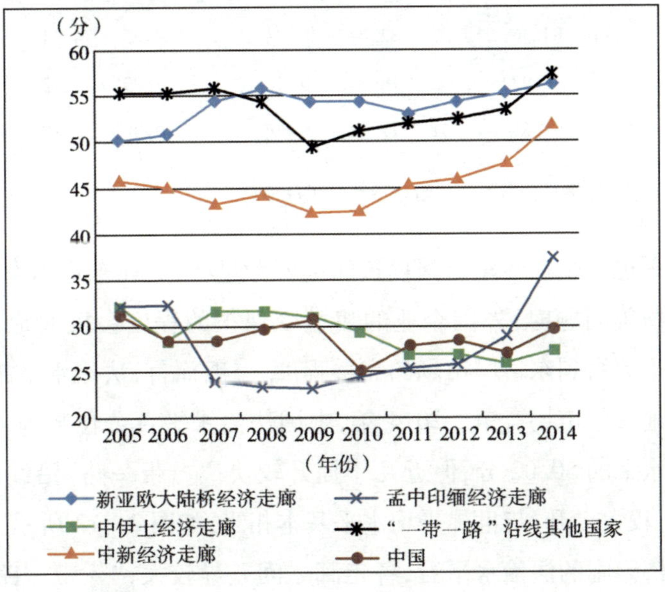

图2-11 2005—2014年中国和“一带一路”沿线经济走廊政治稳定性（百分位数）

数据来源：根据世界银行公布的全球治理指数（WGI）整理。

表2-18中分别列出了2014年“一带一路”沿线国家中政治稳定性得分最高和最低的10个国家。从表2-18可知，“一带一路”沿线国家之间差异很大，有8个国家低于10分，其中6个位于中伊土经济走廊，分别为叙利亚、也门、伊拉克、阿富汗、黎巴嫩和埃及，另外两个为新亚欧大陆桥经济走廊的乌克兰和中巴经济走廊的巴基斯坦；新西兰、文莱和新加坡则高于90分。

表2-18 2011—2014年"一带一路"沿线部分国家政治稳定性百分位数

国家\年份	2011	2012	2013	2014	国家\年份	2011	2012	2013	2014
新西兰	97.64	97.16	98.58	99.03	土耳其	18.87	13.27	11.85	12.14
文莱	86.79	76.30	86.26	95.15	缅甸	14.62	18.48	13.27	11.65
新加坡	91.04	96.68	96.68	92.23	埃及	6.60	7.58	7.11	7.77
澳大利亚	74.53	81.52	83.41	87.38	黎巴嫩	5.66	6.16	6.64	7.28
斯洛伐克	78.30	87.68	88.63	84.95	乌克兰	43.40	42.18	21.80	6.31
卡塔尔	90.09	91.47	91.47	83.01	巴基斯坦	0.47	0.95	0.95	3.40
不丹	71.70	72.51	70.62	82.52	阿富汗	1.42	1.90	1.42	2.91
捷克	87.74	84.36	84.36	82.04	伊拉克	4.25	4.74	4.27	2.43
马尔代夫	39.15	36.97	55.92	78.64	也门	1.89	1.42	1.90	1.46
蒙古	66.51	61.61	63.51	77.18	叙利亚	2.83	0.47	0.47	0.00

数据来源:根据世界银行公布的全球治理指数(WGI)整理。

法治水平也是企业在东道国投资的主要考量指标,在东道国发生经济纠纷或者劳工纠纷等问题时,外国企业的权益受保护的程度会极大地影响对外投资。法治水平关系到东道国市场的完善程度,一般而言,法治水平越高,则企业越能够公平地参与市场竞争。2014年,中国法治水平百分位数为42.79分,低于世界平均水平的50.02分,但近几年提升较快;"一带一路"沿线国家法治水平2014年有较大提升,与世界平均水平基本相当,如图2-12所示。

从各经济走廊的法治水平看,各走廊之间差异较大,"一带一路"沿线其他国家法治水平最高,其次为新亚欧大陆桥经济走廊,然后是中新经济走廊,中伊土经济走廊和孟中印缅经济走廊基本持平,均较低,如图2-13所示。

表2-19中分别列出了2014年"一带一路"沿线国家中法治水平得分最高和最低的10个国家。从表2-19可知,"一带一路"沿线国家内部差异较大,有6个国家低于10分,其中5个在中伊土经济走廊,分别为阿富汗、伊拉克、叙利亚、土库曼斯坦、也门,阿富汗最低为2.4分;沿线有3个国家高于90分,分别为新西兰、澳大利亚和新加坡。

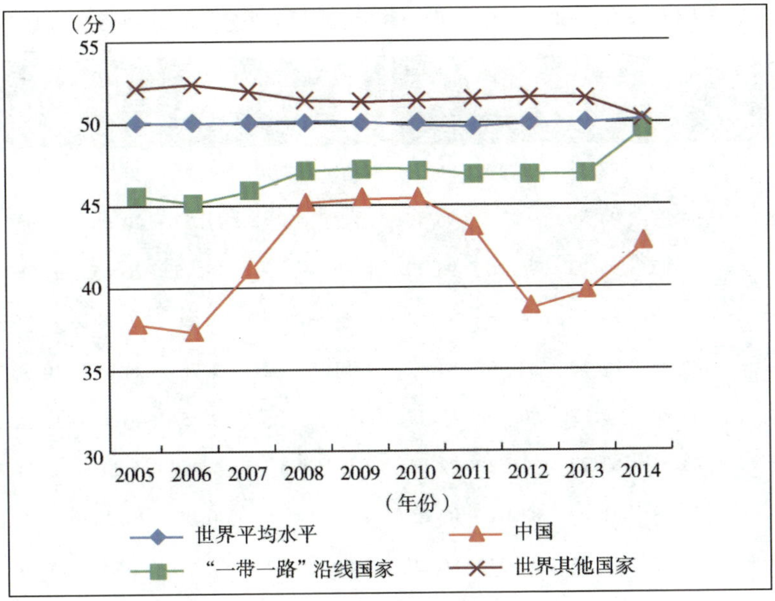

图 2－12　2005—2014 年中国和“一带一路”沿线国家法治水平（百分位数）

数据来源：根据世界银行公布的全球治理指数（WGI）整理。

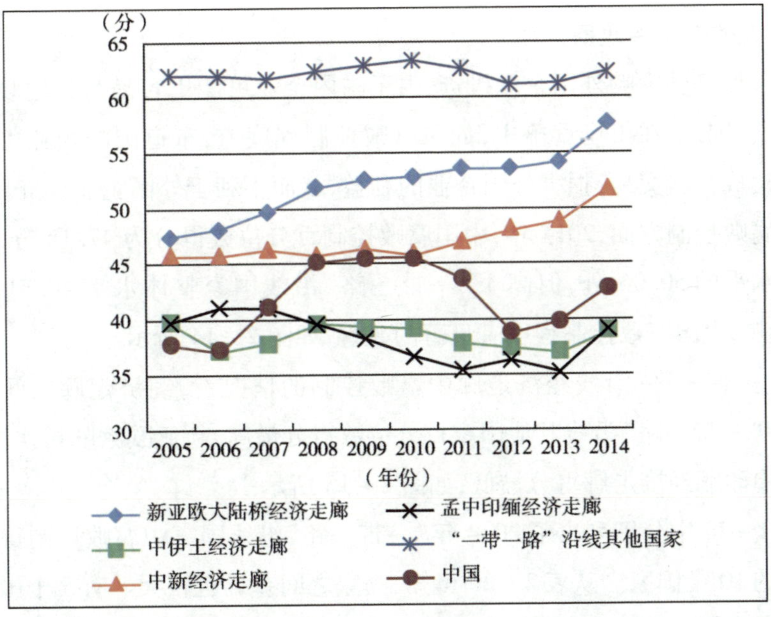

图 2－13　2005—2014 年中国和“一带一路”沿线经济走廊法治水平（百分位数）

数据来源：根据世界银行公布的全球治理指数（WGI）整理。

表 2-19 2011—2014 年“一带一路”沿线部分国家法治水平百分位数

国家 \ 年份	2011	2012	2013	2014	国家 \ 年份	2011	2012	2013	2014
新西兰	98.59	98.58	98.10	98.56	吉尔吉斯斯坦	9.39	12.32	12.80	15.87
澳大利亚	94.37	94.79	95.73	96.15	塔吉克斯坦	11.27	10.90	9.95	15.38
新加坡	93.43	95.73	95.26	95.19	伊朗	18.78	20.85	17.06	13.94
爱沙尼亚	85.45	84.36	86.26	86.54	乌兹别克斯坦	4.69	7.58	11.37	12.02
捷克	80.75	81.52	82.46	84.62	缅甸	3.76	6.16	10.90	8.65
以色列	80.28	77.73	80.09	83.17	也门	8.45	8.06	12.32	8.17
塞浦路斯	83.57	83.89	81.52	82.21	土库曼斯坦	4.23	5.21	6.64	7.21
卡塔尔	74.18	81.99	83.41	81.25	叙利亚	30.05	14.22	3.32	6.73
斯洛文尼亚	82.16	80.57	80.57	80.29	伊拉克	2.35	2.84	3.79	5.77
立陶宛	73.24	72.99	73.93	78.37	阿富汗	0.47	0.47	1.42	2.40

数据来源:根据世界银行公布的全球治理指数(WGI)整理。

2. 腐败控制和政府效率

腐败控制会影响外国企业投资,由于国内企业可能更容易与当地政府形成关系网络,因此,在市场竞争中,如果腐败控制程度差,东道国的企业可能与政府官员达成权钱交易,损害外国企业的利益,从而不利于外国企业投资。

在腐败控制方面,2014 年,中国腐败控制百分位数得分为 47.12 分,低于世界平均水平的 50.06 分,但高于“一带一路”沿线国家整体水平 46.71 分。自 2011 年起,中国腐败控制程度有显著的改善,如图 2-14 所示。

从“一带一路”沿线经济走廊中腐败控制的情况看,经济走廊之间差异较大,其中“一带一路”沿线其他国家百分位数得分最高,新亚欧大陆桥次之,中伊土和孟中印缅经济走廊得分最低,如图 2-15 所示。

表 2-20 中分别列出了 2014 年“一带一路”沿线国家中腐败控制得分最高和最低的 10 个国家。从表 2-20 可知,国家之间差异也很大。有 5 个国家得分低于 10 分,全部集中在中伊土经济走廊,分别是也门、叙利亚、伊拉克、阿富汗和土库曼斯坦;高于 90 分的只有 3 个国家,分别是新西兰、新加坡和澳大利亚。

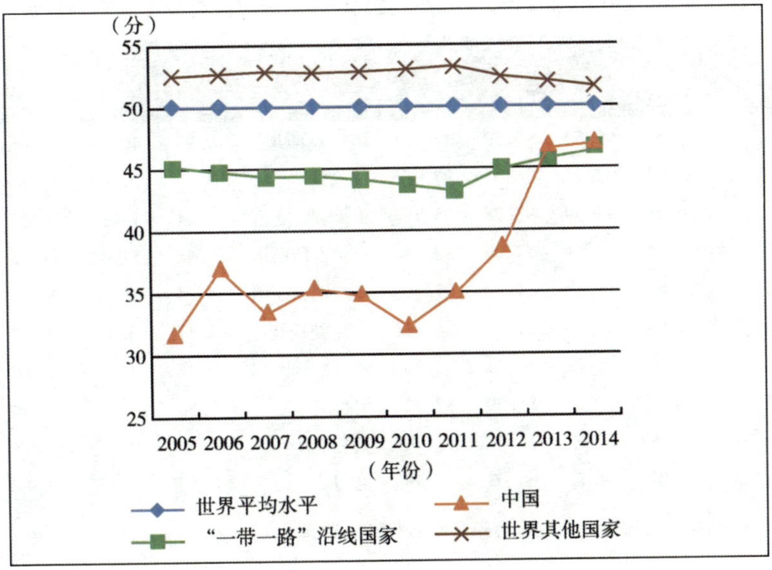

图 2-14 2005—2014 年中国和"一带一路"沿线国家腐败控制(百分位数)

数据来源:根据世界银行公布的全球治理指数(WGI)整理。

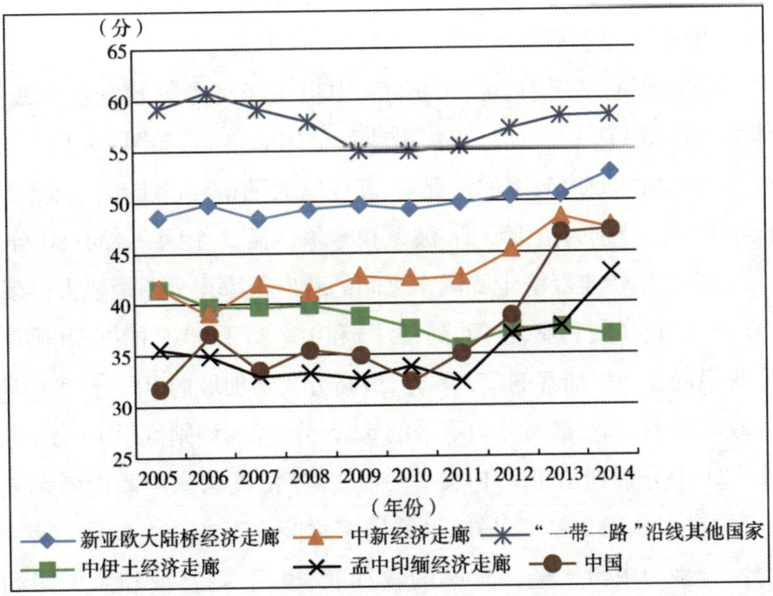

图 2-15 2005—2014 年中国和"一带一路"沿线经济走廊腐败控制(百分位数)

数据来源:根据世界银行公布的全球治理指数(WGI)整理。

表 2-20　2011—2014 年“一带一路”沿线部分国家腐败控制百分位数

国家 \ 年份	2011	2012	2013	2014	国家 \ 年份	2011	2012	2013	2014
新西兰	99.53	99.52	99.52	100.00	塔吉克斯坦	9.95	10.05	10.05	14.42
新加坡	96.68	97.13	96.65	97.12	黎巴嫩	19.91	21.05	18.18	13.46
澳大利亚	96.21	95.69	93.78	95.19	柬埔寨	7.11	14.35	16.27	12.50
不丹	73.46	77.51	77.99	88.46	吉尔吉斯斯坦	9.48	12.44	11.48	11.54
爱沙尼亚	79.62	80.38	81.34	87.50	乌兹别克斯坦	4.74	8.61	8.13	11.06
阿联酋	81.99	83.25	87.56	84.13	土库曼斯坦	2.37	3.35	4.31	8.65
卡塔尔	82.46	83.73	84.21	82.69	阿富汗	1.42	1.91	1.91	6.25
塞浦路斯	78.67	85.17	84.69	82.21	伊拉克	7.58	7.66	7.18	5.77
以色列	72.99	77.99	78.47	76.44	叙利亚	15.64	10.53	7.66	2.40
格鲁吉亚	56.87	64.11	66.03	75.48	也门	8.53	8.13	9.09	1.92

数据来源:根据世界银行公布的全球治理指数(WGI)整理。

在政府效率方面,2005—2014 年中国一直高于世界平均水平。2014 年,中国得分 66.35,大幅高于世界平均水平的 50.01 分。2014 年,“一带一路”沿线国家政府效率有较为显著的提高,得分 53.47 分,高于世界平均水平,2005—2013 年则与世界平均水平基本相当,如图 2-16 所示。

从各经济走廊的情况看,孟中印缅和中伊土经济走廊政府效率偏低,其他各经济走廊均较高,其中“一带一路”沿线其他国家最高,如图 2-17 所示。

从经济走廊内部政府效率的情况看,新亚欧大陆桥经济走廊内部差距较小,3 个国家低于 40 分,分别为白俄罗斯、波黑和摩尔多瓦,2 个国家高于 80 分,分别为爱沙尼亚和捷克;中伊土经济走廊国家之间的政府效率得分差距要大得多,包括 3 个低于 10 分的国家(叙利亚、也门、阿富汗)和 1 个高于 90 分的国家(阿联酋);中新经济走廊最低分为柬埔寨的 25.48 分,最高分为新加坡的 100 分;孟中印缅经济走廊国家政府效率偏低,最高分为不丹的 62.5 分,而缅甸则低于 10 分。

表 2-21 中分别列出了 2014 年“一带一路”沿线国家中政府效率最高和最低的 10 个国家。从表 2-21 可知,沿线国家之间也存在较大差异。有 4 个国家低于 10 分,分别为中伊土经济走廊的叙利亚、也门、阿富汗和孟中印缅经济走廊的缅甸。有 4 个国家高于 90 分,分别为阿联酋、澳大利亚、新西兰和新加坡。“一带一路”沿线国家得分高于中国的有 22 个国家。

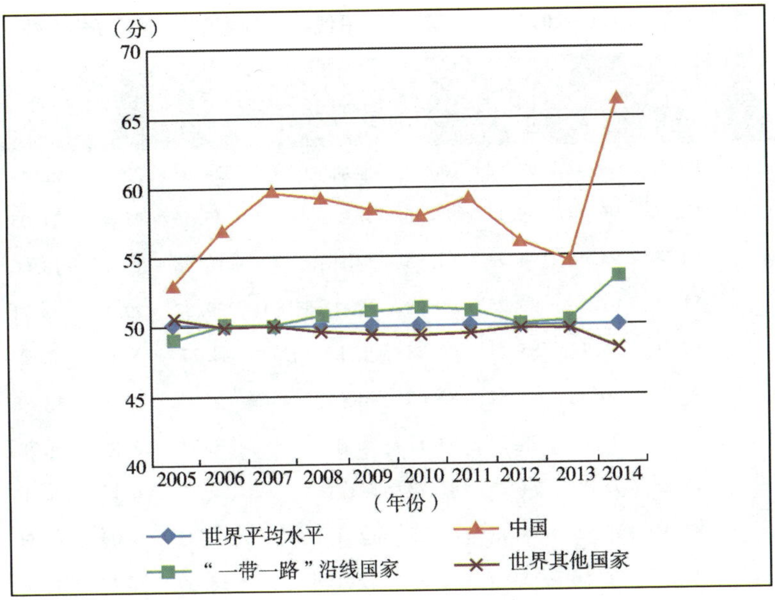

图 2-16 2005—2014 年中国和"一带一路"沿线国家政府效率(百分位数)

数据来源:根据世界银行公布的全球治理指数(WGI)整理。

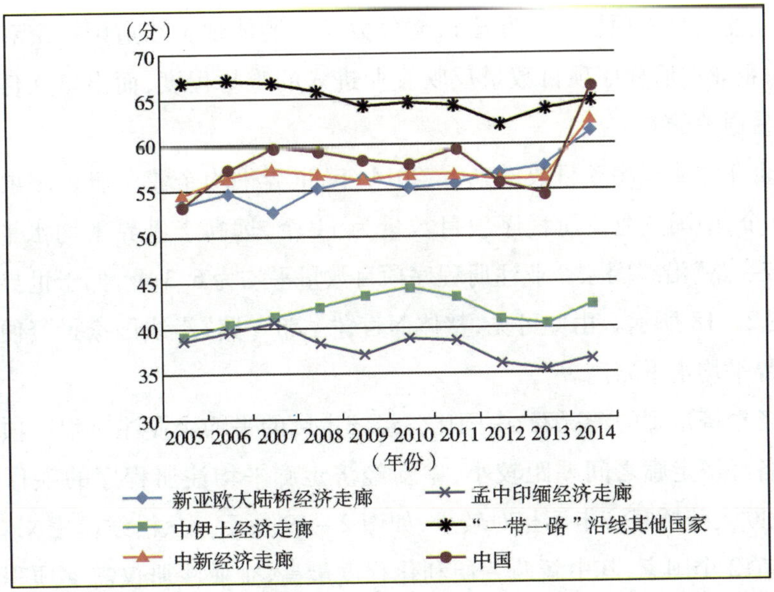

图 2-17 2005—2014 年中国和"一带一路"沿线经济走廊政府效率(百分位数)

数据来源:根据世界银行公布的全球治理指数(WGI)整理。

表 2-21　2011—2014 年“一带一路”沿线部分国家政府效率百分位数

国家 \ 年份	2011	2012	2013	2014	国家 \ 年份	2011	2012	2013	2014
新加坡	99.53	99.52	99.52	100.00	孟加拉国	24.64	22.49	22.49	21.63
新西兰	98.10	96.17	96.17	98.56	埃及	35.55	23.44	21.05	20.19
澳大利亚	94.79	94.26	94.74	91.83	尼泊尔	18.48	16.75	18.66	19.71
阿联酋	81.99	83.25	83.25	90.38	吉尔吉斯斯坦	29.38	29.19	28.71	18.75
以色列	87.20	86.12	85.17	85.58	土库曼斯坦	4.27	8.13	8.61	17.79
马来西亚	81.04	80.38	81.82	83.65	伊拉克	10.43	13.40	13.88	13.94
塞浦路斯	92.42	88.04	88.52	83.17	缅甸	3.32	3.83	4.78	8.65
文莱	77.25	75.12	74.16	81.73	阿富汗	4.74	6.70	6.70	8.17
爱沙尼亚	82.46	77.99	78.47	81.25	也门	12.32	9.09	11.96	7.21
捷克	77.73	76.56	75.60	80.29	叙利亚	38.39	10.05	8.13	6.73

数据来源:根据世界银行公布的全球治理指数(WGI)整理。

3. 企业投资和贸易通关便利度

企业注册程序项目数量和出口文件数量主要体现了东道国投资和贸易便利程度,企业注册程序项目数量反映企业进入的难易程度,而出口文件数量则反映贸易通关的效率。

从企业注册程序项目数量来看,2014 年,世界平均企业注册程序项目数量为 6.96 个,中国企业注册程序项目数量为 11 个,远高于世界平均水平。2014 年“一带一路”沿线国家企业注册程序项目数量平均为 6.3 个,低于世界平均水平,如图 2-18 所示。由此可见,整体而言,“一带一路”沿线国家投资便利化程度比世界平均水平略高。

从各经济走廊的情况看,中国比各经济走廊的平均企业注册程序项目数量均多。各经济走廊之间差距较小,中新经济走廊平均注册程序的项目数量略多,新亚欧大陆桥经济走廊相对较少,如图 2-19 所示。从沿线国家来看,少于 3 项的有 12 个国家,其中新西兰便利化程度最高,企业注册仅需 1 项程序。与中国相同的有 3 个国家,分别是波黑、柬埔寨和缅甸;多于中国的有 4 个国家,分别是菲律宾、文莱、科威特和印度,其中菲律宾最多,为 16 项,如表 2-22 所示。

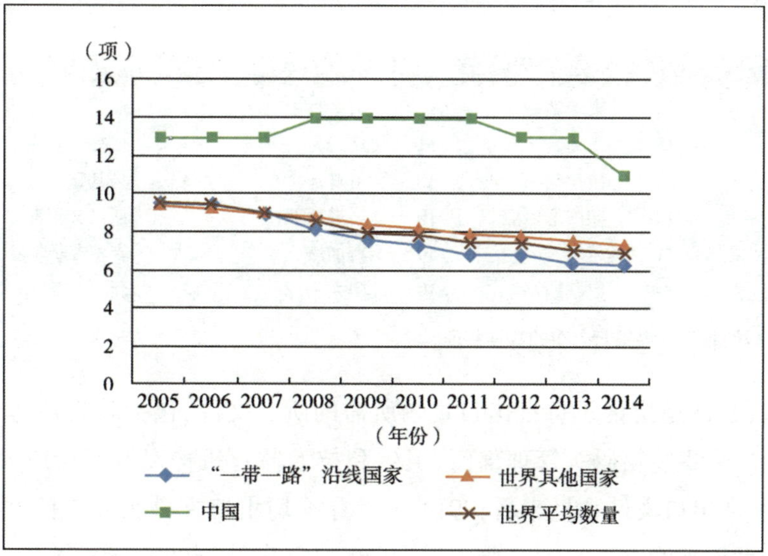

图 2-18　2005—2014 年中国和“一带一路”沿线国家企业注册程序项目数量

数据来源：根据世界银行公布的数据整理。

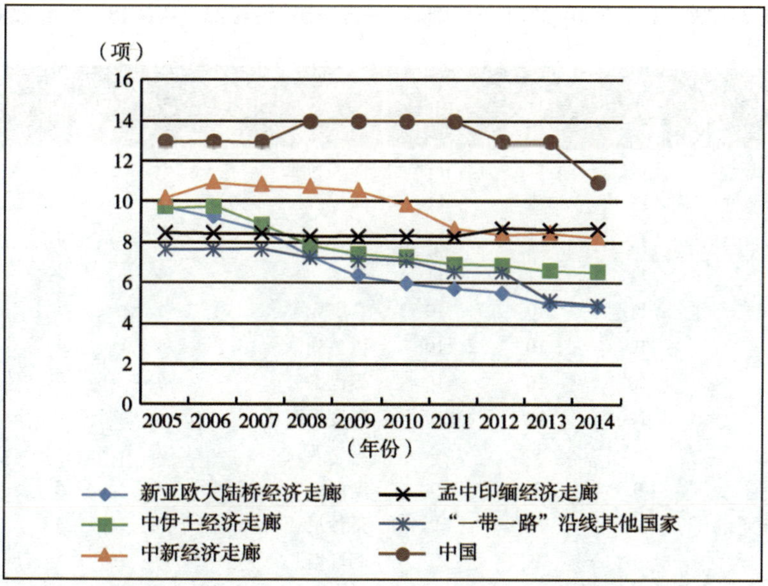

图 2-19　2005—2014 年中国和“一带一路”沿线经济走廊企业注册程序项目数量

数据来源：根据世界银行公布的数据整理。

表 2-22　2014 年中国和“一带一路”沿线部分国家企业注册程序项目数量

（项）

国家	数量	国家	数量	国家	数量	国家	数量
菲律宾	16	柬埔寨	11	阿塞拜疆	3	亚美尼亚	2
文莱	15	缅甸	11	立陶宛	3	格鲁吉亚	2
科威特	12	伊拉克	10	阿富汗	3	马其顿	2
印度	12	印度尼西亚	10	马来西亚	3	斯洛文尼亚	2
波黑	11	越南	10	新加坡	3	吉尔吉斯斯坦	2
中国	11	巴基斯坦	10	澳大利亚	3	新西兰	1

数据来源：根据世界银行公布的数据整理。

出口文件是指记录每批出口货物所需的所有文件，包括政府各部门、海关当局、港口和集装箱码头管理部门、卫生和技术监管机构以及银行所要求的清关文件。从出口文件数量来看，2014 年世界平均出口文件为 6.2 件；中国为 8 件，高于世界平均水平；从“一带一路”沿线国家来看，有 13 个国家出口文件多于中国，9 个国家与中国相同，其余国家均低于中国，有 13 个国家出口文件低于 5 件，如表 2-23 所示。

表 2-23　2005、2010、2014 年中国和“一带一路”沿线部分国家出口文件数量

（件）

国家＼年份	2005	2010	2014	国家＼年份	2005	2010	2014
塔吉克斯坦	11	11	11	保加利亚	6	4	4
乌兹别克斯坦	13	13	11	捷克	4	4	4
尼泊尔	11	11	11	格鲁吉亚	9	4	4
蒙古	11	11	11	希腊	4	4	4
哈萨克斯坦	11	10	10	立陶宛	4	4	4
阿富汗	10	10	10	以色列	4	4	4
伊拉克	10	10	10	黎巴嫩	5	4	4
老挝	12	10	10	印度尼西亚	4	4	4
阿塞拜疆	9	9	9	马来西亚	4	4	4
摩尔多瓦	9	9	9	新西兰	4	4	4
吉尔吉斯斯坦	15	9	9	爱沙尼亚	3	3	3
不丹	9	9	9	阿联酋	4	3	3
俄罗斯	10	10	9	新加坡	3	3	3
中国	8	8	8	世界	6.62	6.22	6.20

数据来源：根据世界银行公布的数据整理。

4. 企业税负和营商便利度

总税率为企业总税负占商业利润的百分比。从总税率来看,2014 年,中国总税率为 64.6%,高于世界平均水平 40.93%。与世界其他国家(45.15%)相比,“一带一路”沿线国家整体上总税率平均水平(33.57%)更低,如图 2-20 所示。

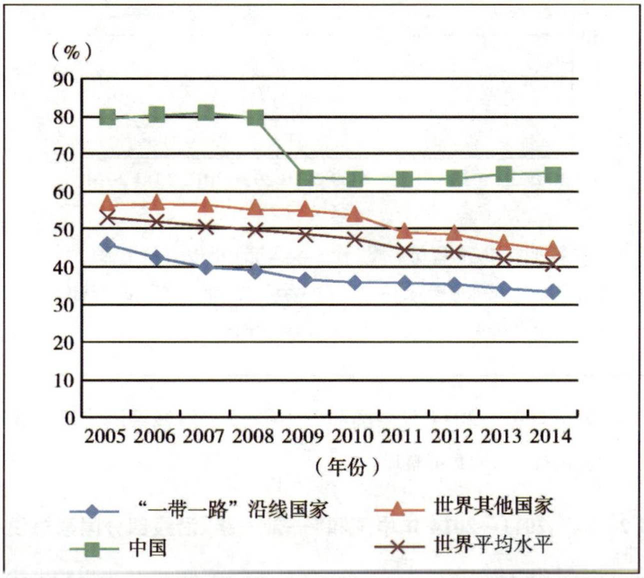

图 2-20 2005—2014 年中国和“一带一路”沿线国家总税率

数据来源:根据世界银行公布的数据整理。

从各经济走廊的情况看,中国总税率高于沿线所有经济走廊的平均水平。各走廊之间差异较小,中新经济走廊的总税率最低,孟中印缅经济走廊的总税率略高,如图 2-21 所示。

从国家层面来看,“一带一路”沿线国家中有 20 个国家总税率高于世界平均水平;有 5 个国家总税率高于 50%,分别为白俄罗斯、乌克兰、斯里兰卡、印度和塔吉克斯坦,其中塔吉克斯坦最高,为 80.9%,是“一带一路”沿线国家中最高的,也是沿线国家中唯一高于中国的国家;有 10 个国家低于 20%,其中马其顿低于 10%,是“一带一路”沿线国家中总税率最低的,如表 2-24 所示。

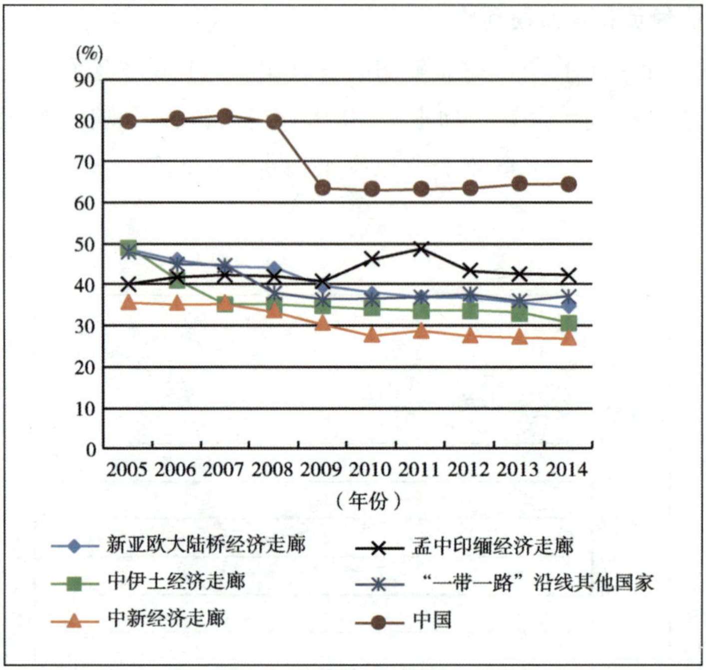

图2－21　2005—2014年中国和“一带一路”沿线经济走廊总税率

数据来源：根据世界银行公布的数据整理。

表2－24　2011—2014年中国和“一带一路”沿线部分国家总税率

（%）

国家＼年份	2011	2012	2013	2014	国家＼年份	2011	2012	2013	2014
马其顿	7.5	7.4	7.4	7.4	捷克	48.1	48.1	48.0	48.5
东帝汶	11.0	11.0	11.0	11.0	斯洛伐克	47.6	47.2	47.0	48.6
卡塔尔	11.3	11.3	11.3	11.3	俄罗斯	46.9	54.1	48.7	48.9
科威特	10.7	12.4	12.4	12.8	爱沙尼亚	57.8	66.7	49.6	49.3
巴林	13.5	13.5	13.5	13.5	希腊	45.9	44.1	44.0	49.9
沙特	14.5	14.5	14.5	14.5	白俄罗斯	62.3	58.5	52.0	52.0
阿联酋	14.1	14.9	14.8	14.8	乌克兰	57.1	55.4	54.4	52.9
巴勒斯坦	16.5	16.5	16.5	15.3	斯里兰卡	112.9	55.3	57.0	55.6
文莱	16.7	15.4	15.8	15.8	印度	62.9	62.8	61.5	61.7
格鲁吉亚	16.5	16.5	16.4	16.4	塔吉克斯坦	84.5	84.5	80.9	80.9
世界	44.6	44.2	42.2	40.9	中国	63.5	63.7	64.8	64.6

数据来源：根据世界银行公布的数据整理。

营商便利指数是对世界银行营商环境项目所涉及的10个专题中的国家百分比排名的简单平均值进行排名。从1到189为经济体排名,排名越高,表示法规环境越有利于营商,第1位为最佳。

从营商便利指数来看,2015年,中国在189个经济体中排名第84位,居于中间水平。“一带一路”沿线国家和地区中有40个的排名在中国之前,其中,新加坡和新西兰分别位列世界第1和第2位,如表2-25所示。

表2-25 2015年世界部分国家和地区营商便利指数

世界前十位	排名	“一带一路”沿线前十位	排名	“一带一路”沿线后十位	排名
新加坡	1	新加坡	1	塔吉克斯坦	132
新西兰	2	新西兰	2	老挝	134
丹麦	3	马其顿	12	巴基斯坦	138
韩国	4	澳大利亚	13	伊拉克	161
中国香港	5	爱沙尼亚	16	缅甸	167
英国	6	马来西亚	18	也门	170
美国	7	立陶宛	20	东帝汶	173
瑞典	8	拉脱维亚	22	孟加拉国	174
挪威	9	格鲁吉亚	24	叙利亚	175
芬兰	10	波兰	25	阿富汗	177

数据来源:根据世界银行公布的数据整理。

从各经济走廊中的营商便利指数情况看,新亚欧大陆桥经济走廊平均排名42.13,马其顿排名最前,排名第12位,阿尔巴尼亚排名最后,排名第97位;中伊土经济走廊平均排名105.4,排名最前的是阿联酋,排第31位,该走廊只有这1个国家排名进入前50名,排名最后的是阿富汗,排名第177位,该走廊有11个国家排名在100之后;中新经济走廊平均排名88.8,新加坡最前,排第1位,东帝汶最后,排第173位;孟中印缅经济走廊平均排名125.14,排名最前的是不丹,排第71位,最后是孟加拉国,排第174位;沿线其他国家平均排名52.43,新西兰最前,排第2位,巴基斯坦最后,排第138位(见表2-25)。

二、“一带一路”沿线国家投资环境整体评价

对投资环境进行总体评价,主要从政治环境、制度环境、宏观经济环境、产业发展水平和基础设施条件五个方面构建投资环境的评估体系。政治环境指标的数据是根据世界银行的《全球治理指标》;产业发展水平指标的数据是根据联合国贸易和发展会议(UNCTAD),作者进行了进一步的计算整理;其他数据均来自世界银行数据库。对全世界173个经济体的投资环境进行评价,包括中国、“一带一路”沿线63个国家和109个世界其他经济体。其中,“一带一路”沿线的罗马尼亚、巴勒斯坦、东帝汶、土库曼斯坦和叙利亚5个国家数据缺失,未进行评估。

根据评估结果,挪威、新西兰、瑞士、瑞典、丹麦、加拿大、澳大利亚、美国、冰岛和奥地利投资环境排世界前10位。其中,挪威整体投资环境排名世界第1位,“一带一路”沿线国家中新西兰和澳大利亚2个国家整体投资环境排入前10位,分别排名第2位和第7位。在前50位国家中有19个“一带一路”沿线国家。

整体得分超过1.6分的,全世界有12个国家,全部为发达国家,“一带一路”沿线有新西兰和澳大利亚2个国家;整体得分在1.5~1.6之间的,全世界有26个国家,“一带一路”沿线有12个国家;整体得分在1.4~1.5之间的,全世界有26个国家,“一带一路”沿线有10个国家;整体得分在1.3~1.4之间的,全世界有42个国家,“一带一路”沿线有23个国家;整体得分在1.2~1.3之间的,全世界有31个国家,“一带一路”沿线有7个国家;整体得分在1.1~1.2之间的,全世界有23个国家,“一带一路”沿线有6个国家;整体得分在1~1.1之间的,全世界有13个国家,非洲国家占较大比重,“一带一路”沿线有伊拉克、缅甸和阿富汗3个国家。

中国整体环境排名第83位,“一带一路”沿线国家中有35个排在中国之前,28个排在中国之后,5个未进行整体环境评价;中国经济环境得分较高,世界排名第9位;中国政治环境和制度环境排名较低,分别排第106位和第113位;中国产业发展水平和基础设施条件位于中上水平,分别排第60位和第55位。对投资环境整体评价指标的描述性统计见表2-26。

表 2－26 投资环境评价指标的描述性统计

指标	变量	样本	均值	最小值	最大值
政治环境指标	政治稳定性（百分位数）	173	47.827 0	0.485 4	99.029 1
	法治水平（百分位数）	173	49.672 1	0.961 5	100.000 0
	腐败控制（百分位数）	173	48.888 4	0.000 0	100.000 0
	政府效率（百分位数）	173	49.772 1	0.480 8	100.000 0
	治理质量（百分位数）	173	50.013 9	0.480 8	100.000 0
	声音责任（百分位数）	173	49.648 3	1.970 4	100.000 0
制度环境指标	企业注册程序的项目数量（项）	173	6.870 5	1.000 0	18.000 0
	出口文件数量（件）	173	6.179 2	2.000 0	11.000 0
	营商便利指数	173	92.219 7	1.000 0	188.000 0
	总税率（%）	173	40.289 6	7.400 0	216.500 0
经济环境指标	GDP（亿美元）	173	4 401.068 0	1.667 6	174 190.000 0
	人均 GDP（美元）	173	14 432.770 0	255.044 6	116 664.300 0
	高科技出口（亿美元）	173	116.222 3	0.000 0	5 600.583 0
产业发展指标	交通运输业 RCA	173	0.890 2	0.000 0	4.195 5
	旅游业 RCA	173	1.184 7	0.000 0	3.674 1
	建筑业 RCA	173	0.597 1	0.000 0	8.589 4
	保险业 RCA	173	0.420 8	0.000 0	6.653 7
	金融服务业 RCA	173	0.263 6	0.000 0	6.994 6
	专利许可服务 RCA	173	0.157 0	0.000 0	4.118 4
	通信、计算机和信息 RCA	173	0.606 0	0.000 0	6.376 0
	文化娱乐服务 RCA	173	0.656 3	0.000 0	13.172 6
	政府商品和服务 RCA	173	1.612 5	0.000 0	28.535 2
	其他商业服务 RCA	173	0.445 2	0.000 0	2.936 2
基础设施指标	货柜码头吞吐量（万 TEU）	173	363.114 2	0.000 0	17 408.030 0
	航空运输量（万）	173	18.349 5	0.000 0	955.321 4
	铁路里程（公里）	173	5 646.844 0	0.000 0	228 218.000 0
	互联网用户（每 100 人）	173	44.282 7	1.380 0	98.160 0
	无线电话租用（每百人）	173	107.663 4	17.413 6	239.297 9

数据来源：根据世界银行及联合国贸易和发展会议（UNCTAD）公布的数据计算整理。

表2－27列出了“一带一路”沿线国家的投资环境评价结果，表2－28列出了“一带一路”部分经济走廊的投资环境评价结果。从各经济走廊看，新亚欧大陆桥经济走廊整体环境得分均值为1.426 8，爱沙尼亚得分最高，世界排名第18位，乌克兰得分最低，世界排名117位，其中罗马尼亚由于数据不全未进行环境评价；中伊土经济走廊整体环境得分均值为1.302 0（不含数据不全未进行整体环境评价的叙利亚、巴勒斯坦和土库曼斯坦），其中，阿联酋得分最高，世界排名第23位，阿富汗得分最低，世界排名170位，“一带一路”沿线国家得分最低的10个国家中有6个来自中伊土经济走廊；中新经济走廊整体环境得分均值为1.365 9，新加坡得分最高，世界排名第14位，老挝最低，世界排名146位，其中东帝汶由于数据不全未进行整体环境评价；孟中印缅经济走廊整体环境得分均值为1.254 2，是除中巴经济走廊外得分最低的，7个国家中有3个排在“一带一路”沿线国家最后10位；中蒙俄经济走廊整体环境得分均值为1.339 3，仅包含俄罗斯和蒙古国；中巴经济走廊整体环境得分均值最低，仅涉及巴基斯坦一个国家，世界排名135位；其余4个国家为新加入或有意向加入“一带一路”倡议的国家，其中新西兰、澳大利亚环境最佳，在“一带一路”沿线国家中排前2位，塞浦路斯和希腊也排在前列（见表2－27）。根据以上分析可知，各经济走廊的整体环境存在较大差异，经济走廊内部国家之间也有较大差异。

表2－27 “一带一路”沿线国家投资环境评价结果

评价项目／国家	政治环境	制度环境	宏观经济环境	产业发展水平	基础设施状况	整体环境	排名
新西兰	0.710 0	0.244 4	0.072 5	0.414 6	0.198 2	1.639 8	2
澳大利亚	0.691 5	0.234 5	0.078 9	0.416 1	0.200 6	1.621 7	7
新加坡	0.671 4	0.247 0	0.078 8	0.399 7	0.202 8	1.599 7	14
爱沙尼亚	0.657 7	0.239 8	0.064 8	0.409 4	0.203 0	1.574 7	18
阿联酋	0.609 1	0.236 5	0.072 5	0.416 0	0.210 8	1.545 0	23
卡塔尔	0.604 7	0.216 2	0.089 0	0.414 5	0.206 5	1.530 9	26
立陶宛	0.630 4	0.234 5	0.063 7	0.404 9	0.192 6	1.526 1	27
捷克	0.637 1	0.220 3	0.065 1	0.406 1	0.196 4	1.525 0	28
斯洛文尼亚	0.627 6	0.223 0	0.066 0	0.415 5	0.187 9	1.520 1	29

续表

评价项目 / 国家	政治环境	制度环境	经济环境	产业发展	基础设施	整体环境	排名
波兰	0.631 9	0.226 4	0.063 5	0.405 7	0.190 6	1.518 2	30
拉脱维亚	0.620 2	0.229 4	0.063 4	0.404 1	0.192 5	1.509 6	31
斯洛伐克	0.620 7	0.220 7	0.064 4	0.407 6	0.194 7	1.508 1	33
马来西亚	0.592 8	0.236 6	0.063 3	0.419 1	0.190 9	1.502 7	37
塞浦路斯	0.641 0	0.213 9	0.067 0	0.394 4	0.184 3	1.500 6	38
匈牙利	0.602 7	0.214 6	0.063 2	0.406 1	0.192 3	1.478 9	41
格鲁吉亚	0.583 1	0.239 4	0.059 6	0.414 4	0.173 0	1.469 5	43
克罗地亚	0.592 4	0.208 0	0.062 7	0.417 2	0.184 8	1.465 2	45
希腊	0.574 1	0.219 9	0.065 4	0.415 1	0.182 5	1.457 0	47
以色列	0.603 3	0.227 2	0.070 5	0.355 8	0.189 1	1.445 8	50
阿曼	0.570 2	0.205 7	0.064 5	0.412 2	0.192 6	1.445 3	51
马其顿	0.560 8	0.226 0	0.060 1	0.398 7	0.184 9	1.430 5	57
保加利亚	0.559 5	0.229 2	0.061 0	0.399 9	0.179 5	1.429 0	58
沙特	0.521 1	0.210 8	0.066 5	0.415 9	0.190 9	1.405 2	63
塞尔维亚	0.550 1	0.200 4	0.060 4	0.416 3	0.176 1	1.403 3	64
亚美尼亚	0.508 9	0.225 2	0.059 7	0.431 9	0.170 0	1.395 6	65
土耳其	0.531 8	0.206 3	0.062 3	0.421 1	0.172 3	1.393 7	67
科威特	0.526 7	0.190 6	0.072 2	0.394 4	0.206 0	1.390 0	68
文莱	0.609 9	0.190 7	0.071 3	0.332 1	0.185 5	1.389 6	69
阿尔巴尼亚	0.537 3	0.204 9	0.059 9	0.407 6	0.178 7	1.388 3	71
泰国	0.511 7	0.228 6	0.061 2	0.420 7	0.166 1	1.388 2	72
马尔代夫	0.528 1	0.189 4	0.060 8	0.421 6	0.181 0	1.380 9	74
不丹	0.571 9	0.173 6	0.059 2	0.416 9	0.157 2	1.378 9	76
约旦	0.532 9	0.195 4	0.060 2	0.415 5	0.172 2	1.376 1	77
黑山	0.563 5	0.218 6	0.060 7	0.332 1	0.186 3	1.361 3	80
巴林	0.536 1	0.212 0	0.066 3	0.332 1	0.209 4	1.355 9	82
蒙古	0.532 7	0.186 1	0.059 7	0.415 3	0.154 7	1.348 6	86

续表

国家＼评价项目	政治环境	制度环境	经济环境	产业发展	基础设施	整体环境	排名
菲律宾	0.517 4	0.186 3	0.059 9	0.411 4	0.165 1	1.340 0	89
印度尼西亚	0.512 7	0.196 9	0.060 2	0.416 0	0.151 4	1.337 2	90
越南	0.486 8	0.203 9	0.059 7	0.410 5	0.175 8	1.336 7	91
波黑	0.518 4	0.180 4	0.059 9	0.394 1	0.177 5	1.330 4	94
俄罗斯	0.457 6	0.198 3	0.063 8	0.413 2	0.197 1	1.330 0	96
哈萨克斯坦	0.487 0	0.187 5	0.062 6	0.407 3	0.183 3	1.327 8	99
斯里兰卡	0.514 9	0.189 1	0.059 7	0.409 1	0.153 7	1.326 5	100
白俄罗斯	0.461 4	0.203 5	0.061 0	0.419 1	0.180 2	1.325 2	101
摩尔多瓦	0.505 3	0.197 4	0.059 1	0.393 9	0.169 2	1.325 0	102
黎巴嫩	0.453 5	0.206 5	0.061 6	0.415 0	0.187 3	1.323 8	103
阿塞拜疆	0.456 5	0.194 5	0.061 0	0.416 0	0.180 1	1.308 1	105
印度	0.503 3	0.171 4	0.060 6	0.402 4	0.148 6	1.286 3	110
吉尔吉斯斯坦	0.433 8	0.188 9	0.058 8	0.434 4	0.159 2	1.275 1	116
乌克兰	0.450 9	0.189 6	0.059 5	0.397 2	0.172 3	1.269 5	117
埃及	0.432 7	0.183 3	0.059 6	0.411 4	0.159 8	1.246 9	126
柬埔寨	0.446 7	0.171 5	0.058 8	0.416 6	0.147 7	1.241 2	128
巴基斯坦	0.429 5	0.174 7	0.059 0	0.399 0	0.141 7	1.203 9	135
尼泊尔	0.450 6	0.171 8	0.058 7	0.377 4	0.143 5	1.202 0	137
塔吉克斯坦	0.413 6	0.155 5	0.058 8	0.391 6	0.146 5	1.166 1	141
伊朗	0.422 5	0.183 2	0.060 4	0.332 1	0.162 2	1.160 5	145
老挝	0.461 3	0.164 7	0.059 0	0.332 1	0.140 7	1.157 8	146
孟加拉国	0.435 6	0.170 3	0.058 9	0.332 1	0.138 7	1.135 5	152
乌兹别克斯坦	0.410 2	0.160 8	0.059 1	0.332 1	0.163 0	1.125 3	155
也门	0.384 3	0.185 7	0.058 9	0.332 1	0.147 0	1.107 9	158
伊拉克	0.384 8	0.156 9	0.060 6	0.332 1	0.142 1	1.076 5	168
缅甸	0.391 5	0.157 2	0.058 8	0.332 1	0.129 8	1.069 5	169
阿富汗	0.382 4	0.156 9	0.058 6	0.332 1	0.136 0	1.066 1	170

注：排名是指各国投资环境在173个国家中的排名。

数据来源：根据世界银行及联合国贸易和发展会议（UNCTAD）公布的数据计算整理。

表 2-28 “一带一路”部分经济走廊投资环境评价结果

评价项目 \ 经济走廊	新亚欧大陆桥	中伊土	中新	孟中印缅	其他
整体投资环境	1.426 8	1.302 0	1.365 9	1.254 2	1.443 1
政治环境	0.562 0	0.486 3	0.534 5	0.485 1	0.576 6
制度环境	0.214 2	0.193 3	0.202 9	0.174 7	0.210 2
经济环境	0.061 9	0.064 5	0.063 6	0.059 5	0.066 6
产业发展水平	0.404 8	0.382 8	0.395 4	0.384 5	0.409 7
基础设施状况	0.183 9	0.175 2	0.169 6	0.150 4	0.179 9

数据来源:根据世界银行及联合国贸易和发展会议(UNCTAD)公布的数据计算整理。

从整体上看,新加入或有意向加入“一带一路”倡议的4个国家投资环境最佳,其后是新亚欧大陆桥经济走廊,然后是中新经济走廊和中蒙俄经济走廊,再其后是中伊土经济走廊和孟中印缅经济走廊,中巴经济走廊投资环境最差。“一带一路”沿线国家投资环境参差不齐,提高了企业的学习成本,并且某些国家投资环境较差,投资风险较大,这都将对中国对“一带一路”沿线国家投资形成负面影响。在此情况下,通过境外工业园区建设,以“珍珠链”的模式降低企业投资成本是促进企业对“一带一路”沿线国家投资的重要途径。

知识链接

熵值法评价模型

在数据分析之前,要先将数据标准化,主要包括数据同趋化处理和无量纲化处理两个方面。数据同趋化处理主要解决不同性质的数据问题,对不同性质指标直接加总不能正确反映不同作用力的综合结果,须先考虑改变逆指标数据的性质,使所有指标对测评方案的作用力同趋化,再加总才能得出正确结果。数据无量纲化处理主要解决数据的可比性问题,经过标准化处理,原始数据均转换为无量纲化指标测评值,即各指标值都处于同一个数量级别上,才可以进行综合测评分析。

数据标准化的方法有很多种,常用的有“最小—最大标准化”(即“Min - max 标准化”)、“Z - score 标准化”和“按小数定标标准化”等,这里介绍 Min - max 标准化方法。Min－max 标准化方法是对原始数据进行线性变换。以 x_{ij} 表示第 i 国第 j 项指标的值,假设有 m 个国家 n 个指标,再设 $\min(x_{ij})$ 和 $\max(x_{ij})$ 分别为第 j 项指标的最小值和最大值,将指标的一个原始值 x_{ij} 通过 Min－max 标准化成 y_{ij}。为了避免求熵值时对数的无意义,需要进行数据平移,因此,数据标准化公式为:

对于越大越好的指标:

$$y_{ij} = \frac{x_{ij} - \min(x_{ij})}{\max(x_{ij}) - \min(x_{ij})} + 1$$

对于越小越好的指标:

$$y_{ij} = \frac{\max(x_{ij}) - x_{ij}}{\max(x_{ij}) - \min(x_{ij})} + 1$$

再计算第 i 国第 j 项标准化指标 y_{ij} 的比重:

$$p_{ij} = \frac{y_{ij}}{\sum_{i=1}^{m} y_{ij}}$$

其中,m 为国家数。各国之间的比重差距越大,则该指标对于识别各国投资环境的差异越有效。因此,可以根据 p_{ij} 计算得到第 j 项指标的信息熵值,熵在信息论中是对不确定性的一种度量,可以用来度量系统的离散程度,其公式为:

$$e_j = -k\sum_{i=1}^{m} p_{ij}\ln p_{ij}$$

其中,$k>0$,ln 为自然对数,$e_j \geqslant 0$。式中常数 k 与国家数 m 有关,一般令 $k = \frac{1}{\ln m}$,则 $0 \leqslant e_j \leqslant 1$。从函数关系中可看出信息熵与信息之间成反向关系。换言之,某项指标值离散程度越大,信息熵越少,则该指标的权重越大;反之亦然。所以,可以利用信息熵计算各指标的权重,从而进行指标体系的综合评价;然后计算第 j 项指标的差异系数,计算公式为:

$$g_j = 1 - e_j$$

从上述公式可见,信息熵值与差异系数成反向关系,如 e_j 越小,差异系数 g_j 就越大,则该项指标在指标体系评价中的重要程度就越强。

根据差异系数 g_j,可以计算得到第 j 项指标的权重,计算公式为:

$$w_j = \frac{g_j}{\sum_{j=1}^{n} g_j}$$

标准变换法排除了任何主观信息，是一种完全意义上的客观赋权法。

最后用以上权重对无量纲化处理后的数据赋权，计算公式为：

$$x_i^* = \sum_{j=1}^{n} (w_j \cdot y_{ij})$$

而 x_i^* 就是最终要求的各国投资环境评价值。

（吴一平　邹俊　葛鹏　赵阳　魏静恬）

中国对“一带一路”沿线国家投资的区位选择

投资环境、贸易互补性与产能互补性是中国对“一带一路”沿线国家投资的合作基础与现实基础。“一带一路”沿线国家的投资环境可以“中心—双循环”投资模式运行，即以中国为中心，在产业内和产业间形成双通道循环，不仅促进对“一带一路”沿线国家投资，实现国内产业升级，还能够以投资推动贸易的发展，从而带动中国和“一带一路”沿线国家的经济发展。

一、中国与“一带一路”沿线国家的合作基础

（一）中国部分产业在全球范围内已经具备比较优势

“一带一路”的建设过程，是中国需要充分释放自身比较优势的过程，同时更是中国与“一带一路”沿线国家合作互利的发展过程。因此，中国能否将自身的比较优势转化为在国际贸易、投资规则制定上的参与能力，决定着“一带一路”最终的成绩。本章根据经典的国际贸易衡量比较优势指标——RCA 显性比较优势指标，使用联合国 COMTRADE 数据库内的数据，计算中国的比较优势行业。

由表 2 - 29 可以看出，目前我国有 13 个行业在国际上具有比较优势，即化学纤维制造业，纺织业，纺织服装、服饰业，家具制造业，皮革、毛皮、羽毛及其制品和制鞋业，非金属矿物制品业，计算机、通信和其他电子设备制造业，文教、工美、体育和娱乐用品制造业，电气机械和器材制造业，黑色金属冶炼和压延加工业，仪器仪表制造业，金属制品业，通用设备制造业。这些具备比较优势的行业更易与“一带一路”沿线国家达成合作协议。并且，随着我国逐步进入后工业化时期，这些行业中相当一部分逐渐显露出产能过剩态势。因此，推进我国对“一带一路”沿线国家进行对外直接投资，有利于促进国内行业产业结构升级以及价值链升级。

表 2－29　中国的各行业比较优势 RCA

行业＼年份	2001	2006	2010	2014
化学纤维制造业	2. 018	2. 582	2. 683	3. 138
纺织业	2. 741	2. 863	3. 065	3. 096
纺织服装、服饰业	3. 799	3. 479	3. 122	3. 017
家具制造业	1. 929	2. 271	2. 841	2. 894
皮革、毛皮、羽毛及其制品和制鞋业	3. 468	2. 712	2. 800	2. 681
非金属矿物制品业	1. 477	1. 674	1. 865	2. 315
计算机、通信和其他电子设备制造业	1. 397	2. 279	2. 344	2. 292
文教、工美、体育和娱乐用品制造业	1. 929	1. 523	1. 308	2. 069
电气机械和器材制造业	1. 482	1. 588	1. 699	1. 797
黑色金属冶炼和压延加工业	0. 555	1. 008	0. 853	1. 382
仪器仪表制造业	0. 842	1. 254	1. 467	1. 349
金属制品业	1. 583	1. 594	1. 280	1. 213
通用设备制造业	0. 638	0. 821	1. 062	1. 000
橡胶和塑料制品业	0. 785	0. 757	0. 733	0. 891
印刷和记录媒介复制业	0. 429	0. 545	0. 680	0. 768
木材加工和木、竹、藤、棕、草制品业	0. 740	0. 904	0. 773	0. 745
专用设备制造业	0. 377	0. 514	0. 639	0. 742
化学原料和化学制品制造业	0. 682	0. 610	0. 698	0. 722
造纸和纸制品业	0. 297	0. 378	0. 457	0. 700
非金属矿采选业	1. 529	0. 683	0. 650	0. 595
有色金属冶炼和压延加工业	0. 702	0. 765	0. 546	0. 583
汽车制造业	0. 161	0. 342	0. 450	0. 501
铁路、船舶、航空航天和其他运输设备制造业	0. 255	0. 348	0. 632	0. 466
其他制造业	0. 376	0. 136	0. 459	0. 417
农副食品加工业和食品制造业	0. 824	0. 531	0. 454	0. 415
电力、热力生产和供应业	1. 282	0. 286	0. 276	0. 338
石油加工、炼焦和核燃料加工业	0. 492	0. 575	0. 454	0. 315
烟草制品业	0. 435	0. 268	0. 278	0. 257
医药制造业	0. 339	0. 176	0. 217	0. 182
酒、饮料和精制茶制造业	0. 397	0. 229	0. 176	0. 174
煤炭开采和洗选业	2. 716	0. 989	0. 276	0. 147
有色金属矿采选业	0. 085	0. 112	0. 042	0. 014
石油和天然气开采业	0. 079	0. 029	0. 018	0. 010
黑色金属矿采选业	0. 004	0. 003	0. 0100	0. 001

(二)大国综合优势有利于与“一带一路”沿线国家开展多样化合作

1. 经济类型丰富,有利于与“一带一路”沿线国家开展多样化合作

“一带一路”沿线国家具有异质性的特点,国家之间情况差异很大。比如,在人均GDP指标上,最低的阿富汗仅为666.29美元,而最高的卡塔尔则高达93 397.09美元,是阿富汗的140多倍;在产业技术高度水平上,国家之间和各国产业之间均存在很大的差异,中国具备的大国综合优势有利于与差异大的国家进行多样化合作。

无论在国土面积、人口还是经济体量上,中国都是大国,具有大国综合优势,其中很重要的因素就是国内具有异质性的特点。国内不同地区的发展程度有很大差异,比如,从人均地区生产总值来看,2014年,人均地区生产总值最高的天津是最低的甘肃的近4倍;从出口来看,西部与东部沿海省份差异巨大,2014年出口最多的广东是出口最少的青海的2 300多倍,如表2－30所示。

表2－30　2014年中国31个省(市)、自治区基本情况

项目 省市	人口(万人)	地区生产总值(亿元)	人均地区生产总值(元)	第一产业比重(%)	第二产业比重(%)	第三产业比重(%)	出口(亿美元)
北京	2 152	21 331	99 995	0.74	21.31	77.95	316
天津	1 517	15 727	105 231	1.27	49.16	49.57	520
河北	7 384	29 421	39 984	11.72	51.03	37.25	491
山西	3 648	12 761	35 070	6.18	49.32	44.50	116
内蒙古	2 505	17 770	71 046	9.16	51.32	39.52	64
辽宁	4 391	28 627	65 201	7.98	50.25	41.77	557
吉林	2 752	13 803	50 160	11.04	52.79	36.17	62
黑龙江	3 833	15 039	39 226	17.36	36.87	45.77	122
上海	2 426	23 568	97 370	0.52	34.66	64.82	1 919
江苏	7 960	65 088	81 874	5.58	47.41	47.01	3 506
浙江	5 508	40 173	73 002	4.42	47.73	47.85	2 811
安徽	6 083	20 849	34 425	11.47	53.14	35.39	265

续表

项目 / 省市	人口（万人）	地区生产总值（亿元）	人均地区生产总值（元）	第一产业比重（%）	第二产业比重（%）	第三产业比重（%）	出口（亿美元）
福建	3 806	24 056	63 472	8.38	52.03	39.59	976
江西	4 542	15 715	34 674	10.71	52.49	36.80	271
山东	9 789	59 427	60 879	8.08	48.44	43.48	1 550
河南	9 436	34 938	37 072	11.91	50.99	37.10	425
湖北	5 816	27 379	47 145	11.61	46.94	41.45	240
湖南	6 737	27 037	40 271	11.65	46.17	42.18	171
广东	10 724	67 810	63 469	4.67	46.34	48.99	7 453
广西	4 754	15 673	33 090	15.40	46.74	37.86	130
海南	903	3 501	38 924	23.13	25.02	51.85	42
重庆	2 991	14 263	47 850	7.44	45.78	46.78	519
四川	8 140	28 537	35 128	12.37	48.93	38.70	367
贵州	3 508	92 66	26 437	13.82	41.63	44.55	36
云南	4 714	12 815	27 264	15.53	41.22	43.25	105
西藏	318	921	29 252	9.95	36.58	53.47	20
陕西	3 775	17 690	46 929	8.85	54.14	37.01	141
甘肃	2 591	6 837	26 433	13.18	42.80	44.02	21
青海	583	2 303	39 671	9.37	53.59	37.04	3
宁夏	662	2 752	41 834	7.88	48.74	43.38	27
新疆	2 298	9 273	40 648	16.59	42.58	40.83	175

数据来源：根据国家统计局公布的数据整理。

从三次产业的结构来看，第一产业比重最高的是海南，达 23.13%，最低的是上海和北京，分别为 0.52% 和 0.74% 。第二产业比重最高的是陕西，达 54.14%，最低的是北京，为 21.31%；2014 年，第二产业比重超过 50% 的有 10 个省份，从高到低依次为陕西、青海、安徽、吉林、江西、福建、内蒙古、河北、河南和辽宁。第三产业比重最高的是北京和上海，分别为 77.95% 和

64.82%，最低的是安徽，为35.39%；2014年，全国有11个省份第三产业比重低于40%。

国内经济发展程度的差异有利于与“一带一路”沿线国家开展多样性的合作，国内经济较发达的地区可以凭借既有的资本、技术优势，与较不发达的国家开展合作，掌握研发、设计等高端环节，加快产业链升级。对于国内较不发达的地区，可以与较发达的国家开展合作，到当地投资，吸收当地的技术和人才，获取技术逆向溢出效应，加快国内的技术水平提高。

2. 对沿线国家投资为中国西部带来发展机遇，有利于实现互利共赢

中国与“一带一路”沿线国家开展产能合作比国内区域间合作具有更强的优势。一方面，向“一带一路”沿线国家投资能够将失去比较优势的产业转移出去，促进国内产业升级；另一方面，对“一带一路”沿线国家投资将对国内生产要素或者中间品产生需求，能够促进生产要素和产品在更大范围内流通。新亚欧大陆桥经济走廊、中伊土经济走廊、孟中印缅经济走廊、中巴经济走廊均贯通我国西部省份，生产要素和产品的流通能够为欠发达的西部地区带来发展机遇。

以往中国西部大开发战略的实施主要依赖财政倾斜和相关政策优惠，西部仍然只是中国的西部，而没有转变成为欧亚大陆的中转站和连接中国与更广阔地域的发展中间地带，这种方法无法从根本上改变东西部地区间经济发展不平衡的问题（淦未宇等，2011），未能实现东西部要素的有效流动和经济互通，未能使西部的欠发达地区有机融入发展经济圈内。通过对“一带一路”沿线国家投资，能够为中国西部带来前所未有的发展契机。

表2－31为“一带一路”沿线六大经济走廊的大致路线。从表2－31中可以看出，六大经济走廊路线所经区域大部分为中国欠发达的地区。目前，新亚欧大陆桥已相继开通“渝新欧”“汉新欧”“蓉欧快铁”“郑新欧”“长安号”等路线，沿途省（市）、自治区可以利用这些通道加快规划发展。发展“一带一路”中的“丝绸之路经济带”可大力拉动西部地区的经济增长：新疆是多条路线的交汇点，将从“一带一路”倡议中持续受益；四川、云南、广西、黑龙江等省（市）、自治区可以充分利用经济走廊枢纽的地位，加快产业结构升级，提升产品和服务的附加值。

表 2-31 "一带一路"沿线六大经济走廊及大致路线

经济走廊	大致路线	途经区域
新亚欧大陆桥经济走廊	江苏—山东—河南—陕西—甘肃—新疆—哈萨克斯坦—俄罗斯—波罗的海沿岸	新疆、四川、重庆、陕西、甘肃、河北、河南
中伊土经济走廊	新疆—中亚—西亚—波斯湾—地中海沿岸	新疆、宁夏、青海、甘肃
中新经济走廊	广西—中南半岛	广西、云南
孟中印缅经济走廊	云南—缅甸—孟加拉国—印度—孟加拉湾—印度洋	云南、广西、四川、贵州
中蒙俄经济走廊	1. 京津冀—内蒙古—俄罗斯 2. 东北三省—俄罗斯—波罗的海沿岸	东北三省、内蒙古
中巴经济走廊	新疆喀什—巴基斯坦瓜达尔港	新疆

资料来源:根据《愿景与行动》和刘慧等(2015)①的研究整理。

二、中国对"一带一路"沿线国家投资的现实基础

(一)中国与"一带一路"沿线国家产业技术优势互补

参与全球分工、促进产业结构的不断高级化是经济长期发展的根本,而技术进步是经济发展的基础动力。我国制造业的技术高度指数可以衡量其在全球价值链分工体系中获得的技术状况。根据联合国贸易和发展会议(UNCTAD)以及世界银行公布的数据测算的2005—2014年度我国各行业技术附加值指数(TCI)分布情况如表2-32所示。从表2-32中可以看出,2005年,专利许可服务的TCI值最高,即其技术附加值最高,紧接其后的是金融服务和文化娱乐服务,政府商品和服务则技术附加值最低。而2014年情况发生了变化,专利许可服务仍然技术附加值最高,但紧接其后的是建筑和交通运输,文化娱乐服务技术附加值最低。

① 刘慧,叶尔肯·吾扎提,王成龙."一带一路"战略对中国国土开发空间格局的影响[J].地理科学进展,2015(5):545-553.

表 2-32　2005—2014 年度我国各行业技术附加值指数(TCI)

行业＼年份	2005	2006	2007	2008	2009	2010	2011	2012	2013	2014
G	7.781	7.934	8.084	8.316	8.218	8.265	8.306	8.427	8.458	8.340
I	7.453	7.554	7.718	8.078	7.884	7.811	7.972	8.072	8.059	7.569
J	8.589	8.943	9.050	9.083	9.206	9.205	9.501	9.148	9.459	6.636
R	8.455	8.414	8.110	8.530	8.458	8.500	8.686	8.891	8.917	6.298
H	7.455	7.614	7.719	7.841	7.804	7.932	7.957	7.997	8.067	7.676
E	7.609	7.621	8.004	7.781	7.835	7.574	7.875	8.310	8.369	8.633
Q	8.212	8.297	8.467	8.819	8.761	8.806	8.774	8.604	8.933	7.658
M	8.631	8.794	9.222	9.265	9.331	9.465	9.686	9.816	10.011	8.783
N	6.420	6.445	6.524	6.707	6.654	6.769	6.637	7.147	7.149	7.245
O	7.472	7.678	7.796	8.082	8.111	8.217	8.323	8.256	8.324	7.964

注:行业代码表示:G. 交通运输;I. 通信、计算机和信息;J. 金融服务;R. 文化娱乐服务;H. 旅游;E. 建筑;Q. 保险;M. 专利许可服务;N. 政府商品和服务;O. 其他商业服务。

数据来源:根据联合国贸易和发展会议以及世界银行的数据计算整理,其中各行业出口数据来自联合国贸易和发展会议数据库,各国人均 GDP 数据来自世界银行数据库。

为了测算中国各产业价值链与"一带一路"沿线国家比较的相对优势,利用联合国贸易和发展会议以及世界银行的数据计算了 2014 年中国和"一带一路"沿线国家的产业技术高度水平(THL),如表 2-33 所示。从表 2-33 中可以看出,与世界平均水平相比,"一带一路"沿线国家在交通运输,通信、计算机和信息,文化娱乐服务以及建筑行业有优势,而在其他行业则比世界平均水平低;与世界平均水平相比,中国在通信、计算机和信息,建筑,保险和其他商业服务行业具有比较优势。

表 2-33　2014 年中国与"一带一路"沿线部分国家产业技术高度水平(THL)

行业＼项目	世界均值	沿线国家均值	中国均值	中国排名
交通运输	1.568	1.961	1.366	38
通信、计算机和信息	0.427	0.525	0.654	18

续表

项目 行业	世界均值	沿线国家均值	中国均值	中国排名
金融服务	0.182	0.144	0.129	14
文化娱乐服务	0.046	0.051	0.005	38
旅游	2.793	2.775	1.871	36
建筑	0.112	0.188	0.568	7
保险	0.099	0.065	0.150	7
专利许可服务	0.089	0.042	0.025	21
政府商品和服务	0.210	0.176	0.033	37
其他商业服务	0.861	0.853	2.350	3

注:“中国排名”= 沿线国家中 THL 值比中国高的国家数加 1,衡量与沿线国家相比中国的相对优势。

数据来源:根据联合国贸易和发展会议以及世界银行的数据计算整理,其中各行业出口数据来自联合国贸易和发展会议数据库,各国人均 GDP 数据来自世界银行数据库。

与沿线国家平均水平相比,中国在通信、计算机和信息,建筑,保险和其他商业服务业具有比较优势,特别是在建筑、保险和商业服务业方面,中国具有较大的比较优势;不过,交通运输、文化娱乐服务、政府商品和服务以及旅游业则排名靠后。可见中国与“一带一路”沿线国家产业技术水平各有优势,互补性强。

知识链接

技术附加值指数

米夏埃利(Michaely)认为,一种产品的技术含量是由其所在环节的技术含量和中间投入品的技术含量共同决定的,并且一种产品的技术含量与生产该种产品的国家人均收入相关联。一般情况下,人均收入水平越高的国家生产的产品技术水平越高。这一假设从另外一个侧面阐述了产品技术含量的高低与人均收入的相关性,并且得到了部分文献的经验支持。樊纲等(2006)在关志雄(2002)研究的基础上完善了显示技术附加值指数的测度方法,采用“技术高度指数”描述一国贸易品的总体技术分布水平。

技术附加值的研究源于米夏埃利(1984)首先提出的“产品的技术附加值”指标，其基本含义为：以一国一种产品出口额占世界该种产品出口总额的比例为权重，对世界各国人均实际收入的加权平均代表该产品生产需要的技术水平。这一指标设定的基本原理为：开放条件下，一国出口的产品反映其比较优势。技术附加值高的产品来自高收入国家，技术附加值低的产品来自低收入国家。因此，可以用某一产品所有出口国人均收入水平的加权平均数表示该产品的技术附加值①。刘钻石、张娟(2010)认为，贸易品的技术结构附加值是一种相对数值，由于受价格、经济水平等因素影响，技术附加值的绝对值不具有跨期可比性，所以应当采用技术附加值指数(Technology Content Index，TCI)表示贸易品的技术水平，即

$$TCI_{jt} = \sum_{i=1}^{n} w_{ijt} \cdot \ln(y_{it})$$

式中，TCI_{jt}为产品j在第t年的技术附加值指数；y_{it}为国家i在第t年的人均GDP；w_{ijt}为国家i产品j在第t年的技术附加值计算权重。本文参照关志雄(2002)和樊纲等(2006)的计算方法，通过显性比较优势指数计算权重，即

$$w_{ijt} = \frac{RCA_{ijt}}{\sum_{i=1}^{n} RCA_{ijt}}$$

式中的显性比较优势指数(RCA)计算公式同前文，即

$$RCA_{ijt} = \frac{X_{ijt} / \sum_{j=1}^{m} X_{ijt}}{\sum_{i=1}^{n} X_{ijt} / \sum_{j=1}^{m} \sum_{i=1}^{n} X_{ijt}}$$

式中，X_{ijt}为国家i产品j在第t年的出口额。

TCI_{jt}是不同产品附加值的相对值，一国出口规模的影响被不同产品的比值抵消了，出口倾向的影响也被抵消了。所以，利用TCI指标可以克服樊纲等(2006)提出的国家间出口规模不同导致的技术附加值计算偏差，以及杜修立、王维国(2007)提出的国家间出口倾向不同导致的偏差。

① 周昕．生产者服务贸易的技术结构及其影响因素——基于技术附加值指标的研究[J]．国际经贸探索，2014(10)：13－27.

TCI 衡量的是各个行业的技术附加值情况，不能反映每个国家的竞争力，要对 TCI 指数进行调整，以其为权重转化为 THL 指数。产业技术高度水平（THL）指标可以用来表示国家 i 产品 j 在第 t 年处于价值链中的位置①，计算公式为：

$$THL_{ijt}=\frac{X_{ijt}}{\sum_{j=1}^{m}X_{ijt}}\cdot TCI_{jt}$$

（二）中国与“一带一路”沿线国家产品贸易互补

中国与“一带一路”沿线国家的产品具有一定的互补性，有产能合作的空间。为了衡量与“一带一路”沿线国家贸易关系的紧密程度，徐梁（2016）测算了中国与“一带一路”沿线地区的贸易互补性指数（Trade Complementary Index），如表2－34 所示。从中可以看出，中国与东南亚在纺织制品、办公及电信设备、钢铁及其制品和机械电子设备等领域具有合作空间，其中，纺织制品领域的互补性最强；与中亚则不仅在上述四个领域具有互补性，而且在服装制品领域也呈现出较强的互补性；与南亚则在办公及电信设备、纺织制品和钢铁及其制品领域具有互补性；与中东欧、独联体的互补性领域与中亚相同；与西亚则在纺织制品、服装制品、钢铁及其制品领域互补性较强。

表 2－34　2014 年中国与“一带一路”沿线地区贸易互补性指数

产品＼地区	东南亚	中亚	南亚	中东欧	独联体	西亚
动、植物产品	0.406 1	0.320 9	0.205 9	0.260 1	0.466 7	0.180 0
食品	0.349 6	0.368 5	0.173 4	0.208 9	0.526 2	0.206 7
燃料和矿产产品	0.076 2	0.042 8	0.293 1	0.163 1	0.022 5	0.022 5
能源	0.042 6	0.026 4	0.211 0	0.097 3	0.006 8	0.005 6
钢铁及其制品	2.811 4	2.361 6	1.017 7	2.257 5	1.150 9	1.325 4

① 陈立敏，侯再平．融入技术附加值的国际竞争力评价方法——基于电子通信设备产业的实证分析[J]．中国工业经济，2012(3)：134－146.

续表

产品＼地区	东南亚	中亚	南亚	中东欧	独联体	西亚
化工产品	0.665 2	0.462 6	0.497 6	0.648 8	0.581 4	0.173 8
药品	0.117 4	0.196 9	0.045 6	0.129 5	0.284 3	0.038 2
机械电子设备	1.610 6	1.496 8	0.689 8	1.160 0	1.655 6	0.740 6
办公及电信设备	5.044 6	1.355 0	1.581 7	1.338 9	1.925 5	0.594 8
交通运输设备	0.123 0	0.518 0	0.127 7	0.395 5	0.505 1	0.293 7
纺织制品	13.335	1.708 4	1.334 6	4.826 8	2.184 8	3.946 8
服装制品	0.621 3	2.372 8	0.149 4	1.515 8	3.142 1	1.572 8

数据来源:徐梁. 基于中国与“一带一路”国家比较优势的动态分析[J]. 管理世界,2016(02):170－171.

中国与“一带一路”沿线国家产业的互补性主要体现在两个方面:一是与俄罗斯、中亚、中东等地区具有很强的互补性,俄罗斯、中亚、中东是能源资源大国,而制造业则落后于中国,其能源资源与中国形成互补,其中俄罗斯还是世界上国土面积最大的国家,幅员辽阔,农林资源丰富,也与中国形成互补;二是与东南亚、南亚国家存在一定的互补性,中国对其矿产品、农产品依赖较大,而在制造业的技术水平等方面,中国则具有比较优势。不过值得注意的是,东南亚、南亚国家与中国也存在一定的竞争性,尤其是在纺织业和低端工业制品方面,然而,由于其产业体系较薄弱,人力资源不如中国丰富等原因,对中国形成不了太大的压力,中国可以掌握产业链中的核心环节,借此契机转型升级。

利用互补性加强产能合作是中国产业结构升级的难得机遇。中国在经济起步的阶段,技术水平较低,国内只能发展资本技术含量低的产业,与发达国家互补性强,在此阶段主要通过向发达国家投资能够获取技术逆向溢出效应,获取发达国家已有的战略资产,从而利用后发优势加快经济发展。但是,随着中国经济的高速发展,国内要素禀赋发生了很大的变化,资本技术等生产要素变得丰裕,生产要素结构逐渐与发达国家趋同。随着劳动力等要素价格的上升,国内传统产业失去比较优势,只能发展与发达国家趋同的产业,与发达国家的互补性降低。而“一带一路”沿线很多国家经济发展较为落后,很多产业与中国互补性强，需要中国给予投资促进当地经济发展，而中国可以借此契机向其转移部分失去比较优势的产业，促进国内产业结构升级。

知识链接

贸易互补指数

贸易互补指数计算公式为：

$$C_{ijk} = RCA_{ik} \times RCA_{jk}$$

其中，C_{ijk}为商品k两国的贸易互补性指数；RCA_{ik}为双边贸易中中国在出口商品上的比较优势，该指标是由巴拉萨（Balassa，1965）提出的，其计算公式为：

$$RCA_{ik} = \frac{X_{ik} / \sum_{k=1}^{m} X_{ik}}{\sum_{i=1}^{n} X_{ik} / \sum_{k=1}^{m} \sum_{i=1}^{n} X_{ik}}$$

其中，X_{ik}为国家i产品j在第t年的出口额。公式中的分子表示一国特定产业占该国总出口的比重，分母表示世界上该产业占世界总出口的比重。如果RCA指数大于1，说明该国j产业的出口份额高于世界水平，即该国在i产业上具有比较优势；如果RCA指数小于1，说明该国i产业的出口份额低于世界水平，即该国在i产业上处于比较劣势。RCA的值越高，产品出口的比较优势就越显著。

RCA_{jk}为双边贸易中j地区在进口商品k上的比较劣势，计算公式为：

$$RCA_{jk} = \frac{M_{jk} / M_{wk}}{M_{jt} / M_{wt}}$$

其中，M_{jk}为j地区进口商品k的金额；M_{wk}为世界进口商品k的金额；M_{jt}为j地区全部商品的进口总额；M_{wt}为世界全部商品进口总额。

三、比较优势视角下过剩产能行业对外投资的国家选择

根据我国工信部公布的工业行业淘汰落后和过剩产能企业名单以及韩国高等人（2011）的测算，我们将非金属矿物制品业，黑色金属冶炼及压延加工业，有色金属冶炼及压延加工业，铁路、船舶、航空航天和其他运输设备制造业，石油化工、炼焦及核燃料加工业，化学纤维制造业，造纸及纸制品业，化学原料及化学制品制造业作为我国产能过剩行业，分别测算它们以及“一带一路”沿线国

家的比较优势，选择比较优势最为匹配的国家，以确定我国八大产能过剩行业对外投资的区位选择。

（一）“一带一路”沿线地区基建及能源领域产能过剩行业比较优势测算及区位选择

1. 非金属矿物制品业比较优势测算及区位选择

表2-35中所示为中国及“一带一路”沿线地区非金属矿物制品业的比较优势。通过表中数据可以看出，中国非金属矿物制品业比较优势保持逐年上升的态势，从2001年的1.477一直上升到2014年的2.315，明显优于“一带一路”沿线地区。在沿线地区中，该行业几乎没有比较优势，从2001—2014年，按照RCA值的计算，孟中印缅经济走廊国家具有一定的相对优势，但是优势也是微乎其微。因此，非金属矿物制品业在世界范围内“一带一路”沿线国家不具有明显的比较优势，中国要寻求该产业的对外直接投资，以缓解国内产能过剩的压力，最佳的选择是考虑与中国比较优势较为接近的孟中印缅经济走廊国家，还可以考虑部分非金属矿物资源较为丰富的中亚国家，应当加强对这些国家针对该行业的对外直接投资。

表2-35　中国及“一带一路”沿线地区非金属矿物制品业RCA比较优势

年份 国家/沿线地区	2001	2006	2010	2013	2014
中国	1.477	1.674	1.865	2.370	2.315
新亚欧大陆桥	0.151	0.144	0.090	0.123	0.113
中伊土经济走廊	0.075	0.095	0.096	0.128	0.116
中新经济走廊	0.089	0.072	0.115	0.080	0.103
孟中印缅经济走廊	0.156	0.135	0.121	0.176	0.215
其他沿线国家	0.156	0.093	0.089	0.099	0.109

2. 黑色金属冶炼及压延加工业比较优势测算及区位选择

表2-36中所示为中国及“一带一路”沿线地区黑色金属冶炼及压延加工

业的比较优势。通过表中数据可以看出，中国黑色金属冶炼及压延加工业的比较优势除了2010年略有波动外，整体呈稳定上升态势，从2001年的0.555上升到2014年的1.382，明显优于其他“一带一路”沿线地区。在“一带一路”沿线国家中，几乎未有在该行业中具有明显比较优势的地区，从2001—2014年，按照RCA值的计算，孟中印缅经济走廊以及其他沿线国家如俄罗斯等具有一定的相对优势，但是总的来说优势微乎其微，比较优势水平低于1。因此，中国黑色金属冶炼及压延加工业在“一带一路”沿线地区比较优势水平明显。中国要寻求该产业的对外直接投资，以缓解国内产能过剩的压力，可以与中国比较优势产业相接近的国家及地区开展合作，最佳的选择是考虑其他“一带一路”沿线国家中的俄罗斯、阿塞拜疆、亚美尼亚和白俄罗斯等国，应当加强对这些国家针对该行业的对外直接投资。

表2-36 中国及“一带一路”沿线地区黑色金属冶炼及压延加工业RCA比较优势

国家/沿线地区 \ 年份	2001	2006	2010	2013	2014
中国	0.555	1.008	0.853	1.060	1.382
新亚欧大陆桥	0.403	0.151	0.151	0.093	0.096
中伊土经济走廊	0.064	0.064	0.064	0.081	0.121
中新经济走廊	0.090	0.083	0.083	0.095	0.105
孟中印缅经济走廊	0.141	0.130	0.130	0.181	0.144
其他沿线国家	0.234	0.225	0.225	0.181	0.204

3. 有色金属冶炼及压延加工业比较优势测算及区位选择

表2-37中所示为中国及“一带一路”沿线地区有色金属冶炼及压延加工业的比较优势。通过表中数据可以看出，中国有色金属冶炼及压延加工业的RCA值在2001—2014年均小于1，即该行业在世界范围内属于比较劣势行业。具体来看，中国有色金属冶炼及压延加工业RCA值从2001年的0.702逐步下降到2014年的0.583，说明该行业的相对竞争力有所下降。但是在“一带一路”沿线国家中，几乎未有在该行业中具有明显比较优势的地区，从2001—2014

年，按照RCA值的计算，蒙古、俄罗斯、巴基斯坦等其他沿线国家略微优于其他“一带一路”沿线地区，但比较优势水平也低于1。因此，有色金属冶炼及压延加工业在中国及沿线地区的比较优势均不明显。中国要寻求该产业的对外直接投资，可以与中国具有一定比较优势产业的国家开展合作，最佳的选择是考虑孟中印缅经济走廊国家，还可以考虑部分中亚国家，应当加强对这些国家针对该行业的对外直接投资。

表2-37　中国及“一带一路”沿线地区有色金属冶炼及压延加工业RCA比较优势

国家/沿线地区　　年份	2001	2006	2010	2013	2014
中国	0.702	0.765	0.546	0.549	0.583
新亚欧大陆桥	0.246	0.262	0.157	0.128	0.162
中伊土经济走廊	0.101	0.092	0.082	0.148	0.089
中新经济走廊	0.133	0.104	0.161	0.071	0.119
孟中印缅经济走廊	0.237	0.182	0.175	0.186	0.144
其他沿线国家	0.201	0.196	0.134	0.186	0.148

4. 铁路、船舶、航空航天和其他运输设备制造业比较优势测算及区位选择

表2-38中所示为中国及“一带一路”沿线地区铁路、船舶、航空航天和其他运输设备制造业的比较优势。通过表中数据可以看出，中国铁路、船舶、航空航天和其他运输设备制造业的RCA值在2001—2014年均小于1，即该行业在世界范围内属于比较劣势行业。具体来看，中国铁路、船舶、航空航天和其他运输设备制造业RCA值从2001年的0.255逐步上升到2010年的0.632，而后却又有所下降，至2014年为0.466。但是在“一带一路”沿线国家中，也几乎未有在该行业中具有明显比较优势的地区。从2001—2014年，按照RCA值的计算，中伊土经济走廊国家微弱地优于其他“一带一路”沿线地区，但比较优势水平远远小于1。中国要寻求该产业的对外直接投资，最佳的选择是考虑中伊土经济走廊国家，应当加强对这些国家针对该行业的对外直接投资。

表 2-38　中国及“一带一路”沿线地区铁路、船舶、航空航天和其他运输设备制造业 RCA 比较优势

国家/沿线地区＼年份	2001	2006	2010	2013	2014
中国	0. 255	0. 347	0. 632	0. 493	0. 466
新亚欧大陆桥	0. 090	0. 086	0. 076	0. 106	0. 082
中伊土经济走廊	0. 073	0. 065	0. 042	0. 123	0. 098
中新经济走廊	0. 049	0. 049	0. 080	0. 064	0. 065
孟中印缅经济走廊	0. 051	0. 058	0. 078	0. 080	0. 071
其他沿线国家	0. 049	0. 098	0. 055	0. 157	0. 094

5. 石油化工、炼焦及核燃料加工业比较优势测算及区位选择

表 2-39 中所示为中国及“一带一路”沿线地区石油化工、炼焦及核燃料加工业的比较优势。通过表中数据可以看出，中国石油化工、炼焦及核燃料加工业的 RCA 值在 2001—2014 年均小于 1，即属于比较劣势行业。具体来看，中国石油化工、炼焦及核燃料加工业 RCA 值从 2001 年的 0. 492 下降至 2014 年的 0. 314，即该行业在世界范围内属于比较劣势行业。但是在“一带一路”沿线国家中，该行业同样不具有明显的比较优势，从 2001—2014 年，按照 RCA 值的计算，孟中印缅经济走廊国家优于其他“一带一路”沿线地区，但比较优势水平远小于 1。因此，如果我国要转移该行业，可以考虑对孟中印缅经济走廊国家进行投资，将我国不具备比较优势的行业转移到具有相对比较优势的国家中。

表 2-39　中国及“一带一路”沿线地区石油化工、炼焦及核燃料加工业 RCA 比较优势

国家/沿线地区＼年份	2001	2006	2010	2013	2014
中国	0. 492	0. 575	0. 454	0. 349	0. 314
新亚欧大陆桥	0. 079	0. 084	0. 077	0. 080	0. 077
中伊土经济走廊	0. 132	0. 101	0. 079	0. 099	0. 080
中新经济走廊	0. 104	0. 093	0. 171	0. 123	0. 194
孟中印缅经济走廊	1. 434	0. 140	0. 182	0. 195	0. 251
其他沿线国家	0. 133	0. 123	0. 171	0. 243	0. 212

（二）"一带一路"沿线地区其他领域产能过剩行业比较优势测算及区位选择

1. 化学纤维制造业比较优势测算及区位选择

表2－40中所示为中国及"一带一路"沿线地区化学纤维制造业的比较优势。通过表中数据可以看出，中国化学纤维制造业的RCA值在2001—2014年均大于1。具体来看，中国化学纤维制造业RCA值从2001年的2.018稳步上升至2014年的3.138，即该行业在世界范围内属于比较优势行业。但是在"一带一路"沿线国家中，该行业不具有明显的比较优势，2001—2014年，按照RCA值的计算，孟中印缅经济走廊国家优于其他"一带一路"沿线地区。中国要寻求该产业的对外直接投资，以缓解国内产能过剩的压力，最佳的选择是考虑该地区，加强对这一地区国家的投资。

表2－40 中国及"一带一路"沿线地区化学纤维制造业RCA比较优势

国家/沿线地区 \ 年份	2001	2006	2010	2013	2014
中国	2.018	2.582	2.683	3.116	3.138
新亚欧大陆桥	0.132	0.139	0.130	0.088	0.096
中伊土经济走廊	0.217	0.139	0.122	0.114	0.173
中新经济走廊	0.187	0.167	0.212	0.180	0.222
孟中印缅经济走廊	0.545	0.334	0.309	0.430	0.608
其他沿线国家	0.361	0.187	0.327	0.381	0.178

2. 化学原料及化学制品制造业比较优势测算及区位选择

表2－41中所示为中国及"一带一路"沿线地区化学原料及化学制品制造业的比较优势。通过表中数据可以看出，中国化学原料及化学制品制造业的RCA值在2001—2014年较为稳定，均在0.7左右，因此该行业在世界范围内属于比较优势行业。但是在"一带一路"沿线国家中，该行业不具有明显的比较优势，2001—2014年，按照RCA值的计算，孟中印缅经济走廊国家略优于其他"一带一路"沿线地区。在所有沿线国家中，中国该行业比较优势最突出，中国要寻

求该产业的对外直接投资，以缓解国内产能过剩的压力，最佳的选择是考虑孟中印缅经济走廊的国家。

表 2－41　中国及“一带一路”沿线地区化学原料及化学制品制造业 RCA 比较优势

国家/沿线地区　年份	2001	2006	2010	2013	2014
中国	0.682	0.610	0.698	0.676	0.722
新亚欧大陆桥	0.094	0.080	0.074	0.069	0.074
中伊土经济走廊	0.084	0.060	0.066	0.089	0.106
中新经济走廊	0.113	0.112	0.118	0.102	0.125
孟中印缅经济走廊	0.200	0.165	0.138	0.179	0.231
其他沿线国家	0.191	0.143	0.152	0.163	0.177

3. 造纸及纸制品业的比较优势测算及区位选择

表 2－42 中所示为中国及“一带一路”沿线地区造纸及纸制品业的比较优势。通过表中数据可以看出，中国造纸及纸制品业的 RCA 值在 2001—2014 年稳定上升，由 2001 年的 0.297 上升至 2014 年的 0.7，但是该行业的 RCA 值始终小于 1，因此该行业在世界范围内属于比较优势行业。但是在“一带一路”沿线国家中，该行业不具有明显的比较优势，从 2001—2014 年，按照 RCA 值的计算，新亚欧大陆桥国家略优于其他“一带一路”沿线地区。因此，如果我国要转移该行业，可以考虑对南亚国家和独联体国家以及西亚的吉尔吉斯斯坦进行投资，将我国不具备明显比较优势的行业转移到具有该行业比较优势的国家中。

表 2－42　中国及“一带一路”沿线地区造纸及纸制品业 RCA 比较优势

国家/沿线地区　年份	2001	2006	2010	2013	2014
中国	0.297	0.378	0.457	0.666	0.700
新亚欧大陆桥	0.138	0.103	0.100	0.115	0.115
中伊土经济走廊	0.043	0.079	0.050	0.107	0.107
中新经济走廊	0.082	0.097	0.095	0.082	0.082
孟中印缅经济走廊	0.119	0.073	0.067	0.073	0.073
其他沿线国家	0.087	0.144	0.090	0.148	0.148

四、中国对“一带一路”沿线国家投资的基本模式与整体布局

（一）中国对“一带一路”沿线国家投资的“中心—双循环”模式

针对“一带一路”沿线国家投资环境和中国对外投资的决定因素，中国对“一带一路”沿线国家投资可以采取“中心—双循环”模式。所谓“中心—双循环”模式是指通过对“一带一路”沿线国家投资，形成以中国为中心，在产业内和产业间形成双通道循环的一种模式。一方面在产业内布局上，充分发挥中国具备全产业链的优势，在对外投资中把握产业的关键环节，将部分失去比较优势的产业链环节转移到“一带一路”沿线国家；另一方面在产业间布局上，充分发挥规模经济的优势，根据“一带一路”沿线国家的资源禀赋等比较优势，在沿线国家开展专业化某类产业的生产。具体而言，“中心—双循环”模式具有五个方面的特点：①整个经济系统由产业1、产业2和产业3组成，比如农业、工业和服务业；②每个产业由中间产品A、中间产品B和中间产品C组成，比如研发设计、生产和销售三个阶段；③中国具备全行业、全产业链优势，即拥有全部产业以及全部产业的所有环节，以便持续创新；④产业内各中间产品的分工根据国家间的产业竞争能力分配；⑤产业间的产业分布根据各国的资源禀赋等比较优势分布。

与“一带一路”沿线大部分国家相比，中国是大国，具有小国无法比拟的优势，其中就包括有条件实现全产业链的生产。实现全产业链需要有足够的人口、资源和经济基础，比如研发设计环节，需要有大的市场分摊研发费用，“一带一路”沿线大部分国家不具备这些条件。中国具备全产业链的基础，更有机会实现创新，从而保持竞争优势。中国企业到“一带一路”沿线国家投资最重要的目的是寻求当地的资源，包括自然资源和人力资源等，投资到国外的是中国母公司的一个分支，对中国的原材料或中间品、上下游生产环节产生需求。比如，有些纺织企业到东南亚国家投资，服装设计、品牌运营等环节留在国内，投资到东南亚的企业与国内母公司联系，对缺失的中间品寻求母公司的补偿，即便母公司在多个国家投资了不同的中间品，仍然会有核心的中间品留在中国，这就会产生产业链的循环。而对于产业间的分工，可以根据东道国的比较优势布

局，深化分工，获取规模经济的优势，比如，对俄罗斯投资农、林产业，对澳大利亚投资采矿业，这些产业的产品通过中国进行分配，从而形成产业间的循环。

对于中国而言，这种模式能够形成产业内和产业间的双循环，具有多方面的优势：一是国内保留全行业、全产业链可以先行先试，有利于各个环节的创新，成为创新策源地，在与发达国家的竞争中取得优势；二是转移部分失去比较优势的产业和中间品生产，而不是全产业链转移，国内重点生产具有比较优势的产业和中间品，可以避免对外投资造成产业空心化；三是沿线投资的各产业或产业链环节与国内相互关联，有利于促进国际贸易的增长；四是随着中国劳动力、土地等要素成本的上升，劳动、资源密集型产业和生产环节失去比较优势，通过转移到“一带一路”沿线国家有利于产业升级。

对于东道国而言，这种模式也有多方面的优势：一是“一带一路”沿线国家集中生产某类产品，或从事某个产业链环节的生产，通过分工深化有利于发挥规模经济的优势，同时充分发挥当地的资源优势；二是可以促进国际贸易的增长，有利于“一带一路”沿线国家产品出口；三是中国先行先试，实现产业或产业链环节的创新，使得“一带一路”沿线国家能够凭借后发优势，通过模仿和干中学等方式，以较低的成本开展生产活动。

（二）中国对“一带一路”沿线国家投资的产业和区位布局

由于“中心—双循环”模式的关键在于确定中国这个中心所包含的产业或产业链环节，即哪些产业或产业链环节需要转移出去，哪些需要中国自己生产。因此，在对“一带一路”沿线国家投资的过程中，进行合理的产业和区位选择就非常重要。由于需要形成产业内和产业间的循环，因此，在同一经济走廊上投资的产业或产业链环节最好具有关联性或互补性，以便要素和产品在走廊内流通。

值得注意的是，各经济走廊的整体投资环境和商品互补性是走廊内所有国家的平均，由于国家之间差异巨大，因此，在选择各经济走廊主导产业时，中国与各经济走廊商品贸易互补性、各经济走廊投资环境以及过剩产能行业比较优势的互补性是重要的参考，但不能完全按照这三个标准生硬地布局，还要综合考虑各走廊的劳动力技术水平、工资水平、资源禀赋、地理区位、周边环境、历史投资状况以及走廊内关键性国家的情况等因素。大致的判断标准为：经济走廊的劳动力技术水平越高，则中国对其投资的产业所包含的技术含量也越高；经济走廊劳动力的工资水平越高，则中国对其投资的产业劳动密集度越低；经济走廊的能源、矿产等自然资源越丰富，则中国对其投资的产业资源、能源越密集；经济走廊越靠近发达国家，则中国对其投资的产业技术含量越高；如果中国已经在该走廊的某产业投资较多，则继续投资该产业或关联、互补产业的概率越大；如果关键性国家在该走廊的影响力越大，则中国对其的投资集中于该国家的概率越大。

根据以上基本思路，结合前文所述“一带一路”沿线地区投资、商品贸易及行业比较优势互补性，可以得出中国对“一带一路”沿线地区投资的产业和区位大致分布情况，如表 2 – 43 所示。表 2 – 43 中从经济走廊的角度大致列出了投资环境和产业互补性程度的排名，投资环境最好的是“一带一路”沿线其他国家，最差的是孟中印缅经济走廊。

表 2 – 43　中国对“一带一路”沿线地区投资的产业和区位布局

国家/沿线地区		新亚欧大陆桥	中伊土	中新	孟中印缅	其他
产业 \ 整体投资环境		较好	较差	中等	最差	最好
动、植物产品	互补性	中等	最弱	较强	较弱	最强
食品	互补性	中等	较弱	较强	最弱	最强
燃料和矿产品	互补性	较强	较弱	中等	最强	最弱
能源	互补性	较强	最弱	中等	最强	较弱
钢铁及其制品	互补性	较强	较弱	最强	最弱	中等
化工产品	互补性	较强	最弱	最强	中等	较弱
药品	互补性	较强	最弱	中等	较弱	最强
机械电子设备	互补性	中等	较弱	较强	最弱	最强
办公及电信设备	互补性	较弱	最弱	最强	中等	较强
交通运输设备	互补性	较强	中等	最弱	较弱	最强
纺织制品	互补性	较强	中等	最强	最弱	较弱
服装制品	互补性	中等	较强	较弱	最弱	最强
主导产业		交通、电子	能源、矿产	钢铁、化工	纺织、服装	农林、能源

对经济走廊主导产业布局的大致设想如下：

对新亚欧大陆桥经济走廊的投资以交通运输和电子、电信设备制造为主，因为这些产业具备一定的技术含量，而新亚欧大陆桥经济走廊靠近西欧发达国家市场，这些产品可以就近销售到西欧市场；同时，新亚欧大陆桥经济走廊具有较好的工业基础和具备一定技术水平的熟练工人，能够满足这些产业发展的需要。

对中伊土经济走廊的投资以能源、矿产业为主，因为中伊土经济走廊国家具备较丰富的能源、矿产储量，投资能源、矿产业可以充分发挥资源优势；此外，由于该走廊部分国家投资环境较差，工人技术水平较低，也可以考虑对纺织、服装业等劳动密集型产业的投资。

对中新经济走廊的投资以钢铁、化工产业为主，因为中新经济走廊的部分新兴经济体本身对钢铁、化工产品有较大需求，而且中新经济走廊国家普遍海岸线较长，有利于铁矿石等大宗原材料和钢铁产品的运输；此外，中国对新加坡的投资中已经有化工产业基础。

对孟中印缅经济走廊的投资以纺织、服装制作为主，因为纺织、服装制作为劳动密集型产业，而该走廊劳动力较丰富，且工资水平较低。值得注意的是，该走廊与中国在能源、矿产品方面互补性很强，也可以考虑对这些产业的投资。

对“一带一路”沿线其他国家的投资则需要个别考虑，因为这些国家的差异较大，且不在同一条经济走廊内。其中，俄罗斯在国土面积、人口、经济体量等方面有很大优势，对于俄罗斯的投资可以考虑农、林和能源产业，充分发挥俄罗斯幅员辽阔、能源矿产资源丰富的优势，且中国已在这些产业的投资中形成了一定的基础。对于澳大利亚的投资以矿产为主，现在中国已经在澳大利亚的矿产投资中形成较好的基础。

（吴一平　邹俊　葛鹏　赵阳　魏静恬）

中国对“一带一路”沿线国家的投资策略

推进中国自由贸易区建设，离不开基础理论的构建和支持。理清和辨析涉及自由贸易区的相关概念和内涵特征，有助于加深对自由贸易区及相关理论的理解。李嘉图的“比较优势理论”和赫克歇尔·俄林的“要素禀赋理论”等新古典贸易理论是解释各国间开展区域经济合作的基石。随着经济全球化的趋势和新贸易现象的出现，逐渐出现运用关税同盟理论、轮轴—辐条理论和全球生产网络理论等新理论阐释全球不断涌现的区域经济合作的浪潮。

……………………………………………………………………………………

当前，政府在“一带一路”建设中起到了关键作用，但是要形成长效机制，还需要企业的参与以及三个方面的支撑：一是发挥好政府在“一带一路”建设中的作用，为企业提供高质量的公共服务；二是结合“一带一路”沿线国家与中国地理区位相连的特点，发挥中国在工业园区建设方面的经验优势，通过境外工业园区和基础设施建设，形成“珍珠链”式布局，降低对“一带一路”沿线国家投资的成本和风险；三是通过政府之间的高层沟通，加快区域合作制度设计，提供顶层平台框架，降低区域内的投资和贸易成本。

一、中国境外工业园区建设的现状及经验

与单个企业对外投资相比，建设境外工业园区有助于降低投资风险，为企业对外投资提供更多便利，提高合作水平。开发区模式是中国学习而非独创的产物，日本、新加坡等发达国家均通过建设境外工业园区的方式促进国内产业升级。作为中国“一带一路”倡议的一部分，中国计划建立更多的境外工业园区，以推动产能合作。2015 年 5 月 16 日国务院发布的《关于推进国际产能和装备制造合作的指导意见》，明确提出要“积极参与境外产业集聚区、经贸合作区、工业园区、经济特区等合作园区建设”。在此背景下，分析中国境外工业园区的发展状况，总结境外工业园区的优势和不足，对于促进中国对“一带一路”沿线

国家投资具有重要意义。

(一)中国境外工业园区建设概况

中国在建设境外工业园区[①]方面起步较晚,最早于1998年在古巴创建了一个境外加工贸易区,截至2014年年底,中国“走出去”的各类境外园区已有上百家。根据商务部《中国对外投资合作发展报告2015》的数据,截至2015年11月底,中国企业正在建设的境外工业园区有75个,已通过确认考核的有13个。在建的75个工业园区中,53个分布在“一带一路”沿线国家;已通过考核的13个工业园区中,10个位于“一带一路”沿线国家,如表2-44所示。

表2-44 13个通过确认考核的境外工业园区的分布区位和主要产业

境外工业园区名称	分布区位	主要产业
巴基斯坦海尔—鲁巴经济区	巴基斯坦	家电、纺织、建材、化工等
泰国泰中罗勇工业园	泰国	汽配、机械、建材、家电、电子等
柬埔寨西哈努克港经济特区	柬埔寨	纺织服装、机械电子、高新技术等
越南龙江工业园	越南	轻工、纺织、建材、化工、食品等
赞比亚中国经贸合作区	赞比亚	谦比希园区以铜钴开采、冶炼、加工为主导产业;卢萨卡园区以商贸服务、现代物流、房地产、加工制造、新技术为主导产业
埃及苏伊士经贸合作区	埃及	纺织服装、通用机械、汽车、高低压电器、配套服务等
尼日利亚莱基自由区	尼日利亚	加工制造、商贸物流、石油仓储等
埃塞俄比亚东方工业园	埃塞俄比亚	轻工、纺织、冶金、建材、机电等
俄罗斯乌苏里斯克经贸合作区	俄罗斯	轻工、机电、木业等
中俄托木斯克木材工贸合作区	俄罗斯	木材加工、销售、建筑材料销售服务等
俄罗斯龙跃林业经贸合作区	俄罗斯	森林采伐、木材初加工和精深加工等

① 本文将海外工业园区、境外经贸合作区、境外经济特区、境外加工贸易区和境外生产基地等统称为境外工业园区,不深究概念之间的差别,泛指中国企业在境外的集聚基地。

续表

境外工业园区名称	分布区位	主要产业
中俄（滨海边疆区）现代农业产业合作区	俄罗斯	农产品生产加工、仓储服务、农业生产配套等
匈牙利中欧商贸物流合作园区	匈牙利	商贸、物流等

资料来源：根据武常岐、周咏龙《深化务实合作与境外经贸合作区创新》整理，刊载于商务部《中国对外投资合作发展报告2015》。

在产业选择上，在建的75个工业园区中，有一半以上是与国际产能合作相关的加工类项目；13个通过考核的工业园区，产业选择主要集中在相对于发展中国家具有比较优势的纺织、家电、机电、微电子等产业，另外也有资源开发和农业加工等产业。总体而言，入驻境外工业园区企业的投资项目往往会结合入驻企业类型和所在国家或地区的国情和资源条件，因此，不同地区的境外工业园区的产业分布兼具东道国和本国产业发展的特色。例如，俄罗斯乌苏里斯克经贸合作区由康吉国际投资有限公司投资20亿元建设，吸引了以温州民营企业为主的国内企业入驻，所涉及的投资项目以鞋类、服装、家具、皮革、木业及建材等为主，将成为中国鞋业打造国际品牌、辐射全球的一个重要根据地。在东南亚建设的工业园区以服装纺织、机械电子和建材等劳动密集型产业为主，充分利用当地劳动力价格低廉的优势。例如，柬埔寨西哈努克港经济特区由江苏太湖柬埔寨国际经济合作区投资有限公司与柬埔寨国际投资开发集团有限公司共同组建，地处东南亚交通枢纽位置，拥有较低的用工成本和宽松的贸易环境。

在建设规模和成效上，根据商务部的统计，截至2015年11月底，在建的75个境外工业园区累计投资179.5亿美元。其中，建区企业累计投资69.6亿美元，入区企业1 151家（其中中资控股企业723家），累计投资109.9亿美元；建区企业和入区企业总产值419.3亿美元。截至2015年11月底，在建的75个境外工业园区累计上缴东道国税费14.1亿美元，为当地创造就业岗位15.3万个。

（二）中国境外工业园区的运作模式——以中白工业园为例

1. 中白工业园基本概况

中白工业园是中国—白俄罗斯工业园的简称，是目前中国境外工业园区中层次最高、规划面积最大和政策条件最优越的工业园①。因此,本节以该工业园为例一窥中国境外工业园区的运作模式。

根据项目总体规划,中白工业园总计用地90平方公里,由中白两国合资建设,中方占60%股份,白方占40%股份。总建设期规划为30年,分三期建设,每期各10年。其中一期开发17.37平方公里,投资14.11亿美元,一期项目结束后实现滚动开发。中白工业园区是具有特殊法律制度的区域类型,为商业活动提供便利保障,园区内规划有生产和居住区、办公和商贸娱乐综合体、金融和科研中心。

中白工业园的提出是在2010年3月,时任国家副主席的习近平访问白俄罗斯,与卢卡申科总统就在白俄境内合作建设中白工业园达成共识,目的是要借鉴中国—新加坡苏州工业园的成功经验,在白俄罗斯开辟一块扩大对外开放和招商引资的“试验田”。

2012年8月27日,成立合资封闭式的中白工业园区开发股份公司,公司注册资本金构成为:中工国际工程股份有限公司持股45%,哈投集团持股15%,明斯克州执行委员会持股30%,地平线股份集团公司持股10%。

2014年6月19日,中白工业园奠基,目前正在进行一期开发。

中白工业园功能定位是重点发展成为集高端制造、电子信息、生物医药、新材料、精细化工和仓储物流等产业为一体的工业制造型园区。截至2015年年底,已有招商局集团、中国一拖、华为、中兴通讯、中联重科、成都新筑、白俄纳米果胶等7家企业签约入驻,有甘肃聚馨、烽火通信等14家意向企业。此外,俄罗斯、波兰和德国的投资商也对中白工业园表现出极大兴趣。

2. 中白工业园投资环境

(1)园区靠近欧洲市场,交通便利。中白工业园位于明斯克州斯莫列维奇区,距白俄罗斯共和国首都明斯克市25公里,距波罗的海克莱佩达港口约500公里,距莫斯科约700公里,距柏林约1 000公里,毗邻明斯克国际机场、柏林至莫斯科的洲际公路,交通便利。中白工业园拥有物流中转站的优势,可以使白

---

① 刘江浩. 中白工业园创下3“最”这些企业更受园区青睐[EB/OL]. 大河网-大河报,http://news.dahe.cn/2015/12-14/106148424.html,2015-12-14.

俄罗斯成为独联体国家、俄罗斯与欧洲的交通枢纽。

中白工业园位于中欧物流大通道上,货运铁路与重要的货运路线可实现无缝对接,在国际范围内进行资源配置。园区还将打通立陶宛克莱佩达港出海口,为企业打造跨境保税通道,产品能够快速销往欧盟国家,市场潜力巨大。白俄罗斯、俄罗斯和哈萨克斯坦三国签订了关税同盟,园区产品可以免征关税销往1.7亿人口的关税同盟市场。

园区靠近首都明斯克市及卫星城斯莫列维奇,其中首都人口190万,大学生45万,卫星城人口15万,距园区15公里,保证了园区的专业人才来源。

(2)园区提供“一站式”便利化服务。就入园企业的所有问题,园区内建立了“一站式”的全方位综合服务体系。2012年8月16日,白俄罗斯共和国政府建立了工业园区管委会,管委会负责行政管理工作,并保证为入园者提供“一站式”全方位的综合服务。

投资商和入园企业可在园区管委会办理行政手续,管委会独立有效地处理园区入园企业登记、园区建设工程部署、勘察设计和建筑许可及其他园区现有管理问题。如果出现涉及国家管理部门权限的其他问题,入园企业无须与该部门直接沟通,由园区管委会负责解决。

园区还设立政府间协调委员会,保证在园区的工作中予以协调支持,并解决要求两国政府参与的问题。中白经贸合作政府间委员会的中方和白方主席领导该委员会。

(3)企业和员工均享受优惠政策。为了吸引企业入驻,卢卡申科于2012年6月签署总统令,以国家最高立法的形式规定了入园企业在税收、土地等方面享有的独特优惠政策,承诺为全球各地投资商营造“前所未有”的政策环境。

入驻园区后,投资者可获得已接入交通和市政基础设施的选定地块,投资者对园区地块享有99年的使用(租赁)权或获取所有权。园区基础设施建设及其接入投资商具体项目由管理公司负责。在符合项目安全运营标准的前提下,园区内可按照国外技术标准进行设计。

中白工业园将为投资者提供“10+10”的税收优惠模式,即入园企业自注册之日起10年免收各项公司税收,10年期满后下一个10年内税收减半,且入园企业无须缴纳白俄罗斯共和国制定的新税费种类。园区免税范围广泛,包括企业所得税、不动产税、土地税、用于园区内投资的商品关税和增值税以及海关费用。享有税收优惠的项目包括设备和原材料运入时享受优惠，以及将许可证、特许证、实用模型以及过程等形式的使用费税率固定为5%，而全国通用税率为15%，高出其3倍。

园区内入驻者和员工也可以享受税收优惠，包括个人所得税固定为9%，比全国通用税值少25%，并免除缴纳收入强制保险。园区还在吸引外国劳动力方面出台了特殊政策，免除因颁发和延期在白俄罗斯境内从事劳动、临时居住等许可时产生的税收。

上述优惠政策由白俄罗斯共和国专用总统令规定，在国家立法高度规定了投资人的额外保障，除白俄罗斯通用法律和双边协议规定的保障外，投资人享有可将白俄罗斯境内所获利润自由汇出的额外保障，且白俄罗斯国内制定新的税费时，该特惠制度不变。

3. 中白工业园经验评价

从中白工业园的建设状况可以看出，工业园模式在对“一带一路”沿线国家投资中既有优势，也存在隐患。优势主要体现在四个方面：其一，入驻该园区的企业能够享受很多优惠政策，这是单个企业投资难以获取的，能够极大地降低投资成本。通过一站式服务，为企业入园、落地、开展生产活动提供便利。其二，可以将关联企业引入园区，通过协同经营降低企业的运营成本。其三，工业园的规模较大，产生较大的社会影响力，投资的安全性更有保障。其四，企业可以在园区内实施国内成熟的经营模式，使用熟悉的标准，降低学习成本。工业园模式存在的隐患也有四个方面的体现：其一，工业园建设规模庞大，资金占用多，如果出现不稳定因素，可能出现船大调头难的问题，产生巨大的损失。其二，工业园建设需要大量资金，一般中小企业难以承担，因此，工业园的发展具有局限性。其三，工业形成活力，基础设施必须联通，但基础设施联通具有外部性，需要政府的支持，因此，能否获取政府支持是工业园成败的重要影响因素。其四，工业园选址时要考虑到当地交通便利度、市场容量、贸易环境和劳动力状况等各方面因素，如果任何一方面出现问题都有可能造成园区建设的失败。总之，工业园模式具有单个企业单打独斗所不具备的优势，但是，工业园在建设中也要保持高度的谨慎，前期的可行性评估非常重要。

(三)中国境外工业园区建设的经验和教训

1. 沿线部分国家投资环境欠佳影响园区建设

由于“一带一路”沿线大部分为发展中国家,这些国家国内的经济环境、基础设施环境和制度环境等存在一定的问题。投资环境欠佳,在一定程度上为境外工业园区的建设带来困难。然而,部分东道国投资环境欠佳也使境外工业园区对于中国企业“走出去”的激励作用得以充分体现,单个企业更难应付投资中遭遇的风险,境外工业园区提供了企业走向国际的风险抵御平台。

2. 熟悉“一带一路”沿线国家投资环境的人才短缺

境外工业园区在经营时涉及各国法律、汇率、财会制度及各种复杂因素,只有拥有完备的市场分析、营销技巧、法律顾问和较强的项目管理能力的团队人才,才能在错综复杂的国际市场中做出正确的投资决策。境外工业园区的投资受阻,其中很重要的原因就是境外经营和管理人才的短缺。

3. 境外融资渠道窄,融资难

虽然中国企业已形成规模较大的境外资产,但境外资产抵押融资仍存在限制,融资难成为制约境外工业园区持续发展的最大瓶颈。目前,国内的融资渠道不够丰富,企业债券市场基本还处于初级阶段,绝大部分企业无法通过企业债券进行融资。银行贷款仍是主要的融资渠道,但企业的境外投资若想从境内银行获得资金支持,只能通过其境内投资主体对其以增资的方式进行,审批程序复杂,资金运作周期长,难以及时满足境外投资企业的融资需求。

4. 园区建设缺乏整体规划,区位、行业布局不合理

从当前境外工业园区的区位和产业选择来看,没有与“一带一路”倡议很好地契合,在同一个国家设立多个园区、主导产业雷同等问题可能造成园区之间在招商等方面的过度竞争,也不能很好地体现产业衔接、产能互补的理念。此外,很多园区与国内在生产要素和产品等方面互动性不强,没有形成国内外的经济流量,境外工业园区形同孤悬在外的孤岛,难以对沿线形成辐射效应。

因此,应加强园区的整体规划,坚持互利共赢原则,统筹考虑“一带一路”沿线国家的发展诉求、合作意愿、资源禀赋、投资环境以及产业基础条件等,充分发挥所在国的比较优势,并密切结合国内产业结构调整,进一步明确境外工业

园区建设的重点国别和主导产业，引导园区建设有序发展，实现“一带一路”沿线工业园区科学合理的区位布局和产业布局。

二、中国对“一带一路”沿线国家投资的支撑体系

(一)政府的推动作用

在对“一带一路”沿线国家的投资中，政府起重要的作用：一是通过政府的高层沟通提高中国在“一带一路”沿线国家中的影响力，通过加强与“一带一路”沿线国家的政治和文化等层面的沟通交流也有助于保障投资安全；二是政府可以对转移的产业或产业链环节进行整体规划，避免乱而无效的盲目投资造成的大量投资损失；三是通过对“一带一路”沿线国家投资推动国内产业升级，为全社会带来利益。因此，对“一带一路”沿线国家投资具有外部性的特点，政府可以通过财政补贴或关税减免等措施将产业升级的社会效应内化到企业的投资决策中，促进企业对“一带一路”沿线国家投资。

当前，政府高度重视“一带一路”倡议的实施，政府高层互访频繁，为企业“走出去”减少障碍，降低企业的投资成本。“一带一路”倡议的成就主要体现在国家层面，民营企业参与较少。①

第一，“一带一路”倡议主要由国家领导人的高层互访来推动。“一带一路”倡议提出后，中国政府高度重视，区域间国家和政府领导人互访明显加强，通过高层推动促进一系列大项目合作可以带动配套企业走出去。例如，2013 年 11 月，李克强总理对罗马尼亚进行正式访问并出席中国—中东欧国家领导人会晤，赴乌兹别克斯坦出席上海合作组织第 12 次总理会议。实际上，在提出“一带一路”倡议之前，中国即启动了准备工作，例如，2013 年 7 月初，李克强总理在北京会见中东欧国家政要时就曾表示，中方愿与中东欧国家共享发展机遇，并得到中东欧国家的积极响应。

第二，“一带一路”倡议是从大规模的基础设施项目入手，主要由大型国有

① 徐群贵．“一带一路”战略中企业项目投资风险和对策[EB/OL]．昆仑策研究院，http://www.kunlunce.cn/qycm/fl1/2016－03－22/26198.html，2016－03－23.

企业进行投资签约,中小企业基本上都是旁观者,很少参与"一带一路"行动。"一带一路"沿线部分经济走廊投资环境较差,技术水平、市场容量均缺乏优势,并且沿线部分地区存在的不稳定因素可能对中国投资带来很大的风险。因此,民营企业缺乏到"一带一路"沿线国家投资的动力。如果要求企业对"一带一路"沿线国家投资,则必须在其他方面对其给予弥补,才能激发民营企业的投资热情。

第三,"一带一路"倡议的融资平台令民营企业高不可攀。亚投行和丝路基金都首先致力于国有企业,没有民营企业的对接法律和政策。在对外投资中,不能仅凭政府和国有企业之力,要激发中国民营企业的热情,更要发动"一带一路"沿线国家政府和企业的参与。因此,要拓宽中国民营企业和"一带一路"沿线国家政府与企业的融资渠道,才能撬动更多的资源,才有利于推进"一带一路"建设,进而拉动中国和"一带一路"沿线国家的经济发展。

这种由政府牵头的模式对"一带一路"建设有巨大的推动作用,但是从长远看,政府资源是有限的,这种模式并不适合长期维持。"一带一路"倡议的实施离不开企业的支持,如果要切实促进中国企业对"一带一路"沿线国家投资,必须分析中国企业向沿线国家投资的动因,降低投资成本和风险,因势利导,充分调动市场的积极性,构建有效率的市场环境,使市场功能得到充分发挥。

"一带一路"沿线部分国家具有劳动力和资源成本方面的优势,当然也要注意到,很多国家的人均 GDP 水平高于中国。因此,不能仅靠资源能源和劳动力的成本优势驱动中国企业向"一带一路"沿线投资。要形成市场化的激励机制,让企业在对"一带一路"沿线国家的投资中得到应有的回报。在这个过程中,政府也可以发挥其应有的作用,着力构建良好的市场环境,提供基础设施等公共产品,提高边境管理效率和公共服务质量,降低跨境贸易关税,维护市场秩序,形成公平竞争的环境。

(二)"珍珠链"式布局的成本节约效应

所谓"珍珠链"式布局是指在"一带一路"沿线经济走廊建设境外工业园区,形成一颗颗"珍珠",用交通基础设施联通,形成"珍珠链"。"珍珠链"式布局能够有效降低对"一带一路"沿线国家的投资成本,促进对这些国家的投资。

1. 工业园区的成本节约效应

经济走廊是一个连贯的通道，任何一环都不能缺失。然而，“一带一路”沿线国家之间差异巨大，各经济走廊内部国家之间的投资环境也存在很大的差异，对于投资环境较差的国家，企业可能缺乏投资的动力，从而造成经济走廊作为一个连贯的通道的作用得不到发挥。

减少“一带一路”沿线国家之间差异造成的负面影响，一个可行的方法是采取园区式的投资方式。将中国对外投资的企业置于各个产业园区，通过基础设施将各园区连成一体，企业享有独特的基础设施和服务，可以减少与当地文化、制度等产生冲突，为形成统一的区域合作协议清除障碍。实际上这也是当前中国在对外投资过程中普遍采取的一种方式，如斯里兰卡的科伦坡港口城建设。具体而言，境外工业园区具有以下四个方面的作用。

第一，降低企业的投资风险和成本。建设境外工业园区是应对东道国投资环境不佳，降低企业境外投资风险和成本的重要途径，是中国企业“走出去”的承载平台，发挥着战略支点的重要作用。中国“走出去”的企业，尤其是中小企业往往对国外的政策法律、语言文化不熟悉、不适应，也面临着工业基础设施薄弱、产业配套差、水电路等外部配套条件不足等诸多困难，而工业园区无疑是“走出去”的公共平台。一方面提供了比较经济、可靠的境外发展基地，提供完善的基础设施条件，节约企业自身大量的基建投资，有利于降低企业境外投资经营成本；另一方面改变了企业各自为战的局面，实现抱团出海，提高了我国企业对当地政府、社会的整体影响力，加大话语权，形成“避风港”，有助于形成贴近市场的产业链和产业集群，从而发挥投资规模效应，实现互补协同、共同抵御风险，并争取所在国的优惠政策。总之，工业园区在推动中国企业抱团出海、形成境外产业集聚、维护企业合法权益等方面发挥了积极作用，有效降低了企业的投资风险和成本，还可以使中国在吸引外资的过程中创造和积累工业园区运营模式的成功经验，即在城市中专门开辟一个产业园区，园区的管理模式和制度安排与城市其他区域可以不一致，类似城市中的“特区”。这可以为园区内的企业提供独特的、高效的管理服务，并且可以修建专门的基础设施，将园区与火车站、港口和机场等交通枢纽连接，降低园区内企业的运输成本。“一带一路”沿线国家投资环境和基础设施水平参差不齐，难以在短时间内改变整个国家的环境，通过园区式的安排，让企业享有独特的待遇，可以降低企业的运营成本。并且，“一带一路”沿线国家投资环境差异很大，通过园区式的投资模式可以统一标准，为形成统一的合作协议扫清障碍。

第二，推动国际产能合作。境外工业园区有利于吸纳中国制造业产能转移，通过产能合作促进国内产业升级。“一带一路”沿线部分国家资源丰富，且处于快速城镇化的过程中，对钢铁、水泥和电解铝等需求旺盛，国内产能转移出去将大有市场。通过发展境外工业园区，我国还可以建立有效利用境外矿产、油气、森林以及农业等各类资源的渠道，有利于保障境外资源的长期、稳定供应。境外工业园区有力地推动了装备“走出去”和国际产能合作，据统计，工业园区带动各行各业的中资企业“走出去”，其中轻工纺织类企业占30%，建筑建材占15%，机械电子占10%，资源生产加工占11%，商贸物流占20%。境外工业园区正在成为我国推进“一带一路”建设、开展国际产能合作的承载平台，为国内经济结构调整创造空间。

第三，促进中国和“一带一路”沿线国家合作共赢。境外工业园区契合东道国发展诉求，是促进中国和东道国经贸合作双赢的重要载体，园区促进了东道国增加就业、提高税收、扩大出口，深化了双边经贸合作关系，国际社会可以透过园区这一窗口，了解中国互利共赢的投资理念。例如，柬埔寨西哈努克港经济特区吸引中国超过50家纺织和轻工企业入驻，成为柬埔寨重要的纺织出口生产基地，为当地近万人提供了就业机会；泰国东部海岸罗勇府的泰中罗勇工业园区已有60多家中国企业入驻，实现产值37.5亿美元，向当地政府纳税逾7 000万美元。

第四，构建中国标准，提升国际合作话语权。通过建设经济相连、星罗棋布的产业园区，使之成为“一带一路”倡议实施的纽带和引擎，可以重塑国际产业发展的合作模式，提升中国的影响力。同时，境外工业园区是“中国经验”和中国文化“走出去”的重要载体，通过与东道国分享中国发展经验与成果，分享中国建设开发区、设立特区的理念与管理经验，推动中国品牌、中国人才和中国标准“走出去”。与“一带一路”沿线国家相比，中国对经济开发区建设经验比较丰富，可以借此契机构建自己的标准，提升在国际合作中的话语权。当然，每个国家国情不同，中国在建设境外工业园区时也要因地制宜，根据当地的情况进行规划建设。

2. 基础设施建设的投资促进效应

建设境外工业园区，在基础设施建设方面也存在很多障碍，基础设施建设的途经地带很多都地形险峻，甚至要穿越雪山、沙漠，建设难度很大，成本很高，基础设施建设不是一般企业能承受的，一般的投资机构也不愿承担风险，因此，一些艰险路段可能长时间成为瓶颈。在技术层面，各国铁路轨道标准的差异导致形成全区域贯通的交通网络困难重重。

“一带一路”沿线国家的特点之一是大部分国家与中国能够陆路相连，“一带一路”倡议的愿景中很重要的一点就是设施联通，加快基础设施建设能够促进中国对外投资。基础设施建设的投资促进作用主要体现在以下三个方面。

第一，交通基础设施完善是园区式投资模式的必要前提。产业园区不能成为孤岛，需要与供应商和消费市场连通，因此，交通基础设施建设是产业园区建设的前提，只有将所有园区和市场连成一片，园区企业生产所需原材料和生产的产品才能方便地流通，从而以各经济走廊为主线，形成一串一串的“珍珠链”，各节点园区集聚了一定影响力之后再逐步向周边辐射。

第二，降低生产要素和产品的运输成本。与中国相比，“一带一路”沿线国家的产业链更不完整，随着中国企业加快对外投资，可能需要中国各个产业链环节的支持，比如，对上游生产设备的需求增加，交通基础设施将为机器设备等生产要素的运输提供便利，降低生产资料的运输成本；并且，与中国相比，“一带一路”沿线国家的经济体量较小，市场空间有限，“走出去”的企业可能需要利用国内市场需求，将国外生产的产品销往中国，完善的交通基础设施可以降低产品的运输成本。在生产资料和产品运输成本降低的情况下，中国企业对外投资的动力更强。

第三，跨国交通基础设施为基建和建材行业提供大量机会。基础设施建设具有跨国公共产品的性质，其融资、生产和使用与私人产品不同，鉴于中国经济体量大，并且在高铁等交通基础设施建设方面的成功经验，有能力也有必要提供大部分的区域内跨国公共产品，在基础设施建设中承担更多责任。而基础设施的建设能够为国内钢铁、水泥等行业提供大量的机会，中国企业可以借此契机走出去，将国内的这部分产能到更靠近需求的国家投资，同时也为国内产业升级腾出空间。

在交通运输基础设施建设方面,"一带一路"倡议在东南亚推进比较顺利,包括中越、中老、泰国、雅万铁路,欧亚大陆桥从连云港一直通到欧洲,当前连云港和哈萨克斯坦签署的一个对接的物流中心已经建成。在能源基础设施建设方面,2014 年中俄油气管道开始启动,2015 年中缅油气管道也已开通,还有国家电网公司同周边国家签署了至少 10 个输电协议。可见,"一带一路"倡议提出以来在基础设施建设方面已经取得了不少成绩,但是也要认识到潜在的问题。当前在铁路运营上经济效益不太好,中国的陇海线、兰新线和北疆铁路这些欧亚大陆桥铁路线竞争不过俄罗斯西伯利亚的欧亚大陆桥。各经济走廊所经部分国家地理环境恶劣,基础设施建设成本昂贵,并且由于中国影响力有限,投资的安全性得不到保障,这些都是需要面对的问题。

(三)区域合作框架的平台支撑作用

1. 对"一带一路"沿线国家投资的风险因素

外国投资者在投资时,除了考虑市场、利润等因素之外,投资的安全性也是需要考虑的重要问题。"一带一路"沿线部分国家投资政策和一些其他的相关政策不稳定,严重影响外国投资者的投资信心。"一带一路"沿线国家存在的不稳定因素主要有三方面表现:一是可能出现政治风险,主要表现为政府换届对投资项目产生的不利影响,例如,2015 年初斯里兰卡政府换届后对中国投资的科伦坡港口城项目进行重新评估,对中国造成很大困扰。此外,"一带一路"沿线有些地区发生动乱、恐怖袭击或武装冲突的可能性比较大(如当前西亚地区),威胁到境外投资企业员工的人身安全以及增大投资项目的风险。二是中国企业的身份认同可能导致投资风险,主要表现在对中国国有企业身份的质疑和对关键性行业领域的歧视。在对外投资中,由于中国国有企业承担了重要角色,有些国家对于中国企业进入该国的关键性行业非常敏感,可能以国家安全等理由设置门槛,导致对外投资失败。三是生态环境问题,中国对外投资有很大比重投向能源资源领域,2006 年采矿业占当年投资流量的 40. 35%,近些年虽然大幅下降,然而占比依然很高,排在前三位。对自然资源丰富国家的能源资源行业投资肯定会对当地生态造成一定的影响,这成为很多国家对中国对外投资持怀疑态度的原因,而中国企业由此遭受损失。

尽管东道国的国内法律可以保护投资者的利益,但这毕竟属于东道国的单方保证,具有较大的不稳定性。因此,需要构建"一带一路"沿线国家共同遵守的区域合作框架,避免各国文化、法律差异以及其他不稳定因素导致的投资风险。

2. 区域合作框架的平台支撑作用

具体来说,区域合作框架的平台支撑作用主要包括以下三个方面。

第一,区域合作框架能够降低资本进入成本。区域合作协议中通常包含投资便利化的相关措施,投资便利化措施的目的是减少或取消跨国投资的进入、建立和运行壁垒。区域合作协议通常准许成员国相互投资建立企业,这对投资者非常有利,在企业建立方面提供国民和最惠国待遇。有些区域合作协议包含透明度条款,目的在于促进东道国提高外资管理水平,消除信息壁垒,要求东道国公开公布有关投资环境的相关信息,从而使投资者能以更低的成本获取所需的信息。

第二,区域合作框架能够降低投资风险。大多区域合作协议都有保证资金自由转移的条款,这些条款是保证投资者有权利把投资及其收益兑换成任意货币并转移的权利。区域合作协议中一般包含投资保护措施,最重要的非歧视性规定是国民待遇或者最惠国待遇,保证外资进入后的非歧视性。一般保护规定主要有保证"公正和公平的待遇"或"完全的保护和安全"的条款。

第三,区域合作框架能够通过共同遵守的协议降低不确定性和投资过程中的交易费用。区域合作协议可以为投资者提供一个明确、稳定和透明的投资法律框架,通过国际区域合作协议可以预期政府行为,降低不确定性。发生争端时,投资者也可以寻求国际救济,降低风险和成本。当前的国际区域合作协议安排着眼于投资保护和投资自由化,这强化了政府对外国投资者所做承诺的可信度,从而确保了世界范围内维持一个更为透明和稳定的投资环境,而这种投资环境非常有利于跨国公司的对外投资活动(祁春凌,2015)。区域合作协议通常倡导通过磋商和协调的方式解决投资争端,营造一个公平竞争的投资环境,区域合作协议可以在一定程度内降低国际投资过程中的交易费用(刘卉,2014)。

3. 构建区域合作框架的挑战

在构建区域合作框架方面,2015 年 3 月 28 日国家发改委、外交部、商务部联合发布的《愿景与行动》提出了远景展望:"一带一路"倡议旨在促进经济要素有序自由流动、资源高效配置和市场深度融合,推动沿线各国实现经济政策协调,开展更大范围、更高水平、更深层次的区域合作,共同打造开放、包容、均衡、普惠的区域经济合作架构。

然而,从多个方面看,“一带一路”沿线国家之间均存在巨大的差异。从国土面积来看,既有全球国土面积最大的俄罗斯(1 637.69 万平方公里),也有国土面积仅 300 平方公里的马尔代夫,两者相差 5 万多倍;印度拥有 12.67 亿人口,而马尔代夫仅 35.16 万人,两者相差 3 600 多倍;2014 年,卡塔尔人均 GDP 达 93 397.09 美元,而阿富汗仅 666.29 美元(详见本书第一篇第三章的分析)。在制度、文化、投资环境等其他方面区域内国家之间也差异巨大,相邻国家之间甚至截然相反,比如印度和巴基斯坦。

国家之间巨大的差异可能对“一带一路”倡议的顺利实施形成障碍,出于不同的经济发展阶段或者自身文化的考虑,国家之间的立足点不同,在形成统一的区域合作协议方面阻力很大。有些国家可能对“一带一路”倡议存在疑惑,不理解中国提出“一带一路”倡议的初衷,认为是中国主导的对抗性战略。比如,俄罗斯可能担心“一带一路”倡议对其“欧亚一体化”战略产生不利影响,在中亚的影响力方面也可能对中国保持警惕,俄罗斯一直视中亚为其战略大后方,“一带一路”倡议的推进可能使中国在中亚的影响力增强;印度则一直视中国为对手,对于中国加强在南亚地区的投资也一直高度重视;新加坡位于海上交通要冲,其经济增长受海上航线影响很大,中国启动“一带一路”倡议建设陆上的欧亚通道,无疑对其枢纽港的地位造成威胁,因此可能会阻挠倡议的推进;其他周边国家也可能担心中国对其加大投资会影响本国在外交等方面的自主性。

必须清楚地认识到,在推动“一带一路”倡议的过程中,中国和沿线国家的立足点是很不一样的,甚至不同沿线国家也持不同的态度。“一带一路”建设是一个系统的大工程,没有沿线国家的支持与配合是无法完成的,而要得到沿线国家的支持,就必须站在他们的角度思考。有学者认为,中国需要学会以大国的身份取得话语权,这无疑是对的,但同时这也是一个循序渐进的过程,需要经过很长一段时间的磨合方能慢慢形成。

(吴一平　邹俊　葛鹏　赵阳　魏静恬)

第三篇

中国与“一带一路”沿线国家产业合作及风险研究

首届“一带一路”国际合作高峰论坛的顺利召开标志着“一带一路”倡议从搭建框架为主的1.0版进入到了以推动各领域务实合作为主的2.0版，而其中的产业合作是倡议落地的重要载体。未来在扎实推进产业合作方面，需要重点关注对风险的防范。

“一带一路”沿线大多是发展中国家，其经济发展水平和产业基础条件存在较大差异，在政治体制、文化历史、制度环境以及宗教状况方面也是千差万别，其区域既是地缘政治冲突的热点地带，也是全球主要政治力量角逐的焦点区域，整体的营商环境和投资环境都急需提升。从不同的区域来看，每个区域都有一到两个居于主导地位的国家，它们凭借其经济或者政治上的优势在本区域具有比较重要的影响力，这对我国开展产业合作会有一定的挑战。当我国进入这样的区域时，先会遭遇这些主导国家的敌意，这对我国与这些国家的产业合作带来不小的风险。要重视这些因素对产业合作的影响，以便在产业合作中提高配置效率，减少合作中的潜在损失，降低企业“走出去”的试错成本。要借力已有的国际合作组织，从合作机制平台规范建设、高标准规制完善的角度长远解决产业合作风险的问题。

中国与“一带一路”沿线国家产业合作的特点与模式

“一带一路”沿线国家的人文历史、发展状况和经济环境具有一定的相似性，在地理上毗连，在产业合作上具有一定的共通性。梳理这些区域国家的产业发展特点和基本情况，有利于我们在战略统筹、战术上精准定位，深入推进与这些国家的产业合作。

一、“一带一路”沿线国家的产业基础条件

根据“一带一路”沿线国家的集聚特性，我们按照相应的区域对其进行分类，分为东南亚国家、独联体国家、南亚国家、西亚国家、中东欧国家和中亚国家，见表3－1。

表3－1　一带一路沿线国家的区域分类

区域	国家
东南亚	文莱达鲁萨兰国、缅甸、柬埔寨、印度尼西亚、老挝、马来西亚、蒙古、菲律宾、东帝汶、新加坡、越南、泰国
独联体	阿塞拜疆、亚美尼亚、白俄罗斯、格鲁吉亚、摩尔多瓦、俄罗斯联邦、乌克兰
南亚	阿富汗、孟加拉国、不丹、斯里兰卡、马尔代夫、尼泊尔、巴基斯坦、印度
西亚	巴林、巴勒斯坦、伊朗伊斯兰共和国、伊拉克、以色列、约旦、科威特、黎巴嫩、阿曼、卡塔尔、沙特阿拉伯、叙利亚、阿拉伯联合酋长国、埃及、也门
中东欧	阿尔巴尼亚、波黑保加利亚、克罗地亚、捷克、爱沙尼亚、匈牙利、拉脱维亚、立陶宛、黑山、波兰、罗马尼亚、塞尔维亚、斯洛伐克、斯洛文尼亚、土耳其、马其顿
中亚	哈萨克斯坦、吉尔吉斯斯坦、塔吉克斯坦、土库曼斯坦、乌兹别克斯坦

(一)东南亚地区

东南亚地区包括文莱达鲁萨兰国、缅甸、柬埔寨、印度尼西亚、老挝、马来西亚、蒙古、菲律宾、东帝汶、新加坡、越南和泰国,共12个国家。这些国家大多属于后发国家,经济规模偏小,产业结构体系比较单一。我国在与这些国家合作时,可以利用经济的规模优势和产业的比较优势,输出我国的优势产业和资源,实现市场和资源的互补。

1. 东南亚各国经济发展分析

从东南亚各国的总量GDP(根据2005年不变价美元计算)来看,其GDP总量差异较大(见图3-1),其中最高的前五位国家为印度尼西亚、泰国、马来西亚、新加坡和菲律宾,而其他国家GDP水平相对于这5个国家较低。同时,与中国的GDP水平相比,东南亚11国(缅甸的数据缺失)都低于中国GDP的水平,最高的印度尼西亚的GDP水平也不足5 000亿美元,大致相当于2015年我国湖北省的经济总量。上述东南亚国家属于典型的小国经济或岛国经济,产业的外向度较高,与国外经济体合作的意愿较强。

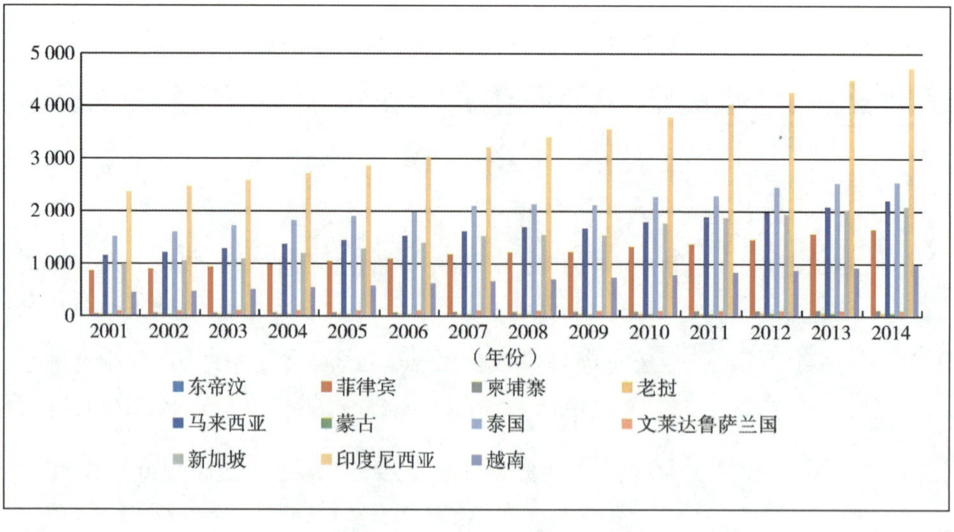

图3-1 2001—2014年东南亚国家总量GDP水平(亿美元)

数据来源:世界银行WDI数据库。

从东南亚各国经济的增长(见图3－2)来看,这些国家显示出较强的发展潜力。东南亚各国的GDP增长率波动较大,总体而言,GDP总量水平高的国家其GDP增长水平相对较低,而GDP总量较低的蒙古、柬埔寨、老挝和越南等国GDP增长率较高。2011—2013年,蒙古GDP增长率达到10%以上,柬埔寨、老挝和缅甸近年来GDP增长率也达到了7%以上,在总量水平最高的国家中,印度尼西亚和菲律宾增长率较高,近年来也达到5%以上。增长潜力较大是这些后发国家的典型特征。

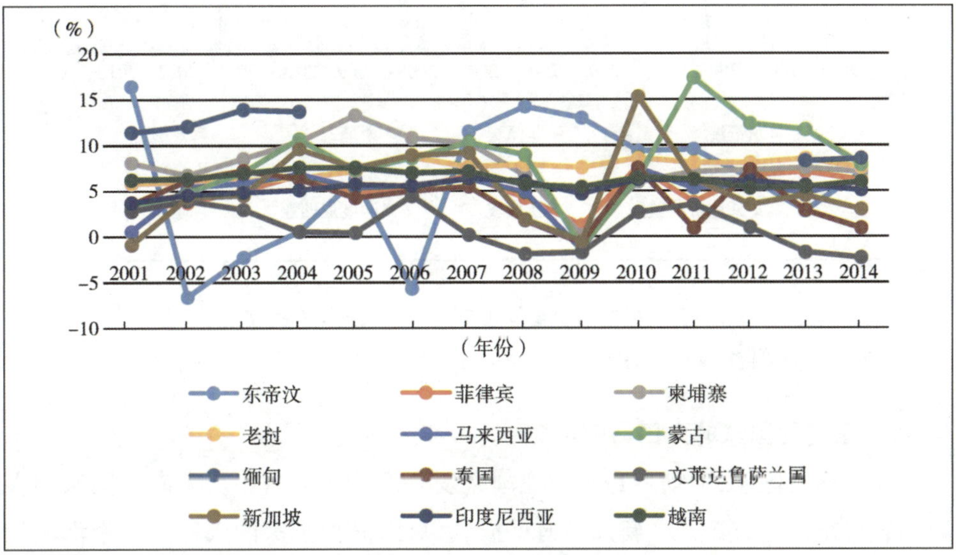

图3－2　2001—2014年东南亚国家GDP增长率

注:图中有部分国家部分年份的数据缺失。

数据来源:世界银行WDI数据库。

从东南亚国家的人均GDP水平(根据2005年不变价美元计算)来看,东南亚国家的人均GDP水平差异很大(见图3－3)。其中,人均GDP水平最高的国家为新加坡、文莱和马来西亚,其人均GDP数万美元,新加坡超过55 000美元,文莱超过40 000美元,都属于高收入国家。其他国家人均GDP水平都较低,属于中等偏下收入的经济体。除了新加坡、文莱和马来西亚3个国家,其他经济体的人均收入水平均低于中国。与高收入国家合作,我们可以学习其先进的技术、制度和管理经验；对于低收入国家，我们可以通过输出相应的产能、产品等方式开展合作，低收入国家在基础设施建设以及基础产业的发展上具有较大的需求，是我国在“一带一路”上合作的重点对象。

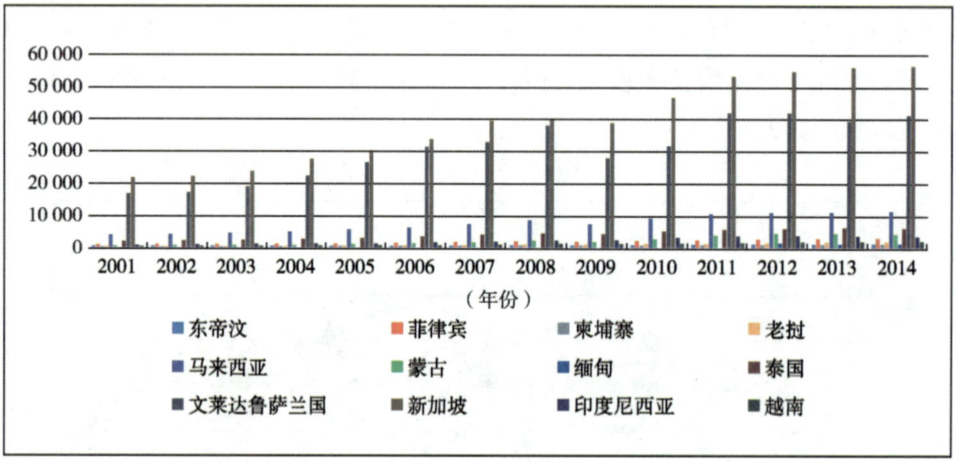

图3-3　2001—2014年东南亚国家人均GDP（美元）

数据来源：世界银行WDI数据库。

2. 东南亚国家的人口与劳动力

作为后发国家，劳动力是东南亚国家发展的重要因素。从东南亚国家的人口增长率来看，除东帝汶、新加坡有些波动以外，其他国家的人口增长率都比较平稳，基本在1%左右（见图3-4），属于世界平均水平。劳动力总量的增长上属于典型的东亚国家的特征，增长率比较缓慢。

尽管人口数量上没有太多的增长，但从各国15~64岁的劳动年龄人口比重来看，东南亚各国都保持在较高的水平上。整体上看，东南亚国家可以参与劳动的人口都具有上升趋势，可参与劳动人口都在50%以上，新加坡、文莱、泰国和越南都超过了70%。新加坡、泰国、东帝汶、缅甸、越南和蒙古等国保持良好的劳动参与率，并有增长趋势，而泰国人口增长率趋缓（见图3-5）。这也表明，这些国家具有对接我国传统劳动密集型产业的潜力，现实情况也是如此，如泰国、越南等国家均是承接劳动密集型产业的主要经济体。

从城镇人口（占总人口的比例）来看，新加坡、马来西亚、蒙古和文莱城镇人

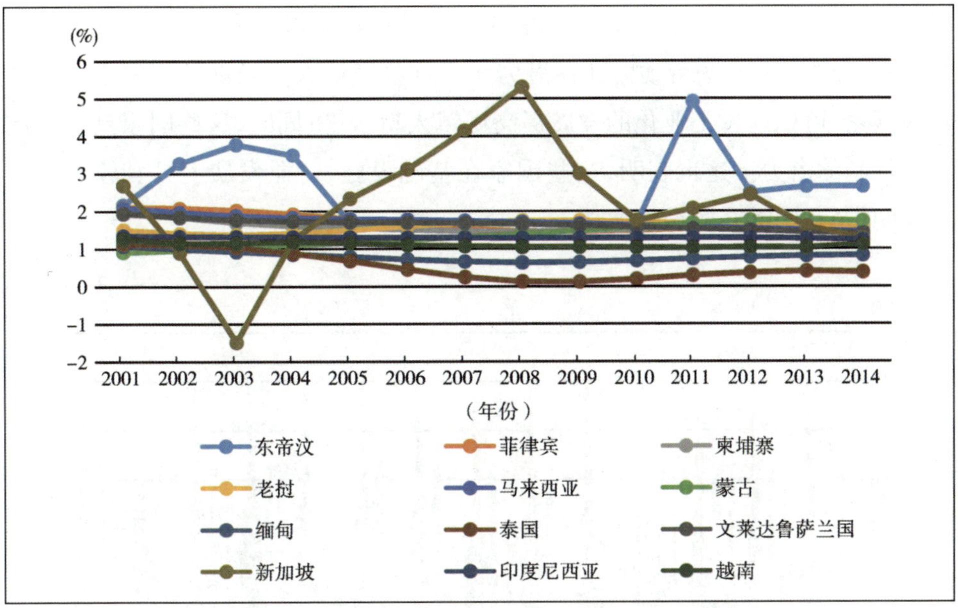

图 3－4　2001—2014 年东南亚国家人口增长率

数据来源:世界银行 WDI 数据库。

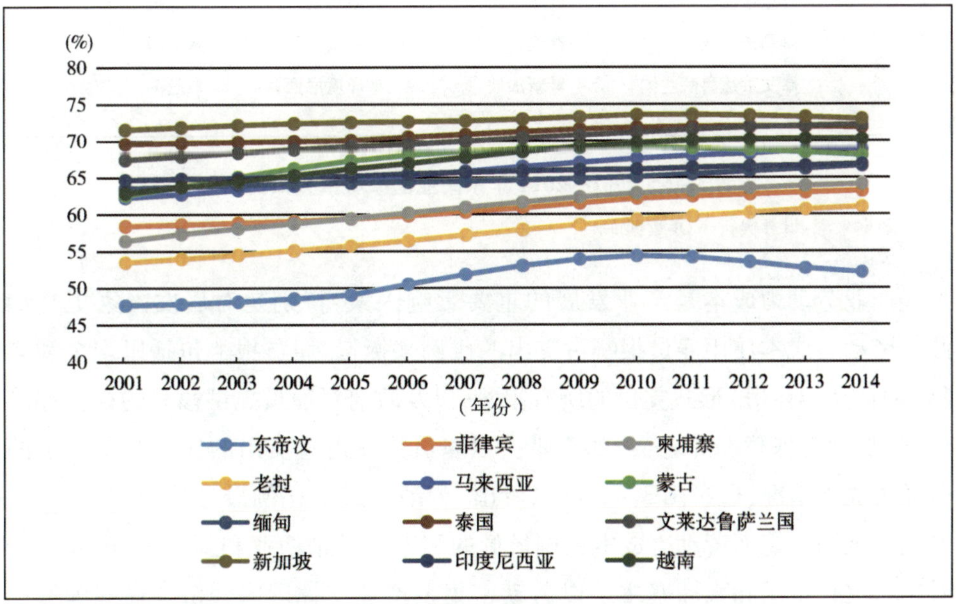

图 3－5　2001—2014 年东南亚国家人口的劳动参与率

数据来源:世界银行 WDI 数据库。

口占比较高,而其他国家城镇人口占比较低,多数国家城镇人口占50%以下(见图3-6),具有一定的劳动力转移潜力。而这些城镇人口较低的国家主要为低收入国家,可以通过工业化的发展提高城镇人口水平;同时,这些国家具有释放人口红利的潜力。这也表明,这些国家在基础设施、产业发展上具有较大的需求空间,是我国潜在的合作伙伴。

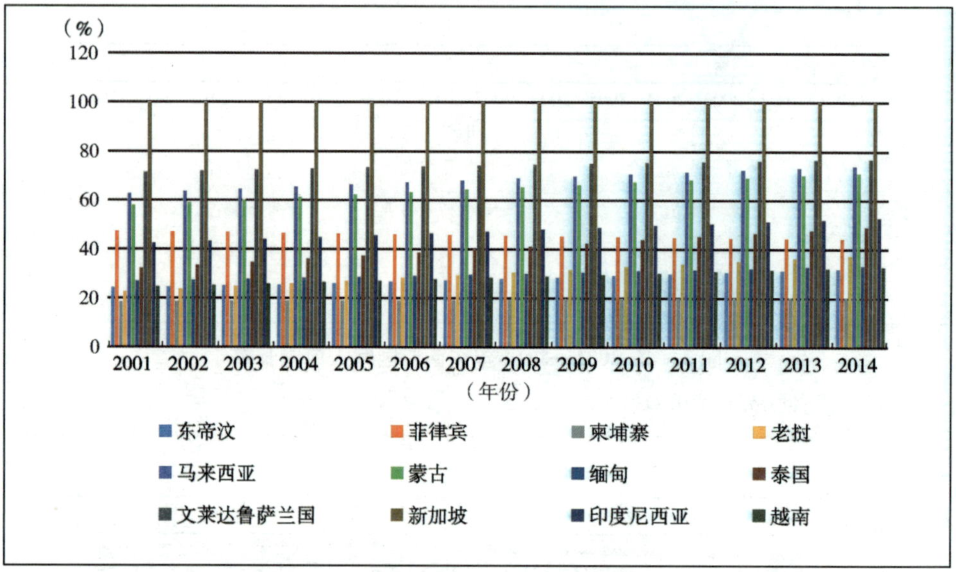

图3-6 2001—2014年东南亚国家城镇人口占比

数据来源:世界银行WDI数据库。

产业劳动力成本是产业发展的重要影响因素,特别是对后发国家更是如此。劳动力成本使用雇员报酬占支出的比例来衡量,雇员报酬包括以现金和实物(如食品和住房)形式支付的所有报酬,以及政府对雇员提供福利的社会保险计划(如社会保障和养老金)的贡献。以雇员报酬占总支出的比例衡量一国的劳动力成本情况,通过图3-7可以看出,劳动力成本比例最高的国家为老挝、泰国和柬埔寨。而劳动力成本比例最低的国家为马来西亚和新加坡,由此可以看出,老挝、泰国和柬埔寨主要以劳动密集型产业支撑国家经济。这些国家的劳动力成本从趋势上看比较平稳,但从另外方面也说明这些国家的资本比较缺乏。

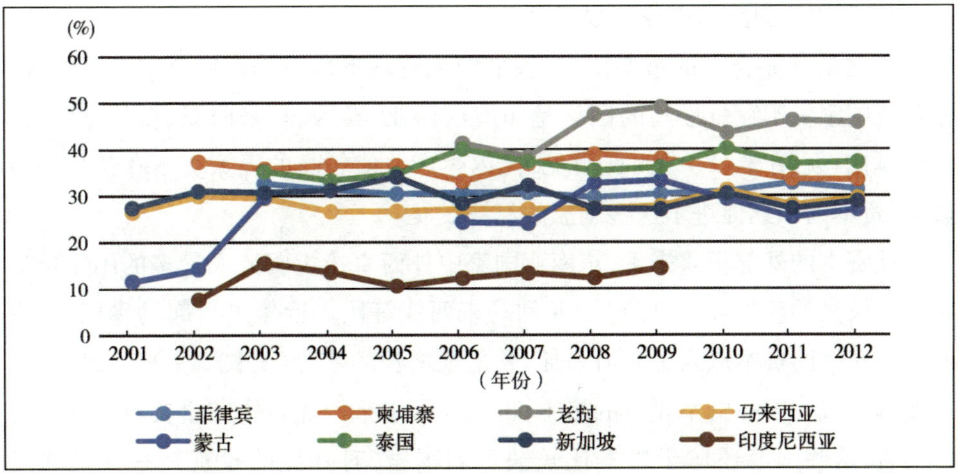

图3－7　2001—2012年东南亚国家劳动力成本比例

注：图中有部分国家部分年份的数据缺失。

数据来源：国际货币基金组织《政府财政统计年鉴》和数据文件。

3. 东南亚国家的人力资本

从接受过高等教育的劳动力占劳动力总数的百分比来看，收入较高的国家，如新加坡和马来西亚高等教育劳动力参与率较高；同时，菲律宾和蒙古高等教育劳动力参与率也相对较高，而其他国家，如柬埔寨和印度尼西亚高等教育劳动力参与率较低。由此可见，人力资本程度较高的国家是新加坡、蒙古、菲律宾和马来西亚（见表3－2）。

表3－2　2007—2013年东南亚国家接受高等教育劳动力参与率　（%）

年份 国家	2007	2008	2009	2010	2011	2012	2013
菲律宾	27.7	28.0	28.7	29.3	29.4	25.0	—
柬埔寨	—	—	2.1	2.1	2.5	2.8	—
马来西亚	20.3	21.2	23.4	24.2	24.5	24.4	20.6
蒙古	12.9	14.5	16.3	20.1	26.2	25.8	28.3
泰国	—	14.9	15.5	16.0	16.8	17.1	12.8
新加坡	23.7	25.8	26.7	27.6	28.3	29.4	49.9
印度尼西亚	6.5	7.1	6.3	7.0	—	—	8.5

注：表中“—”为该项数据缺失；本篇各表中标注“—”处，均为该项数据缺失。

4. 东南亚国家的产业资本概况

资本是产业合作的重要因素,我们使用资本形成总额表明资本存量情况。东南亚国家资本存量最高的国家是印度尼西亚、泰国、马来西亚、新加坡、菲律宾和越南(见图3-8)。由此可见,国内生产总值较高的国家资本存量也相应较高,资本的积累促进了这些国家的经济发展。

从资本的外部积累来看,东南亚国家中外商直接投资流入最多的国家恰恰是收入较高的新加坡、印度尼西亚和马来西亚等国。近年来后起的泰国、越南和菲律宾等国资本流入也有所增加,并呈现增长的趋势(见图3-9)。可见,东南亚国家成为国际资本投资的热土,也是我国未来产业投资的重要目的地。总体而言,这些国家还属于资本比较缺乏的国家,对外界的投资持一定的欢迎态度。

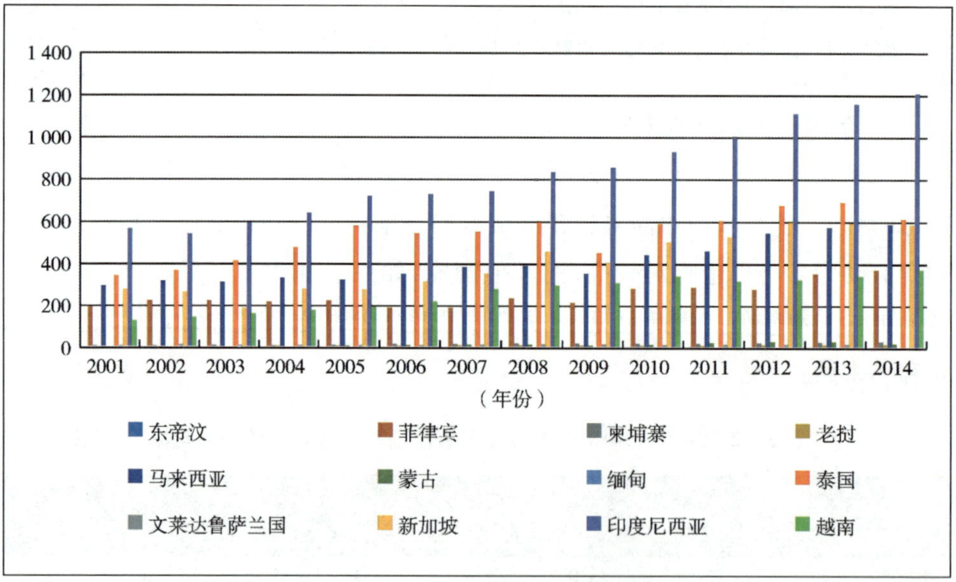

图3-8　2001—2014年东南亚国家资本形成总额(亿美元)

数据来源:世界银行国民经济核算数据,以及经济合作与发展组织国民经济核算数据文件。

作为主要的资本形成方式,直接融资对一国经济发展和资本积累具有重要的作用,同时也能衡量一国的金融发展程度,我们使用股票交易总额占国民生产总值(GDP)的比例来衡量东南亚国家直接融资和金融发展的程度(见图3-10)。东南亚

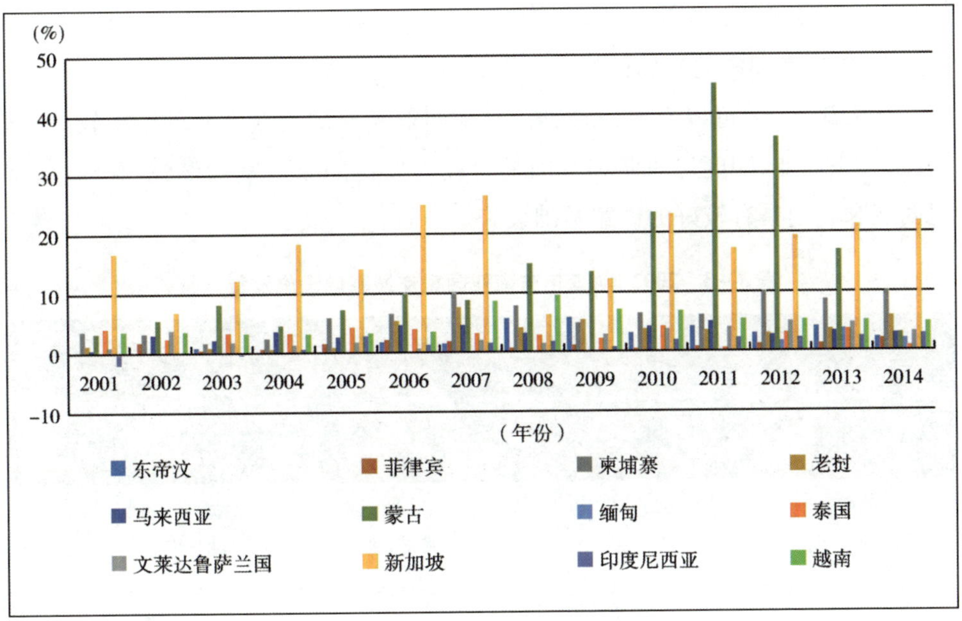

图 3-9　2001—2014 年东南亚国家的外商直接投资净流入占 GDP 的比重

数据来源：国际货币基金组织。

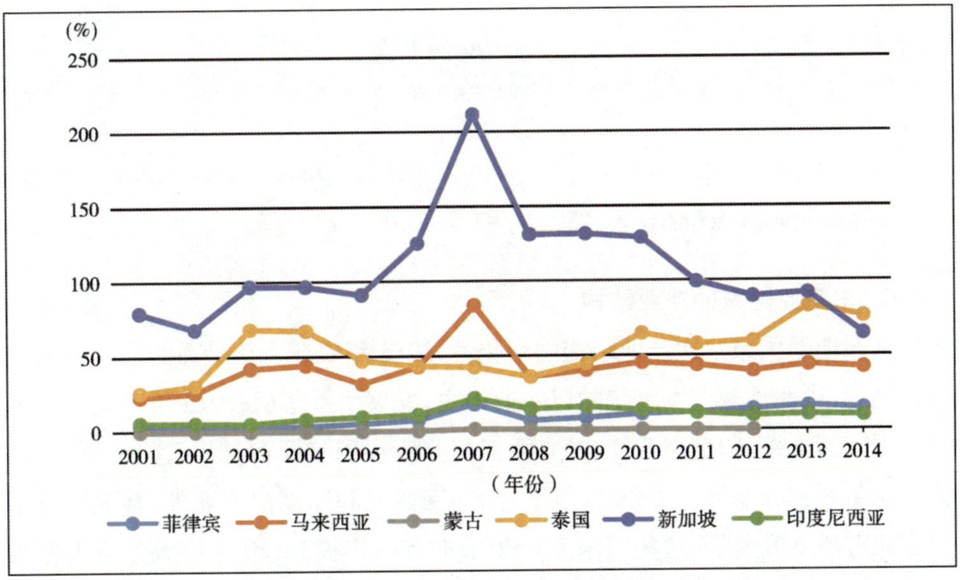

图 3-10　2001—2014 年东南亚国家股票交易总额占 GDP 的比重

数据来源：世界联合会的交流数据库。

国家中金融发展程度最高的国家也是经济最发达的新加坡、马来西亚和泰国。

5. 东南亚国家的基础设施

从表3－3中可以看出，新加坡、马来西亚和泰国的航空基础设施较好，新加坡、马来西亚、印度尼西亚和泰国具有较为发达的海运基础设施，泰国、印度尼西亚和越南具有较好的铁路基础设施。

表3－3　2002、2012年东南亚国家交通基础设施及货运量

交通基础设施/货运量	航空运输货运量（百万吨/公里）		货柜码头吞吐量（TEU：20英尺当量单位）		铁路（总公里）		铁路货运量（百万吨/公里）	
国家＼年份	2002	2012	2002	2012	2002	2012	2002	2012
文莱达鲁萨兰国	161	128	—	112 894	—	—	—	—
印度尼西亚	405	880	4 539 880	9 638 607	—	4 684	—	7 166
柬埔寨	4	0	—	254 760	603	—	—	—
老挝	2	1	—	—	—	—	—	—
缅甸	2	4	—	215 945	—	—	—	—
马来西亚	1 924	1 944	8 751 570	20 897 779	1 636	2 250	—	3 071
菲律宾	275	533	3 324 800	5 686 179	491	—	—	—
新加坡	6 772	6 899	16 986 010	32 498 652	—	—	—	—
泰国	1 824	2 758	3 799 090	7 468 900	4 044	5 327	3 908	2 455
东帝汶	—	—	—	—	—	—	—	—
越南	152	504	1 771 990	2 937 119	2 545	2 347	2 000	3 959

数据来源：世界银行WDI数据库。

6. 东南亚国家的产业结构

从东南亚国家三次产业结构的变化看，2013年农业占比最高的国家为柬埔寨和老挝，说明这两个国家仍然以农业为主，发展水平落后；2013年工业占比最高的国家为文莱、印度尼西亚、马来西亚、越南、泰国和蒙古，但是，除文莱外，其他国家工业占比基本上在50%以下，除马来西亚和印度尼西亚外，其他国家工业占比有所上升，说明这些国家工业化水平有一定提升；2013年服务业占比最高的国家为新加坡、东帝汶、菲律宾、泰国和马来西亚，说明这些国家已经从工业化进入后工业化时期，初步进入产业高级化进程，同时也是人均收入水平较高的国家(见表3-4)。

表3-4　2002、2013年东南亚国家三次产业比重　(%)

产业比重	农业增加值占GDP的比重		工业增加值占GDP的比重		服务业等附加值占GDP的比重	
国家＼年份	2002	2013	2002	2013	2002	2013
东帝汶	26.85	19.18	12.96	17.60	60.19	63.22
菲律宾	13.15	11.24	34.58	31.15	52.27	57.61
柬埔寨	32.87	33.51	25.61	25.64	41.52	40.85
老挝	42.69	26.38	19.48	33.20	37.83	40.42
马来西亚	8.98	9.10	45.12	39.89	45.90	51.01
蒙古	21.50	15.41	25.55	35.51	52.95	49.08
缅甸	54.53	—	13.01	—	32.46	—
泰国	8.70	11.30	37.04	36.98	54.26	51.72
文莱达鲁萨兰国	1.09	0.73	60.66	68.24	38.24	31.03
新加坡	0.08	0.03	32.32	25.11	67.61	74.86
印度尼西亚	15.46	13.39	44.46	42.56	40.08	41.56
越南	21.28	18.38	35.70	38.31	43.02	43.31

数据来源:世界银行国民经济核算数据,以及经济合作与发展组织国民经济核算数据文件。

7. 东南亚国家的营商环境

一国的制度环境和营商环境对经济发展起到至关重要的作用,我们根据世界银行的数据分析东南亚国家的营商环境。企业注册启动程序即创办企业的必要程序,包括为了获取必要的许可证和执照以及为了完成开展经营活动所需的注册、验资、通知等工作所进行的接触活动。该数据用于统计具备特殊所有权特征、规模及生产类别的企业,以此分析政府为企业设置的审批数量,程序的项目数量越少,说明创建企业的营收环境越好。东南亚国家中启动程序的项目数量最少的国家为新加坡、马来西亚、蒙古和东帝汶。注册资产所需时间是指企业获得资产产权所需的历日数,通过注册资产所需时间可以看出,东南亚国家中泰国、新加坡、马来西亚和蒙古创办企业营收环境较好。再根据开办企业流程的成本占人均国民总收入的比重分析,东南亚各国中东帝汶、新加坡和蒙古开办企业成本较小，均低于5%。创办企业所需时间是指完成合法经营企业所需程序的历日数，通过分析创办企业所需时间，东南亚国家中新加坡、马来西亚和东帝汶创办企业时间较短。

企业经营环境方面，履行合同所需时间是指向法庭提起诉讼开始直到最终判决下达，在部分案例中则是直到做出付款为止的这段时间的历日数，以此可以分析一国的制度成本。在东南亚国家中履行合同天数最少的国家为新加坡、蒙古和越南。完成破产所需时间是指自企业向法庭提交破产申请至完成不良资产处置为止所需要的年数。从东南亚国家中完成破产时间来看，新加坡、马来西亚和印度尼西亚企业营收环境良好，企业可以顺利地退出并得到保护。用于应付官员的管理时间是一周内花费在满足政府规章制度（税收、海关、劳动条例、颁发执照和登记）要求方面的时间，以此可以分析一国的制度环境。东南亚国家中文莱、东帝汶、越南、柬埔寨、新加坡和泰国企业营收环境较好。2014年东南亚国家的营商环境如表3-5所示。

表3-5　2014年东南亚国家营商环境

项目 国家	企业注册启动程序的项目的数量	注册资产所需天数	开办企业流程的成本占人均GNI的比重（%）	创办企业所需天数	履行合同所需天数	完成破产所需时间（年）	用于应付官员的管理时间
东帝汶	5	—	0.3	10	1 285	—	0.04
菲律宾	16	35	16.6	34	842	2.7	6.42
柬埔寨	11	56	139.5	101	483	6.0	0.18
老挝	6	53	5.3	73	443	—	—
马来西亚	3	13	7.2	4	425	1.0	3.30
蒙古	5	10.5	1.2	11	374	4.0	47.04
缅甸	12	85	131.1	74	1 160	5.0	—
泰国	6	3	6.6	27.5	440	2.7	1.31
文莱达鲁萨兰国	18	298	10.5	104	540	2.5	0.09
新加坡	3	4.5	0.6	2.5	150	0.8	1.23
印度尼西亚	13	27.4	21.1	52.5	471	1.9	7.10
越南	10	57.5	5.3	34	400	5.0	0.68

注：“用于应付官员的管理时间”为应付官员的时间占管理时间的百分比。

数据来源：世界银行WDI数据库。

根据对进口周转天数的分析，东南亚国家中进口效率最高的国家为新加坡、马来西亚、泰国、菲律宾和文莱。根据进口文件数量来衡量进口程序的制度成本，东南亚国家中新加坡、马来西亚、泰国和文莱进口程序较少。法律权利力度指数衡量的是担保品法和破产法通过保护借款人和贷款人权利而促进贷款活动的程度，指数范围由0～12，数值越高，表明担保品法和破产法越有利于获得信贷，东南亚国家中柬埔寨、新加坡、马来西亚和印度尼西亚法律制度环境较好。海关手续负担用于衡量企业高管对其所在国海关手续的效率的评价，打分范围为1～7，分数越高，表示效率越高，东南亚国家中新加坡、马来西亚和老挝海关效率较高。2014年东南亚国家营商环境的其他指标如表3－6所示。

表3－6　2014年东南亚国家营商环境的其他指标

国家＼项目	进口周转时间（天数）	进口文件（份数）	法律权利力度指数（0＝弱，12＝强）	海关手续负担（1＝效率极低，7＝效率极高）
东帝汶	26	7	0	3.1
菲律宾	15	7	3	3.5
柬埔寨	24	9	11	3.1
老挝	26	10	6	4.1
马来西亚	8	4	7	5.2
蒙古	45	12	5	3.3
缅甸	22	8	2	3.2
泰国	13	5	3	3.9
文莱达鲁萨兰国	15	5	4	—
新加坡	4	3	8	6.1
印度尼西亚	26	8	4	4
越南	21	8	7	3.6

数据来源：世界银行WDI数据库和世界经济论坛（WEF）《全球竞争力报告》。

（二）独联体国家

1．独联体国家的国内生产总值

目前在独联体国家中总量GDP差异较大。有数据显示，俄罗斯联邦"一骑绝尘”,而其他国家 GDP 水平都远远地低于俄罗斯,且绝对值只有 1 000 亿美元左右(见图 3 - 11),属于典型的小国经济。这些国家的产业结构比较单一,主要以能源为主,且大多政治环境不稳定。

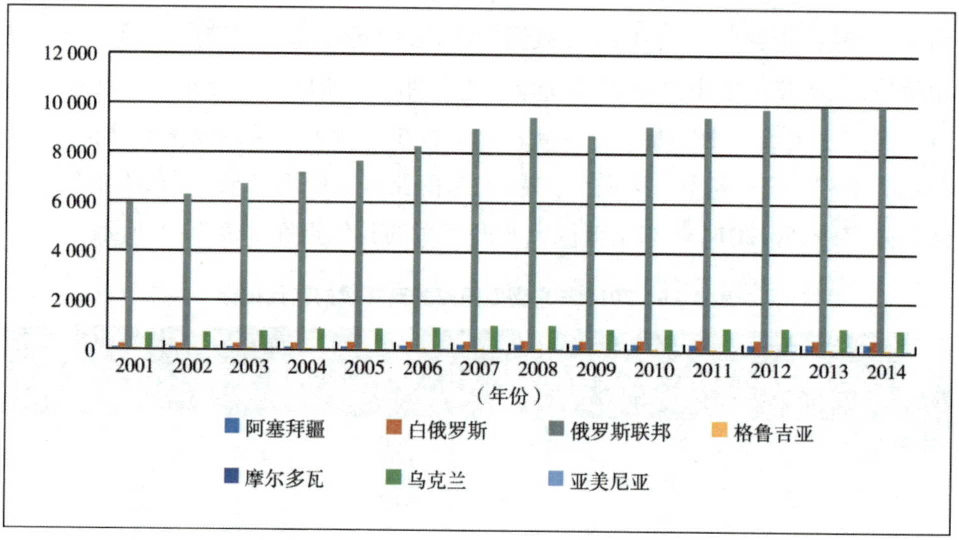

图 3 - 11　2001—2014 年独联体国家总量 GDP 水平(亿美元)

数据来源:世界银行 WDI 数据库。

从 GDP 的增长率来看,独联体各国的 GDP 增长率波动较大,经济总量较低的阿塞拜疆、亚美尼亚等国 GDP 增长率较高,2005—2007 年阿塞拜疆 GDP 增长率超过 25%。2009 年除了阿塞拜疆、俄罗斯联邦,其他 5 个国家都有不同程度的负增长(见图 3 - 12)。政治动荡对这些国家的经济增长有着明显的负效应,这也是我国在与这些国家合作时需要特别防范的风险。

从独联体国家的人均 GDP 水平(根据 2005 年不变价美元计算)来看,独联体国家的人均 GDP 水平差异很大,其中人均 GDP 水平最高的国家为俄罗斯联邦、白俄罗斯和阿塞拜疆(见图 3 - 13)。总体而言,这些国家均属于中等偏下的水平,与中国处于同等水平,相互之间的产业竞争也比较激烈。

2. 独联体国家的人口与劳动力

独联体国家的人口增长率中,只有阿塞拜疆的人口增长率一直保持良好,

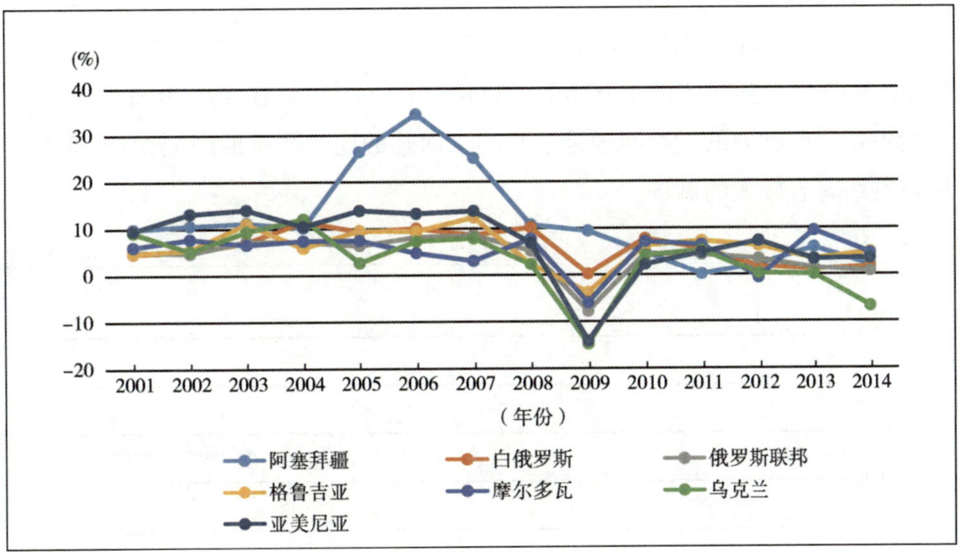

图 3-12　2001—2014 年独联体国家 GDP 增长率

数据来源：世界银行 WDI 数据库。

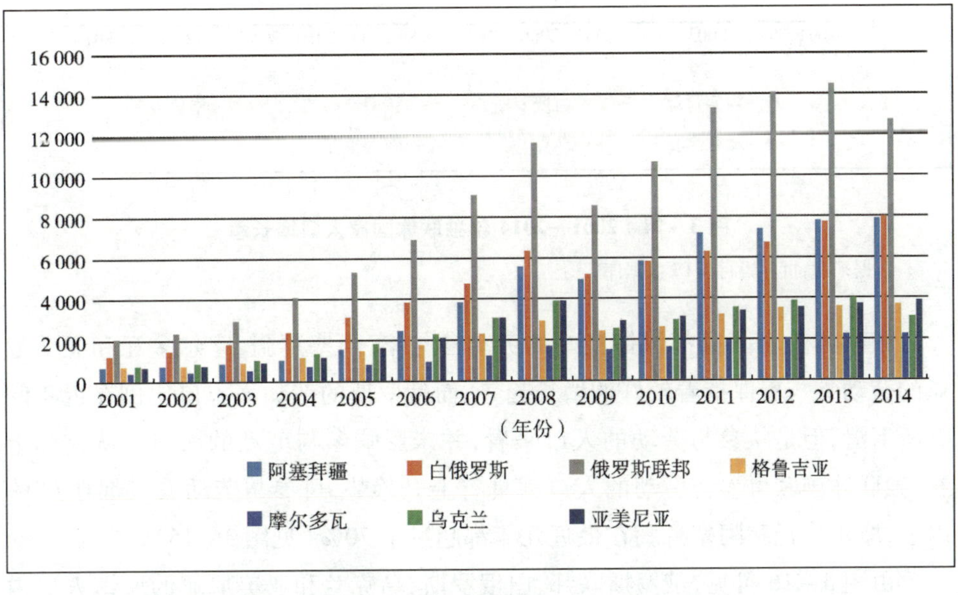

图 3-13　2001—2014 年独联体国家人均 GDP（美元）

数据来源：世界银行 WDI 数据库。

总体上呈增长趋势，格鲁吉亚的人口增长率波动较大，其他5个国家在21世纪初期都经历了多年的人口负增长，摩尔多瓦和乌克兰的人口增长数量一直为负（见图3－14）。独联体国家总体的人口情况在近年间稍有好转，但是总体人口供给不足。劳动力的供给问题是这些国家面临的比较严重的问题，对产业的发展与升级有着较大的制约。

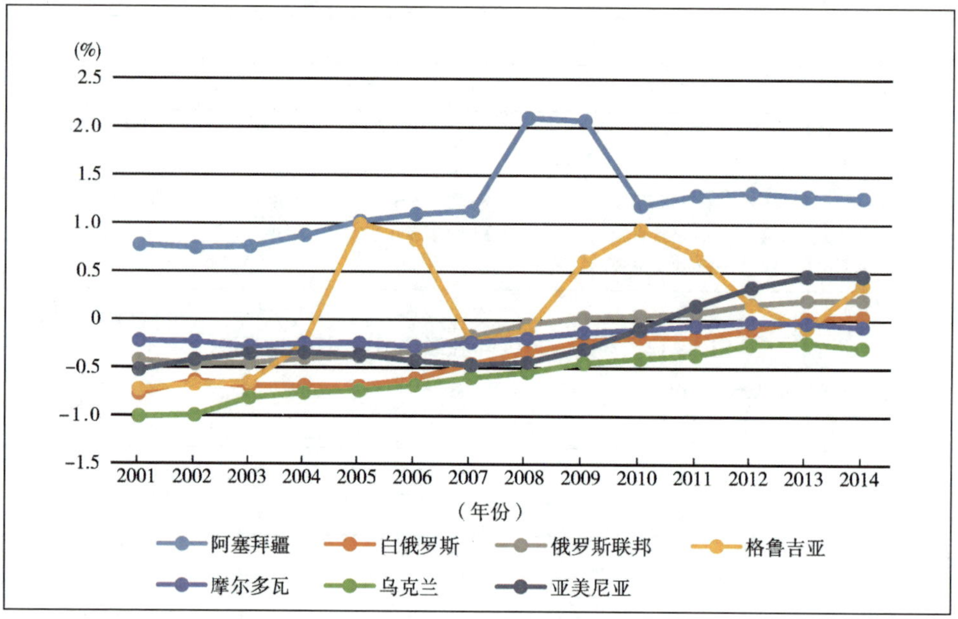

图3－14　2001—2014年独联体国家人口增长率

数据来源：世界银行WDI数据库。

独联体7个国家都保持良好的劳动参与率，阿塞拜疆、摩尔多瓦和亚美尼亚的劳动参与率保持着较好的增长趋势，而俄罗斯的劳动力人口比例在近年间有所下滑，但是从参与劳动的人口来看，并未影响参与劳动的人口。从整体上看，独联体国家可参与劳动的人口都具有上升趋势，可参与劳动人口都在65%以上，摩尔多瓦和阿塞拜疆在最近几年都超过了70%（见图3－15）。

由图3－16可见，俄罗斯联邦、白俄罗斯、乌克兰和亚美尼亚的城镇人口占比较高，而其他国家城镇人口占比稍低，多数国家城镇人口占50%左右，具有一定的劳动力转移潜力。这与上述东南亚地区的国家有点类似，城镇化的需求表

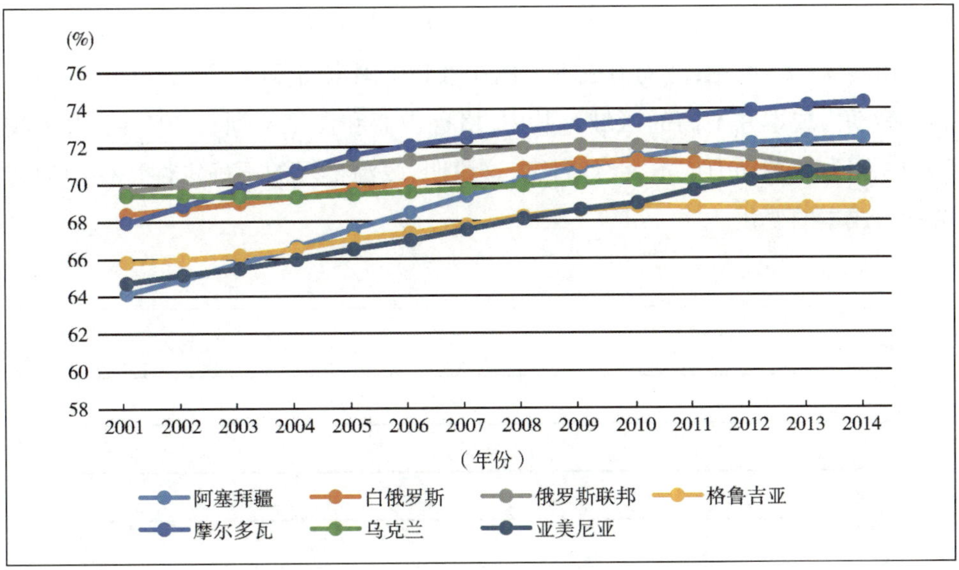

图 3-15 2001—2014 年独联体国家人口的劳动参与率

数据来源:世界银行 WDI 数据库。

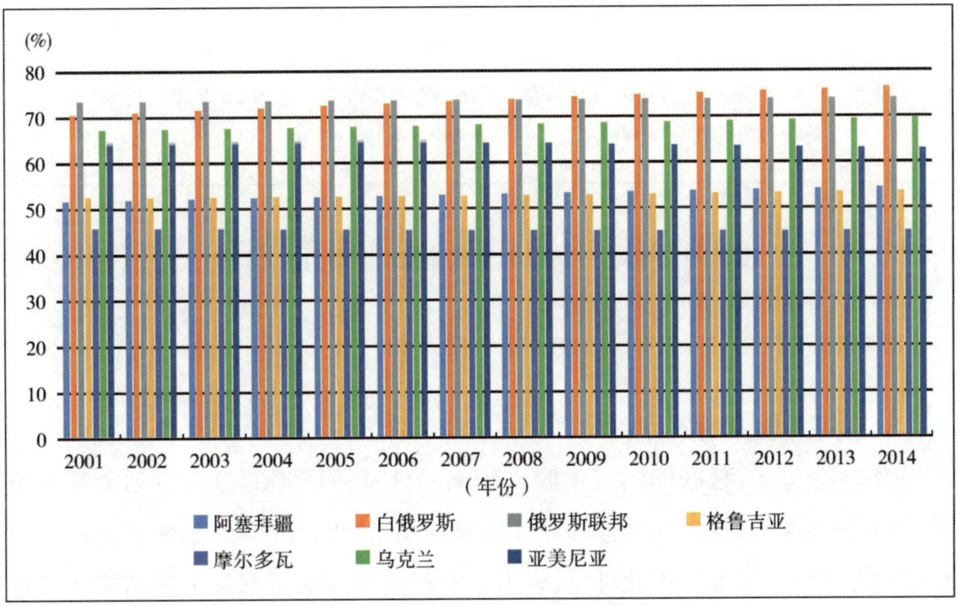

图 3-16 2001—2014 年独联体国家城镇人口占比

数据来源:世界银行 WDI 数据库。

明其需要的外来投资较多,中国与其合作的可能性较大。

由图3－17可见,劳动力成本比例在独联体国家间差距不大,在20%左右,属于劳动力成本并不高的区域。其中,格鲁吉亚和白俄罗斯在2013年由于政治的原因致使劳动力成本突然增长。这说明,政治格局的不确定性往往影响其劳动力成本的变化。

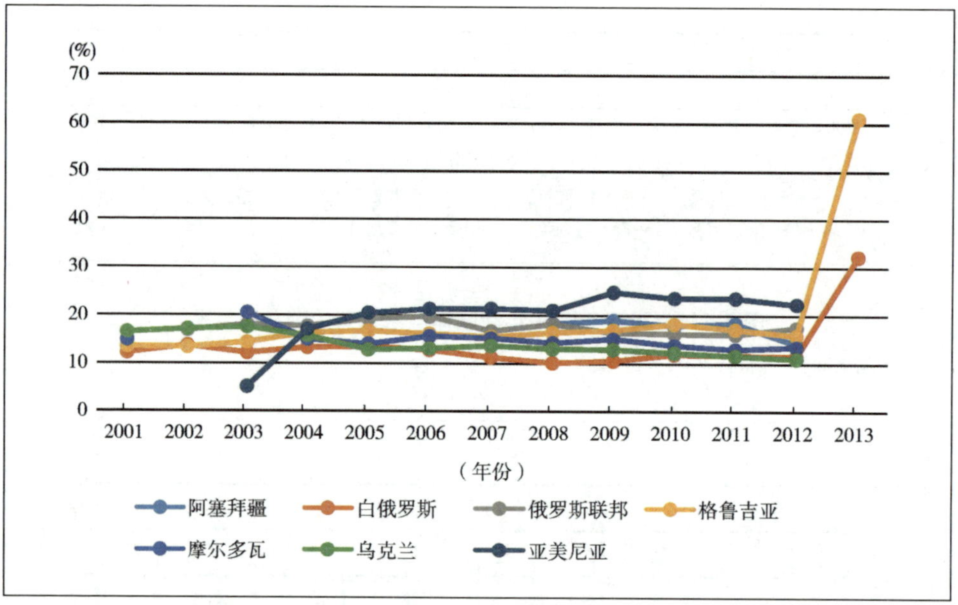

图3－17　2001—2013年独联体国家劳动力成本比例

注:图中有部分国家部分年份的数据缺失。

数据来源:国际货币基金组织《政府财政统计年鉴》及数据文件。

3. 独联体国家的人力资本

表3－7显示,独联体国家中收入较高的俄罗斯联邦的教育劳动力参与率很高,亚美尼亚也较高,而其他国家如阿塞拜疆、格鲁吉亚和摩尔多瓦的高等教育劳动力参与率较低。由此可见,人力资本程度较高的国家是俄罗斯联邦和亚美尼亚,教育劳动力参与程度较低的国家,经济增长速度也较为有限。

表 3 -7 2007—2013 年独联体国家接受高等教育劳动力参与率 （%）

国家＼年份	2007	2008	2009	2010	2011	2012	2013
阿塞拜疆	22.3	21.0	—	—	16.0	16.3	26.8
俄罗斯联邦	52.5	54.0	53.6	54.5	55.5	55.5	56.3
格鲁吉亚	29.9	—	30.8	31.2	30.7	30.4	31.0
摩尔多瓦	19.8	20.6	21.7	22.8	23.6	24.8	25.3
亚美尼亚	22.9	21.1	22.5	22.9	25.4	49.2	50.3

从研发创新人员的比例来看，收入水平较高的俄罗斯联邦和乌克兰的研发人员比例较高。总体来看，独联体地区的研发人员比例较高，即使较低水平的格鲁吉亚和摩尔多瓦的研发人员也在每百万人 500 人以上，显示出这些国家的人力资本创新潜力并不差。从教育公共开支总额占 GDP 的比例来看，在独联体国家中教育公共开支最多的国家是摩尔多瓦、乌克兰和白俄罗斯等。这些国家的教育投入占比都超过了 5%，具有较大的人力资本增长潜力。

4. 独联体国家的资本概况

在独联体国家，资本存量最高的国家是俄罗斯联邦。由此可见，国内生产总值较高的国家资本存量也相应较高，资本的积累促进了经济发展。其他国家的资本总额远远低于俄罗斯联邦，水平相对差距不大。同时，这些资本存量较高的国家资本有逐渐积累的趋势。部分独联体国家的资本形成增长率波动较大，近年来增长速度较高的国家有格鲁吉亚、阿塞拜疆和白俄罗斯等国。

从资本的外部积累来看，独联体国家中外商直接投资流入最多的国家恰恰是收入较多的俄罗斯，但是波动较大，近年有减少的趋势。乌克兰和阿塞拜疆在外商投资上开始高于其他 4 个国家并且呈上升态势，但是近年来减少明显，与其他国家相差不大。总体来看，外商投资在独联体国家中呈减少的趋势（见图 3 -18 至图 3 -20）。

在独联体国家中，直接融资占 GDP 的比重很低（见图 3 -21），直接融资渠道有待进一步发展与增加。这些国家实际上很多也是转型中的国家，在金融等市场化的发展上还比较落后。

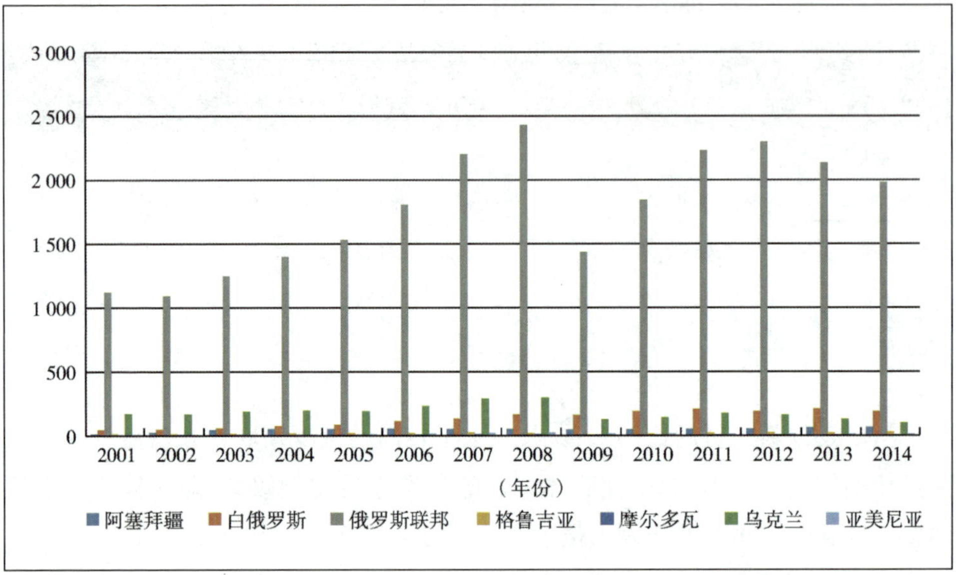

图 3－18　2001—2014 年独联体国家资本形成总额(亿美元)

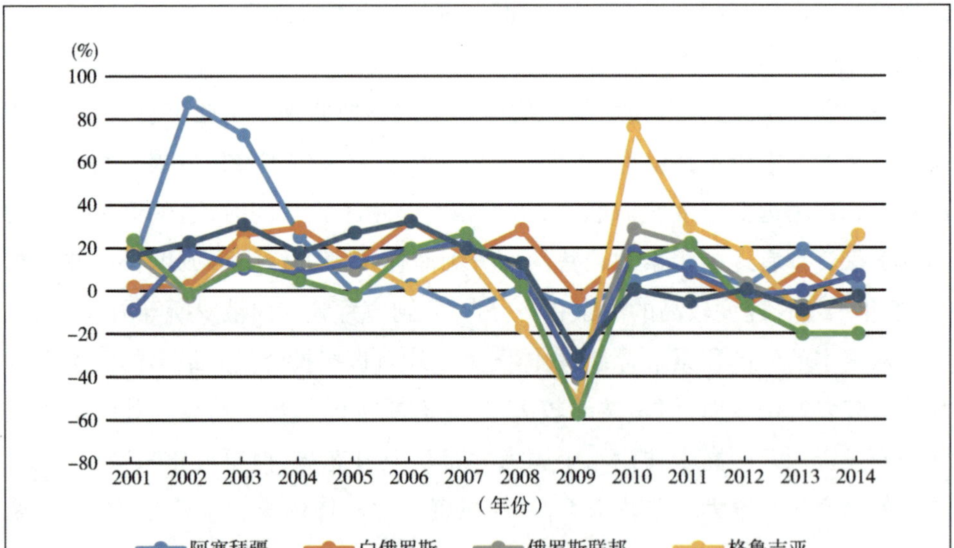

图 3－19　2001—2014 年独联体国家资本形成总额增长率

数据来源:世界银行国民经济核算数据,以及经济合作与发展组织国民经济核算数据文件。

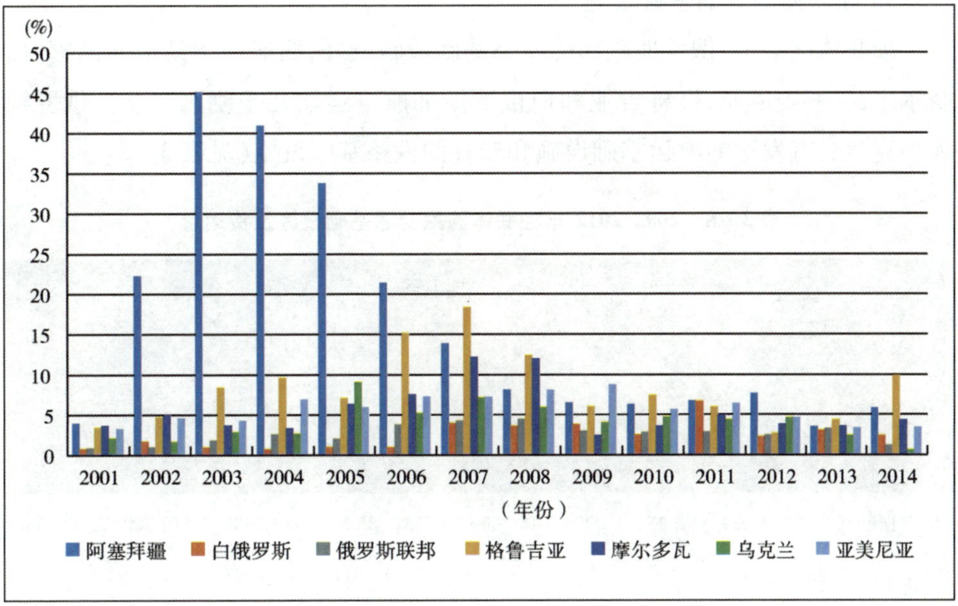

图 3-20　2001—2014 年独联体国家的外商直接投资净流入占 GDP 的比重

数据来源:国际货币基金组织。

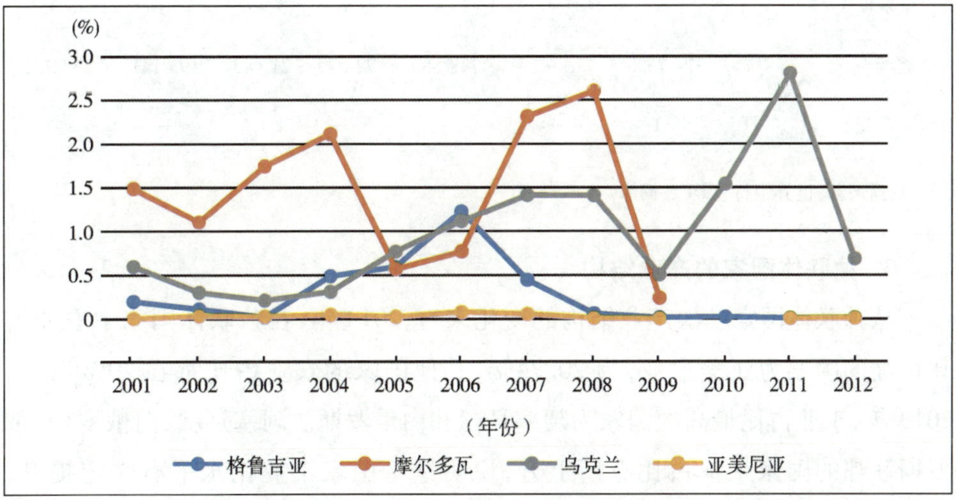

图 3-21　2001—2012 年独联体国家股票交易总额占 GDP 的比重

数据来源:世界联合会的交流数据库。

5. 独联体国家的基础设施

独联体国家中，俄罗斯联邦的航空基础设施较好，明显高于其他的国家，而摩尔多瓦、亚美尼亚、格鲁吉亚和白俄罗斯的航空运输几乎刚刚起步。俄罗斯和乌克兰具有发达的海运基础设施和较好的铁路基础设施（见表3－8）。

表3－8　2002、2012年独联体国家交通基础设施及货运量

交通基础设施/货运量	航空运输货运量（百万吨/公里）		货柜码头吞吐量（TEU：20英尺当量单位）		铁路（总公里）		铁路货运量（百万吨/公里）	
国家＼年份	2002	2012	2002	2012	2002	2012	2002	2012
俄罗斯联邦	1 039	4 132	774 970	3 930 515	85 542	84 249	1 510 200	2 222 388
亚美尼亚	5	3	—	—	711	826	452	346
阿塞拜疆	76	13	—	—	2 122	2 068	6 980	8 212
格鲁吉亚	4	0	—	256 929	1 565	—	5 075	—
白俄罗斯	1	2	—	—	5 512	5 462	34 169	48 351
乌克兰	11	76	—	748 889	22 079	21 643	193 141	237 722
摩尔多瓦	0	1	—	—	—	1 157	—	945

数据来源：世界银行WDI数据库。

6. 独联体国家的产业结构

从独联体国家三次产业结构的变化来看，2013年，在独联体国家中农业占比最高的国家为亚美尼亚，为20.74%，其他国家的农业占比都在20%以下；2013年，工业占比最高的国家为阿塞拜疆和白俄罗斯。阿塞拜疆、白俄罗斯、俄罗斯联邦的国家工业占比有所上升，说明这些国家工业化水平有一定提升；2013年，服务业占比最高的为摩尔多瓦、格鲁吉亚、乌克兰和俄罗斯联邦，并且这些国家的“三产”占比都在60%以上，说明这些国家已经从工业化进入后工业化时期，已经初步进入产业高级化进程（见表3－9）。

表 3-9 2002、2013 年独联体国家三次产业比重 （%）

产业比重	农业增加值占GDP的比重		工业增加值占GDP的比重		服务业等附加值占GDP的比重	
国家 \ 年份	2002	2013	2002	2013	2002	2013
阿塞拜疆	15.17	5.66	50.18	62.07	34.65	32.27
白俄罗斯	11.78	8.09	36.99	41.98	51.24	49.93
俄罗斯联邦	6.30	4.03	32.77	35.95	60.94	60.03
格鲁吉亚	20.61	9.41	24.36	24.02	55.03	66.57
摩尔多瓦	24.08	14.79	23.19	17.11	52.73	68.09
乌克兰	14.62	10.16	34.53	26.23	50.84	63.61
亚美尼亚	25.96	20.74	38.98	30.05	35.06	49.21

数据来源：世界银行国民经济核算数据，以及经济合作与发展组织国民经济核算数据文件。

从独联体各国制造业内部的产业结构来看，高新技术产业并没有太大的布局，整体产业的高级化程度也不高。我国在与这些国家合作的过程中，可以利用我国某些高新技术领域的优势，以成果产业化的方式开展合作。2011 年独联体国家制造业分行业占比如表 3-10 所示。

表 3-10 2011 年独联体国家制造业分行业占比 （%）

国家 \ 行业	化学品	食品、饮料和烟草	机械和运输设备	其他制造业	纺织品与服装行业
阿塞拜疆	3.823	28.721	5.677	59.967	1.812
白俄罗斯	22.860	14.766	19.206	36.043	7.124
俄罗斯联邦	11.126	15.399	11.281	60.640	1.554
格鲁吉亚	14.233	33.084	6.839	43.391	2.453

注：因一些国家的数据缺失，只列示了部分独联体国家 2011 年的数据。

数据来源：世界银行国民经济核算数据，以及经济合作与发展组织国民经济核算数据文件。

7. 独联体国家的营商环境

独联体国家中，企业注册启动程序的项目数量最少的国家为格鲁吉亚、亚美尼亚；注册资产所需天数为格鲁吉亚和白俄罗斯最少，创办企业营收环境较好。在开办企业流程的成本占人均国民总收入的比重这一指标中，白俄罗斯开办企业成本较小，不足1%，并且独联体所有国家在2014年该项比重均低于5%。

在独联体国家中履行合同所需天数最少的国家为白俄罗斯和阿塞拜疆。在完成破产所需时间上，阿塞拜疆、亚美尼亚、俄罗斯联邦和格鲁吉亚的企业经营环境良好，企业可以顺利地退出并得到保护。在用于应付官员的管理时间上，阿塞拜疆和格鲁吉亚企业经营环境较好。2014年独联体国家的营商环境如表3－11所示。

表3－11　2014年独联体国家营商环境

项目 / 国家	企业注册启动程序项目的数量	注册资产所需天数	开办企业流程的成本占人均GNI的比重（%）	创办企业所需天数	履行合同所需天数	完成破产所需时间（年）	用于应付官员的管理时间
阿塞拜疆	3	8.5	3.1	5	277	1.5	0.3
白俄罗斯	5	4	0.8	9	275	3.0	13.7
俄罗斯联邦	5	19	1.2	11.2	307	2.0	
格鲁吉亚	2	1	3.4	2	285	2.0	0.9
摩尔多瓦	5	5.5	4.6	6	567	2.8	6.8
乌克兰	6	27	1.2	21	378	2.9	19.6
亚美尼亚	2	7	1.0	3	570	1.9	12.2

注：“用于应付官员的管理时间”为应付官员的时间占管理时间的百分比。因2014年的数据缺失，表中为2013年的数据。

数据来源：世界银行WDI数据库。

2014年，根据对进口周转天数的分析，独联体国家中进口效率最高的国家为格鲁吉亚（10天）。根据进口文件数量来衡量进口程序的制度成本，独联体国家中格鲁吉亚的文件数量最少，乌克兰和亚美尼亚的进口程序也比较少。格鲁吉亚、摩尔多瓦和乌克兰的法律制度环境较好。格鲁吉亚的海关效率较高，其他国家的海关效率相近（见表3－12）。总体而言，这些国家的营商环境并不是很完善，进出口的时间成本较高。在这些国家投资以及进行贸易活动，需要特别关注其市场化环境和营商环境的变化；同时，这一区域也是民族冲突和政治冲突比较集中的区域，投资也需要考虑这方面的风险。

表 3－12　2014 年独联体国家营商环境的其他指标

项目 / 国家	进口周转时间（天数）	进口文件（份数）	法律权利力度指数（0＝弱，12＝强）	海关手续负担（1＝效率极低，7＝效率极高）
阿塞拜疆	25	11	2	3.2
白俄罗斯	30	10	2	—
俄罗斯联邦	19.4	10	4	3.6
格鲁吉亚	10	4	9	5.6
摩尔多瓦	27	11	8	3.7
乌克兰	28	9	8	3.3
亚美尼亚	18	8	5	3.4

数据来源：世界银行 WDI 数据库和世界经济论坛（WEF）《全球竞争力报告》。

（三）南亚地区

南亚地区包括阿富汗、孟加拉国、不丹、斯里兰卡、马尔代夫、尼泊尔、巴基斯坦和印度共 8 个国家。

1. 南亚国家的国内生产总值

从南亚各国的总量 GDP（根据 2005 年不变价美元计算）来看，目前南亚国家总量 GDP 差异较大，其中印度最高，而其他国家的 GDP 水平相对于印度差距较大（见图 3－22）。由此可见，南亚国家中印度一枝独秀，并且其 GDP 增长趋势也较快。

南亚各国的 GDP 增长率波动较大。其中，GDP 总量水平最高的印度其增长水平相对稳定，保持稳定增长，而 GDP 总量水平较低的其他国家的增长率波动较大。整体而言，南亚国家近几年经济增长的速度在全球来看属于比较高的区域，在 5% 左右，并且增长趋势较好（见图 3－23）。南亚国家的人均 GDP 水平差异很大，水平并不高，其中人均 GDP 水平最高的国家为马尔代夫，其他国家人均 GDP 水平都较低（见图 3－24），也基本都低于中国的人均 GDP 水平，大多

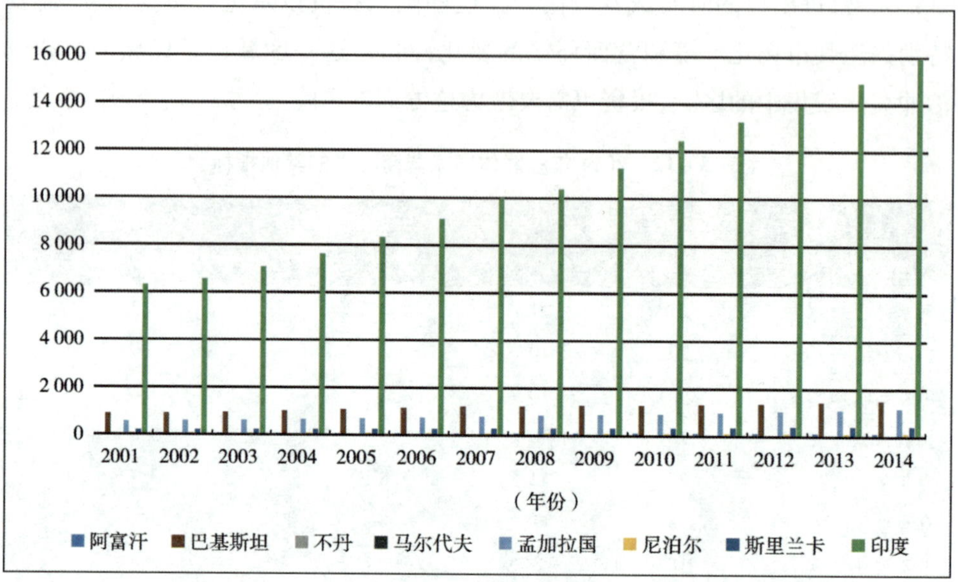

图 3－22　2001—2014 年南亚国家总量 GDP 水平（亿美元）

数据来源：世界银行 WDI 数据库。

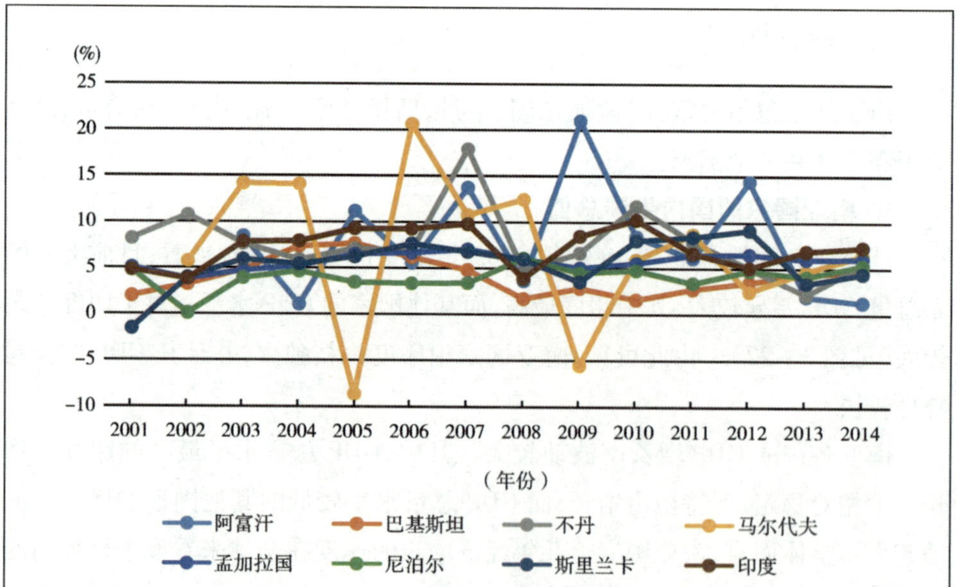

图 3－23　2001—2014 年南亚国家 GDP 增长率

数据来源：世界银行 WDI 数据库。

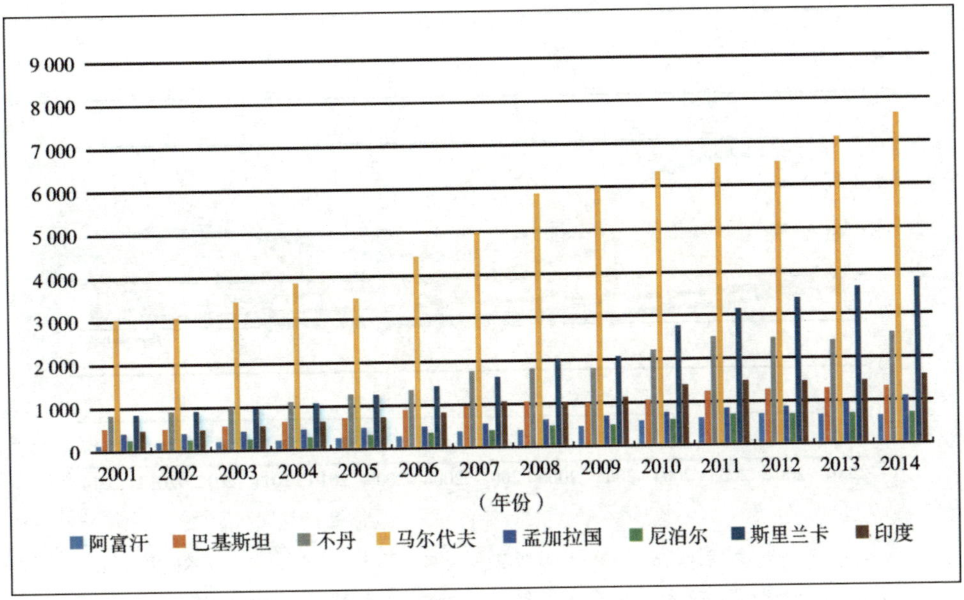

图3-24　2001—2014年南亚国家人均GDP(美元)

数据来源:世界银行WDI数据库。

属于收入偏低的国家。

2. 南亚国家的人口与劳动力

南亚国家的人口增长率均比较平稳,阿富汗、马尔代夫和巴基斯坦等国保持良好的人口增长率,在2%以上,而其他国家人口增长率处于1%左右的水平(见图3-25)。斯里兰卡、印度和孟加拉等国保持良好的劳动参与率,并有增长趋势。整体上看,南亚国家可以参与劳动的人口都在上升,可参与劳动人口都在50%以上,斯里兰卡、印度和孟加拉等国都超过65%(见图3-26)。这些国家丰裕的劳动力也是发展劳动密集型产业的重要基础,像巴基斯坦、斯里兰卡和孟加拉国等国家实际上现阶段已经承接了诸如服装等劳动密集型产业的转移。

南亚国家城镇人口比重较低,马尔代夫、尼泊尔和巴基斯坦城镇人口占比相对较高,而其他国家城镇人口占比较低,多数国家城镇人口为40%以下(见图3-27),具有一定的劳动力转移潜力。而这些城镇人口较低的国家主要是低收入国家,可以通过工业化的发展提高城镇人口水平,产业发展的需求较大。

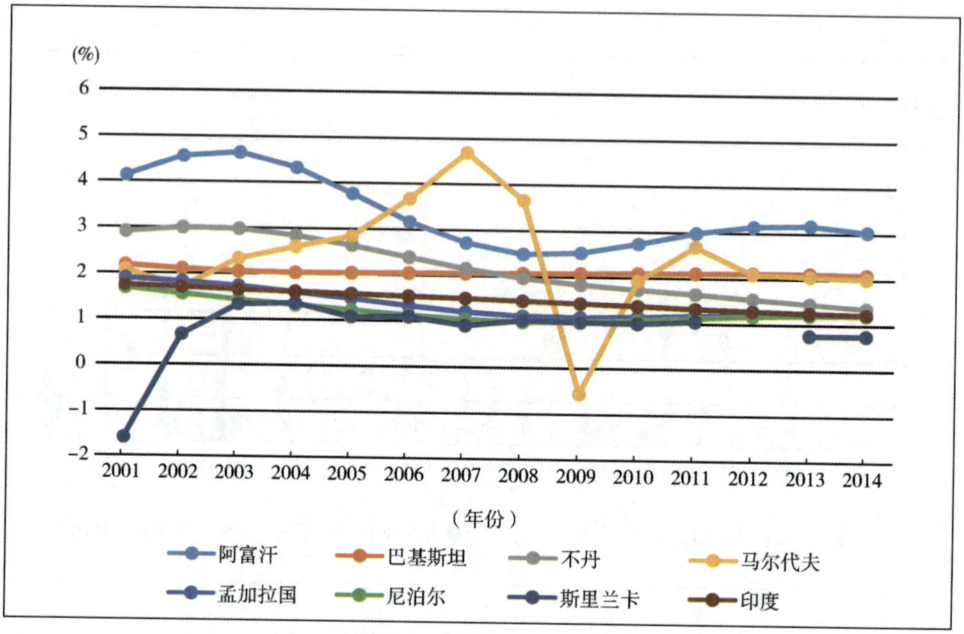

图 3－25　2001—2014 年南亚国家人口增长率

数据来源：世界银行 WDI 数据库。

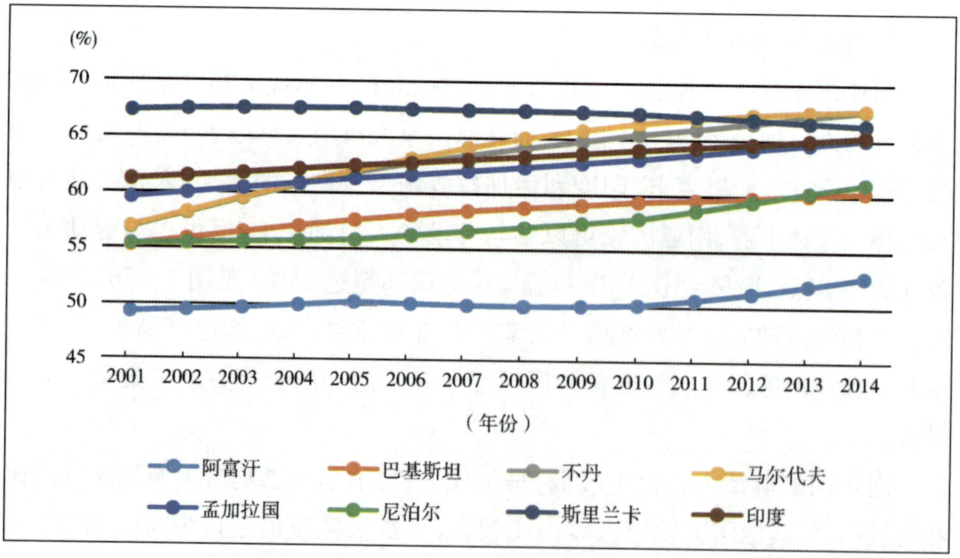

图 3－26　2001—2014 年南亚国家人口的劳动参与率

数据来源：世界银行 WDI 数据库。

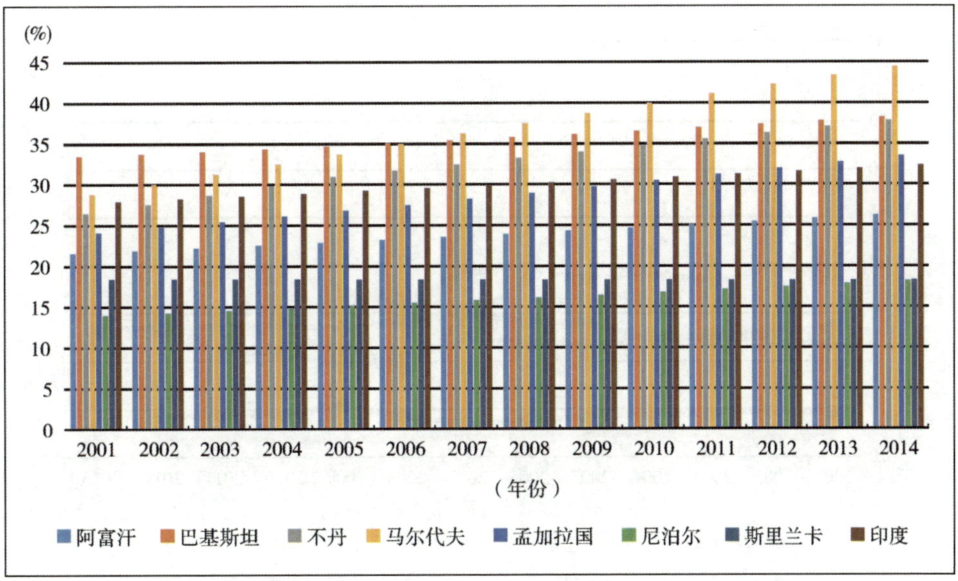

图 3－27　2001—2014 年南亚国家城镇人口占比

数据来源:世界银行 WDI 数据库。

在南亚国家中,劳动力成本比例最高的为马尔代夫、不丹和斯里兰卡,劳动力成本比例最低的为巴基斯坦和印度(见图 3－28)。可见,尽管这些国家的劳动力数量较为丰富,但其较高的劳动力成本也会在未来影响其承接产业的吸引力。

3. 南亚国家的人力资本

表 3－13 显示,从接受过高等教育的劳动力占劳动力总数的百分比来看,巴基斯坦和斯里兰卡高等教育劳动力参与率较高,巴基斯坦 4 个人中就有一个人接受过高等教育。

表 3－13　2007—2013 年南亚国家接受高等教育劳动力参与率　(%)

国家＼年份	2007	2008	2009	2010	2011	2012	2013
巴基斯坦	24.2	25.1	28.7	29.3	29.4	25	—
斯里兰卡	16.5	16.8	3.6	3.5	18.4	17.3	17.7
印度	8.1	—	—	9.8	—	—	—

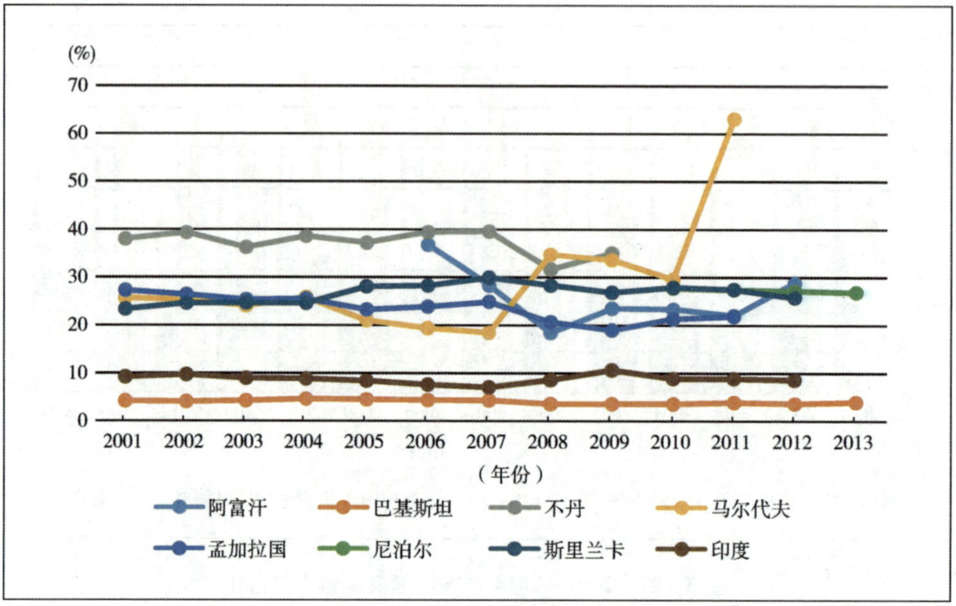

图 3－28　2001—2013 年南亚国家劳动力成本比例

注:图中有部分国家部分年份的数据缺失。

数据来源:国际货币基金组织《政府财政统计年鉴》和数据文件。

从研发创新人员的比例来看,收入水平较高的印度和巴基斯坦研发人员比例较高,斯里兰卡的研发人员则相对较低,低于每百万人 150 人。

从教育的投入看,在南亚国家中教育公共开支最多的国家是马尔代夫、不丹和尼泊尔等,这些国家的这一比重都在 4% 左右,其他国家的比重都在 4% 以下。总体而言,南亚国家的人力资本的培育具备一定的潜力,属于具有一定后发优势的区域。

4. 南亚国家的资本概况

南亚资本存量最高的国家是印度,其他国家明显低于印度(见图 3－29)。这表明,除印度外,其他国家的发展还迫切需要资本的投入,产业合作的潜在可能性较大。从资本形成总额的增长率来看,南亚各国资本增长率除不丹波动较大外,其他国家波动较小,近年来资本形成总额增长速度较高的国家有尼泊尔和孟加拉等国(见图 3－30)。总体而言,这些国家还处在投资驱动的阶段,资

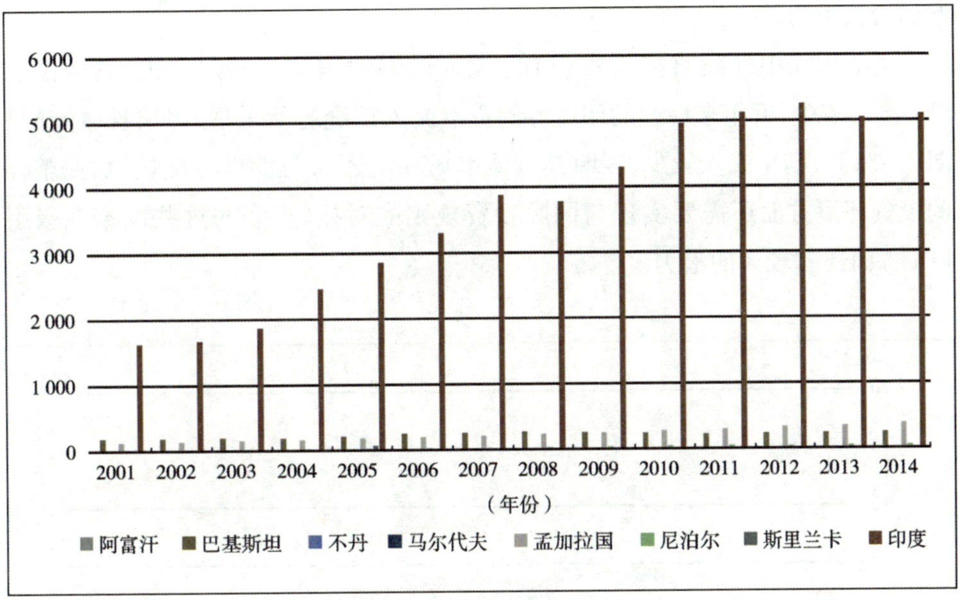

图 3－29　2001—2014 年南亚国家资本形成总额(亿美元)

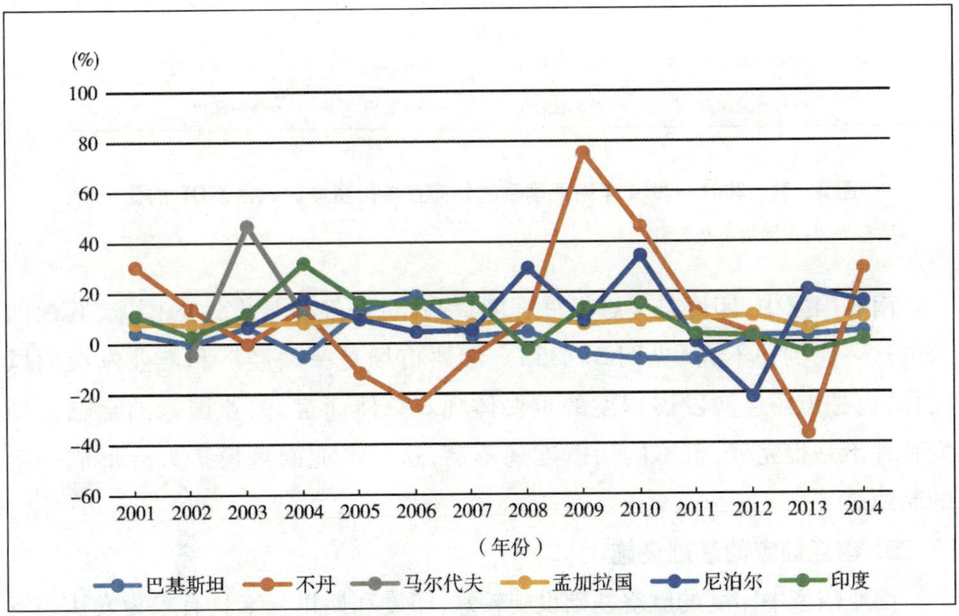

图 3－30　2001—2014 年南亚国家资本形成总额增长率

数据来源:世界银行国民经济核算数据,以及经济合作与发展组织国民经济核算数据文件。

本的增长潜力较大。

南亚国家中外商直接投资（FDI）流入最多的国家是马尔代夫，其他国家FDI流入较少，近年来后起的印度等国资本流入情况有所增加，但增长缓慢（见图3-31）。FDI流入较少，表明其整体市场环境还未与世界完全接轨，在整体的投资环境方面还需要实现与国际投资规则的对接，也表明这些国家在吸引FDI方面还有较大的潜力。

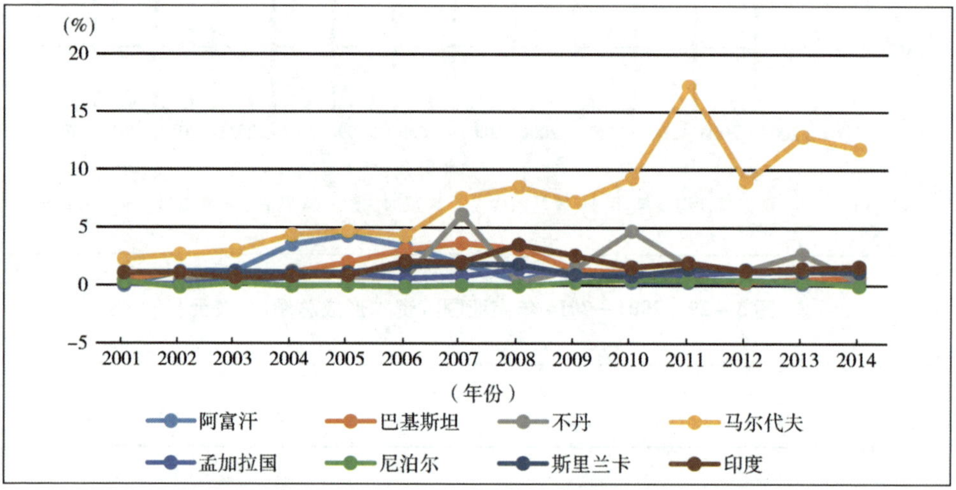

图3-31　2001—2014年南亚国家的外商直接投资净流入占GDP的比重

数据来源：国际货币基金组织。

南亚国家中，印度是金融发展程度最高，也是经济最发达的国家，其他国家的这一比例并不高（见图3-32）。股票市场是一国经济和产业发展的风向标，也是市场经济发展程度的重要体现。总体而言，南亚国家的金融市场发育并不是很完善，资本的活跃度还不高，这对产业的规模扩大会形成一定的制约。

5. 南亚国家的基础设施

南亚国家中印度的航空基础设施较好，印度和斯里兰卡具有较为发达的海运基础设施（见表3-14）。总体而言，南亚地区的基础设施并不是很发达，产业发展的基础并不是很牢固。

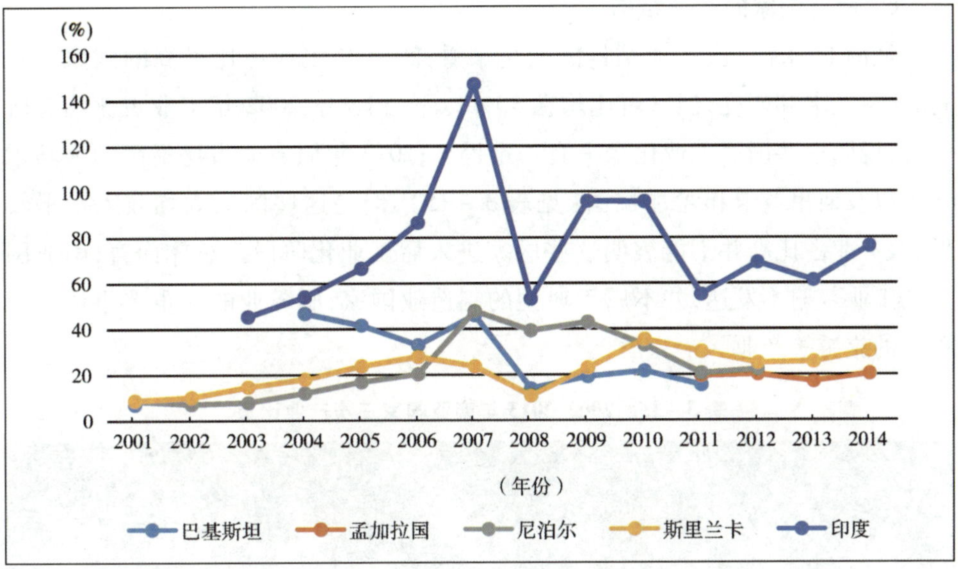

图 3－32　2001—2014 年南亚国家股票交易总额占 GDP 的比重

注：图中有部分国家部分年份的数据缺失。

数据来源：世界联合会的交流数据库。

表 3－14　2002、2012 年南亚国家交通基础设施及货运量

交通基础设施/货运量	航空运输货运量（百万吨/公里）		货柜码头吞吐量（TEU；20 英尺当量单位）		铁路（总公里）		铁路货运量（百万吨/公里）	
国家 \ 年份	2002	2012	2002	2012	2002	2012	2002	2012
阿富汗	—	117	—	—	—	—	—	—
孟加拉国	172	152	584 220	1 435 599	2 765	2 835	952	710
不丹	0	0	—	—	—	—	—	—
印度	546	1 579	3 208 380	10 290 265	63 140	64 460	333 228	625 723
斯里兰卡	203	405	1 764 720	4 180 000	—	—	124	—
马尔代夫	0	—	—	73 876	—	—	—	—
尼泊尔	5	6	—	—	—	—	—	—
巴基斯坦	347	286	—	2 375 158	7 791	7 791	4 573	1 757

数据来源：世界银行 WDI 数据库。

6. 南亚国家的产业结构

从南亚国家三次产业结构的变化来看，2013 年工业占比最高的国家为不丹、斯里兰卡和印度，但其占比均在 50% 以下，相比于 2002 年工业占比均有所上升，说明这些国家工业化水平有一定提升；2013 年服务业占比最高的为马尔代夫以及斯里兰卡和孟加拉国（见表 3 – 15），但是这些国家人均收入水平较低，服务业占比高并不能表明这些国家进入后工业化阶段。总体而言，南亚国家的工业普遍不发达，并不属于典型的制造业国家，服务业的比重严重依赖于单一的旅游等产业。

表 3 – 15　2002、2013 年南亚国家三次产业比重　（%）

产业比重	农业增加值占GDP的比重		工业增加值占GDP的比重		服务业等附加值占GDP的比重	
年份 / 国家	2002	2013	2002	2013	2002	2013
阿富汗	38.47	23.89	23.71	21.15	37.81	54.96
巴基斯坦	23.35	24.82	23.86	21.02	52.78	54.16
不丹	26.34	16.99	38.60	44.68	35.06	38.33
马尔代夫	6.74	3.85	13.67	17.33	79.59	78.82
孟加拉国	21.67	16.28	24.04	27.64	54.29	56.09
尼泊尔	38.59	35.05	18.09	15.73	43.32	49.22
斯里兰卡	14.28	8.23	28.01	31.29	57.71	60.48
印度	20.70	18.63	26.17	30.50	53.13	50.87

数据来源：世界银行国民经济核算数据，以及经济合作与发展组织国民经济核算数据文件。

7. 南亚国家的营商环境

营商环境方面，南亚国家中，企业注册启动程序项目数量最少的国家为阿富汗和马尔代夫。通过注册资产所需天数可以看出，南亚国家中尼泊尔创办企业营收环境较好，而其他国家所需时间较长。再根据开办企业流程的成本占人均国民总收入的比重分析，南亚国家中阿富汗和尼泊尔开办企业成本较小，均为 2% 以下。创办企业所需天数是指完成合法经营企业所需程序的历日数，通过分析创办企业所需天数，南亚国家中阿富汗和马尔代夫创办企业时间较短。

企业经营环境方面，南亚国家履行合同天数较多，履行合同天数最少的国家为不丹。从南亚国家企业完成破产所需时间来看，马尔代夫、斯里兰卡等国家用时较短，说明这些国家企业营业环境良好，企业可以顺利地退出并得到保护。用于应付官员的管理时间是花费在满足政府规章制度（税收、海关、劳动条例、颁发执照和登记）要求方面的时间，在这一指标上，尼泊尔和印度相对较低。2014 年南亚国家的营商环境如表 3－16 所示。

表 3－16　2014 年南亚国家营商环境

项目 / 国家	企业注册启动程序的项目的数量	注册资产所需天数	开办企业流程的成本占人均 GNI 的比重（%）	创办企业所需天数	履行合同所需天数	完成破产所需时间（年）	用于应付官员的管理时间
阿富汗	3	250	0.3	7	1 642	2.0	9.8
巴基斯坦	10	50	16.6	19	993.2	2.7	3.5
不丹	8	92	139.5	15	225	—	—
马尔代夫	5	57	5.3	9	665	1.5	—
孟加拉国	9	244	7.2	19.5	1 442	4.0	3.3
尼泊尔	7	5	1.2	17	910	2.0	1.4
斯里兰卡	9	51	131.1	11	1 318	1.7	3.5
印度	14	47	6.6	34	1 420	4.3	1.9

注：“用于应付官员的管理时间”为应付官员的时间占管理时间的百分比。

数据来源：世界银行 WDI 数据库。

根据对进口周转天数的分析，南亚国家中进口效率最高的国家为斯里兰卡、印度和马尔代夫。根据进口文件数量来衡量进口程序的制度成本，南亚国家中斯里兰卡和巴基斯坦进口程序较少。法律权利力度指数衡量的是担保品法和破产法通过保护借款人和贷款人权利而促进贷款活动的程度，指数范围由 0～12，数值越高，表明担保品法和破产法越有利于获得信贷，南亚国家中孟加拉国、尼泊尔和印度这一指标较好。海关手续负担用于衡量企业高管对其所在国海关手续的效率的评价。打分范围为 1～7，数值越高，表示效率越高，南亚国家中海关手续负担较为中等，其中不丹和斯里兰卡海关效率最高。2014 年南亚国家营商环境的其他指标如表 3－17 所示。

表3-17　2014年南亚国家营商环境的其他指标

国家＼项目	进口周转时间（天数）	进口文件（份数）	法律权利力度指数（0=弱,12=强）	海关手续负担（1=效率极低,7=效率极高）
阿富汗	91	10	—	—
巴基斯坦	18.4	8	3	3.7
不丹	37	11	4	4.5
马尔代夫	22	9	2	—
孟加拉国	33.6	9	6	3.5
尼泊尔	39	11	6	3.2
斯里兰卡	13	7	3	4.0
印度	21.1	10	6	3.9

数据来源:世界银行WDI数据库和世界经济论坛(WEF)《全球竞争力报告》。

(四)西亚地区

西亚地区包括15个国家,即巴林、巴勒斯坦、伊朗伊斯兰共和国、伊拉克、以色列、约旦、科威特、黎巴嫩、阿曼、卡塔尔、沙特阿拉伯、叙利亚、阿拉伯联合酋长国、阿拉伯埃及共和国和也门共和国。由于叙利亚多年数据缺失严重,因此本部分对西亚地区国家相关情况的分析中叙利亚缺项较多。

1. 西亚国家的生产总值

从西亚各国的总量GDP(根据2005年不变价美元计算)来看,目前在西亚国家中总量GDP差异较大。西亚国家中国内生产总值最高的前五位为沙特阿拉伯、伊朗、阿联酋、以色列和埃及,而其他国家的GDP水平相对于这5个国家较低(见图3-33)。

西亚各国的GDP增长率波动较为平缓,并且各国增长率水平比较平均。从2001—2014年之间保持较高GDP增长率增长的国家有巴林、卡塔尔和阿联酋(阿拉伯联合酋长国)等国,但增长不稳定,并且近几年增长率水平明显下降,从8%~9%下降到3%~4%。而伊拉克和巴勒斯坦波动较大部分年份均呈现负增长,这与这些国家政局不稳和战乱有关。在GDP总量水平最高的国家中,沙特阿拉伯、伊朗、阿联酋、以色列和埃及的GDP增长率一直保持平缓状态,为

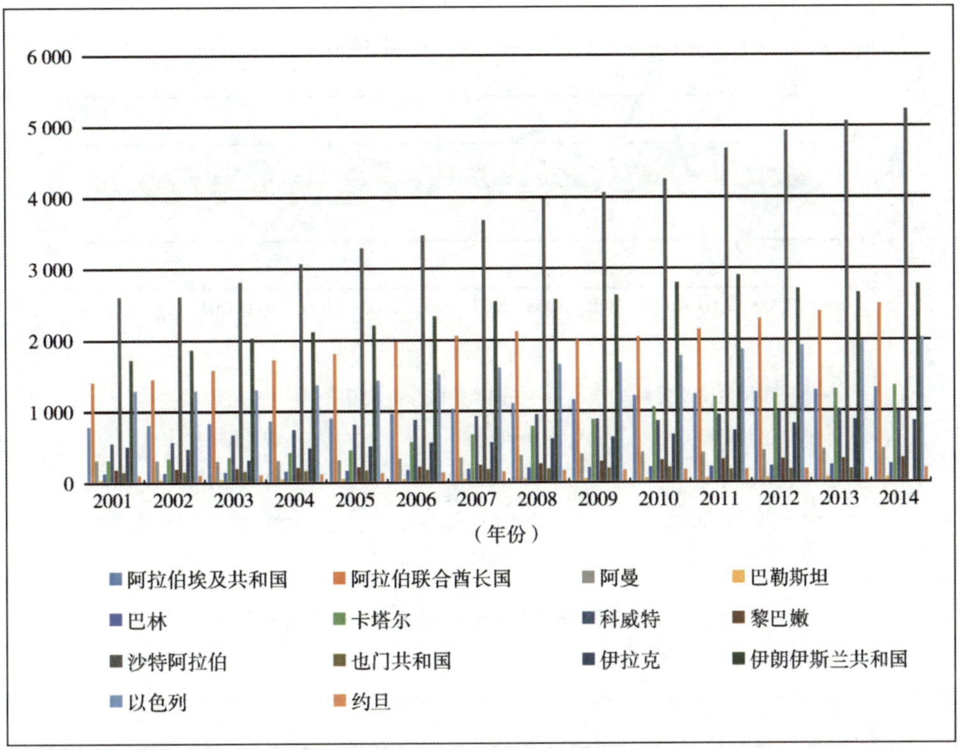

图 3－33　2001—2014 年西亚国家总量 GDP 水平（亿美元）

数据来源：世界银行 WDI 数据库。

2%～4%（见图 3－34）。由此可见，沙特阿拉伯、伊朗、阿联酋、以色列和埃及等国具有较大增长潜力，并且保持稳定的经济增长。

从西亚国家人均 GDP 水平（根据 2005 年不变价美元计算）来看，西亚国家人均 GDP 水平差异很大，其中人均 GDP 水平最高的国家为卡塔尔、以色列、阿联酋、科威特、巴林和沙特阿拉伯，这些国家在 2014 年人均 GDP 都高于 2 万美元，属于典型的高收入国家。其他国家人均 GDP 水平都较低（见图 3－35），基本上也低于中国的人均 GDP 水平。同时，虽然各国人均 GDP 差异明显，除高收入水平的国家人均 GDP 有逐年增长趋势之外，其他国家增长并不明显。根据世界银行的分类，属于高收入的国家为以色列、沙特阿拉伯、卡塔尔、巴林、科威特和阿曼。

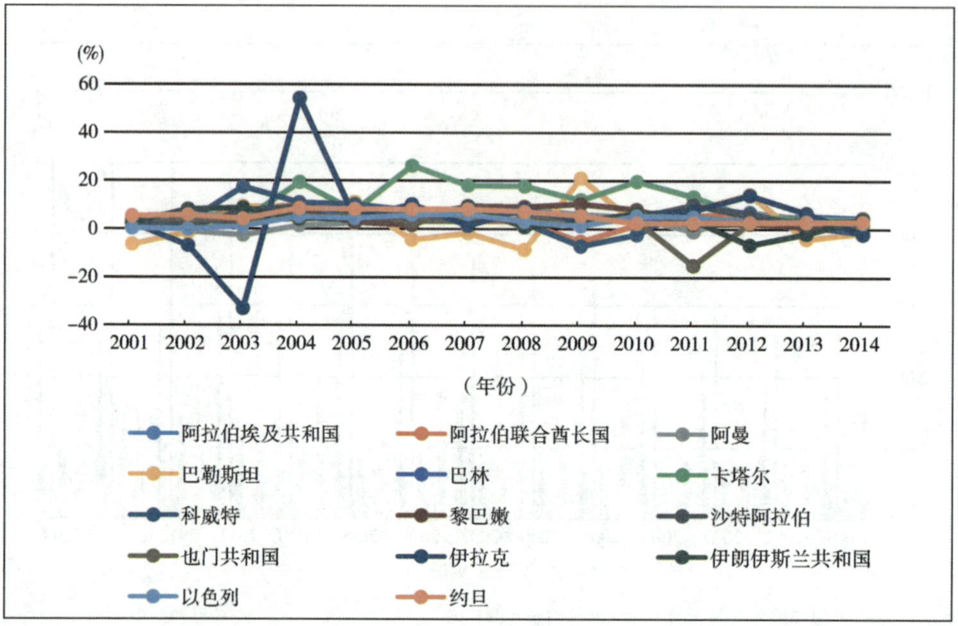

图 3-34　2001—2014 年西亚国家 GDP 增长率

数据来源：世界银行 WDI 数据库。

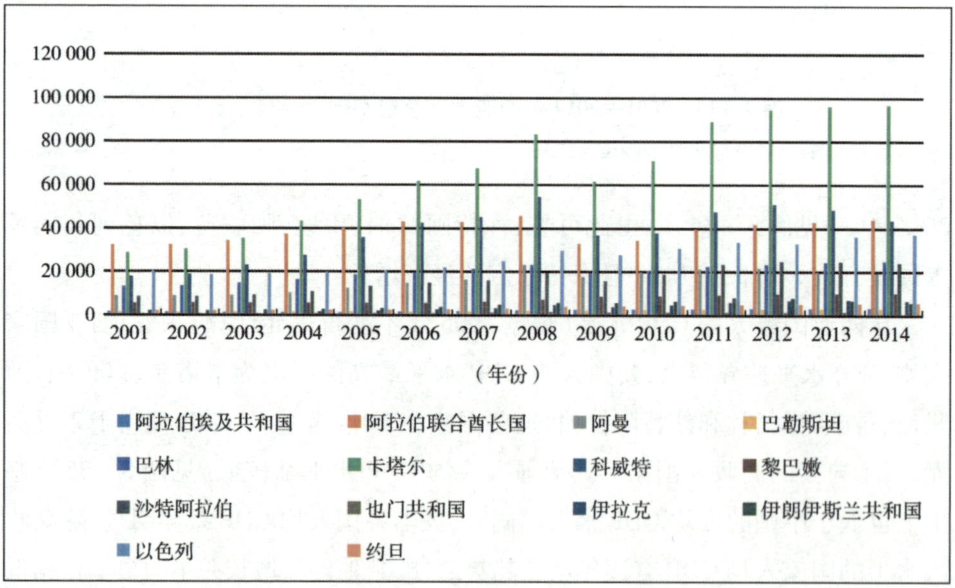

图 3-35　2001—2014 年西亚国家人均 GDP（美元）

数据来源：世界银行 WDI 数据库。

2. 西亚国家的人口与劳动力

从西亚国家的人口增长率来看，卡塔尔、阿联酋、巴林和科威特保持良好的人口增长率，但近年来有所下降，而阿曼同样具有较高的人口增长率，并有增长趋势，其他国家人口增长率较低，无明显上升趋势（见图3－36）。由此可见，在西亚国家中阿曼具有良好的人口供给，其他国家人口供给近年来则增长不明显，基本保持2%左右的水平，其人口增长的速度在世界平均水平之上。

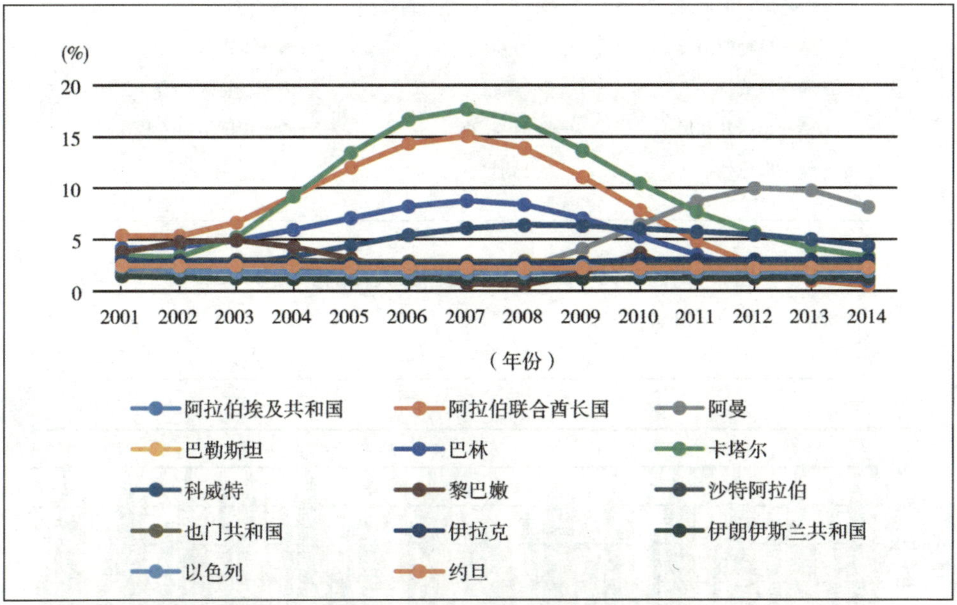

图3－36　2001—2014年西亚国家人口增长率

数据来源：世界银行WDI数据库。

阿联酋、卡塔尔、科威特和伊朗等国保持良好的劳动力参与率，并有增长趋势，到2014年达到70%以上，其他国家则都高于50%（见图3－37）。由此可见，西亚国家人口增长率的平缓并未影响西亚国家的劳动力供给。

西亚国家城镇人口比重较高，到2014年，除也门共和国、埃及和伊拉克之外，其他国家城镇人口比重都高于70%。其中最高的为卡塔尔、科威特和以色列，高达90%以上（见图3－38）。西亚国家是典型的能源经济国家，其非城市

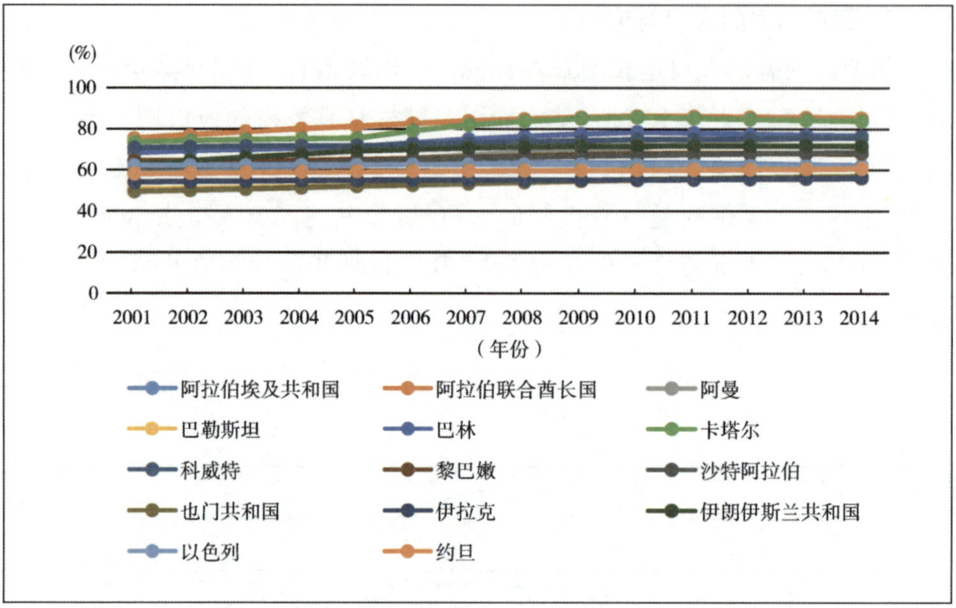

图3－37　2001—2014年西亚国家人口的劳动参与率

数据来源：世界银行WDI数据库。

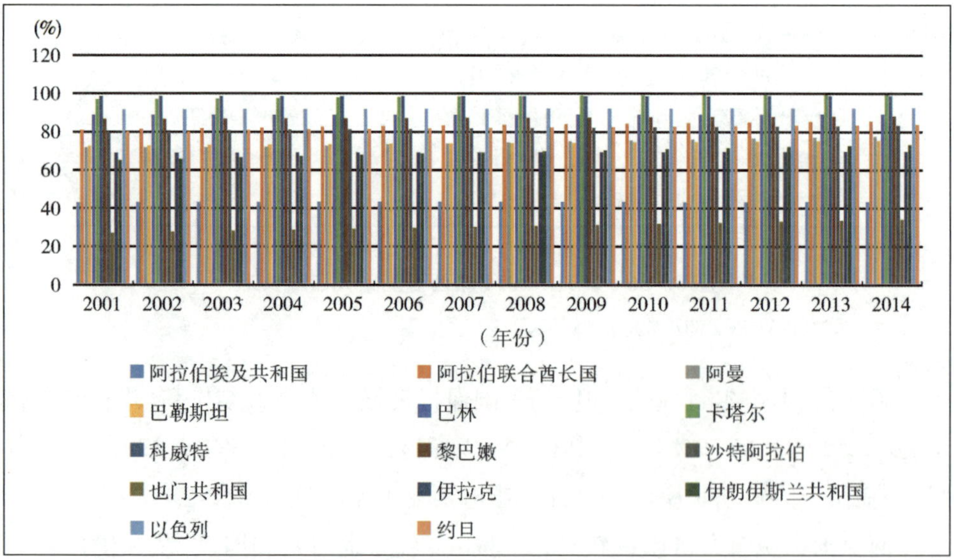

图3－38　2001—2014年西亚国家城镇人口占比

数据来源：世界银行WDI数据库。

人口较少，除了能源产业以外，其他产业并不是很发达。西亚劳动力成本较高的国家为巴勒斯坦、巴林和约旦，而劳动力成本比例最低的国家为黎巴嫩和以色列(见图 3－39)。

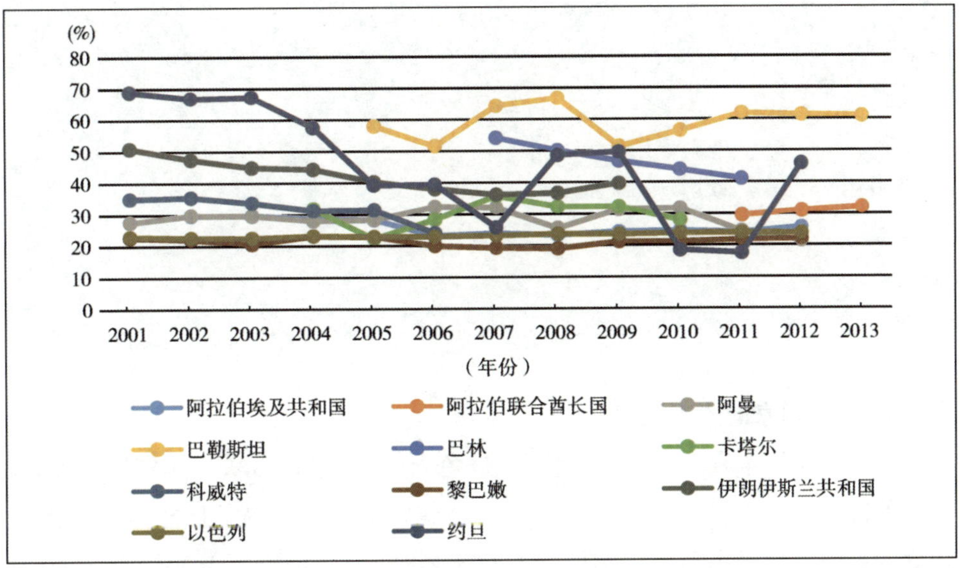

图 3－39　2001—2013 年西亚国家劳动力成本比例

注：图中有部分国家部分年份的数据缺失。

数据来源：国际货币基金组织《政府财政统计年鉴》和数据文件。

3. 西亚国家的人力资本

从接受过高等教育的劳动力占劳动力总数的百分比来看，收入较高的国家，如以色列高等教育劳动力参与率较高；同时，巴勒斯坦和约旦高等教育劳动力参与率也相对较高(见表 3－18)，这些国家的人力资本质量也是比较高的。西亚唯一的发达国家以色列研发人员比例较高；同时，埃及、伊朗、卡塔尔研发人员的比例也相对于其他国家较高，而其他国家研发人员的比例则较低，每百万人中低于 200 人。西亚国家中教育公共开支最多的国家是以色列、伊朗和埃及，这三个国家具有较大的人力资本增长潜力。

表 3 - 18　2007—2012 年西亚部分国家接受高等教育劳动力参与率　（%）

国家＼年份	2007	2008	2009	2010	2011	2012
埃及	—	16.9	18.1	18.8	19.2	19.7
巴勒斯坦	22.7	24.2	—	—	29.1	30.0
巴林	—	—	—	9.8	9.9	9.8
科威特	—	—	—	—	19.1	—
黎巴嫩	24.2	—	—	—	—	—
沙特阿拉伯	20.0	20.2	20.7	—	—	—
伊朗	17.5	18.8	—	—	—	—
以色列	44.7	45.1	—	—	—	—
约旦	24.9	24.6	24.6	26.3	27.7	28.3

4. 西亚国家的资本概况

西亚国家资本存量最高的是伊朗、以色列、卡塔尔和阿联酋，国内生产总值较高的国家资本存量也相应较高；同时，这些资本存量较高的国家资本有逐渐积累的趋势。从资本形成总额的增长率来看，除阿曼增长率波动较大之外，其他西亚各国资本总额的增长率波动较小（见图 3 - 40 和图 3 - 41）。

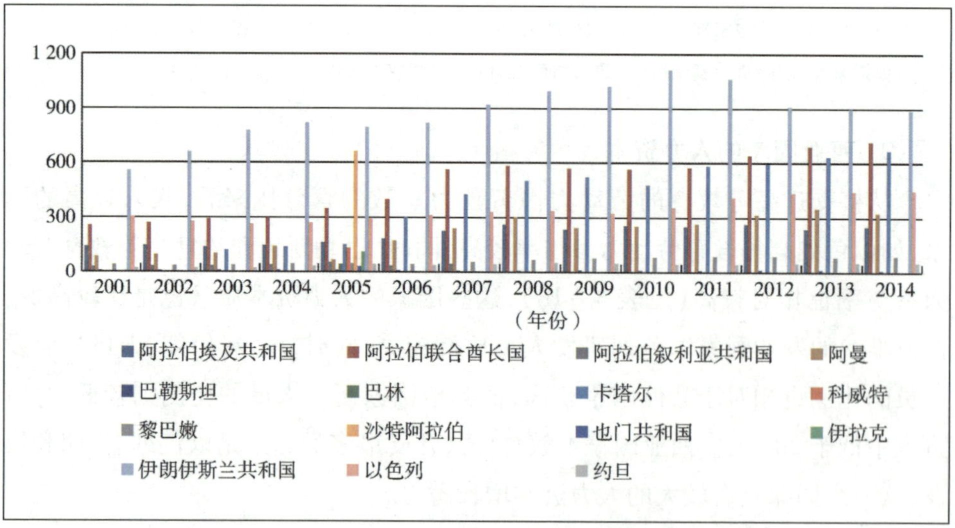

图 3 - 40　2001—2014 年西亚国家资本形成总额（亿美元）

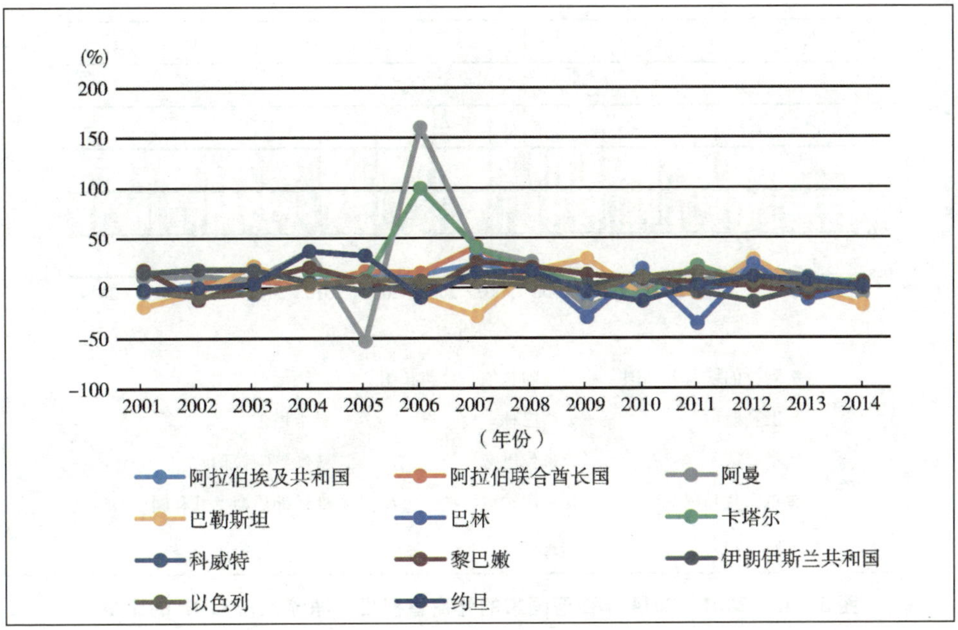

图 3－41　2001—2014 年西亚国家资本形成总额增长率

数据来源：世界银行国民经济核算数据，以及经济合作与发展组织国民经济核算数据文件。

从资本的外部积累来看，西亚国家外商直接投资净流入在 2005—2010 年具有较高的增长，最近几年都有所下降（见图 3－42）。由此可见，西亚国家对外商直接投资的吸引力在不断降低，这主要是因为西亚也是民族主义冲突比较严重的区域，对外商投资者的信心冲击较大，许多外商都减少了对这一区域的投资。

在西亚国家中，金融发展程度最高的国家也是经济最发达的卡塔尔、以色列和约旦。总体来看，西亚国家的金融市场的发展较之前有了一定程度的下降，表明近期由于世界地缘政治的冲击使得金融市场出现了一定的下滑。2001—2014 年西亚国家上市公司的市场资本总额占 GDP 的比重如图 3－43 所示。

5. 西亚国家的基础设施

阿联酋、卡塔尔和沙特阿拉伯的航空基础设施较好；在海运基础设施方面，

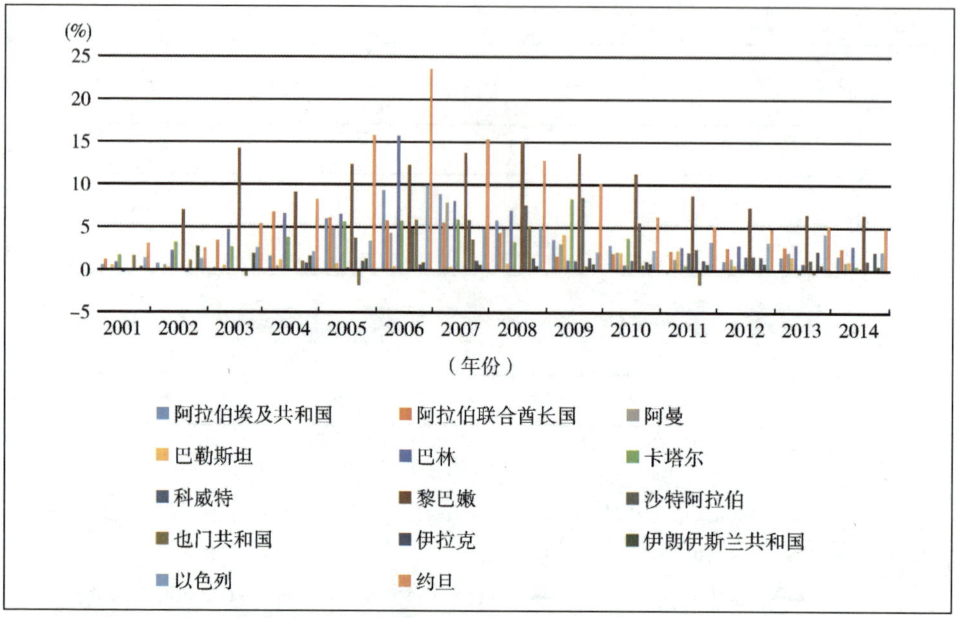

图3-42　2001—2014年西亚国家的外商直接投资净流入占GDP的比重

数据来源:国际货币基金组织。

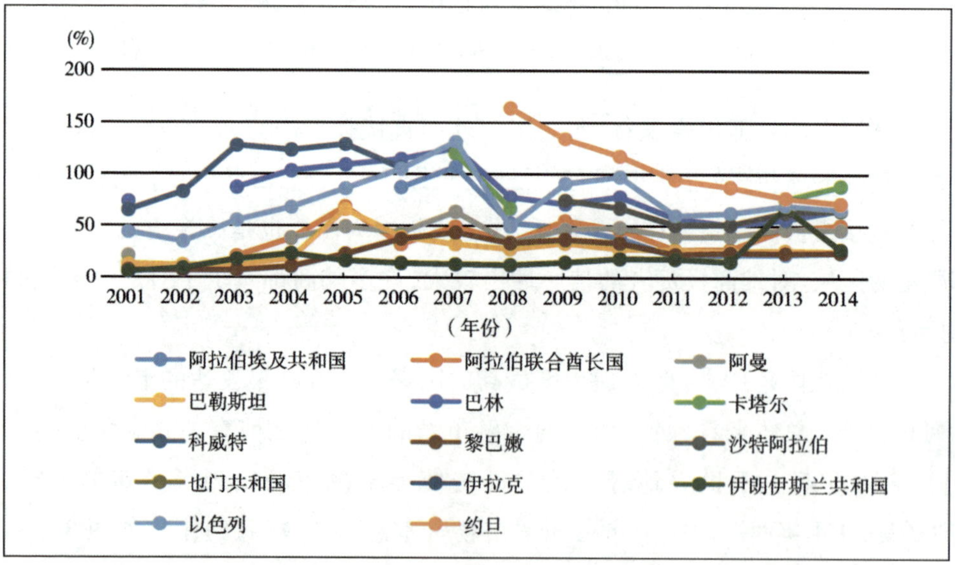

图3-43　2001—2014年西亚国家上市公司的市场资本总额占GDP的比重

注:图中有部分国家部分年份的数据缺失。

数据来源:世界联合会的交流数据库。

阿联酋、埃及、沙特阿拉伯和阿曼具有较好的基础；在铁路基础设施方面，伊朗、叙利亚、沙特阿拉伯和阿联酋具有较好的基础设施（见表3－19）。这些国家在西亚经济中发挥着重要的中转站的作用。

表3－19　2002、2012年西亚国家交通基础设施及货运量

交通基础设施/货运量	航空运输货运量（百万吨/公里）		货柜码头吞吐量（TEU：20英尺当量单位）		铁路（总公里）		铁路货运量（百万吨/公里）	
国家＼年份	2002	2012	2002	2012	2002	2012	2002	2012
阿联酋	4 574	19 712	—	45 414 151	—	—	—	1 722
巴林	244	338	—	329 470	—	—	—	—
埃及	249	356	1 336 040	7 356 172	5 150	5 195	4 254	1 592
伊朗	75	66	805 860	2 945 818	6 151	8 368	15 842	22 604
伊拉克	—	15	—	—	—	2 138	—	249
以色列	1 323	811	1 461 000	2 558 162	676	1 079	1 107	1 099
约旦	197	188	—	703 354	292	509	522	344
科威特	254	267	—	1 126 668	—	—	—	—
黎巴嫩	81	51	—	882 922	—	—	—	—
阿曼	130	241	1 415 500	4 167 044	—	—	—	—
卡塔尔	305	4 307	—	393 151	—	—	—	—
沙特阿拉伯	862	1 815	1 958 570	6 563 844	1 078	1 412	772	1 852
叙利亚	13	5	—	737 448	2 450	2 139	1 812	2 206
也门	36	—	—	760 192	—	—	—	—

数据来源：世界银行WDI数据库。

6. 西亚国家的产业结构

从西亚国家三次产业结构的变化来看，2013年，西亚国家中农业占比最高的为埃及，而其他国家农业占比较小，都在10%以下；2013年工业占比最高的国家为卡塔尔、阿曼、科威特和沙特阿拉伯，其工业占比都在60%以上，说明这些国家工业化水平较高；2013年服务业占比最高的为黎巴嫩、巴勒斯坦、约旦和伊朗（见表3－20）。从三次产业就业结构来看，2013年工业就业占比最高的国家为科威特和巴林；服务业就业占比最高的为约旦、也门和巴林。总体而言，这些国家的产业结构属于制造和服务双驱动型的经济体。

表 3－20　2002、2013 年西亚国家三次产业比重　　（%）

产业比重	农业增加值占GDP的比重		工业增加值占GDP的比重		服务业等附加值占GDP的比重	
国家＼年份	2002	2013	2002	2013	2002	2013
埃及	16.46	14.51	34.82	39.17	48.72	46.32
阿联酋	2.22	—	47.83	—	50.56	—
叙利亚	26.83	—	32.18	—	40.99	—
阿曼	2.32	1.23	55.47	68.87	42.21	29.90
巴勒斯坦	8.77	4.83	21.91	23.57	69.32	71.60
卡塔尔	0.26	0.09	70.65	70.60	29.10	29.31
科威特	—	0.33	—	67.91	—	31.76
黎巴嫩	6.67	7.18	22.50	19.69	70.83	73.13
沙特阿拉伯	5.11	1.85	51.47	60.05	43.42	38.10
也门	13.34	—	42.09	—	44.57	—
伊朗	7.90	9.03	45.93	40.19	46.18	50.78
约旦	2.55	3.40	27.09	29.69	70.36	66.91

数据来源：世界银行国民经济核算数据，以及经济合作与发展组织国民经济核算数据文件。

7. 西亚国家的营商环境

在营商环境方面，西亚国家中企业注册启动程序的项目数量最少的国家为以色列、阿曼、也门和黎巴嫩；在注册资产所需天数方面，西亚国家中阿联酋、沙特阿拉伯、伊朗和卡塔尔创办企业营收环境较好。从开办企业流程的成本占人均国民总收入的比重来看，巴林、科威特、阿曼、伊朗、以色列和沙特阿拉伯企业开办成本较低，均低于5%。在创办企业所需天数方面，阿曼、埃及、阿联酋和卡塔尔创办企业用时较少。

在企业经营环境方面，西亚国家中履行合同所需天数普遍较多，都在500天以上，其中最少的国家为伊朗和伊拉克。从在西亚国家中完成破产所需时间来看，以色列、埃及、巴林和卡塔尔企业营业环境良好，企业可以顺利地退出并得到保护。在用于应付官员的管理时间上，也门和埃及企业经营环境较好。西亚国家的营商环境如表 3－21 所示。

表 3－21　2014 年西亚国家营商环境

国家＼项目	企业注册启动程序的项目的数量	注册资产所需天数	开办企业流程的成本占人均 GNI 的比重（%）	创办企业所需天数	履行合同所需天数	完成破产所需时间（年）	用于应付官员的管理时间
埃及	7	63	9.2	8	1 010	2.5	3.1
阿联酋	6	2	6.3	8	524	3.2	—
叙利亚	7	19	14.4	13	872	4.1	—
阿曼	5	16	2.4	7	598	4.0	—
巴勒斯坦	9	49	86.2	44	540	—	4.4
巴林	7	31	0.8	9	635	2.5	—
卡塔尔	8	13	5.2	8.5	570	2.8	—
科威特	12	49	2.0	31	566	4.2	—
黎巴嫩	6	25	33.4	15	721	3.0	4.1
沙特阿拉伯	12	8	4.0	20.5	575	—	—
也门	6	19	66.3	40	645	3.0	1.9
伊拉克	10	51	38.2	29	520	—	—
伊朗	8	12	3.1	15	505	4.5	—
以色列	5	81	3.5	13	975	2.0	4.3
约旦	7	21	21.4	12	689	3.0	5.3

注：“用于应付官员的管理时间”为应付官员的时间占管理时间的百分比。因 2014 年的数据缺失，表中为 2013 年的数据。

数据来源：世界银行 WDI 数据库。

2014 年，根据对进口周转天数的分析，西亚国家中进口效率最高的为阿联酋、阿曼和以色列。根据进口文件数量来衡量进口程序的制度成本，西亚国家中以色列、阿联酋和巴勒斯坦等国进口程序较少。法律权利力度指数除以色列之外，其他国家法律权利指数都不高，法律制度环境不太理想。在海关效率方面,阿联酋、阿曼、卡塔尔和巴林等国效率较高(见表3-22)。

表3-22 2014年西亚国家营商环境的其他指标

国家＼项目	进口周转时间(天数)	进口文件(份数)	法律权利力度指数(0=弱,12=强)	海关手续负担(1=效率极低,7=效率极高)
埃及	15	10	2	3.8
阿联酋	7	5	2	6.0
叙利亚	24	9	1	—
阿曼	9	8	1	4.8
巴勒斯坦	38	6	0	—
巴林	15	8	1	4.7
卡塔尔	16	7	1	5.4
科威特	20	10	2	3.5
黎巴嫩	30	7	2	3.1
沙特阿拉伯	17	8	2	4.3
也门	27	9	0	3.0
伊拉克	82	10	1	—
伊朗	37	11	2	3.3
以色列	10	4	6	4.4
约旦	15	7	0	4.5

数据来源:世界银行WDI数据库和世界经济论坛(WEF)《全球竞争力报告》。

(五)中东欧国家

中东欧国家包括阿尔巴尼亚、波斯尼亚和黑塞哥维那(简称波黑)、保加利亚、克罗地亚、捷克、爱沙尼亚、匈牙利、拉脱维亚、立陶宛、黑山、波兰、罗马尼亚、塞尔维亚、斯洛伐克、斯洛文尼亚、土耳其和马其顿王国,共17个国家。

1. 中东欧国家的国内生产总值

从中东欧各国的总量GDP(根据2005年不变价美元计算)来看,目前在中东欧国家中总量GDP差异较大。中东欧国家中国内生产总值最高的前五位国家为土耳其、波兰、捷克、波黑和匈牙利。相对于土耳其和波兰来说，其他国家GDP水平相对较低(见图3-44)，从总体趋势来看，中东欧国家GDP都有增长趋势。

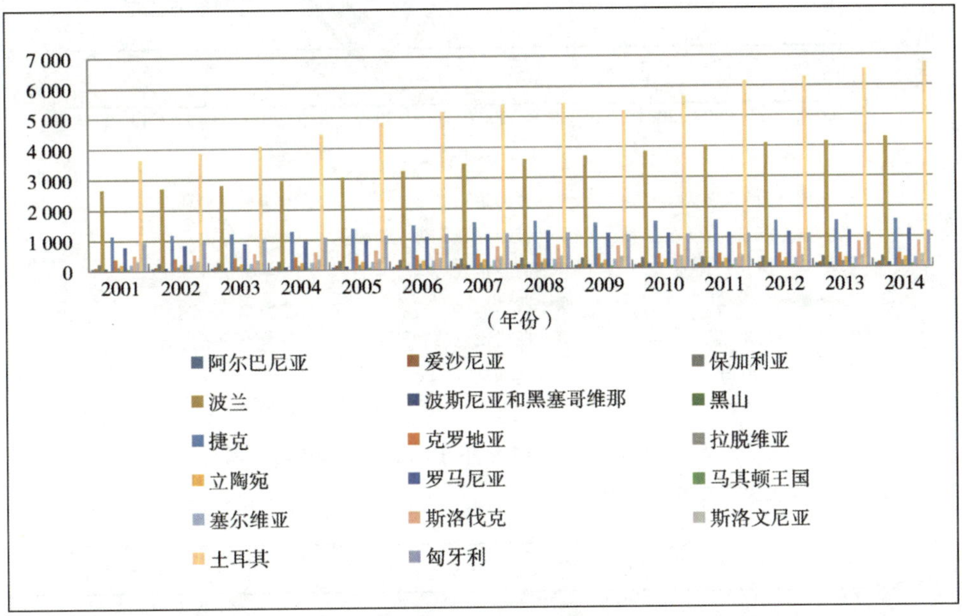

图3-44　2001—2014年中东欧国家总量GDP水平(亿美元)

数据来源:世界银行WDI数据库。

中东欧各国的GDP增长率虽然有所波动，但是各国之间增长率水平差异不是十分明显，中东欧国家中保持较高GDP增长率的国家有土耳其、爱沙尼亚和波兰等国，但增长不稳定，并且从2007年之后增长率水平明显下降，从5%~8%下降到2%~4%。GDP总量水平最高的土耳其和波兰的GDP增长率仍然较高(见图3-45)。

中东欧国家的人均GDP水平差异很大，其中人均GDP水平最高的国家为斯洛文尼亚、捷克、爱沙尼亚、斯洛伐克、立陶宛和拉脱维亚。这些国家在2014年人均GDP都高于1.5万美元，其他部分国家人均GDP水平都较低，如阿尔巴尼亚、波黑和马其顿等国低于中国的人均GDP水平(见图3-46)。同时，虽然各国人均GDP差异明显，除高收入水平的国家人均GDP有逐年增长趋势之外，

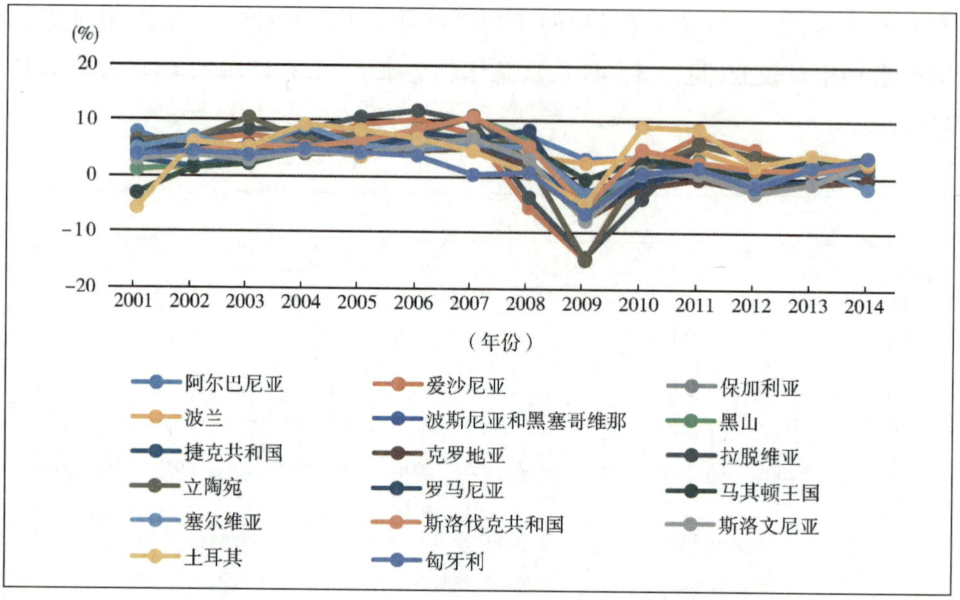

图 3-45　2001—2014 年中东欧国家 GDP 增长率

数据来源：世界银行 WDI 数据库。

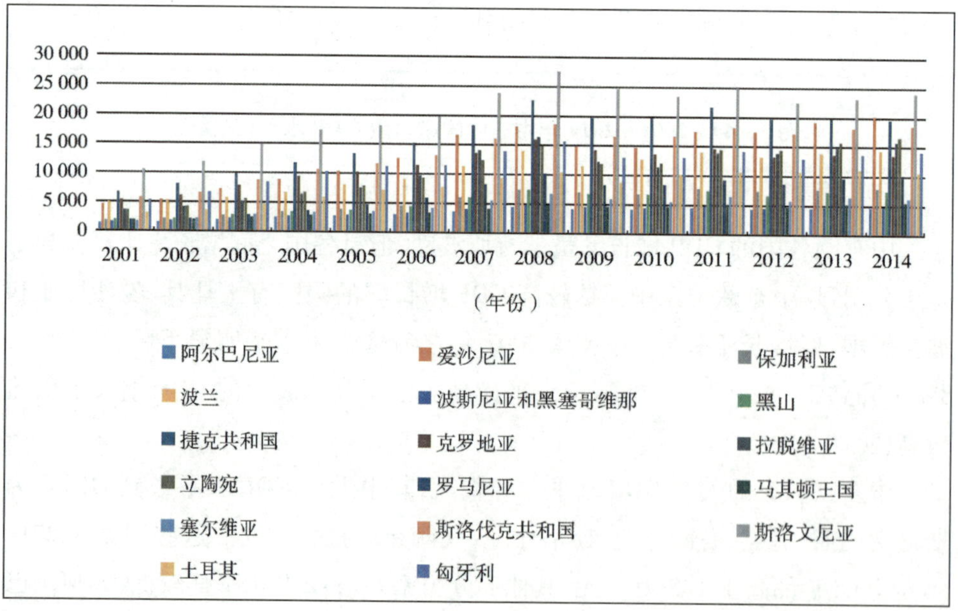

图 3-46　2001—2014 年中东欧国家人均 GDP（美元）

数据来源：世界银行 WDI 数据库。

其他国家的增长并不明显。根据世界银行的分类，属于高收入的国家为捷克、斯洛伐克、斯洛文尼亚、波兰、爱沙尼亚、拉脱维亚和立陶宛，中东欧各国是“一带一路”沿线国家中高收入国家最多的区域。

2. 中东欧国家的人口与劳动力

从总体上来看，中东欧国家的人口增长率普遍较低，并有不断下降的趋势，而且近年来立陶宛和拉脱维亚出现了严重的人口负增长，仅有土耳其、黑山和斯洛文尼亚等国保持良好的人口增长率，但近年来也有所下降（见图 3－47）。由此可见，在中东欧国家中仅有土耳其、黑山和斯洛文尼亚具有良好的人口供给。斯洛文尼亚、马其顿、波黑和波兰等国保持良好的劳动力参与率，并有较好的增长，到 2014 年达到 70% 以上，其他国家也都高于 60%（见图 3－48）。由此可见，中东欧国家虽然人口增长率较低，但并未影响劳动力供给。

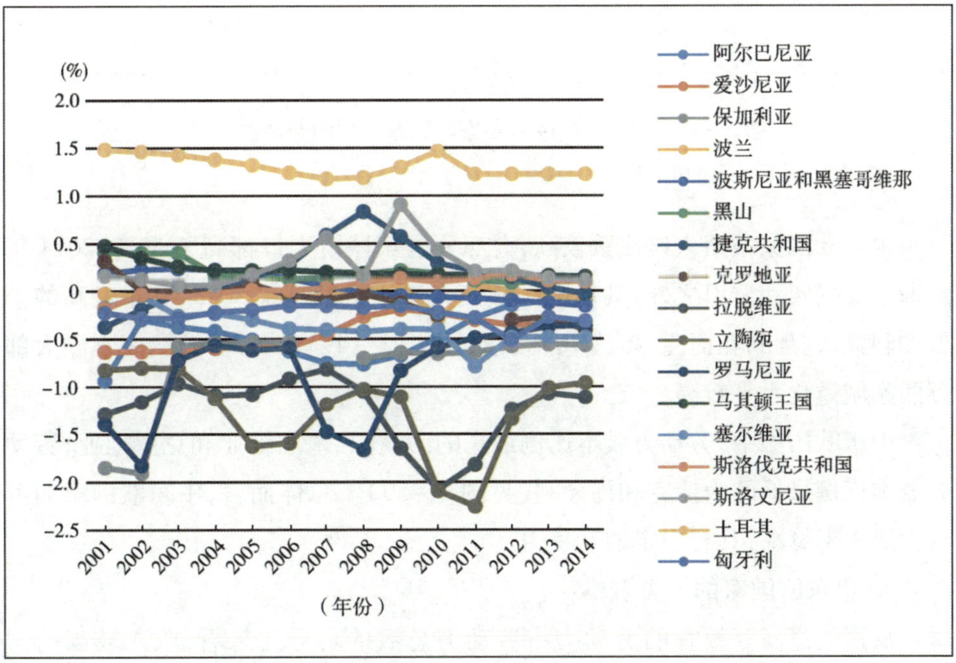

图 3－47　2001—2014 年中东欧国家人口增长率

数据来源：世界银行 WDI 数据库。

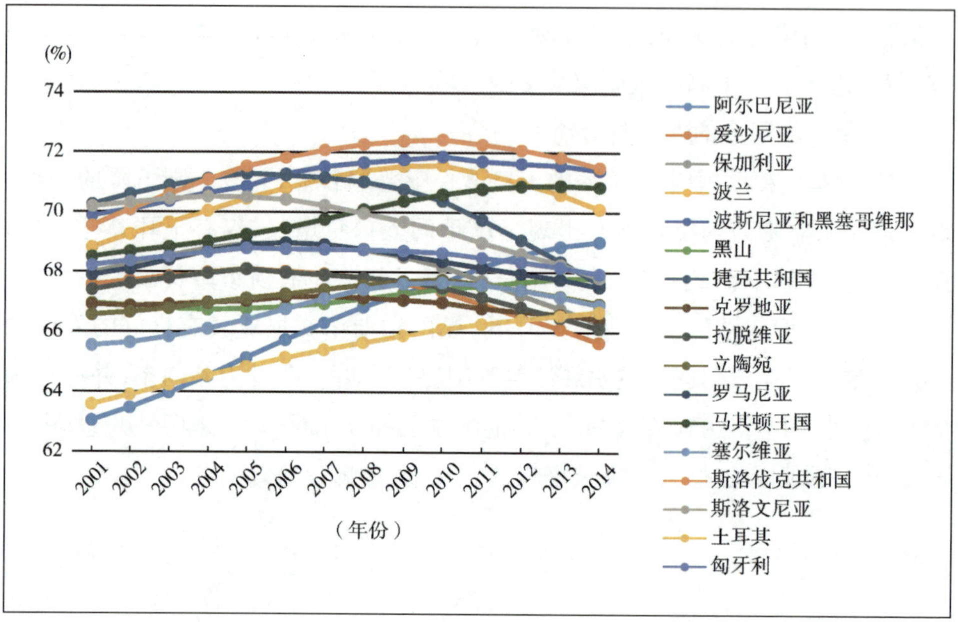

图 3－48　2001—2014 年中东欧国家人口的劳动参与率

数据来源：世界银行 WDI 数据库。

中东欧国家城镇人口比重较高，大部分国家城镇人口都高于 50%，2014 年除斯洛文尼亚和波黑之外，其他国家城镇人口比重都高于 50%，其中最高的为保加利亚、匈牙利和捷克，高达 70% 以上（见图 3－49）。由此可见，中东欧大部分国家城镇化水平较高。

中东欧国家中，劳动力成本比例最高的为波黑、塞尔维亚和克罗地亚；劳动力成本比例最低的为捷克和匈牙利（见图 3－50）。总体而言，中东欧国家的劳动力成本不算高，具有一定的竞争力。

3. 中东欧国家的人力资本

从接受过高等教育的劳动力占劳动力总数的百分比来看，收入较高的国家，如立陶宛、爱沙尼亚、斯洛文尼亚和拉脱维亚高等教育劳动力参与率较高（见表 3－23），说明这些国家具有较好的人力资本积累。

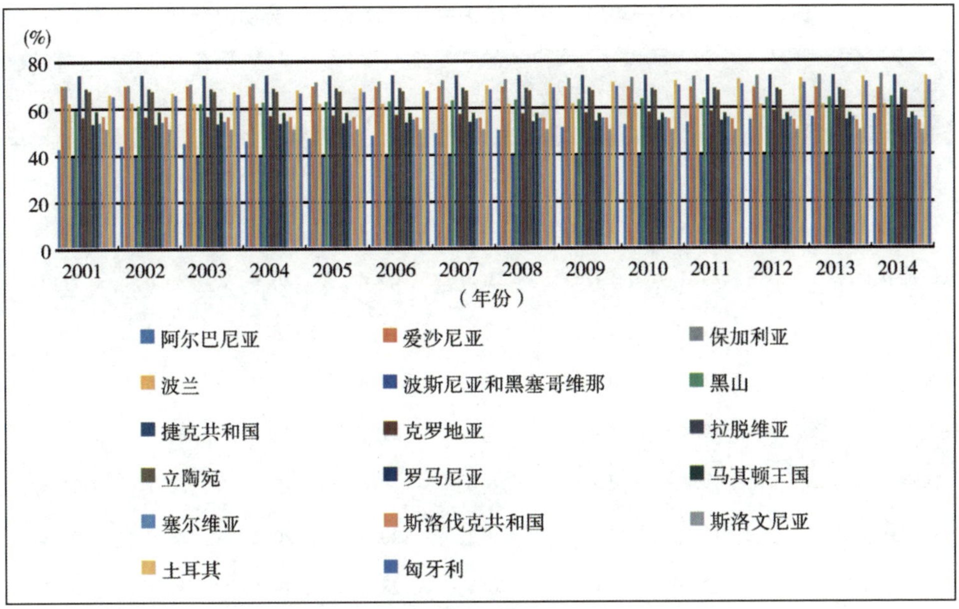

图 3－49　2001—2014 年中东欧国家城镇人口占比

数据来源：世界银行 WDI 数据库。

图 3－50　2001—2012 年中东欧国家劳动力成本比例

注：图中有部分国家部分年份的数据缺失。

数据来源：国际货币基金组织《政府财政统计年鉴》和数据文件。

表 3-23　2007—2013 年中东欧国家接受高等教育劳动力参与率　（%）

国家＼年份	2007	2008	2009	2010	2011	2012	2013
阿尔巴尼亚	—	—	12.7	—	12.2	13.3	16.3
爱沙尼亚	33.8	34.0	35.9	35.5	36.4	37.7	38.9
保加利亚	24.3	24.6	25.3	25.6	26.2	26.6	28.1
波兰	21.5	22.6	24.5	25.9	26.8	28.2	29.6
波黑	11.0	11.2	12.1	13.3	14.9	14.5	—
黑山	19.4	19.1	20.7	21.2	23.8	25.5	—
捷克	14.4	15.3	16.4	17.6	19.0	20.1	21.4
克罗地亚	17.8	17.9	19.2	20.9	20.2	21.0	22.7
拉脱维亚	23.2	25.7	26.4	28.0	29.4	31.1	33.0
立陶宛	31.5	33.6	33.6	35.5	36.4	36.9	38.1
罗马尼亚	13.3	14.3	15.0	15.4	16.9	17.4	17.9
马其顿王国	16.2	15.4	17.4	18.7	20.7	21.4	20.4
塞尔维亚	—	17.3	18.5	19.2	19.8	20.6	21.4
斯洛伐克	15.2	15.7	16.6	18.3	19.5	19.8	20.5
斯洛文尼亚	23.1	23.6	24.5	25.4	27.4	29.0	30.2
土耳其	13.8	14.7	15.3	15.8	16.7	18.3	19.0
匈牙利	20.7	22.0	22.5	22.6	23.9	24.7	24.9

4. 中东欧国家的资本概况

中东欧国家资本存量最高的是土耳其、波兰和捷克，而其他国家与这 3 个国家具有明显差距（见图 3-51）。可见国内生产总值较高的国家资本存量也相应较高，资本的积累促进了这些国家的经济发展；同时，这些资本存量较高的国家资本有逐渐积累的趋势。从资本形成总额的增长率来看，中东欧国家增长率波动较大，近年来增长速度较高的国家有斯洛文尼亚、斯洛伐克、波兰和匈牙利等国（见图 3-52）。

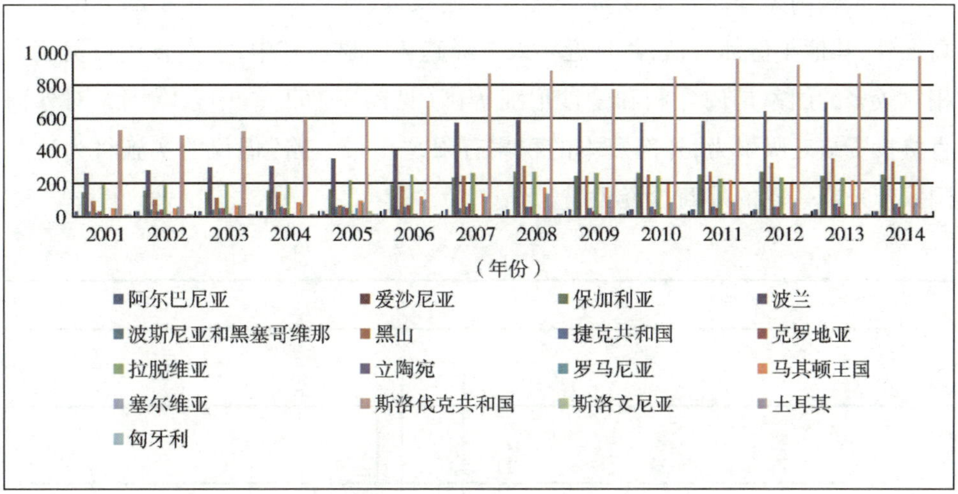

图 3－51　2001—2014 年中东欧国家资本形成总额（亿美元）

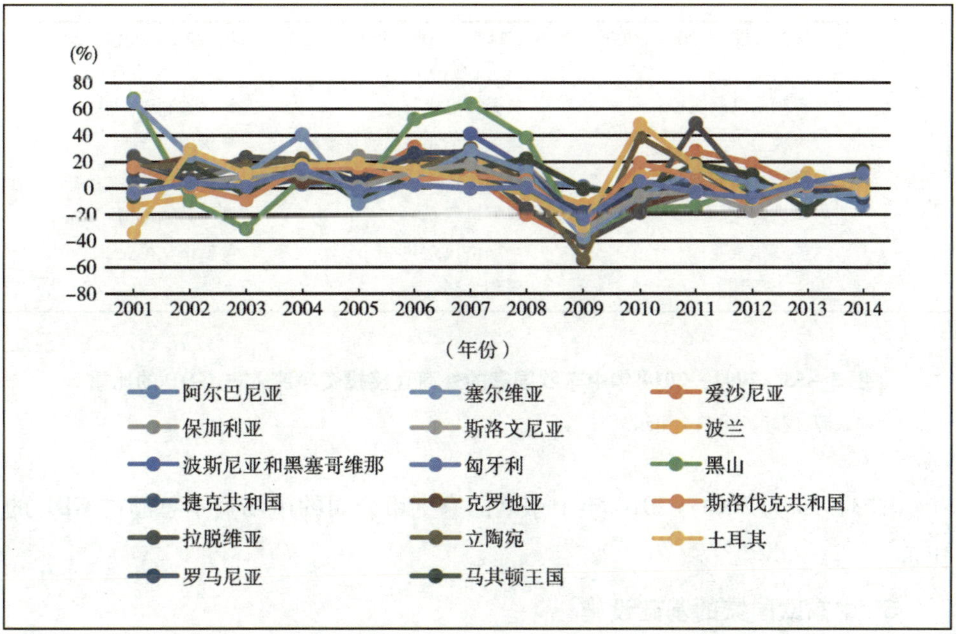

图 3－52　2001—2014 年中东欧国家资本形成总额增长率

数据来源：世界银行国民经济核算数据，以及经济合作与发展组织国民经济核算数据文件。

中东欧国家外商直接投资净流入普遍较低,除2007—2010年部分国家较高之外,其他年份都较低,并且近年来下降趋势明显。其中,外商直接投资流入相对较多的国家是匈牙利和爱沙尼亚等国(见图3-53)。中东欧国家对外商直接投资缺乏吸引力,外部资本的积累有限,“一带一路”倡议的实施将为这些国家带来新一轮的外商投资机遇。

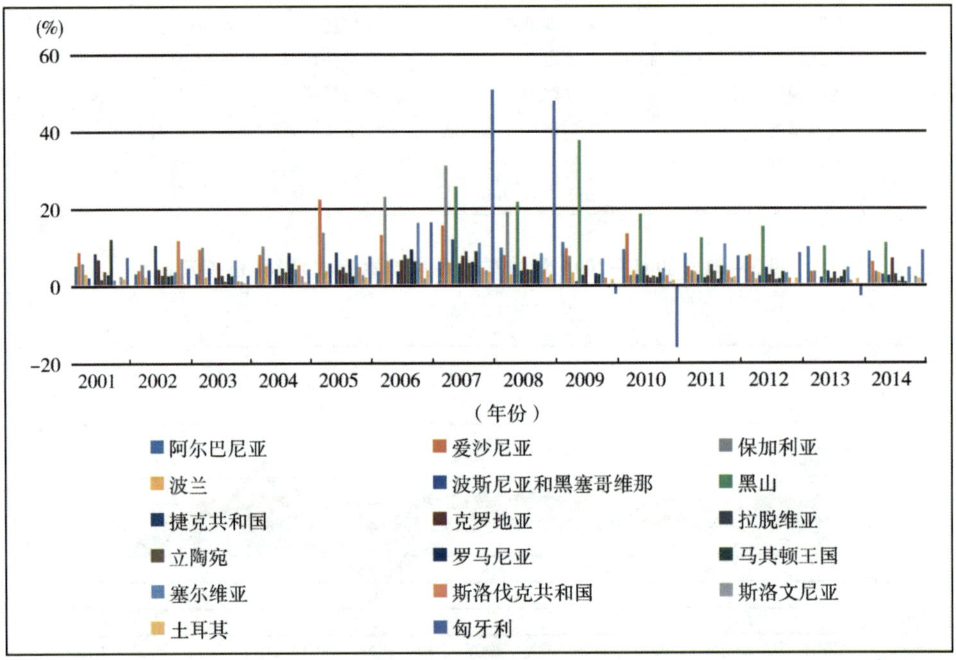

图3-53　2001—2014年中东欧国家的外商直接投资净流入占GDP的比重

数据来源:国际货币基金组织。

图3-54为2001—2014年中东欧国家上市公司的市场资本总额占GDP的比重。

5. 中东欧国家的基础设施

土耳其具有良好的航空基础设施,土耳其和波兰具有良好的海运基础设施;波兰、罗马尼亚、土耳其和捷克具有较好的铁路基础设施(见表3-24)。这些国家也处于一些交通的枢纽地,在基础设施互联上具有重要的节点地位。

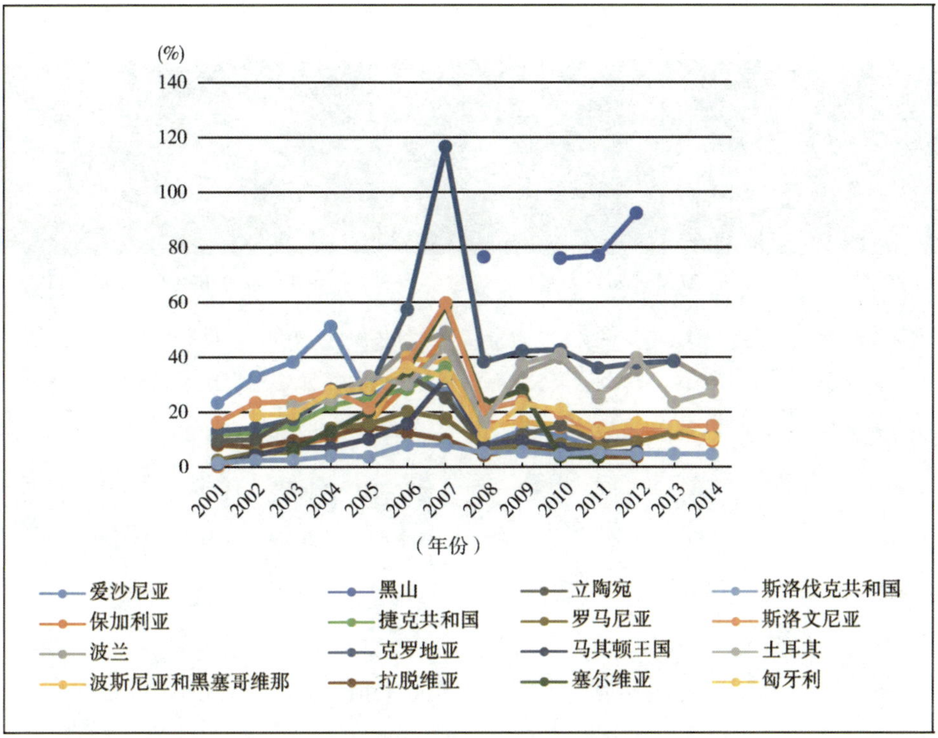

图 3－54　2001—2014 年中东欧国家上市公司的市场资本总额占 GDP 的比重

注：图中有部分国家部分年份的数据缺失。

数据来源：世界联合会的交流数据库。

表 3－24　2002、2012 年中东欧国家交通基础设施及货运量

交通基础设施/货运量	航空运输货运量（百万吨/公里）		货柜码头吞吐量（TEU：20 英尺当量单位）		铁路（总公里）		铁路货运量（百万吨/公里）	
国家＼年份	2002	2012	2002	2012	2002	2012	2002	2012
阿尔巴尼亚	0	—	—	98 714	447	423	21	46
保加利亚	0	2	—	162 045	4 318	4 070	4 627	2 850
波黑	1	0	—	—	1 101	1 027	293	1 325
白俄罗斯	1	2	—	—	5 512	5 462	34 169	48 351

续表

交通基础设施/货运量	航空运输货运量（百万吨/公里）		货柜码头吞吐量（TEU:20 英尺当量单位）		铁路(总公里)		铁路货运量（百万吨/公里）	
国家 \ 年份	2002	2012	2002	2012	2002	2012	2002	2012
捷克	27	11	—	—	9 499	9 469	17 042	11 423
爱沙尼亚	1	2	—	174 926	967	792	9 330	4 807
克罗地亚	4	2	23 853	155 724	2 726	2 722	2 206	2 332
匈牙利	25	0	—	—	7 729	7 877	7 319	1 179
立陶宛	2	3	—	381 300	1 775	1 767	9 767	14 172
拉脱维亚	1	4	—	308 425	2 269	1 860	15 020	16 930
马其顿王国	0	—	—	—	699	—	334	—
黑山	—	—	—	—	—	—	—	—
波兰	67	92	—	1 673 503	20 223	19 617	46 560	32 904
罗马尼亚	9	6	—	684 059	11 364	10 777	17 197	11 200
塞尔维亚	4	1	—	—	3 900	4 048	2 263	2 955
斯洛伐克	1	—	—	—	3 657	3 593	10 679	7 262
斯洛文尼亚	5	1	—	570 744	1 229	1 209	3 078	3 227
土耳其	381	1 934	2 297 380	6 736 347	8 671	9 642	7 169	10 691

数据来源:世界银行 WDI 数据库。

6. 中东欧国家的产业结构

从中东欧国家三次产业结构的变化来看,2013 年工业占比最高的国家为捷克、斯洛伐克、波兰和斯洛文尼亚,其工业占比都在 30% 以上,但是相对全球的制造业国家来说,这一比重还是偏低的。2013 年服务业占比最高的为拉脱维亚、黑山、爱沙尼亚和保加利亚(见表 3 - 25),但是这些国家不是中东欧人均收入水平最高的国家,表明这些国家并不是服务经济驱动的国家,其服务业占比提高主要源于制造业比重的较低水平。

表 3-25 2002、2013 年中东欧国家三次产业比重 (%)

产业比重	农业增加值占GDP的比重		工业增加值占GDP的比重		服务业等附加值占GDP的比重	
国家＼年份	2002	2013	2002	2013	2002	2013
阿尔巴尼亚	24.24	22.50	19.60	26.37	56.17	51.13
爱沙尼亚	4.23	3.50	28.73	28.94	67.04	67.56
保加利亚	10.91	5.34	26.69	27.56	62.40	67.10
波兰	3.05	3.33	30.30	32.32	66.65	64.35
波黑	10.09	8.44	21.68	27.10	68.23	64.45
黑山	12.19	9.79	24.11	18.84	63.70	71.37
捷克	2.80	2.70	36.38	36.87	60.82	60.44
克罗地亚	6.31	4.39	28.30	27.36	65.39	68.25
拉脱维亚	5.13	3.40	25.16	23.70	69.72	72.90
立陶宛	5.36	3.95	29.51	30.05	65.13	65.99
罗马尼亚	12.56	6.18	30.07	26.97	57.38	66.84
马其顿王国	12.34	11.04	23.50	24.55	64.16	64.41
塞尔维亚	15.05	9.36	32.30	31.66	52.65	58.98
斯洛伐克	5.02	3.97	34.12	32.96	60.86	63.08
斯洛文尼亚	3.20	2.06	34.48	32.30	62.32	65.64
土耳其	11.71	8.33	28.62	26.61	59.67	65.06
匈牙利	4.83	4.55	30.84	30.11	64.33	65.33

数据来源：世界银行国民经济核算数据，以及经济合作与发展组织国民经济核算数据文件。

7. 中东欧国家的营商环境

中东欧国家中，企业注册启动程序的项目数量最少的国家为斯洛文尼亚、马其顿和立陶宛；通过注册资产所需天数可以看出，中东欧国家中立陶宛、土耳其和保加利亚等国创办企业营收环境较好。根据开办企业流程的成本占人均国民总收入的比重发现，中东欧国家中斯洛文尼亚、立陶宛和保加利亚开办企业成本较小，均低于1%；在创办企业所需天数方面，马其顿、立陶宛、爱沙尼亚和匈牙利等国创办企业用时较少。

中东欧大部分国家履行合同所需天数普遍较多，都在400天以上，只有立陶宛和匈牙利最少，在400天以下。从中东欧国家中完成破产所需时间来看，黑山、拉脱维亚、马其顿和斯洛文尼亚企业营业环境良好，企业可以顺利地退出并得到保护。中东欧国家在用于应付官员的管理时间方面，拉脱维亚、立陶宛、爱沙尼亚和阿尔巴尼亚企业经营环境较好。2014年中东欧国家的营商环境如表3－26所示。

表3－26　2014年中东欧国家营商环境

项目 / 国家	企业注册启动程序的项目的数量	注册资产所需天数	开办企业流程的成本占人均GNI的比重（%）	创办企业所需天数	履行合同所需天数	完成破产所需时间（年）	用于应付官员的管理时间
阿尔巴尼亚	6	22	10.1	5.5	525	2.0	6.7
爱沙尼亚	4	17.5	1.4	4.5	425	3.0	6.5
保加利亚	4	11	0.8	18	564	3.3	16.1
波兰	4	33	12.9	30	685	3.0	19.7
波黑	12	24	15.2	67	595	3.3	14.4
黑山	6	69	1.6	10	545	1.4	9.6
捷克	8	31	6.9	15.5	611	2.1	13.9
克罗地亚	7	72	3.5	15	572	3.1	19.6
拉脱维亚	4	17.5	3.6	12.5	469	1.5	5.2
立陶宛	3	2.5	0.2	3.5	300	2.3	6.0
罗马尼亚	5	19	2.1	8	512	3.3	15.8
马其顿王国	2	31	0.6	2	604	1.8	10.3
塞尔维亚	6	54	6.8	12	635	2.0	13.2
斯洛伐克	7	16.5	1.5	11.5	705	4.0	8.2
斯洛文尼亚	2	64.5	0	6	1 270	2.0	10.1
土耳其	8	7.0	16.4	7.5	420	3.3	19.0
匈牙利	4	16.5	8.3	5	395	2.0	11.3

注：“用于应付官员的管理时间”为应付官员的时间占管理时间的百分比。因2014年的数据缺失，表中为2013年的数据。

数据来源：世界银行WDI数据库。

根据对进口周转天数的分析，中东欧国家中进口效率最高的国家为爱沙尼亚和立陶宛。爱沙尼亚、波兰、立陶宛、保加利亚和拉脱维亚等国进口程序较少。中东欧国家中除斯洛文尼亚、土耳其、克罗地亚和塞尔维亚法律权利指数较低之外，其他中东欧国家法律制度环境较为理想。中东欧国家在海关手续负担方面表现一般，基本为平均状态，其中，爱沙尼亚海关效率最高（见表3－27）。

表3－27　2014年中东欧国家营商环境的其他指标

国家＼项目	进口周转时间（天数）	进口文件（份数）	法律权利力度指数（0＝弱，12＝强）	海关手续负担（1＝效率极低，7＝效率极高）
阿尔巴尼亚	18	8	7	3.4
爱沙尼亚	5	4	7	5.3
保加利亚	17	5	9	4.1
波兰	14	4	7	4.3
波黑	13	8	7	—
黑山	14	5	12	4.1
捷克	17	6	7	4.5
克罗地亚	14	7	5	4.6
拉脱维亚	11	5	9	4.5
立陶宛	9	5	6	4.6
罗马尼亚	13	6	10	3.7
马其顿王国	11	8	6	4.7
塞尔维亚	15	7	5	3.6
斯洛伐克	16	5	7	4.5
斯洛文尼亚	14	7	3	4.9
土耳其	14	8	3	3.8
匈牙利	19	6	10	4.8

数据来源：世界银行WDI数据库和世界经济论坛（WEF）《全球竞争力报告》。

（六）中亚地区

中亚地区包括哈萨克斯坦、吉尔吉斯斯坦、塔吉克斯坦、土库曼斯坦和乌兹别克斯坦共5个国家。

1. 中亚国家的国内生产总值

从中亚各国的总量GDP（根据2005年不变价美元计算）来看，中亚国家总量GDP差异较大，其中哈萨克斯坦最高，最低的为塔吉克斯坦。2001—2014年哈萨克斯坦的总量GDP均为塔吉克斯坦总量GDP的22倍以上（见图3-55）。同时，与中国相比，中亚五国都小于中国的GDP水平。

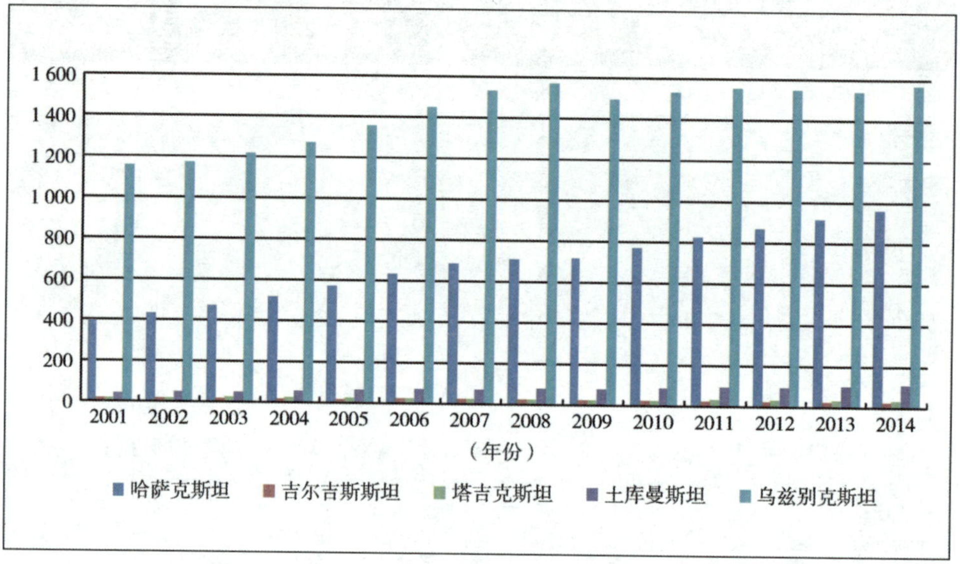

图3-55　2001—2014年中亚国家总量GDP水平（亿美元）

数据来源：世界银行WDI数据库。

中亚各国的GDP增长率波动较大，GDP总量水平高的国家其GDP增长水平相对稳定，土库曼斯坦、乌兹别克斯坦与塔吉克斯坦具有较大的增长潜力，而GDP总量水平最高的哈萨克斯坦发展趋势良好（见图3-56）。

从中亚国家的人均GDP水平（根据2005年不变价美元计算）来看，中亚国家的人均GDP水平差异很大，其中人均GDP水平最高的国家为哈萨克斯坦，其次为土库曼斯坦。其他国家人均GDP水平都较低（见图3-57），也基本上小于中国的人均GDP水平。

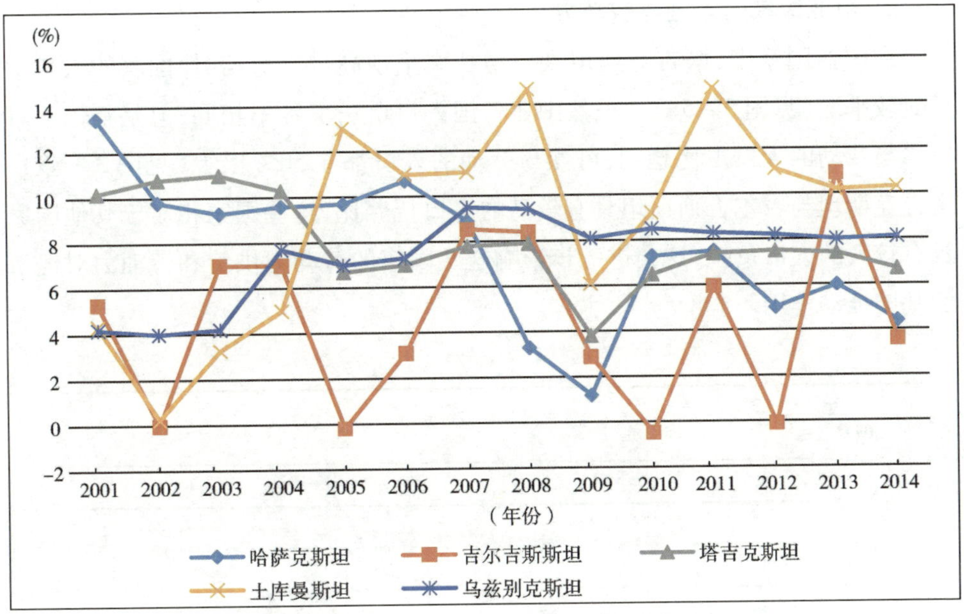

图 3－56 2001—2014 年中亚国家 GDP 增长率

数据来源:世界银行 WDI 数据库。

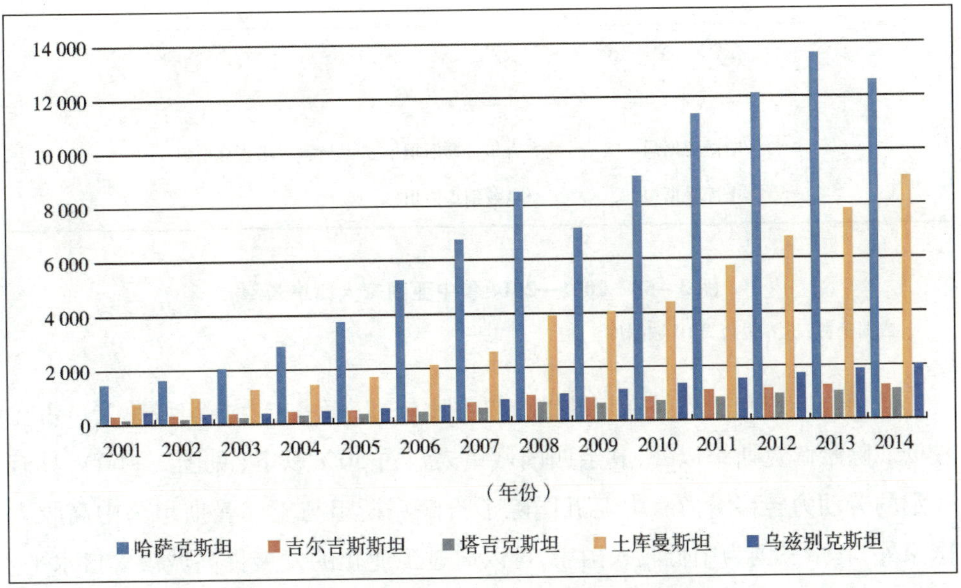

图 3－57 2001—2014 年中亚国家人均 GDP(美元)

数据来源:世界银行 WDI 数据库。

2. 中亚国家的人口与劳动力

在中亚国家中，塔吉克斯坦人口增长率呈现高位平稳，其他国家的人口增长比较平缓（见图3－58）。虽然中亚各国人口增长率各不相同，但是整体上可以参与劳动的人口占比趋同，可参与劳动的人口都在50%以上（见图3－59）。塔吉克斯坦与吉尔吉斯斯坦具有较高的人口抚养比，这些国家相对于其他国家具有较大的人口负担，这会进一步影响这些国家的劳动力供给和劳动力对经济的基础推动作用。

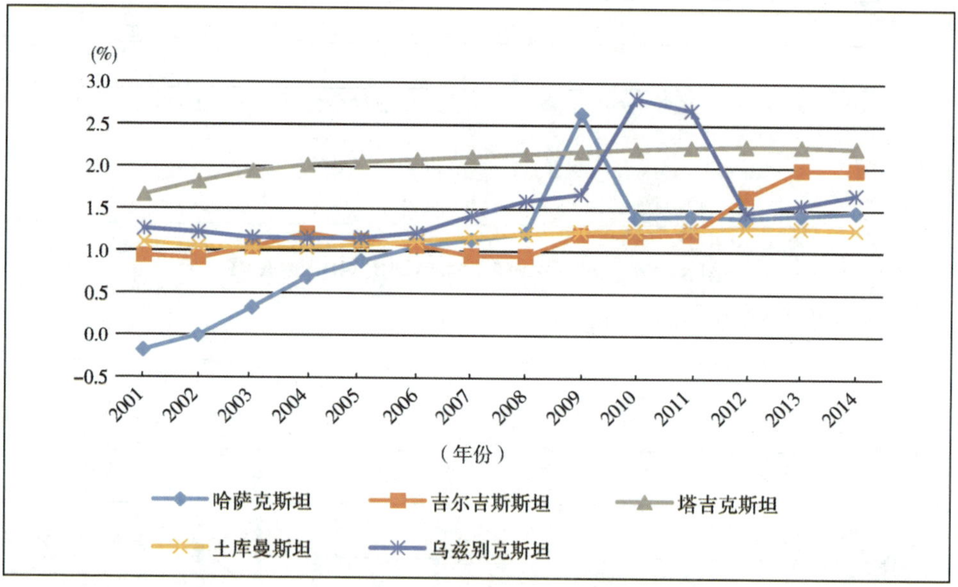

图3－58　2001—2014年中亚国家人口增长率

数据来源：世界银行WDI数据库。

哈萨克斯坦和土库曼斯坦城镇人口占比较高，而塔吉克斯坦城镇人口占比较低。除哈萨克斯坦以外，其余四国城镇人口占50%以下（见图3－60），具有一定的劳动力转移潜力。中亚五国除了哈萨克斯坦与土库曼斯坦为中高收入国家外，其余三国为中低收入国家，可以通过工业化的发展提高城镇人口水平。劳动力成本较高的国家为吉尔吉斯斯坦，而哈萨克斯坦与塔吉克斯坦劳动力成本比例均较低，这也是中国传统产业能够转移的条件所在。

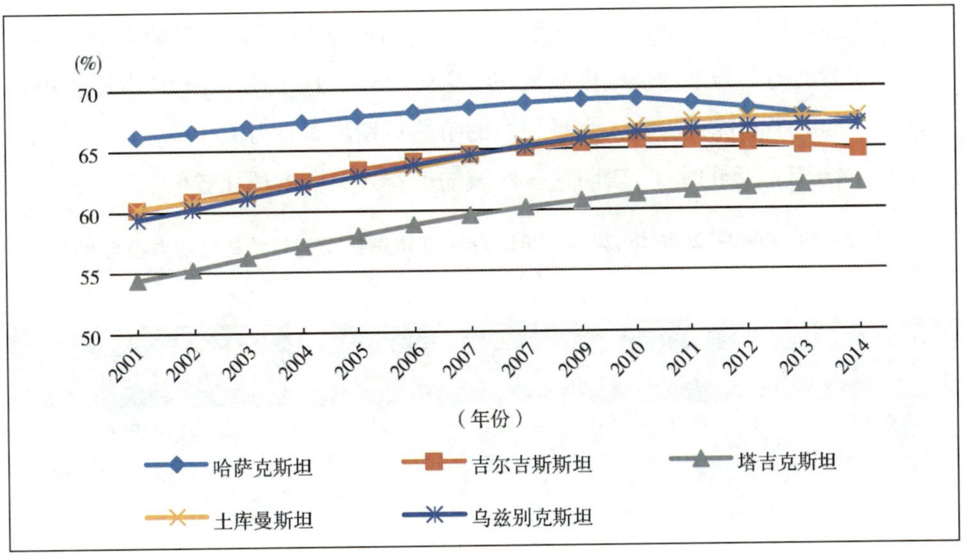

图 3-59 2001—2014 年中亚国家人口的劳动参与率

数据来源:世界银行 WDI 数据库。

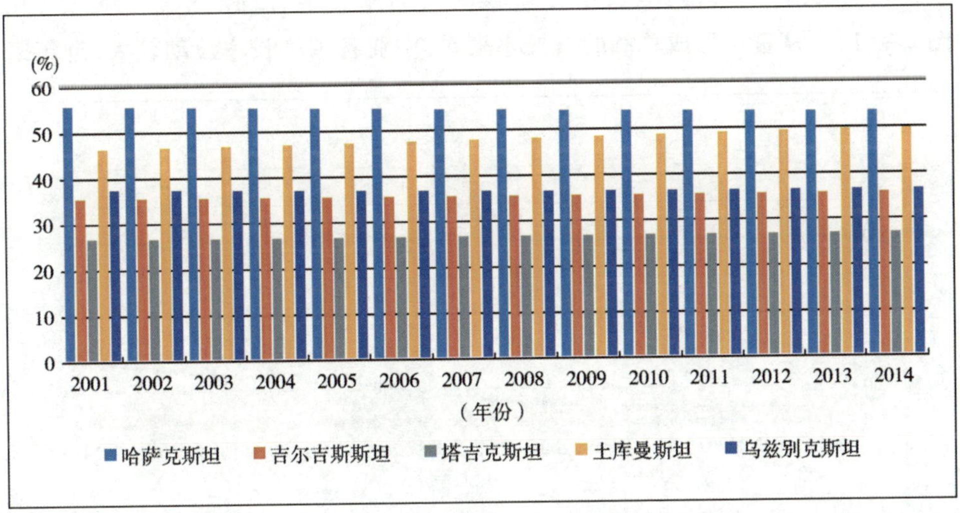

图 3-60 2001—2014 年中亚国家城镇人口占比

数据来源:世界银行 WDI 数据库。

3. 中亚国家的人力资本

收入较高的哈萨克斯坦高等教育劳动力参与率较高,而吉尔吉斯斯坦近年来高等教育劳动力参与率增长幅度较大(见表3-28)。这说明,当地政府逐步推进劳动力结构的不断优化。收入水平较高的哈萨克斯坦每百万人中研发人员为700人左右,属于比较低的水平,表明这一区域的创新人力资本还比较低。

表3-28　2002—2006年、2009—2013年中亚国家接受高等教育劳动力参与率

(%)

国家＼年份	2002	2003	2004	2005	2006	2009	2010	2011	2012	2013
哈萨克斯坦	47.4	48.9	50.0	—	—	24.9	26.3	27.6	29.5	30.0
吉尔吉斯斯坦	—	—	—	2.4	2.5	—	—	17.6	18.2	18.2
塔吉克斯坦	—	—	10.9	—	—	—	—	—	—	—

数据来源:世界银行WDI数据。

4. 中亚国家的资本概况

中亚国家资本存量最高的是哈萨克斯坦,国内生产总值较高的国家资本存量也相应较高;同时,这些资本存量较高的国家资本有逐渐积累的趋势(见图3-61)。从资本形成总额的增长率来看,中亚各国增长率波动较大,近年来

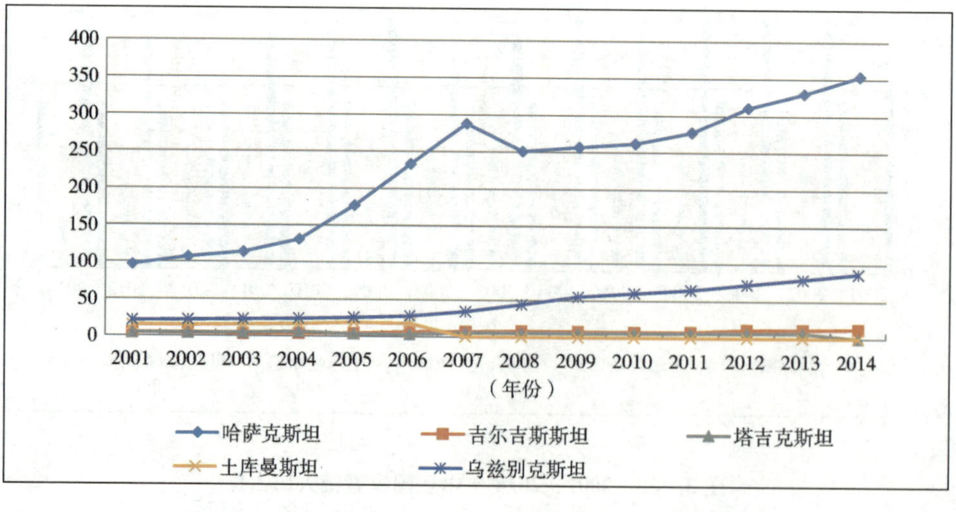

图3-61　2001—2014年中亚国家资本形成总额(百万美元)

中亚五国资本形成总额的增长率逐渐趋同(见图3-62)。从资本的外部积累来看,中亚国家外商直接投资流入最多的国家是土库曼斯坦。在经济大背景不太乐观、其余国家外商直接投资都有相应下降的情况下,塔吉克斯坦的资本流入却有所增加(见图3-63)。

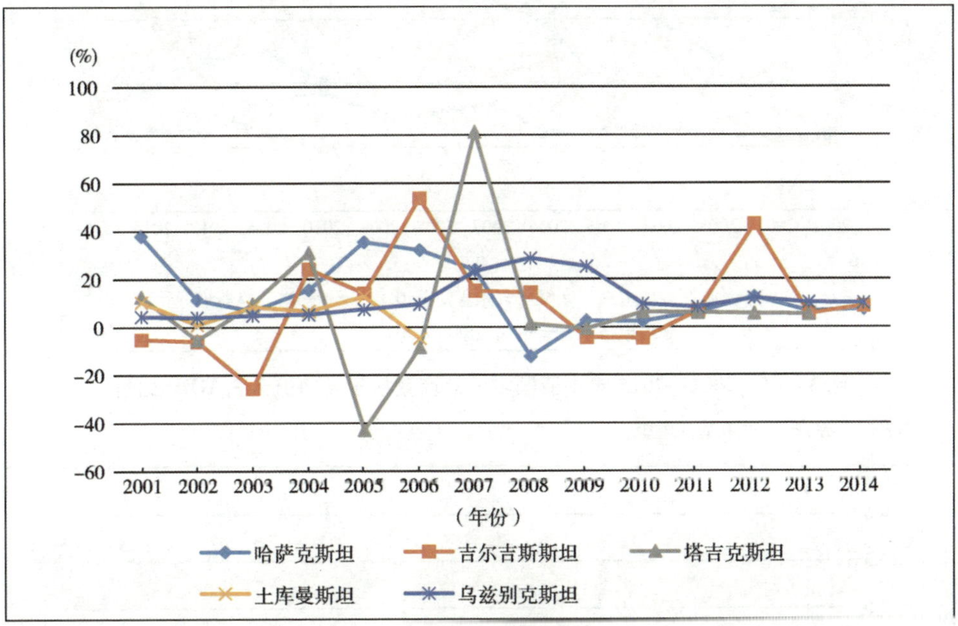

图3-62 2001—2014年中亚国家资本形成总额增长率

数据来源:世界银行国民经济核算数据,以及经济合作与发展组织国民经济核算数据文件。

在中亚国家中,金融发展程度最高的国家也是经济最发达的哈萨克斯坦,吉尔吉斯斯坦的金融发展程度波动较大,总体而言,这些国家的金融都不发达。2001—2014年中亚国家上市公司的市场资本总额占GDP的比重如图3-64所示。

5. 中亚国家的基础设施

中亚各国航空基础设施较差,相对而言哈萨克斯坦和乌兹别克斯坦具有较好的铁路基础设施(见表3-29)。中亚国家作为典型的内陆型国家,铁路是主要的跨国运输方式,在这些领域我国与其合作的空间也较大。哈萨克斯坦和土

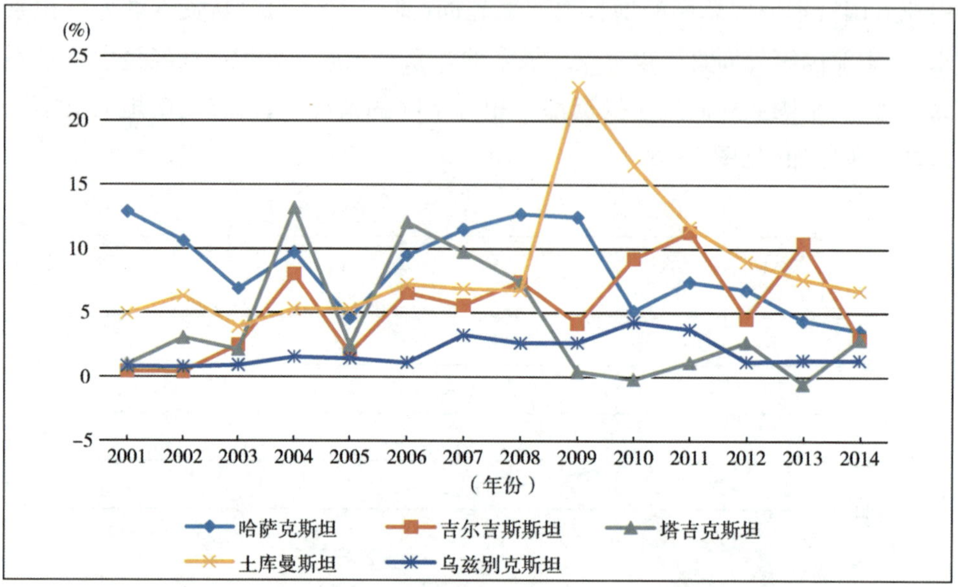

图3-63　2001—2014年中亚国家的外商直接投资净流入占GDP比重

数据来源：国际货币基金组织。

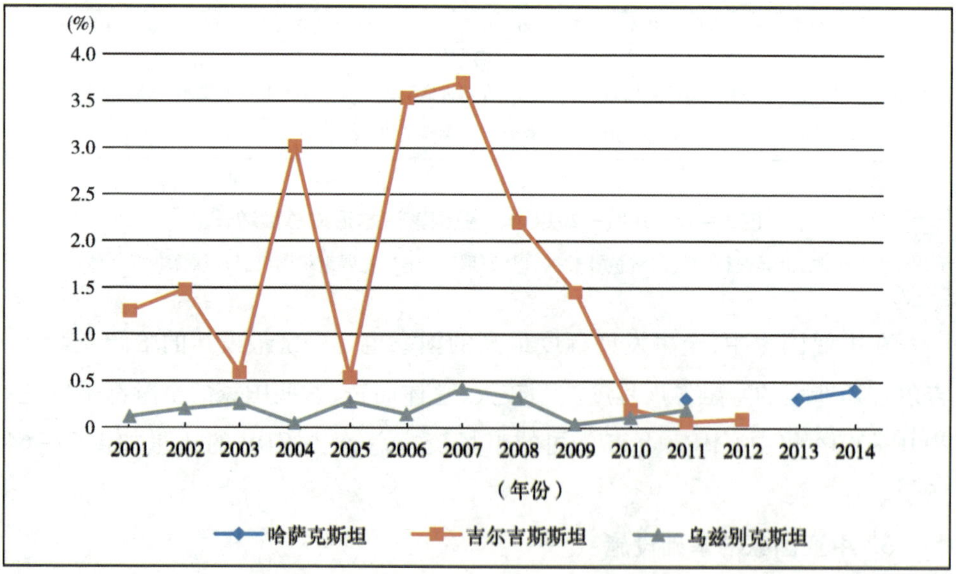

图3-64　2001—2014年中亚国家上市公司的市场资本总额占GDP的比重

注：图中有部分国家部分年份的数据缺失。

数据来源：世界联合会的交流数据库。

库曼斯坦具有较好的能源基础设施，哈萨克斯坦和乌兹别克斯坦的网络基础设施相对较好（见表 3－30）。

表 3－29　2002、2012 年中亚国家交通基础设施及货运量

交通基础设施/货运量	航空运输货运量（百万吨/公里）		货柜码头吞吐量（TEU：20 英尺当量单位）		铁路（总公里）		铁路货运量（百万吨/公里）	
国家 \ 年份	2002	2012	2002	2012	2002	2012	2002	2012
哈萨克斯坦	20	54	—	—	13 597	14 319	133 088	235 846
吉尔吉斯斯坦	6	1	—	—	—	417	—	923
塔吉克斯坦	2	2	—	—	—	621	—	555
土库曼斯坦	13	3	—	—	—	3 115	—	11 992
乌兹别克斯坦	69	111	—	—	4 126	4 192	18 428	22 482

数据来源：世界银行 WDI 数据库。

表 3－30　2002、2012 年中亚国家能源基础设施与网络基础设施

能源/网络基础设施	耗电量（人均千瓦时）		互联网用户（每百人）		移动蜂窝式无线通信系统的电话租用（每百人）	
国家 \ 年份	2002	2012	2002	2012	2002	2012
哈萨克斯坦	3 558. 33	5 084. 98	1. 67	53. 32	7. 02	185. 82
吉尔吉斯斯坦	1 365. 94	1 809. 10	3. 00	19. 80	1. 06	124. 18
塔吉克斯坦	2 147. 34	1 748. 60	0. 06	14. 51	0. 21	81. 51
土库曼斯坦	1 780. 15	2 476. 15	0. 30	7. 20	0. 18	114. 06
乌兹别克斯坦	1 775. 77	1 605. 33	1. 08	36. 52	0. 74	71. 03

数据来源：世界银行 WDI 数据库。

6. 中亚国家的产业结构

从中亚国家三次产业结构的变化来看，2013 年工业占比最高的哈萨克斯坦的工业占比也在 50% 以下，说明中亚国家工业化水平有一定的提升空间；2013 年服务业占比最高的为哈萨克斯坦和吉尔吉斯斯坦，超过了 50%（见表 3－31）。

表 3－31　2002、2013 年中亚国家三次产业比重　　（%）

项目	农业增加值占GDP的比重		工业增加值占GDP的比重		服务业等附加值占GDP的比重	
国家＼年份	2002	2013	2002	2013	2002	2013
哈萨克斯坦	8.62	4.93	38.59	36.89	52.80	58.18
吉尔吉斯斯坦	37.68	17.00	23.34	28.86	38.97	54.14
塔吉克斯坦	24.66	27.41	39.43	21.75	35.91	50.84
土库曼斯坦	22.01	—	42.38	—	35.61	—
乌兹别克斯坦	34.25	19.20	22.05	33.30	43.70	47.50

数据来源：世界银行国民经济核算数据，以及经济合作与发展组织国民经济核算数据文件。

7. 中亚国家的营商环境

在中亚国家中，企业注册启动程序的项目数量最少的国家为吉尔吉斯斯坦和塔吉克斯坦。通过注册资产所需天数可以看出，中亚国家中吉尔吉斯斯坦创办企业营商环境较好。根据开办企业流程的成本占人均国民总收入的比重分析，中亚各国中，哈萨克斯坦创办企业成本最低，仅为 0.5%。在创办企业所需天数方面，乌兹别克斯坦创办企业用时最少。

在企业经营环境方面，中亚国家中履行合同所需天数最少的国家为乌兹别克斯坦。从在中亚国家中完成破产时间来看，哈萨克斯坦和吉尔吉斯斯坦企业营业环境良好，企业可以顺利地退出并得到保护。在用于应付官员的管理时间上，哈萨克斯坦企业经营环境较好（见表 3－32）。

从进口周转天数来看，中亚国家中进口效率最高的为哈萨克斯坦。根据进口文件数量来衡量进口程序的制度成本，中亚国家中吉尔吉斯斯坦进口程序较少。在法律权利力度指数方面，吉尔吉斯斯坦法律制度环境较好；在海关手续负担方面，哈萨克斯坦海关效率较高（见表 3－33）。

表 3-32 2014 年中亚国家营商环境

项目 / 国家	企业注册启动程序的项目的数量	注册资产所需天数	开办企业流程的成本占人均 GNI 的比重	创办企业所需天数	履行合同所需天数	完成破产所需时间（年）	用于应付官员的管理时间
哈萨克斯坦	6	11	0.5	10	370	1.5	5.5
吉尔吉斯斯坦	4	5	2.3	10	410	1.5	12.0
塔吉克斯坦	4	37	23.3	28	430	1.7	21.9
乌兹别克斯坦	7	55	3.3	8.5	225	2	19.9

注：“用于应付官员的管理时间”为应付官员的时间占管理时间的百分比。

数据来源：世界银行 WDI 数据库。

表 3-33 2014 年中亚国家营商环境的其他指标

项目 / 国家	进口周转时间（天数）	进口文件（份数）	法律权利力度指数（0 = 弱，12 = 强）	海关手续负担（1 = 效率极低，7 = 效率极高）
哈萨克斯坦	67	12	3	3.9
吉尔吉斯斯坦	73	11	8	3.4
塔吉克斯坦	70	12	1	3.6
乌兹别克斯坦	104	13	1	—

数据来源：世界银行 WDI 数据库和世界经济论坛（WEF）《全球竞争力报告》。

（余典范　葛鹏　邹俊）

“一带一路”沿线国家产业发展基本概况

知己知彼，百战不殆。深入了解“一带一路”沿线国家的产业发展状况、特点、产业合作模式，以及各个产业的比较优势水平，是与这些国家充分开展产业合作的基础，同时可为我国产业合作中的资本合作、劳动力利用以及适应营商环境、规避相应的制度风险提供基本的参考。

一、“一带一路”沿线国家产业发展状况

通过收集“一带一路”主要国家的基本经济数据、产业数据和海关等数据，我们对“一带一路”各国的产业情况进行了分析，“一带一路”沿线各国重点产业有所不同（见表3－34）。比如印度的重点优势产业，在制成品方面是纺织品、珠宝、机械产品、化工产品、皮革和手工艺品等，初级产品是农产品和矿产品，石油类产品主要包括成品油、原油和石油产品等；同时，印度的软件和金融等服务行业也具有优势。俄罗斯的优势产业主要是石油和天然气等矿产品、金属及其制品、化工产品、机械设备和交通工具、宝石及其制品、木材及纸浆、航空航天、核工业等，而服务业欠发达。

表3－34 “一带一路”主要国家出口状况及国内产业状况

国家	重点产业
塔吉克斯坦	主要优势产业为铝锭、皮棉和纺织品，非贵重金属及其制品
马尔代夫	主要优势产业为海产品和成衣，旅游业、船运业和渔业是马尔代夫经济的三大支柱
斯里兰卡	最重要的优势产业是锡兰红茶，主要出口商品有纺织品、服装、茶叶、橡胶、椰子和石油产品，宝石富集，旅游业发达
印度	主要优势产业为：制成品主要包括纺织品、珠宝、机械产品、化工产品、皮革、手工艺品等；初级产品主要包括农产品和矿产品；石油类产品主要包括成品油、原油和石油产品等；为全球软件、金融等服务业重要出口国

续表

国家	重点产业
蒙古	优势产业主要为矿产品、纺织品和畜产品等，经济以畜牧业和采矿业为主
俄罗斯	优势产业是石油和天然气等矿产品、金属及其制品、化工产品、机械设备和交通工具、宝石及其制品、木材及纸浆等；航空航天、核工业具有世界先进水平
印度尼西亚	全球最大的棕榈油生产国，林业产品出口量大，渔业资源丰富，采矿业创汇，工业方面纺织、电子、木材加工、钢铁、机械、汽车是出口创汇的重要门类
马来西亚	生产及出口半导体、视听器材、空调、橡胶产品及人造油产品，并居于领导地位的国家，旅游业发达，矿业方面锡、石油、天然气丰富，最大的磁盘驱动器生产国，钢铁等重工业仍然是经济支柱之一，胶乳和橡胶工业是其经济强项
土库曼斯坦	主要优势产业为天然气、石油制品、皮棉，石油天然气资源丰富，天然气储备量列世界第五，石油天然气工业为支柱产业，农业方面以种植棉花和小麦为主，亦有畜牧业（阿哈尔捷金马等），大型纺织企业的产品中有90%用于出口，并且大部分产品已达到国际标准
哈萨克斯坦	主要优势产业中，矿产品占75%（包括石油及石油产品），金属及其制品占13.1%，化学制品、塑料和橡胶占4.2%，动植物产品和成品粮占3.4%，机械、设备、交通工具、仪器和仪表占1.4%，其他占2.9%。该国经济以石油、天然气、采矿、煤炭和农牧业为主，加工工业和轻工业相对落后
乌兹别克斯坦	主要优势产业为天然气、油类、电力、棉花、黄金、能源产品、矿物肥料、黑色金属和有色金属、纺织品、食品、机械、汽车。国民经济支柱产业是"四金"，即黄金、"白金"（棉花）、"黑金"（石油）、"蓝金"（天然气），且矿藏丰富
吉尔吉斯斯坦	优势产业主要为贵金属、化学制品和农产品等，矿藏丰富，农产品加工是工业化经济的重要部分
阿富汗	优势产业有天然气、地毯、干鲜果品、羊毛、棉花等
希腊	优势产业为食品、烤烟、石油产品、纺织品、橄榄油、水泥等，海运、旅游、侨汇为三大经济支柱，橄榄油、棉花产量居欧洲前列
越南	优势产业有九种：煤炭、橡胶、纺织品、石油、水产品、鞋类、大米、木材及木制品、咖啡

资料来源：根据世界银行的相关资料整理。

从产业结构总体来看，中国在工业上具有比较优势。①

2013 年，世界农业增加值占 GDP 的比重为 3.08%，“一带一路”沿线国家中有 10 个国家低于世界平均水平，大部分国家高于世界平均水平。2013 年，中国农业增加值占 GDP 的比重为 9.41%，“一带一路”沿线国家中农业增加值比重低于中国和高于中国的国家数大致相当。

2013 年，世界工业增加值占 GDP 的比重为 26.42%，“一带一路”沿线国家中有 19 个国家低于世界平均水平，大部分国家高于世界平均水平。2013 年，中国工业增加值占 GDP 的比重为 43.67%，“一带一路”沿线国家中仅有 7 个国家高于中国的水平，这 7 个国家除沙特外，均体量较小（见表 3－35）。因此，在“一带一路”沿线范围内，在工业体量上尚难以找到能够与中国匹敌的国家。实际上，作为世界工厂，中国工业在世界范围内是很具竞争力的。

2013 年，世界服务业增加值占 GDP 的比重为 70.49%，“一带一路”沿线国家中有 10 个国家高于世界平均水平，大部分国家低于世界平均水平。2013 年，中国服务业增加值占 GDP 的比重为 46.92%，“一带一路”沿线国家中仅有 12 个国家低于中国的水平。由此可见，与其他国家相比，中国服务业增加值的占比还是偏低的。

表 3－35　2013 年“一带一路”沿线国家工业增加值占 GDP 比重高于中国的国家

（%）

国家 \ 产业增加值占比	农业增加值占 GDP 比重	工业增加值占 GDP 比重	服务业增加值占 GDP 比重
卡塔尔	0.09	70.60	29.31
阿曼	1.23	68.87	29.90
文莱	0.73	68.24	31.03
科威特	0.33	67.91	31.76
阿塞拜疆	5.66	62.07	32.27
沙特	1.85	60.05	38.10

① “一带一路”国家由于数据缺失年份较多，因此，本章选择相对较齐全的 2013 年的数据进行分析，但不改变基本的结论。

续表

产业增加值占比 国家	农业增加值占GDP比重	工业增加值占GDP比重	服务业增加值占GDP比重
不丹	16.99	44.68	38.33
中国	9.41	43.67	46.92
世界平均水平	3.08	26.42	70.49

资料来源：根据世界银行公布的数据整理。

从农业方面来看，“一带一路”沿线国家中农业增加值比重最低的10个国家是新加坡、卡塔尔、科威特、文莱、阿曼、沙特、斯洛文尼亚、捷克共和国、波兰和拉脱维亚。这些国家中既有像卡塔尔、科威特、阿曼和沙特等典型的中东石油国家，也有一些服务业增加值占比较高的欧洲国家（见表3－36）。

表3－36　2013年“一带一路”沿线农业增加值比重最低的10个国家产业结构状况

（%）

产业增加值占比 国家	农业增加值占比	工业增加值占比	服务业增加值占比
新加坡	0.03	25.11	74.86
卡塔尔	0.09	70.60	29.31
科威特	0.33	67.91	31.76
文莱	0.73	68.24	31.03
阿曼	1.23	68.87	29.90
沙特	1.85	60.05	38.10
斯洛文尼亚	2.06	32.30	65.64
捷克共和国	2.70	36.87	60.43
波兰	3.33	32.32	64.35
拉脱维亚	3.40	23.70	72.90
世界平均水平	3.08	26.42	70.49
中国	9.41	43.67	46.92

资料来源：根据世界银行公布的数据整理。

从工业方面来看，“一带一路”沿线国家中工业增加值比重最低的10个国家是尼泊尔、摩尔多瓦、马尔代夫、东帝汶、黑山、黎巴嫩、巴基斯坦、阿富汗、塔吉克斯坦和巴勒斯坦。这些国家中有些属于服务业增加值比重较高的国家，如马尔代夫、黎巴嫩、黑山和巴勒斯坦，这些国家的服务业增加值比重都在70%以上，也有一些农业增加值占比较高的国家，如尼泊尔、塔吉克斯坦、巴基斯坦和阿富汗等（见表3-37）。

表3-37　2013年“一带一路”沿线工业增加值比重最低的10个国家产业结构状况

（%）

国家＼产业增加值占比	农业增加值占比	工业增加值占比	服务业增加值占比
尼泊尔	35. 05	15. 73	49. 22
摩尔多瓦	14. 79	17. 12	68. 09
马尔代夫	3. 85	17. 33	78. 82
东帝汶	19. 18	17. 60	63. 22
黑山	9. 79	18. 84	71. 37
黎巴嫩	7. 18	19. 69	73. 13
巴基斯坦	24. 82	21. 02	54. 16
阿富汗	23. 89	21. 15	54. 96
塔吉克斯坦	27. 41	21. 75	50. 84
巴勒斯坦	4. 83	23. 57	71. 60
世界平均水平	3. 08	26. 42	70. 49
中国	9. 41	43. 67	46. 92

资料来源：根据世界银行公布的数据整理。

“一带一路”沿线国家中工业增加值比重最高的10个国家是卡塔尔、阿曼、文莱、科威特、阿塞拜疆、沙特、不丹、中国、印度尼西亚和白俄罗斯。这些国家中大部分国家都是农业增加值比重较低，比如卡塔尔、文莱和科威特等，这些国家的农业增加值比重都低于1%，而且服务业增加值比重都远低于世界平均水平（见表3-38）。

表 3－38　2013 年“一带一路”沿线工业增加值比重最高的 10 个国家产业结构状况

（%）

国家＼产业增加值占比	农业增加值占比	工业增加值占比	服务业增加值占比
卡塔尔	0.09	70.60	29.31
阿曼	1.23	68.87	29.90
文莱	0.73	68.24	31.03
科威特	0.33	67.91	31.76
阿塞拜疆	5.66	62.07	32.27
沙特	1.85	60.05	38.10
不丹	16.99	44.68	38.33
中国	9.41	43.67	46.92
印度尼西亚	13.39	42.56	41.56
白俄罗斯	8.09	41.98	49.93
世界平均水平	3.08	26.42	70.49

资料来源：根据世界银行公布的数据整理。

从服务业方面来看，“一带一路”沿线国家中服务业增加值比重最低的 10 个国家是卡塔尔、阿曼、文莱、科威特、阿塞拜疆、沙特、不丹、老挝、柬埔寨和印度尼西亚。这些国家中大部分国家都是工业增加值比重较高，比如卡塔尔、阿曼、文莱、科威特和阿塞拜疆等，这些国家的工业增加值比重都高于 60%；有些国家农业增加值比重较高，比如柬埔寨农业增加值比重高于 30%（见表 3－39）。

表 3－39　2013 年“一带一路”沿线服务业增加值比重最低的 10 个国家产业结构状况

（%）

国家＼产业增加值占比	农业增加值占比	工业增加值占比	服务业增加值占比
卡塔尔	0.09	70.60	29.31
阿曼	1.23	68.87	29.90
文莱	0.73	68.24	31.03
科威特	0.33	67.91	31.76
阿塞拜疆	5.66	62.07	32.27
沙特	1.85	60.05	38.10

续表

国家 \ 产业增加值占比	农业增加值占比	工业增加值占比	服务业增加值占比
不丹	16.99	44.68	38.33
老挝	26.38	33.20	40.42
柬埔寨	33.51	25.64	40.85
印度尼西亚	13.39	42.56	41.56
世界平均水平	3.08	26.42	70.49
中国	9.41	43.67	46.92

资料来源：根据世界银行公布的数据整理。

“一带一路”沿线国家中服务业增加值比重最高的10个国家是马尔代夫、新加坡、黎巴嫩、拉脱维亚、巴勒斯坦、黑山、克罗地亚、摩尔多瓦、爱沙尼亚和保加利亚。这些国家中大部分国家都是农业增加值占比较低（新加坡仅为0.03%），工业增加值占比也低于30%（见表3－40）。

表3－40　2013年“一带一路”沿线服务业增加值比重最高的十个国家产业结构状况

（%）

国家 \ 产业增加值占比	农业增加值占比	工业增加值占比	服务业增加值占比
马尔代夫	3.85	17.33	78.82
新加坡	0.03	25.11	74.86
黎巴嫩	7.18	19.69	73.13
拉脱维亚	3.40	23.70	72.90
巴勒斯坦	4.83	23.57	71.60
黑山	9.79	18.84	71.37
克罗地亚	4.39	27.36	68.25
摩尔多瓦	14.79	17.12	68.09
爱沙尼亚	3.50	28.94	67.56
保加利亚	5.34	27.56	67.10
世界平均水平	3.08	26.42	70.49
中国	9.41	43.67	46.92

资料来源：根据世界银行公布的数据整理。

从三次产业的产出结构来看,“一带一路”沿线国家普遍是农业和工业占比相对世界平均水平较高,而服务业占比则相对较低,这比较符合这一区域经济体主要是发展中国家的特点。中国相比“一带一路”沿线国家具有工业整体上的优势,可以通过与相关国家合作,将工业部分产能转移到国外,促进国内高端制造业和现代服务业的发展,推动产业升级。但我国究竟在哪些产业上具有优势,适合怎样的产业合作方式等都需要对产业的相对优势做进一步的分析。

二、中国与“一带一路”沿线国家产业合作的特点与模式

对于以多数发展中国家为主体的“一带一路”沿线国家而言,产业合作有别于原有发达国家与发展中国家的产业合作,主要是发展中国家的产业合作。从上述产业发展水平的分析看,大多数国家都属于中等偏下收入的经济体,产业的发展基础还比较差,基础设施的需求还比较大,“设施联通”是我国和这些国家合作的第一步;同时,这些国家产业结构大多比较单一,中国与这些国家合作的空间较大。但这些国家的资本市场以及市场环境并不是很完善,对外的资金需求较大。因此,我国需要对与“一带一路”沿线国家的产业合作方式、融资诉求、企业投资方式以及制度规则的完善这一产业合作系统进行优化升级,积极推动我国跨国产业合作的落地。跨国产业合作,是指建立在跨国产业分工的基础上,各国家以一定空间范围内的优势,打破国家的分割,根据自愿结合、互惠互利的原则,促进生产、技术和信息等的交流与融合。从实质上讲,跨国产业合作是各国要素在更大范围内实现的优化组合。

(一)跨国产业合作的模式

跨国产业合作主要有两种模式:一种是以市场获取为动机的基于垄断优势形成的输出“比较优势”产业合作模式;一种是以需求效率和降低成本为动机基于边际产业扩张理论形成的输出“比较劣势”产业合作模式。这两种产业合作模式都有成功的国际经验值得借鉴。

第一种产业合作模式,以第二次世界大战后美国跨国企业对外直接投资现状为现实基础。1948 年,美国国会通过了《对外援助法案》,利用其自身的过剩产能援助欧洲国家,启动了“马歇尔计划”。该计划把信贷援助转化成商品输

出,极大地刺激了美国的工业生产和对外贸易,使美国的过剩产能得到了有效释放,对美国在第二次世界大战后保持经济繁荣发展起到了积极作用。此后美国一直沿用这种模式,当某项产业具有比较优势之后,在技术上成熟、已经进入标准化阶段的产业向外转移,寻求对外合作。在这些制造业进行合作的部门中既有劳动密集型、低成本、低技能的行业,又有资本密集型和高技术产业,这样的产业合作反映出美国制造业海外转移的市场导向,但是以输出比较优势产业的产业合作方式主要以对外直接投资为主,导致了美国国内出现"产业空心化"现象。

知识链接

"马歇尔计划"与"一带一路"

马歇尔计划(The Marshall Plan),官方名称为欧洲复兴计划(European Recovery Program),是第二次世界大战结束后美国对被战争破坏的西欧各国进行经济援助、协助重建的计划,对欧洲国家的发展和世界政治格局产生了深远的影响。

"一带一路"合作倡议提出后,有人将其同美国推行的"马歇尔计划"相提并论。事实上,两者存在根本差别。

"马歇尔计划"出现在冷战时代,从一开始就带着意识形态的浓厚色彩和分庭抗礼的对立气氛。这个被冠以"欧洲复兴计划"的工程,明确将8个东欧社会主义国家排除在外。该计划主要策划人之一、时任美国国务卿马歇尔本人曾直言不讳地警告西欧,"对任何投票选举共产党掌权的国家,欧洲复兴计划所规定的援助将立即停止"。这种扶持一方、压制另一方的做法,清晰地反映出"马歇尔计划"的时代局限性。

"马歇尔计划"看上去是一个经济救助计划,但其最终目的却在于大国争霸。时任美国总统特别顾问克利福德就说过,"我们担心的不是市场,而是预防苏联扩大其控制范围"。即便是对西欧国家,"马歇尔计划"在援助中也附加了很多不平等条件,埋下了干预西欧各国内部经济政策的"钉子"。

"一带一路"遵循平等,追求互利。古丝绸之路纵横万里、跨越千年,关键在于它不仅造福中国人民,更造福沿线各国人民,推动了欧亚大陆国家的整体繁荣和进步。新时期,"一带一路"的精髓恰恰在于弘扬平等互利的好传统,坚持不附加任何条件的好做法，追求沿线国家共同发展的好效果。“一带一路”奉行自愿平等参与的原则，沿线各国完全根据本国利益参与进来。作为这项倡议的提出者，中国不但欢迎各方搭乘中国发展的快车、便车，还致力于推动各国实现发展战略的对接，而不是搞单向输出或强加于人。下一阶段，推进“一带一路”建设的关键一步，就是沿线各国平等协商，共同制定时间表、路线图，共同充实完善合作内容和方式，推动“一带一路”从倡议转化为实实在在的成果。①

第二种产业合作模式，以20世纪60年代后日本边际产业扩张为基础，在东亚等发展中国家寻求产业合作。边际产业扩张的对外合作以本国（投资国）已经处于或即将处于比较劣势的产业即边际产业为主，而这些比较劣势产业恰恰是东道国具有显性或潜在比较优势的产业，按照技术差距的大小依次进行。这种产业合作方式按比较成本的原则，寻求自然资源，以纺织业、工业零部件等标准化的劳动密集型产业的直接投资为主，这些基本属于或即将属于比较劣势的产业的合作，不仅能够提高本国经济的整体利益，推动本国的产业及贸易结构升级，同时也能够推动东道国产业升级，获得共赢。

知识链接 产业空心化

产业空心化有狭义和广义之分。狭义是指资本从基础生产力部门的大规模撤退；广义则为产业部门缺乏具有提供产业结构升级动力的主导产业，产业发展缺乏高技术、高加工成分、服务业比重过快上升的去工业化现象，具体而言又可分为规模空心化与效率空心化。

规模意义上的“空心化”是指以制造业为中心的基础生产力在国民经济中的地位出现下降，国家制造业竞争力萎缩。自进入21世纪以来，欧盟面临地区生产成本上涨，中国、印度、东欧等新兴经济体的强有力竞争（特别是纺织服装、皮革、钢铁、造船等产业），加之“横向政策”（Horizontal Policy）的产业制度约束，联盟各国特别是危机五国的物质生产部门严重萎缩，经济结构从制造业向服务业和非贸易部门转移。

---

① 一带一路与马歇尔计划有根本差别[N]. 人民日报，2015-02-13.

效率意义上的“空心化”是指从落后产能中释放出的要素资源并未有效投入到技术进步、产业结构升级中,未能出现有比较优势的新产业以弥补旧产业消亡转移所留下的空白。从产业效率角度看,第二次世界大战后欧盟制造业和整体经济的劳动生产率基本上与美国持平,但增速从20世纪90年代末开始明显下滑,逐渐落后于美国并且有扩大差距的趋势。欧盟特别是欧债国的新兴产业部门创新乏力,未能搭上信息科技和生物技术的“头班车”,发展落后于美日,其传统产业又受到新兴经济体崛起的强力挑战,萎靡败退,可谓进退维谷。若是不能通过产业创新升级解决效率空心化问题,欧洲很可能将陷入经济持续疲软的长期低增长常态。①

第一种产业合作模式是基于垄断优势基础之上的,将获得垄断优势的经济资源当作能够为企业获得垄断地位的一种特殊生产要素,而往往跨国大型企业才具有这些垄断优势。因此,第一种合作模式的主体是大型跨国企业;同时,其主要目的是占领东道国市场,会导致逆贸易性的对外投资出现。第二种模式的产业合作则不同,它基于国际的整体战略利益考虑,为保持国家的产业竞争力,将处于比较劣势的产业即边际产业进行对外合作选择,这种产业合作的经营资源只作为一种一般的生产要素。因此,驱动这种模式的主体可以是中小企业,主要以获得东道国低成本的资源以及原材料为动力,这种产业合作的对外直接投资会促进母国贸易的相对增加。但无论是哪一种模式的产业合作,都寻求对东道国具有比较优势或具有潜在优势的产业和资源进行合作。

中国与“一带一路”沿线国家的产业合作,应该混合运用上述两种模式。由于中国即是一个大国,也是发展中国家,既不具有美国那种完全绝对的比较优势,也无法完全做到像日本那样只寻求比较劣势的产业合作,而是需要多方面的产业合作。因此,我们需要挖掘“一带一路”沿线国家各产业的比较优势和潜在的比较优势,结合两种模式对产业合作进行区位和产业选择。

---

① 韩永辉,邹建华. 产业空心化与地区债务危机[J]. 国际经贸探索,2016(2):91-102.

（二）"一带一路"沿线国家产业的比较优势分析

中国和"一带一路"沿线国家细分行业的竞争优势可以用显性比较优势指数来衡量。显性比较优势指数（RCA）可以用来测算各贸易部门的比较优势，该指标是由马拉萨（Balassa，1965）提出的，其公式为：

$$RCA_{ijt} = \frac{X_{ijt} / \sum_{j=1}^{m} X_{ijt}}{\sum_{i=1}^{n} X_{ijt} / \sum_{j=1}^{m} \sum_{i=1}^{n} X_{ijt}}$$

其中，X_{ijt} 为国家 i 产品 j 在第 t 年的出口额。公式中分子表示一国特定产业占该国总出口的比重，分母表示世界上该产业占世界总出口的比重。如果 RCA 指数大于 1，说明该国 i 产业的出口份额高于世界水平，即该国在 j 产业上具有比较优势；如果 RCA 指数小于 1，说明该国 j 产业的出口份额低于世界水平，即该国在 j 产业上处于比较劣势。RCA 的值越高，产品出口的比较优势就越显著。

利用联合国贸易和发展会议（UNCTAD）公布的数据计算中国和"一带一路"沿线国家部分行业的显性比较优势如表 3－41 所示。由表 3－41 可知，"一带一路"沿线国家的 RCA 均值在政府商品和服务行业具有较强的竞争优势，为第一层次，第二层次为建筑和旅游行业，第二层次为交通运输和文化娱乐服务行业，第四层次是通信、计算机和信息行业。以上行业的 RCA 均值均大于 1，说明与世界平均水平相比，"一带一路"沿线国家具有不同程度的优势。其他行业可以划分为第五层次，均小于 1，说明这些行业产品出口份额低于世界平均水平，不具有比较优势，这些行业包括其他商业服务、保险、金融服务和专利许可服务，其中专利许可服务的 RCA 指数最低。这说明，"一带一路"沿线国家在技术出口方面还有很大的提升空间。

中国的情况与"一带一路"沿线国家有所不同，中国出口最强劲的行业是建筑业，其次是其他商业服务；与世界平均水平相比，通信、计算机和信息及旅游业具有较微弱的优势，而其他行业出口份额均小于世界平均水平，不具有比较优势。根据 RCA 指数从大到小的顺序，这些行业依次为交通运输、保险、政府商品和服务、金融服务、文化娱乐服务和专利许可服务。其中，交通运输服务出

表3-41　2014年中国与“一带一路”沿线国家部分行业显性比较优势(RCA)

国家	“一带一路”沿线国家			中国	
行业＼项目	均值	最小值	最大值	RCA	相对位置
交通运输	1.472 4	0.070 3	3.480 4	0.935 6	72
旅游	1.610 1	0.034 8	3.674 1	1.009 4	67
建筑	1.628 2	0.061 1	8.265 5	3.528 9	17
保险	0.385 9	0.001 0	2.513 4	0.771 5	14
金融服务	0.338 8	0.013 9	3.204 3	0.239 3	30
专利许可服务	0.135 2	0.000 8	1.596 4	0.052 6	55
通信、计算机和信息	1.074 8	0.074 7	6.376 0	1.127 0	37
文化娱乐服务	1.467 3	0.016 9	13.172 6	0.095 0	93
政府商品和服务	2.012 5	0.004 9	28.535 2	0.327 7	73
其他商业服务	0.665 3	0.001 0	2.881 5	1.479 1	6

注:“中国相对位置”是指中国与“一带一路”沿线国家相比的相对位置,计算公式为:中国相对位置=(沿线RCA高于中国的国家数+1)/(沿线国家数+1)×100

数据来源:作者根据联合国贸易和发展会议(UNCTAD)公布的数据计算。

口份额基本与世界平均水平持平,而文化娱乐服务和专利许可服务出口份额则与世界平均水平差距巨大,说明中国这两个行业的竞争力非常低。因此,我国除了利用建筑、商业服务等领域的优势加快向“一带一路”沿线国家投资外,需要在代表软实力的文化、旅游等产业上加大宣传,积极建立新的动态比较优势,提高中国产业合作的空间。

国际产业合作源于区域的国际分工和区域的国际差异,以自然资源和地理优势为基础的禀赋差别是国际分工的原始基础。但在当今以知识资本和科学技术为核心生产力的时代,资本、科技和信息等再生性要素成为生产过程中的主导因素,以科学技术和产品差别为基础的国际竞争优势显得越来越重要,当代国际分工由资源型分工向技术型分工的转化成为一种趋势。因此,目前对一国产业比较优势的分析,从技术的角度衡量产品、产业的比较优势也是推动产业合作的重要参考因素。

这里借鉴豪斯曼(Hausmann)等(2007)和杨汝岱、姚洋(2008)计算一国综合技术指数的方法,计算出世界各国的综合出口技术水平即国家显示技术附加值指数(GRTV);在此基础上运用豪斯曼等(2007)和洪世勤等(2015)的方法计算各国各个产业的技术水平(IRTV)。计算公式为:

$$RTV_j = \sum_{i=1}^{n} w_{ij}\ln(Y_i) \qquad (3-1)$$

其中,RTV_j 为产品 j 的显性技术附加值,即衡量一种产品的总体技术水平;Y_i 为 i 国的人均 GDP(2005 年不变价美元);n 为国家数目;w_{ij} 为 i 国在 j 产品上的权重。并且:

$$w_{ij} = RCA_{ij}/\sum_{i=1}^{n} RCA_{ij} \qquad RCA_{ij} = \frac{x_{ij}/\sum_{i=1}^{n} x_{ij}}{\sum_{i=1}^{m} x_{ij}/\sum_{j=1}^{m}\sum_{i=1}^{n} x_{ij}} \qquad (3-2)$$

其中,RCA_{ij} 为 i 国在 j 产品上的显性比较优势指数;x_{ij} 为 i 国在 j 产品上的出口额;n 为国家数目;m 为产品数目。

$$GRTV_i = \sum_{j=1}^{m} \frac{x_{ij}}{x_i} RTV_j \qquad (3-3)$$

其中,$GRTV_i$ 为 i 国的综合显性技术附加值指数,代表一国的整体出口技术水平;x_i 为 i 国的出口额。

$$IRTV_{ik} = \sum_{j=1}^{m} \frac{x_{ij}}{x_{ik}} RTV_j \qquad (3-4)$$

其中,$IRTV_{ik}$ 为 i 国 k 行业的显性技术附加值指数;x_{ik} 为 i 国 k 行业的出口额。运用以上方法,参照盛斌(2002)的对应标准,使用国家统计局发布的中国国民经济行业分类标准的两位数行业,将海关出口数据进行归并,最终得到 34 个工业制造业行业。在“一带一路”沿线国家中,2014 年中国整体的技术附加值水平排在第 8 位(见表 3-42),中国整体处于“一带一路”沿线国家的中上等水平。

表3-42　2014年中国和“一带一路”沿线国家显性技术附加值指数(GRTV)

国家 \ 指数	国家显性技术附加值指数(GRTV)	国家 \ 指数	国家显性技术附加值指数(GRTV)
以色列	9.506 614	约旦	8.712 956
卡塔尔	9.330 918	巴勒斯坦	8.700 118
文莱达鲁萨兰国	9.242 402	哈萨克斯坦	8.681 433
匈牙利	9.203 309	阿塞拜疆	8.679 201
捷克	9.112 577	俄罗斯联邦	8.674 861
立陶宛	9.082 244	波黑	8.673 824
斯洛文尼亚	9.065 927	阿联酋	8.664 432
中国	9.015 783	亚美尼亚	8.638 281
拉脱维亚	9.003 678	菲律宾	8.622 078
新加坡	8.972 394	土耳其	8.577 760
斯洛伐克	8.929 404	乌克兰	8.544 134
波兰	8.918 363	格鲁吉亚	8.542 040
黎巴嫩	8.911 966	印度尼西亚	8.515 169
白俄罗斯	8.908 171	埃及	8.495 579
爱沙尼亚	8.906 928	印度	8.479 043
巴林	8.839 611	摩尔多瓦	8.478 799
阿曼	8.806 441	马其顿王国	8.402 238
马来西亚	8.798 811	蒙古	8.308 251
保加利亚	8.795 556	越南	8.302 202
罗马尼亚	8.774 990	阿尔巴尼亚	8.221 727
克罗地亚	8.752 425	柬埔寨	7.676 106
马尔代夫	8.747 009	巴基斯坦	7.658 001
黑山	8.742 416	斯里兰卡	7.379 481
塞尔维亚	8.742 052	尼泊尔	7.325 093
泰国	8.736 186	阿富汗	6.201 678
科威特	8.729 366	—	—

数据来源:根据联合国COMTRADE数据库和世界银行数据库结合樊纲等(2006)对出口技术附加值指数的计算,借鉴豪斯曼(2007)的方法根据权重加总为国家技术附加值的综合指数。由于部分贸易数据缺失,本章只计算了“一带一路”沿线51个国家(包括中国)的技术附加值水平。

全球所有国家行业出口技术附加值最大值为 11.039 07，最小值为 5.596 218，均值为 8.529 385，"一带一路"沿线国家的均值为 8.536 374。某一行业如果大于"一带一路"沿线国家的均值水平则为比较优势行业，若小于均值水平则为比较劣势行业。中国各行业的比较优势指数多处于中上等水平（见表 3－43）。从 2013 年的数据来看，我国的传统劳动密集型行业如纺织服装等已经不具有技术附加值上的优势，而一些技术密集型行业如医药制造、仪器仪表和计算机等优势比较稳固。从趋势来看，多数行业的比较优势都保持了增长的态势。

表 3－43　2001、2005、2010、2013 年中国各行业比较优势（IRTV）

行业＼年份	2001	2005	2010	2013
煤炭开采和洗选业	8.389 775	8.490 972	8.319 263	7.453 324
石油和天然气开采业	8.335 397	8.401 970	8.476 692	8.605 798
黑色金属矿采选业	7.902 287	8.074 240	8.365 016	9.222 630
有色金属矿采选业	6.838 918	7.429 335	7.103 661	7.364 530
非金属矿采选业	7.777 466	7.880 494	8.014 723	8.234 806
农副食品加工业和食品制造业	8.115 787	8.479 381	8.281 705	8.446 021
酒、饮料和精制茶制造业	7.345 569	7.368 986	7.528 928	7.477 883
烟草制品业	7.345 230	7.107 097	6.829 106	7.061 528
纺织业	7.983 196	8.133 446	8.183 106	8.217 066
纺织服装、服饰业	7.718 167	7.856 960	7.737 410	7.878 624
皮革、毛皮、羽毛及其制品和制鞋业	7.849 604	8.009 206	8.184 589	8.304 542
木材加工和木、竹、藤、棕、草制品业	7.973 574	8.003 572	8.473 227	8.546 595
家具制造业	8.677 676	8.640 102	8.643 516	8.678 999
造纸和纸制品业	8.897 712	8.949 812	9.014 726	9.028 741
印刷和记录媒介复制业	9.333 567	8.992 190	8.492 419	8.474 100
文教、工美、体育和娱乐用品制造业	8.801 415	8.957 482	9.084 936	9.173 712
石油加工、炼焦和核燃料加工业	8.170 665	8.106 985	8.252 176	7.819 732
化学原料和化学制品制造业	8.996 762	9.041 410	9.243 326	9.296 846

续表

行业＼年份	2001	2005	2010	2013
医药制造业	9.015 364	9.643 359	9.549 735	9.778 500
化学纤维制造业	8.282 140	8.337 504	7.868 975	7.910 200
橡胶和塑料制品业	8.952 544	8.968 541	9.043 590	9.099 952
非金属矿物制品业	8.480 660	8.523 549	8.622 626	8.631 362
黑色金属冶炼和压延加工业	8.217 402	8.363 626	8.880 731	8.852 309
有色金属冶炼和压延加工业	8.284 185	8.632 426	8.926 382	8.527 772
金属制品业	8.698 679	8.581 034	8.802 637	8.884 211
通用设备制造业	9.366 641	9.289 828	9.293 708	9.340 201
专用设备制造业	9.088 640	8.959 774	9.126 812	9.104 987
汽车制造业	8.830 182	8.664 603	8.709 254	8.812 554
铁路、船舶、航空航天和其他运输设备制造业	9.016 109	8.903 126	8.973 297	8.856 729
电气机械和器材制造业	8.975 940	9.002 324	9.109 190	9.133 537
计算机、通信和其他电子设备制造业	9.170 637	9.199 812	9.140 571	9.179 426
仪器仪表制造业	9.422 362	9.385 808	9.639 128	9.632 479
其他制造业	8.076 084	8.164 628	8.554 612	8.533 651
电力、热力生产和供应业	7.100 631	7.777 172	7.971 386	8.193 787

注:由于2014年计算的中国出口技术附加值存在部分行业数据缺失的情况,因此表中只列示至2013年的数据。

在产业合作方式的选择上,我国可以根据产业比较优势的特点进行有针对性的选择。具有绝对优势的国家在该行业具有领先的技术,我国重点应与其开展技术合作,通过技术外溢促进我国行业的技术发展;具有相对比较优势,与我国技术差异较小,我国的重点应是积极推动对外直接投资,这些国家的技术与我国更贴近,技术很容易在当地实现转化;具有相对劣势的产业,我国也可以积极吸引这些产业的投资,相对比较劣势的国家、与我国相比具有绝对劣势的国家,可以通过贸易扩大我国产品出口。由此既可以输出我国的产能,又能完成我国贸易结构升级和产业的转型升级。

在具体的产业合作上，需要根据区域的特点有针对性地采取适宜的方式。对于产业发展环境较为完善的区域，可以采取共建产业园区、共同投资建设并吸引高端产业的入驻、发展。同时，需要重视与“一带一路”沿线国家的技术交流合作，共建一批研究实验室和研究中心，共建一批技术转移中心和使用先进技术示范与推广基地，提升“一带一路”沿线国家创新的能力；实施科研数据和科技资源互联互通，促进科技资源与服务共享，强化新技术在铁路、公路检测网络、智能电网和信息通信网络等领域的应用，提高“一带一路”沿线国家的基础设施水平，共同打造发展理念，人员交流顺畅，获取互利共赢。对于产业发展较为成熟的区域，可以通过产业的并购重组、产业品牌的输出等方式逐渐进入和实现产业的对接与转移。对于产业发展比较落后的区域，可以首先通过产业要素如资本、人才和技术的输出，逐渐熟悉当地的市场与产业发展环境，逐步实现产业的大规模合作。

（余典范　葛鹏　邹俊）

中国与“一带一路”沿线国家产业合作存在的主要风险

自由贸易区的发展历史从古希腊时代就已经开始，第二次世界大战后自由贸易区在世界各地得到了蓬勃发展，而世界贸易组织的成立更是成为世界经济发展的重要支柱之一。自由贸易区协定已经成为最为主流的区域经济合作方式。中国在改革开放以后也积极加入世界贸易体系，构建了自身的自由贸易区战略，更是依托周边贸易的发展来推动“一带一路”倡议的实现。中国将继续在当前多元化的自由贸易区发展的基础上，应对未来高标准自由贸易区的发展趋势。

……………………………………………………………………………………

尽管我国与“一带一路”沿线国家存在较大的产业合作空间，但由于这些国家的政治、经济和文化体系错综复杂，为产业合作带来了极大的不确定性。其中，由主权违约带来的产业债务的风险、由投资环境不完善带来的产业投资低收益的风险、由社会不稳定带来的产业合作流产的风险以及由松散的投资贸易规则带来的产业链分工基础不牢的风险，是需要重点关注和防范的；除此，由沿线国家经济发展差异带来的融合风险、由宗教和文化差异带来的社会风险也不容忽视。

一、由主权违约带来的产业债务风险

主权违约是指一国政府无法按时对其向外担保借来的债务还本付息的情况。中国对“一带一路”沿线国家的产业合作需要考虑主权违约带来的债务风险。从2014年总储备来看，“一带一路”沿线国家中，有9个国家的总储备超过1 000亿美元，其他55个国家均低于1 000亿美元，有35个国家低于100亿美元，甚至有7个国家为0(见表3－44)，有个别国家有着长期且经常的主权违约记录。而中国对“一带一路”沿线国家投资涉及大量基础设施建设等项目，投资额巨大，这些国家本来资金就比较有限，出资的主要责任就会由中国来承担，国家开发银行、亚投行与丝路基金的投资，可能成为“一带一路”倡议的主要融资来源，这种单一的融资模式大大增加了产业投资的债务风险。

表 3 - 44 “一带一路”沿线国家 2014 年外汇储备分布 （亿美元）

国家	2014 年总储备
沙特	7 444. 406
俄罗斯	3 862. 164
印度	3 250. 811
新加坡	2 615. 828
泰国	1 571. 627
土耳其	1 274. 219
马来西亚	1 159. 589
印度尼西亚	1 118. 626
波兰	1 004. 524
55 个国家	<1 000
35 个国家	<100
13 个国家	<10
7 个国家	=0

数据来源：根据世界银行公布的数据整理。

二、由投资环境不完善和企业缺乏海外投资经验带来的产业投资低收益的风险

产业合作与投资需要一定的收益保障才具可持续性。“一带一路”倡议所带动的投资，首先有很大一部分集中在国际基础设施投资领域，而大多数基础设施投资都具有投资收益率偏低的特点，其收益的很大部分体现为周边土地以及产业的升值，由于“一带一路”沿线国家的社会不稳定、政治更迭频繁，造成了投资环境较差。这些社会外溢性作为境外投资者的中国来说很难获取。《中国全球投资追踪》的数据显示，中国在“一带一路”沿线国家进行工程建设合同交易比投资交易更多，很重要的原因是很多国家投资环境较差，出现问题交易的比例较高。从问题交易的项目数量来看，与“一带一路”沿线国家的问题交易项

目比重为7.64%,高于与非沿线国家的5.95%;从问题交易项目金额来看,与“一带一路”沿线国家交易的问题交易金额比重为17.19%,是非沿线国家(7.67%)的两倍多(见表3-45)。从企业自身因素看,因我国海外投资起步较晚,企业不熟悉国际市场,缺乏海外投资经验,以及会计、律师和咨询等中介机构发展程度低、风险评估能力弱等问题比较突出。这些缺陷都使得我国在产业合作中试错成本较高,投资收益大受影响。

表3-45　2013年与2014年上半年中国境外大型交易项目问题交易情况

项目 / 区域	对外投资		工程建设合同		问题交易		
	项目数（个）	金额（百万美元）	项目数（个）	金额（百万美元）	项目数（个）	金额（百万美元）	占比（%）
全世界	154	125 440	153	85 650	22	28 450	11.88
非沿线国家	100	85 370	74	38 100	11	10 260	7.67
沿线国家	54	40 070	79	47 550	11	18 190	17.19
新亚欧大陆桥	2	6 500	11	5 820	0	0	0.00
中伊土经济走廊	7	6 720	25	12 990	4	9 140	31.68
中新经济走廊	18	8 840	17	9 430	2	1 190	6.12
孟中印缅经济走廊	2	1 690	14	5 740	1	310	4.01
沿线其他国家	25	16 320	12	13 570	4	7 550	20.17

注:“问题交易占比”=问题交易金额/(对外投资金额+工程建设合同金额+问题交易金额)。

数据来源:根据美国企业研究所和美国传统基金会的中国全球投资追踪数据整理。

三、由社会不稳定和法治不完善带来的产业合作流产的风险

“一带一路”倡议沿线经过多个地缘政治破碎带,历史问题复杂、民族宗教矛盾尖锐、武装冲突频发,社会不稳定因素将呈常态化。表3-46显示出的不稳定因素已经严重影响了中国的产业投资进展。从法系的构成看,“一带一路”沿线国家涵盖了欧洲大陆法系、英美法系、阿拉伯法系和印度法系等不同类别的法律体系,需要企业有较强的适应能力。有些国家缺乏立法基础与条件,人治多于法治,执法机制不健全,依法合规难度大,存在利益寻租空间。在法律不健全的背景下,中国投资可能被强制国有化,基础设施或厂房受到战争破坏而

无人承担相应的责任;同时,法律、法规的朝令夕改、频繁变动是投资安全的大忌,"一带一路"沿线国家以维护本国产业安全为理由,不断调整投资法规的案例也屡见不鲜。这些问题都增大了产业合作流产的风险。

表 3-46 2013 年与 2014 年上半年中国境外问题交易项目及原因

投资者	项目	国家	金额(百万美元)	主要原因
中石化	石油	叙利亚	2 000	武装冲突
中石油	石油	叙利亚	1 770	武装冲突
中石油	石油	伊朗	2 500	伊朗和国际六方达成过渡性核协议
北方工业	铜	缅甸	310	未知
中冶和江西铜业	铜	阿富汗	2 870	土地征用、扫雷等进展缓慢且安全形势严峻
鸿商产业控股	铜	澳大利亚	130	敌意收购,澳方董事会拒绝要约
四川汉龙	钢铁	澳大利亚	1 180	中方管理层变动,无法满足融资条件
中信股份	钢铁	澳大利亚	5 500	矿价下跌
中冶集团	钢铁	越南	890	暴力事件
兖州煤业	煤	澳大利亚	740	汇兑损失、矿价下跌等
长城汽车	汽车	泰国	300	政治局面紧张

资料来源:根据美国企业研究所和美国传统基金会的中国全球投资追踪数据及网络资料整理。

四、由松散的投资贸易规则带来的产业链分工基础不牢的风险

"一带一路"倡议与一般的双边和多边协定不一样,其强调开放、包容和普惠的区域经济合作新架构,更多的是一种理念和倡议。但从最后产业价值的实现来看,其缺少具有约束力的法律条款和制度安排,还不是一个具有法律约束力的实体和机制。而且,"一带一路"沿线很多国家如哈萨克斯坦、土库曼斯坦、巴林、伊朗、伊拉克、黎巴嫩和叙利亚等,均不是世界贸易组织的成员,这些国家的有关法律、政策不受世界贸易组织法律制度的约束,导致其许多法律规范、政策与世界贸易组织要求不一致,在通关程序、技术输出、引进和反倾销政策方面存在壁垒。这种相对松散的投资和贸易规则体系会导致产业链合作的推进将比较缓慢,谈判成本较高。

五、由沿线国家经济发展差异带来的融合风险

从人均 GDP 来看,2014 年,中国人均 GDP 为 7 593.88 美元,低于 10 803.5 美元的世界平均水平,高于“一带一路”沿线国家平均水平的 4 581.67 美元,如图 3 - 65 所示。“一带一路”沿线有 35 个国家人均 GDP 低于中国。“一带一路”沿线国家经济发展水平差异很大,其中 19 个国家的人均 GDP 低于 3 000 美元,最低的为阿富汗和尼泊尔,仅 666.29 美元和 698.28 美元,卡塔尔和澳大利亚则高达 93 397.09美元和 61 886.96 美元,最高的卡塔尔是最低的阿富汗的 140 多倍。

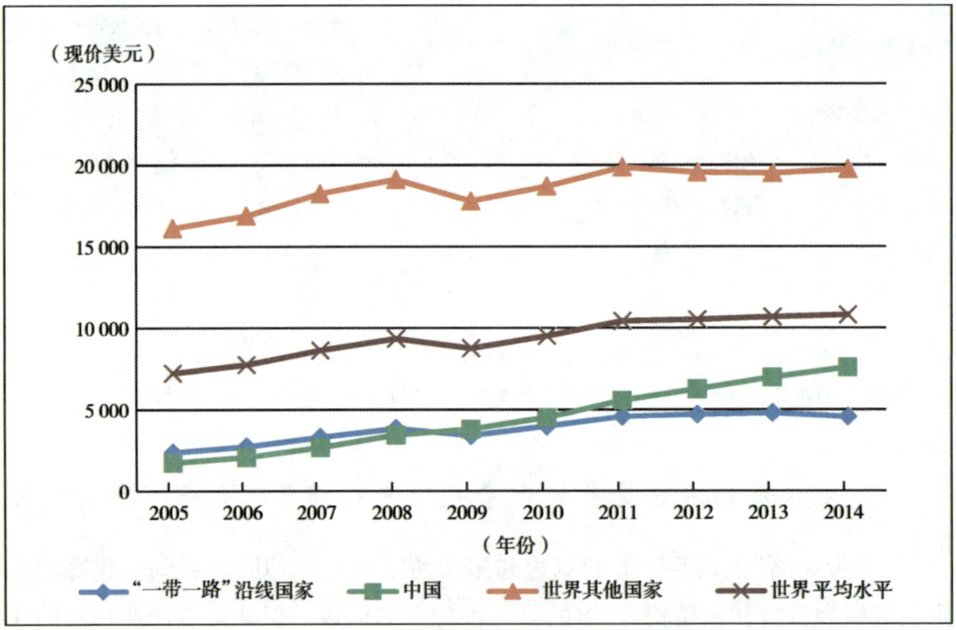

图 3 - 65　2005—2014 年中国和“一带一路”沿线国家人均 GDP 与世界平均水平对比

注:“沿线国家”人均 GDP 的计算是先加总沿线国家 GDP,再除以加总的沿线国家人口得到。

数据来源:根据世界银行公布的数据整理。

从各经济走廊的情况看,差异很大。孟中印缅和中新经济走廊人均 GDP 比中国低,其他经济走廊比中国高,如图 3 - 66 所示。各经济走廊内部差异也很大,例如,新亚欧大陆桥经济走廊中摩尔多瓦的人均 GDP 仅为 2 233.77 美元,

斯洛文尼亚则为 23 962.58 美元，是摩尔多瓦的 10.73 倍；“一带一路”沿线国家中人均 GDP 最高和最低的国家都在中伊土经济走廊，其中的阿富汗为 666.29 美元，卡塔尔则为 93 397.09 美元，是阿富汗的 140.17 倍；中新经济走廊中的柬埔寨最低，为 1 084.45 美元，新加坡最高，为 56 286.80 美元，是柬埔寨的 51.9 倍；孟中印缅经济走廊中的尼泊尔最低，为 698.28 美元，马尔代夫最高，为 8 624.8 美元，是尼泊尔的 12.35 倍。

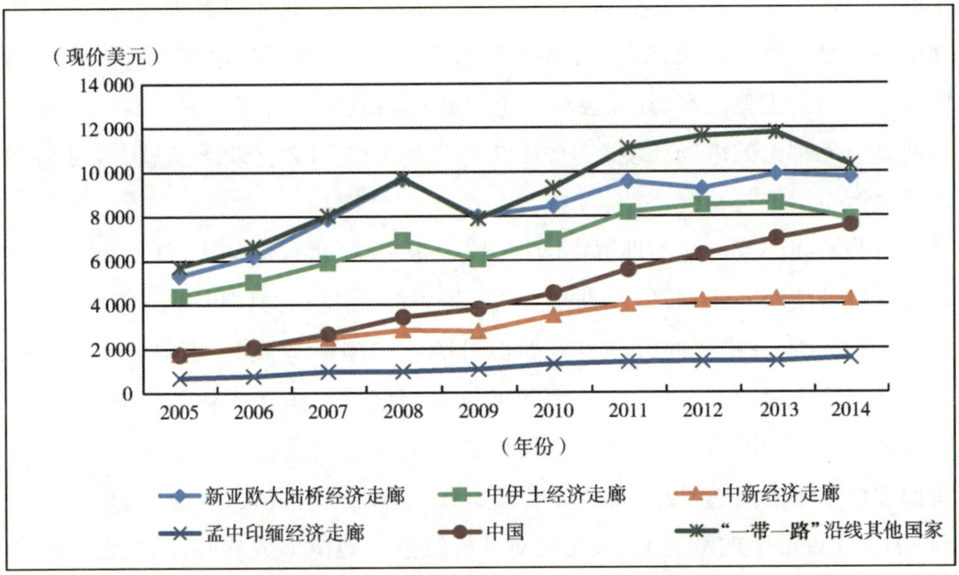

图 3－66　2005—2014 年中国和“一带一路”沿线经济走廊人均 GDP

注：各经济走廊人均 GDP 的计算是先加总各经济走廊国家的 GDP，再除以加总的各经济走廊国家人口得到。

数据来源：根据世界银行公布的数据整理。

国家之间的巨大差异可能对“一带一路”倡议的顺利实施形成障碍。出于不同的经济发展阶段或者自身文化的考虑，国家之间的立足点不同，在形成统一的区域合作协议方面阻力很大，甚至在基础设施方面也存在障碍，比如，铁路轨道标准不同导致形成全区域贯通的交通路网困难重重。

六、由宗教和文化差异带来的社会风险

“一带一路”沿线的许多国家与欧美国家不同，在宗教和文化上存在自身的

特点。尤为值得指出的是,无论是东南亚还是中亚地区,许多国家都是伊斯兰国家,其中的一些国家还较为保守,有着相当多的、不为中国企业所熟悉的文化禁忌。由于伊斯兰教存在教派林立、教派冲突的问题,不同伊斯兰国家往往存在较大差异,中国企业在一些国家的经验往往并不适用于其所在国家。比如,中亚地区大部分国家虽然与沙特等海湾国家同属于逊尼派,但是在社会生活上却较为世俗化;马来西亚、印尼、土耳其等国体现出民主伊斯兰的特征,其社会生活的现代化程度较高;阿富汗以及巴基斯坦的部分地区则极为保守,甚至还处于政教合一的传统状态。除了伊斯兰教之外,"一带一路"沿线还存在大量的佛教国家与天主教国家,其社会对于企业亦有相应的期待与禁忌。我国的企业长期处于无神论的市场环境之中,往往对当地宗教和文化缺乏敏感,极易与当地社会产生误解与冲突。

有些沿线国家可能不理解中国提出"一带一路"倡议的初衷,认为是中国主导的对抗性战略。比如,俄罗斯担心"一带一路"倡议对其"欧亚一体化"战略产生不利影响,在中亚的影响力方面也可能对中国保持警惕,俄罗斯一直视中亚为其战略大后方,"一带一路"倡议的推进可能使中国在中亚的影响力增强;印度则一直视中国为对手,对于中国加强在南亚的投资也一直保持高度重视;新加坡位于海上交通要冲,其经济增长受海上航线影响很大,中国启动"一带一路"倡议建设陆上的欧亚通道,无疑对其枢纽港的地位形成威胁,因此也可能会阻挠倡议的推进;其他周边国家也可能担心中国对其加大投资会影响本国在外交等方面的自主性。

为了应对上述风险,提高产业合作的效率,首先要积极促进社会风险分担机制和利益共享机制的建立,形成风险和利益共担的网络;其次要在产业协同发展的过程中强化国别分析和风险评估,提升中介的专业化服务、提升中国本土跨国公司的国际化经营能力;再次要利用与拓展双边、多边合作机制保护中国产业的投资利益,最终的目标是积极推动合作机制的建设,逐步将"一带一路"倡议打造成高标准、符合国际规则的合作机制平台,不断提升"一带一路"在全球经济治理中的制度性话语权。

(余典范　葛鹏　邹俊)

“一带一路”主要经济走廊的产业合作风险分析

近年来，中国与“一带一路”沿线国家一起积极规划中蒙俄、新亚欧大陆桥、中国—中亚—西亚、中国—中南半岛、中巴、孟中印缅六大经济走廊的建设，打造“一带一路”合作的骨架。但“一带一路”内部各区域之间存在较大的差异，不同区带的风险特征也不尽相同。这些风险不仅包括表现突出的政治风险、文化冲突等外部风险，还包括中国企业自身“走出去”能力不足带来的投资失败的风险。

本篇前章主要从整体上阐述了与“一带一路”沿线国家开展合作面临的产业合作风险，而正在积极推进的六大经济走廊是“一带一路”产业合作的具体实施路径与方式。“一带一路”从经济合作的本质上看是依托交通通道形成的带状产业合作区，形成“路域经济”，并以此充分发挥经济的扩散效应。“一带一路”的倡议要实现沿线各国经济、民生、文化等的互联互通，打通亚太经济圈与欧洲经济圈之间的通道，不可能全面开花、同时推进，只能是以线带面，先重点发展六大经济走廊，以此推动“一带一路”的建设。经济走廊的建设推进有快有慢，其中的风险依然是最重要的不确定性要素。尽管如中巴经济走廊是最先深入推进与合作的区域，但政治、经济以及诸多外部不可控因素已经对中国的投资产生了威胁，造成了一定的损失。

一、中蒙俄经济走廊

中蒙俄经济走廊有两个通道：一是从华北京津冀到呼和浩特，再到蒙古和俄罗斯；二是东北通道，沿着老中东铁路从大连、沈阳、长春、哈尔滨到满洲里和俄罗斯的赤塔。两条走廊互动互补形成一个新的开放开发经济带，合称为中蒙俄经济走廊。这条经济走廊具有重要的战略价值，其中蒙古国是没有出海口的内陆国家，但其连接着中俄两国，是中北亚重要的地理中枢，中蒙俄经济走廊的建立有利于蒙古将其地理劣势转化为经济优势。俄罗斯自乌克兰危机以来，经济发展受到很大阻碍，加强三国间的合作有利于俄罗斯经济的发展，摆脱长期受西方国家制裁的困境。而中国经济发展同样面临着经济结构调整和转型升级的压力，需要实施更深入的改革开放。因此，中蒙俄经济走廊的建立有利于加强与周边国家的友好联系，促进区域经济的平稳发展，实现经济、社会、文化的融合发展。①

（一）中蒙俄经济走廊的建设情况

第一，中蒙俄三方具有扎实的合作基础。中国是蒙古国重要的贸易伙伴，中国企业累计对蒙古国和俄罗斯的投资分别达到40亿美元、330亿美元。中国加入世界贸易组织以来，中蒙贸易规模实现了数十倍的增长，中国已连续10余年成为蒙古国最大的贸易伙伴国和投资国，同时也是俄罗斯第一大进口来源地（见表3－47）。中蒙俄三国之间不仅经济联系密切，而且在政治、文化上具有悠久的合作历史，在民心融通上具有良好的基础。在国境上，三国接壤，交通相连，转换成本较低。三国之间具有良好的双边合作关系，中俄两国是“全面战略协作伙伴关系”，中俄稳定的战略协作关系正处于历史上的“高峰期”，“中蒙俄经济走廊”的建设正是双边战略合作的衍生品；冷战后，中蒙“全面战略伙伴关系”、中蒙经贸政治合作得到提升与发展，此外，通过贸易、投资、优惠贷款与援助等经济合作，中蒙经贸合作不断扩大。这些合作基础都是中蒙俄经济走廊建设的优势所在。

第二，中蒙俄经济走廊的建设是实现各国战略对接的现实需要。譬如，蒙古国正在努力发展外向型经济，也制订了“草原之路”的战略规划，但其急需打通向东、西延伸的发展通道，而中蒙俄经济走廊的建设无疑与其战略诉求具有高度的契合度，有利于其打通经济的东西大通道，拓展发展的空间。俄罗斯则同样一直希望向东融入亚洲经济圈的建设，向西融入欧洲经济，建设成为亚欧经济的重要通道。而“一带一路”倡议以及中蒙俄经济走廊的建设正好符合俄罗斯经济发展的战略目标。俄罗斯推行的“欧亚联盟”计划，普京执政之后致力

---

① 于洪洋，欧德卡，巴殿君．试论“中蒙俄经济走廊”的基础与障碍[J]．东北亚论坛，2015(1)．

表 3-47 2001—2016 年中国与蒙古国、俄罗斯的对外贸易 (亿美元)

年份＼国家	蒙古国	俄罗斯
2001	3.6	106.7
2002	3.6	119.3
2003	4.4	157.6
2004	6.9	212.3
2005	8.6	291.0
2006	15.8	333.9
2007	20.3	481.5
2008	24.3	569.1
2009	24.3	387.5
2010	40.0	555.3
2011	64.3	792.7
2012	66.0	882.1
2013	59.6	892.6
2014	73.2	952.7
2015	53.7	680.2
2016	45.9	696.9

数据来源:中经网统计数据库。

于打造欧亚经济联合体,针对中国提出的“一带一路”的倡议,俄罗斯积极响应,寻求对接政策,相应地制订了专门针对西伯利亚和远东地区发展的战略纲要和规划,通过具体落实欧亚铁路建设组建欧亚经济联盟,作为对接“中蒙俄经济走廊”建设的战略平台,完成俄罗斯西伯利亚和远东地区开发的崭新战略布局。对于中国而言,我们正在建立对外开放的新体制、新格局,我们同样需要连通世界经济的东西南北部,中蒙俄经济走廊的建设将能够有效打通向北的开放发展通道。因此,中蒙俄经济走廊的有效推进能够将三国战略实现对接,符合各国未来发展的方向与目标。

第三,中蒙俄经济走廊建设的规划落地标志着走廊进入实质性推动阶段。

上述分析表明,三国之间经济结构互补、发展战略互融,为三方合作创造了重要的前提。而《建设中蒙俄经济走廊规划纲要》的实施则是这一经济走廊的规划落实“一带一路”倡议比较早的实质性的落地之举。根据中蒙俄2015年7月9日在乌法签署的《关于编制建设中蒙俄经济走廊规划纲要的谅解备忘录》,以对接丝绸之路经济带、欧亚经济联盟以及“草原之路”倡议为目标,以平等、互利、共赢原则为指导,三国于2016年9月制定了《建设中蒙俄经济走廊规划纲要》。这一纲要在基础设施建设、口岸建设和海关、检验检疫监管、产能与投资合作、经贸合作、人文交流合作、生态环保合作与边境合作等方面进行了详细的合作规划设计,并在实施机制上明确了各国相应的牵头部门,即由中国国家发展和改革委员会、蒙古外交部、俄罗斯联邦经济发展部三部门具体协商落实。这种方式也为推动“一带一路”产业的具体合作提供了一条可行的路径,即争取先签订相应的谅解备忘录,再根据一段时间的探索,逐渐上升为具体的规划,这样可以保障规划的连续性,避免合作基础不牢可能导致的产业合作流产的风险。

(二)中蒙俄经济走廊建设存在的潜在风险

尽管中蒙俄经济走廊目前推进较为深入,但风险也无时不在,特别是三国之间在历史上都曾经有过意识形态的对立甚至边境冲突,这在各国民众心中会留下一定的阴影。随着中国的不断崛起,特别是俄罗斯实际上并不太情愿看到中国在“一带一路”倡议中一国独大,而蒙古国也在地缘政治上实行摇摆的“第三邻国”政策,增加了这一经济走廊建设的压力。总体而言,中蒙俄经济走廊的产业合作风险主要集中在以下三个方面。

第一,地缘政治的复杂性是这一走廊建设中重要的不确定性因素。中俄不仅是亚洲重要的潜在角力大国,也是影响世界政治格局的重要力量。特别是随着中国的崛起,“中国威胁论”不论是在俄罗斯还是蒙古国都有着较大的市场。因此,俄蒙两国在与中国合作时潜在地都有一种戒备的心理,在合作中都有“留一手”“走着看”的心态,而且这种现实存在的观念将会对中蒙俄经济走廊的建设形成羁绊。

俄罗斯尽管看似和中国是战略合作伙伴的关系,但长期以来崇尚强力、推行强权是俄罗斯政治文化的重要特征。当苏联时期遗留下来的社会主义国家的领头地位逐渐被中国取代时，较大的心理落差将会导致其政治心态的不平衡，因此，俄罗斯视中国为潜在的对手甚至是充满威胁的对手。这会导致俄罗斯对华政策具有两面性：一方面想借助“一带一路”倡议实现经济的互联互通；另一方面又担心会被中国深度同化，丧失经济社会发展的独立自主。这样的思维无形之中绑住了远东地区参与中蒙俄经济走廊建设的手脚。

蒙古国是典型的内陆型国家，缺少向外的自主通道，其奉行大国平衡的外交政策，一方面加强与美、日等“第三邻国”的积极外交，尤其是充分借助美国的支持，积极发展与日、韩的联盟关系；同时，蒙古国也特别重视发展多边外交关系，与欧盟、北约、上合组织、亚太经合组织等联系紧密，以此来减少自身面临的外部风险和挑战。同时，蒙古国国内的政治环境比较复杂，国内政党轮替频繁，政策多变。蒙古国是奉行三权分立与多党民主制度的半总统制国家，蒙古国的主要政党有民主党、绿色希望党、正义联盟、蒙古国人民党，但各党分歧较大，其中处于相对强势地位的民主党与正义联盟的合作基础比较脆弱，容易产生分歧，极大地影响政策的统一性与持续性。[①] 且国内社会矛盾和民族宗教问题严重，常常引发政治事件和政治骚乱，政治稳定性较差。这些都是中蒙俄经济走廊建设中面临的重要的政治风险。

第二，基础设施联通较差以及制度环境不完善将会增大经济合作的风险。目前，中蒙俄三国边境的基础设施建设要滞后于这一经济走廊建设的需求。三国之间只有一条从俄罗斯西伯利亚穿过蒙古国乌兰巴托到我国内蒙古二连浩特的单向铁路，远远不能满足中蒙俄经济与贸易快速发展的需求，这也直接导致了相应运输周期的加长和物流成本的增加。而且，走廊沿线大面积区域的自然环境较为恶劣，譬如，天津港（中国）—乌兰巴托（蒙古）—乌兰乌德（俄罗斯）这条线在蒙古境内海拔较高，地形起伏较大，气候严寒、冬季漫长，大面积荒漠，环境十分脆弱。此外，还有多条线路所经区域处于严寒的环境之中。总体而言，恶劣的自然条件对中蒙俄经济走廊基础设施互联互通的建设带来了极大的挑战。

与此同时，俄罗斯和蒙古国都存在着利用行政手段对经贸合作进行过度干

① 祁婧．我国与蒙古国合作的风险分析[J]．北方经济，2016(12)．

涉的情况,这增加了三国之间的贸易摩擦。譬如,俄罗斯在很多产品上对中国实行高关税,使得中国的不少出口产品难以在俄罗斯打开局面。在俄蒙两国贸易中,蒙方对俄的投资壁垒、关税标准也较高;与此相对应,俄方则在高端技术上对蒙设置壁垒,这导致蒙俄边境口岸的通关手续十分繁琐,三国间产业合作的阻力较大。中蒙俄三国均是转型中的发展中国家,国内的经济体制、金融体制等均处于改革调整中,在贸易结算、交易的金融服务等方面都比较滞后,这些都是制约这一经济走廊建设的软环境因素。

第三,蒙俄两国经济结构单一,使得三国产业合作的空间受限。产业深层次的合作需要一定的产业基础支撑,但蒙俄两国的产业结构都比较单一,蒙古国的产业主要是畜牧业、农业和矿业等,制造业、服务业的基础薄弱,资源类行业特别是矿业成为发展最快的行业,也是吸引外资的主要产业。目前,矿业是蒙古国的第一大产业,三分之一的GDP靠矿业拉动。而俄罗斯同样存在这一问题,俄罗斯主要以能源出口为主导产业,是世界上重要的石油和天然气出口国,其对石油等资源型产品的依赖较强。石油出口占俄罗斯总出口的比重超过30%。单一的产业结构尤其是薄弱的制造业基础,使得中国与蒙俄之间难以形成深度的产业间及产品内分工,从而难以在产业链上全面展开合作,产业资源的互补优势难以充分挖掘,这也是影响这一经济走廊建设的重要因素。

(三)应对中蒙俄经济走廊建设风险的建议

第一,化解中蒙俄经济走廊风险的关键之举应是抓紧落实《建设中蒙俄经济走廊规划纲要》,统筹推进各项规划和政策的落地,以基础设施的建设推动产业的深度合作,打通瓶颈路段,提升基础设施畅通的水平。通过积极筹划、推进重大项目落地,通过发展示范项目,增强各国民众对"一带一路"倡议的认同感,以设施联通推动民心相通。

第二,发挥上合组织这一区域型组织的作用,在上合组织的宗旨与议事框架内,积极推行民主、公正、合理的国际政治经济新秩序,并利用这一区域共商机制的合作基础,在投资、交通、海关、农业、能源、环境保护、疾病防控等领域开展合作,鼓励文化、科技、教育、卫生、体育和旅游领域的交流,达到文化认同、文化包容的目标,并借此推进交通运输、通关和进出境检验检疫等标准统一化的建设,为产业合作扫清制度上的障碍。

第三,在产业合作上,充分发挥各国的比较优势,错位竞争,优势互补。积极推动特色产业园区建设,加快三国之间的产业合作,尤其是制造业之间的深度合作,构建要素互补、产业配套以及合理分工的产业体系。积极推动特色工业园区的建设,结合各国的产业特色,加快能源、纺织、皮革、食品加工和化工等工业基地建设,打造特色产业带和经济集聚区。在这一经济走廊的主要节点城市共同培育、发展特色产业集群,变分散、单一的产业发展格局为集群化的发展格局,并逐步形成互补性强、特色显著、布局合理的产业体系。不断完善投资环境,逐步制定和完善贸易、投资便利化措施,促进产业要素的自由流动①。

二、新亚欧大陆桥经济走廊

新亚欧大陆桥又称为“第二亚欧大陆桥”,是从我国江苏连云港市到荷兰鹿特丹港的国际化铁路交通干线,在我国国内由陇海铁路和兰新铁路组成。这一经济走廊途经我国的江苏、安徽、河南、陕西、甘肃、青海和新疆 7 个省份,到中哈边界的阿拉山口出国境。出国境后可经 3 条线路抵达荷兰的鹿特丹港。中线与俄罗斯铁路友谊站接轨,进入俄罗斯铁路网,途经阿克斗亚、切利诺格勒、古比雪夫、斯摩棱斯克、布列斯特、华沙和柏林到达荷兰的鹿特丹港,全长 10 900 公里,辐射世界 30 多个国家和地区。新亚欧大陆桥畅通了亚欧大陆之间的贸易,拥有地理位置优越、运输路线短、时间少和辐射面广等诸多优势,成为亚欧互通的重要路径,被作为西伯利亚大陆桥的主要竞争对手。但新亚欧大陆桥在开通 20 多年来,在实际运输中仍然存在着许多潜在的风险及问题,削弱了其竞争力。

(一)新亚欧大陆桥经济走廊发展概况

1992 年 12 月 1 日,横贯亚欧两大洲的铁路大通道——新亚欧大陆桥开通运营。25 年来,新亚欧大陆桥东桥头堡起点的连云港已经开通了至阿拉山口、喀什、霍尔果斯和阿拉木图等集装箱进、出境多条通道,极大地促进了新亚欧大

① 李建军. 全球价值链分工视角下的中蒙俄经济走廊建设[J]. 社会科学家,2016(11).

陆桥运输通畅的发展。

第一，从战略意义上看，新亚欧大陆桥具有重要价值，这一经济走廊的东西两端连接着太平洋与大西洋两大经济中心，基本上属于发达地区，但发展空间较小，资源比较稀缺，而这一经济走廊狭长的中间地带，亦即大多属于欠发达地区的亚欧腹地，特别是我国的中西部，以及中亚、西亚、中东、南亚等地区，地域辽阔，交通条件落后，自然环境较差，但发展空间容量大，资源比较丰富。特别是能源尤为富集，煤炭储量在2万亿吨以上，石油储量约1 500亿吨，天然气储量近7 500亿立方英尺，是名副其实的世界“能源之乡”。可见，新亚欧大陆桥经济走廊两端的经济区和中间的经济区具有较强的优势互补性，具有非常好的互利合作前景。

第二，中欧班列的陆续开通使得这一经济走廊的基础设施联通取得了重大进展。中欧班列是往来于中国与欧洲以及“一带一路”沿线各国的集装箱国际线路联运班列，这些班列已成为国际物流中陆路运输的骨干方式，为服务中国对外经贸发展，贯通中欧陆路贸易通道，实现中欧间的道路联通、物流畅通，推进“一带一路”建设提供了运力保障。从2011年3月19日重庆首趟“渝新欧”班列开行以来，南昌、成都、郑州、武汉以及苏州等16个城市也立足于区域优势、铁路运输条件和产业基础，相继开通了前往德国杜伊斯堡、汉堡和西班牙马德里等12个欧洲城市的集装箱班列。中欧班列的陆续开通完善了“一带一路”物流网络的建设，对这一经济走廊的建设具有重要的现实意义。2016年6月8日，中国铁路正式启用了中欧班列这一统一品牌。统一品牌中欧班列当日分别从重庆、成都、郑州、武汉、长沙、苏州、东莞、义乌八地始发。2016年6月20日，习近平主席访问波兰期间举行了统一品牌中欧班列首达欧洲（波兰）仪式。[①]

（二）新亚欧大陆桥经济走廊建设存在的潜在风险

新亚欧大陆桥经济走廊从地理上畅通了亚欧之间贸易和经济通道，也被视为第一亚欧大陆桥的重要竞争对手。相比于西伯利亚的大陆桥，其具有运输路线短、时间少、成本较低、辐射面广等优势。但这一经济走廊在建设中还存在以

① 马鑫，韦梦晨．“一带一路”六大经济走廊的发展现状与建设进展[J]．第一财经研究院，2017(2)．

下三方面的风险。

第一,货物过境换装能力不足是制约其产业合作空间的重要因素。这主要是因为铁轨的标准不一。新亚欧大陆桥从中国出发,中国的铁路为标准轨道,即直线轨距 1 435mm,而俄罗斯与哈萨克斯坦的铁路标准则为大于标准轨 1 435mm的宽轨,到了欧洲后,波兰、德国与荷兰的铁路轨道与中国又是同样的标准轨道。这也就意味着新亚欧大陆桥经济走廊的货物在运到欧洲的途中需要经过两次换装。这直接导致了物流成本的增加、运输时间的延长,且换装需要一定的时间,对贸易的实效影响较大。这也是这一经济走廊的通道长期“通而不畅”的重要原因。

第二,面临着与第一条亚欧大陆桥的竞争。尽管新亚欧大陆桥要比第一条亚欧大陆桥距离短一些,但由于沿线经历的国家和地区较多,关卡较多,货物的查验费事,成本费用也比较高。因此,目前还是有相当比例的货物,如中国沿海地区、日本、韩国会经西伯利亚线运至欧洲。与此同时,俄罗斯的铁路公司为了保住西伯利亚线的货源,也通过大幅降价吸引客户,与新亚欧大陆桥展开直接的竞争。因此,在中欧班列已经成规模化的基础上,如何打通通关制度上的壁垒是这一经济走廊建设的关键。

第三,中欧班列的返程空箱率较高。由于贸易结构方面的原因,我国出口到经新亚欧大陆桥国家的货物较多,但从这些国家进口的货物较少,导致班列“满箱而出,空箱而归”。这一严重的运输失衡导致运输成本提高不少。尽管由于中欧班列系统的开通,在一定程度上缓解了返程空箱率高的问题,但这一问题在短时期内还会存在,这主要是由贸易结构决定的,我国制造业的产品源源不断地输出到沿线国家,但沿线国家的贸易产品与我国的产业需求、消费者需求还不是很匹配,这在客观上也造成了不可避免的空箱率。

(三)应对新亚欧大陆桥经济走廊建设风险的建议

第一,通过友好协商的方式,在尊重相关国家主权和安全的基础上,在相应的瓶颈通道处建立合作经济试验区,在区内尝试建设相对接的铁路轨道标准,提高进出境货物的换装能力。针对边境最拥堵的路段,通过建立两国的协商制度,允许对方建造符合本国标准的铁路轨道,如在新疆乌鲁木齐到哈萨克斯坦阿拉木图之间最繁忙、也最易拥堵的路段,中哈两国允许哈萨克斯坦将宽轨铁路修到乌鲁木齐,中国将标准轨距铁路修到阿拉木图,这样在一定程度上降低过境物流的成本。

第二,强化新亚欧大陆桥沿线国家之间的统一协调机制,降低通关的制度成本。通过建立新亚欧大陆桥的协调机制,推动参与国一起进行规则的制定,制定统一的过关报检规则流程以及收费标准,减少重复的中间环节,实现一次收费、一票到底的流程。推动各国实现物流信息的建设与共享。

第三,积极推动我国沿线各省市与新亚欧大陆桥贸易的对接,积极挖掘国内需求与其他沿线国家产业供给的潜在匹配。通过贸易结构的平衡与优化,减少中欧班列的返程空箱率。特别是我国中西部区域的省市,应充分利用中欧班列的通道优势,制订有针对性的对接规划,变物流通道为贸易通道、经济转型发展的外向通道。

三、中国—中亚—西亚经济走廊

中国—中亚—西亚经济走廊东起中国,向西经中亚至阿拉伯半岛,是丝绸之路经济带的重要组成部分。这一条经济走廊由新疆出发,抵达波斯湾、地中海沿岸和阿拉伯半岛,主要涉及中亚五国(哈萨克斯坦、吉尔吉斯斯坦、塔吉克斯坦、乌兹别克斯坦、土库曼斯坦)、伊朗和土耳其等国。这条经济走廊是世界石油的宝库,也是全球最重要的能源输出地,但同时也是军事、文化和宗教最为复杂的地方,其中蕴含的恐怖主义、大国角力和文化冲突等均是产业合作中存在的巨大风险。

(一)中国—中亚—西亚经济走廊的发展概况

我国与中亚五国的合作机制已经常态化,各国高层首脑互访以及部长级会议取得了良好的效果。我国同塔吉克斯坦、哈萨克斯坦、吉尔吉斯斯坦先后签署共建丝绸之路经济带双边合作协议。与此同时,哈萨克斯坦“光明之路”、塔吉克斯坦“能源交通粮食”、土库曼斯坦“强盛幸福时代”等国家发展战略都与中国—中亚—西亚经济走廊的建设战略比较契合。中国与中亚各方面的合作深入开展,已成为中亚各国重要的贸易伙伴国或者投资来源国(见图3-67)。

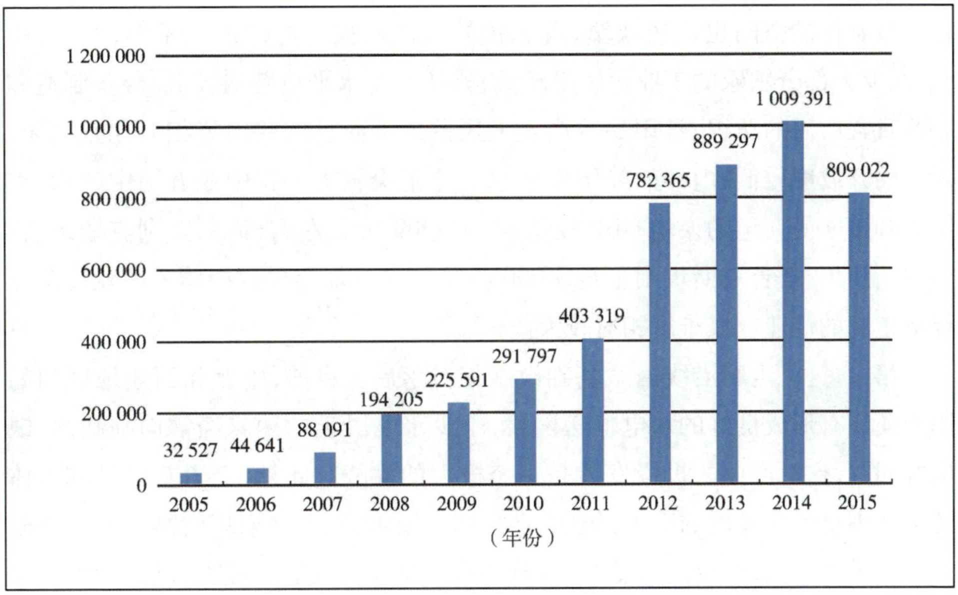

图 3－67　2005—2015 年中国对中亚国家的对外直接投资存量(万美元)

数据来源:历年《中国对外直接投资统计公报》,2015 年的数据为重新评估调整的数据。

中国与西亚国家之间的政策沟通也取得了一定成效,2014 年习近平主席在中国—阿拉伯国家合作论坛第六届部长级会议上倡导构建中阿"1＋2＋3"合作格局,即以能源合作为主轴,以基础设施建设、贸易和投资便利化为两翼,以核能、航天卫星、新能源三大高新领域为新的突破口,全面加强中国同阿拉伯国家之间的合作。这实际上为中阿关系发展和丝绸之路经济带建设描绘了发展的蓝图。

(二)中国—中亚—西亚经济走廊建设面临的主要风险

中亚、西亚历来是文化冲突、大国博弈的焦点,与此同时,这些沿线国家的基础设施落后、产业比较单一,这些因素都为产业合作带来了更多不确定的因素。

第一,产业结构单一限制了产业合作的空间。中亚和西亚属于典型的资源型国家,产业结构比较单一,产业主要以油气、矿产的开采和加工为主,这种单一的产业结构不仅容易受大宗商品价格波动的影响，而且产业链较短会导致产业深度合作的空间也比较狭窄，可承接外域产业投资的广度也不够，此外，中亚、西亚大部分国家的工业化水平较低，科技发展水平也普遍较低，装备制造和一些日常所需的纺织、日用品等产业发展落后。而且这些国家相对比较封闭，对外的开放度较低，内部的经济发展水平差距也较大。在中亚五国中，哈萨克斯坦和土库曼斯坦的人均 GDP 较高，在 10 000 美元左右，而乌兹别克斯坦、吉尔吉斯斯坦、塔吉克斯坦则不足 3 000 美元。这些都会导致中国—中亚—西亚经济走廊的产业合作难度相对较大。

第二，这一走廊沿线国家基础设施相对落后。目前，中亚和西亚地区内的国家还没有形成良好的水电输送网络，不少水电匮乏的国家经常面临缺水、缺电等问题，这对产业的投资发展是一个极大的挑战。此外，交通基础设施整体还不能满足产业发展的需求，例如，乌兹别克斯坦、土库曼斯坦的高速公路基础设施几乎是空白，西亚的阿曼、阿联酋铁路也是发展滞后。此外，通信设施覆盖率低、港口运转能力有限、航空线辐射世界不足等也是中亚、西亚国家基础设施存在的问题，这对产业的合作发展也是重要的制约。

第三，这一走廊也是大国博弈的重镇，地缘政治的风险较大。中、西亚地区战略地理位置和资源禀赋优势成为大国争相角逐的重要战略区域之一。与此同时，这一走廊涉及的国家较多，中亚 5 个国家、西亚 17 个国家，中亚和西亚国家存在错综复杂的地缘矛盾，在区域合作问题上难以协调一致。个别国与国之间存在着边界纠纷，中亚几国之间也时常因边界发生冲突，而西亚国家之间的矛盾冲突则更为突出，因宗教、边界和文化发生冲突的事件时有发生，其背后往往是美国、欧盟、俄罗斯等大的经济体之间的角力。因此，在这一经济走廊的合作中如何协调中亚、西亚内部以及背后的大国之间的利益纷争是推动产业合作面临的重大挑战。

第四，这一走廊也是恐怖主义泛滥的区域。随着宗教极端组织的规模不断扩大和社会影响力增强，其所导致的恐怖主义等安全问题已经严重影响地区稳定。譬如，近年来“伊斯兰国”（ISIS）组织的兴起进一步激化了逊尼派与什叶派穆斯林、阿拉伯民族与库尔德民族以及西亚相关国家之间的矛盾，“伊斯兰国”组织已成为继“基地”组织之后的全球恐怖主义中心，对西亚地区的政治格局和版图、社会秩序和经济安全都造成了十分恶劣的影响。在此背景下，西亚相关国家的投资风险加大，不利于中国—中亚—西亚经济走廊建设的推进。

（三）应对中国—中亚—西亚经济走廊建设风险的建议

第一，应充分借助当前这一区域的双边特别是多边的合作机制与平台，协调推进这一经济走廊的建设。特别是利用上合组织、中阿合作论坛等平台，主动推进这一走廊产业合作机制的建立。积极探讨建立中国—中亚—西亚高峰论坛的规划，形成紧密的国际化合作机制平台，并努力使之常态化。

第二，加大对这一走廊的基础设施建设的投资，以基础设施的畅通推动产业的深度合作。针对这些区域交通基础、信息网络基础薄弱的特点，利用我国在这些产业上的优势，积极主动地“走出去”，将这一区域在此方面的劣势转化为产业合作的优势。

第三，积极做好风险的预警、防范机制建设。针对这一区域的恐怖主义、地区政局动荡等不确定因素，对各类风险进行分门别类的预判研究。建立相应的预警机制，并进行实时动态的发布，政府层面和企业层面做好风险的响应与应对措施，充分保障投资收益。

四、中国—中南半岛经济走廊

中国—中南半岛经济走廊以中国广西南宁和云南昆明为起点，以新加坡为终点，纵贯中南半岛的越南、老挝、柬埔寨、泰国、缅甸和马来西亚等国家，是中国连接中南半岛的大陆桥，也是中国与东盟合作的跨国经济走廊。

（一）中国—中南半岛经济走廊发展概况

中国—中南半岛经济走廊因为有东盟合作的基础，因此具有良好的发展前景。与此同时，这一经济走廊对于中国来说具有重要的战略意义。中南半岛在地理位置上与中国陆海相连，是连通“一带一路”的重要桥梁和纽带，同时也是中国西南地区通往印度洋，实现对外开放的重要通道，具有十分重大的战略意义。包括中国在内的这一走廊有着几千年的历史渊源，沿线国家具有悠久的合作历史。

尽管这一经济走廊的建设时常会被一些政局不稳所纷扰，但总体上这一经济走廊的建设成效还是比较显著的，这一走廊沿线的国家也积极融入、共同推进“一带一路”的建设。中国不仅是这些国家重要的贸易和投资国，也是产业转移的重要目的国。由于我国劳动力成本的上升，许多劳动密集型产业向中南半岛国家转移，中国与这些国家的依存度不断增强。在基础设施的联通上，“一带一路”倡议实施后，沿线国家基础设施不断改善，如印尼雅万高铁、中老铁路、中泰铁路、马来西亚南部铁路、匈塞铁路和瓜达尔港等重大项目都在有序推进。而且，相关合作机制也在不断完善中。譬如，大湄公河次区域经济合作不断深入推进，在 2014 年的大湄公河次区域经济合作领导人会议上各国达成了深入合作的共识，其中包括中国与泰国签署《中泰铁路合作谅解备忘录》以及《中泰农产品贸易合作谅解备忘录》等。而且，中国与中南半岛国家合作推进湄公河—澜沧江合作机制也正入佳境。

（二）中国—中南半岛经济走廊建设面临的主要风险

中南半岛各国发展水平较为落后，内部局势复杂，而且这些国家在历史上大都经历了殖民时代，在政治上会摇摆不定，自主能力很差，极易发生内部的政局动荡，外部大国的介入更是增加了发展的不确定性。

第一，外部国家在中南半岛的介入会增加这一区域合作发展的不确定性。譬如，美国重返亚太战略的一个重要方面就是积极介入中南半岛，通过拉近与缅甸等国家的关系制约中国的发展战略，日本同样通过“日本—湄公河伙伴关系计划”遏制中国的“一带一路”倡议，印度、澳大利亚等国家也无不将次经济走廊作为制衡中国的重要战略据点。中南半岛已成为中国、美国、日本和印度等国地缘政治博弈的重要棋子，而中南半岛国家基本都奉行摇摆第三国的主张，这为产业合作带来了极大的不确定性。

第二，这些国家的内部政治不稳定是影响产业投资的重要风险因素。这些国家的军人干政、西方国家频频介入导致国内政局极端不稳定，政府更迭是常态。这些因素会严重影响投资的合理运转，例如，中国在缅甸密松水电站建设搁浅、莱比塘铜矿运营不畅；中泰铁路建设泰国中途变卦等均对我国的投资造成了一定的损失。

第三，国内经济基础、制度环境较差也是制约产业深度合作的重要因素。中南半岛沿线国家国内基础设施较差，交通设施建设较为落后，物流通道和贸易通道建设滞后。而且，大多数国家的制度建设、法律环境甚至治安环境还很不完善，产业投资存在着收益无法保障的风险。

（三）应对中国—中南半岛经济走廊建设风险的建议

第一，积极推进已有合作机制的深入发展，充分发挥这些机制的合作潜力。借力已有的平台与合作机制是加快推进区域合作的重要手段。中南半岛经济一体化组织有大湄公河次区域组织、东盟以及环北部湾经济合作组织等。可以借助“一带一路”这一大的倡议，整合现有的合作机制，以经济走廊的合作机制统领现有的平台，提升机制的重要性和解决问题的高层级性。

第二，需要在基础设施的共建上扎实推进。基础设施的联通是产业合作和民心相通的基础，特别是这一走廊基本上都与我国接壤，积极推进跨国的铁路、公路以及水运通道的建设，以基础设施的建设推动产业要素资本和劳动力的流动，实现区域经济一体化。

第三，推动政治互信建设，在通关制度、金融合作制度和贸易便利化制度等方面开展深入交流与合作。利用中国与中南半岛国家在地缘、文缘等方面的亲近关系，继续坚持和平共处五项基本原则，积极推进合作共赢的邻国关系，实现睦邻的和平发展。

五、中巴经济走廊

中巴经济走廊是“一带一路”的“旗舰项目”。这一经济走廊起点位于新疆喀什，终点在巴基斯坦瓜达尔港，全长 3 000 公里，北接“丝绸之路经济带”，南连“21 世纪海上丝绸之路”，是贯通南北丝路的关键枢纽，是一条包括公路、铁路、油气和光缆通道在内的贸易走廊；是中国与中亚、南亚及中南亚国家发生紧密联系的大通道，并通过瓜达尔港直达中东的贸易、产业、能源和交通网络。

（一）中巴经济走廊发展概况

中巴经济走廊是李克强总理于 2013 年 5 月访问巴基斯坦时提出的。旨在加强中巴之间交通、能源和海洋等领域的交流与合作，加强两国互联互通，促进两国共同发展，这一走廊建设也符合巴基斯坦的发展规划。2013 年 7 月，两国总理签署了“中巴经济走廊合作备忘录”，使这一走廊的建设逐渐深入推进。2015 年 4 月习近平主席访巴期间，建议“以中巴经济走廊建设为中心，以瓜达尔港、交通基础设施、能源、产业合作为重点，形成‘1 +4’经济合作布局，实现合作共赢和共同发展”。至此，中巴经济走廊建设步入快车道。

第一，在能源项目的合作上进展迅速。巴基斯坦是一个能源短缺的国家，电力基础设施比较落后，停电是常有的事。中巴经济走廊建设的一个重要方面就是中国支持巴基斯坦的能源建设。卡西姆港燃煤电站项目是首个开工的中巴经济走廊框架下的能源项目，该燃煤电站建成后预计可以填补巴全国电力约 20% 的缺口，在很大程度上缓解巴基斯坦电力供应紧张问题。此外，萨希瓦尔燃煤电站项目、卡洛特水电站项目、恰希玛核电项目和卡拉奇核电项目等的落地推进都将对中巴经济走廊的建设起到积极的推动作用。

第二，中巴经济走廊在交通的联通上取得了显著成效。在铁路、公路网建设方面有多个项目在积极建设中，如喀喇昆仑公路二期改扩建工程，项目建成后，将有力改善当地交通状况，促进当地经济社会发展，进一步提升中巴经贸合作；卡拉奇—拉合尔高速公路项目有效推进中，作为中巴经济走廊建设中最大的交通基础设施项目，这一线路建成后将极大改善巴基斯坦的交通状况。与此同时，该条公路可以将巴基斯坦南部瓜达尔港经卡拉奇同中国西部城市喀什相连，有助于巴基斯坦同中国、伊朗、阿富汗和中亚国家等的互联互通。① 特别是瓜达尔港的建设以及移交对于中巴经济走廊建设具有标志性的意义，而且，针对瓜达尔港内部的基础设施建设也在积极稳步推进。

第三，在金融合作上取得了较大的进展。我国的主要银行已经开始与巴基斯坦的银行合作，支持中巴经济走廊的开发，丝路基金以及中国相关的金融机构已经开始参与上述项目开发的融资，逐步形成了银行贷款、股权投资及债权投资等多种形式的融资体系。

① 马鑫，韦梦晨．“一带一路”六大经济走廊大盘点[J]．第一财经研究院，2017(5)．

(二)中巴经济走廊建设面临的主要风险

第一,恐怖主义泛滥是影响投资环境建设的重要不利因素。巴基斯坦恐怖主义长期存在且越来越严重的趋势,对中巴经济走廊的建设是一个非常严峻的挑战。经济走廊建设中的一些重大项目无疑会成为恐怖主义攻击的主要对象,其中必然会涉及中方人员的人身安全,已经有不少恐袭事件发生,并且有向我国新疆地区蔓延、渗透的倾向。

第二,巴基斯坦强社会、弱政府的政治生态为产业合作带来极大的不确定因素。巴基斯坦政府是一个弱政府,它的中央政府对各省、地区政府的控制力很有限,导致巴基斯坦政府更迭频繁且不确定性随时存在。中国与上一届政府签订的合作协议,下一届政府就极有可能推翻,政府在项目的执行效率上也大打折扣。而且,巴国内官僚体系腐败现象比较严重,索贿行为盛行,严重制约项目的进展。

第三,巴基斯坦落后的基础设施也是产业合作的重要掣肘。这不仅体现为现有交通基础设施的落后,而且巴国境内的铁路、公路网络建设难以支撑产业项目的有效开展和运行,水电等产业发展的基本要素长期得不到满足,产业的基础也比较薄弱,工业基本以初级加工为主,产业发展的开放度也不高,贸易壁垒长期居高不下,金融发展滞后等都对产业的合作形成了较大制约。

(三)应对中巴经济走廊建设风险的建议

中巴经济走廊的建设尽管面临着一定的挑战,但这一走廊的建设对于中巴两国乃至整个“一带一路”的建设都是双赢以至多赢的行动。在缓解这一走廊建设风险方面需要采取务实的态度,扎实推进具体项目的落实。

第一,需要强化加强中巴经济走廊建设的顶层设计,积极推动中巴经济走廊建设规划的落地。目前,应尽快完成《中巴经济走廊远景规划》及已定项目的详细规划。两国在合作框架内积极推动具体项目的落地,争取在重点项目的示范效应下,全面开展经济、社会、文化等方面的深度合作,建立中巴深度合作的网络体系。

第二,建立紧密、高效的合作机制。充分借助中巴的双边以及上合组织的机制，特别是利用好巴基斯坦新加入上合组织的契机，在安全、经贸合作方面深入推进。鼓励国内的省份、城市与巴基斯坦相关的城市缔结友好城市，强化日常交流，在人文、教育、科技和经贸领域实现点对点的合作。

第三，在宣传、教育培训上开展深入合作。为了缓解中巴在文化上的冲突，可以在巴基斯坦增加相应的舆论宣传，让更多的巴基斯坦民众了解中国的经济发展和优秀的文化传统，提高双方的认知度。为了缓解其人力资本上的不足，可以有针对性地开展对工人的培训，扩大高等教育方面的交流，以此加快民心相通工程的步伐。

六、孟中印缅经济走廊

孟中印缅经济走廊建设的倡议是2013年5月李克强总理访问印度期间提出的，得到了印度、孟加拉国和缅甸三国的积极响应。这项经济走廊建设的倡议对深化四国间的友好合作关系、建立东亚与南亚两大区域互联互通具有重要意义。

（一）孟中印缅经济走廊发展概况

历史上，由于这一走廊的国家之间存在一定的边境冲突，经贸往来长期处于停滞状态。近年来，随着孟中印缅经济走廊建设的不断深入，中国与孟中印缅经济走廊其他国家的经贸往来有了长足进步（见图3－68），经济合作不断深化。目前，孟中印缅经济走廊联合工作组已召开两次会议，发布一系列审议意见和联合声明，一些开发项目也已经开始落地，如中缅油气管道作为一个多国合作的国际化商业项目，已发展成为中缅两国能源合作的重要平台，成为孟中印缅经济走廊和中国与东盟国家开展互联互通基础设施建设的先导项目。

（二）孟中印缅经济走廊建设面临的主要风险

第一，四国在政治互信上还存在芥蒂。由于历史上因政治倾向及领土争端等因素，三国都先后与我国发生过领土争端，这一历史遗留问题还有延续，并对产业合作造成一定的负面影响。这些国家在一定程度上都存在排华的势力，中印关系因领土问题、地缘政治问题长期处于对立的状态，这对经济、产业的合作

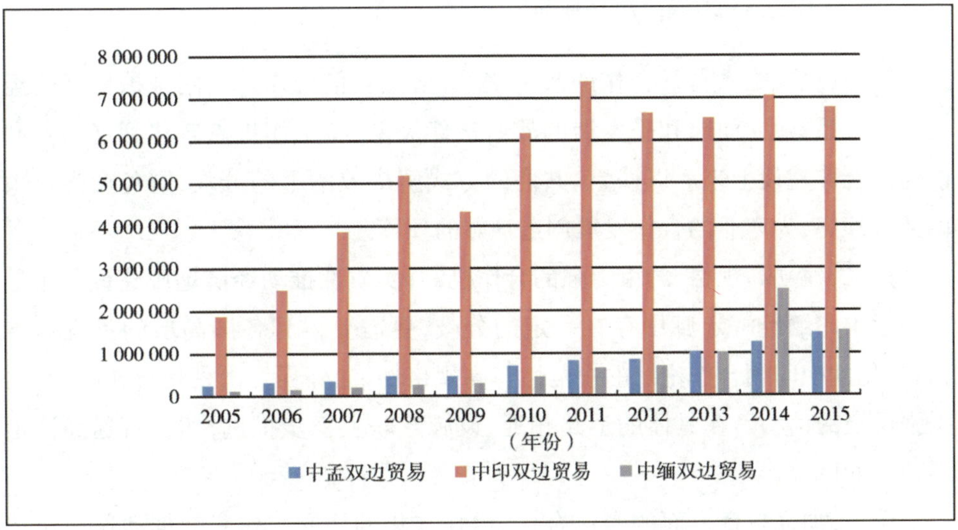

图 3－68　2005—2015 年中国与孟加拉国、印度、缅甸的双边贸易（万美元）

数据来源：历年国际统计年鉴。

形成了较大的障碍。中缅关系因外部势力的介入而增加了一些不信任因素。一方面，这些国家希望与中国开展合作，但另一方面又惧怕中国的崛起，"中国威胁论"在这些国家有着较大的市场。此外，孟缅之间存在罗兴亚族冲突和领海争议问题、孟印之间存在飞地和水资源争端、印缅之间存在地方武装、贩卖毒品及非法移民问题，这些问题都是导致孟中印缅走廊建设滞后的重要变量。

第二，内部政局动荡、制度不完善也是制约这一经济走廊建设的重要因素。民族冲突、分裂势力和恐怖主义在孟印缅国家还普遍存在，这也是其内部政局不稳的重要体现。如缅甸正处于政治的转型时期，民主化进程导致了中国在缅甸的投资受到了影响，中缅铁路建设曾一度搁浅。孟印缅国家制度不完善突出表现为开办企业难、获得信贷难、投资者保护差异较大和合同执行难等。

第三，基础设施落后是影响这一走廊建设的硬伤。孟印缅国家的基础设施普遍比较落后，孟缅两国属于落后经济体，道路、信息网络基础设施等是其重要的短板，需要大量的资金投入建设。与此同时，其国内的金融市场也比较落后，不能有效支撑基础设施的建设。

(三)应对孟中印缅经济走廊建设风险的建议

第一,重视维系友好合作的政治关系,增强互信合作。共同维护良好的经贸合作关系,建立面向和平发展的战略伙伴关系,将工作重点转移到互惠互利的经济合作建设上来。以谈判、共商的方式解决政治上的分歧,避免产生重大的武装冲突,为产业的合作发展创造良好的环境。

第二,建立高规格、约束力强的合作机制,实质性推动经济走廊建设。正是因为孟中印缅经济走廊中存在一定的分歧,更需要得到各国高层的重视与支持,强化孟中印缅合作论坛的规范性与高规格性,向外界发出密切合作的信号,增强民众的信心。在具体的道路相通、设施互联上稳步推进,切实打通经济走廊建设的瓶颈。

第三,加强教育方面的交流合作,增强文化的认同与包容。推动这一经济走廊的建设最重要的是更多的人才需求,能得到文化上的相互认可。一方面,可以吸引更多的留学生来中国学习、交流;另一方面,我们也需要积极"走出去",主动宣传我国优秀的文化传统,通过人才的双向流动促进民心相通。

七、应对与"一带一路"沿线国家产业合作风险的建议

厘清并正确面对上述风险,建立一套可接纳、可互动、可互补、可操作的风险防范机制,是"一带一路"产业合作顺利、可持续开展的必要条件。

第一,积极促进社会风险分担机制和利益共享机制的建立。充分利用并积极推动多边金融机构的发展,解决资金瓶颈,分担相应的风险。除了亚洲基础设施投资银行和丝路基金外,还应多渠道拓宽资金来源:一是利用金砖国家开发银行、上合组织开发银行、中国—东盟投资合作基金,为"一带一路"建设提供资金保障;二是引导民间力量进行海外投资,加速推进 PPP 融资模式,变政府主导为政府、民间双轮驱动;三是利用上述平台完善风险分担机制,拓展债权融资与股权融资的渠道,积极发展债券融资保险业务,鼓励我国的主权基金以及其他专业投资基金参与产业合作,以亚投行等融资平台为基础,建立相应的政治风险保险和再保险平台,吸引"一带一路"沿线国家共同参与,逐渐形成共担风险和共享利益的网络。

第二,在产业协同发展的过程中需要强化国别分析和风险评估。一是建议建立国别数据库,整合分散的数据资源,把"一带一路"沿线国家的经济概况、文化和宗教等信息数据化、指标化,为风险评估做好数据储备,建议制定"一带一路"沿线国家项目建设指导意见,建立项目建设储备制度;二是鼓励企业设立独立的海外投资风险评估部门,加快海外投资风险分析师队伍建设,构建境外投资国家风险评级、预警和管理体系,全面和量化评估中国海外投资所面临的各种风险,为国内企业降低海外投资风险、提高海外投资成功率提供参考;三是中介机构应发挥专业化的优势,为"走出去"的企业提供高质高效的服务,综合研究"走出去"企业重点对外投资环境的变化情况,为本土企业的国际化发展提供更加科学的咨询服务,主动强化与国外先进咨询机构等中介机构的合作及联系,不断吸收国外先进的咨询服务理念和方式,为发挥自身特色优势提供更多的有利条件;四是中国本土跨国企业应积极做好跨国的文化整合,构建自身具有竞争力的企业文化,做好"一带一路"沿线国家的文化评估,求同存异,优势互补,实现企业文化的有效对接,促进企业文化的整合与再造,培养一批具备跨文化整合能力的国际管理人才,确保企业业务拓展成功。在培育本土跨国企业的过程中,企业自身也应在组织形式、管控模式和治理结构等方面积极转型,以适应公司做强做大的转型方向。

第三,利用与拓展双边、多边合作机制,保护中国产业的投资利益。要将"一带一路"这一宏大的战略进行细化,从已有双边及多边协定分解、分担战略的着力点,以点带面实现突破。这既包括利用现行国际法、国际规则及机制,也包括创建新的国际机制和改革现行国际规则。极大地维护产业投资的可持续性,维护人员生命安全、财产安全、能源供应和海外市场拓展。积极参与国际性和地区性多边或双边安全合作机制的完善和构建,如 WTO、G7、APEC、IMF、上海合作组织和中国与东盟(10+1)等,充分运用参与各种首脑峰会、高层论坛等机会向国际社会明确自己所应承担的责任,利用国际规则制定、议程设置和程序安排保障中国权益,逐步提升中国在国际事务中的话语权和影响力,为国家发展和安全创造良好的国际政治环境,逐步强化这些合作机制的常态化与中国在其中的主体责任。

第四,积极推动合作机制的建设,逐步将"一带一路"倡议打造成为高标准、符合国际规则的合作机制平台，不断提升“一带一路”在全球经济治理中的制度性话语权。随着“一带一路”建设的持续推进，加强法制和机制建设、提升规则构建功能的重要性将日趋凸显。当前和今后一个时期，要把积极探索和创新长效合作机制放在“一带一路”建设的重要位置，着力强化在相关议题提出、议程设定、规则制定等方面的主导性和影响力，不断提升制度供给水平，在这些规则的推动下实现产业的协同发展。重点推进产业投资、贸易以及金融方面的规则建设，为产业合作打下坚实的基础。在机制建设中，要坚持从实际出发，立足各国基本国情，充分借鉴国际惯例和法律规范，在利用好现有亚投行、丝路基金和双边产能合作基金等区域性金融合作机制的同时，借力国际组织，以经济、贸易、投资的合作机制倒逼“一带一路”沿线国家进行经贸领域的改革，逐步将各类双边、多边的谈话、声明、备忘录及合作协议等上升到具有法律效力的层面，将“一带一路”打造成为一个既有全球影响力、又符合国际规范的区域合作机制大平台，以更好地发挥其在全球经济治理和国际规则制定中的重要作用。

（余典范　葛鹏　邹俊）

第四篇

自贸区战略、"一带一路"建设与人民币国际化

推进落实"一带一路"倡议，需要与自由贸易区战略相结合，将"一带一路"与自由贸易区建设列为构建全方位对外开放新格局的重要内容。"一带一路"倡议是纲，为自由贸易区战略指引方向，构建对外开放的平台；自由贸易区战略为目，支撑"一带一路"倡议的具体实施，引领国际经济合作的开展。

"一带一路"倡议的重心是基础设施建设，沿线国家对于基础设施投资有巨大的需求，大规模的投资建设将带动跨境融资需求增长。为了适应这一经济格局和改变现有国际金融机构话语权的不对称，产生了诸多新的国际金融机构，如亚投行、金砖国家新开发银行和应急储备安排（CRA）等，它们可以在"一带一路"建设中发挥非常积极的作用，这对现有的国际金融机构是一个很好的补充和有力的促进。

"一带一路"建设推进了人民币国际化进程；同时，人民币国际化是"一带一路"倡议实施的重要前提。"一带一路"倡议从与沿线国家金融贸易合作、金融机构建设等途径促进人民币的结算范围和认可度，为人民币创造投融资机遇。随着各国对人民币的需求增加，人民币会逐步实现储备功能，成为各国的储备货币。利用"一带一路"通道，人民币通过贸易和对外投资两条渠道，在各种直接金融平台和金融机构的辅助下逐步实现国际化。

“一带一路”建设的贸易与金融后果：基于国际收支的视角

“一带一路”建设已经取得了重要的成果，有100多个国家和国际组织积极响应支持，有60多个国家已经与中国签署了合作协议。“一带一路”沿线国家基础设施建设和产业建设融资，以适度推进沿线国家的工业发展，带动经济联通，改变经常项目、资本和金融项目，达到发展国内市场、联通国际市场和提高资源配置效率的目的。随着“一带一路”建设的完善，我国融入全球经济体系，实现“一带一路”沿线国家与全球的资金融通，促进我国国际收支平衡。

……………………………………………………………………………………

一、“一带一路”建设的贸易状况

自2015年3月28日国家发展改革委、外交部、商务部联合发布《推动共建丝绸之路经济带和21世纪海上丝绸之路的愿景与行动》以来，“一带一路”推动建设“五通”（政策沟通、设施联通、贸易畅通、资金融通、民心相通）全面发展，最终促进“一带一路”沿线各国加强对接合作，实现各国经济共同发展。

（一）“一带一路”沿线国家的贸易总体情况

从总体来看，2016年“一带一路”沿线国家贸易总额最多的是东南亚地区，为23 065.8亿美元，其后是东欧和西北非地区，分别为21 163.9亿美元和18 526.1亿美元。2016年“一带一路”沿线国家贸易总额占全球的比重为21.7%，相比较于2014年与2015年所占份额23.9%与22.1%有下降趋势。

从区域来看，东南亚、东欧和西亚北非地区的贸易比重相对较大。在出口方面，2016年东南亚11国的出口总额为11 798.6亿美元，占“一带一路”沿线64个国家（中国除外）出口总额的32.79%；其后为东欧地区，出口总额为

11 388.4 亿美元,占比为 31.65%;第三位为西亚北非地区,出口总额为 8 850.7 亿美元,占比为 24.59%。从进口总额方面来看,东南亚地区最多,其后为东欧和西亚北非地区,其进口额分别为 11 267.2 亿美元、9 775.5 亿美元和 9 675.5 亿美元。2011—2016 年“一带一路”沿线国家贸易在全球贸易中的占比情况和 2016 年“一带一路”沿线 64 国 GDP 及贸易情况如图 4-1 和表 4-1 所示。

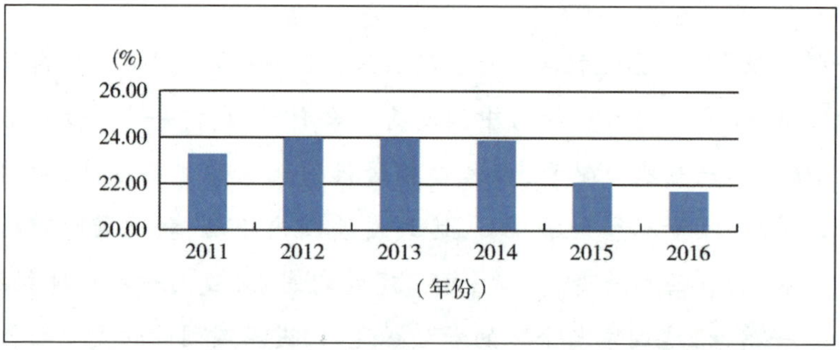

图 4-1　2011—2016 年“一带一路”沿线国家贸易占全球贸易的比重

表 4-1　2016 年“一带一路”沿线 64 国 GDP 及贸易情况 （亿美元）

区域 \ 项目	GDP	进口额	出口额	进出口总额
东亚一国	116.5	38.7	45.0	83.7
东南亚十一国	25 802.2	11 267.2	11 798.6	23 065.8
南亚八国	29 146.6	4 724.1	3 308.5	8 032.6
中亚五国	2 254.7	422.7	590.7	1 013.4
西亚北非十九国	36 467.5	9 675.5	8 850.7	18 526.1
东欧二十国	26 352.1	9 775.5	11 388.4	21 163.9
64 国总计	120 139.6	35 903.7	35 981.9	71 885.5

数据来源:“一带一路”贸易合作大数据报告(2017)①。

① 东亚一国为蒙古;东南亚十一国为新加坡、越南、泰国、马来西亚、印度尼西亚、菲律宾、缅甸、柬埔寨、文莱、老挝、东帝汶;南亚八国为印度、孟加拉国、巴基斯坦、斯里兰卡、尼泊尔、阿富汗、马尔代夫、不丹;中亚五国为哈萨克斯坦、乌兹别克斯坦、土库曼斯坦、吉尔吉斯斯坦、塔吉克斯坦;西亚北非十九国为阿联酋、沙特阿拉伯、土耳其、以色列、卡塔尔、埃及、科威特、伊拉克、伊朗、阿曼、巴林、约旦、阿塞拜疆、黎巴嫩、格鲁吉亚、也门、亚美尼亚、叙利亚、巴勒斯坦;东欧二十国为俄罗斯、波兰、捷克、匈牙利、斯洛伐克、罗马尼亚、乌克兰、斯洛文尼亚、立陶宛、白俄罗斯、保加利亚、塞尔维亚、克罗地亚、爱沙尼亚、拉脱维亚、波黑、马其顿、阿尔巴尼亚、摩尔多瓦、黑山。

从国别看，新加坡、印度、俄罗斯、泰国、波兰外贸总量在“一带一路”沿线国家中居前五名，越南、阿联酋、沙特阿拉伯、马来西亚、土耳其的贸易总额紧随其后。由2016年沿线国家的贸易数据中可以看出，印度的进口数额最大，为3 566.8亿美元，其次为新加坡，其进口总额为2 968.9亿美元；新加坡的出口数额最大，为3 469.1亿美元，其次为俄罗斯和印度，其出口总额分别为3 439.1亿美元和2 610.1亿美元，第四名为泰国（见图4－2）。

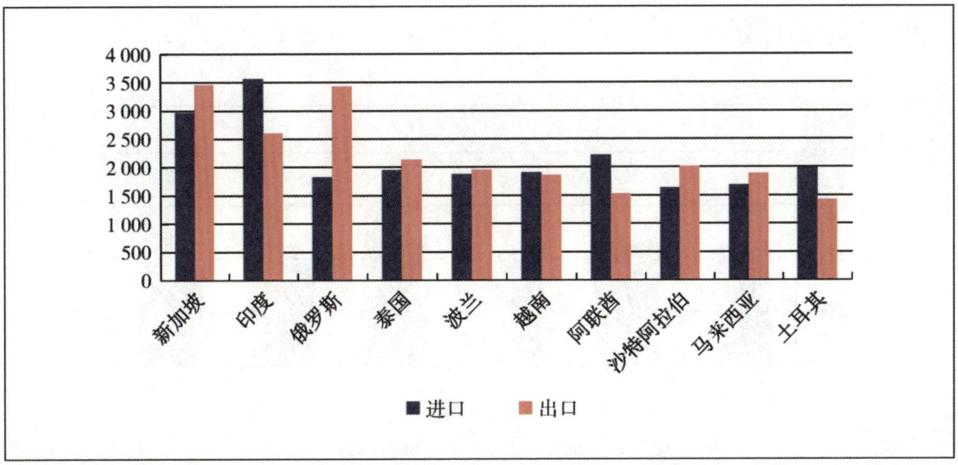

图4－2　2016年“一带一路”沿线贸易额排名前十的国家（亿美元，以进出口总额排序）

（二）国际收支视角下的中国贸易状况

2016年，中国贸易总额下降，这与全球经济发展迟缓、国际大宗商品价格下降有直接关系。另外，经济低迷情况下对商品的需求减少，中国的贸易总额、进口额和出口额均有减少。2015年，中国与“一带一路”沿线国家的贸易总额占中国与世界贸易总额的25.4%，2016年，中国与“一带一路”沿线国家的贸易总额为9 535.9亿美元，占中国与世界贸易总额的25.7%，比2015年的这一比例略有上升。

2011—2016年，中国与“一带一路”沿线国家的进口额呈现出先上升、后下降的趋势。2011—2015年，中国与“一带一路”沿线国家的贸易顺差逐渐扩大，2016年进口额为3 661.1亿美元，与2015年的3 883.4亿美元相比下降了

6.07%;2014年的进口额达到最大值,为4 833.6亿美元。从出口额来看,2011年的出口额为4 542亿美元,到2016年增长到5 874.8亿美元,增长率为22.69%;同样,2014年出口额最大,为6 370.4亿美元(见图4-3)。

从2011—2016年中国与“一带一路”沿线国家贸易额占中国与全球贸易额的比重(见图4-4)可以看出,中国的出口比重有增加趋势,拐点出现在2015年,其比重为26.9%,进口额下降趋势明显,由2011年的25.2%下降到2016年的23%,进出口总额这一占比也由2011年的23.9%上升到2016年的25.7%,上升了一个多百分点。

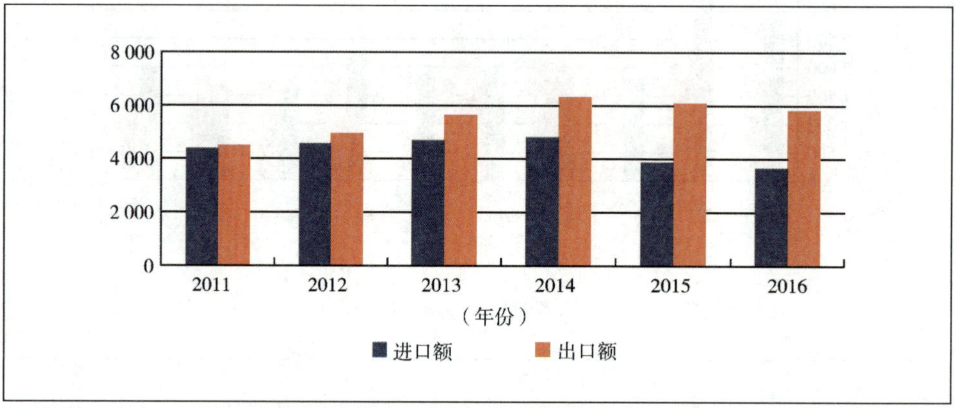

图4-3　2011—2016年中国与“一带一路”沿线国家的进口额和出口额(亿美元)

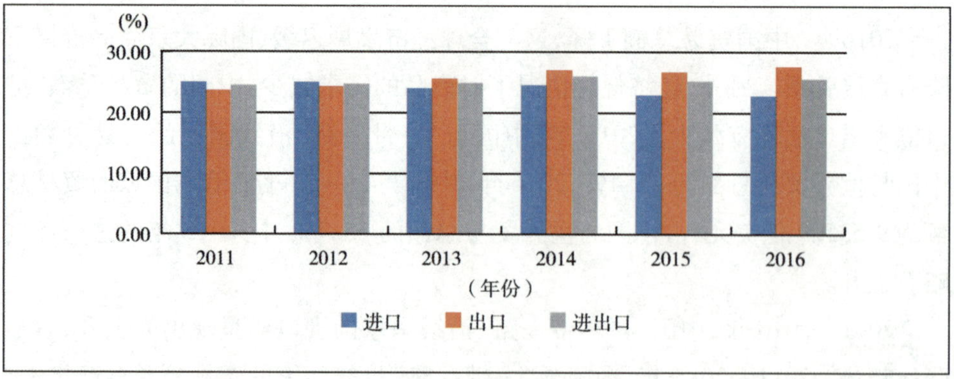

图4-4　2011—2016年中国与“一带一路”沿线国家贸易额占中国与全球贸易额的比重

2016 年以来，中国与 64 个“一带一路”沿线国家的贸易数据统计显示，贸易顺差的有 52 个国家。贸易顺差超过 100 亿美元的有 11 个国家，其中与印度贸易的顺差额最高，为 470.7 亿美元；其次是越南，为 243.2 亿美元（见图 4－5）。贸易逆差的有 12 个国家，逆差最多的是马来西亚，逆差额为 109 亿美元；其次是阿曼，逆差额为 98.4 亿美元（见图 4－6）。

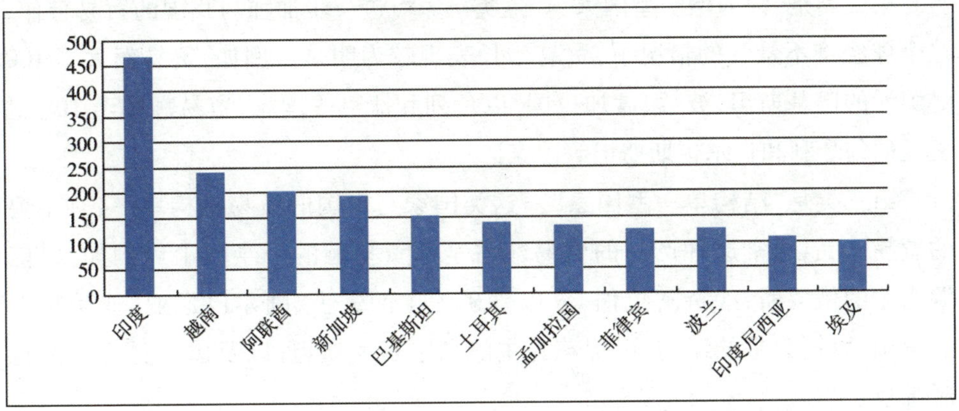

图 4－5　2016 年中国与“一带一路”沿线国家的贸易顺差（亿美元）

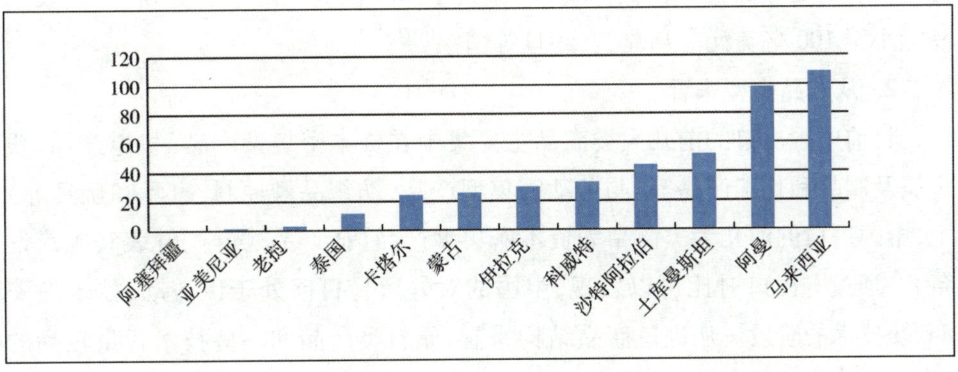

图 4－6　2016 年中国与“一带一路”沿线国家的贸易逆差（亿美元）

（三）出口贸易和产能合作潜力巨大

1. 从合作模式来看

按合作程度分类，目前中国与“一带一路”沿线国家的贸易合作模式分为四类。与大部分国家的合作还有进步的空间，由于各国政治、文化、经济方面的差异，合作模式需要不断地磨合和改进，以创造出更大的利益。

第一类是“全面合作型国家”。这类国家与中国的贸易呈现“全面开花”的态势，不仅贸易商品，而且贸易市场广泛。例如，贸易额增长的越南、泰国和菲律宾，以及贸易额下降的马来西亚、新加坡、印度和印度尼西亚。

第二类是“潜力增长型国家”。这类国家可进一步加强与我国的贸易合作，在全球经济不景气的情况下，贸易增长表现较为明显。例如，贸易额大于100亿美元的巴基斯坦、波兰、孟加拉国、以色列和捷克等国家，贸易额小于100亿美元的匈牙利和吉尔吉斯斯坦等国家。

第三类是“结构单一型国家”。这类国家与中国的贸易结构单一，有主要的贸易产品，通常这种产品的贸易额占全部贸易额的一半以上。例如，以能源为主的俄罗斯、沙特阿拉伯等，以砂矿为主的蒙古、阿尔巴尼亚、亚美尼亚和黑山，以铜为主的缅甸，以棉花为主的乌兹别克斯坦，以及以木材为主的拉脱维亚。

第四类是“有待加强型国家”。这类国家与我国的贸易强度还不够大，或者是贸易状况变差的国家。例如，贸易额大于100亿美元的哈萨克斯坦，以及贸易额小于100亿美元的乌克兰、约旦等国家。

2. 从产品类型来看

目前中国出口的前几大类商品主要集中在资本密集型产品（机电产品、贱金属及制品和化工产品等）与劳动密集型产品（纺织品及原料、家具和玩具等）上，中国进口的前几大类商品为资本密集型产品（矿产品、光学、钟表和医疗设备）。通过与出口对比可以发现，中国的对外贸易目前处于以劳动、技术换资源、换技术的阶段。从进口商品结构来看，原料类产品和一些技术含量较高的产品是中国主要的进口商品类型。

中国对64个“一带一路”沿线国家出口范围的局限性、进口商品的特定性，从侧面反映出中国参与“一带一路”产能合作的潜力巨大，应进一步开拓国际市场，构建对外开放新格局，让能够充分展示中国创造实力的优势产业“走出去”。而目前产能过剩是中国第二产业面临的主要发展瓶颈，钢铁、水泥、电力和煤炭等传统重工业，纺织、造纸和制革等部分轻工业，以及多晶硅、风电设备和船舶等一些新兴产业都未能幸免,这些产业涵盖劳动、资本、技术密集等各种类型。“一带一路”沿线国家中大部分国家的工业化水平低于中国,面临着工业化发展的巨大任务,因此,除了优势产业的转移外,让中国趋于过剩而其他国家却急缺的质优价廉产品“走出去”,成为中国参与“一带一路”产能合作的又一重大目标,将实现合作双方供需互补、各施所长、各尽所能的良好状态。

二、“一带一路”建设的金融效应

(一)“一带一路”的融资情况

由于“一带一路”建设的投资周期长,投资回报预期较长,且沿线国家有许多面临政治局面不稳定,关于其 8 900 亿美元的融资计划存在多方面的问题。资金的来源尤为重要,作为中国牵头的多边机构,亚投行是资金来源的一部分,但目前筹资的力度还不是很大,2016 年在基础设施领域的投资约为 15 亿美元。亚投行的投资资金远远不够。“一带一路”倡议主要融资来源是中国政策性银行提供的双边贷款,中国通过中国进出口银行以及国家开发银行等政策性银行对外进行贸易和投资。

在这种情况下建设基础设施,一般不是由国家财政投入,就是由国家担保的开发性金融机构,如开发银行,从国内筹集资金。而一般发展中国家的资金是比较短缺的,若建设基础设施的资金只靠国内提供,就远远不能满足发展的需要。在这种情况下就必须通过利用国外的资金满足需求。国外的资金有的可以通过双边的方式得以解决,比如,中国现在有进出口银行,也有开发银行,随着与双边合作伙伴进出口贸易需求的升级,中国还可以提供一些信贷,帮助其他国家建设基础设施。除了这种双边安排之外,也可以有多边安排,同样可以为这些基础设施建设提供资金。

但是,发展中国家基础设施建设所需的资金规模非常巨大,每年需要大约 2 500 亿美元的资金投入。仅靠国内的资金,靠双边或多边的资金还是不够的。为了建设基础设施,非常需要有一些金融创新。可以利用政府的基金加上双边与多边的基金组织设计项目,使一些民间资金、主权基金和退休基金能够加入到基础设施的建设中。

（二）“一带一路”金融合作建立多层次融资体系

金融在“一带一路”倡议推进过程中发挥着资金融通的巨大作用。在目前“一带一路”融资框架体系中，基金融资优于银行融资模式，用好包括国际合作基金、产业投资基金和国家专项基金等在内的多类型基金对于推进金融互联互通意义重大。一是“一带一路”基金吸引沿线国家资金和社会资本参与建设；二是吸引产业投资基金参与“一带一路”建设，产业投资基金是引导社会资金投向实体经济的主要手段和平台载体，有助于提高募集资金的成功率；三是用好各类国家专项资金，引导各类地方政府及机构配套基金向“一带一路”投资，“一带一路”沿线省份或将推出地方版丝路基金及其他类型的基金；四是成立政策性担保基金，主要用于境内中小企业优先开展针对“一带一路”沿线国家对外贸易融资担保，对企业贸易和投资活动给予必要的支持。

（三）资金融通对人民币的影响

在资金融通中涉及资金结算的问题。现在“一带一路”沿线一些国家已经开始使用本币结算，这就减少了对美元的过分依赖，有利于减缓外部的金融冲击。这样的货币多极化既反映了客观需要，同时也可能是全球货币体系演变的趋势。一般认为，在中期（15 ~ 20 年以后）很可能会出现三足鼎立的储备货币，也就是以美元、欧元和人民币为主要储备货币的体系。

中国与“一带一路”沿线国家的双边贸易中以本币结算的规模较小，截至2016 年 6 月，中国仅与贸易中的 18 个国家签订了本币互换的协议，中资银行在 18 个“一带一路”沿线国家建立了分支机构，难以满足贸易快速发展的需求。

“一带一路”资金融通的巨大需求也会扩大人民币的跨境使用。2016 年 10 月，人民币正式纳入 SDR 篮子，提高了人民币的国际地位。国际货币基金组织（IMF）最新公布的数据显示，以人民币计价的外汇储备资产已经达到 845.1 亿美元，占全球外汇储备资产的 1.07%，尽管比例不大，但已经有了很好的起点。随着“一带一路”建设的进一步开展，人民币进一步跨境使用也是指日可待的。历史有时会给人们一些启示，尽管布雷顿森林体系确立了美元的主导地位，但这个主导地位真正起作用却主要是由于“马歇尔计划”的推动。毫无疑问，“一带一路"建设和"马歇尔计划"的本质是完全不同的，但这也是一个跨国的经济计划，有可能为人民币国际化创造更好的条件。

知识链接　特别提款权

特别提款权(Special Drawing Right, SDR)亦称"纸黄金"(Paper Gold)，最早发行于1969年，是国际货币基金组织(IMF)根据会员国认缴的份额分配的，可用于偿还国际货币基金组织债务、弥补会员国政府之间国际收支逆差的一种账面资产。其价值目前由美元、欧元、人民币、日元和英镑组成的一篮子储备货币决定。会员国在发生国际收支逆差时，可用它向基金组织指定的其他会员国换取外汇，以偿付国际收支逆差或偿还基金组织的贷款，还可与黄金、自由兑换货币一样充当国际储备。因为它是国际货币基金组织原有的普通提款权以外的一种补充，所以称为特别提款权。发行特别提款权旨在补充黄金及可自由兑换货币，以保持外汇市场的稳定。

第二次世界大战后，世界上的货币经由布雷顿森林体系与美元挂钩，直到20世纪60年代美元出现危机。为了确保世界贸易发展和国际流通顺畅，当时经过各国协商建立了一个以SDR为储备货币的新的货币体系。SDR最初发行时每一单位等于0.888克黄金，与当时的美元等值。

IMF原始会员国在加入时会按照一定份额缴纳一笔资金，即原始国的份额，按照原始国份额分配SDR。IMF每五年评估一次SDR货币篮子。一般来说，它会调整篮子中的货币权重，并考虑纳入其他货币。2015年11月30日，国际货币基金组织正式宣布人民币于2016年10月1日加入SDR。

2016年10月1日，特别提款权的价值由美元、欧元、人民币、日元、英镑五种货币所构成的一篮子货币的当期汇率确定，所占权重分别为41.73%、30.93%、10.92%、8.33%和8.09%。

(四)对资金流入国的国际收支的影响

资金流入可以弥补输入国资本不足，获得直接投资，一般会在一定程度上弥补国内某些产业的空心化现象。其结果，既解决了我国现阶段的资金不足问题（不但可以增加就业机会，而且增加我国的财政收入），也促进了资金流入国经济的快速发展，有利于增加国民生产总值，进而有利于增加国家财政收入，提高国民的生活水平。短期资本流入对一国经济稳定有积极的影响，在国际贸易中，买卖双方提供的短期资金融通，如预付货款、延期付款等，都有利于国际贸易双方获得资金便利，从而有利于国际贸易在全世界范围内的顺利进行，可以改善国际收支。一方面，输入资本，建立外向型企业，实现进口与出口导向，就有利于扩大我国出口，增加我国的外汇收入，进一步起到改善国际收支的作用；另一方面，资本以存款的形式进入，也可能形成我国国际收支的来源。

资金流入一国，将有利于该国的经济发展，但也隐藏着资产泡沫，当该资金流不再流入时，有产生经济危机的可能性。资本流动对资金流入国的国际收支有三方面的影响：首先，影响的是国际收支的量；其次，影响的是国际收支的结构；最后，影响的是外汇储备及国际支付能力。国际资本的流入会造成一国外汇资本的增加，对一国的国际收支产生巨大影响，从各个角度、各个层次对一国的国际收支账户进行调节和影响，国际资金的流入最直接地导致国际收支账户中的资本与金融账户的顺差与逆差。国际资本的流动方式对经常账户的盈亏影响不同，一般来讲，资本流入通过控制一国的货币供应量的变化从而影响潜在的通货膨胀压力；同时，外汇增加，大量的资本流入会加剧国际收支地位不平衡，推动汇率升值，从而降低了国内参与国际竞争的能力。

（五）对跨境资金的监测和管理

随着“一带一路”建设的推进，跨境资金流动为各国带来机遇的同时也存在着风险。积极的跨境资金流动的事后检测调控尤为重要，为了避免资金的流动性风险以及维护国际收支平衡，完善宏观审慎调控政策迫在眉睫。2008 年全球金融危机过后，宏观审慎调控理念得到了广泛的认可，主要强调以宏观的视角管理和防范系统性危险、防止金融体系的顺周期波动，以及风险的传播，从而维护金融体系的稳定。

宏观审慎监管与微观审慎监管形成互补关系，弥补了微观审慎监管只注重交易行为的缺陷，能更好地发挥监管作用，有效减轻涉外金融机构高度相关带来的负外部效应，通过汇率和利率等相关政策手段，合理引导资金流向。宏观审慎监管政策侧重于总量的调控，在最大限度上遵从市场自由化，并在此基础上，对跨境资金实现逆周期管理。随着人民币国际化的推进，宏观审慎监管政策根据交易计价货币实施相关措施可以防范资产价格投机。

三、“一带一路”建设的贸易与金融后果

（一）“一带一路”沿线国家之间的贸易状况

1. 企业响应和参与“一带一路”倡议

“一带一路”倡议有效带动辖区产业转型升级和企业“走出去”，与沿线地区的贸易往来迅速增加，开拓区域经济贸易发展新格局，实现资源获取多样化和保障国家战略安全。企业高度关注“一带一路”倡议带来的市场机遇，通过跨国并购、拓展海外产销网络以及建设海外商品物流枢纽等方式，主动融入“一带一路”的建设，“走出去”步伐明显加快，促进贸易往来，化解国内产能过剩的矛盾。

从国家战略的高度，以政府资本撬动民间资本，促进多重结构的社会资本结伴出海，进一步强化资本输出力度，支持“一带一路”建设和新兴市场出口，促进外贸转型升级。其中，中小企业的发展是我国经济发展的重要组成部分，中小企业具有转型、升级快速的优势，要提升中小企业发展转型的能力、国际化经营的能力。特别是对于有投资能力的中小企业来说，通过并购、股权投资等渠道设立研发机构，是迈向产业中高端的机遇。

2. “一带一路”沿线国家之间的贸易障碍

第一，既得利益集团及其影响。贸易全球化是一种“非中性”的进程。也就是说，它在让一部分国家和人群受益的同时也会使另一部分国家和人群的利益难以避免地受到损害。这种贸易全球化的“非中性”会使一些国家的既得利益集团考虑开放贸易的负面影响，从而设置障碍，进而影响其国家参与“一带一路”建设的积极性。

第二，外国产品和资金进入的负面影响。贸易障碍，一方面是指开放竞争和外国产品的进入对贸易的影响，由于东南亚国家、西亚国家与中国的贸易结构非常接近，有许多产品相似，易引起贸易摩擦；另一方面是对外来投资缺乏警

惕性,不能判别资金的安全性,当一国企业引入国外资金时,企业得到发展,若资金抽离,将对企业的成长造成极大的不利影响。

第三,贸易保护主义情绪。一些贸易国家存在不同的贸易壁垒,“一带一路”涉及沿线许多国家,每个国家的贸易政策不同,对国家的优势产业有不同的保护政策,在全球经济不景气的情况下,每个国家都会为了保持本国的经济增长,保持本国产业的发展而采取一系列的如通关环节、技术性等贸易壁垒。

第四,受出口能力的影响。“一带一路”沿线国家之间的贸易使得出口能力弱的行业或者地区更处于劣势状态,依靠出口获得外汇的途径受阻,会造成部分国家外汇严重短缺,进一步影响一国或者地区经济贸易的发展,考虑到出口能力和对外汇的依赖性,部分国家之间的贸易会产生障碍。

(二)“一带一路”有利于企业融资

第一,提升融资便利化服务水平,缓解企业“融资难”。国家开发银行发挥政策性银行的独特优势,大力服务“一带一路”建设。截至2016年年底,国家开发银行在“一带一路”相关国家累计发放贷款超过1 600亿美元,余额超过1 100亿美元,为中国企业“走出去”破解“融资难、融资贵”问题。

第二,政府支持、金融机构的帮助对企业发展至关重要,特别是与“一带一路”倡议实施配套的金融机构逐步成立,金融措施相继推出,为企业融资提供重要的借力平台。亚投行和丝路基金致力于为“一带一路”沿线国家基础设施、资源开发、产业合作和金融合作等与互联互通有关的项目提供投融资支持。另外,在政府的支持下,创建企业与企业、企业与银行之间的交流机制,鼓励企业与金融机构共同积极探索EPC + 融资、BOT(Build - Operate - Transfer)和PPP(Public - Private - Partnership)等多种商业模式下的融资结构,提高企业融资效率,努力解决企业融资难问题。

(三)“一带一路”建设对资金的影响

1.“一带一路”资金需求存在缺口

“一带一路”建设的资金需求量大,但“一带一路”沿线国家大部分经济比较落后,由于政治、宗教、法律和经济等原因存在资金融通的风险,不利于国外资金的流入，相反会使本国的资金外流，因此造成了巨大的融资缺口。除了融资存在巨大的缺口之外，一方面，由于“一带一路”沿线国家的利率普遍较高，相对于西方许多国家而言，融资成本普遍较高，导致信贷供给无法满足经济发展所需；另一方面，“一带一路”沿线国家资本市场不活跃，导致资本融资功能不足，企业无法通过直接融资通道实现资本的快速扩张。

2. 站在全球的角度看待资金融通

“一带一路”沿线国家为基础设施建设和产业建设融资，可以适度推进沿线国家的工业发展，产生持续的现金流。我国融入全球经济体系中，与欧美日发达国家形成资金融通渠道，同时也正在与亚非拉发展中国家和“一带一路”沿线国家形成投融资渠道，既要与欧美日等发达国家在投融资方面形成良好的循环，又要实现与“一带一路”沿线国家的产业、资本有序对接，这样中国就会成为连接“一带一路”国家和欧美日等发达国家资金融通的一个中转站，最终实现“一带一路”沿线国家既能分享全球的资金融通，也能促进我国的国际收支平衡。

（四）“一带一路”对涉外经济的影响

“一带一路”倡议有效带动产业转型升级和企业“走出去”，根据商务部、国家统计局、国家外汇管理局联合发布的《2015 年度中国对外直接投资统计公报》的数据，在“一带一路”倡议下，我国企业不断“走出去”，我国 2015 年直接投资额列全球第二位。

“一带一路”是我国出口贸易二次复苏的高潮，改变了我国对外贸易连续数年下降的趋势。2016 年中国与“一带一路”沿线国家的进出口总额为 6.3 万亿元人民币，增长了 0.6%。其中，出口 3.8 万亿元，增长 0.7%；进口 2.4 万亿元，增长 0.5%。与“一带一路”沿线国家新签订对外承包工程合同为1 260 亿美元，增长了 36%，对“一带一路”沿线国家直接投资 145 亿美元，占我国对外投资总额的 8.5%，表明我国与“一带一路”沿线国家的经济已经深度融合。

（曹啸　曾帆）

“一带一路”建设顺利实施的金融条件：投融资便利与风险控制

在“一带一路”倡议的实施可以帮助沿线国家建立一个包容性的发展平台，能够把快速发展的中国经济同沿线国家的利益结合起来，建立起直接和间接的融资体系，为搭建跨国融资平台形成有力的金融条件。考虑到沿线各国的社会经济制度差异，我国作为“一带一路”区域内的金融大国，应针对各国，尤其是那些贫困国家的社会文化特点和切实需求，丰富金融产品和服务的种类，提高金融产品和服务便利化程度，为“一带一路”建设的顺利实施创造金融条件。

一、“一带一路”建设资本流通的有利基础

当前，“一带一路”计划正在成为各界关注的焦点，中国将出资400亿美元成立丝路基金，以促进资金流动，海上丝绸之路投资基金管理中心是海上丝绸之路银行筹建的主要参与机构。我国推进资本市场对外开放，吸引区域内优质企业到我国进行股权和债券融资，在方便国内资本对外投资、增加对外资本供给的同时也建立投融资平台，并为后续金融衍生品的发展培育市场基础。当然，还要开发出丰富的金融产品和服务的种类，契合“一带一路”沿线国家的融资需求，把控好风险。

（一）加强机制对接，联结国际金融体系

“一带一路”沿线国家中，各地区与国家之间经济发展水平差异性较大，应根据各国情况制定完善的合作模式，并与多个地区的既有机制实现深化合作。在“一带一路”框架下，新兴市场兴起的金融机构以及国家间的金融合作机制对

接使国际金融体系更有活力,丝路基金[①]、亚洲基础设施投资银行[②]和金砖国家开发银行[③]等在近年挂牌成立,这三大金融机构有利于“一带一路”倡议的顺利实施,成为中国资本输出的平台和媒介,有利于促进全球资本流动,实现资本的高效配置。

在“一带一路”发展的背景下,需要一些资金用于相关的项目建设,包括通信、道路等基础设施建设。丝路基金通过以股权为主的多种市场化方式,投资于基础设施、资源开发、产业合作和金融合作等领域,实现合理的财务收益和中长期可持续发展。设立丝路基金是利用我国资金实力直接支持“一带一路”建设,以建设融资平台,发展亚洲互联互通,改变亚洲多数国家普遍缺乏建设资金的局面。丝路基金作为开发投资基金定位为中长期投融资。对于中国而言,由于经济增长速度快,储备了大量的外汇,这些外汇储备通过多元化途径,以信贷的形式借给企业的丝路基金,用于中长期项目的直接投资,丝路基金可以为“一带一路”发展进程中的投融资服务提供便利,将在现行国际经济金融秩序下运行,促进中国与“一带一路”沿线国家的经贸合作。

作为由中国提出创建的区域性金融机构,亚洲基础设施投资银行(AIIB)也将发挥市场化的作用,支持“一带一路”的建设,加强“一带一路”倡议相关金融资源的配置。亚洲基础设施投资银行重点是支持基础设施建设,为亚洲各国的基础设施建设项目提供融资支持,以贷款、股权投资以及提供担保等为主要融资方式,以助力各个行业的发展。亚洲基础设施投资银行将有利于基础设施建设,提高亚洲资本利用效率,有效助力“一带一路”倡议的实施,为各国经济增长增添动力。

金砖国家开发银行主要资助金砖国家以及其他发展中国家的基础设施建

---

① 丝路基金是由中国外汇储备、中国投资有限责任公司、中国进出口银行和国家开发银行共同出资,依照《中华人民共和国公司法》,按照市场化、国际化、专业化原则设立的中长期开发投资基金,重点是在“一带一路”发展进程中寻找投资机会并提供相应的投融资服务。

② 亚洲基础设施投资银行(Asian Infrastructure Investment Bank ,AIIB,简称“亚投行”)是一个政府间性质的亚洲区域多边开发机构,重点支持基础设施建设,总部设在北京。

③ 金砖国家开发银行于2012年提出,是美国金融危机以来,金砖国家为避免在下一轮金融危机中受到货币不稳定的影响,计划构筑的一个共同的金融安全网,金砖各国借助这个资金池可以兑换一部分外汇用做应急。

设,着眼于长远的战略利益,与中国“一带一路”倡议相契合。金砖国家开发银行拓展了金融合作的空间。成立金砖国家开发银行,方便金砖国家间贸易往来的业务结算,减少其对现有金融机构的依赖。金砖国家之间的贷款便利改变了长期以来将外汇储备主要投资于低收益的美国国债的模式,可以充分利用自身的资产发展本国经济。同时,将资金富裕的金砖国家的资金转移到资金匮乏的金砖国家,从而提高资金的运用效率和收益率。

(二)有效结合社会资本,引导投融资活动

目前,国内产能过剩,很多社会资金没有合适的投资领域,丝路基金和亚投行的设立可通过政府资本撬动民间资本,充分利用社会资本,促进多重结构的社会资本为“一带一路”建设提供资金。PPP 模式吸引其他商业银行及民间投资,通过发行长期建设债券、设立专门基金等方式把社会闲散资金吸引进来,由其科学管理和运营,将部分政府责任以特许经营权的方式转移给社会主体(企业),政府与社会主体建立起“利益共享、风险共担、全程合作”的共同体关系,政府的财政负担得以减轻,社会主体的投资风险得以降低。丝路基金、亚投行积极与 PPP 模式合作,PPP 模式地区合作和互联互通为“一带一路”基础设施建设筹集更多资金,更加有效地引入社会资本。“一带一路”关注的投资领域见表 4-2。

表 4-2 “一带一路”关注的投资领域

领域		内容
“一带一路”+PPP,推动优势产能输出	建筑	国内的基础建筑行业竞争日益激烈,倒逼着建筑工程企业“走出去”
	建材	随着我国经济结构的转型,产量居世界首位的建筑材料过剩,“一带一路”推动高效产能“走出去”
	机械设备	随着沿线国际基础设施建设的增加,对机械设备的需求增加
	交通运输	“一带一路”对海、陆、空建设的全面对接要求,交通基础设施是关键所在

在“一带一路”倡议提出后,不少地方政府响应这一倡议,成立了各种类型的基金,如丝路基金、中国—东盟海上合作基金、中国—中东欧投资合作基金和中国—欧亚经济合作基金等金融平台,鼓励引导社会资本参与“一带一

路”建设，国家开发银行、中国进出口银行和出口信用保险公司等开发性、政策性、商业性金融机构，在规定的业务范围内和风险可控的条件下，鼓励社会资本采取市场化方式参与“一带一路”建设。另外，世界银行集团的两个主要机构——世界银行国际金融公司和多边投资担保机构可以提供独特的融资工具组合，发挥杠杆作用，调动公共和社会资本，向“一带一路”沿线国家进行投资。

（三）人民币国际化推进，增强跨国货币流动

中国改革开放以来经济实力不断增强，人民币在国际社会的影响也不断扩大，在“一带一路”倡议中，中国是沿线国家最重要的贸易伙伴和规则制定者。提高区域内人民币的使用比例，能够动员储蓄、降低换汇成本、增强跨国货币的流动，从而有效降低交易成本，防范金融风险，保障区域经济的金融稳定。

2016 年 10 月 1 日，人民币正式加入国际货币基金组织特别提款权货币篮子，进一步推进了人民币国际化进程，通过使用人民币开展投融资推动“一带一路”建设。2008 年以来，中国先后与 22 个“一带一路”沿线国家签署了本币互换协议，与 8 个“一带一路”沿线国家实现了货币的直接交易，还在 7 个“一带一路”沿线国家建立人民币清算安排，促进贸易和投资的便利化，扩大本币在投融资中的使用，更好地满足市场的需求和经济发展的需要。

人民币国际化，增强了跨国货币流动，带来了“一带一路”建设中投融资的诸多便利：一是“一带一路”建设有利于充分利用当地资源聚集储蓄资源，使用人民币对外投融资，当资金形成合理的收益时就会吸引更多的当地储蓄和国际资本；二是有利于降低换汇成本，随着资金的频繁运用，“一带一路”沿线国家之间的资金运用联系越来越密切，资金接受国可直接使用他国本币进行贸易和投融资活动，节省换汇成本，本币收入越多，市场占有份额越大，会更节省换汇成本；三是有利于维护金融稳定，更多地使用本币会增加本币的认可度，有助于发展本币计价的资本市场，丰富投资工具，维护金融稳定。[①]

① 田巧雨．“一带一路”倡议对人民币国际化的影响[J]．农村金融研究，2016(12)：27－32.

(四)建设综合金融服务平台,深化市场合作

建设“一带一路”沿线产业园区及经济走廊的综合金融服务平台有利于深化市场合作,服务于“一带一路”建设。产业园区是以金融支撑为保障,契合国家“一带一路”倡议意图,开展跨国产业合作的平台,目前中国设立的产业园区在东盟、中亚、南亚、中东欧和边境地区超过35个。中国银行业支持园区建设,制定完善的综合金融服务方案,提供和创新多样化的金融产品和资产配置工具,以满足产业园区正常运行的需要。“一带一路”沿线产业园区建设延伸出的同业拆借、银行间债券投资以及日常资金清算等多个方面的要求不断完善,推动了金融市场的发展。

“丝路城市走廊”是在全球化深化发展前提下,基于“一带一路”实施“五通”(政策沟通、设施联通、贸易畅通、资金融通和民心相通)联系的国际经济合作走廊,“丝路城市走廊”上多个核心骨干城市与内地经济实力雄厚的次级城市跨区域乃至跨国扩展联合形成的。“丝路城市走廊”的构建,可以实现多层次、多地域发展相互联系和融合,容易被各国和各地区所接受,并最终为“一带一路”沿线国家和地区寻求融入世界经济体系提供平台支撑。在当前我国“一带一路”倡议的实施和推进中,“六大经济走廊”成为走廊组织的基本框架。

城市作为全球生产网络组织的空间形态,必将成为“一带一路”沿线地域中新的城市体系组织模式。从当前我国“一带一路”倡议的实施进程可以看出,“六大经济走廊”分别承担着不同功能定位和合作重点,成为走廊组织的基本框架。“丝路城市走廊”包含多层意义和价值:一是该走廊在“一带一路”沿线形成多条国际城市走廊,保证主要国家的互联互通,与六大经济走廊形成对接,拉动全局;二是该走廊具有包容性,将不同地区的文化、经济相结合,兼容不同区域发展需求,能满足各利益相关方的战略目标;三是该走廊使互联互通承载的活动量大大提高,形成走廊之间相互联系的区域发展通道,为经济发展创造更多的效益。积极参与“六大经济走廊”的建设,为“一带一路”提供金融服务,建设多元化的投资平台和经济走廊的资金流通通道,可对“一带一路”沿线国家的建设项目提供融资、清算服务,打造综合金融后台。

二、金融环境的改善带来“一带一路”投融资的便利

（一）“一带一路”迎接互联网时代

当前，全球正在迈向信息时代。互联网经济是信息化的重要产物，互联网信息技术已经渗透到生活中的每个部分。互联网、云计算、大数据以及区块链等“互联网+”作为新一代的信息技术，对于加强中国与世界各国的联系和“一带一路”倡议的顺利实施发挥重要的技术作用。特别是与中国的经济环境等因素结合起来，形成更大范围的资源匹配，优化资源效率。互联网实现了“一带一路”沿线国家的信息化，“一带一路”的信息基础设施建设实现了相关国家在数据金融服务和贸易的互联互通。[①] 互联网模式在“一带一路”的建设过程中引起经济贸易实现巨大变革，在这种新模式下互联网为经济贸易带来便利，冲破了国家间的障碍。

互联网金融创新是金融形态变革的必然，满足了“一带一路”资本互联互通的内在发展，两者相结合的新型金融模式实现了创新金融。互联网的在线金融交易扩展其应用领域，不仅构建起中小企业在线直接融资模式，而且为更多金融活动的互联网形态变革提供了创新空间，互联网金融创新的建立满足了大众高效投融资的需求。

创新互联网金融信用风险管控模式，利用互联网进行信用风险管控，是互联网金融的正确发展道路：一是互联网拥有大数据，能够方便查询债务人的公开信息，债权人公开监督，评级专业监控，有效降低债权人与债务人的信息不对称；二是应用信用评级技术、信息产品生产系统，提高金融产品交易的效率；三是对借贷资本运动过程的信用信息实施全面、可持续的管理，让债权人与债务人充分享有互联网金融模式信用价值的获得感。

互联网创造大数据平台的综合物流、信息流和资金流，为“一带一路”各种货物运输提供海关、出入境检验检疫、金融、咨询、翻译及其他一站式信息资源

---

① 崔书锋，杨扬．我国互联网企业参与“一带一路”建设的战略思考[J]．中国科学院院刊，2017(4)：377－381.

和服务，积极支持跨境电子商务综合试验区的发展。2015 年，跨境电子商务外汇支付业务试点以来，全国试点机构积极办理跨境收付业务，有力地支持了"互联网＋"与"一带一路"的发展，带动资金的融通，有利于创新贸易方式。

（二）金融基础设施互联互通

"一带一路"沿线国家金融基础设施联通有利于沿线国家市场的稳定，有助于"一带一路"建设的顺利实施。近年来，中国在金融基础设施互联互通方面已经有了一些进展，目前，中国银联的跨境支付网络覆盖范围已经涉及 160 多个国家和地区，其中有"一带一路"沿线的多数国家，为各国企业和居民的支付服务带来了便利。为贸易和投资提供更好的金融服务，需要推动商业银行开展网络化布局。"一带一路"倡议的实施需要大量的投融资合作，无论是配套金融服务，还是代理行关系风险管理等，都需要加快推进金融机构和金融服务的网络化布局，形成良好的金融环境。

金融基础设施互联互通消除了各种不合理的准入壁垒和贸易限制，促进了金融和经济的良性循环，与各国金融监管当局加强交流与合作，提供安全有效的监管环境，从而使金融业更好地发展，促进"一带一路"倡议的实施。

（三）外汇资本的管理

在开放中推动贸易和投资自由化，是"一带一路"倡议实施的重点内容。近年来，我国对外汇管理的认识不断深化。一方面，加强外汇管理可以消除投资和贸易不合理的壁垒，提高贸易投资便利化的水平；另一方面，可以拓宽投资和贸易领域，加强各国之间的联动，最终达到优化投资和贸易结构的目的，促进区域内和各国之间良好的营商环境，优化贸易往来国家的经济增长平衡。

实行外汇管理有利于深化我国与"一带一路"沿线国家的合作，促进国内经济转型升级，遵循对外投资管理原则，支持国内企业开展对外投资活动。目前，我国对外汇的管理不断升级。一是全面实施外汇管理制度改革，1996 年我国实现了经常项目可兑换，近年来相继放开了对外汇的管制，不断提升外汇收支便利化的水平，服务"一带一路"倡议的实施；二是不断深化服务贸易外汇管理改革，建立健全服务贸易体系，取消服务贸易事前审批，简化单证要求，并要求所有服务贸易收付汇业务下放到银行办理，提高了办事效率，降低了成本，有利于优化贸易结构；三是促进外贸多元化发展，为了加快企业资金的周转，取消了边贸账户行政许可，积极支持“一带一路”新业态的发展；四是直接投资外汇管理大幅简化，“一带一路”倡议促进企业“走出去”的步伐加快，直接投资是支持企业“走出去”的重要渠道。根据商务部的统计，2015 年，我国对外非金融类直接投资1 180.2 亿美元，在此基础上，2016 年增长 40%，达到 1 701 亿美元。我国对外直接投资增长明显，体现了我国综合国力的提升，有利于我国与“一带一路”沿线国家的共同发展。

（四）金融服务规模的提升

“一带一路”建设不仅通过金融基础设施互联互通进行投融资合作，还大量配套金融服务促进投融资便利。“一带一路”建设中包括贷款、资金结算、账户管理和风险管理等一系列金融活动，需要沿线国家加强联系，提供优质的金融服务，保障投融资活动顺利进行。在金融机构设置不健全的国家或地区，通过设置代理机构、提供代理服务，通过代理机构以互惠的方式实现跨境资金转账、贷款和转贷款等，可以很好地提供各类金融服务。

金融服务的提供者包括所有银行和其他金融机构，使各类金融机构发挥多种功能，促进经济与社会的发展。具体来说，金融服务是指金融机构通过各项业务活动为客户提供多方面的服务，提高金融服务水平，对于增强金融业的竞争力，更好地促进经济和社会发展具有十分重要的意义。由于“一带一路”建设项目需要大量的长期资金，银团贷款①充分发挥金融功能，可以更好地为企业特别是大型企业和重大项目提供融资服务，促进企业集团壮大和规模经济的发展，分散和防范贷款风险。

“一带一路”横跨亚洲、欧洲和非洲多个区域，沿线国家经济发展水平存在差异，这些差异表现在宏观政策、经济环境和金融体系等方面，需要通过金融服务跨区域对接，便利沿线国家的企业经营，促进贸易和投资，有效缓解“一带一

---

① 根据我国法律规定，银团贷款是指由两家或两家以上银行基于相同的贷款条件，依据同一贷款协议，按约定时间和比例，通过代理行向借款人提供的本外币贷款或授信业务。

路"建设中投融资活动存在的政策风险、市场风险、信用风险和操作风险等。

(五)资本市场的联通

资本市场是提供债券、股票和各种金融衍生品发行与交易的平台,资本市场联通是金融机构和金融服务实现对接的关键环节,形成投行业务、并购等多种形式的融资。促进资本市场联通,可以整合国际资金,合理运用全球金融机构投资者的资产,减少"一带一路"对传统融资模式的依赖,形成多层次、多功能的金融市场。

目前,随着人民币国际化进程的加快,人民币加入国际货币基金组织特别提款权(SDR)货币篮子,促进了资本市场的发展,对"一带一路"建设项目的投资潜力巨大。沿线国家和地区的一些区域性、国际性金融中心如中国香港、英国伦敦等,不仅拥有数量众多的机构投资者,同时还连接着全球的机构投资者,可以成为"一带一路"项目融资的重要渠道,为"一带一路"建设提供各种专业的项目融资服务。

三、把控贸易风险,为"一带一路"保驾护航

(一)法律制度与风险管理

"一带一路"倡议的推进过程伴随着不确定性,金融监管当局之间的相互交流与合作有利于保证竞争环境的公平性。各地金融监管当局对当地宏观经济形势能够做出准确分析,监管当局之间的交流与合作对了解金融市场发展状况,对各国根据其金融监管理念和制度做出投融资选择、规避风险意义重大,通过相互了解和妥善处理各地区之间的相互关系,消除不合理的贸易壁垒,更好地维护区域金融市场秩序。

第一,"一带一路"在国际上的影响力越来越大,沿线各国对这一倡议也越来越重视,各国加强金融监管合作,有效地控制了"一带一路"沿线贸易与建设中存在的风险。由于"一带一路"沿线国家在金融监管方面存在比较大的差异,各国反洗钱、资本充足率等监管要求不尽相同,风险较高。中国金融机构应跟踪研究"一带一路"沿线国家金融监管机制的变化,确保依规合法经营;建立境

内外金融机构，如人民币清算银行，进一步提升全面风险管理制度，实现资本的有效配置。

第二，"一带一路"倡议提供风险缓释的多元化金融工具选择。在沿线国家合作中同政策型金融机构及多边机构加强合作，有利于释放风险，多边机构出具担保、投保出口信用保险等金融工具对投融资活动提供保障，保险机构在"一带一路"沿线国家金融风险防范中的重要作用日益凸显，在拓展"一带一路"保险资金境外投资业务的同时，设计了多元化的金融对冲产品和工具，为沿线国家投资的企业和投资者提供规避风险的工具。

第三，完善宏观审慎监管法律制度。考虑到不同机构间的相互影响，通过加强对金融机构的监管以及对交易风险的控制来维护金融体系的整体稳定。完善宏观审慎监管法律制度包括建立跨境资本流动监管体系、风险评估体系和预警系统等方面的法律制度，把货币信贷和流动性管理与宏观审慎政策结合起来，有效地提升金融机构的稳健性。进一步健全宏观审慎政策框架，建立宏观审慎管理和微观审慎监管协调配合、互为补充的体制机制，不断完善相关管理措施。

第四，加强跨境贸易人民币结算业务管理。加强银行对跨境贸易人民币结算业务真实性的审核，抑制企业通过人民币结算进行跨境套利行为；同时，减轻境外人民币大规模流出流入我国，冲击我国金融业的稳定。配套的监管制度可以防止人民币跨境结算快速发展带来的跨境资金流动风险，有利于我国宏观经济和货币政策的稳定。

（二）构建多层次的金融平台

中国金融业积极参与"一带一路"投融资合作，为"一带一路"沿线建设提供融资、结算、交易、投资和资本运作往来等多层次、综合型的金融服务，保证"一带一路"建设的顺利实施。

第一，"一带一路"倡议带动基础设施建设，为相关企业提供贷款、融资等基础性金融服务；同时，与互联网、法律、咨询和工程技术等专业服务相互配合，提升相关服务的效率和水平。中国金融业加快了"一带一路"的建设，丝路沿线开设分支机构，为"一带一路"相关企业直接融资和间接融资提供平台，重组企业股权和债权，打造全方位的专业服务，为“一带一路”建设发挥更大的作用。

第二，提供综合金融服务解决方案。中国金融业以“走出去”企业为核心，以银团贷款、项目贷款为主体，向“一带一路”沿线国家基建项目提供融资，把握其海外并购、资本运作及对外直接投资业务，发行基建债券和基金等产品，完善“一带一路”的金融产品体系，打造国际化的融资平台。

第三，健全与“一带一路”沿线国家贸易合作的机制与平台。与亚投行、丝路基金和市场化的金融机构合作，提升综合营运和融资能力，推动贸易融资类产品的创新与发展，促进贸易投资便利化。加强与“一带一路”沿线国家的贸易金融合作，通过疏通人民币清算渠道、搭建金融结算服务平台及银行卡网络互联，完善支付结算的相关政策以及区域内的票据阶段联合结算，逐步建立统一的支付结算网络体系，创造安全的金融环境。

（三）建立全球网络安全体系

全球金融安全网络的建立，有助于国际货币基金组织、区域性金融合作机制的稳定，解决国际资本快速流动可能造成的波动问题，共同构建全球金融安全网络，对“一带一路”的资金融通起到保护网的作用。目前，国际金融界将跨境资金的监测和管理作为全球金融治理的一个部分，引起了国际金融机构的关注，从宏观角度审视跨境资本包括外商直接投资（FDI）、证券投资和其他投资。其中，直接投资对资金接受国的经济活动十分重要，具有对利率变化的敏感度比较小的优势。在证券投资和其他投资中，有些融资的期限较长（超过一年），对利率变化也不敏感。去除对利率变化不明显的资金，把余下部分定义为会快速移动的资本（QMC），它们对一国的经济发展影响较大，国家金融组织和相关监管机构应给予足够的重视，对跨境资本实施监测和管理，把资金分成实体性的投资和金融性的资金流动，进行管理监控，有利于“一带一路”建设中的资金融通。

（曹啸　曾帆）

“一带一路”建设的推进与人民币国际化的进程：因果关系与优先次序

人民币国际化可先由“区域化”再到“国际化”，其过程需要经历三个阶段：周边化、区域化、国际化。随着我国经济实力的不断增强，与周边国家经济合作的加强，人民币得到广泛应用，基本上已经实现了人民币周边化，正在向第二个阶段迈进。“一带一路”合作倡议的提出是实现人民币区域化的良好机遇。“一带一路”建设推进了人民币国际化进程；同时，人民币国际化也是“一带一路”倡议实施的重要前提。

……………………………………………………………………………………

一、“一带一路”倡议促进人民币国际化的发展途径

世界经济格局发生重大变化是中国经济进入“新常态”面临的重大经济环境变革。2007 年年底，美国次贷危机的爆发，导致了次年的全球金融危机。为了避免中国在美资产的价值变动，同时降低汇率风险，中国政府开始重新考虑关于人民币的政策，以有利于跨境人民币的结算。2009 年开始实施这项政策，但是到 2016 年“人民币国际化”这一概念随着官方颁布的《人民币国际化报告》才正式提出。我国于 2009 年开始人民币跨境试点，在跨境贸易人民币结算的试点中，经常账户中人民币的使用不断增加，且离岸市场扩大，大大地提升了人民币国际化的水平。经过一年的试点运行，结算额达到 5 064 亿元，到 2015 年，结算额增长了十几倍，达到了 7.23 万亿元。随着跨境贸易规模的扩大，境外积累了充足的人民币，于是离岸市场充当这些人民币的流回渠道，跨境贸易和离岸市场在相互作用中不断扩大，推进了人民币国际化的进程。尽管人民币结算比重不断上升，但是目前世界经济贸易活动中人民币作为结算货币的使用率还比较低，美元、欧元和日元仍占强势地位，因此，在推行人民币作为结算货币方

面还需进一步努力。

我国的总供给水平早已满足“一带一路”规划,但过去由于人民币国际化程度有限,产能输出缺乏合适的载体,以人民币的形式对外输出,可以最大限度地锁定项目建设过程中资金和产品的流动方向。近年来,我国加快了人民币国际化的布局,为“一带一路”倡议的实施提供了良好的“基础设施”。学者们对实现人民币国际化的共识达成一致,即人民币国际化先由“区域化”再到“国际化”,即需要经历三个阶段:周边化、区域化、国际化。目前,我国经济实力不断增强,加强与周边国家的经济合作,人民币得到了广泛应用,基本上已经实现了人民币周边化,正在向第二个阶段迈进。① 于是,如何实现人民币区域化是现阶段要解决的重要问题,根据国外学者的研究经验可知,实现货币区域化的重要途径是先实现区域经济合作。“一带一路”合作战略的提出是实现人民币区域化的良好机遇,我们需要抓住这个机遇。

“一带一路”推进了人民币国际化进程;同时,人民币国际化是“一带一路”倡议实施的重要前提。“一带一路”倡议通过与沿线国家金融贸易合作、金融机构建设等途径扩大人民币的结算范围和提高认可度,为人民币创造投融资机遇。随着各国对人民币的需求增加,人民币会逐步实现储备功能并成为各国的储备货币,利用“一带一路”通道,人民币通过贸易和对外投资这两条渠道,在各种直接金融平台和金融机构的辅助下逐步实现国际化(见图4-7)。“一带一路”计划的实施与人民币国际化战略的推动是相辅相成的关系。后者为前者铺平道路,前者为后者提供更大的发展空间。

(一)“一带一路”加快与沿线国家的经贸合作,促进投资人民币结算

我国提出“一带一路”倡议后,近些年与沿线国家的经贸合作快速发展。我国对外贸易2016年进口总额为3 661.1亿美元,出口总额为5 874.8亿美元,贸易额逐渐增大。“一带一路”的建设促进了我国与沿线国家的贸易,2016年我国与沿线64个国家的贸易情况如表4-3所示。2015年,我国企业对“一带一路”相关的49个国家进行了直接投资,投资额同比增长18.2%;我国承接“一带

① 田巧雨.“一带一路”战略对人民币国际化的影响[J].农村金融研究,2016(12):27-32.

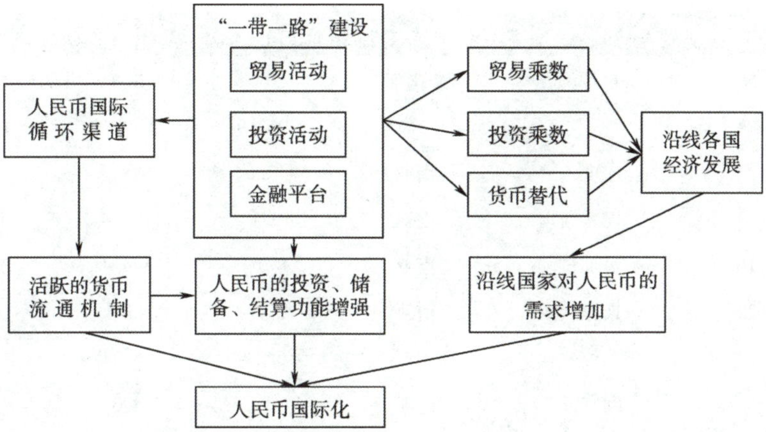

图 4-7 “一带一路”建设中人民币国际化的途径

一路”相关国家服务外包合同金额 178.3 亿美元，执行金额 121.5 亿美元，同比分别增长 42.6% 和 23.45%，间接促进了跨境贸易人民币结算业务的发展。

表 4-3 2016 年我国与“一带一路”沿线国家贸易情况 （亿美元）

按进出口总额排序	国家	所属地区	进口额	出口额	进出口总额
1	越南	东南亚	371.8	615.0	986.8
2	马来西亚	东南亚	492.2	383.2	875.4
3	泰国	东南亚	387.0	374.9	761.9
4	新加坡	东南亚	259.4	453.8	713.2
7	印度尼西亚	东南亚	213.7	324.6	538.3
8	菲律宾	东南亚	173.8	300.8	474.5
19	缅甸	东南亚	41.1	82.4	123.5
31	柬埔寨	东南亚	8.3	39.6	47.9
37	老挝	东南亚	13.5	10.0	23.5
52	文莱	东南亚	2.1	5.5	7.6

续表

按进出口总额排序	国家	所属地区	进口额	出口额	进出口总额
58	东帝汶	东南亚	0	1.7	1.7
东南亚小计			1 962.9	2 591.5	4554.3
5	印度	南亚	117.6	588.3	705.9
13	巴基斯坦	南亚	19.1	174.4	193.5
16	孟加拉国	南亚	8.7	144.4	153.1
32	斯里兰卡	南亚	2.7	43.2	45.9
48	尼泊尔	南亚	0.2	8.7	8.9
55	阿富汗	南亚	0	4.3	4.4
57	马尔代夫	南亚	0	3.3	3.3
64	不丹	南亚	0	0	0.1
南亚小计			148.3	966.6	1 115.1
6	俄罗斯	东欧	322.0	374.9	696.9
15	波兰	东欧	25.3	151.6	176.9
22	捷克	东欧	29.5	80.7	110.2
24	匈牙利	东欧	34.6	54.3	88.9
25	乌克兰	东欧	24.7	42.4	67.1
29	斯洛伐克	东欧	24.1	28.6	52.7
30	罗马尼亚	东欧	14.4	34.6	49.0
41	保加利亚	东欧	5.8	10.6	16.4
42	白俄罗斯	东欧	4.4	10.9	15.3
43	立陶宛	东欧	1.6	13.0	14.6
44	拉脱维亚	东欧	1.3	10.7	12.0
45	克罗地亚	东欧	1.6	10.2	11.8
46	爱沙尼亚	东欧	2.1	9.7	11.8
53	阿尔巴尼亚	东欧	1.3	5.1	6.4
54	塞尔维亚	东欧	1.6	4.3	5.9
59	黑山	东欧	0.3	1.1	1.4
60	马其顿	东欧	0.5	0.9	1.4

续表

按进出口总额排序	国家	所属地区	进口额	出口额	进出口总额
61	波黑	东欧	0.4	0.6	1.1
62	摩尔多瓦	东欧	0.2	0.8	1.0
36	斯洛文尼亚	东欧	4.4	22.8	27.2
东欧小计			500.1	867.8	1 368
33	蒙古	东亚	36.0	9.9	45.9
东亚小计			36.0	9.0	45.9
26	土库曼斯坦	中亚	55.6	3.4	59.0
27	吉尔吉斯斯坦	中亚	0.7	56.4	57.1
34	乌兹别克斯坦	中亚	16.1	20.4	36.5
18	哈萨克斯坦	中亚	48.0	82.5	130.5
40	塔吉克斯坦	中亚	0.3	17.1	17.4
中亚小计			120.7	179.8	300.5
21	埃及	北非	5.5	105.6	111.1
北非小计			5.5	105.6	111.1
9	沙特阿拉伯	西亚	236.1	191.3	427.5
10	阿联酋	西亚	99.8	304.0	403.8
11	伊朗	西亚	149.5	165.4	314.9
12	土耳其	西亚	27.8	167.9	195.7
14	伊拉克	西亚	106.5	76.4	182.8
17	阿曼	西亚	120.1	21.7	141.8
20	以色列	西亚	31.8	82.5	114.3
23	科威特	西亚	63.6	30.5	94.1
28	卡塔尔	西亚	40.0	15.4	55.4
35	约旦	西亚	2.1	299.9	302
38	黎巴嫩	西亚	0.2	21.4	21.6
39	也门	西亚	1.7	17.0	18.7
47	叙利亚	西亚	0	9.4	9.4
49	巴林	西亚	0.6	8.0	8.6
50	格鲁吉亚	西亚	0.5	7.5	8.0

续表

按进出口总额排序	国家	所属地区	进口额	出口额	进出口总额
51	阿塞拜疆	西亚	4.1	3.5	7.6
56	亚美尼亚	西亚	2.8	1.1	3.9
63	巴勒斯坦	西亚	0	0.6	0.6
西亚小计			887.2	1 423.5	2 310.7
总计			3 660.7	6 144.7	9 805.6

数据来源:2017 年“一带一路”贸易合作大数据报告。

知识链接

离岸市场

离岸市场是指在高度自由化和国际化的金融监管体制以及优惠的税收制度下,在一国金融体系之外,由非居民参与和实施资金融通的市场。这一定义突出了离岸市场的两个基本特征:一是非居民性,即参与离岸金融业务的存、借款人均为所在国或地区的非居民;二是离岸是制度性概念,而非地域性概念,既不受货币发行国的金融法规约束,也不受业务开展所在国(地区)的金融、外汇政策的限制。

离岸市场金融管理体制的高度自由化和国际化、税收制度的优惠力度以及交易的非居民性,成为其不同于在岸市场的特征,具备成本较低、流动性大和竞争性强等优势,促进了全球范围内低成本和高速度的资金流动体系的形成。离岸市场产生和发展的外部原因包括经济全球化、布雷顿森林体系确立的美元国际货币地位、金融自由化、国际金融竞争和国际经济不平衡等方面。离岸市场本身的内在效率优势是其迅速发展的内在原因。

离岸市场可以概括地分为三类:内外一体型、内外分离型和避税港型。内外一体型是最早出现的离岸市场管理模式,离岸业务与国内业务不分离,经营离岸业务的金融机构不必向金融管理当局申请批准,典型代表为伦敦离岸市场和香港离岸市场,其特点是:离岸业务与在岸账户并账操作,不单独设立账户,非居民存款业务与居民存款业务在同一账户上操作,资金的出入境不受限制;内外分离型离岸市场与内外一体型正好相反,分离型的离岸业务与国内业务必须分离,非居民交易与国内账户必须分离,经营离岸业务的金融机构须经管理当局批准;避税港型也称簿记型,即通常意义上的离岸金融中心(Offshore Financial Center,OFC),

> 是指一些国家和地区，特别是加勒比和南太平洋地区资源匮乏的发展中岛国，通过立法手段培育和发展一些特殊的经济区，允许国际自然人或者法人在其领土上从事各种离岸业务，并主要依靠低税或者免税政策吸引逃避本国税收和其他目的的国外资本，以发展本国经济，主要有英属维尔京群岛、开曼群岛、巴哈马群岛、百慕大群岛、西萨摩亚和安圭拉群岛等①。

（二）建立配套金融机构，为人民币国际化提供新的平台

“一带一路”倡议提出之后，与之相配套的金融机构陆续成立。亚洲基础设施投资银行（Asian Infrastructure Investment Bank，AIIB，简称“亚投行”）于2014年10月24日成立，是一个政府间性质的重点支持亚洲区域基础设施建设的多边开发机构。丝路基金于2014年11月成立，是由中国外汇储备、中国投资有限责任公司、中国进出口银行、国家开发银行共同出资，依照《中华人民共和国公司法》，按照市场化、国际化和专业化的原则设立的中长期开发投资基金，重点是在“一带一路”发展进程中寻找投资机会并提供相应的投融资服务。金砖国家开发银行（BRICs）由5个成长前景看好的新兴市场国家在经贸、财政、金融、地方政府合作等数十个领域开展务实合作的多层次架构。虽然三个机构成立的目的、背景以及性质不尽相同（见表4－4），但是最终都利于“一带一路”倡议合作的深化，为沿线国家提供资金支持，有利于人民币的国际化。

表4－4 金砖国家开发银行、亚投行和丝路基金的比较

金融机构 项目	金砖国家开发银行	亚投行	丝路资金
成立国家	中国、巴西、俄罗斯、印度、南非	中国为发起国，截至2016年10月20日有80个以上的成员国	中国外汇储备、中国投资有限责任公司、中国进出口银行、国家开发银行共同出资

① 王雁庆．离岸市场对货币发行国金融体系的影响——对香港人民币离岸市场发展的启示［D］．天津：南开大学，2013.

续表

项目 \ 金融机构	金砖国家开发银行	亚投行	丝路资金
成立背景	美国金融政策变动导致国际金融市场资金的波动，对新兴市场国家的币值稳定造成很大影响	亚洲经济占全球经济总量的1/3，是当今世界最具经济活力和增长潜力的地区，拥有全球六成的人口	在“一带一路”发展进程中寻找投资机会并提供相应的投融资服务
机构性质	金砖国家区域内的多边贷款机构	亚洲区域内政府间的国际组织	欢迎亚洲域内外的投资者积极参与
成立意义	缓解对美元、欧元的依赖	夯实经济增长动力引擎的基础设施建设，还将提高亚洲资本的利用效率及对区域发展的贡献水平。基础设施投资是经济增长的基础，在各类商业投资中潜力巨大，增长带动力强	支持“一带一路”建设，以建设融资平台为抓手，打破亚洲互联互通的瓶颈
与“一带一路”关系	间接平台	直接的长期平台	直接的长期平台

亚投行与丝路资金是“一带一路”发展的直接融资平台，支持沿线国家对基础设施的直接投资。亚投行的开放程度大些，作为由中国提出创建的区域性金融机构，在全面投入运营后，亚投行将运用一系列支持方式为亚洲各国的基础设施建设项目提供融资支持——包括贷款、股权投资以及提供担保等，其成立后的第一个目标就是投入“丝绸之路经济带”的建设。中国出资成立丝路基金，为“一带一路”沿线国家基础设施建设、资源开发、产业合作、金融合作等与互联互通有关的项目提供投融资支持。具有间接投资效果的为金砖国家开发银行，金砖五国的总外汇储备达到4.4万亿美元，人口占世界的43%。这些国家寻求在全球金融体系中获得与不断壮大经济实力相匹配的影响力。由于中国当前的地位，以及这三个机构的参与程度高，人民币作为资金的一种流动载体必然受到青睐，这就促进了人民币国际化的进程。

(三)发挥“一带一路”建设效应,加快推进人民币在境外使用

自2013年9月以来,中国央行已与中国香港地区、韩国、马来西亚、印度尼西亚、白俄罗斯、阿根廷等地区和国家的央行及货币当局签署了货币互换协议,总额达到32 025亿元人民币(见表4-5)。这些互换协议的主要作用体现在五个方面:一是人民币主要是在贸易中充当支付结算的角色;二是将人民币作为储备货币,方便在华企业进行融资;三是货币互换主要是为了满足资金供给;四是主要用于双方的商业贸易结算,旨在加强双边金融合作;五是便利两国贸易和投资,共同维护地区金融稳定,为双方金融市场的进一步发展提供流动性支持,有利于双边贸易和投资的便利化。推广人民币双边本币互换可以应对短期流动性问题,维护金融体系稳定,同时有助于扩大人民币流通范围,推动人民币国际化。

货币互换协议在拓宽企业跨境融资新渠道、降低实体经济汇兑风险的同时,也进一步引领和推动了辖内金融机构对外金融同业合作发展的空间和视野,为区域经济金融健康发展注入了新的发展动能。金融机构不断深化货币金融合作,优化货币互换资金运用模式,进一步扩展与各国金融合作的广度与深度,继续扩大人民币跨境使用,积极推进人民币贸易融资跨境资产转让,综合运用全口径本外币跨境融资宏观审慎管理政策,拓宽融资渠道,降低融资成本,为加快推进人民币在境外使用提供良好的金融服务。

表4-5 2013—2016年我国与相关国家(地区)签署的部分人民币互换协议

签署时间	央行、货币当局	金额(亿元)	国家、地区	是否属于“一带一路”沿线国家
2013年9月9日	匈牙利中央银行	100	匈牙利	是
2013年9月12日	阿尔巴尼亚银行	20	阿尔巴尼亚	是
2013年9月30日	冰岛中央银行	35(续签)	冰岛	否
2013年10月9日	欧洲中央银行	3 500	欧洲	否
2014年4月25日	新西兰储备银行	250(续签)	新西兰	否
2014年7月18日	阿根廷中央银行	700	阿根廷	否

续表

签署时间	央行、货币当局	金额(亿元)	国家、地区	是否属于“一带一路”沿线国家
2014年7月21日	瑞士国家银行	1 500	瑞士	否
2014年8月21日	蒙古银行	150(续签)	蒙古国	是
2014年9月16日	斯里兰卡中央银行	100	斯里兰卡	否
2014年10月11日	韩国中央银行	3 600(续签)	韩国	否
2014年10月13日	俄罗斯联邦中央银行	1 500	俄罗斯	是
2014年11月3日	卡塔尔中央银行	350	卡塔尔	是
2014年11月8日	加拿大中央银行	2 000	加拿大	否
2014年11月27日	香港金融管理局	4 000(续签)	中国香港	是
2014年12月14日	哈萨克斯坦国家银行	70(续签)	哈萨克斯坦	是
2014年12月22日	泰国银行	700(续签)	泰国	是
2014年12月23日	巴基斯坦国家银行	100(续签)	巴基斯坦	是
2015年3月18日	苏里南中央银行	10	苏里南	否
2015年3月25日	亚美尼亚中央银行	10	亚美尼亚	否
2015年4月8日	澳大利亚储备银行	2 000	澳大利亚	否
2015年4月10日	南非储备银行	300	南非	否
2015年4月17日	马来西亚国家银行	1 800(续签)	马来西亚	是
2015年5月15日	乌克兰国家银行	150	乌克兰	是
2015年9月9日	塔吉克斯坦中央银行	30	塔吉克斯坦	是
2015年10月20日	英格兰银行	3 500	英国	否
2015年11月16日	土耳其中央银行	120	土耳其	是
2016年3月15日	新加坡金管局	3 000	新加坡	否
2016年5月11日	摩洛哥中央银行	100	摩洛哥	否
2016年6月17日	塞尔维亚国家银行	15	塞尔维亚	是
2016年9月12日	匈牙利中央银行	100	匈牙利	是
2016年9月27日	欧洲中央银行	3 500	欧洲	否
2016年12月6日	埃及中央银行	180	埃及	是
2016年12月21日	冰岛中央银行	35	冰岛	否

数据来源:中国人民银行。

自2013年开始，我国签订的人民币互换协议规模不断扩大，涉及的国家不断增加。由表4－5可见，2013年9月至2016年12月有33个国家签订了人民币互换协议，其中有16个国家属于“一带一路”沿线国家或地区，且部分是续签的协议。庞大的使用系统有利于人民币的流动，扩展人民币在国际上的使用范围，促进人民币国际化。

（四）加强金融与项目合作，为人民币国际化提供载体

经济全球化遇到波折、国际贸易和投资低迷时期，面对复杂严峻的经济形势，国际社会需加强合作。自由贸易为共同推进新型经济全球化，实现经贸合作换挡提速奠定基础，双边和区域贸易合作协议是人民币国际化的重要基础。“一带一路”建设是一个长远目标，最终要建立覆盖海陆沿线国家的贸易投资网络和经济安全网络，概括起来即实现“五通”目标。

目前我国已经和东盟、巴基斯坦、新西兰、新加坡等国签订了自由贸易协定。自由贸易协定能够推动成员间经济合作关系在贸易自由化的基础上继续得到发展深化，由此可能对区域共同货币、世界共同货币的产生以及人民币国际化产生积极的影响。目前我国签订的自由贸易协定情况如表4－6所示。

表4－6 中国签订的自由贸易协定情况

自由贸易区状态	涉及国家
已签订协议的自由贸易区	中国—澳大利亚、中国—瑞士、中国—哥斯达黎加、中国—新加坡、中国—智利、中国—东盟、中国—东盟（“10＋1”）升级、中国—韩国、中国—冰岛、中国—秘鲁、中国—新西兰、中国—巴基斯坦、内地与港澳更紧密经贸关系安排
正在谈判的自由贸易区	中国—海合会（沙特阿拉伯、阿联酋、科威特、阿曼、卡塔尔、巴林）、中日韩、中国—斯里兰卡、中国—巴基斯坦自由贸易协定第二阶段谈判、中国—马尔代夫、中国—克鲁吉亚、中国—以色列、中国—挪威、《区域全面经济合作伙伴关系协定》（东盟10国、日本、韩国、澳大利亚、新西兰、印度）
正在研究的自由贸易区	中国—印度、中国—哥伦比亚、中国—摩尔多瓦、中国—斐济、中国—尼泊尔、中国—毛里求斯
优惠贸易安排	亚太贸易协定

资料来源：中国自由贸易区服务网站，http://fta.mofcom.gov.cn/。

2014 年 10 月 15 日，英国政府发行了 58 亿元人民币债券，成为第一个将人民币作为外汇储备的西方国家。随后澳大利亚宣布，该国政府机构将发行离岸人民币债券，一些央行或货币当局也表示拟将人民币纳入外汇储备币种当中。债券市场体系日趋完善，目前已有 166 家境外机构获准进入银行间债券市场，108 家境外机构获得人民币合格境外机构投资者（RQFII）资格。人民币离岸市场全球布局，中国香港、新加坡、伦敦、中国台湾等地的人民币离岸金融市场已颇具规模，将大大促进人民币交易并促使相关人民币衍生金融工具的诞生，进而带动人民币的国际化。

知识链接 人民币合格境外机构投资者

人民币合格境外机构投资者（RMB Qualified Foreign Institutional Investors，RQFII）是指经主管部门审批的境内基金管理公司、证券公司的香港子公司，可以运用在香港募集的人民币资金开展境内证券市场投资业务的相关主体。

在跨境贸易人民币结算范围不断扩大、人民币跨境直接投资业务和香港离岸人民币业务不断发展深化的前提下，为进一步增加人民币资金回流渠道、鼓励香港中资证券经营机构拓宽业务渠道，RQFII 业务作为又一项资本市场开放的试点制度应运而生。RQFII 试点业务借鉴了合格境外机构投资者（QFII）制度的经验，但又有几点变化：一是募集的投资资金是人民币而不是外汇；二是机构限定为境内基金管理公司和证券公司的香港子公司；三是投资的范围由交易所市场的人民币金融工具扩展到银行间债券市场；四是在完善统计监测的前提下，尽可能地简化和便利对 RQFII 的投资额度及跨境资金收支管理。

根据证监会、中国人民银行、国家外汇管理局 2011 年 12 月 16 日发布的《基金管理公司、证券公司人民币合格 RQFII 的申请资格境外机构投资者境内证券投资试点办法》，初期额度约 200 亿元人民币，并规定投资于股票及股票类基金的资金不超过募集规模的 20%，投资于固定收益证券的资金不少于募集规模的 80%。

“一带一路”沿线各国建设贸易通道的同时创造了市场网络条件，为人民币国际化创造了良好条件。随着海路贸易通道与陆路贸易通道的建设和完善，“一带一路”沿线各国依据各国的资源禀赋、经济发展程度以及经济结构在各个经济区域之间形成分工合作关系，发挥本国、本地区的比较优势，专业化分工使市场网络日益加大密度，扩大了各国的商品流通范围，市场规模增大使流通速度提高、成本下降，促进“一带一路”沿线各国之间产业分工体系的形成，专业化分工收益和规模报酬收益也日益显著，为人民币国际化创造了条件。

二、“一带一路”倡议促进人民币国际化

（一）“一带一路”倡议提高了人民币的认可度和扩大了人民币的结算范围

“一带一路”倡议的推行，促进了人民币成熟的条件，一方面增加了与沿线国家贸易往来的途径，在金融方面的合作提供了更多的可能性和便利性；另一方面增加了各国的投融资机遇，进一步推动人民币“走出去”。随着中国经济的快速发展，人民币逐渐被世界各国认可，在贸易中以人民币结算的占比不断提高。尽管数据显示人民币国际化进程不断加快，但是实际上，人民币和美元、日元相比，其国际化的程度并不是很高，尤其是与国际化程度十分成熟的美元相比还相差甚远。在“一带一路”倡议提出以前，以美元主导的贸易体系和投资体系从本质上来看，都是以美国为首的发达国家向中国输入货币。

中国是储蓄率较高的国家，人民币在扩大“一带一路”沿线国家双边本币互换、结算规模上可以发挥更大的优势。“一带一路”倡议涉及 60 多个国家，每个国家都可以进行优势产业贸易，可以推进国内产能的输出，实现产业转移，也可以盘活过剩产能，推进产业梯度转移，从而增加了贸易和投资领域的本币结算，这对提高人民币的认可度和扩大人民币的结算范围意义重大。

“一路一带”重大战略逐步落实，将会派生出更大、范围更广的人民币跨境使用的市场需求，将为人民币国际化持续注入新的动力。“一带一路”倡议将构建新的“人民币区”，推进国内产能输出，实现产业转移，增加贸易和投资领域的本币结算，有助于构建和拓展“人民币区”。

（二）“一带一路”倡议推动了人民币的境外流通量

《推动共建丝绸之路经济带和 21 世纪海上丝绸之路的愿景与行动》中提出，要推动亚洲债券市场的开放和发展，共同推进亚投行以及金砖国家开发银

行的筹建，加快丝路基金组建运营。深化中国与东盟银行联合体、上海组织银行联合体务实合作，以银团贷款、银行授信等方式开展多边金融合作。支持“一带一路”沿线国家政府和信用等级较高的企业以及金融机构在中国境内发行人民币债券。符合条件的中国境内金融机构和企业可以在境外发行人民币债券和外币债券，鼓励在“一带一路”沿线国家使用所筹资金。对外开放人民币债券的发行，在一定程度上使人民币成为其他国家的融资货币，使中国的金融市场成为其他国家融资的市场，这是更高层次的、更成熟的货币国际化的标志。另外，由于“丝绸之路经济带”沿线国家资本存量较低，我国可以增加对外直接投资，进一步提供人民币计价的海外融资。

经过几年的跨境贸易实践，人民币国际化取得了很大的进步，但结算项目大多是进口贸易，最终导致外汇增加，有悖于我们最初的目的，这种由经常项目流出的资金通过资本项目流回的方式存在许多问题和风险。“一带一路”倡议的实施可以改变这种人民币发展的模式，通过采取“资本输出”与“跨国企业”相结合的模式，增加资金的融通，实现人民币国际化的目的。

首先，“一带一路”的建设为我国提供了大量的机会，根据世界银行研究报告，发展中国家每年需要对基础设施建设投资 1 亿美元的资金，随着“一带一路”倡议的实施，沿线国家的基础设施建设为人民币的输出带来了机遇，人民币国际化伴随着“中国基建”的推动不断深入，不论是资本的输出还是输入，都积极采用人民币结算，大大扩展了人民币的使用范围。

其次，“一带一路”沿线国家总体上仍处于工业化进程中，且大多数国家处于工业化中后期阶段，处于前工业化时期的国家只有 1 个，处于工业化初期阶段的国家有 14 个，处于工业化中期阶段的国家有 16 个，处于工业化后期阶段的国家有 32 个，而处于后工业化时期的国家只有 2 个。为了满足“一带一路”沿线国家发展的迫切需求，需要大量的资金作为支持，因此，不仅仅是对外直接投资，还需要引进大量的跨境人民币贷款业务。

最后，“一带一路”沿线国家多为发展中国家，其基础设施等重大项目面临着建设能力不足、资金短缺等问题，融资需求较大，迫切需要国际社会的支持。除了市场本身的力量，我国政府层面也大力支持“一带一路”的建设，通过货币互换进一步推动人民币资本项下的输出。

(三)“一带一路”倡议为人民币国际化创造投融资机遇

“一带一路”的倡议不仅为沿线国家的商业合作和金融合作提供基础设施条件,带动更大范围的经济发展,同时也为人民币国际化创造更多的投融资机遇。人民币进行交易和结算的成本要考虑商品的流通速度和规模的因素,依托互联互通的基础设施在推动金融合作的基础上有利于人民币的国际化。

第一,贸易通道和交通基础设施的建设创造人民币国际化投融资机遇。“一带一路”沿线各国之间的基础设施建设,一是交通基础设施和贸易通道建设;二是陆路贸易通道和海路贸易通道建设,主要包括对“一带一路”沿线国家的贸易港口和交通干线进行建设和投资,增加物流运输能力,在中国与“一带一路”沿线各国之间形成商品运输路线,从而达到丝绸之路经济带沿线各国之间的陆路互联互通。发挥“一带一路”沿线各国陆路和海路的互联互通,获得最大的贸易通道效应,需要大规模的投资和人民币投融资业务。

第二,各城市之间相互联通需要大量的基础设施,由此将产生巨大的投融资需求,为人民币国际化投融资创造机遇。“一带一路”沿线各国内部陆港、空港、海港城市与经济中心城市的互联互通,以及沿线各国交通枢纽城市、经济中心城市与经济腹地、欠发达地区之间的互联互通需要大量的基础设施建设投资,必然产生大规模的人民币国际化投融资业务。

第三,“一带一路”沿线国家与非沿线国家之间的经济联通为人民币国际化带来机遇。共建“一带一路”旨在促进经济资源高效配置,推动沿线各国经济发展,形成更大范围的区域经济合作架构。共建“一带一路”不仅仅只是对沿线合作国家的经济产生影响,对沿线与非沿线国家的经济合作也会产生扩散效应,符合国际社会的根本利益,是国际合作以及全球治理新模式的积极探索。

(四)“一带一路”倡议将构建新的“人民币区”

“一带一路”倡议是人民币国际化的“加速器”,加快推进人民币国际化。“一带一路”的建设活跃了货币的流通,在与沿线国家的贸易中人民币的使用量增加,从而必然增加人民币的境外储备量。同时,境外的人民币储备量又可以通过沿线国家商品的贸易、人民币投资以及购买债券的方式流回中国,于是形成了人民币在国际上的循环流通模式,这种模式与贸易息息相关,对人民币的要求也会逐渐增加,推进了人民币国际化的进程。资金融通是"一带一路"建设的核心,鉴于中国是"一带一路"建设中金融支持的组织者、资金的重要供给者,基础设施建设、资源合作开发和贸易投资往来等区域经济合作都离不开逐步国际化的人民币。

"一带一路"倡议可以推进国内产能输出,实现产业转移,也增加贸易和投资领域的本币结算,有助于构建和拓展"人民币区"。人民币国际化,表面上是货币的话语权,其实背后隐藏的是产业的竞争力。"一带一路"倡议逐步落实,将会派生出更大、范围更广的人民币跨境使用的市场需求,将为人民币国际化持续注入新的动力。

三、人民币国际化是"一带一路"建设的前期准备

(一)"一带一路"经济建设需要国际化的人民币提供支持

通过"一带一路"建设可以将60多个国家的经济互联互通,这样庞大的经济规模和市场规模需要一种货币作为计价体系和结算体系,人民币国际化必然成为一种可能。部分国家和地区把人民币作为国际清算手段,部分周边国家还将人民币纳入储备货币,人民币有可能在区域经济中充当关键货币。要把握"一带一路"发展的机遇,逐步、有序地将人民币推向国际化进程,可以避免贸易中汇率变动带来的损失和不便,促进"一带一路"持续发展。

我国的产能和相关技术能力已经具备实施"一带一路"倡议的能力,但对于经济建设还需要货币作为我国资本与产能输出的媒介,人民币具备区域货币的性质尤为重要。我国资本账户尚未完全开放,进一步推动人民币区域化,还需要扩大人民币在境外市场循环的规模,拓宽人民币跨境流动的渠道。

(二)"一带一路"市场体系的建设需要国际化的人民币提供支持

市场体系的建设是"一带一路"倡议实施中的核心步骤,而人民币国际化是市场体系建设中不可或缺的部分。"一带一路"铺筑的贸易结构促进了人民币国际化的进程,提供了人民币在双边或多边交易中的应用,人民币国际

化使“一带一路”沿线国家的基础设施建设得到资金以及技术上的支持，促进中国的资金、技术、资源在沿线国家进行交流，最终有助于形成铁路、水利等新的庞大的基础设施平台。基础设施建设输出需要将人民币的使用扩展到“一带一路”沿线国家，并使人民币的使用常态化，有利于人民币的国际化。

四、人民币国际化保障“一带一路”的健康发展

（一）人民币国际化为我国与“一带一路”相关国家开展国际贸易提供便利

对于经济贸易而言，采用何种币种是考虑贸易成本的重要问题。目前，全球货币政策分化，经济处于下行阶段，美国货币政策即将进入加息周期，以美元为主的国际资本流动不可控因素较多，若以美元为贸易的载体，将会导致“一带一路”倡议实施不确定性的上升。

过去人民币国际化程度偏低，人民币境外清算网络尚未开始布局，人民币跨境流动存在许多障碍，尽管“一带一路”相关国家普遍缺乏资金，但人民币贷款对其吸引力有限。在人民币国际化程度提高后，优势便显而易见，“一带一路”沿线国家使用人民币融资，资金回流、形成循环系统便顺理成章。因此，人民币国际化为我国资本输出提供便利，沿线国家也愿意接受人民币贷款资金，在“一带一路”规划实施过程中有助于保障我国的利益不受侵害。

人民币国际化意味着这部分国际贸易都可以采用人民币作为计价和结算货币，这样能够带来贸易效率的提升，有利于双边贸易，从而进一步提升我国与相关国家的贸易规模。随着“一带一路”建设的推进，我国与沿线国家的沟通与合作日益频繁，我国与“一带一路”沿线国家的贸易规模呈现不断扩大的趋势，贸易结算中对人民币的需求也将进一步攀升。“一带一路”沿线国家对我国出口规模也将扩大，以偿还债务，我国向这些国家出口相关设备、参与建设以及提供运营管理服务，带动我国货物与服务贸易出口规模的扩大。

（二）人民币国际化有利于规避美元汇率风险

随着人民币国际化的进程，人民币在跨境贸易、投资结算中的比例不断增加，以人民币计价的金融市场规模不断扩大，增加人民币境外流通量，扩大国内

金融市场开放。人民币实现国际化后,人民币在国际货币体系中占有一席之地,可以改变目前处于被支配的地位,减少国际货币体制对中国的不利影响;同时,可以降低汇价风险,促进中国国际贸易和投资的发展,有利于“一带一路”沿线国家贸易的发展,在一定程度上缓解双边交往中结算手段的不足,推动和扩大双边经贸往来,加快边境少数民族地区的经济发展。对外贸易的快速发展使外贸企业持有大量外币债权和债务,由于货币敞口风险较大,汇价波动对企业经营会产生一定影响。人民币国际化后,对外贸易和投资可以使用本国货币计价和结算,企业所面临的汇率风险也将随之降低,这可以进一步促进中国对外贸易和投资的发展,同时也会促进人民币计价的债券等金融市场的发展。

“一带一路”沿线国家多为资源出口国,大宗商品出口在其出口中占较大比重,沿线国家贸易往来频繁,构成了人民币跨境流通的基础。从目前看,大宗商品市场供大于求的局面短期内难以改变,美元持续走强对商品价格更是不利。因此,绕开美元、日元和欧元等国际货币,使用人民币交易,贸易双方可避免因美元币值波动产生的汇率风险,规避全球货币政策分化引起的潜在风险。

跨境贸易和直接投资人民币结算规模逐年扩大,资本项目下证券投资管理也在逐步放松,人民币逐步成为部分国家的储备货币。只有人民币逐渐具备区域货币的性质,我国资本与产能的输出才能找到合适的载体。我国与“一带一路”沿线国家的人民币跨境使用已初具成效。

目前,我国已与“一带一路”沿线多个国家签订了双边本币互换协议,部分国家也建立了境外人民币清算银行。随着“一带一路”的推进,可以预计,中国金融机构在相关地区的分支机构将进一步增加,境外人民币结算网络将进一步拓展。中国人民银行需要为这部分资金提供足够的回流渠道,这也是相关国家愿意接受人民币的重要因素。央行认为,丝路基金将有利于加快中国资本账户开放,国务院常务会议也提出取消境外发行人民币债券的地域限制,英国已于2014年试水发行境外人民币债券。这有助于非主要金融中心地区人民币资本项下回流渠道的建立,在配合“一带一路”具体项目融资的同时,推动人民币国际化进程和拓展人民币跨境使用范围。

(曹啸　曾帆)

自贸区战略与“一带一路”建设：贸易与产业内外连接的关键节点

“一带一路”倡议核心要点是东西互济、陆海统筹，而这些节点地区就构成一个大的环路，陆上和海上将来会无缝连接。“一带一路”倡议带来的经贸合作定位是加速进出口贸易，而自由贸易区的构建则能打开中国对外贸易的堡垒，加快区域经济一体化，深化贸易与产业合作，努力为“一带一路”提供有力支撑，共同构成我国对外开放新格局。

一、“一带一路”产业和贸易格局

中国现行的11个自由贸易区打开了对外开放的全新窗口，以后还会建设更多的自由贸易区，对“一带一路”倡议带来巨大的支撑效应。中国要在“一带一路”沿线建设自由贸易区，构筑起立足周边、辐射沿线国家和地区、面向全球的自由贸易区网络，以此作为推动贸易自由化和投资自由化的载体和支点，从而为“一带一路”提供“世界性的运作平台”。

（一）“一带一路”带动的产业链

“一带一路”倡议提升中国产业地位，在新一轮全球化竞争中，带领中国从全球产业链低端向高端迈进，比较优势也从劳动—资源密集向技术—资本密集升级。根据劳动力成本和各国的自然资源禀赋相对比较优势，中国劳动力密集型行业和资本密集型行业有望依次转移到“一带一路”周边及沿线国家，在产业结构上，中国与“一带一路”沿线大多数国家形成了较为明显的产业层级。

“一带一路”倡议的实施主要围绕“三通”（通路、通航、通商）进行，通过基础设施建设连接沿线国家之间的贸易，可化解国内的巨大产能，将过剩的产能转移到欠发达地区的基础设施建设中去。“一带一路”沿线国家对于基础设施建设的强烈需求，以基础设施为主的包括交通运输业（港口、公路、铁路、物流），铁路建设与相关设备，航空服务、设备、整机生产等，“基建产业链”包含建筑业（建筑及基础设施工程）、基建材料（钢铁、建材、有色等）和装备制造业（设备及配套类装备制造）。

在“一带一路”沿线，各国应利用相互毗邻的地缘优势，推动上、中、下游全产业链深度合作，形成优势互补的产业网络和经济体系。汇集产业、技术、资金、信息和人才等资源，打造以现代服务业和高端先进制造业为引领的多层次、高端、高效、高辐射的现代产业体系；带动“一带一路”沿线国家产业升级和工业化水平提升，重建全球供应链、产业链和价值链，实现中国产业链的整体升级，占据亚洲经济链的核心位置。

（二）产业输出和贸易

与“一带一路”沿线国家开展多种形式的经贸活动，提高贸易自由化、便利化水平，完善与沿线国家的合作平台，有助于了解沿线国家贸易发展政策动态，妥善解决贸易摩擦等问题。抓住各国经济的数字化趋势，加快中国信息产品和服务走出去，做到贸易“互联互通”。加强全方位基础设施建设，不仅只是公路、铁路、航空和港口等交通基础设施，现在是信息时代，基础设施建设的重要组成部分是通信基础设施，主要包括互联网、通信网和物联网等。将交通基础设施与通信基础设施相结合，对中国的产品和服务在“一带一路”沿线国家之间成功“走出去”构成重大利好。

产业发展是我国与“一带一路”沿线国家贸易发展的前提，“一带一路”全面深化与沿线国家的产业合作，优化贸易结构，促进贸易平衡。一是在巩固传统劳动密集型工业商品贸易的同时，大力发展机电产品、高新技术产品等，促进产品升级转型，支持具有自主知识产权、较高技术水平的光电子信息、汽车制造、石化化工及北斗导航等产业赴境外投资兴业，扩大中国高新技术产品的消费市场。二是推动高端产品领域上下游产业链和关联产业协同发展，推动新兴产业合作，加强在新一代信息技术、新能源和新材料等领域的合作。三是深化与“一带一路”沿线国家的能源合作。与“一带一路”沿线国家的能源合作，将持续有效地扩大中国海外油气资源规模，形成多层次的能源产业合作局面，为目前国际油气供需秩序带来重大变革。四是进一步优化中国与南亚、中亚农产品贸易环境，加强农产品贸易通关合作，加快相关口岸农产品快速通关口岸建设。

进一步优化贸易投资便利化环境。对国际贸易格局进行调整和优化，缓解中国不具备比较优势产品的局面，例如，由于“一带一路”沿线集中了俄罗斯、中亚和中东等国家和地区，可对重要能源产品形成贸易，将重要的油气资源供应国和亚洲地区主要的能源消费国相联系，建设油气存储、运输等基础设施，促进区内供需双方以及过境国之间构建全方位资源、技术、资金和市场等多种元素融合的新型合作机制，形成供应链、产业链融合。

二、自由贸易区产业与贸易建设的重要机遇

（一）企业发展急需拓展外部空间，产业优势奠定开放基础

随着我国经济的发展和经济实力的不断增强，企业在国际上的竞争力不断提升。与此同时，随着劳动力成本的增加和资源能源约束的日趋严重，我国企业拓展外部空间的需求日益迫切。推进企业吸纳先进生产要素，提高我国在全球范围内配置要素资源的能力，发挥我国的产业优势，已成为我国经济发展的重要要求，也是符合“一带一路”发展的目的。然而，世界主要经济体加快了构建自由贸易区，从而形成排他市场，不利于我国企业的发展，因此，迫切需要通过加快自由贸易区谈判，为我国贸易合作空间提供新的突破点。我国已成为全球制造业第一大国，制造业净出口居世界第一位，强大的产业优势，为我国推动自由贸易区建设、进一步扩大双向对等产业开放奠定了基础。

（二）国内市场助力我国自由贸易区战略的推进

我国国内需求不断增长，国内市场需求不断扩大，目前是全球第二大进口市场，促进经济增长向依靠消费、投资、出口协调拉动转变。我国的经济增长以及人口红利、土地红利和全球化红利彰显了各国加入我国自由贸易区网络的显著优势，各国对我国市场依赖度的增强，有力地推动了各国与我国签订自由贸易协定。

自由贸易区是新形势下我国扩大开放，进一步融入经济全球化的重要载

体。随着自由贸易区试点范围的不断扩大,将进一步激活相关区域的经济活力,带动国内市场发展,符合供给侧改革的大环境。

(三)国际环境促进产业升级改造

随着中国迅速崛起并成为世界第二大经济体,新兴大国与霸权大国的结构性矛盾难以避免。中美关系呈现竞争、摩擦、冲突加协调、磋商、合作的复合态势。为应对中国的崛起,美国推行“亚太再平衡”战略,综合运用同盟体系、军事霸权、经济遏制以及价值观围攻等各种手段,全方位遏制中国。

1.“一带一路”从宏观方面拓展空间

“一带一路”横跨欧亚非,中间广大腹地国家经济发展潜力巨大,有利于建设跨国经济走廊、营造多边合作平台。尽管这些国家多半拥有丰沛的自然资源与人力资源,但普遍面临资金、人才、技术与基础设施建设不足、市场规模过小、治理能力不佳等瓶颈。正是在这些方面,中国具有很大的优势。中国与这些国家的要素呈现出很强的互补性,如果双方的要素优势得到有效的结合,就可以释放出巨大的生产力。产业互补性比较强,容易形成新的“一带一路”产业链和价值链。

2. 自由贸易区战略从微观上延伸产业链

自由贸易区战略对接国际高标准经贸规则,融入和引领全球经济,国内经济比较优势渐失,粗放的、污染的、低端的、灭亡式发展模式已经走到尽头,必须推进产业升级。要创新制度环境和营商环境,促进产业结构升级,缔造一些民族企业和产业军团(产业组织者),促进中国企业向外进行资本输出和产业输出。探索高标准经贸规则,构建一个渠道和窗口,促进中国产业融入全球价值链。

三、自由贸易区战略与“一带一路”建设深度融合 促进贸易与产业发展

自由贸易区分为两类:一类为双边或多边自由贸易区(FTA),源于 WTO 有关“自由贸易区”的规定,是指两个或多个独立关税领域区之间通过签署双边或多边自由贸易协定,各自独立保留自身的对外贸易政策;另一类为国内自由贸易区,通常也称作自由贸易园区(FTZ),WTO 有关“自由区”的规定,通常是单个主权国家(地区)的行为,以贸易为主的经济性特区。

国内自由贸易区是中国主动对外开放的一个载体,它和双边或多边自由贸易区建设紧密相连,具有相互促进的作用,为国家层面的全面深化改革和扩大开放探索新途径、积累新经验。国内自由贸易园区(FTZ)的相关经验,可以运用到国家间的自由贸易区(FTA)中。"一带一路"倡议中,中国和沿线国家有不同的合作平台与合作方式,而 FTA 是其中一个重要的合作方式。国内自由贸易园区建设的成功,对"一带一路"的建设提供了良好的基础,有利于国内外贸易市场的形成。

(一)"一带一路"与国内自由贸易区战略实现互动链接

"一带一路"将成为中国"走出去"的新契机,我国沿海沿边省市将在"一带一路"倡议中承担重任。2013 年 7 月,国务院常务会议原则通过了《中国(上海)自由贸易试验区总体方案》,2014 年 12 月在广东、天津、福建的特定区域设立了三个自由贸易园区。2016 年 8 月 31 日,党中央、国务院决定设立中国(辽宁)自由贸易试验区、中国(浙江)自由贸易试验区、中国(河南)自由贸易试验区、中国(湖北)自由贸易试验区、中国(重庆)自由贸易试验区、中国(四川)自由贸易试验区和中国(陕西)自由贸易试验区 7 个自由贸易区(见表 4 -7)。实施自由贸易区战略有助于我国为应对全球贸易新格局,促进经济增长方式的转变。随着自由贸易区数量的持续增长,自由贸易区的功能也在不断扩展,以转口和进出口贸易为主的自由贸易区和以出口加工为主的自由贸易区已经开始相互融合,自由贸易区的功能趋向综合化。

表 4 -7 自由贸易区(FTZ)规划范围及产业特征

自由贸易区	规划范围	经济、产业结构特征
上海自由贸易区	洋山保税港区、上海外高桥保税区、外高桥保税物流园区以及上海浦东机场综合保税区 4 个区域	先行试点人民币资本项目开放及逐步实现可自由兑换等金融措施,并采用循序渐进的开放政策,优先开放企业法人的人民币自由兑换
广东自由贸易区	广州南沙自由贸易区片区、深圳蛇口自由贸易区片区、珠海横琴	拟以"对港澳开放"和"全面合作"为方向,在投资准入政策、货物贸易便利化措施、扩大服务业开放等方面先行先试,率先实现区内货物和服务贸易自由化

续表

自由贸易区	规划范围	经济、产业结构特征
天津自由贸易区	滨海新区中心商务区、东疆保税港区以及天津港保税区（含空港经济区）	制度创新，开展货物贸易、融资租赁、保税加工和保税物流等业务，推动金融制度创新，积极发展现代服务业和高端制造业
福建自由贸易区	福州片区、厦门和平潭片区	重点发展电子信息、生物科技、精密机械、现代金融等产业，与台湾地区合作研发创新、制定标准、打造品牌，加快建设两岸先进制造业合作基地、两岸电子商务合作试验区和两岸金融交流合作先行区，共同拓展更高层次、更广阔的国际市场空间
中国（辽宁）自由贸易试验区	大连片区、沈阳片区、营口片区	推进与东北亚全方位经济合作，构建连接亚欧的海陆空大通道、国际海铁联运大通道的重要枢纽，建设现代物流体系和国际航运中心
中国（浙江）自由贸易试验区	舟山离岛片区、舟山岛北部片区、舟山岛南部片区	建设国际海事服务基地，建设国际油品储运基地
中国（河南）自由贸易试验区	郑州片区、开封片区、洛阳片区	发挥服务“一带一路”建设的现代综合交通枢纽作用，打造服务贸易创新发展区和文创产业对外开放先行区
中国（湖北）自由贸易试验区	武汉片区、襄阳片区、宜昌片区	承接国内外产业转移，加快产业转型升级，建设新型产业关系，为中部崛起战略和长江经济带建设发挥示范作用
中国（重庆）自由贸易试验区	两江片区、西永片区、果园港片区	落实中央关于发挥重庆战略支点和连接点的重要作用，加大西部地区门户城市开放力度的要求，带动西部大开发战略深入实施
中国（四川）自由贸易试验区	成都天府新区片区、成都青白江铁路港片区、川南临港片区	落实中央关于加大西部地区门户城市开放力度以及建设内陆开放战略支撑带的要求，打造内陆开放型经济高地，实现内陆与沿海、沿边、沿江协同开放

续表

自由贸易区	规划范围	经济、产业结构特征
中国(陕西)自由贸易试验区	西安中心片区、西安国际港务区片区、杨凌示范区片区	建设“一带一路”国际中转内陆枢纽港,面向“一带一路”的高端产业高地和人文交流高地,打造“一带一路”现代农业国际合作中心

国内自由贸易区战略遵循“循序渐进”的发展思路,通过整合港口、加强内地的铁路建设,打造重要的海陆交通枢纽,形成对接内地便捷交通网,深化两岸经济合作,力图为“一带一路”的发展打好基础。紧紧围绕面向世界、服务全国的战略要求形成与国际投资、贸易通行规则相衔接的基本制度框架。“1+3+7”模式的自由贸易区从北到南,形成各有侧重的自由贸易区战略,对接“一带一路”建设,成为“一带一路”建设的有机组成部分。

(二)自由贸易区与“一带一路”建设对接现状

第一,上海自由贸易区以及天津、广东和福建率先成立的自由贸易区在对接“一带一路”建设上取得了显著成效。一是自由贸易区与“一带一路”沿线国家贸易额逐步增长。2016年,我国与“一带一路”沿线国家贸易总额为9 535.9亿美元,占我国与全球贸易额的25.7%,其中11个自由贸易区省市与“一带一路”沿线国家贸易额为5 419.8亿美元,占我国与“一带一路”沿线国家贸易总额的56.8%。自由贸易区成立以后实行贸易便利化措施,对外贸易有较大的增长空间。

第二,自由贸易区与“一带一路”沿线国家联通建设加强。自由贸易区所在的城市由于资源高度集中和区位优势,成为“一带一路”贸易的重要物流节点城市。我国通过节点城市加强与“一带一路”沿线国家陆路连通能力建设,多个自由贸易区已经开通中欧班列,成为联通沿线国家的重要陆上工具,提高了运输能力和载货量。截至2016年年底,中欧班列运行路线达39条,开行近3 000列,覆盖欧洲9个国家、14个城市,成为国家促进互联互通、提升经贸合作水平的重要平台。

(三)“一带一路”与多边自由贸易区战略相辅相成

“一带一路”沿线国家大多数经济发展水平不高,对外部市场十分依赖。

“一带一路”倡议的实施，增进了中国与沿线国家之间的经贸关系，目前，中国市场产能过剩现象明显，而“一带一路”沿线国家的工业化水平远远落后于世界水平。通过与沿线国家的贸易不仅能消化大部分过剩的产能，而且能提高沿线国家的工业化水平，从而带动当地的产业升级。中国巨大的市场成为“一带一路”沿线国家经济增长的有效保证，此时已建成的自由贸易区与“一带一路”倡议促进更深层次、更广范围的贸易，推进这些国家实现共同繁荣。自由贸易区可充分促进区域内各生产要素有序自由流动和资源配置，降低各国的关税、贸易壁垒，为贸易提供便利，从而促进本国经济发展。

“一带一路”倡议建设经济圈，这个经济圈内新兴工业化国家和发展中国家占绝大多数，也包含少数发达国家，其经济发展水平参差不齐，对外开放程度以及经济制度等有着巨大的差异。自由贸易区的开放，在金融、投资方面符合“一带一路”建设的需要。自由贸易区与“一带一路”相互协作、互相依存，自由贸易区带来的产业合作机会及意义如表4－8所示。

表4－8　中国已签署自由贸易区协定的概况

已签协定的自由贸易区	自由贸易协定内容	意义
中国—格鲁吉亚	货物贸易、原产地原则、海关程序和贸易便利化原则、技术性贸易壁垒、贸易救济、贸易服务、竞争、知识产权、合作	在欧亚地区完成的第一个自由贸易协定谈判，有利于全面提升两国务实合作水平
中国—韩国	货物贸易、原产地原则、海关程序和贸易便利化原则、技术性贸易壁垒、贸易救济、贸易服务、金融服务、电信、投资、竞争、知识产权、经济合作	东北亚地区第一个自由贸易区，促进区域经济一体化，产业链全面融合
中国—冰岛	减税、技术性贸易壁垒、原产地	第一个签订自由贸易协定的欧洲国家，涵盖服务贸易、货物贸易、投资等诸多领域
中国—秘鲁	货物贸易、原产地原则、海关程序和贸易便利化原则、技术性贸易壁垒、贸易救济、贸易服务、知识产权、合作	一揽子自由贸易协定，为各自具有优势的产品和产业进入对方市场创造条件

续表

已签协定的自由贸易区	自由贸易协定内容	意义
中国—新西兰	货物贸易、原产地原则、海关程序与合作、技术性贸易壁垒、贸易救济、贸易服务、知识产权、合作、投资	与发达国家签订的第一个自由贸易协定,涵盖货物贸易、服务贸易、投资等诸多领域
中国—巴基斯坦	关税、优惠关税	为两国企业提供更多融资便利,并为中巴经济走廊等重大项目的顺利实施提供保障
中国—澳大利亚	货物贸易、原产地原则、海关程序和贸易便利化原则、技术性贸易壁垒、贸易救济、贸易服务、知识产权、合作、投资、电子商务	提供全面、高质量的货物贸易和服务贸易
中国—瑞士	减税、原产地原则、贸易服务	我国与欧洲大陆国家签署的第一个自由贸易协定,协定实施以来双边贸易增长迅速
中国—哥斯达黎加	货物贸易、原产地原则、技术性贸易壁垒、投资、贸易服务、合作	哥斯达黎加日益成为中国在中美洲地区主要投资和贸易国之一
中国—新加坡	减税、原产地原则、贸易服务、技术性贸易壁垒	全面推进中新双边经贸关系的发展,将对东亚经济一体化进程产生积极影响
中国—智利	减税、原产地原则	覆盖货物贸易与合作等内容,是与拉美国家签署的第一个自由贸易协定
中国—东盟	减税、原产地原则	深化和拓展双方经贸合作关系

资料来源:中国自由贸易区服务网。

(四)自由贸易区构建的高标准贸易规则

自由贸易区成立后实行了诸多贸易便利化举措和政策,高标准的贸易规则客观上促进了与“一带一路”沿线国家的贸易发展,通过国际贸易“单一窗口”提高企业通关效率。“单一窗口”为参与国际贸易和运输的各方提供便利,通过单一的平台提交标准化的信息和单证,以满足相关法律法规及管理的要求,是国际通行的贸易便利化的综合平台,可节约企业成本和政府管理费用。

第一,海关监管创新缩短企业通关时间。自由贸易区在海关监管方面不断进行创新，极大地提升了贸易便利化水平。上海自由贸易区进、出口平均通关时间分别较自由贸易区外减少41.3%和36.8%。上海自由贸易区的贸易便利化举措被复制推广至其他自由贸易区，为自由贸易区对外贸易、更方便地对接“一带一路”提供新动力。

第二，实行商事制度改革。以简政放权为核心的商事制度改革极大地简化了企业注册资本登记手续，推动了投资便利化，有效地调动了全社会投资创业的积极性。

四、自由贸易区战略与“一带一路”建设的内外连接关键节点

（一）各领域经贸互动催生的需求

国际物流需求：国家间商品贸易对国际化的物流网络、物流设施和物流技术的需求，以实现货物的高效流动与交换，主要是对物流节点的通关、仓储、联运设施及服务的要求，选择最佳的方式与路径，以最低的费用和最小的风险，保质、保量、适时地将货物从供方国运到需方国。

产业加工需求：贸易过程中产品处理和加工、组装的需求，按照贸易国的产品诉求或者贸易产品本身的特殊性，集聚原料、材料或零件，利用本地的生产能力和技术，对货物进行一定的加工处理再运至需求国，按照所承接的业务特点不同，包括原材料精深加工、产品装配业务和协作生产及技术合作等。

商贸促进需求：贸易过程中的行政服务需求和市场化服务需求，高效、便捷、全面的服务体系更有吸引力，包括“一站式”通关、集成化专业服务及完善的外围配套服务等，如国际采购、贸易金融、跨国结算、专业市场、商贸展销、贸易旅游和电子商务等。

（二）自由贸易区战略与“一带一路”建设相结合，构建产业和贸易网络

“一带一路”建设是加强区域经济合作的重要战略，是连接亚洲、非洲、欧洲大陆的重要纽带。在经济新常态的背景下，我国积极把握主动权，参与且引领国际经贸规则的制定与实施，结合“一带一路”建设，构建自由贸易区网络，实现制度化、便利化的安排。“一带一路”倡议重在推动沿线各国在基础设施、制造

业、服务业和能源资源等多个领域开展广泛合作，加强与“一带一路”重要支点国家商谈自由贸易区建设，促进我国与沿线国家的经贸往来，建立多种形式的经济合作。“一带一路”与建立自由贸易区网络相融合，对促进“一带一路”沿线国家之间形成利益共同体具有重大影响。“一带一路”以基础设施互联互通为重要目标，在此基础上，建立多层次、多种形式以产能合作和服务贸易为重点的自由贸易区网络，构建多层次网络模式。

推进“一带一路”与自由贸易区网络融合联动，让更多的新兴经济体和发展中国家参与其中，构建新兴经济体和发展中国家大市场，推动全球自由贸易进程。建立“一带一路”多边自由贸易区，多边贸易体制和区域经贸安排将促进贸易和投资自由化，推动世界经济格局的形成。参照发达国家和世界上高水平自由贸易区的服务开放模式与标准，有效促进服务业竞争，推动沿线各国在基础设施合作的基础上，带动制造业、服务业和能源资源等产业的多方面合作，促进贸易和投资自由化，打造区域贸易中心。

自由贸易区战略借助“一带一路”建设，与周边、“一带一路”沿线区域在贸易上紧密联系，最终形成自由贸易区网络。依托自由贸易区建设提供的国际合作平台，以“一带一路”沿线国家作为载体，中国与“一带一路”沿线的中亚、东南亚、非洲等国家在贸易上具有很强的合作效益，双方在经济发展上实现货物资源以及人力资源的优势互补，我国与相关国家城市之间采取合作共建模式，实现产业和贸易的流通。

（三）自由贸易区战略与“一带一路”建设有利于产业开放，增加对外贸易的可能性

自由贸易区战略对产业开放的深度和广度的影响，有利于我国经济运行和各行业的发展，使我国从扩大产业对外开放中受益。自 2008 年全球金融危机爆发以来，世界经济回转迹象不明显，美欧大国将经济结构的重心由虚拟经济逐步转向实体经济。我国的自由贸易区建设若能借此将东亚和欧亚两大区域连接起来，就有可能缓解欧盟、北美带来的压力。因此，自由贸易区战略应当为中国经济“走出去”做出有效探索。

随着我国人口红利逐渐消失导致的生产要素成本不断上升，传统国际分工

中的“中国制造”模式出现了变化，高端制造产业开始回流欧美，中低端制造业逐渐转移到东南亚和拉美地区。在这种背景下，自由贸易区以信息技术优势，充分发挥科教优势和制造业优势，形成一批新兴的高附加值战略性新兴产业集群，全面提升产业竞争力，极大地降低了整个企业后续的维护成本，提高了生产效率，在开放中加快结构调整和产业升级，在竞争中提升产业发展水平。

自由贸易区战略进一步促进服务改革向纵深发展，形成与国际贸易投资规则相适应的体制机制，探索符合世界贸易规则以及我国国情的贸易机制，充分发挥相关产业和企业优势。利用丝路基金和亚洲基础设施建设投资银行提供的金融支持，支持自由贸易区建设，参与“一带一路”沿线国家基础设施建设与资源开发，增加产业贸易的可能，最终实现互利双赢。

（四）自由贸易区战略与“一带一路”倡议有利于国际市场的拓展

中国正处于经济增长速度由高速转为中低速的经济转型期，增长方式也要随之转变，在高增速的经济增长模式下的要素驱动经济增长模式不再适合现阶段经济增长的需求，需要改变驱动模式。随着驱动模式的转变，对外贸易的增长速度、增长结构也发生了变化。从外贸进出口额增长速度的数据来看，其增长率于2015年已经变为负数了，说明外部需求环境变得更加艰难。中国的出口市场结构、贸易方式以及商品结构都在转变，以前具备优势的产品也不再能占领外部市场。“一带一路”倡议与自由贸易区建设为应对外贸形势的变化提供了新的机遇，能很好地结合当前中国经济发展的特点，有利于扩展国际市场。

拓展国际市场还需适应发达国家主导的国际经贸新规则。跨太平洋伙伴关系协定（TPP）①确立的服务贸易、投资、环保、劳工、知识产权等相关议题和高标准的贸易条款对中国贸易合作带来影响，造成了亚太经济合作组织（APEC）②成员之间经贸合作的分化。另外，TPP 自由贸易区的建设，一方面对中国对外

---

① 跨太平洋伙伴关系协定（Trans－Pacific Partnership Agreement，TPP）也被称作“经济北约”，是目前重要的国际多边经济谈判组织；其前身是跨太平洋战略经济伙伴关系协定（Trans－Pacific Strategic Economic Partnership Agreement）。

② 亚太经济合作组织（Asia－Pacific Economic Cooperation，APEC）是亚太地区最具影响的经济合作官方论坛。

开放、对外贸易形成制约，另一方面对中国在亚太推动的区域全面经济伙伴关系(RCEP)①、中日韩自由贸易区以及亚太自由贸易区等形成竞争关系。“一带一路”建设以及自由贸易区的扩展，加强沿线国家之间的合作，削弱了TPP规定的经贸规则体系对中国的负面影响，扩展了中国对外开放的空间，在当前主流的经贸区域之外推动区域合作。

（五）自由贸易区战略实现与“一带一路”倡议的深度融合

自由贸易区战略与“一带一路”倡议全面对接，目的是积极与“一带一路”沿线国家和地区商建自由贸易区，通过“一带一路”沿线国家的基础设施建设，中国中西部和沿边地区可更好地发挥资源优势，提高产品附加值，延伸价值链合作。

1. 贸易创造效应

“一带一路”沿线各国和自由贸易区成员国之间的关税在相关协议达成之后可以相互减免，降低进口成本。一方面，由于进口国的进口成本降低，导致消费者剩余增加，形成消费效应；另一方面，进口国减少生产不具备比较优势的产品，使生产中剩余增加，形式生产效应。

2. 规模经济效应

自由贸易区战略与“一带一路”倡议实施以后，区内成员国或沿线国家由于增加了内部消费，扩大了各成员国的生产规模，各个厂商的生产规模扩大，投资增加，充分利用劳动力资源和机器设备，厂商为了获取更大的利益与优势，加大新技术的研发力度，降低生产成本，从而促进科技进步，最终形成提高经济效益、提高使用效率所带来的效应，即规模经济效应。

3. 投资刺激效应

生产规模在区内成员国或“一带一路”沿线国家之间逐渐扩大，形成一个统一的大市场，由于各种商品、服务等可以自由流动，由此产生更多的投资需求。生产规模的扩大使得各个厂商对生产资料的需求增加，进而会刺激来自区域内和区域外投资的增加。

（曹啸　曾帆）

---

① 区域全面经济伙伴关系(Regional Comprehensive Economic Partnership，RCEP)即由东盟十国发起，邀请中国、日本、韩国、澳大利亚、新西兰、印度共同参加(“10+6”)，通过削减关税及非关税壁垒，建立16国统一市场的自由贸易协定。

自贸区战略与人民币国际化：货币与金融内外连接的关键节点

人民币国际化推动金融机构“走出去”，在“一带一路”沿线国家设立分支机构，进行金融服务布局，着力打造全球金融治理中心和资本控制中心，增强跨境投融资的便利化，使自由贸易试验区企业和各类金融机构都可自主地从境外融资。自由贸易区将在风险可控的前提下，对人民币资本项目可兑换进行先行先试，利用“一带一路”沿线国家的金融机构入驻、本币互换和本币结算协议，加快人民币国际化，拓展金融服务创新，更好地服务“一带一路”的建设，全面对接金融中心。自由贸易区战略和人民币国际化将在很大程度上促使货币和金融内外链接的联动和对接。

一、人民币国际化

金融在企业的贸易和投资过程中至关重要。当前，金融体制改革已经展开，以资本项目可兑换和金融服务业开放为目标，自由贸易区战略推动离岸金融业务并拓宽外商金融投资范围，包括允许符合条件的外资金融机构设立外资银行，符合条件的民营资本与外资金融机构共同设立中外合资银行。

自由贸易区战略的实施强调金融制度创新和金融市场开放，在我国经济进入新常态的背景下，提出并推动自由贸易区战略，推动金融全球化朝着均衡、共赢的方向发展。一方面，通过与既有的金融平台之间的合作，促使既有的全球货币与金融朝着发展中国家希望的方向改革；另一方面，通过与既有的多边开发银行和区域开发银行合作，促进发展中国家和发达国家在既有的全球金融治理体系内形成更有效的对话合作机制，发挥金融资源优势，成为区域金融合作的平台和联结点，参与国际新兴金融秩序和规则的建立，提升其对区域和国家资源要素的整合及配置能力。

(一)人民币国际化有利于创新金融产品

近年来,经济、金融体制改革为人民币国际化提供了良好的机遇,尽管人民币国际化起步的时间不长,但是发展迅速,人民币国际化已经进入了新的发展阶段。

第一,随着离岸人民币市场范围的扩大,人民币资金在离岸市场之间流通,逐渐被其他国家认可和使用。人民币离岸市场与越来越多的国际金融中心有交集,从亚洲和欧洲向非洲、中东或美洲延伸。目前来看,人民币在欧洲已经形成了伦敦、法兰克福、巴黎和卢森堡五个离岸人民币中心,能够保证人民币贸易结算的发展。在欧洲、中亚、非洲、南亚及中东北非地区,人民币获得银行间清算业务许可,已经形成了全球清算和交易网络,对促进全球贸易发展意义重大。

第二,随着人民币国际化基础的进一步完善,当前中国正在加大资本账户开放的力度,人民币与其他货币直接交易范围扩大,离岸人民币衍生品进一步丰富。人民币国际化政策体系支持和推动相关产品规范发展,如上海清算所、新加坡交易所和香港交易所都积极开发人民币的衍生品,助推人民币成为离岸市场活跃的交易货币。

第三,人民币贸易类、投资类等跨境支付业务需求增加。国际社会对人民币信任度的提高推动了人民币国际化持续、稳健发展。中国人民银行与主要的贸易伙伴开展合作,已经在英国、德国和中国的港、澳、台地区满足全球主要市区的人民币结算需求,提高跨境清算效率,构建公平的市场竞争环境,这些措施将形成一个完整的政策体系,从而提升对人民币的市场需求。

(二)人民币国际化建立更加顺畅的人民币资金通道

中国银行全力支持人民币国际化,人民币国际化建立更加顺畅的人民币资金通道。中国银行始终积极推动人民币国际化,目前中国银行建立了覆盖全球的人民币清算网络系统和支付体系,为人民币的跨境投资活动提供了便利,有利于人民币存款、贷款、结算、投资和交易产品等相关金融活动。2017 年海外人民币清算行已拓展到23家,于2014年起中国银行跨境人民币清算量居全球所有银行业的首位。

第一,人民币国际化推动外贸企业以及境外贸易以人民币结算。我国政府积极创造推进人民币国际化的政治、经济条件,努力打造人民币国际化的基础,加强与周边国家政府之间的交流。这对增加与周边国家和世界各国的直接投资与贸易十分重要,有利于人民币跨境流通,是推动更加顺畅的人民币资金通道的重要力量。

第二,人民币成为区域性的国际支付手段和区域性国际储备资产,放宽了人民币出入境限制,取消了中国与部分周边国家的人民币出入境的政策性限制,有利于双边经济、贸易往来的进一步发展,有利于出口收汇、"地下钱庄"等问题的解决,进一步规范边境贸易结算,从而切实推进人民币资金通道的扩展。

第三,人民币国际化有利于人民币投资的可持续性。资金通过投资渠道流入各个经济体,促进了多层次资本市场建设,积极发展交易所联通、基金产品互认等机制,为境内外投资者提供更丰富的交易工具和投资渠道,打通人民币回流境内通道,将人民币作为储备货币。在与"一带一路"沿线国家或经济区域贸易中使用人民币结算,以及使用人民币购买我国政府债券或对我国进行直接投资,可以畅通人民币回流到中国的渠道。我国不仅把人民币用于一般贸易和政府债券的交易,还实现了人民币经常项目和部分资本项目的可兑换,形成人民币"境内—境外—再境内"的投资可持续循环体系。

(三)人民币国际化有利于金融业的稳定

宏观金融调控能很好地调节经济波动,决定着金融业的稳定。人民币国际化可以减轻大量持有外汇的汇率变动带来的币值不稳定,减少汇价风险,进一步促进中国对外贸易和投资的发展。由于经济发展需要中国拥有数额较大的外汇储备,大量的外汇储备需要承担通货膨胀的巨大压力。人民币国际化后,可以减少外汇储备量,也就是减少因使用外汇引起的财富流失,有利于提高中国资金的利用效率。

二、自由贸易区战略

（一）自由贸易区战略有利于建立金融平台

自由贸易区战略深化与“一带一路”沿线国家金融机构的合作，一方面，通过完善金融产品创新的相关路径机制，提升创新金融产品的研发技术，增加满足需求的金融创新产品，提升在“一带一路”沿线各国或贸易区的竞争力。例如，上海自由贸易区结合金融创新中的制度和企业的实际需求，由上海银行推出了满足企业综合金融服务需求的现金管理产品。另一方面，积极推动与国内金融机构以及海外金融机构的联系与合作，打造金融服务新平台。将金融产品与服务于律师事务所及保险公司、会计师事务所及投资机构等相关机构结合，为货币和金融服务。

第一，打造金融机构之间的跨界平台。跨界、融合是当今时代的要求，我国的经济结构也在发生变化。市场准入不断放开，来自民间资本、实体经济的竞争日益加剧，自由贸易区通过行业协会等组织整合现有的金融资源，形成银行、证券、基金、信托和保险等多种金融业态之间的合作，促进金融行业的“混业经营”。

第二，建立不同交易对象的金融产品交易平台。在信息技术的支持下，传统模式被分割的许多步骤集结在一起，交易效率明显提高，如大宗商品交易所等。将金融产品在不同金融机构之间延伸和对接，横跨金融市场、产业市场、不动产市场和另类投资市场，交易平台将风险管理系统与供应链管理有机融合在一起，在供应链的相关风险管理节点，如风险评估报告、风险自动定价、风险智能配置和风险监控预警等，提供结算、投融资、并购和资金管理的综合性金融服务，提升平台影响力。

第三，构建“一带一路”倡议合作平台。“一带一路”倡议通过基础设施建设为社会资本提供流动空间，增加投资渠道和投资空间，能够很好地实现资源合理配置的功能，并降低风险。诸多的金融机构通过融入“一带一路”建设，相互合作发展，以实现跨行业、跨领域和跨国界合作的常态。整合金融市场与非金融市场、货币市场与资本市场的资源，构建“一带一路”沿线国际金融服务。

（二）自由贸易区战略建立金融大数据平台

自由贸易区战略构建了金融大数据平台，大大降低了金融业的交易成本，提高了效率。

第一，大数据与金融业是密不可分的，大数据技术会带来金融业的变革，通过大数据的管理平台，有效防止信息不对称，找准市场定位，明确资源配置方向，通过平台将金融服务需求双方的交易信息、金融信息等整合到一起，从金融交易形成和金融体系结构两个层面有利于金融业的发展，形成新的良性投资回报与循环。

第二，自由贸易区构建数据共享机制，构建完善的数据共享管理体系和互联网大数据平台。上海自由贸易区扩区以来，浦东不断探索事中事后监管新机制，运用“大数据”推进社会信用体系建设，形成双赢模式。通过与互联网相结合，打破信息不对称，形成信息共享的局面，最终提升整体金融数据的科学化和标准化水平，避免由于信息不对称造成的信息霸权局面，为金融服务模式创新奠定基础。

第三，自由贸易区战略建立金融管理平台。在大数据的推动下，形成资产管理的服务平台，构建多层次资金池，平台利用大数据技术建立金融管理平台。根据面向机构、企业、个人等不同客户，通过网络终端获得信息数据，有效进行风险评估，提供不同的融资、资本运作与资产管理服务，最终通过数据挖掘，能够为客户提供更多的精准的金融服务。

（三）自由贸易区战略建立金融服务信息支持平台

自由贸易区战略建立金融产品智能化平台，利用互联网创新技术打造金融服务信息平台，完善金融产品发布系统，方便金融机构和平台的信息披露，投资方通过平台上有效的信息比较金融产品，打造一流的金融服务业务智能化平台，提高金融产业的透明度。通过大数据、互联网建立金融信息资讯平台，加强信息共享和服务平台应用。

第一，构建政策信息发布平台。建立独立的政府信息发布平台，提供相关政策信息、金融发展环境、金融动态以及市场准入等信息，为金融机构和投资者的投资提供判断标准。一方面加强信息安全保障,有利于自由贸易区的建设;另一方面有利于加强事中事后监管。

第二,开发营商环境指数。对开发商务环境指数指标体系进行系统评估,对开发商务政策环境、法律环境和资本市场等方面进行科学评价,进行实时跟踪和动态评估,并对自由贸易区的实施效果进行评估,全面反映所涉及各个领域协定的作用;同时,要建立起量化可比的指标体系,能够为协定后续的改进有针对性地提供参考依据。

三、自由贸易区战略与人民币国际化

离岸人民币业务是资本账户开放的一个重要里程碑,人民币国际化扩大了人民币离岸资金的投资路径,自由贸易区的建立是全国改革开放的试金石,自由贸易区战略的实施意味着人民币资金进出更加便利。自由贸易区和人民币国际化将构成一个相辅相成的体系,同时推动货币和金融需求的上升,从而提升市场的流动性水平。

自由贸易区战略与人民币国际化共同服务“一带一路”建设。“一带一路”对于中国的持续发展和创设新的经济格局意义重大,自由贸易区战略围绕“一带一路”的建设资金需求,拓宽资金互联互通的平台,加强与各主要国际金融中心的合作,包括债券市场基金和证券市场,更多的产品都可以用人民币计价,丰富人民币计价投资的标的,不断扩大市场的规模。同时,加强离岸人民币中心的合作,并进一步扩大离岸人民币市场的深度和广度,共同推动人民币在境外使用,增强人民币国际投资货币的功能,为“一带一路”的建设提供融资,在供应链的融资金融服务过程中,尽可能扩大人民币的使用规模。

自由贸易区战略与人民币国际化对资源进行配置,支持中国企业走出去。中国成为全球经济的规则制定者和贡献者,旨在实现货币的国际化,提升中国企业技术和生产能力在全球范围内进行产能的合作。自由贸易区是中国企业“走出去”的重要合作平台,人民币国际化扩大了人民币市场的资金来源。

(一)自由贸易区战略与人民币国际化建立金融交易机构的合作与对接平台

1. 对接金融产品

自由贸易区战略与人民币国际化对金融产品的创新具有推动意义。自由贸易区战略根据金融的发展状况,以及实体经济的需求创造金融产品,人民币国际化推动金融产品的创新,两者相结合促进金融交易机构在产品方面实现对接,不断进行金融产品创新,把投资机会与客户的投资需求结合起来。丰富金融机构的金融产品交易类型,促进金融服务与中国金融机构的对接。

2. 建立金融交易机构合作平台

金融产品创新促进金融交易机构的合作与对接,为有关企业和金融机构建造有效的资本合作平台,有利于金融业的发展,建立起多边的业务合作平台。自由贸易区战略实现跨机构、跨市场的合作,促进资金与资产的对接,探索建立与全国中小企业交易所之间的机制,双方产品与需求的对接,场内市场和场外市场的对接。人民币国际化通过优势互补为客户提供一揽子标准化的金融服务解决方案,满足客户个性化和多元化的需求,实现双方优势互补、互利共赢的局面。

3. 组建国际化业务大平台

自由贸易区战略借助金融交易机构合作,推动跨市场、跨行业的管理和服务,人民币国际化从渠道、客户和产品等方面积极推动金融相互联系。两者相结合从而推动金融机构的转型升级,使优质企业进入对方金融市场,促进跨国金融产业融合,为投资者提供更多类型的投资标的。

(二)自由贸易区战略与人民币国际化建立资本配置与整合平台

自由贸易区战略发展了金融交易大型市场,有序引入境外长期资金逐步参与境内股票、债券和基金等市场,促进这些金融交易市场的对接,并面向对方的金融交易主体提供金融服务。人民币国际化建立资本配置集聚区,引进金融、投资,使企业开展境外证券投资和境外衍生品投资业务,便利跨境贸易和投融资渠道,加快国际资本引入,放大市场交易规模,形成资本配置机构。自由贸易区战略与人民币国际化多渠道引导银行信贷、保险资金、私募基金和债券融资等各种资金，建立资本配置渠道，建立资本配置与整合平台，减少了金融机构境外开展业务的限制，使金融机构进行合理的资源配置，为投融资对接、社会资本流动等提供新的途径。

自由贸易区战略与人民币国际化吸引资本向产业资本转化，形成引导基金扶持、社会筹资和企业投资开发的开放式、流动式投融资机制。重点抓住关联度密切的产业和战略性产业，深度介入产业链，通过资本配置引导产业发展，实现境外融资与跨境资金流动，形成社会资本和产业经济良性互动的投资促进平台。

（三）自由贸易区战略形成人民币回流机制

通过跨境贸易等流出去的人民币再次通过自由贸易区回流，人民币形成了一个回流机制，这样一来，人民币流出去的规模就反映了国际市场对人民币的接受程度。自由贸易区通过存贷款途径收回在外人民币，回流部分资金且提升境外机构和个人投资者对人民币的持有意愿。在人民币回流的同时，增加境外人民币在离岸市场的流通性和活跃度，进而促进人民币国际化的深入。

自由贸易区通过外商直接投资渠道（FDI）、跨境贸易结算、发放人民币债券、允许境外机构或个人投资自由贸易区内企业股票等方式使人民币回流。外商直接投资渠道具体来说就是鼓励境外有实力的企业开展经营性活动。这样，在促进人民币回流的同时，还能够减少境内消费者和境外企业可能面临的汇率风险问题。跨境贸易结算一是通过税收优惠等手段鼓励与自由贸易区内进行合作的境外企业以人民币计价结算；二是与境外其他自由贸易区达成合作协议，以人民币计价结算；三是充分利用“一带一路”周边国家可能在自由贸易区内进行的交易鼓励以人民币计价结算。允许境外机构或个人投资自由贸易区内企业股票同发放人民币债券的方式类似，其目的是鼓励资金回流。

（曹啸　曾帆）

自贸区战略、人民币国际化与“一带一路”金融产品的跨国交易平台：协同效应与突破口

“一带一路”金融产品的跨国交易平台与自由贸易区建设是相辅相成的关系，共同构成我国对外开放新格局，前者侧重以基础设施提供经济体互联互通的平台，而后者则以降低贸易门槛、提升贸易便利化水平、加快区域内经济一体化为主要内容。人民币国际化是人民币在国际范围内行使货币职能，逐步成为世界主要的贸易结算货币、金融交易货币和国际储备货币的过程，自由贸易区战略、“一带一路”金融产品的跨国交易平台为提高人民币在国际上的使用水平提供了历史机遇，人民币国际化为自由贸易区战略与“一带一路”金融产品的跨国交易平台的顺利实施提供了便利条件。

……………………………………………………………………………………

一、自由贸易区战略、人民币国际化与“一带一路”金融产品的跨国交易平台

自由贸易区战略要与国家战略相结合，对接和融入“一带一路”国家战略，成为“一带一路”的战略支撑点。将多元战略机制相结合，充分挖掘“一带一路”区域国家的经济互补性，建立和健全供应链、产业链和价值链，重构全球经济与贸易增长新格局，形成新的全球经济大循环体系。

（一）自由贸易区定位

自由贸易区为“一带一路”倡议构建高标准贸易规则提供了强大的支撑。加快实施自由贸易区战略是我国积极参与国际经贸规则制定、争取全球经济治理制度性权力的重要平台。对外：探索高标准经贸规则，构建一个渠道和窗口，促进中国产业融入全球价值链，提升影响力，引领全球经济的发展；对内：创新

制度环境和营商环境，促进产业结构升级，缔造一些民族企业和产业军团（产业组织者），促进中国企业向外进行资本输出和产业输出。

1. 贸易便利化

自由贸易区实施境内关外管理，货物进出自由贸易试验区相当于进口和出口，享受关税等优惠政策。监管上采取“一线逐步彻底放开、二线安全高效管住、区内货物自由流动”的模式，实现从货物管理转变为企业管理，海关从批次监管模式转向采用集中、分类、电子化监管模式，实现区内人与货物的高效快捷流动，推进与自由贸易相关的服务贸易的发展。

2. 投资自由化

自由贸易区要自始至终采取高标准的投资规则：一是公平竞争的政策；二是整个过程的准入前国民待遇和负面清单管理，即在市场经济的范畴中，如果法律没有明令禁止，一切皆可为。

3. 金融国际化

金融业作为服务业的一个行业，在企业的贸易和投资过程中扮演着重要角色。当前，金融体制改革已经展开，以资本项目可兑换和金融服务业开放为目标，涉及四个“化”，即利率市场化、汇率国际化、人民币境外使用的扩大化、管理宽松化。自由贸易区推动离岸金融业务，拓宽外商金融投资范围，包括允许符合条件的外资金融机构设立外资银行，符合条件的民营资本与外资金融机构共同设立中外合资银行。人民币国际化方面，自由贸易区将在风险可控的前提下，对人民币资本项目可兑换进行先行先试。

（二）“一带一路”金融产品的跨国交易平台

“一带一路”倡议正在构建巨大的跨国经济走廊，形成世界上最具发展潜力的经济带。“一带一路”在太平洋与大西洋之间搭建了两条经济带：东牵发展势头强劲的东亚经济圈，西系发达的欧洲经济圈并连带北美经济圈，在两条南北主干线之间架起一条纵贯东西的大经济带，充分发挥沿线各国的比较优势、挖掘潜力、深入合作，建起最具活力及发展前景的经济走廊和金融产品的跨国交易平台，让世界更均衡发展。

金融货币体系提供“一带一路”建设的核心要素。中国是“一带一路”建设中金融支持的组织者、资金的重要供给者,基础设施建设、资源合作开发和贸易投资往来等区域经济合作举措都离不开逐步国际化的人民币。

资金融通是“一带一路”建设的核心,“一带一路”金融产品的跨国交易平台会改变中国资源的配置空间和模式,为国内产业资本和金融资本“走出去”带来巨大的空间,成为中国资本输出的平台。“一带一路”上的经济带、经济走廊等都是中国实施全方位对外开放战略的重大突破口,是资本输出的重要平台,通过平台带动资本输出,对全球贸易布局、投资布局和生产布局进行重新调整。

“一带一路”倡议将促进跨国财富管理业的发展,促进全球资本流动,实现资本的高效配置。这也是体现了中国作为一个崛起中的大国在全球配置资源的需要。丝路基金、亚洲基础设施投资银行、金砖国家开发银行等也在近年挂牌成立,这三大金融机构显然将对“一带一路”倡议的推进起到积极作用,成为中国资本输出的载体。上海处于金融网络体系的中心节点,拥有诸多跨国金融机构、较多高净值客户,完全可以成为对接“一带一路”倡议发展的金融中心,打造国际性的“财富管理中心”。

(三)人民币国际化的进展

人民币国际化取得显著进展:跨境人民币结算业务量不断扩大;跨境贸易和投资结算涉及境外大部分国家和地区;业务范围扩大到所有经常及部分资本项下;人民币回流渠道日益拓宽;境外央行等三类机构可以运用人民币投资银行间债券市场;人民币合格境外机构投资者投资境内证券市场业务稳步开展;与境外央行或货币当局的货币合作不断扩大;人民币在海外的接受程度大幅提升。

人民币跨境支付系统(CIPS)运行,为境内外金融机构人民币跨境和离岸业务提供资金清算和结算服务,为人民币的国际化助力。

人民币跨境贸易结算规模及其占中国对外贸易额的比重持续提高。自2009年开启人民币跨境贸易结算以来,在对外贸易中使用人民币结算,无论是跨境贸易结算额与增长速度,还是所占比重,均呈现出快速增长和持续提高的势头。

人民币直接交易与货币互换。人民币与美元、欧元、日元、澳大利亚元、新西兰元、韩元以及英镑七种货币实现了直接交易。人民币与美元以外的更多货币实现货币直接交易可加速推进人民币国际化进程。

人民币在全球外汇市场的重要性上升。以人民币为标的的外汇交易额迅速增长，人民币在国际主要货币中的排名也迅速上升，其重要性快速上升。

（四）自由贸易区战略、人民币国际化与“一带一路”金融产品的跨国交易平台形成洲际合作

“一带一路”倡议构想统筹陆海两大方向，连通欧亚非三个大陆，打通从太平洋到印度洋和大西洋的运输大通道，实现各国间战略对接与战略协作。“一带一路战略”形成的金融产品跨国交易平台，实现全方位、立体化和网络状的大连通，推动贸易和投资便利化，推动区域经济一体化和欧亚非经济融合。自由贸易区战略依靠中国与有关国家既有的双边和多边机制，建立区域合作平台，积极发展与沿线国家的经济合作，与“一带一路”联合共同打造政治互信、经济融合与文化包容的利益共同体、命运共同体和责任共同体。按照上述战略金融产品跨国交易平台目标的要求，确立以金融市场体系为核心的国内金融中心地位，初步形成了全球性人民币产品创新、交易、定价和清算中心，“一带一路”的建设促进了其金融交易平台与人民币国际化的进程相辅相成。

人民币国际化的进程于2009 年跨境贸易人民币结算试点率先在上海等地开始。加之中国经济的发展，对外贸易占有率不断提高，以及境外项日人民币贷款、人民币资金池等创新业务的发展，人民币跨境支付货币取得令人瞩目的成就。根据环球银行间金融通信协会（SWIFT）的报告可以看出，人民币全球支付的份额持续增长。

金融对外开放的继续扩大，得益于“一带一路”与自由贸易区的建设，目前促进了包括股票、债券、货币、外汇、商品期货和金融期货等在内的全国性市场金融体系的发展。伴随着金融市场体系的进一步完善，跨境人民币业务快速发展，金融机构体系更加健全，国际化程度逐步提升，对推动人民币成为全球主要的支付货币、扩大人民币的交易市场，推进人民币成为特别提款权篮子货币发挥了至关重要的作用，促进了自由贸易区战略实施过程中人民币的跨境使用、投资和交易，推进跨境金融产品的跨国交易平台建设，形成洲际合作关系。

（五）自由贸易区战略、人民币国际化与“一带一路”金融产品的跨国交易平台共创网络红利

“一带一路”倡议充分利用现有的双边、小多边和多边等机制，创建灵活开放的战略伙伴关系网络，打通中国与东亚、南亚、中亚、中东欧，甚至非洲、拉美等地区之间的金融合作交流之路。“一带一路”金融产品跨国交易平台充分发挥资金枢纽的作用，对资金流向及流量进行有效控制与调节，促进利率体制融合。自由贸易区是一个在岸的离岸市场，有利于人民币的跨境使用。人民币国际化从初级阶段进入中级阶段的一个标志就是人民币金融交易巨额增长，自由贸易区的开放与包容，聚集了国内外诸多金融机构和跨国公司，根据市场需要发展离岸人民币业务。

同时，自由贸易区的建立加强了这一合作关系，“一带一路”倡议的实施带动了人民币跨境支付结算需求迅速增长，带动了外汇市场的交易币种和品种不断增加。国际经验表明，一国货币在国际化的进程中，通常伴随着新的国际金融产品交易平台中心的崛起，“一带一路”金融产品的跨国交易平台与人民币国际化相辅相成，使各方均能享有合作网络的体系红利。

（六）自由贸易区战略、人民币国际化与“一带一路”金融产品的跨国交易平台创造合作潜力

第一，统筹“硬实力”与“软实力”建设，坚持“硬实力”与“软实力”并举。在“硬实力”的基础上建设好“软实力”，让“一带一路”与自由贸易区建设获得更大效应，使相关国家和人们共同认识和感受合作共赢战略带来的经济效益。

第二，统筹长板和短板建设，坚持发挥传统优势和培育新的优势。利用中国产业与金融的优势，与“一带一路”沿线国家相结合，通过双方、多方合作，共同创造贸易和投融资合作，在基础设施建设和产业升级方面发挥作用，把各自的短板补上去，开拓新的贸易合作增长点，提升经济合作水平。

第三，统筹产业间分工和金融链衔接，使产业间贸易与金融发展并举。随着全球产业分工的发展，产业规模日益扩大，中国与“一带一路”沿线国家贸易中的金融链仍不完善。在自由贸易区与“一带一路”倡议的实施过程中，中国积

极推进金融链的衔接，通过人民币国际化，促进金融产业的发展。

二、自由贸易区战略、人民币国际化与"一带一路"金融产品的跨国交易平台：协同效应

（一）规模经济效应

随着自由贸易区战略的实施，借助"一带一路"金融产品的跨国交易平台，通过人民币国际化这一契机，在跨国企业之间形成跨国贸易与金融交易，使得生产规模扩大，单位产品所负担的固定费用下降，从而使收益率提高。

上海自由贸易区建设对接"一带一路"倡议，打造支持"一带一路"经贸往来的金融大动脉。发挥金融资源优势，成为区域金融合作的平台和联结点，参与国际新兴金融秩序和规则的建设，增强其对区域和国家资源要素的整合和配置能力。

自由贸易区的发展会形成溢出效应，带动周边地区共同发展，进一步支持"一带一路"倡议的实施。如果说"一带一路"是宏观高度的规划，那么自由贸易区就是区域具体的实施步骤，比如，不同地区的自由贸易区建设的程度并不完全一致，满足了不同经济发展程度国家的需要，有效地解决了"一带一路"倡议的区域协调问题。

（二）纵向一体化效应

1. 形成金融产业贸易链

借助"一带一路"金融产品跨国交易平台，可为各国金融政策协调提供时机，合作的扩大可使各国对本国金融产业进行整合，实现经济互补，贸易的顺畅将有望使市场互联。自由贸易区战略链接各国的合作协调，使金融产业链形成，共同市场融合，金融产业贸易的整体链得以建立起来。

2. 创造交通链

推进国际骨干通道建设，逐步形成连接亚洲各次区域以及亚欧非之间的基础设施网络。抓住交通基础设施的关键通道、关键节点和重点工程，优先打通缺失路段，畅通瓶颈路段。推进建立统一的全程运输协调机制，促进国际通关、

换装、多式联运有机衔接，逐步形成兼容规范的运输规则，实现国际运输便利化。推动口岸基础设施建设，畅通陆水联运通道，推进港口合作建设，增加海上航线和班次，加强海上物流信息化合作。拓展建立民航全面合作的平台和机制，加快提升航空基础设施水平。

3. 扩张产业贸易链

自由贸易区战略、人民币国际化与“一带一路”金融产品的跨国交易平台可以减少商品流转的中间环节，节约交易成本，加强生产过程各环节的配合，有利于协作化生产，可以极大地节约营销费用。纵向协作化经营，不但可以使营销手段更为有效，还可以使单位产品的销售费用大幅度降低。

（三）资源互补，构造多元合作

自由贸易区与“一带一路”倡议有着紧密的联系，具有战略上的协同性，自由贸易区为“一带一路”提供支撑，“一带一路”为自由贸易区提供发展空间。自由贸易区战略和“一带一路”倡议形成人民币区，提升人民币国际化对“一带一路”金融产品跨国交易平台的支撑作用，促进金融要素的流动、金融产品的创新和金融机构的聚集，达到资源互补从而优化资源配置的目的，可以有效地将不同地区或金融机构的资本状况进行整合，将研究与创新新的经济增长模式机制协调起来，使资源达到协调有效的利用。

第一，货币金融合作，包括货币稳定体系建设、扩大沿线国家双边本币互换、结算的范围和规模，现有的货币金融体系形成了补充，与世界现有的货币金融体系形成了良好的互补，对维护全球金融稳定做出了重要的贡献。经济带内的国家和地区开放度高，贸易依存度也随之上升，成为各国进行货币合作的原因之一，也在客观上推动了人民币国际化的进程。“一带一路”沿线国家在贸易、技术、资本和资源上形成较强的互补，汇率水平波动幅度不大，说明主要的货币指标逐步稳定，货币金融合作效果明显。同时，货币金融合作有利于中国和其他成员国经济的发展，减少汇率波动导致贸易和物价的消极影响，降低周边经济体的金融风险。

第二，投资金融合作，包括投融资体系建设、债券市场开放和发展、支持“一带一路”沿线国家、企业及金融机构在中国境内发行人民币债券、中国境内金融机构和企业在国外发行人民币债券和外币债券等。遵循经济规律,从全局着眼,从国别入手,基本途径就是加强和深化与“一带一路”沿线国家的金融合作,积极吸引沿线国家参与基础设施项目投融资,将共同的利益关系“焊接”在具体的项目上,从而有利于项目整体运作。具体而言,可从政府、企业和民间三个层次与“一带一路”沿线国家开展金融合作。

第三,金融组织建设,包括亚洲基础设施投资银行、金砖国家开发银行筹建、丝路基金组建运营,积极设立境外投资服务平台,积极推动金融行业的海外机构建设,突破境外金融服务的瓶颈。不断完善金融组织体系,提高经济竞争力,促进经济平稳运行和转型升级,处理好金融发展与风险防范的关系,因为影响金融组织体系良性发展最重要的因素就是风险防范。

第四,多边金融合作,包括中国—东盟银行联合体、上合组织银行联合体务实合作,建立完善的金融产品创新的管理体制,通过设立产品科研创新鼓励机制,鼓励相关人员研发金融产品技术,提高金融产品的创新性。借助金融交易机构间的合作,开发设计跨市场、跨行业的管理和服务,从渠道、客户和产品等方面积极推动金融协同联动,推动金融机构向综合性机构转型升级。推动更多优质企业登陆对方金融市场,促进跨国金融产业融合、文化交流与合作,也将为投资者提供更多类型的投资标的。

第五,金融监管合作,包括签署双边监管合作谅解备忘录,在区域内建立高效监管协调机制,吸引律师事务所、会计师事务所、银行、保险公司和投资促进机构等,为企业“走出去”提供服务支撑。

三、自由贸易区战略、人民币国际化与“一带一路”金融产品的跨国交易平台:突破口

(一)加强市场化调节,不断进行金融创新

自由贸易区战略、“一带一路”倡议在健全管理机制的同时,不断对金融服务进行创新,以有利于其发展。一是促进人民币账户体系创新,自由贸易区战略对于居民与非居民的账户进行区分,设立了区内与区外两种账户,这种设立模式有利于对资金的管理,便于交易资金形成自由流动,为投融资提供了极大

便利。二是“一带一路”倡议建立的金融产品跨国交易平台，借鉴沿线各国的经验创造金融产品的流通模式，金融产品在各国竞争中不断发展，以适应市场需求。三是人民币国际化在促进资金流通的同时，有利于人民币利率市场化，各金融机构对于人民币存贷款的竞争势必加剧，最终导致金融模式的创新。创新金融监管方式和金融产品，推动金融改革进程，以适应逐渐开放的金融市场。金融创新在自由贸易区战略、人民币国际化与“一带一路”金融产品的跨国交易平台建立过程中必将起到至关重要的作用，应该以推动金融改革和创新为突破口，使其充分发挥推动作用。

创新金融产品，可以全面提升服务企业的各项能力，促进经济发展，支持转型升级创新发展，在防范风险的同时，各家中外资银行纷纷进行金融创新，为实体经济保驾护航。自由贸易区和“一带一路”建设中的国际金融创新产品，为我国金融业发展带来新的契机，“一带一路”沿线国家经济发展水平以及区内区外的发展状况不平衡，针对多样化的投融资需求，应加快创新投融资模式，建立符合市场要求的经营机制，实现合理的资源配置，发挥金融业在自由贸易区战略、人民币国际化与“一带一路”金融产品跨国交易平台上的引领作用。

（二）促进与国际多边金融机构合作

发展内保外贷业务，在信贷趋紧的背景下为了提高贸易融资额度，满足资本流动性要求，由中国境内银行申请开立保函或备用信用证，境外银行凭借收到的保函向境外企业发放贷款。使用人民币开出信用担保与中国货币当局推动人民币国际化，因境外银行贷款报价水平较低，有利于降低企业融资成本。

在银团贷款方面，包括跨境银团，能够很好地补充贷款业务，完善金融系统，充分发挥金融整体功能，可以享受境外外币贷款较低的利率，节约融资成本和财务费用，分散和防范贷款风险。在“一带一路”的建设中，沿线国家金融活动与 IFC（国际金融中心）、MIGA（多边投资担保机构）、非洲开发银行及欧洲复兴开发银行及拉丁美洲开发银行等国际金融机构合作，以及与亚投行、金砖国家开发银行和丝路基金等中国直接参与的新兴金融机构合作，推动“一带一路”

建设，获得更对称的信息，共享银团机制，发挥缓释贷款风险的作用。

在出口信贷和项目融资方面，通过采取提供保险、融资等方式，给予出口商中长期融资便利，为跨境收购兼并提供信贷支持；同时，大力完善结算类产品及业务，包括涵盖人民币资金池和外币资金池的跨境资金的收付业务。随着“一带一路”建设的推进，中国企业“走出去”的积极性明显高涨，中资企业对外投资势头强烈，交易额不断增长，增加出口信贷，有利于优化全球资源配置。

（三）绿色金融

绿色金融对于可再生能源可持续发展很重要，在未来可能成为主导性的角色。为自由贸易区战略和“一带一路”金融产品跨国交易平台提供新的突破口，引导资金的流向，推动人民币国际化的进程。绿色金融适应经济可持续发展的需要，对环保、节能、清洁能源、绿色交通和绿色建筑等领域提供支持，提供项目投融资、项目运营和风险管理等金融服务。2017 年 4 月，《中国绿色金融政策 2016 年度报告》发布，打造“绿色丝绸之路”的“绿色金融”政策框架初步形成。“一带一路”建设成为绿色金融体系建设与绿色金融产业发展的重要平台。

“一带一路”作为新形势下的全球重要合作战略，如果能与“绿色金融”更紧密地结合起来，不仅有助于落实此前“推进美丽中国建设，为全球生态安全做出新贡献”的发展战略，更将体现出中国在改善全球投资质量中的作用。绿色金融将是新的经济增长点，将发挥优化配置作用，为自由贸易区战略、人民币国际化与“一带一路”金融产品的跨国交易平台提供可持续发展的契机，消化过剩产能，并促进产业结构升级。

（四）“互联网＋”的溢出效应

互联网技术已经成为人类社会的资源条件和基础设施。人类的政治、经济、社会、文化等活动都离不开这样一种环境、条件和基础设施，在现在的虚拟经济中，互联网发挥着至关重要的桥梁作用，使传统的虚拟经济的营利模式发生巨大的改变，特别是金融等领域，当前正处于互联网渗透经济建设的过程中，极大地推动了金融普惠。

完善在自由贸易区战略和“一带一路”倡议中的金融机构网络建设,发挥金融业在改革中的引领作用,一方面,“互联网+”可以提供便利化交易,且交易双方能更好地实现信息透明化,减少交易不对称带来的损失,且在大数据的背景下,“互联网+”的模式将使资金流和信息流更加畅通。另一方面,“互联网+”在实施过程中也存在一定隐患,需要制定相关法律约束线上交易,避免出现虚假交易,产生贸易纠纷,防控金融风险的发生,将线上与线下更好地结合起来,才能更好地服务于经济发展。

上海自由贸易区成立不久就开始投入“互联网+”的建设,推进跨境交易,包括与“一带一路”沿线国家开展“互联网+金融”等,“网上丝绸之路”成为“一带一路”倡议的线上战略。通过制度创新,形成了许多有利于发展的有力措施,大大提高了运转效率。

(五)普惠金融

普惠金融是指立足于机会平等要求和商业可持续原则,以可负担的成本为有金融服务需求的社会各阶层和群体提供适当、有效的金融服务[①]。普惠金融项目市场化运行的深入推进,尤其是私人部门的逐渐参与,是实现经济大融合、金融大发展建设中迫切需要的。普惠金融涵盖了政府、企业、家庭三个层次,通过金融服务、实体经济发展等途径,促进资源的合理配置,实现可持续发展。

发展普惠金融健全了金融服务网络,满足了金融需求。一是发展普惠金融有利于中小微企业的成长。自由贸易区战略与“一带一路”建设中涉及大量的中小微企业,普惠金融为那些具备发展潜力的中小微企业提供金融服务,促使它们发挥更大的作用。二是发展普惠金融针对低收入群体,使原本得不到完善的金融服务的这些群体平等、广泛、有效地享受金融服务。三是发展普惠金融提高创新驱动、提高贸易效率。伴随着互联网金融、科技金融的发展,普惠金融在传统金融业态的基础上,在金融产品、金融制度等多个方面有新的发展。

(曹啸　曾帆)

---

① 张光源. 为什么要在“一带一路”建设中强调普惠金融? [N]. 证券日报,2017-05-20(A03).

上海自贸区建设“一带一路”金融产品跨国交易平台的可行性与支持政策

上海自由贸易区建立促进国际国内要素有序自由流动、资源高效配置、市场深度融合，通过扩大投资领域、服务贸易领域和金融领域开放，推动了建设“一带一路”金融产品跨国交易平台。自由贸易试验区以构建开放型经济新体制为战略牵引，主动对接“一带一路”国际贸易投资及基础设施建设的标准，在接轨“一带一路”倡议的法律规范、行政管理和监管模式方面率先实践，建设“一带一路”金融产品跨国交易平台，形成国内与国际金融相结合的经济体制、管理体制和监管模式。

……………………………………………………………………………………

一、上海自由贸易区建设的金融体系

为适应经济全球化的新形势，建立自由贸易试验区是党中央在新形势下推进改革开放的重大举措。中共十八届三中全会提出加快自由贸易区建设，构建开放型经济体制。上海自由贸易区建设在投资自由化、金融国际化和贸易便利化方面起到重要作用，为我国其他自由贸易区的建设提供经验，同时与“一带一路”的建设相辅相成。上海自由贸易区的建立支持“一带一路”倡议的推进，为国内经济转型升级提供经验，通过扩大开放、深化改革、加快转变经济发展方式，推动经济更有效率、更加公平和更可持续发展。

（一）上海自由贸易区建立的金融状况

在贸易保护主义和供给侧改革的背景下，推进“一带一路”与建立上海自由贸易区网络相融合，采取多种方式合作，对促进“一带一路”金融产品跨国交易平台的建立具有战略意义，对我国实现“一带一路”可持续发展、经济增长和经济治理格局的改善将产生重大影响。

上海自由贸易区的建立立足地区的基本情况，发挥各自的资源优势，在投资贸易便利化上实现重要突破，实现双方、多方的优势互补，推进“一带一路”与自由贸易区网络融合联动。随着“一带一路”建设的推进，将有越来越多的国家参与进来，促进“一带一路”与自由贸易区网络建设，建立多种形式的“一带一路”经济合作圈。上海自由贸易区的建设情况如表4－9所示。

表4－9　上海自由贸易区建设情况

项目	上海自由贸易区建设情况
政策依据	《关于金融支持中国（上海）自由贸易试验区建设的意见》（银发〔2014〕22号）；《关于支持中国（上海）自由贸易试验区扩大人民币跨境使用的通知》（银总部发〔2014〕22号）；《进一步推进中国（上海）自由贸易试验区金融开放创新试点　加快上海国际金融中心建设方案》（2015年10月29日发布）
借款主体	区内银行、非银行金融机构和企业
境外放款主体	境外（境外区域和主体不受限制）
账户管理	上海自由贸易区的企业和非银行金融机构开立专用存款账户，专门存放从境外借入的人民币资金，区内银行从境外借入人民币资金须进入试验区分账核算单元
跨境融资用途	区内企业和非银行金融机构借用境外人民币用于区内生产经营、区内及境外项目建设等业务，区内银行从境外借入人民币资金用于区内实体经济建设
融资规模及期限	企业借用境外人民币资金规模的上限不得超过实缴资本的1倍×宏观审慎政策参数；非银行金融机构借用境外人民币资金规模的上限不得超过实缴资本1.5倍×宏观审慎政策参数。借款期限限定为1年（不含）以上

（二）上海自由贸易区的金融创新

上海自由贸易区建设推动金融机构“走出去”，在“一带一路”沿线国家设立分支机构，进行金融服务布局，着力打造全球金融治理中心和资本控制中心。上海自由贸易区的建立促进了跨境投融资的便利化，使自由贸易试验区企业和各类金融机构都可自主地从境外融资。

上海自由贸易区通过创新金融业务和金融监管提高服务“一带一路”的能力,加强与沿线国家金融机构合作,扩大金融业务往来,通过研发与创新提升金融产品的竞争力,为“一带一路”金融产品提供金融支持。上海自由贸易区建设利用“一带一路”沿线国家的金融机构入驻、本币互换和本币结算协议,利用自由贸易试验区金融政策的优势,提升金融支持服务实体经济的水平,拓展金融服务创新,更好地服务“一带一路”的金融项目,全面对接金融产品交易。

上海自由贸易区建设与“四个中心”建设和全球科创中心建设结合起来,建设面向国际的金融、贸易、航运平台和创新平台,把金融创新和科技创新作为上海自由贸易区建设的重中之重,认真研究资源跨境流动,与科技创新相关的金融资源、金融要素、科技人才在自由贸易区框架下实现自由流动;建立人民币的定价、交易、清算中心等。上海自由贸易区金融创新服务及作用与功能如表4-10所示,上海自由贸易区金融监管创新及影响作用如表4-11所示。

表4-10 上海自由贸易区金融创新服务及作用

金融创新服务内容	作用与功能
自由贸易试验区跨境电商综合金融服务	充分将“互联网+”思维运用于银企合作新模式。在满足跨境电商平台运营管理集约化需求的同时,也为传统商业银行突破经营时空范围、探索扩大自由贸易试验区内外客户服务覆盖面、寻求未来赢利增长突破点等方面提供有益探索与尝试
“走出去”企业的跨境融资服务	依托商业银行和自由贸易账户政策优势,为“走出去”的企业提供低成本境外资金支持,为中国企业跨国并购提供经验
保险公司保单质押贷款资产证券化业务,支持保险公司资产证券化	通过资产证券化项目运作,盘活保险存量资产,优化保险投资收益;加速保险业与资本市场的紧密融合,丰富“资产证券化”优质投资标的,给予资本市场投资者新的选择,具有较强的复制推广性
“上海金”人民币集中定价交易,支持上海黄金交易所国际业务板块后续建设,便利投资者交易	“上海金”基准价将成为全球黄金市场的主要定价基准之一,有利于发挥人民币作为黄金计价结算货币地位的形成,进一步完善国际黄金价格体系;有助于进一步推动中国黄金市场的开放融合,引导中国黄金市场规范发展,促进形成多层次、更加开放的中国黄金市场体系

续表

金融创新服务内容	作用功能
上海清算所推出中国信用债指数，支持上海清算所向自由贸易试验区内及境外投资者开展金融资产交易	中国信用债指数依托于上海作为全国信用债等级托管中心的优势，有助于进一步激发上海金融市场的活力，服务上海尽快建成与人民币国际化地位相适应的国际金融中心；上海清算所通过创新研发债券指数品种，不断加强同市场机构合作，不断推出满足市场多样化需求的债券指数，满足各层次不同风险偏好的市场参与者需要
上海股权托管交易中心“科技创新板”，支持股权托管交易机构为自由贸易试验区科技型中小企业提供综合金融服务	贯彻落实上海建设具有全球影响力科创中心的战略部署，发挥资本市场作用解决科技型、创新型中小企业发展的有益尝试；有助于丰富完善国内多层次资本市场发展，为后续在符合国家规定的前提下探索业务创新，为挂牌企业提供股权融资、股份转让、债券融资等创新服务

表4－11　上海自由贸易区金融监管创新及影响作用

金融监管创新内容	影响作用
外汇局上海市分局出台“金改40条”发布后首个实施细则	采用负面清单管理理念，坚持简政放权，推进外汇管理依法行政和职能转变；通过有针对性地对市场主体进行动态分类监管，促进外汇管理由行为监管转变为主体监管；加强非现场检测和现场核查检查，防范金融风险，完善跨部门联合监管体制，强化监测分析和事后监管
上海银监局发布《自由贸易区银行业市场准入相关报告事项清单》	在全国率先对银行业金融机构的市场准入相关报告事项进行系统规范；率先在审慎监管基础上，统一规范中外资银行的报告类事项的监管要求；为调整部分事前报告事项为事后报告事项，探索简政放权，提高监管服务效率
上海保监局印发《上海市保险机构和高级管理人员备案管理办法》	坚持简政放权，推进保险监管依法行政和职能转变，为市场主体营造一个更加宽松、便利的制度环境；通过加强事中事后管理，体现寓服务于管理，做到办理过程公开透明、办理结果有明确预期，确保改革进程的风险可控

二、上海自由贸易区建设“一带一路”金融产品跨国交易平台的金融优势

上海自由贸易区打造支持“一带一路”经贸往来的金融大动脉，发挥金融资源优势，成为区域金融合作的平台和联结点，参与国际新兴金融秩序和规则的建设，提升其对区域和国家资源要素的整合和配置能力。推动金融机构“走出去”和在“一带一路”沿线国家设立分支机构，进行金融服务布局，着力打造全球金融治理中心和资本控制中心。

通过自由贸易区金融创新为“一带一路”提供金融支持，利用沿线国家的金融机构入驻、本币互换和本币结算协议，加快人民币国际化，拓展金融服务创新，更好地服务于“一带一路”建设，全面对接金融中心。增强跨境投融资的便利化，使自由贸易试验区企业和各类金融机构都可自主地从境外融资；创新金融产品，提高服务“一带一路”的能力，深化与沿线国家金融机构的务实合作，通过研发与创新提升金融产品的竞争力。建立完善的金融产品创新管理体制，通过设立产品科研创新激励机制，鼓励相关人员对金融产品技术进行研发，提高金融产品的创新性，积极设立境外投资服务平台。

（一）建立金融跨界合作平台

上海自由贸易区打造金融机构之间的跨界平台、金融产品交易平台，促进与“一带一路”倡议合作平台的合作。上海自由贸易区通过行业协会等组织合理运用现有的规模金融资源，形成涵盖银行、保险、信托、证券期货、资产管理、金融租赁、私募基金、风险投资和互联网金融等在内的金融和类金融机构合作平台，在此基础上建立不同交易对象的金融产品交易平台，如产权交易所、大宗商品交易所等，将金融市场和其他投资市场上的金融产品在不同金融机构之间延伸和对接，提供投融资、并购、资金管理等综合性的金融服务，打造金融集群，促进金融交易平台的完善。

“一带一路”倡议打造的金融产品跨国交易平台为社会资本提供了更为广阔的投资渠道和投资空间，可实现资产全球化配置，通过分散投资降低资产配置的风险，并分享相关新兴经济体经济增长所带来的财富增值。诸多的金融机构通过

融入“一带一路”建设，可以实现跨平台融合发展，整合金融市场与非金融市场、货币市场与资本市场的资源，沿“一带一路”大动脉打造国际金融服务网络。

（二）建立金融大数据平台

上海自由贸易区建立发展了大数据平台，对金融数据存储和管理服务、促进金融管理工具的平台化融合及建立个性化的金融管理平台，实现与“一带一路”金融交易平台的对接。大数据具备打破信息不对称、提高交易效率的功能，从金融交易形式和金融体系结构两个层面改造金融业。通过大数据平台将金融服务供需双方的交易信息、金融信息等经济活动数据集中处理，构建完善的数据共享管理体系和互联网大数据平台，提升金融数据的准确性，能够为金融服务行业带来便利。通过传统的银行金融机构、非银行金融机构、企业以及互联网企业的有效数据整合，为金融服务机构的资金运用开拓空间，形成新的良性投资循环和获取回报。

对金融管理工具实施平台化融合，打造个性化的金融服务。如投行、信托、资产管理的服务平台，或多层次资金池平台，成为面向机构、企业、个人等不同客户，提供融资、资本运作与资产管理、增值服务、消费与支付等在内的“金融与消费服务超市”型综合平台。

（三）建立金融交易机构的合作与对接平台

上海自由贸易区建立金融交易机构合作平台，对接金融产品。促进金融交易机构的合作与对接，针对金融的发展状况，为有关企业和金融机构搭建有效的资本合作平台。建立中小企业的合作交易平台，通过推荐企业上市、发行债券和成立基金等合作方式，实现金融机构之间优势互补，实现金融平台对接。同时，促进交易机构在产品方面实现对接，将投资机会与投资需求结合起来，不断进行金融产品创新，丰富金融交易机构的业务类型，实现与“一带一路”金融产品跨国交易平台的互动与融合。

搭建多边的金融业务合作平台，实现跨机构、跨市场、多币种的金融合作，促进资金与资产的对接、产品与需求的对接、场内市场与场外市场的对接，通过优势互补为客户提供一揽子标准化的金融服务解决方案，满足客户个性化和多元化的需求。

(四)建立资本配置与金融服务信息平台

发展金融交易大型市场,引导证券交易市场、大宗商品交易市场与金融交易市场的对接,并为金融交易主体提供服务,建立资本配置集聚区,主要引进金融、投资及并购等企业和机构,形成资本配置机构的集聚效应。多渠道引导银行信贷、保险资金等各种资金支持企业发展和“一带一路”倡议的实施,建立资本配置渠道,搭建企业与金融机构合作交流的平台。通过金融机构在境外进行财富配置和管理的平台,对境内境外资源进行配置,创造适合中小微企业投融资的综合金融服务平台,为中小企业提供更多助力,实现境外融资与跨境资金流动,形成社会资本和产业经济良性互动的投资促进平台。

建立政府信息发布平台,为金融机构和投资者提供良好的官方信息导向。加强信息安全保障,推进部门协同管理,为加强事中事后监管提供支撑。

利用互联网创新技术打造金融产品智能化平台,方便客户在平台上自由公平地选择和比较金融产品。通过平台推行标准化的金融产品、符合标准的操作模式,加强金融机构和平台的信息披露,提高金融产品、金融产业透明度。

(五)借鉴全球债券发行的经验,跨国发行“一带一路”建设债券

目前,“一带一路”沿线的亚洲发展中国家大部分都面临着基础设施建设严重滞后的问题,加强基础设施的建设为新兴市场带来了巨大的投资需求。根据亚洲开发银行的相关数据预测,亚洲国家基础设施建设的融资缺口每年约为1 800 亿美元,除世界银行、亚洲开发银行等传统多边金融开发机构与亚洲基础设施投资银行、丝路基金以及金砖国家开发银行等新兴多边金融开发机构能够提供一部分资金外,融资缺口仍然高达 1 300 亿美元。在这种情况下,发行跨国的“一带一路”债券非常有必要。

从政策条件来看,我国政府明确提出“推动亚洲债券市场的发展,支持沿线国家政府和信用等级较高的企业以及金融机构在中国境内发行人民币债券”。同时,中国也向包括银行、保险公司及养老金管理机构等在内的境外机构投资者进一步开放其境内债券市场,为跨国债券的发行创造了有利条件。

从需求层面来看,一方面国内投资者的海外投资需求不断增大,而跨国债券将进一步为国内投资者拓宽海外投资出口;另一方面亚洲中产阶级的财富在迅速增长,并积极寻求投资机会。

跨国债券发行初期可由亚投行牵头,与“一带一路”沿线国家的开发银行乃至实力雄厚的商业银行联合起来,组成银团,共同发行债券。如此一来,一方面,融资风险可以得到分摊,有效提高了债券的流动性和吸引力;另一方面,投资者可以直接利用本国的托管机构,而不必求助于国外托管机构,大幅度地降低托管成本。

为缓解主权评级、信息不对称等不利因素的影响,还可以采取针对机构投资者进行私募发行的方式,如设立不同种类的债券基金供参与相关项目建设的企业认购,从而使其收益得到有力保证。

(六)以上海自由贸易区为中心,建立“一带一路”金融产品的交易市场

从现实情况而言,由于信息不对称,主权评级较低,发债国家风险较高等原因,“一带一路”跨国债券的高成本问题不容忽视。因此,为便利“一带一路”跨国建设债券的发行,降低“一带一路”建设债券的融资成本,必须提高其流动性。方法之一就是考虑为其建立国际交易中心,以形成一个流动性的市场,促进跨国债券的发行和交易,降低融资成本。其中最合理的选择是在上海设立“一带一路”跨国建设债券的交易中心,作为该债券发行和交易的平台。一方面,在上海建立“一带一路”跨国建设债券交易中心在缓解融资约束的同时,也有利于上海国际金融中心的建设,提升上海乃至中国的国际地位,作为中国资本市场逐步有序开放的一个步骤。另一方面,该交易中心不仅仅是债券的交易中心,也可作为“一带一路”沿线国家金融市场的信息交流平台,缓解信息不对称、不同国家金融体系差异较大等问题,可谓一举多得。

从可行性上说,随着中国经济的不断发展和国际地位的不断提升,人民币国际化的程度也越来越高,世界银行于2016年在中国发行了首个以人民币结算的特别提款权计价债券。此外,上海作为中国首批沿海开放城市,不仅是中国的经济金融贸易中心,更是“一带一路”建设的枢纽机场和枢纽港口,因此完全能够担此重任。同时,由于“一带一路”跨国建设债券的交易中心是一个能够

让所有参与国共同受益的计划,因此我们也有足够的理由相信,“一带一路”沿线国家将会积极参与跨国建设债券交易中心的建立计划中来。

(七)以信用违约互换(CDS)为参考,发挥信用衍生品分散风险的作用

在建设“一带一路”债券市场的过程中,可以充分发挥以 CDS 为代表的信用衍生品的作用,提高债券市场的流动性。基本原理是:在合约中规定,针对“一带一路”建设债券,信用保护的买方定期向卖方支付一定的费用,当在合同期限内参照实体发生信用事件时,由信用保护的卖方向买方所遭受的损失进行赔付。这种赔付是一种或有偿付,即当合约到期时,如果参照实体没有发生任何信用事件,则信用保护的卖方无须向买方进行任何资金支付,合约终止。

应用 CDS,一方面可以帮助各国银行将系统中过多的信用风险分散给其他市场参与者(保险公司、基金公司等),减小银行系统可能出现的因信用风险加速积累而导致的系统风险急剧上升的隐患,加大风险保护;另一方面,针对部分国家某些企业或项目信用评级低、融资难的问题,信用违约互换实际上发挥了信用增级的作用,可以将风险回避者吸引到信用债券上来,降低发行难度,有助于拓宽融资渠道、扩大债券市场规模。

在具体实施过程中,可以将多个发展中国家与新兴市场国家联合起来,共同成立机构,合作发行 CDS。如此一来,不仅能够对跨国发行的“一带一路”建设债券的风险进行控制,也有利于提高各国的收益。

三、上海自由贸易区建设“一带一路”金融产品跨国交易平台的联动基础

上海自由贸易区挂牌后实现自由贸易区金融改革创新与“一带一路”建设联动,充分利用自由贸易区金融创新政策,不断提升“一带一路”跨国交易平台的功能,成为“一带一路”建设的新特征。

2015 年 10 月 30 日,《进一步推进中国(上海)自由贸易试验区金融开放创新试点 加快上海国际金融中心建设方案》发布,提出“推动金融改革的开发,加快金融市场体系的建设”,被看作是下一阶段推进上海自由贸易区金融改革的纲领性文件。2015 年 12 月 17 日,国家外汇管理局上海市分局提出了外债资金

意愿结汇、放宽跨国公司外汇资金集中运营管理准入条件等举措,进一步支持上海自由贸易区的金融建设。

自由贸易试验区金融开放创新,进一步扩大金融对内对外开放,继续健全金融市场体系,努力提升金融服务实体经济的能力,切实加大对金融中心建设的金融支持,不断推动"一带一路"金融产品的跨国交易平台建设迈上新台阶。

2013 年提出了"金改 51 条",在此基础上,上海自由贸易区的金融改革继续推进,其中包括"央行 30 条"和银监会、证监会、保监会出台的 21 条支持自由贸易区建设的意见和措施,以及 13 个细则文件,探索资本项目可兑换和金融服务业全面开放体系,促使自由贸易试验区金融改革深入推进,比如,FT(自由贸易)账户本外币业务启动,人民币跨境使用、投融资汇兑便利化、利率市场化等方面的深入推进。在"一带一路"框架下,推进有管理的资本项目可兑换,建立宏观审慎的本外币境外融资制度,推进面向国际的金融交易平台建设。

(一)上海自由贸易区对国内金融市场产生的影响

上海自由贸易区对国内金融市场起到积极的引导作用。上海自由贸易区成立与金融改革及监管都同步处于经济改革阶段,自由贸易区内的金融改革对国内金融市场的影响,有利于"一带一路"金融产品跨国交易平台的建立。一是上海自由贸易区战略在建设上具备国内金融改革与政策优势,可以营造自由的金融环境,增强在国际金融市场的竞争力,对国外金融市场产生替代效应。二是上海自由贸易区的建立在一定意义上打破了金融市场的封闭与稳定的固有规则,吸引大量资金进入自由贸易区,带动资本的流动和金融产品的创新,吸引金融机构的分支机构入驻,享受金融改革的红利。三是上海自由贸易区的建立有利于资本项目的开放,同时有利于利率、汇率的市场化,促进人民币国际化。由于金融行业的巨大渗透性,自由贸易区外的企业以及整个国内金融市场也会受到一定的影响。

上海自由贸易区建设方案涉及金融领域的改革创新,而金融、货币的改革正是建立"一带一路"金融产品跨国交易平台的重要媒介。上海自由贸易区试点内容涉及利率市场化、汇率自由汇兑、金融业的对外开放和产品创新以及一些离岸业务。这些业务对货币、汇率选择拥有主动权、选择权和话语权。

(二)创建有利于服务"一带一路"的自由贸易账户体系

人民银行上海总部发布的法规确立了账户核算管理下的自由贸易账户体系,开办自由贸易账户业务可以提供各项传统和创新型跨境金融服务(见表4-12)。一是建立自由贸易账户体系,自由贸易区内主体可以在原有的账户基础上开设新的自由贸易账户,便利本外币贸易;二是便利经济投资贸易活动,有利于在自由贸易区内风险可控的原则下,实现境内外业务经营,支持经济依托国内市场开辟国际市场;三是提供"电子围网式"的金融环境,有利于创新业务发展,金融机构将自由贸易区账户内资金与境内区外相对隔离,避免金融风险。

各类金融交易平台依托自由贸易账户对外开放顺利推进。上海国际能源交易中心正式挂牌成立,上海自由贸易区跨境同业存单业务启动原油期货已经获得批准,全国同业拆借中心等市场也将在自由贸易区推出相关的国际金融资产交易平台服务,为中国金融市场的对外开放提供新的途径。

表4-12 上海自由贸易区自由贸易账户功能拓展以及影响作用

贸易账户功能	影响作用
自由贸易账户之间参与代理业务合作	有助于扩大自由贸易账户适用范围和影响力,对希望开展自由贸易账户业务但未设置分账核算单元的金融机构给予一定的业务合作参与机会;有助于加强本市金融机构间的自由贸易区业务合作,通过发挥直接参与银行与间接参与银行各自金融服务特点与优势,共同分享自由贸易区金融创新成果,共同助力自由贸易区实体经济
自由贸易账户项下利率互换交易	通过利率衍生品交易拓展自由贸易账户使用功能及范围,也为境外投资者参与国内市场利率产品交易提供了机会;有助于境内机构在利率市场化背景下,实现市场主体自由竞争与自主定价,提高金融资源配置能力
大宗商品交易市场跨境电子商业汇票	结合自由贸易区大宗商品现货交易市场全流程电子化特征,创新性地将国内电子商业汇票引入自由贸易区大宗商品现货交易市场,发挥其跨境支付工具和仓单融资工具的重要作用
资产管理公司自由贸易账户项下应收账款收购业务	支持经济主体通过自由贸易账户为企业开展涉外贸易投资活动提供便利的要求,资产管理公司通过自由贸易账户利用境内外两个市场、两种资源,帮助公司提升综合化经营水平和项目综合收益率,对其他资产管理公司开展类似业务具有一定的借鉴和复制意义

（三）开展宏观审慎管理下的境外融资业务，建立“一带一路”资本项目

人民银行上海总部发布《中国（上海）自由贸易试验区分账核算业务境外融资与跨境资金流动宏观审慎管理实施细则（试行）》，为金融机构提供了良好的创新平台。企业和金融机构扩大了在境外的融资规模以及融资渠道，拥有自主开展境外融资活动、计算境外融资规模、权衡境外融资结构的主动权。同时，建立了本外币一体化、统一的境外融资规则，有利于境外金融机构的金融活动，尝试建立宏观审慎的境外融资和跨境资金流动风险管理新模式。依托自由贸易账户管理系统，可根据自由贸易区跨境及跨区资金流动、区内及境内信贷供求情况，对境外融资杠杆率、风险转换因子和宏观审慎政策参数等进行调整，必要时还可采取总体规模调控等应急管制措施。目前分账核算境外融资业务稳妥开展，融资主体包括金融机构和企业，融资币种除人民币外还涉及美元、欧元、英镑和港币等外币。

四、上海自由贸易区建设的政策支持

（一）完善顶层设计，推进自由贸易区战略

我国自由贸易区建设需要政府从顶层设计上着手。通过建立法律机制，分析国内自由贸易情况，根据我国国情以及国外自由贸易发展较好国家的相关法律法规，并根据有关国家法律和国务院有关自由贸易区和“一带一路”倡议的相关文件，建立与自由贸易区建设相适应的法律制度，在法律层面营造安全可靠的政策环境。

构建司法保障及权益保护制度，形成自由贸易区改革创新的法治保障制度，包括创新人才服务体系、金融创新和科技创新中心建设。在上海自由贸易区，多元化的争议解决机制已经初步形成，包括三个子系统：第一个是健全法制保障系统，国家层面法律法规调整；上海地方立法，建立与自由贸易区相适应的法律制度。第二个是司法保障及权益保护制度系统，包括法院、国际商事仲裁制度、法律保护、知识产权保护和竞争中立等。第三个是适应科创中心建设需要的创新人才服务体系和国际人才流动通行制度。

完善法制领域的制度保障,形成符合上海自由贸易区特征需要的贸易规则和金融规则体系。从宏观审慎视角完善跨境的资金监测和管理,应该从建立预警体系、多方面运用调控机制以及充分发挥市场化手段多个方面入手。一是应构建监测预判体系,充分利用现有的检测平台对“一带一路”中运行资金的流动进行监控,定期评测流动性风险,对形势形成预判,并在此基础上构建预警机制,针对“一带一路”沿线国家跨境资金流动规模以及跨境资金流动结构,结合我国实际情况,借鉴过去境外资金流动经验,构建预警机制。二是综合运用政策调控机制和工具,根据“一带一路”经济发展的周期,合理安排跨境资金的流动性,对资金流动进行有规则的相机抉择审慎管理。三是完善宏观审慎政策管理效果评估机制,宏观审慎监管政策是相机抉择的模式,没有固定的监管规则,需要完善政策效果评估机制并作为政策依据,需要对境外资本流动下金融资本市场的风险进行测算。

(二)推进自由贸易区建设,复制、推广先进经验,支持“一带一路”倡议的实施

国家成立的中国(上海)自由贸易试验区,在经过一年的运行后取得了良好的成绩,于2014年12月又成立了广东、天津、福建3个自由贸易试验区,2016年8月,党中央、国务院决定设立辽宁、浙江、河南、湖北、重庆、四川、陕西7个自由贸易试验区,形成“1+3+7”模式。以上海自由贸易试验区试点内容为主体,结合各个地区的特征,建设新的自由贸易区,为我国在新形势下面对国际经济贸易的挑战以及自由贸易区和双边投资协定谈判提供参考和理论实践支撑。

加快推进已取得实质性谈判成果的自由贸易区的建设进程,升级已有的双边自由贸易区,目前自由贸易区经贸关系快速发展。短期内,要在条件具备的情况下逐步提升已有自由贸易区的自由化水平;中长期内,要适应服务贸易加快发展的大趋势,以建立高标准的自由贸易区网络为目标,重点围绕提升贸易便利化水平、促进双向投资实现自由化和便利化、制定金融服务规制合作等方面,推动自由贸易区升级版建设。在经济全球化出现新趋势、新特点的背景下,积极开展服务业项下的自由贸易,可能比多建立几个自由贸易区产生更好的效果。

（三）加快政府职能转变，深化行政管理体制改革

积极改革创新与国际投资和贸易规则体系相适应的行政管理体系，推进政府管理由注重事先审批转变为注重事中、事后监管。将外商投资项目由核准制改为备案制（国务院规定对国内投资项目保留核准的除外）；将外商投资企业合同章程审批改为备案管理。

实现不同部门的协同管理机制，对自由贸易区内企业在区外经营活动全过程的跟踪、管理和监督。完善投资者权益有效保障机制，实现各类投资主体的公平竞争，允许符合条件的外国投资者自由转移其投资收益。建立知识产权纠纷调解、援助等解决机制。

（四）深化金融领域的开放创新

在风险可控前提下，建立上海自由贸易区金融改革创新与“一带一路”建设的联动机制。深化跨国公司总部外汇资金集中运营管理试点，实行外汇管理改革，可在上海自由贸易区内实行对人民币资本项目可兑换，促进人民币跨境使用以及金融市场利率的市场化，实现金融机构资产方价格，实行市场化定价，全面实现贸易投资便利化、跨境融资自由化、跨境融资便利化。

选择金融服务领域扩大开放，制定投资者资质要求，各类投资者平等准入的市场环境。同时，构筑对外投资服务促进体系，改进外资投资的管理方式，对符合条件的民营资本和外资金融机构全面开放，对境外投资一般项目实行备案制，提高境外投资便利化程度，提高投资效率。尤其重视创新投资服务，支持上海自由贸易区内各种形式的投资，加强境外投资信息共享。

增强金融服务功能，推动金融服务业在上海自由贸易区内设立外资银行和中外合资银行，建立面向国际的金融产品交易平台，实现境外企业参与金融产品交易。支持股权托管交易机构在自由贸易区内建立综合金融服务平台，支持在上海自由贸易区内建立人民币跨境保险业务金融服务平台，发展再保险市场。

（五）探索建立金融负面清单管理模式

上海自由贸易区负面清单启动运作在金融服务方面限制条款较多，而禁止

条款减少，负面清单是在禁止范围以外的部分都予以开放，部分条款管理和解释的空间比较大。从注重事前审批转为事中事后监管，扩大了外商准入行业的覆盖面，推动了我国企业设立的行政备案管理。

借鉴国际通行规则，进行行政审批制度改革，研究制定自由贸易试验区外商投资与国民待遇不符的负面清单，改革外商投资管理模式。对负面清单之外的领域，按照内外资一致的原则，在自由贸易区内试点开展涉及外资的国家安全审查，构建安全高效的开放型经济体系。负面清单管理模式具有提高外资准入透明度、促进投资便利化、转变政府职能三大特征。

负面清单的管理模式，对于国内国际两个市场的资源利用，提高国际经济合作竞争新优势具有十分重要的意义。对于上海自由贸易区的负面清单模式管理需要提高政策协调性，夯实负面清单的法理基础。改进行业分类方法，负面清单文本才会更加清晰、简明和突出重点，这也是政策透明度的要求。进一步扩大服务业的对外开放度和行政管理的透明度，并推进上海国际金融贸易中心建设，获取负面清单管理的良好实施效果，明确行政管理流程和措施，提高信息透明度和工作效率。

（六）推进贸易发展方式转变

推动贸易新型业态和功能，形成以技术、金融为核心的外贸竞争新优势，拓展服务贸易跨境收付和融资功能。加快提升上海自由贸易区在“一带一路”贸易价值链中的地位，联合跨国公司和金融机构整合贸易、投资、结算等功能的营运中心，支持各类融资租赁公司在自由贸易试验区内设立项目子公司并开展境内外租赁服务。

（曹啸　曾帆）

第五篇

“1+3+7”自贸试验区布局、“一带一路”建设与中国区域经济协同发展

“一带一路”建设与自由贸易试验区建设是一体两翼、互为辅助的关系，共同构成中国对外开放新格局。“一带一路”倡导“政策沟通、设施联通、贸易畅通、资金融通、民心相通”，侧重依托交通基础设施建设，率先实现沿线国家或经济体的互联互通。自由贸易试验区提倡“投资自由化、贸易市场化、金融国际化、行政法治化”，营造市场化、国际化的营商环境，提高对外开放水平，侧重通过制度创新来破除贸易与投资壁垒、降低贸易门槛、提升贸易便利，从而加快区域经济一体化的发展。

中国对外开放新格局将进一步促进区域协同发展。一方面，自由贸易试验区是以国内制度兼容国际规范为突破口的体制改革路径，建立能使国际政策国内化的制度，对那些既适应经济全球化、自由化的新趋势、新要求，又与我国国内改革和发展取向相一致的国际规则与政策，进行及时吸纳与采用，所以，自由贸易试验区是开放倒逼改革的战略选择；另一方面，“一带一路”的最大作用就是使原本处于对外开放边沿地区的内陆区域经济带成为对外开放的前沿地带，这一经济格局的变化必将使国家的经济中心不再局限于东部沿海地区，开始逐渐西移，帮助中西部地区充分利用国内国际两个市场，使中国各大经济带融合成一个整体，为国内经济的调整和发展提供新的契机。

“1 +3 +7”自贸试验区的空间布局、功能定位与发展现状

2017 年 3 月 30 日，国务院正式印发了《中国（辽宁、浙江、河南、湖北、重庆、四川、陕西）自由贸易试验区总体方案》，第三批自由贸易试验区名单终于揭晓，标志着中国自由贸易试验区梯度发展进入了“1 +3 +7”的新格局。各大自由贸易试验区将成为“一带一路”倡议实施和长江经济带、京津冀协同发展、东北老工业基地振兴、中部崛起以及西部大开发等区域发展战略的重要支点。

……………………………………………………………………………………

一、“1 +3 +7”自由贸易试验区的空间布局与功能定位

建设自由贸易试验区是国家战略，对外，不仅是为了破解和应对美国对中国的遏制，而且是为了探索新贸易规则和经济模式；对内，探索政府管理经济的新模式，并培育和促进具有竞争力的产业参与全球价值链。同时，建设自由贸易试验区是对“一带一路”倡议的重要支撑，形成联动效应。因此，建设自由贸易试验区是非常重要的国家战略。

目前，国家已经推出了三批自由贸易试验区，进入了自由贸易试验区 3.0 时代。上海自由贸易试验区于 2013 年 9 月 29 日正式成立，并于 2014 年 12 月 28 日进行扩区，是国内第一个自由贸易试验区。2015 年 4 月 21 日，中国（福建）自由贸易试验区、中国（广东）自由贸易试验区和中国（天津）自由贸易试验区正式挂牌成立，标志着自由贸易试验区进入“1 +3”的 2.0 时代。2017 年 3 月 30 日，国务院正式印发了《中国（辽宁、浙江、河南、湖北、重庆、四川、陕西）自由贸易试验区总体方案》，确定了第三批自由贸易试验区名单，呈现出中国自由贸易试验区“1 +3 +7”梯度发展的新格局。

自由贸易试验区3.0版的建设充分考虑了国家战略之间的相互对接与融合。

第一,自由贸易试验区要向全国推广复制经验。此前,自由贸易试验区均处在东部沿海地区,形成的经验如果向内地中西部和东北地区推广,需要进行适当的过渡,而过渡的方式就是在中西部地区以及东北地区建设自由贸易园区试点,从而在已有的经验之上再衍生出一些具有中西部以及东北特色的自由贸易试验区经验,为下一步自由贸易试验区建设奠定基础。

第二,自由贸易试验区3.0版的建设需要更好地服务于国家战略。第三批自由贸易试验区选择辽宁省、浙江省、河南省、湖北省、重庆市、四川省、陕西省7地,其中除浙江省属于东部地区外,其他6个省市属于中西部和东北地区。选择中西部地区、东北地区,主要考虑的是服务西部开发、东北振兴、中部崛起、长江经济带发展和“一带一路”建设等重大战略。

第三,自由贸易试验区差异化发展,形成各自特色,在试点内容上进行立体化探索。从1个到4个再到11个,自由贸易试验区的面积也从28.78平方公里扩展到1 300多平方公里。至此,中国的自由贸易试验区建设横贯东西南北、联动各大区域,新一轮全面深化改革和扩大开放拉开了向全国纵深推进的大幕。

从各大自由贸易试验区的建设定位和特点来看,上海自由贸易试验区体现综合性,天津自由贸易试验区服务京津冀协同发展,广东自由贸易试验区力推粤港澳一体化,福建自由贸易试验区主打两岸经济合作和海上丝绸之路,辽宁自由贸易试验区助力东北振兴和工业转型,浙江自由贸易试验区聚焦海洋战略和大宗商品,河南自由贸易试验区聚焦打造交通物流枢纽,湖北自由贸易试验区打造创新和产业高地,重庆自由贸易试验区打造西部开放门户城市,四川自由贸易试验区主打西部国际开放通道枢纽,陕西自由贸易试验区定位引领丝绸之路经济带。各大自由贸易试验区将成为“一带一路”倡议实施和长江经济带、京津冀协同发展、东北老工业基地振兴、中部崛起、西部大开发等区域发展战略的重要支点(见表5-1)。

表5-1 11个自由贸易试验区的功能定位

各省市自由贸易试验区	关键词	功能定位
上海自由贸易试验区	改革	继续在推进投资贸易便利、货币兑换自由、监督高效便捷等方面担当"领头羊"
天津自由贸易试验区	京津冀	立足于推动京津冀协同发展,利用口岸协作等机制辐射带动内陆发展
广东自由贸易试验区	对港澳	立足于粤港澳经济深度合作,促进加工贸易转型升级
福建自由贸易试验区	对台、"一带一路"	立足于深化两岸经济合作,着力加强闽台产业对接,辐射带动海峡两岸经济区发展
辽宁自由贸易试验区	东北老工业基地	着力打造提升东北老工业基地发展整体竞争力和对外开放水平的新引擎
浙江自由贸易试验区	大宗商品贸易	推动大宗商品贸易自由化,提升大宗商品全球配置能力
河南自由贸易试验区	"一带一路"	着力建设服务于"一带一路"的现代综合交通枢纽
湖北自由贸易试验区	中部崛起、长江经济带	发挥其在实施中部崛起战略和推进长江经济带建设中的示范作用
重庆自由贸易试验区	西部大开发	带动西部大开发战略深入实施
四川自由贸易试验区	沿海沿边沿江开放	打造内陆开放型经济高地,实现内陆与沿海沿边沿江协同开放
陕西自由贸易试验区	"一带一路"	探索内陆与"一带一路"沿线国家经济合作和人文交流新模式

二、"1+3"自由贸易试验区的发展现状

(一)上海自由贸易试验区

上海自由贸易试验区围绕面向世界、服务全国的战略要求,在投资管理、贸

易监管、金融创新和政府管理等领域加强制度创新，在建立与国际投资贸易通行规则相衔接的基本制度框架方面取得了重要的阶段性成果。体现这些成果的主要经济指标如表 5 - 2 所示。

表 5 - 2　2012—2015 年中国(上海)自由贸易试验区主要经济指标

指标＼年份	2012	2013	2014	2015
税收总额(亿元)	1 417. 74	1 446. 00	1 558. 94	1 022. 20
外商直接投资合同项目(个)	164. 00	359. 00	2 057. 00	3 072. 00
外商直接投资合同金额(亿美元)	16. 16	19. 09	117. 95	396. 26
外商直接投资实际到位金额(亿美元)	5. 40	6. 95	6. 21	48. 21
新增内资企业注册资本(亿元)	56. 26	853. 62	3 328. 87	7 362. 79
全社会固定资产投资总额(亿元)	48. 40	51. 03	30. 42	563. 11
工业总产值(亿元)	727. 78	646. 16	572. 70	3 901. 03
商品销售总额(亿元)	10 998. 09	12 373. 36	13 879. 41	26 866. 48
外贸进出口总额(亿元)	1 130. 52	1 134. 33	1 241. 00	1 123. 55
出口总额(亿元)	263. 42	295. 03	331. 46	307. 12

注：①自由贸易试验区按注册地口径统计，统计范围为 120. 72 平方公里。②外贸进出口总额仅包括自由贸易试验区保税片区。

数据来源：《上海统计年鉴》。

值得注意的是，上海自由贸易试验区主要经济指标 2015 年时进行了调整，大多数表征航运物流、集装箱吞吐量和进出口货值的指标被删减，而表征创新研发、金融和人民币跨境结算的指标被纳入官方公开的数据之中(见表 5 - 3)。从这样的指标调整可以看出上海自由贸易试验区与传统保税区的联系与区别：上海自由贸易试验区保留了保税区的部分功能，但更加注重创新研发、金融以及人民币跨境结算等新功能，既体现了上海自由贸易试验区在功能上由保税区向自由港的角色转变，又体现了上海自由贸易试验区对接上海城市转型战略，成为上海建设全球城市的重要平台。

表 5-3 中国(上海)自由贸易试验区主要经济指标调整

保留的指标	外商直接投资合同项目、外商直接投资合同金额、外商直接投资实际到位金额、新增内资企业注册资本、全社会固定资产投资总额、工业总产值、商品销售总额、外贸进出口总额、出口额、进口额
删减的指标	经营总收入、总部经济、利润总额、航运物流服务收入、期末企业从业人员、固定资产投资额、进口额、税务部门税收、海关部门税收、新设企业、港区集装箱吞吐量、浦东国际机场货邮吞吐量、外高桥港区口岸进出口货值、洋山港区口岸进出口货值、浦东机场口岸进出口货值
新增的指标	税收总额、一般公共预算收入、新增内资企业注册户数、全社会固定资产投资总额、社会消费品零售额、服务业营业收入、经认定的企业研发机构、发明专利授权数、期末监管类金融机构、新兴金融机构、人民币跨境结算总额、跨境人民币境外借款金额

资料来源:《上海统计年鉴》。

(二)广东自由贸易试验区

“高水平对外开放门户枢纽”是广东自由贸易试验区的定位。事实上,自2015年4月21日挂牌以来,广东自由贸易试验区在制度创新、吸引外资、对接“一带一路”和对外投资等方面均取得了明显进展。

在制度创新方面,广东省商务厅的数据显示,2016年,广东自由贸易试验区有39项改革创新经验在全省推行,其中多项改革经验在全国推广。

在吸引外资方面,2016年,南沙、前海、横琴3个自由贸易片区共吸引外资项目3 488个,吸收合同外资488.9亿美元。目前,广东自由贸易试验区吸引的合同外资占全省的40%以上,实际利用外资已占全省的20%以上。

在对接“一带一路”方面,广东商务和发改部门的数据显示,2014年,广东对“一带一路”沿线国家实际投资为17.2亿美元,而到了2016年,广东对“一带一路”沿线国家的实际投资超过40亿美元,同比增长65.3%。同时,近年来欧美等许多发达国家对广东的投资势头强劲,投资额快速增长,思科(广州)智慧城、富士康10.5代显示器全生态产业园、苹果深圳研发中心等一批世界500强大项目相继落地生根。

在对外投资方面,来自广东省国税局的数据显示,广东企业“走出去”呈现空前活跃的状态。截至目前，广东共有“走出去”企业1 457户，2014年以来新增“走出去”企业648户，其中45%选择在“一带一路”沿线国家进行投资。近年来，广东民营企业到“一带一路”沿线国家投资整体呈增长趋势，成为投资主力。

（三）天津自由贸易试验区

自天津自由贸易试验区成立以来，自由贸易试验区制度创新持续推进，投资贸易便利化水平显著提高。对外商投资实行准入前国民待遇加负面清单管理模式，2016年全年新登记市场主体1.36万户，新设外资企业846户，实际直接利用外资25.01亿美元；新设境外企业机构90户，中方投资额为119.94亿美元，占全市的45.8%。获批跨境电商综合试验区，建立国际贸易单一窗口，全年平行进口汽车入境申报4.18万辆。人民银行支持自由贸易试验区建设的“金改30条”超70%已落地，跨境本外币资金池、跨境融资等创新业务取得明显成效。飞机、船舶、海洋工程钻井平台等租赁业务继续保持全国领先地位。

自2015年1月1日至2017年3月31日，天津自由贸易试验区新增市场主体31 374户，是自由贸易试验区设立前历年登记市场主体户数的1.4倍，注册资本（金）11 226.98亿元人民币。其中，新增内资企业27 059户，注册资本（金）8 031.65亿元；新增外商投资企业1 645户，注册资本（金）3 192.84亿元；新增个体工商户2 670户，申报资金2.49亿元。在新增市场主体中，注册资本（金）超10亿元的205户，超亿元的2 076户。截至2017年3月底，自由贸易试验区共有市场主体53 528户，注册资本（金）20 538.72亿元人民币。其中，内资企业43 644户，注册资本（金）15 661.14亿元；外商投资企业3 375户，注册资本（金）4 872.85亿元；个体工商户6 509户，申报资金4.73亿元。

东疆保税港区2016年固定资产投资总额392.6亿元；商品销售总额1 463.8亿元；社会消费品零售总额44.1亿元，同比增长77.8%；实际利用外资金额3.8亿美元；实际利用内资金额58.7亿元；一般公共预算收入51.8亿元，同比增长35.7%。

天津港保税区2016年固定资产投资总额335.7亿元；商品销售总额5 725.5亿元，同比增长22%；社会消费品零售总额338.8亿元，同比增长16.3%；实际利用外资金额20.1亿美元；实际利用内资金额222亿元；一般公共预算收入 108.6 亿元。

中心商务区 2016 年固定资产投资总额 272.4 亿元;商品销售总额 531.2 亿元;社会消费品零售总额 25.2 亿元;实际利用外资金额 1.26 亿美元;实际利用内资金额 173.2 亿元;一般公共预算收入 52.3 亿元,同比增长 25%。

(四)福建自由贸易试验区

福建自由贸易试验区两年来建设成效显著,得到了习近平主席的批示肯定;共推出 255 项创新举措,一批创新成果在全国复制推广。

截至 2017 年 4 月,总体方案确定的 186 项试验任务已实施并取得初步成效的有 175 项,落实率达 96.7%,除国家部委明确暂不实施的 5 项外,剩余 6 项正在抓紧落实中。目前,福建自由贸易试验区已推出实施创新举措 255 项,其中 89 项属全国首创,发布创新实践案例 57 个;4 批 70 项创新成果在全省复制推广,“一照一码”、国际贸易“单一窗口”“投资体制改革四个一”等一批创新成果在全国复制推广或被学习借鉴。

2015 年 4 月 21 日挂牌起至 2017 年 3 月 31 日,福建自由贸易试验区共新增内、外企业 58 345 户,注册资本(金)11 015.43 亿元人民币,是挂牌前的 3.84 倍和 5.12 倍。其中,新增内资企业 55 546 户,注册资本(金)9 540.33 亿元人民币;新增外资企业 2 799 户,注册资本(金)1 475.1 亿元人民币。

三、从中国区域经济状况看自由贸易试验区的选址

以下分别从区域对外开放度①、地方 GDP 和经济增长速度看自由贸易试验区的选址。

(一)区域对外开放度

由图 5 -1 可见,中国各省(区、市)的贸易开放度总体上呈现出东高西低的分布,但东部的省份之间差别也很大。中国贸易开放度排名靠前的省、直辖市

① 对外开放度包括外贸开放度(地区进出口总额/地区 GDP)以及外资开放度(地区利用外资总额/地区 GDP),是衡量一个地区的对外开放程度的基本指标。

均位于东部地区，而东北部、中部和西部地区贸易开放度较低。

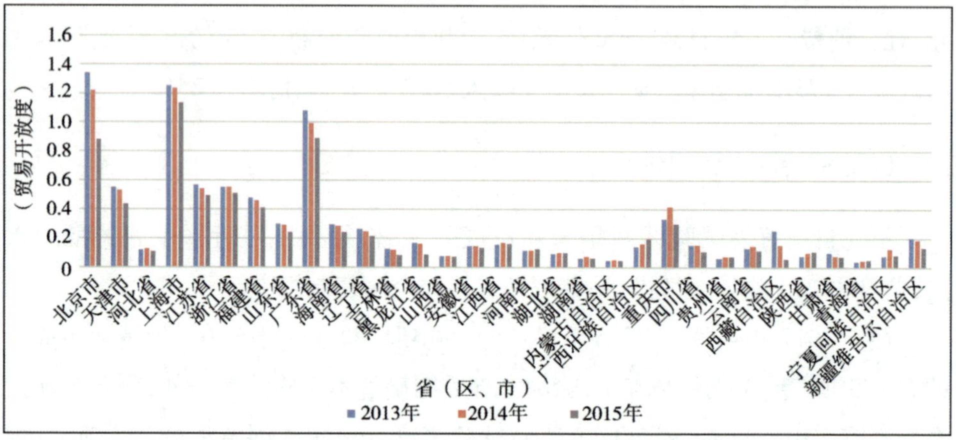

图5－1　2013—2015年中国各省（区、市）贸易开放度

其中，2013年上海自由贸易试验区成立，但其贸易开放度在随后的两年内呈现下降的趋势；2015年广东、天津和福建设立自由贸易试验区，3个地区的贸易开放度在2015年都处在较高水平。新设立的7个自由贸易试验区所在省市（辽宁省、浙江省、河南省、湖北省、重庆市、四川省、陕西省）中，浙江省贸易开放度最高，重庆市贸易开放度位居第二，而其他省份的贸易开放度均处于较低水平。

由图5－2可见，中国各省的投资开放度总体上呈现出东高西低的分布，东部的省份之间差别也很大。中国投资开放度排名靠前的省、直辖市均位于东部地区，而东北部、中部和西部地区投资开放度较低。

其中，2013年上海自由贸易试验区成立，虽然其贸易开放度在随后的两年内呈现下降的趋势，但其投资开放度在随后的两年内呈现上升的趋势；2015年广东、天津和福建设立自由贸易试验区，3个地区的投资开放度在2015年都处于较高水平。新设立的7个自由贸易试验区所在省市（辽宁省、浙江省、河南省、湖北省、重庆市、四川省、陕西省）中，辽宁省投资开放度最高，浙江省投资开放度位居第二，重庆市投资开放度位居第三，而其他省份的投资开放度均处于较低水平。

综上所述，从对外开放程度来看，第三批自由贸易试验区更加强调的是提高内陆地区的开放水平，使其从经济腹地转为开放前沿。

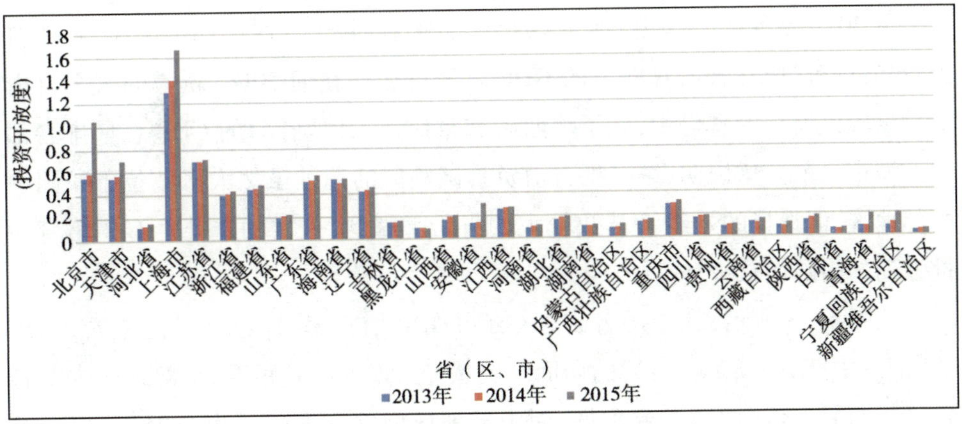

图 5－2　2013—2015 年中国各省（区、市）投资开放度

（二）地方 GDP 水平和经济增长速度

表 5－4 为 2015 年中国各省（区、市）地方 GDP 排名。

表 5－4　2015 年中国各省地方 GDP 排名

省份	地方 GDP（亿元）	排名	省份	地方 GDP（亿元）	排名
广东省	72 812.55	1	广西壮族自治区	16 803.12	17
江苏省	70 116.38	2	江西省	16 723.78	18
山东省	63 002.33	3	天津市	16 538.19	19
浙江省	42 886.49	4	重庆市	15 717.27	20
河南省	37 002.16	5	黑龙江省	15 083.67	21
四川省	30 053.10	6	吉林省	14 063.13	22
河北省	29 806.11	7	云南省	13 619.17	23
湖北省	29 550.19	8	山西省	12 766.49	24
湖南省	28 902.21	9	贵州省	10 502.56	25
辽宁省	28 669.02	10	新疆维吾尔自治区	9 324.80	26
福建省	25 979.82	11	甘肃省	6 790.32	27
上海市	25 123.45	12	海南省	3 702.76	28
北京市	23 014.59	13	宁夏回族自治区	2 911.77	29
安徽省	22 005.63	14	青海省	2 417.05	30
陕西省	18 021.86	15	西藏自治区	1 026.39	31
内蒙古自治区	17 831.51	16	—	—	—

数据来源：国家统计局网站。

从2015年各省(区、市)地方GDP排名来看,除了天津市和重庆市,其他自由贸易试验区所在省或直辖市的GDP总量排名均在前50%,新增的7个自由贸易试验区所在的省份中,除了陕西省和重庆市,其他省份的GDP总量排名都在上海市之前。这说明,第三批自由贸易试验区的选址虽然大多数位于我国中西部地区,但选择的是经济基数较大的省份。因此,这样的选址也有望培育一批强劲的内陆增长极。

如图5-3所示,从中国各省(区、市)GDP增长率,即经济增速来看,呈现“西部>中部>东部>东北”的局面。但从经济增速的差距看,东部地区内部各省(区、市)的经济增速参差不齐,而中部地区内部各省(区、市)的经济增速差距最小。随着西部大开发和中部崛起战略的实施,中西部地区的经济增速逐渐赶超东部地区,但是,东北地区的经济增速反而大幅下降。

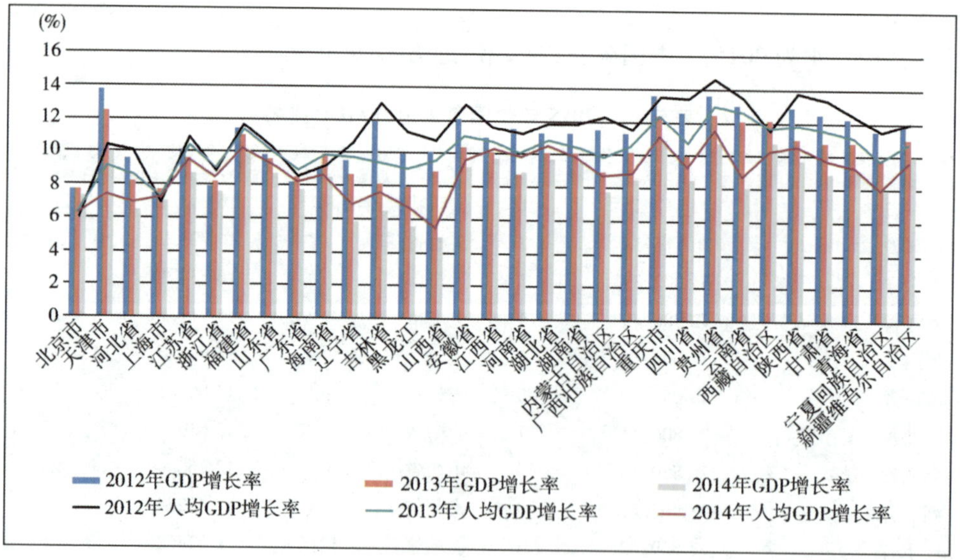

图5-3 2012—2014年中国各省(区、市)GDP增长率

结合经济增速和第三批自由贸易试验区的选址可以看出,第三批自由贸易试验区的经济增速在其周边区域内排名靠前,进一步验证了这样的选址有望培育一批强劲的内陆增长极。

四、新增加的自由贸易试验区总体方案简介

（一）中国（河南）自由贸易试验区

1. 战略定位

以制度创新为核心，以可复制、可推广为基本要求，加快建设贯通南北、连接东西的现代立体交通体系和现代物流体系，将自由贸易试验区打造成为服务于“一带一路”建设的现代综合交通枢纽、全面改革开放试验区和内陆开放型经济示范区。

2. 发展目标

经过3~5年的改革探索，形成与国际投资贸易通行规则相衔接的制度创新体系，营造法治化、国际化、便利化的营商环境，努力将自由贸易试验区建设成为投资贸易便利、高端产业集聚、交通物流通达、监管高效便捷、辐射带动作用突出的高水平、高标准的自由贸易园区，引领内陆经济转型发展，推动构建全方位对外开放新格局。

3. 片区功能

按区域布局划分，河南自由贸易试验区分为郑州、开封和洛阳片区。郑州片区重点发展智能终端、高端装备及汽车制造和生物医药等先进制造业以及现代物流、国际商贸、跨境电商、现代金融服务、服务外包、创意设计、商务会展及动漫游戏等现代服务业，在促进交通物流融合发展和投资贸易便利化方面推进体制机制创新，打造多式联运国际性物流中心，发挥服务“一带一路”建设的现代综合交通枢纽作用；开封片区重点发展服务外包、医疗旅游、创意设计、文化传媒、文化金融、艺术品交易和现代物流等服务业，提升装备制造、农副产品加工国际合作及贸易能力，构建国际文化贸易和人文旅游合作平台，打造服务贸易创新发展区和文创产业对外开放先行区，促进国际文化旅游融合发展；洛阳片区重点发展装备制造、机器人、新材料等高端制造业以及研发设计、电子商务、服务外包、国际文化旅游、文化创意、文化贸易和文化展示等现代服务业，提升装备制造业转型升级能力和国际产能合作能力，打造国际智能制造合作示范区，推进华夏历史文明传承创新区建设。

按海关监管方式划分，自由贸易试验区内的海关特殊监管区域重点探索以贸易便利化为主要内容的制度创新，开展保税加工、保税物流和保税服务等业务；非海关特殊监管区域重点探索投资体制改革，创新内陆地区开放发展机制，完善事中事后监管，积极发展高端制造业和现代服务业。

（二）中国（重庆）自由贸易试验区

1. 战略定位

以制度创新为核心，以可复制、可推广为基本要求，全面落实党中央、国务院关于发挥重庆战略支点和连接点的重要作用、加大西部地区门户城市开放力度的要求，努力将自由贸易试验区建设成为“一带一路”和长江经济带互联互通的重要枢纽、西部大开发战略的重要支点。

2. 发展目标

经过3~5年的改革探索，努力建成投资贸易便利、高端产业集聚、监管高效便捷、金融服务完善、法治环境规范、辐射带动作用突出的高水平、高标准的自由贸易园区，努力打造服务于“一带一路”建设和长江经济带发展的国际物流枢纽和口岸高地，推动构建西部地区门户城市全方位开放新格局，带动西部大开发战略深入实施。

3. 片区功能

按区域布局划分，重庆自由贸易试验区分为两江片区、西永片区和果园港片区。两江片区着力打造高端产业与高端要素集聚区，重点发展高端装备、电子核心部件、云计算、生物医药等新兴产业及总部贸易、服务贸易、电子商务、展示交易、仓储分拨、专业服务、融资租赁和研发设计等现代服务业，推进金融业开放创新，加快实施创新驱动发展战略，增强物流、技术、资本和人才等要素资源的集聚辐射能力；西永片区着力打造加工贸易转型升级示范区，重点发展电子信息、智能装备等制造业及保税物流中转分拨等生产性服务业，优化加工贸易发展模式；果园港片区着力打造多式联运物流转运中心，重点发展国际中转、集拼分拨等服务业，探索先进制造业创新发展。

按海关监管方式划分，自由贸易试验区内的海关特殊监管区域重点探索以贸易便利化为主要内容的制度创新，开展保税加工、保税物流和保税服务等业务;非海关特殊监管区域重点探索投资领域开放,投资管理体制改革,完善事中事后监管,推动金融制度创新,积极发展高端制造业和现代服务业。

(三)中国(四川)自由贸易试验区

1. 战略定位

以制度创新为核心,以可复制、可推广为基本要求,立足内陆、承东启西,服务全国、面向世界,将自由贸易试验区建设成为西部门户城市开发开放引领区、内陆开放战略支撑带先导区、国际开放通道枢纽区、内陆开放型经济新高地和内陆与沿海沿边沿江协同开放示范区。

2. 发展目标

经过3~5年的改革探索,力争建成法治环境规范、投资贸易便利、创新要素集聚、监管高效便捷和协同开放效果显著的高水平、高标准的自由贸易园区,在打造内陆开放型经济高地、深入推进西部大开发和长江经济带发展中发挥示范作用。

3. 片区功能

按区域布局划分,四川自由贸易试验区分为成都天府新区片区、青白江铁路港片区和川南临港片区。成都天府新区片区重点发展现代服务业、高端制造业、高新技术、临空经济和口岸服务等产业,建设国家重要的现代高端产业集聚区、创新驱动发展引领区、开放型金融产业创新高地、商贸物流中心和国际性航空枢纽,打造西部地区门户城市开放高地;成都青白江铁路港片区重点发展国际商品集散转运、分拨展示、保税物流仓储、国际货代、整车进口、特色金融等口岸服务业及信息服务、科技服务和会展服务等现代服务业,打造内陆地区联通丝绸之路经济带西向的国际贸易大通道的重要支点;川南临港片区重点发展航运物流、港口贸易、教育医疗等现代服务业以及装备制造、现代医药、食品饮料等先进制造和特色优势产业,建设成为重要区域性综合交通枢纽和成渝城市群南向开放、辐射滇黔的重要门户。

按海关监管方式划分,自由贸易试验区内的海关特殊监管区域重点探索以贸易便利化为主要内容的制度创新,开展保税加工、保税物流和保税服务等业务;非海关特殊监管区域重点探索投资、金融和创新创业等制度改革,完善事中、事后监管，积极发展现代服务业和高端制造业。

（四）中国（湖北）自由贸易试验区

1. 战略定位

以制度创新为核心，以可复制、可推广为基本要求，立足中部、辐射全国、走向世界，努力成为中部有序承接产业转移示范区、战略性新兴产业和高技术产业集聚区、全面改革开放的“试验田”和内陆对外开放新高地。

2. 发展目标

经过3~5年的改革探索，对接国际高标准投资贸易规则体系，力争建成高端产业集聚、创新创业活跃、金融服务完善、监管高效便捷和辐射带动作用突出的高水平、高标准的自由贸易园区，在实施中部崛起战略和推进长江经济带发展中发挥示范作用。

3. 片区功能

按区域布局划分，湖北自由贸易试验区分为武汉片区、襄阳片区和宜昌片区。武汉片区重点发展新一代信息技术、生命健康、智能制造等战略性新兴产业以及国际商贸、金融服务、现代物流、检验检测、研发设计、信息服务和专业服务等现代服务业；襄阳片区重点发展高端装备制造、新能源汽车、大数据、云计算、商贸物流、检验检测等产业；宜昌片区重点发展先进制造、生物医药、电子信息、新材料等高新产业及研发设计、总部经济和电子商务等现代服务业。

按海关监管方式划分，自由贸易试验区内的海关特殊监管区域重点探索以贸易便利化为主要内容的制度创新，主要开展保税加工、保税物流和保税服务等业务；非海关特殊监管区域重点探索投资体制改革，完善事中事后监管，推动金融制度创新，积极发展现代服务业和高端制造业。

（五）中国（陕西）自由贸易试验区

1. 战略定位

以制度创新为核心，以可复制、可推广为基本要求，全面落实党中央、国务院关于更好发挥“一带一路”建设对西部大开发的带动作用、加大西部地区门户城市开放力度的要求，努力将自由贸易试验区建设成为全面改革开放的“试验田”、内陆型改革开放新高地和“一带一路”经济合作与人文交流的重要支点。

2. 发展目标

经过3~5年的改革探索,形成与国际投资贸易通行规则相衔接的制度创新体系,营造法治化、国际化和便利化的营商环境,努力建成投资贸易便利、高端产业聚集、金融服务完善、人文交流深入、监管高效便捷和法治环境规范的高水平、高标准的自由贸易园区,推动“一带一路”建设和西部大开发战略的深入实施。

3. 片区功能

按区域布局划分,陕西自由贸易试验区分为中心片区、西安国际港务区片区和杨凌示范区片区。自由贸易试验区中心片区重点发展战略性新兴产业和高新技术产业,着力发展高端制造、航空物流和贸易金融等产业,推进服务贸易促进体系建设,拓展科技、教育、文化、旅游和健康医疗等人文交流的深度和广度,打造面向“一带一路”的高端产业高地和人文交流高地;西安国际港务区片区重点发展国际贸易、现代物流、金融服务、旅游会展和电子商务等产业,建设“一带一路”国际中转内陆枢纽港、开放型金融产业创新高地及欧亚贸易和人文交流合作新平台;杨凌示范区片区以农业科技创新、示范推广为重点,通过全面扩大农业领域国际合作交流,打造“一带一路”现代农业国际合作中心。

按海关监管方式划分,自由贸易试验区内的海关特殊监管区域重点探索以贸易便利化为主要内容的制度创新,主要开展保税加工、保税物流和保税服务等业务;非海关特殊监管区域重点探索投资体制改革,创新内陆地区开放发展机制,完善事中事后监管,推动金融制度创新,积极发展现代服务业和先进制造业。

(六)中国(浙江)自由贸易试验区

1. 战略定位

以制度创新为核心,以可复制、可推广为基本要求,将自由贸易试验区建设成为东部地区重要的海上开放门户示范区、国际大宗商品贸易自由化先导区和具有国际影响力的资源配置基地。

2. 发展目标

经过3年左右有特色的改革探索,基本实现投资贸易便利、高端产业集聚、法治环境规范、金融服务完善、监管高效便捷和辐射带动作用突出,以油品为核心的大宗商品全球配置能力显著提升,对接国际标准,初步建成自由贸易港区先行区。

3. 片区功能

按区域布局划分,浙江自由贸易试验区分为舟山离岛片区、舟山岛北部片区和舟山岛南部片区。舟山离岛片区鱼山岛重点建设国际一流的绿色石化基地,鼠浪湖岛、黄泽山岛、双子山岛、衢山岛、小衢山岛和马迹山岛重点发展油品等大宗商品储存、中转、贸易产业,海洋锚地重点发展保税燃料油供应服务;舟山岛北部片区重点发展油品等大宗商品贸易、保税燃料油供应、石油石化产业配套装备、保税物流、仓储和制造等产业;舟山岛南部片区重点发展大宗商品交易、航空制造、零部件物流、研发设计及相关配套产业,建设舟山航空产业园,着力发展水产品贸易、海洋旅游、海水利用、现代商贸、金融服务、航运、信息咨询和高新技术等产业。

按海关监管方式划分,自由贸易试验区内的海关特殊监管区域重点探索以贸易便利化为主要内容的制度创新,重点开展国际贸易和保税加工、保税物流、保税服务等业务;非海关特殊监管区域重点探索投资制度、金融制度等体制机制创新,积极发展以油品为核心的大宗商品中转、加工贸易、保税燃料油供应、装备制造、航空制造和国际海事服务等业务。

(七)中国(辽宁)自由贸易试验区

1. 战略定位

以制度创新为核心,以可复制、可推广为基本要求,加快市场取向的体制机制改革,积极推动结构调整,努力将自由贸易试验区建设成为提升东北老工业基地发展整体竞争力和对外开放水平的新引擎。

2. 发展目标

经过3~5年的改革探索,形成与国际投资贸易通行规则相衔接的制度创新体系,营造法治化、国际化和便利化的营商环境,巩固提升对人才、资本等要素的吸引力,努力建成高端产业集聚、投资贸易便利、金融服务完善、监管高效便捷和法治环境规范的高水平、高标准自由贸易园区,引领东北地区转变经济发展方式,提高经济发展质量和水平。

3. 片区功能

按区域布局划分,辽宁自由贸易试验区分为大连片区、沈阳片区和营口片区。大连片区重点发展港航物流、金融商贸、先进装备制造、高新技术、循环经济和航运服务等产业,推动东北亚国际航运中心、国际物流中心建设进程,形成面向东北亚开放合作的战略高地;沈阳片区重点发展装备制造、汽车及零部件、航空装备等先进制造业和金融、科技、物流等现代服务业,提高国家新型工业化示范城市、东北地区科技创新中心发展水平,建设具有国际竞争力的先进装备制造业基地;营口片区重点发展商贸物流、跨境电商、金融等现代服务业和新一代信息技术、高端装备制造等战略性新兴产业,建设区域性国际物流中心和高端装备制造、高新技术产业基地,构建国际海铁联运大通道的重要枢纽。

按海关监管方式划分,自由贸易试验区内的海关特殊监管区域重点探索以贸易便利化为主要内容的制度创新,开展保税加工、保税物流和保税服务等业务;非海关特殊监管区域重点探索投资体制改革,推进制造业转型、金融创新和服务业开放。

(胡彬　余子然)

“一带一路”建设对中国区域空间开发格局的影响

“一带一路”倡议的提出为中国扩大开放和促进区域经济协调发展提供了新机遇。一方面，它强调提高面向西北的中亚、西亚乃至欧洲的对外开放水平，为中西部地区开拓新的市场空间；另一方面也有利于带动产业、技术和资金等资源流向中西部地区，转移当前东部地区生产成本上升和日益增大的结构转型压力，促进制造业向中西部转移，加强东、中、西部之间的经济联动。

一、新中国成立以来中国区域空间开发格局的演变

新中国成立以来中国区域空间开发格局经历了三个阶段：区域均衡发展时期（1953—1978 年）、区域非均衡发展时期（1979—1998 年）、区域协调发展时期（1999 年至今）。

第一个阶段，区域均衡发展时期（1953—1978 年）。新中国成立初期，资本极度缺乏，人力资本极度低下，工业地理布局的 70% 位于沿海地区，只有 30% 的工业位于内陆省区。在这种情况下，中国实行了区域均衡发展政策，着重发展工业，主要包括在苏联援助下实施的“一五”计划（1953—1957 年）和 20 世纪 60 年代中期开始实施的“三线建设”。由于当时紧张的台海局势以及计划经济所体现的均衡发展理念，“一五”计划实施的重大工业项目主要分布在资源富集以及工业基础较好的东北和中西部地区，这就开始改变中国现代的工业布局和基础设施布局，为中西部地区的工业化奠定了基础。60 年代，在中苏交恶以及美国在中国东南沿海实行军事威胁的背景之下，中国实施“三线建设”，涉及中西部 13 个省区。由于“三线建设”初期的很多项目是从一线和二线地区的搬迁项目，并且大部分项目的选址远离城市，其结果是工业项目地理分布的分散化。因此，地区分割严重，人口密度和经济密度并没有出现明显的集聚现象。特别是中国于 1958 年实行了户籍制度，既限制了城乡之间的人口自由流动，也限制

了各地区人口和劳动力的自由流动。

第二个阶段,区域非均衡发展时期(1979—1998年)。20世纪70年代后期,中国面临的国际环境有所改善,由于第一阶段的均衡战略并未取得实质性的经济发展成果,中国开始了东部率先发展、效率优先的非均衡发展阶段。以邓小平为核心的第二代领导集体提出了改革开放的战略,先后经历了设立4个经济特区、开放14个沿海港口城市、建立4大沿海经济开放区(长江三角洲、珠江三角洲、闽南三角区、环渤海开放区)以及设立上海浦东新区和天津滨海新区,逐步建立全方位的对外开放格局。东部沿海地区充分发挥劳动力比较优势,经济快速增长。不仅如此,随着中国对外开放的不断深入,效率优先的社会主义市场经济体制的建立也逐步降低了国内区域要素流动的限制,从而降低了区域间的经济分割,提高了资源的区域配置效率。从人口密度和经济密度来看,珠江三角洲、长江三角洲以及京津冀地区成为中国的地区性经济增长极、对外贸易活跃地以及人口集聚区。

第三个阶段,区域协调发展时期(1999年至今)。从1990年之后,尽管全国各地区仍然保持着经济的高增长,但是地区发展差距迅速拉大。国内市场一体化水平较低,并且滞后于对外的一体化水平,这使得制造业集中于东部沿海地区,无法向中部地区转移,推动了地区差距不断扩大。1995年9月,中央召开十四届五中全会,首次将地区之间的协调发展作为国民经济和社会发展的指导方针,并提出今后要更加重视内地的发展,实施有利于缩小两极差距的政策。从国家层面上说,在"九五"时期,中国开始考虑"两个大局"的实现问题,这也是邓小平"两个大局"思想的延续。20世纪末,中国基本达到小康水平,为全面建设小康社会,中国正式实施区域协调发展战略,并在"十五"期间形成了区域发展总体战略。它的形成经历了三个阶段,分别是1999年底提出的西部大开发、2002年提出的振兴东北等老工业基地以及2004年提出的中部崛起。至此,加上改革开放以来的东部率先发展战略,中央基本上完成了对中国四大板块的区域政策布局,形成了区域发展总体战略。2005—2011年,四大板块政策继续深化、细化和实化,实现重点地区区域政策指导的全覆盖阶段、区域空间的指导意见从陆地拓展到海空阶段以及区域经济政策的指导由国内拓展到与国外合作联动阶段。与此同时,中央在区域战略和政策制定上还突出了三个重点:着力建设综合改革试验区、经济区等重要功能区;突出解决贫困区、资源枯竭型城市、边疆地区以及少数民族聚集区等瓶颈地区发展问题;推进区域合作,建立泛长三角等区域合作示范区。

二、“一带一路”建设影响中国区域空间开发格局的路径

区域空间开发模式主要有三种:增长极模式、点轴模式和网络布局模式。这三种模式之间存在时间上的相关性。一定区域内,首先产生的是增长极,接着增长极与增长极之间相互联系产生轴带,当越来越多的增长极之间发生作用时又会形成网络,这也是区域空间开发格局的演变规律,即从点到线、再扩展到面的发展。“一带一路”建设影响中国区域空间开发格局的路径也遵从这样的规律。

知识链接

“一带一路”倡议

2013 年,习近平主席在哈萨克斯坦及印度尼西亚访问期间,分别提出丝绸之路经济带与 21 世纪海上丝绸之路两大构想,引起国际社会的广泛关注。2013 年 11 月 12 日,中共十八届三中全会通过的《中共中央关于全面深化改革若干重大问题的决定》提出,要“推进丝绸之路经济带、海上丝绸之路建设,形成全方位开放新格局”。2015 年 3 月 28 日,经国务院授权,国家发展改革委、外交部、商务部联合发布了《推动共建丝绸之路经济带和 21 世纪海上丝绸之路的愿景与行动》,明确提出“一带一路”的建设“旨在促进经济要素有序自由流动、资源高效配置和市场深度融合,推动沿线各国实现经济政策协调,开展更大范围、更高水平、更深层次的区域合作,共同打造开放、包容、均衡、普惠的区域经济合作架构。”“一带一路”倡议一旦成功实施,将在欧亚大陆形成一个内部经济联系密切、涉及 65 国和 44 亿人的巨型经济体。“一带”是丝绸之路经济带,它内联中国中西部大部分省份,外通中亚、西亚和欧洲地区,是中国陆路向外联通的最重要通道,也是中国东部向中西部产业转移的延展区域;“一路”是 21 世纪海上丝绸之路,它把中国沿海地区与东南亚、南亚、西亚、北非和欧洲串联起来,将太平洋西岸经济带、印度洋沿岸经济

带和地中海沿岸经济带联通在一起，已与中国建立自由贸易试验区的东盟各国、市场潜力巨大的南亚国家都在这条“路”上。①

（一）增长极模式

增长极模式是选择发展条件较好、产业综合优势比较突出、区位条件明显、投资环境较为优越、发展潜力巨大，并有望在短期内迅速崛起的点状区域，如城市、资源富集区、工业区和经济特区等。在对某一区域进行开发时，有计划地在物质技术基础和经济实力较强、生产要素较为集中的中心城市等经济活动相对集中的地区形成启动经济发展的增长极，并通过增长极自身的迅速成长及产生的乘数效应辐射周边地区，最终带动整个区域经济的全面均衡与协调发展。

我国中西部地区整体开放水平低，但依然有少数地区具有发展的有利条件（交通枢纽、经济增速较快等），因此，借助于“一带一路”，这些地区有望成为区域发展的新一代增长极。

（二）点轴模式

点轴模式是增长极模式的演进结果。从区域经济发展的空间过程看，经济要素一般都先集中于少数增长极上。随着经济的进一步发展，增长极逐渐增多，增长极与增长极之间为适应经济要素联系的需要，特别是交通等基础设施的建成，在沿交通线布局产业成为可能，从而形成经济轴线。经济轴线的发达程度主要是由它在区域经济中的影响力决定的。城市内部的发展轴线、区域内部的短距轴线，都可以成为产业聚集的主要空间区域。

“一带一路”倡议重要的举措就是通过交通基础设施的建设实现地区间的互联互通，因此，借助于“一带一路”建设，新生的增长极可以更加快速地形成轴线，发挥更大范围的经济辐射作用。

① 张可云，蔡之兵．全球化4.0、区域协调发展4.0与工业4.0——“一带一路”战略的背景、内在本质与关键动力[J]．郑州大学学报（哲学社会科学版），2015（3）：87－92.

(三)网络布局模式

网络布局模式是指一定区域内增长极与增长极之间的经济联系,以及经济轴线与轴线之间按照一定的经济技术规律经纬交织而发展成的点、线、面统一体,主要包括商品、资金、技术、信息、劳动力等生产要素的流动网、交通网及通信网等。这一模式主要适用于经济比较发达的地区。例如,长三角地区是最先形成网络布局模式的区域之一。长三角发展的初期,上海首先成为经济中心,之后又形成了苏州、无锡、南京、杭州、宁波等增长极;改革开放之后迅速形成了苏锡常和杭嘉湖两个发展轴线,生产力的聚集十分明显;进入21世纪,在长江以北形成了扬州—泰州—扬州的轴线,在杭州湾形成了杭州—绍兴—宁波轴线,各条轴线的相互融合与渗透,特别是跨江和跨海大桥的修建,长三角逐渐完成了区域空间织网的过程,一个网络型的区域空间就此形成。

相比于东部地区的网络布局,西部地区主要还是以“点轴模式”为主,经济要素流动主要借助于重要的交通干线,地区与地区之间联系不够紧密。“一带一路”的建设,从区域空间上看属于广域的粗线条,各个区域之间若想实现网络经济布局,则需要形成强大的增长极,借助增长极之间的经济互动创建网络布局。

三、“一带一路”背景下中国区域空间开发的新格局

纵观中国区域空间开发格局的演变历程可以发现,新中国成立以后,中国的区域开发格局从“沿海—内陆”到“东—中—西”再到“四大板块”,都呈现出纵向的分布,导致资源的聚集也呈现纵向的分布。长期的纵向空间开发格局不但使中国区域发展差距越来越大,而且在制度、文化与心理层面上形成一种思维定式,认为“东—中—西”的国土开发空间格局是历史演变的必然结果,无法从根本上打破这种格局。

从更长的历史过程上看,中国国土开发空间格局并不一直都是“沿海—内陆”、“东—中—西”的东西走向,这种格局的形成与对外开放空间格局之间存在很大的关联。因此,打破这种格局的方法就需要从中国对外开放空间格局出

发。"一带一路"建设恰恰就是改变以往的对外开放空间格局，从而在横向上打通中国"东—中—西"的空间开发格局，在一定程度上优化相对落后区域的生产力布局，促使区域要素配置发生积极变化，进而推动产业布局模式的高级化。从这个意义上讲，"一带一路"是区域协调发展的一种必然趋势。表5-5为2013年9月至2017年5月"一带一路"大事记。

表5-5 "一带一路"大事记(2013年9月至2017年5月)

时间	事件
2013年9月	习近平主席访问哈萨克斯坦时首次提出要建设"丝绸之路经济带"
2013年10月	习近平主席访问印度尼西亚时首次提出要建设"21世纪海上丝绸之路"
2013年12月	习近平主席在中央经济工作会议上提出"一带一路"倡议规划
2014年2月	习近平主席与普京就俄罗斯跨欧亚铁路与"一带一路"的对接达成了共识
2014年3月	李克强总理在《政府工作报告》中提出抓紧规划建设"一带一路"
2014年11月	习近平主席在2014年中国APEC峰会上宣布，中国将出资400亿美元成立丝路基金，为"一带一路"沿线国家基础设施建设、资源开发和产业合作等有关项目提供投融资支持
2015年2月	推进"一带一路"建设工作会议在京召开
2015年3月	习近平主席在亚洲博鳌论坛就"亚洲新未来:迈向命运共同体"做主旨演讲，进一步阐述"一带一路"建设
2015年3月	《推动共建丝绸之路经济带和21世纪海上丝绸之路的愿景与行动》发布
2015年6月	《亚洲基础设施投资银行协定》签署仪式于6月29日在京举行
2015年7月	乌法峰会通过《金砖国家经济伙伴战略》
2015年7月	国务院批复兰州建设向西开放战略平台的城市规划
2015年8月	全国四大自由贸易试验区中的首条中欧、中亚(厦蓉欧)班列，将打造成"一带一路"的示范项目
2015年9月	中国接受世界贸易组织《贸易便利化协定》议定书
2015年9月	联合国海陆丝路城市联盟成立，泉州为创始成员
2015年10月	中国申请加入欧洲复兴开发银行

续表

时间	事件
2015 年 10 月	中共十八届五中全会提出，推进“一带一路”建设，打造陆海内外联动、东西双向开放的全面开放新格局
2015 年 11 月	“一带一路”首次写入澳门特区行政长官施政报告
2015 年 11 月	国际货币基金组织批准人民币加入特别提款权货币篮子
2015 年 12 月	中国建筑签订中巴经济走廊最大交通基础设施项目
2016 年 1 月	亚洲基础设施投资银行在北京宣告开业
2016 年 3 月	“一带一路”写入中国“十三五”规划
2016 年 4 月	中国中小企业协会“一带一路”工作委员会成立授牌
2016 年 4 月	由中国国务院新闻办公室发起，“一带一路”沿线国家媒体和文化机构 4 月18 日在北京成立“一带一路”媒体传播联盟
2016 年 6 月	习近平主席在塔什干乌兹别克斯坦最高会议立法院发表题为《携手共创丝绸之路新辉煌》的重要演讲
2016 年 8 月	习近平主席出席推进“一带一路”建设工作座谈会
2016 年 9 月	习近平主席在杭州出席 2016 年二十国集团工商峰会开幕式，并发表题为《中国发展新起点 全球增长新蓝图》的主旨演讲
2016 年 10 月	习近平主席对孟加拉国进行国事访问之际，倡议“一带一路”为中孟两国合作共赢提供新机遇
2016 年 11 月	中俄建立欧亚经济联盟，战略对接共拓“一带一路”
2017 年 2 月	习近平主席会见法国总理：支持两国企业在“一带一路”框架内开展合作
2017 年 3 月	新西兰与中方签订“一带一路”合作协议，系首个西方发达签署国
2017 年 3 月	习近平主席同马达加斯加总统会谈，欢迎马方参与“一带一路”建设
2017 年 4 月	习近平主席同缅甸总统会谈，见证《中缅原油管道运输协议》签署
2017 年 4 月	张高丽访问斯洛文尼亚：愿开展“一带一路”框架下务实合作
2017 年 5 月	“一带一路”国际合作高峰论坛于北京召开，习近平主席发表了题为《携手推进“一带一路”建设》的主旨演讲

资料来源：一带一路数据库－国家战略资讯平台，http://www.ydylcn.com/。

知识链接 孙中山与他的“北—中—南”构想

1919 年 5 月 21 日，孙中山因广州护法军政府完全被滇桂系军阀把持，愤而出走，途经汕头、台北，取道日本，最终于 6 月 26 日回到上海，开始了在法租界 1 年零 5 个月的蛰居生活。这段赋闲岁月，孙中山撰写了《建国方略——物质建设》这部架构中国现代化发展方向的纲领性巨作。

1919 年 2 月始，孙中山的《建国方略——物质建设》就以《中国的国际发展，帮助战后工业再调整所设计的计划》为题，在其挚友乔治·布朗森雷出版的《远东评论》上陆续连载至 1920 年 11 月。在这部 10 余万言的建设计划中，孙中山为中国未来的工业发展设想了一个包罗万象的宏伟大纲：10 万英里的铁路和 100 万英里的公路，疏浚现有运河和开挖新的运河，一个规模庞大的治水和水土保持工程，开辟全新的北方、东方、南方三大商用港口，从这些港口出发将远抵西藏、新疆、蒙古和满洲。发展新的钢铁冶炼、矿业与企业，在中北部造林以及移民于东三省，屯垦新疆与西藏。

（一）“一带一路”对内陆省市的影响

“一带一路”倡议中的“一带”即丝绸之路经济带内联中国中西部大部分省份，外通中亚、西亚和欧洲地区，是中国陆路向外联通的最重要通道，也是中国东部向中西部产业转移的延展区域。部分内陆省市对外开放度较低，但经济实力较强，经济增速较快，交通较为发达，这样的省市具备形成增长极的条件，通过对接“一带一路”倡议，这些地区从内陆成为开放前沿，从而弥补了对外开放的劣势，很容易成为新的增长极。因此，要在这些地区通过集中建设区域性中心城市，吸引产业和人口向中心城市聚集，逐步构建比较合理的城镇体系，从而形成新的增长极。而借助“一带一路”的交通基础设施建设，这些增长极能快速地进行连接，形成“点轴”和“网络布局模式”。

基础设施互联互通是降低贸易成本、增强国际联系的基本条件，也是“一带一路”构建的优先和重点领域。有些地区虽然远离“一带一路”陆路联通的主干通道，但通过开展“点—点”的网络布局，受“一带一路”带来的发展机遇的影响，还将发挥出其特殊功能。例如，河南省地处中部，是连接东部和西部的交通枢纽，借助“一带一路”倡议，河南省可以直接为“一带一路”建设服务，疏通东西部的交通屏障，直接打造“点—点”的航空、铁路交通枢纽。以丝绸之路经济带启动中西部地区的开放，既能以产业梯度转移维系传统优势，又能从封闭的不发达经济逐步转向开放经济，从而创造新的比较优势。通过这样的方式，“丝绸之路经济带”就能在原有的历史定义上进行扩充，形成新的定义，容纳更多的地区，形成更大的范围。图 5－4 为“丝绸之路经济带”在国内延伸的示意图。

图 5－4 “丝绸之路经济带”在国内的延伸

（二）“一带一路”对沿边地区的影响

“一带一路”倡议的实施，使得一些重要的沿边区域及其后方基地被推到了前沿地位，比如，以新疆为主的西北区域是打造丝绸之路经济带的核心区，西南地区把北部湾经济区、西江经济带、云南的次区域以及西藏等作为一个重要的区域，在“一带一路”中给予了明确表达。未来，上述地区要重点面向中俄蒙、西亚、中亚和中南半岛等大区域，充分发挥中国在制造业产能和现代服务业方面的优势，结合与“一带一路”沿线地区的互动关系，开展国际合作。调整产业布局，在制造业和现代服务业领域实现突破，建设具有竞争力的外向型经济体系。例如，未来新疆不仅仅只是承接过去的开放前沿、桥头堡等功能，更要通过产能、服务在新疆本地的再包装、再提升和再组合，有效地推向“一带一路”的沿线国家，建设在西部具有竞争力的外向型经济体系。

总体来看，新疆的资源比较优势尚未转化为竞争优势，目前仅在石油石化行业具有较强的产业竞争力。“一带一路”建设将新疆定位为丝绸之路经济带上的重要节点、核心地区。未来，新疆要更加重视生态环境保护和生态文明建设,突破交通物流瓶颈,补齐人才短板,加快承接东部地区产业转移,加强自身产业发展及结构调整,形成区域性的工业加工体系,不断提升产业竞争力。

西藏是全国经济规模最小的省份,具有竞争优势的行业主要为资源型行业。近20年来西藏工业增加值快速增长,占全国的比例逐年提高。西藏对接"一带一路"具有地理、产业和国家政策的优势,"一带一路"建设为西藏的发展带来了难得的历史机遇,西藏应巩固现有优势产业,促进产业转型升级,并大力发展战略性新兴产业和生态工业,实现社会经济的跨越式发展。

内蒙古具有竞争优势的产业主要为资源型产业,煤炭、有色金属等重化工业是其工业竞争力的重要支撑。"一带一路"将内蒙古定位为发挥联通俄蒙的区位优势。未来,内蒙古将充分发挥区位、资源禀赋、与俄蒙的文化认同、经济结构互补等优势,遵循"8337"的发展思路,[①]巩固和提升产业优势,夯实经济发展基础,推进基础设施互联互通,在中蒙俄经济走廊建设中发挥更大作用。

黑龙江能源资源丰富,在石油和天然气开采业、石油加工业、炼焦和核燃料加工业、煤炭开采和洗选业等资源依赖型产业及食品加工制造业上具有较强竞争力。国际贸易竞争优势在新世纪呈现先增强后减弱的趋势,2013年有回升势头,且出口以机电、纺织服装类产品为主,进口以原油为主。俄罗斯是黑龙江最重要的贸易伙伴,在"一带一路"建设引领下,黑龙江借助区位优势、资源禀赋优势及十大重点产业基础优势与"一带一路"进行有效对接。同时,黑龙江放眼国内国际,紧跟时代步伐,主动作为,积极融入国家"一带一路"规划,提出建设"中蒙俄经济走廊"黑龙江陆海丝绸之路经济带,积极谋划开通哈欧货运班列,全面促进"互联网+"发展,大力配合启动东北区域海关通关一体化改革,强化对"一带一路"建设的支撑作用。在新形势下,黑龙江要发挥延边开放的龙头作用,积极参与打造"一带一路"北向纵深发展的新高地。

吉林是东北亚丝绸之路的源头和起点,多个城市沿边近海,对中蒙俄经济走廊的构成和发展将起到有效的支撑作用,必然成为"一带一路"建设的重要支

① "8337"发展思路是内蒙古自治区党委、政府立足于内蒙古的基本区情,提出的当前和今后一个时期发展的目标方向和重要遵循,即八个发展定位、三个着力、三个更加注重和七项重点工作。

点。在《推动共建丝绸之路经济带和21世纪海上丝绸之路的愿景与行动》中,东北三省定位为中国向北开放的重要窗口,而吉林地处与俄罗斯、朝鲜接壤的位置,更被看作是东北融入“一带一路”、缩短与欧美货运距离的重要节点。

辽宁具有竞争优势的产业主要分布在原材料开采和金属制造工业部门,特别是重型装备制造等工业部门。通过近10年的数据研究发现,辽宁的产业优势正在逐步减弱,产业竞争力依然不强,产业结构不够合理。辽宁应该把“一带一路”建设与“振兴东北老工业基地”战略有机结合,依托辽宁雄厚的工业基础和出海通道的优势:一要抓住产业布局,积极培育新的经济增长点;二要消化淘汰过剩产能,提升总体产业竞争力;三要积极引导企业“走出去”,提升贸易竞争力。对此,辽宁应该通过多种方式推动并参与到“一带一路”建设的大局中来,实现与该战略的良好对接。

(三)“一带一路”对东部沿海地区的影响

由于“一带一路”倡议的实施,中国的对外开放格局发生变化,这些变化迫使东部沿海地区改变传统的对外开放路径。

1. “一带一路”倡议的实施,改变了中国参与国际分工的地位

中国自改革开放以后,利用劳动力成本的优势,在国际分工中扮演着“低端制造者”的角色并且长期处于全球价值链的低端位置。基于要素禀赋理论,发展中国的劳动密集型产业出口是中国相当长时期内开放型发展的基础。而“一带一路”的实施,标志着中国将改变传统的对外开放模式,从以成本优势为主导的出口导向型模式转变为以竞争优势为主导的开放型模式。“一带一路”建设扩大了中国产品的市场规模,有助于消化国内过剩产能,扩大产品规模和市场规模,保证中国参与国际竞争从成本优势到竞争优势的平稳过渡。而东部沿海地区资本技术要素较内陆地区更为密集,因此,东部地区通过产业升级和转型形成知识密集型要素禀赋,在新的对外开放格局中取得优势。图5-5为“21世纪海上丝绸之路”在国内延伸的示意图。

2. “一带一路”倡议的实施,增加了新的贸易伙伴

“一带一路”倡议实施之前,中国主要的贸易伙伴是欧美国家,随着经济危机的爆发和贸易保护主义的抬头,欧美国家开始孤立中国,制定新的贸易规则

图 5-5 "21 世纪海上丝绸之路"在国内的延伸

并建立诸如 TPP 和 TTIP 的贸易协定。而"一带一路"的实施为中国的对外开放带来新的机会。与欧美国家相比,"一带一路"沿线国家不仅在空间距离上与中国更近,其产业结构与中国目前产业转型升级的契合性、互补性更强,"一带一路"建设为这些地区带来巨大的发展机遇,这些地区也更依赖中国市场,中国在同这些地区进行经济往来时的主导性相对更大。更关键的是,中国与东盟等新兴经济体的经济合作内容更多,范围更大,不仅有传统的进出口贸易,还有相互间双向的直接投资,这些地区也是中国企业"走出去"的重要目的地。

因此,主要贸易伙伴的改变,也使得中国参与国际分工的角色迫切需要转变,东部沿海地区的劳动力成本优势日渐衰退,而新的贸易伙伴国劳动力成本优势巨大,这也为东部沿海的企业"走出去"创造了条件,东部沿海企业借此机会"走出去",并努力打造总部经济,在全球价值链中向高附加值两端转移。

3. "一带一路"倡议的实施,改变了中国经济发展的"驱动力"

"一带一路"倡议实施之前,中国与欧美等发达经济体进行经贸往来,主要依靠的是劳动力、土地等要素价格优势,因此,中国在劳动密集型产品、资源密集型产品或低附加值类产品领域具备一定的竞争优势。随着"一带一路"倡议的实施,经济发展水平较低的"一带一路"沿线国家会对中国的低附加值、低技术含量的劳动密集型产业形成巨大冲击,这会倒逼或诱使中国增长的动力更快更迫切地从"要素驱动"转向"创新驱动"。

改革开放以后,东部沿海部分地区依靠劳动力成本优势在经济全球化中获得了大量的财富积累,但随着"一带一路"倡议的实施,这些地区将受到很大的冲击,从而迫使其地区经济发展从传统的要素驱动向创新驱动转型。

4. "一带一路"倡议的实施,提升了中国在全球经济中的"话语权"

"一带一路"是中国利用和施展规则影响力的最好平台,更是中国经济外交的有机组成部分，与“一带一路”沿线经济体倡导政策沟通、设施联通、贸易畅通、资金融通和民心相通以及命运共同体目标，实现从外交服务于经济到经济外交的转变。中国如何在自己打造的圈子里带好头，形成一种新型区域机制，使得各参与方从中获益，赢得国际支持，考验着中国对国际性组织的管理、组织和运营能力。①

东部地区最早实施自由贸易园区政策，在经贸往来方面，最早对接新的国际标准，形成了一批可复制、可推广的制度经验，因此，“一带一路”的实施更加强调东部地区率先转型的“领头羊”角色。

（四）“一带一路”对整个区域协调发展的影响

对外开放是促进地区经济发展、加速地区经济发展的重要动力，也是中国区域经济不平衡的重要因素。从经济体量和经济增速来看，中西部省市整体上不比开放水平较高的东部沿海省市差。未来要缩小地区差距，关键的一步是要加速提升欠发达地区的对外开放水平。“一带一路”倡议的提出为中国扩大开放和促进区域经济协调发展提供了新机遇，一方面强调提高面向西北的中亚、西亚乃至欧洲的对外开放水平，为中西部地区开拓新的市场空间，另一方面也有利于带动产业、技术、资金等资源流向中西部地区，转移当前东部地区生产成本上升和日益增大的结构转型压力，促进制造业向中西部转移，加强东、中、西部之间的经济联动性。

日本经济学家赤松曾提出“雁阵模型”理论，即随着不同地区要素禀赋的变化，产业也会在不同区域间进行重新配置，形成有先后梯度次序的“雁阵”。东部沿海地区因为政策优势和临海优势成为开放型经济的先发地区，当前很多产业在沿海不具备优势的情形下已经向中西部地区转移，从而维持原有的成本优势和规模优势，保持原有的竞争力，同时也带动中西部的经济发展。

（胡彬　余子然）

① 许德友．“一带一路”：助力中国开放型经济“不一样”的未来[J]．长春市委党校学报，2015(3)：5－8．

自贸试验区布局与“一带一路”建设的战略互动关系

上海、广东、天津和福建4个自由贸易试验区在对接“一带一路”建设上先行先试，在国际贸易、对外投资、国际物流和金融开放等方面积累了丰富的经验。新设的7个自由贸易试验区在此基础上对“一带一路”进行了深层次的对接。陕西自由贸易试验区定位是“一带一路”经济合作和人文交流重要支点，重庆自由贸易试验区定位是“一带一路”和长江经济带互联互通重要枢纽，河南自由贸易试验区定位是服务于“一带一路”建设的现代综合交通枢纽。其他自由贸易试验区虽然没有在战略定位中对自由贸易试验区有明确的规定，但都在总体方案中对“一带一路”提出了对接的领域。

……………………………………………………………………………………

一、自由贸易试验区与“一带一路”倡议的内在联系

从总体上看，“一带一路” 建设与自由贸易试验区建设是一体两翼、互为辅助的关系，共同构成中国对外开放新格局。“一带一路”倡导“政策沟通、设施联通、贸易畅通、资金融通、民心相通”，侧重依托交通基础设施建设，率先实现沿线国家或经济体的互联互通。自由贸易试验区提倡“投资自由化、贸易市场化、金融国际化、行政法治化”，营造市场化、国际化的营商环境，提高对外开放水平，侧重通过制度创新来破除贸易与投资壁垒、降低贸易门槛、提升贸易便利，从而加快区域经济一体化的发展。“一带一路”建设和自由贸易试验区共同提升中国对外开放水平：“一带一路”为中国提供了一个包容、开放的对外发展平台，能够把快速发展的经济同“一带一路”沿线国家的利益结合起来，形成共商、共建、共享的良好合作关系，实现互利共赢；加快实施自由贸易试验区战略，是全面深化改革、构建开放型经济新体制的必然选择，也是中国积极运筹对外关系、实现对外战略目标的重要手段。加强彼此间的有机对接和战略联动，将为中国新一轮对外开放提供有力支撑。

自由贸易试验区是“一带一路”建设的重要支点,“一带一路”是对外开放的大战略,而自由贸易试验区则是这个大战略的前期准备。中国实施“一带一路”倡议的目的不是为了“引进来”,而是致力于“走出去”,通过构建综合、完善的交通通道,深化与“一带一路”沿线国家的经贸合作,努力打造“一带一路”沿线的自由贸易区,实现中国经济的转型升级和再平衡。国内的自由贸易试验区在投资自由化、贸易便利化、金融国际化和行政管理简化等具体方面先行先试,为国内经济转型升级、参与国际贸易谈判积累经验,是未来“一带一路”沿线自由贸易区的国际化,是中国主导国际经贸合作、制定贸易新规则的“试验田”。所以,未来随着“一带一路”倡议的纵深推进,国内更多的双边、多边自由贸易试验区有望落地。除了对外开放,“一带一路”倡议和自由贸易试验区建设又共同构成了国内区域协调发展的重要支撑。“一带一路”倡议在国内部分的延伸形成了目前中国区域协调发展一个重要的经济轴带,这条经济轴带将带动内陆地区的经济发展,而自由贸易试验区则是这条轴带上的经济增长点,通过自由贸易试验区的建设,有望创造更多的内陆增长极,形成点轴发展的模式。随着自由贸易试验区数量的增加,点轴的发展模式就进化为网络布局模式,形成范围更广的经济“辐射场”,从而覆盖整个国土空间板块,“而一带一路”倡议为自由贸易试验区提供了发展空间。

第一,“一带一路”有利于化解中国当前所面临的区域经济合作压力,为自由贸易试验区的建设开拓国际市场。TPP 和 TTIP 谈判参与国都是中国的重要出口市场和外资来源地,这两个协定为中国深入开展国际区域经济合作设置了障碍,甚至被边缘化。美国新任总统上台,贸易保护主义抬头,在此背景下,中国提出“一带一路”可谓是对美国 TPP、TTIP 以及贸易保护主义的有力回应。“一带一路”横跨亚非欧三大陆,覆盖西欧的发达国家以及东欧、东南亚、中亚、西亚、南亚、非洲的广大发展中国家。这将有利于中国推进与相关国家商建自由贸易试验区,提升影响力,稀释 TPP 和 TTIP 以及贸易保护主义的不良影响。

第二,“一带一路”有利于构建中国与沿线经济体商建自由贸易试验区的良好环境。“一带一路”致力于亚非欧大陆及附近海洋的互联互通,铺设全方位、多层次、复合型的互联互通网络。这势必会推动沿线各经济体的交流,推进贸易投资自由化。它所倡导的“五通”建设将为中国开展或深入开展与“一带一路”沿线经济体的区域经济合作提供政策支持、基础设施保障、贸易和投资便利化、资金支撑和民意基础。中国与沿线经济体推进经济发展的共同诉求将会助力双边自由贸易试验区建设。

二、自由贸易试验区与“一带一路”建设互动的现状

前期设立的上海、广东、天津和福建4个自由贸易试验区在对接“一带一路”建设上先行先试，在国际贸易、对外投资、国际物流和金融开放等方面积累了丰富的经验。2017年3月出台的《全面深化中国（上海）自由贸易试验区改革开放方案》把上海自由贸易试验区定位为服务“一带一路”建设、推动市场主体“走出去”的桥头堡。

新设的7个自由贸易试验区在此基础上对“一带一路”进行了深层次的对接。陕西自由贸易试验区的定位是“一带一路”经济合作和人文交流的重要支点，重庆自由贸易试验区的定位是“一带一路”和长江经济带互联互通的重要枢纽，河南自由贸易试验区的定位是服务于“一带一路”建设的现代综合交通枢纽。其他自由贸易试验区虽然没有在战略定位中对自由贸易试验区有明确的规定，但都在总体方案中对“一带一路”提出了对接的领域。天津、广东和福建提出要贯彻“一带一路”建设规则，构建开放型经济新体制；辽宁和湖北提出要推进自由贸易试验区与“一带一路”沿线国家的国际产能和装备制造合作；浙江提出要探索与“一带一路”沿线国家开展贸易供应链安全与便利合作；四川提出要探索与“一带一路”沿线国家的金融合作。各自由贸易试验区对接“一带一路”的方案见表5－6。

表5－6 各自由贸易试验区对接“一带一路”的方案

方案	内容
《全面深化中国（上海）自由贸易试验区改革开放方案》	创新合作发展模式，成为服务国家“一带一路”建设、推动市场主体“走出去”的桥头堡，坚持“引进来”和“走出去”有机结合，创新经贸投资合作、产业核心技术研发和国际化融资模式，探索搭建“一带一路”开放合作新平台，建设服务“一带一路”的市场要素资源配置功能枢纽，发挥自由贸易试验区在实施“一带一路”倡议中的辐射带动作用

续表

方案	内容
《中国（广东）自由贸易试验区总体方案》	战略定位依托港澳、服务内地、面向世界，将自由贸易试验区建设成为粤港澳深度合作示范区、21世纪海上丝绸之路重要枢纽和全国新一轮改革开放先行地
《中国（福建）自由贸易试验区总体方案》	充分发挥对外开放前沿的优势，建设21世纪海上丝绸之路核心区，打造面向海上丝绸之路沿线国家和地区开放合作新高地。推进通关机制创新，支持自由贸易试验区与海上丝绸之路沿线国家和地区开展海关、检验检疫、认证认可和标准计量等方面的合作与交流，探索实施和海上丝绸之路沿线国家及地区开展贸易供应链安全与便利合作
《中国（天津）自由贸易试验区总体方案》	依托亚欧大陆桥连接功能，完善多式联运体系，增强对“一带一路”沿线国家及地区转口贸易的服务功能，发挥中蒙俄经济走廊重要节点作用和海上合作战略支点作用，推动“一带一路”建设
《中国（四川）自由贸易试验区总体方案》	支持自由贸易试验区与“一带一路”沿线国家开展贸易供应链安全与便利合作。支持符合条件的“一带一路”沿线国家的金融机构在自由贸易试验区以人民币进行新设、增资等直接投资活动。依托双流航空枢纽、成都国际铁路港和川南临港口岸，构建与“一带一路”沿线相关国家空、铁、公、水联运的综合物流服务体系
《中国（重庆）自由贸易试验区总体方案》	探索建立“一带一路”政策支持体系。以中欧国际铁路联运通道为重点，探索与“一带一路”沿线国家开展贸易供应链安全与便利化合作。支持自由贸易试验区内企业以多种方式在“一带一路”沿线国家建立区域性运营总部。建设中德、中韩等国际经贸、产业、人文合作平台。加强自由贸易试验区与“一带一路”沿线国家的高校联合培养和交流合作，加快培养适合多边、双边贸易投资的各方面人才
《中国（湖北）自由贸易试验区总体方案》	加强国际产能和装备制造合作，融入“一带一路”建设。创新通关监管服务模式，探索与“一带一路”沿线国家开展贸易供应链安全与便利合作

续表

方案	内容
《中国(陕西)自由贸易试验区总体方案》	建设“一带一路”交通、商贸、快递物流中心。系统推进与“一带一路”沿线国家产能合作机制建设。发挥金融对“一带一路”经济合作的推动作用,组建面向“一带一路”沿线国家的现代农业合作联盟和全球农业智库联盟,开展面向“一带一路”沿线国家的援外农业技术培训。支持建设“一带一路”现代农业国际合作中心。创建与“一带一路”沿线国家人文交流新模式
《中国(浙江)自由贸易试验区总体方案》	创新通关监管服务模式。支持自由贸易试验区与“一带一路”沿线国家开展海关、检验检疫、认证认可、标准计量等方面的合作与交流,探索与“一带一路”沿线国家开展贸易供应链安全与便利合作
《中国(河南)自由贸易试验区总体方案》	依托陆桥通道,加密至丝绸之路经济带沿线国家的中欧班列(郑州),打造互联互通的“信息丝绸之路”,推动国际交通物流通道建设。完善国内陆空集疏网络,开展多式联运先行示范。扩大航空服务对外开放,推进内陆口岸经济创新发展,促进国际医疗旅游产业融合发展。培育“一带一路”合作交流新优势,建立健全与“一带一路”沿线国家的合作机制,重点在农业、矿业、装备制造、物流、工程承包和科技教育等领域开展国际合作
《中国(辽宁)自由贸易试验区总体方案》	推进与东北亚全方位经济合作,充分利用自由贸易试验区国际化贸易规则,提升优势产品在“一带一路”沿线国家及日、韩、朝等国的市场占有率。引导优势企业开展境外工程承包,投资建设境外园区。推动日、韩、俄等国先进制造业、战略性新兴产业和现代服务业等产业在自由贸易试验区内集聚发展。探索与东北亚各国在文化、教育、体育、卫生和娱乐等专业服务领域开展投资合作。构建连接亚欧的海陆空大通道,建设现代物流体系和国际航运中心

三、自由贸易试验区与“一带一路”建设互动的成效

第一,对外贸易方面,自由贸易试验区与“一带一路”沿线国家贸易额占比过半。2016年,中国与“一带一路”沿线国家贸易总额为9 535.9亿美元,占中国与全球贸易总额的25.7%,较2015年的25.4%上升了0.3个百分点。11个

自由贸易试验区省市与“一带一路”沿线国家贸易额为5 419.8亿美元,占中国与“一带一路”沿线国家贸易总额的56.8%。自由贸易试验区省市与“一带一路”沿线国家贸易规模大,广东、浙江、上海与“一带一路”沿线国家贸易额分别位列第一、第三和第五。自由贸易试验区成立以后实行贸易便利化措施,对外贸易增速超过全国,同时,“一带一路”货运量指数呈上升趋势。

第二,交通基础设施方面,自由贸易试验区与“一带一路”沿线国家加强联通建设。自由贸易试验区所在地一般位于“一带一路”国内延伸部分的节点上,而“一带一路”倡议主要通过节点城市增强与沿线国家陆路联通的能力。中欧班列是中国和“一带一路”沿线国家联通的重要陆上工具,多个自由贸易试验区已开通中欧班列,重庆、浙江、广东、郑州等省市的中欧班列运输能力强,载货量高,备受“一带一路”沿线国家关注。中欧(厦门)货运班列实现常态化运行,开始承揽台湾地区货源,是实现“海上丝绸之路”与“陆上丝绸之路”对接的唯一班列。中欧班列成为国家促进互联互通、提升经贸合作水平的重要平台。

第三,对外投资方面,自由贸易试验区对“一带一路”沿线国家投资规模大、增速快,是对“一带一路”沿线国家投资的主体,2016年上海、广东和福建3个自由贸易试验区占中国对“一带一路”沿线国家投资的68%。上海对“一带一路”沿线国家直接投资36.8亿美元,新签订对外承包工程合同金额89.15亿美元,同比增长66.5%。广东对“一带一路”沿线国家直接投资超过40亿美元,同比增长65.3%,45%的新增“走出去”企业选择在“一带一路”沿线国家进行投资。福建对“海上丝绸之路”沿线国家直接投资22.3亿美元,增长61.6%。天津已启动“一带一路”项目库建设,入库项目85个,总投资271亿美元。

四、自由贸易试验区与“一带一路”建设互动的外部性

自由贸易试验区与“一带一路”建设共同构成了我国对外开放的新格局,而这样的格局有利于形成互动合力,促进我国的对内开放。这种互动的主要机理如图5-6所示。

(一)以开放促进改革

改革和开放两者相辅相成,改革决定发展的总体方向,并提升开放水平,

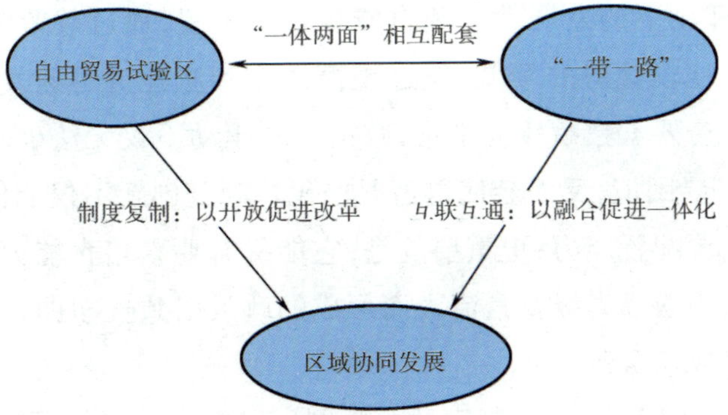

图5-6 自由贸易试验区与“一带一路”倡议互动的外部性

而开放加快发展的速度，又为改革提供新的动能。纵观中国经济近40年来的飞速发展，改革开放在其中发挥了决定性的作用。改革开放，是1978年12月党的十一届三中全会确立的中国开始实行的对内改革、对外开放的政策。始于1978年安徽凤阳小岗村的家庭联产承包责任制，拉开了中国对内改革的大幕，其后，国营企业也开始了自主经营权、自主调控市场的重大改革；1979年7月，中央正式批准广东、福建两省在对外经济活动中实行特殊政策，迈开了改革开放的历史性步伐，对外开放成为中国的一项基本国策。1992年邓小平南巡讲话时提出要建立社会主义市场经济体制，中共十四大正式提出建立社会主义市场经济体制。由此可见，改革开放即对内改革与对外开放相结合，以对外开放倒逼对内改革。

自由贸易试验区是以国内制度兼容国际规范为突破口的体制改革路径，建立能使国际政策国内化的制度。对那些既适应经济全球化、自由化的新趋势、新要求，又与我国国内改革和发展取向相一致的国际规则与政策及时吸纳与采用，所以自由贸易试验区是开放倒逼改革的战略选择。自由贸易试验区建设的核心任务是制度创新，通过制度复制进行以点及面的对内改革。而在倒逼改革的路径选择上，自由贸易试验区通过推进负面清单试验，倒逼外资管理体制改革；通过推进竞争中立试验，倒逼政府职能改革；通过推进政策协调试验，倒逼政策体系改革；通过推进要素流动试验，倒逼开放模式改革。因此，自由贸易试验区的发展不是依赖于政策红利，而是探索出一条由制度创新驱动的发展道路。政策红利是我国改革开放以来经济发展的推动力之一，政策红利驱动下的发展动力源自资源重新配置，通过政策激励将资源集中于我国具有比较优势的领域，通过规模效应刺激经济迅速发展。然而，由于我国低端生产要素禀赋较为丰裕，政策红利驱动不仅无法破除全球价值链下的“低端锁定”困境，反而会使得情况恶化。制度创新不仅能像政策红利驱动一样提升资源配置能力，更重要的是，它能提升要素培育能力，有利于消除前一发展阶段为激励高级要素流入而形成的政策引致性扭曲，使我国形成成熟的高级要素成长机制。

有了制度的创新，还需要制度的可复制、可推广。“形成可复制、可推广的改革经验，发挥示范带动、服务全国的积极作用”是自由贸易试验区的基本任务之一，这也意味着自由贸易试验区中所进行的是一般性“试验”，其成功经验可在全国范围内推广，这与经济特区长期以来所呈现出的“政策洼地”特征截然不同。自由贸易试验区被定义为“推进改革和提高开放型经济水平的‘试验田’”，其核心功能并非通过迅速发展发挥“先富带动后富”的作用，而是总结在“试验”过程中出现的相关问题，并提出解决方案，为全国提供可复制、可推广的经验以及新的发展模式，以降低乃至避免其他地区发展误入歧途的风险。

知识链接 近代“以开放倒逼改革”的思想

“以开放倒逼改革”，即以开放的外部压力促进内部改革，巩固政权。近代的这种经济思想认为，改革没有自身内部的动力，需要通过对外开放形成一种外部推动力、倒逼压力，使官僚体制和旧习得以清正，使政权得以巩固。清代启蒙思想家魏源的对外开放思想与其改革思想密切相连，他认为，“天下无数百年不弊之法，无穷极不变之法，无不除弊而能兴利之法，无不易简而能变通之法”，治理当世必须依据形势变化采取新措施。而当时的官僚集团昏庸自私，毫无理想，“除富贵而外，不知国计民生为何事，除私党而外，不知人才为何物，所陈诸上者，无非肤琐不急之谈，纷饰润色之事……”只能寄希望于对外开放，通过引进西方技术提升国家军事力量，通过改革保证政权的稳固。同样深刻认识封建旧习实质的还有近代启蒙思想家严复，他指出，封建势力之所以反对变法的原因是由于既得利益者的阻挠，“国家承平既久，则无论为中为外，举凡一局一令，皆有缘法收利之家。曰法久弊丛，则其中之收利益愈益众，一朝而云国家欲变某法，则必有某与某者所收之利，与之偕亡。尔乃构造百端，出死力以与言变者为难矣。是故其法弥敝，则其变弥不可缓；而亦其变之弥不可缓，则其欲变弥难"，"此变法之所以难，而维新之所以多流血也"。①

（二）以融合促进一体化

《推动共建丝绸之路经济带和21世纪海上丝绸之路的愿景与行动》中提到，"抓住交通基础设施的关键通道、关键节点和重点工程，优先打通缺失路段，畅通瓶颈路段，配套完善道路安全防护设施和交通管理设施设备，提升道路通达水平。推进建立统一的全程运输协调机制，促进国际通关、换装、多式联运有机衔接，逐步形成兼容规范的运输规则，实现国际运输便利化。推动口岸基础设施建设，畅通陆水联运通道，推进港口合作建设，增加海上航线和班次，加强海上物流信息化合作。拓展建立民航全面合作的平台和机制，加快提升航空基础设施水平。"从中可以看出，"一带一路"建设的核心任务是以交通基础设施建设为基础的"互联互通"（政策沟通、设施联通、贸易畅通、资金融通、民心相通）。根据"一带一路"走向，陆上依托国际大通道，以沿线中心城市为支撑，以重点经贸产业园区为合作平台，共同打造新亚欧大陆桥、中蒙俄、中国—中亚—西亚、中国—中南半岛等经济合作走廊；海上以重点港口为节点，建设通畅、安全、高效的运输大通道。进一步推动中巴、孟中印缅两个经济走廊的建设。

从国内来看，"一带一路"建设将横贯东西，加速东部经济带的产业转移和中西部经济带的发展，为国内区域经济融合发展奠定稳固的基础。对于内陆经济区域而言，"一带一路"的最大作用就是使原本的内陆区域经济带成为对外开放的前沿地带。这一经济格局的变化必将使国家的经济中心不再局限于东部沿海地区，而是逐渐西移，帮助中西部地区充分利用国内国际两个市场，使中国的各大经济带融合成一个整体，为国内经济的调整和发展提供新的契机。②

（胡彬　余子然）

① 赵玉蓉．"以开放倒逼改革"：中国近代经济思想溯源[J]．探索与争鸣，2015(6)：75－78.

② 李安睿．"一带一路"战略给区域经济融合发展带来的机遇和挑战[J]．现代经济信息，2016(15)：462.

上海的率先转型、自贸试验区功能扩展与长江经济带发展

在新的开放导向下，无论是上海的城市发展还是长江经济带的区域发展，都面临着转型升级的现实需要，包括建立新的开放空间、开放通道以及探索以开放促合作的传导机制。首先，上海借助自由贸易试验区功能扩展如何率先进行城市转型；其次，上海的城市转型将如何从长江经济带战略中汲取动能，并以核心带动者和协调者的角色惠及后者，这两个问题值得深入研究。这将为自由贸易试验区、“一带一路”与区域协同发展提供借鉴。

……

一、上海城市转型与长江经济带区域发展的关系

上海的城市发展以开放为主线，以试验性改革为驱动力，以区域发展为具体的实现基础，围绕开放的功能演进是上海城市发展的主要特征，也是上海不断增强对长江经济带影响力的关键所在。在此，将上海对长江经济带的影响划分为三个阶段。

第一个阶段，产业引领的阶段。始于 1984 年的 14 个沿海港口城市开放，正式拉开了上海发展外向型经济的序幕，也为长江经济带奠定了良好的产业基础。但是，由于沿海城市的开放之间相互平行，各城市更多的是基于自身比较优势的分散和独立发展，所以此时的长江经济带发展也主要体现为增量产业资本的规模化集中和工业化、城市化进程的普遍加快。在这一时期，长江经济带内部的产业分工尚显不足，限制了上海对整个区域的影响作用。

第二个阶段，功能带动的阶段。贯穿于 20 世纪 90 年代的浦东开发开放以及 2005 年实施的浦东综合配套改革试点，都从功能上逐步强化了上海在长江流域发展中的龙头地位，并通过要素集聚、产业分工和区域合作，与周边地区共

同形成了市场一体化水平较高的长三角城市群。凭借长三角城市群的泛化效应，上海对长江经济带的带动作用正式步入组织化引领的阶段。根据以往的数据可知，长三角城市群相比其他两个城市群而言，面积虽然是最小的，却创造出了最大的经济产出，更高的人口密度对应于更强的政府实力和更大的进出口规模，说明上海对长江经济带的带动作用有赖于长三角城市群通过发展外向型经济形成的集聚优势。然而，"一群独大"的局面以及其他两大城市群存在着的城乡二元差异，都使得上海城市功能的影响力受到了限制。

第三个阶段，功能带动和制度创新并举的阶段。2013 年 9 月，上海自由贸易试验区挂牌成立，作为新一轮开放和制度创新的前沿区域，其设立的目标旨在加快政府职能转变、积极探索管理创新的组织模式、促进贸易和投资便利化，对全面深化改革和扩大开放探索新途径、积累新经验。2014 年 2 月，上海市政府在《关于编制上海新一轮城市总体规划的指导意见》中明确指出，将上海"努力建设成具有全球资源配置能力、较强国际竞争力和影响力的全球城市"。在此阶段，上海对长江经济带的龙头带动作用从前期单一的产业引领、功能带动转变为功能带动、制度创新并举的影响方式。对外开放的制度创新作为上海构建全球城市的战略前提，旨在确立上海配置全球资源的枢纽功能。这一功能的形成，将起到整合和优化利用国内外资源的作用，促进长江经济带内外的要素流动，有利于提高区域分工水平及其融入全球化的程度。

从效果上看，尽管后两个阶段都以功能带动为特点，但是，由于上海的城市功能已经从前期的功能区域的多点开发与功能空间的资源配置（诸如浦东新区、虹桥商务区、世博园区）逐渐过渡到以特定类型（全球城市）的发展目标为导向的城市功能释放阶段，这意味着，上海城市转型的承载空间亦需要相应的拓展。

那么，该如何看待上海的全球城市功能定位呢？它既具有共性的发展规律，反映的是深度融入全球化的演化诉求；与此同时，它的全球城市目标又不乏其特定的中国语境，国家战略和区域经济转型的现实需要，对其的目标实现将起到强有力的支撑作用。

在共性方面，由萨森（Sassen，2009）建立的全球城市概念框架，是对 20 世纪 80 年代以来城市角色变化的一种全新认识，也揭示出它们在集体转型过程中的一些规律性特点，可以概括为经济服务化、功能高端化和场所战略化的变化趋势。在网络层次的体系架构下，对于发展中国家而言，全球城市形成的机会虽然因为经济活动的高度分散化而变多了，但是若要真正成为顶级的全球城市，难度同时也极大地增加了。

上海定位的实现全球城市目标的时间跨度是30年，旨在发展成为能够与纽约和伦敦相比肩的顶级全球城市。后两者既是全球资本的支配中心，又是全球资本的服务中心，说明顶级全球城市经济服务化的内向空间与外向空间呈现出基本对称的市场格局，服务市场的规模足够大且服务效率非常高，是这类全球城市的共同特点，也是上海未来发展的方向。然而，在现实中，更多的全球城市都无法同时满足这两个条件。由于经济全球化包括生产过程的高度分散化与功能的深度整合这两个阶段，所以全球城市作为经济全球化赖以持续深入的空间——功能的复合组织要件，沿着主要维度的发展轴向，亦形成并演化出不同的类型。生产性服务的跨国市场规模与城市运行效率是两个主要的衡量维度，分别对应于总部集聚度与网络关联度两个指标。根据泰勒（Taylor）和蒂拉德（Derudder）等人（2012）、唐子来和李粲（2015）的研究，与东京的总部集聚度较高而网络关联度相对较低、中国香港和新加坡的网络关联度较高而总部集聚度较低不同，纽约和伦敦的总部集聚度、网络关联度均较高。按照泰勒和蒂拉德等人（2012）的测算，上海的总部集聚度排在全球前20名之外，网络关联度位居全球第9位。这一结果说明，相较于城市运行效率而言，上海生产性服务的跨国市场规模明显偏小，偏低的总部集聚度与产业链价值分布的空间偏好有关，反映出高端价值环节在上海及长三角地区范围内总体稀缺的特点，这一不足反过来又将限制上海生产服务业的结构高级化和城市功能的高端化。可见，在上海的全球城市建设过程中，需要破解在遵循世界共性变化规律过程中导致的各因素相互掣肘的关键问题。

相对于经济服务化、功能高端化等更加有赖于集聚市场驱动力的发展趋势而言，场所战略化更加符合上海当前加快全球城市建设的切入点。“一带一路”倡议旨在多点同步的对外开放效应，将激发长江经济带沿线各省市的比较优势，加之上海自由贸易试验区制度创新的复制推广效应，有利于逐步打破长江经济带的市场分割现象，扩大市场规模，促进区域内分工的发展和要素的双向流动，缩小城市群之间的发展差距。当城市群成为空间分工的主体单元时，区域合作将变得更加密切，按价值链分布的分工特征逐步成为主流，不仅有助于延伸产业发展的价值宽度，而且还会加速价值链高端环节向上海的集中，使其成为高端城市功能的战略载体，围绕高端要素投入产出的整个过程，促进经济服务化水平的提高与结构的升级。

上述分析表明，无论"一带一路"倡议还是长江经济带战略，都对将上海打造成为顶级全球城市的战略场所起到巨大的推动作用。反过来，上海如果能够建设成为在世界经济体系中发挥战略性作用的城市，那么长江经济带也将迎来更大的发展空间，城市群特别是长江中游和成渝城市群的发展规模将因市场容量的增长和产业一体化程度的提高而扩大，将成为新一轮长江经济发展的突出特征。与此同时，中国对外开放的界面也将从若干个分散的节点连成接受市场机制调节的庞大开放空间，通过更大范围的要素流动，优化产业资源的空间分布，培育更大规模的市场容量，重点推动以上海为代表的城市群核心城市的率先转型，形成产业群与城市群相得益彰、经济发展与环境保护相协调、持续发展与高效发展相统一，实现陆海联动的流域经济体。

二、上海城市转型在长江经济带发展战略中的作用

上海的全球城市定位对于长江经济带发展而言，构成了具有转折意义的重大影响因素，后者依托上海城市功能的升级，有望发展成为具有世界影响力的流域经济体。反过来，目前上海城市转型中存在的若干功能约束，诸如影响力有限、外向服务能力偏弱以及城市群之间空间组织不连续等，都不利于它向顶级的全球城市迈进。因此，在研究上海在长江经济带发展战略中的作用时，必须同时考虑这两个层次的影响。

上海的城市转型是长江经济带发展战略顺利实施的关键，具体表现为它在开放导向、功能架构、空间优化等方面扮演的角色及发挥的多重作用。

（一）开放导向中的枢纽节点

上一轮以浦东开发开放为始点的上海城市转型重在城市的形态功能建设，新一轮的对外开放更强调以自由投资与贸易为基础的、以深化改革为推动力的

制度创新，这开启了上海以制度功能为典型特征的城市转型新阶段。从形态功能到制度功能的飞跃，上海与长江经济带之间的关系将发生质的变化。在形态功能阶段，上海与长江经济带的联系主要依靠硬件设施得以实现，经济联系随着空间距离而衰减是这个时期的主要特点。当时与上海经济联系紧密的城市主要集中在沪宁—沪杭—杭甬铁路沿线，中西部地区城市与上海的经济联系作用量很弱。[①] 这使得上海对长江经济带的辐射还主要局限在长三角地区，即上海的城市功能对要素和产业的向心吸引力超过了对它们的扩散能力，致使对外开放的传导能力也受到极大的限制。当然，在形态功能建设时期，有效集聚功能性产业发展所需要的核心要素与关键资源也成为上海城市功能体系得以确立的充分必要条件。

长江经济带发展战略的实施，将启动横贯东西、沟通南北、通江达海和便捷高效的综合立体交通网的建设，需重点解决三个问题：一是挖掘并发挥长江航运的潜能，提高高等级航道的比重，解决中上游航道的梗阻问题，全面推进长江干线航道系统化治理；二是积极推进航道整治和梯级渠化，提高支流航道等级，形成与长江干线有机衔接的支线网络，统筹推进支线航道建设，扩大航运交通网络的覆盖广度与通达深度；三是加强集疏运体系建设，以航运中心和主要港口为重点，加快铁路、高等级公路等与重要港区的连接线建设，强化集疏运服务功能，提升货物中转能力和效率，促进过江通道与长江航运、防洪安全和生态环境协调发展，实现长江两岸区域间、城市间以及城市组团间便捷顺畅连接，形成功能完善、安全可靠的过江通道系统。在长江经济带的通达性有望获得极大改善并逐渐优化的预期下，上海城市功能中的软性构件诸如技术、人才和文化等高端要素在推动城市转型中的作用也就显得格外重要了。围绕集聚这类战略要素的需求，增强开放对资源配置的导向作用，是上海城市转型和有效推动长江经济带的共同前提。

（二）功能体系的网络核心

在流量经济主导的时代，城市网络作为全球城市赖以形成的组织基础，同

① 向云波，彭秀芬，徐长乐．上海与长江经济带经济联系研究[J]．长江流域资源与环境，2009(6)．

时也是向国内腹地导入要素和配置资源的有效支撑。研究表明,国家腹地对城市在网络中的地位比城市和行业因素的动力作用都更加明显。[①] 腹地经济的一体化,将通过更大的市场规模、更高效的资源配置和更深入的产业分工,提高核心城市在网络体系中的枢纽功能地位。长江经济带战略正是国家腹地扩大的重要举措,对上海突破城市功能的局限有着重要意义。以金融中心为例,一个典型的事实就是,虽然上海作为国家金融中心对跨国金融企业的吸引力日益增强,但是上海自身的业务份额只占上海外资银行市场份额的一小部分,并且在沪外资银行在大中华区之外的亚太地区或全球其他地区业务量几乎可以忽略不计,说明跨国金融业并不认为上海在亚太或全球金融业务总部方面具有综合比较优势,而是普遍将其视为“深耕”中国内地市场的桥头堡。[②] 这表明,当前上海的开放功能更主要地体现为它的门户优势,而非资源配置的跨国枢纽。相对于前者而言,后者代表城市从一般性的网络节点上升为战略性的网络节点。上海如果从以单向输入为主的门户功能升级为以跨国资源配置为主的战略枢纽功能,不仅有赖于持续扩大的国内市场,还应打造成为国内投资对外输出的功能性平台。

长江经济带战略的提出,顺应了上海城市功能升级的上述需求。作为要素、产业和人口高度集中的流域型经济区,提高城乡一体化和区域一体化水平将创造出更大的市场容量,并促使流量空间向新的市场中心扩展,以上海为中心的服务网络亦将实现同步延伸,所构成的多元而复杂的长江经济带城市联系,会孕育出多样化的服务需求,激励上海发展质量、层次和效率更高的专业化生产服务,继而增进上海在全球城市网络中的战略价值。在新的开放框架下,“一带一路”沿线国家的枢纽节点、长江经济带的枢纽节点与上海之间有望形成新的战略通道。所谓战略通道是在枢纽基础上,节点城市之间流动要素的价值分布,是不同城市的能量和价值的体现;战略通道是网络的核心,城市之间的流量是关键的资本、战略决策、关键信息、知识和技术;在不同的网络层次上,关键

---

① 姚永玲,董月,王韫涵. 北京和首尔全球城市网络联系能级及其动力因素比较[J]. 经济地理,2012(8).

② 赵民,李峰清,徐素. 新时期上海建设“全球城市”的态势辨析与战略选择[J]. 城市规划学刊,2014(4).

城市都可能承担战略决定作用，那么途经这个城市的关联通道将是战略通道，一些关键的价值流动会在此发生。① 所以，对于长江经济带而言，构建以上海为资源配置枢纽的战略通道，是其发展的关键和重点所在。由于战略通道的价值在于内外市场的高度贯通与一体化，所以需要实现长江经济带高起点的协调发展，这对创新区域合作制度、探索多样化的合作组织与模式等也提出了新的要求。

（三）空间组织的核心协调者

在上一轮城市转型中，上海的发展很大程度上得益于长三角地区以市场合作、产业分工与跨区域公共品共享为特征的经济一体化。研究表明，随着长江三角洲城市经济协调会的成立、运行，地方市场分割对区域协调发展的阻碍作用已经下降了近50%。② 长三角城市群实行的"三级运作、统分结合、务实高效"的区域合作机制，具体分为决策层、协调层和执行层三个层次。决策层为"长三角地区主要领导座谈会"，决定长三角地区合作的方向、原则与重点等重大问题；协调层为"长三角地区经济合作与发展座谈会"，落实主要领导座谈会部署，协调推进重大合作事项；执行层主要指长三角城市经济协调会，在合作城市间以专题合作的形式进行不同领域内的合作。③ 无论是议题讨论还是城市合作项目的组织与实质性推进，上海都在长三角城市经济协调中发挥着核心作用。更进一步说，长三角日益紧密的区域合作促成了上海形态功能阶段的城市转型，使得长三角地区逐渐演化成为以上海若干个中心功能为组织架构的、利益共享和空间结构优化的城市区域。

从政府协调、市场响应、行业联动共同促进城市合作的角度来看，2015年是长三角地区发展的转折点。在这一年中，根据"适应新常态、把握新机遇——共推长三角城市新型城镇化"的协作主题，首次提出深入探讨"一带一路"和长江经济带建设、新型城镇化发展战略等，以便为新常态下长三角城市

---

① 吕康娟．上海全球城市网络节点枢纽功能、主要战略通道和平台经济体系建设[J]．科学发展，2016(4)．

② 徐现祥，李郇．市场一体化与区域协调发展[J]．经济研究，2005(12)．

③ 郝寿义，程栋．长江经济带战略背景的区域合作机制重构[J]．改革，2015(3)．

一体化发展出谋划策。这表明，新常态下的长三角城市一体化有待于通过拓展对内、对外两个开放空间获得新的发展动力，面对由开放所衍生出的更大的发展空间，长三角地区合作的难度也将加大，创新合作机制、探索多样化的合作模式、在融合中重塑空间结构、依靠协调提高区域合作效率，是未来的发展方向。

目前，长江经济带高起点协调发展面临诸多制约因素，包括自主创新能力不强、制约创新支撑能力发挥；资源环境约束日益加剧，转型升级倒逼压力加大；沿江综合交通运输体系远未完善，对沿江城镇化发展尚未形成良好的支撑作用；长江上、中、下游地区发展不平衡，经济带整体优势未能得到充分发挥；① 城市绿色效率整体水平不高，且主要集中在资源的过度消耗和环境污染物的过度排放方面；② 中西部承接产业转移的竞争力差异较大，表现出“强者恒强、弱者恒弱”的局面，③ 安徽、湖北、四川的产业承接能力最强，处于承接产业转移能力的第一梯度，而湖南、江西次之，承接产业转移能力最差的地区是云南、贵州、重庆等地。④ 所有这些问题，都对长江经济带的一体化构成了制约，是上海在战略转型中需要重点考量的内容。

结合上述问题，作为长江经济带空间组织的核心协调者，上海应积极拓展原先仅仅局限在长三角城市群范围内的协调功能，重点建设多层次的协调平台：一是功能性的协调平台，包括城市群发展的组织协调平台和城市网络的组织协调平台；二是产业发展与协调平台，以科技创新中心建设为战略抓手，以市场机制为基础，引导要素、资源向高端价值链集中，实施面向产业带发展的协同创新与专项技术攻关，有序引导下游产业向中西部地区转移；三是制度协调平台，包括开放制度的创新与复制、区域合作的模式探索与示范应用、区域问题的动态监控与协调治理。

---

① 孔伟明，常梅．统筹城乡区域发展 共建长江经济带升级版[J]．宏观经济管理，2013(8).

② 卢丽文，宋德勇，李小帆．长江经济带城市发展绿色效率研究[J]．中国人口·资源与环境，2016(6).

③ 叶琪．我国区域产业转移的态势与承接的竞争格局[J]．经济地理，2014(3).

④ 滕堂伟，胡森林，侯路瑶．长江经济带产业转移态势与承接的空间格局[J]．经济地理，2016(5).

三、上海自由贸易试验区的功能平台性质与转型需求

(一)上海自由贸易试验区的平台属性及其特征:一体化角度的认识

在此需要指出的是,上海自由贸易试验区作为集聚现代服务业的功能发展平台,相较于开发区、高新技术园区等以制造业集聚为主体的产业发展平台而言具有自身的特点。除了满足相关产业发展的需要以外,还因其充当中间投入品和以知识作为核心投入要素的主要特征,涉及产业的有效组织问题。这意味着,自由贸易试验区的发展应契合产业之间协同发展的需求,跨行业、跨产业、跨地域的功能溢出是其利润与效率的主要来源。具体分析是,上海自由贸易试验区的功能平台属性决定了它需要在产业和地理的两个维度上确立一体化发展的基础。

单从产业发展的角度看,区域发展平台的基本特征是为入驻的经济主体提供统一和共用的硬件基础设施与软件基础设施服务,平台内经济主体则通过相互协同和交易实现共同发展。① 对于其中的发生机制,理查德·T和安娜贝勒·G(2009)认为,在给定的、发挥基石作用的平台建构中,大量的相互之间具有技术、组织和产品关联的企业可以实现集聚、分工、衍生、竞争与合作。这是具有集体行动意义的系统功能。对应于上海自由贸易试验区来分析,可以据此分析它作为产业发展平台的独特功能。

在性质方面,自由贸易试验区的系统功能是由基于信息化的现代市场交易技术、跨国贸易、金融与投资组织和专业化服务产品之间的关联性决定的。相较于纯粹发展制造业集聚体的产业平台而言,自由贸易试验区的平台功能要更加复杂一些。它强调服务业对制造业的整体促进作用,其产业组织形态既可以是制造业服务化的纵向一体化结构,也可以是专业化生产服务业的集聚体。

对于前一种情况,发端于浙江的民营制造型企业创新性地实施了与生产服务业之间“跨层面协同”发展的模式,并随着企业战略的地理扩张而表现出极强

① 严效民,胡汉辉. 基于平台理论的区域产业发展平台分析——以苏州工业园区为例[J]. 科学学与科学技术管理,2011(11).

的复制性,代表了市场自发的服务平台发展演化的方向之一。例如,浙江传化集团、虎牌控股集团分别将物流、电务等内部服务功能延展成为外部化的服务产业及其集聚体,从而为吸引相关资源集中与建构产业集群的关联机制创造了条件。吴义爽和徐梦周(2011)将此概括为制造企业的“服务平台”战略,认为这些制造企业是以“服务平台运营商”的定位来为其他的专业化服务企业提供具有基石性、共享性和互补性的服务功能。这种模式既为制造业企业开辟了新的利润来源,同时也契合了制造业与服务业协同互动的发展需求,可以借鉴并成为上海自由贸易试验区吸引民间资本进入物流服务领域的主要渠道,同时对于这类服务平台通过扩大开放拓展海外市场亦是一个极好的尝试。

至于以专业化为特征的生产服务业,当在有限的地理空间内主要通过制度激励形成集聚优势时,它就将成为一个相对独立的功能中心,高度依赖于与区外经济体系(包括国外与国内其他区域的经济体系)的开放式互动。与制造业的平台类型不同,由专业化生产服务业集聚而形成的发展平台,是通过知识分工建立起技术、组织与产品的关联性的。由于知识的创造与积累对于生产服务业的发展至关重要,故而其构建的难度要高于制造业平台,对人力资本的供给、交易制度的规范性、公共服务与商业服务体系的完善性等都有着较高的要求。因此,在这些方面尽快与国际接轨,是上海自由贸易试验区提高开放效率的前提条件。

结合上海中长期致力于建设全球城市的战略定位,上海自由贸易试验区制度创新与复制的重点应放在金融体制的改革上。从预期效果看,这种以金融服务业为核心,以现代服务业为主导的全球产业结构,将使得国际大都市的内涵发生质的变化,更新它们在生产、服务、市场和创新上的形态,尤其是企业兼并和收购的国际化与大规模的资金国际融通,使得这些城市以趋向决策和管理为中心内容,在全球经济活动中表现为一个“中立”的协调人。① 当然,仅仅提升城市功能还不足以支撑全球城市的建设。全球城市是城市区域而非城市个体的概念,它的形成是开放条件下最大限度地满足资源配置需求的结果。这其中,既涵盖了资源跨国界的自由流动,也包括资源在区域空间范围内的优化配

① 李志平,白庆华. 大都市现代服务业集聚区的形成机理研究[J]. 现代管理科学,2008(2).

置。可见,建设全球城市,需要协调国际开放与区域开放之间的关系,即开放的空间一体化。通过国际开放促进区域开放,体现的正是上海自由贸易试验区期望通过制度复制实现的溢出效应,其根本目标是深化全球化分工倡导的专业化生产模式。至于国际开放影响区域开放的传导机制,它要求突破区域层面上交易成本对资源配置的各种限制,而这又恰恰是制度复制要解决的问题。可见,制度复制的成效影响着内外市场的一体化程度。

由制度因素造成的区域开放的滞后,使得中国的经济发展出现了结构性失衡的矛盾。相对而言,进出门槛偏低的非技术产业,特别是劳动密集型产业更容易形成集聚,[①]这意味着开放程度不足的区域在全球化的背景下可能会面临产业价值链结构与层次单一的问题,严重时则将导致“低端锁定”的发展制约。目前,这些问题也客观影响到了中国区域的可持续发展,诸如产业集聚的技术外部性欠缺和本土企业自主创新能力不足等,都长期困扰着制造业及相关平台的发展。为了改变这一状况,上海自由贸易试验区应着眼于服务平台的功能建设,重点发展那些有助于降低交易费用的产业类型,通过提高知识分工的水平,调整与优化区域产业结构。

(二)上海自由贸易试验区面临由前身政策区域向经济区域的转型

2005年年底上海洋山深水港的建成,标志着保税港区的形成。作为中国第一个保税港区,它一头联结着国内的规模化生产基地,另一头则与世界市场相衔接,港区一体化运营是保税港区竞争的效率来源。对于保税港区而言,货物贸易、港口吞吐量和腹地经济是衡量港口实力的主要标准。目前,上海港的货物和集装箱吞吐量都位居全球十大港口之首,体现了保税港区货物贸易的竞争实力。然而,仅仅是这些指标评价的内容还不足以支持自由贸易园区的发展。

长远来看,上海自由贸易试验区的未来发展方向是城市意义上的自由港。但是,在金融危机仍然对国际形势产生影响以及国内经济发展方式急需转变的背景下,与其前身保税港区的定位相比,自由贸易试验区沟通与联系国内外经

① Michael P Devereux, Rachel Griffith, Helen Simpson. The Geographic Distribution of Production Activity in the UK[J]. Regional Science and Urban Economics,2004(34):533-564.

济的方式将发生显著的变化。只有厘清了这些变化,才可以较充分地认识上海自由贸易试验区的转型方向。

与中国的其他保税港区一样,上海自由贸易试验区的前身也是基于一些共同的政策目的而设立的,本质上属于政策性区域,而非完全意义的经济区域。所谓经济区域,与政策区域的主要区别在于它以市场机制为资源配置的主要手段,经济主体根据市场的变化开展竞争与合作。所以,上海自由贸易试验区如果要摒弃以“政策洼地”营造竞争优势的传统做法,就必然面临向经济区域的转型。而经济区域的主要特征就是要承载与其定位相匹配的核心功能。当然,作为新一轮对外开放的前沿,以港口贸易、保税功能为构成要件,以国际金融中心、国际航运中心建设为功能支撑的上海自由贸易试验区,其经济区域的属性、发展重心也将在演化中形成自身的特点。对此,我们将进一步做出分析。

四、转型导向的上海自由贸易试验区预期演化路径分析

(一)基于转型的上海自由贸易试验区开放演化路径

根据2013年9月29日上海市人民政府颁布的《中国(上海)自由贸易试验区管理办法》,自由贸易试验区的区域功能主要界定为:推进服务业扩大开放和投资管理体制改革,推动贸易转型升级,深化金融领域开放,创新监管服务模式,探索建立与国际投资和贸易规则体系相适应的行政管理体系。这样的界定,是将上海自由贸易试验区视为制度创新的中心与试验基地,其战略取向被定位为实现国家层面的经济发展方式转变、经济结构调整、开放水平提升以及打造中国经济“升级版”。在定位上,上海自由贸易试验区符合自由港的发展方向。这是因为,自由港不同于传统意义的自由贸易区,后者仅限于出口驱动的功能,前者则通过将自由港区与整体经济相联系而实现经济增长的整体带动,因此,核心政策的自由化与大范围扩散是大多数自由港规划发展的重要内容。

作为国内外开放的衔接枢纽,上海自由贸易试验区承载着制度复制与推广的目标。从开放的顺序来看,它与国内其他区域经济体系的开放式互动(主要是分工范畴的要素流动和产业转移),首先取决于自由贸易试验区融入全球化的开放程度,其次则将伴随区域一体化的演进而逐渐加深。上海自由贸易试验

区充当着向自由港过渡的中间功能形态,同时还是联结国内外两个市场的枢纽,而不是像以前的保税港区那样主要行使出口加工贸易的相关功能,主要包括口岸、物流、加工和展示这四类基础性功能。然而,保税港区的整个转型过程却并非依靠自身就能够完成的,尚需得到城市乃至区域的支持。惟其如此,上海自由贸易试验区的建立才能够最大限度地释放其制度创新的外溢效应。

上海自由贸易试验区的一端与国际市场相衔接,旨在实现商品、要素与服务的双向流动。在这方面,由于涉及市场体系建设的庞大任务,故而以推进上海“四个中心”建设为内容的城市转型应成为自由贸易试验区获得发展的必要推力。国务院颁布的《中国(上海)自由贸易试验区总体方案》提出,要扩大金融、航运、商贸服务、专业服务、文化服务和社会服务这六大领域的开放程度。这实际上也是同时明确了像上海这样的特大型城市转型开放的路径取向。鉴于先行先试的制度优势,上海自由贸易试验区将在城市转型的某些关键领域尝试取得突破,诸如人民币自由兑换等关系到国际金融中心建设方面的内容,然后逐步向其他领域扩展。

上海自由贸易试验区的另一端还连接着国内经济与市场。上海自由贸易试验区发展的战略目标就是通过开放的制度创新及其向国内(长三角地区首当其冲)的复制与推广,实现国内经济体系参与全球化方式的多样化转变,改变全球价值链的低端过度竞争的局面。从目标上看,这首先反映为生产基地在增值链上的位置提升,其次则体现为国内消费市场的繁荣发展(通过要素的自由流动改变被长期扭曲的配置格局,合理分配要素利益,促进国内消费潜力的释放)和创新中心的逐步培育。

2015 年 4 月公布的《进一步深化中国(上海)自由贸易试验区改革开放方案》,标志着上海自由贸易试验区从 1.0 版向 2.0 版的升级,而后者更倾向于推动整体意义的城市转型。这项方案指出,以“开放度最高的投资贸易便利、货币兑换自由、监管高效便捷、法制环境规范的自由贸易园区”为发展目标,上海自由贸易试验区将“继续积极大胆闯、大胆试、自主改”,深化完善以负面清单管理为核心的投资管理制度、以贸易便利化为重点的贸易监管制度、以资本项目可兑换和金融服务业开放为目标的金融创新制度、以政府职能转变为核心的事中事后监管制度,形成与国际投资贸易通行规则相衔接的制度创新体系,充分发挥金融贸易、先进制造、科技创新等重点功能承载区的辐射带动作用。特别是在转变政府职能、加强事中事后监管方面,更体现出贴近企业和市场需求的特点,诸如加强社会信用体系应用、加强信息共享和服务平台应用、健全社会力量参与市场监督制度、完善企业年度报告公示和经营异常名录制度、健全国家安全审查和反垄断审查协助工作机制等。

(二)上海自由贸易试验区服务于转型发展的内部机制

上述分析表明,上海自由贸易试验区承载着扩大开放和为国内经济社会发展积累改革经验的双重目标。然而,扩大开放和为国内经济社会发展积累改革经验分别代表的过程及其关系机制却并不相同,这成为自由贸易试验区改革的难点所在,也说明了重点发展二者之间的关键性互动机制是可行的选择。

对于扩大开放,它从属于城市趋向后工业化社会的转型过程。皮特 · H(2004)认为,后工业化城市的典型特征是第三产业化、第四产业化和信息化等,结果是在全球层面上正在形成一个新的城市等级结构。他将衡量城市在这个等级体系中地位的最重要的指标概括为七项:跨国公司全球或地区总部的数量、国外银行和其他金融机构的数量、现有的国际机构、文化指标、印刷和电子传媒的集中度、国际性旅游者的数量、联系度指标。因此,从指向上看,建立上海自由贸易试验区就是要形成与“全球城市”相匹配的开放程度及确保其实现全球网络连接的制度基础设施。而率先将自由贸易试验区打造成为具备全球城市节点功能的制度型组织,可以为城市转型找到有效的突破口。

对于为国内经济社会发展积累改革经验,它与扩大开放之间既存在着时序上的继起关系,同时又依赖于改革措施的同步实施与持续推进,否则可能导致“制度不均衡”式的市场扭曲。在要素流动方面,扩大开放发挥的作用更主要地体现为一种结构性的“增量效应”,即通过贸易自由化、投资自由化和金融国际化,吸引高端要素流入。为此,需要积极促进以现代服务业为主的国际产业转移与资本流动。也就是说,扩大开放对国内经济社会发展积累改革经验的影响程度,主要取决于上海自由贸易试验区能够对引资结构的变化产生怎样的实际效应。从这个角度来看,上海自由贸易试验区相当于一个功能性的、由服务贸易主导的产业发展平台,它所吸引的高端要素能否向国内扩散取决于平台发展的质量与效率。

预期中的上海自由贸易试验区将发展成为开放型现代服务业发展的高地，它面向的是国内庞大的、以制造业为主体的国内市场。按照服务贸易领域学者蒂尔朵夫(Deardorff,2001)的观点，由于各国生产要素价格和技术不同，企业生产更倾向于在不同国家分散进行，则这种分散生产更需要各种服务贸易来联系和协调……因为货物贸易需要运输、通信、银行、会计及信息处理等服务贸易作为投入，对边境与国外之间的限制只会增加贸易成本和贸易壁垒，所以服务贸易自由化可以促进货物贸易。因此，发展服务贸易应被作为保税港区转型的重点。同时，服务市场的开放能够改变商品贸易的格局，使得原来需要进口的商品，现在因为获得高效率的国外生产者服务投入而开始对外出口，这意味着周边地区也将受益于服务贸易自由化，从而实现贸易结构的升级。

可见，短期来看，自由贸易试验区对要素流动的促进作用，主要来自于贸易便利性的贡献，体现为基于增值服务的贸易增长与结构变化。中长期来看，提高要素流动的配置效率，还有赖于自由贸易试验区与区外经济体的互动发展。为此，上海自由贸易试验区也需要形成一套面向国内产业发展的开放体系，这是确立其功能地位的重要前提。

五、上海自由贸易试验区功能的阶段性演进与功能拓展的政策框架

考虑到功能形成的阶段，上海自由贸易试验区从保税港区向自由港的转型也将经历一个演进历程，包括前期的制度框架性设计、中期的制度运行评估与补充完善、后期的制度成熟与推广。由于制度的试验与效果反馈需要一定的时间，所以在试验区外的政策与制度推广时应根据全球投资与贸易的趋势性变化同步做出框架性的调整。

保税港区向自由贸易试验区的转型，很大程度上取决于功能的补充与延展。如果说，发展保税港区属于一种政策模式，那么建设自由贸易试验区就是一种功能模式。从政策竞争到功能竞争的升级，根本上取决于现代服务业(集群)的发展质量。所有的制度创新，都将围绕着这一目标展开。

与综合保税区和保税港区相比，以自由港为发展方向的自由贸易试验区增

加了离岸贸易、离岸金融和离岸外包等主要功能。这三项功能的纳入是为了扩大自由港运行的自由度,包括货物进出自由、投资自由、金融自由和运输自由等主要内容。

从趋势来看,上海自由贸易试验区建设从属于中国深度嵌入全球价值链分工体系的政策框架,它的发展将密切关注国际竞争格局的长期走向。联合国贸发会议的世界投资报告(2013)指出,在国际范围内,为了寻求介入全球价值链的途径、从参与全球价值链分工中获益以及实现产业升级,对国家和地区制定结构性发展政策提出了需求。其主要包括五项:一是在总体发展战略与产业发展政策中充分考虑嵌入全球价值链;二是为由全球价值链支撑的经济增长创造并维持一个有益的投资和贸易环境,以及提供相应的基础设施;三是构建地方企业的生产能力;四是提供有效的环境、社会和治理框架;五是协调贸易与投资两个领域的政策与制度。特别要提到的是第三和第四项需求,作为结构性政策体系中的重要内容,它们反映的是为嵌入全球价值链而需要在国内完成的一系列变革,涉及生产主体、环境保护、社会发展和制度组织等多个方面的内容,基本上涵盖了开放条件下风险治理的所有议题。这意味着,作为新一轮开放的契机,上海自由贸易试验区的发展应纳入国家参与全球价值链分工的整体政策框架中综合考察。目前,上海自由贸易试验区对促进开放发挥了重要作用。到2015年6月末,自由贸易试验区共新设各类企业2.1万户;上半年自由贸易试验区吸引合同外资260亿美元左右,同比增长3倍以上,占全市的70%左右;自由贸易试验区对外投资130亿美元左右,同比增长超过3倍,占全市的50%以上。

此外,在全球价值链组织国际分工的大背景下,港口城市的竞争优势获得了显著的提升。港口城市一方面充当着全球商品流的节点,另一方面则扮演着与航运、港口活动相关的高级服务中心的角色,成为全球价值链与高级生产服务业频繁互动的地域界面。基于对此的认识,雅各布斯(Jacobs)、西泽·D和皮特·兰根(Delangen,2010)认为,由于港口城市嵌入在网络(诸如国际化运营的高级生产服务系统)和地域背景中的主要特征,改变了其区位的单一属性,使得那些竞争能力较强的港口城市呈现出服务业高度集聚与港口运输企业高度专业化的发展特点。他们同时还指出,即便是港口海运高级服务业也并不与它所支持的商品流有空间上的联系。由于产业结构在港口型产业与城市型产业专业化融合的基础上发生了转变,从而意味着以改变对外开放方式为目标的上海自由贸易试验区,只有依托于全球城市建设的整体框架,才能够实现向自由港的顺利转型。这需要重点开拓商业银行的业务体系,发展与海事相关的保险、中介、法律、仲裁、教育和研究等行业。相对而言,这类服务业的区位选择并不严格局限于港口区域(诸如巴黎、马德里、莫斯科等非港口城市拥有高度集中的海事高级生产服务业),它们的发展更强调邻近于船东总部等客户群。

基于上述港口城市及其上海自由贸易试验区的特点,对上海自由贸易试验区的制度复制提出了若干启示。首先,作为“苗圃”式的试验基地,上海自由贸易试验区的制度创新,是城市转型意义上的制度创新,其普遍性决定了制度复制的速度也必须跟上全球城市建设的步骤。不仅如此,一些基础性的领域诸如金融体制的变革,并不是单纯依靠自由贸易试验区就能够完成的。上海自由贸易试验区的前身——保税港区的产业结构及其地理空间有限的区位性质,尚不足以支撑上海成为全球服务网络中心的发展战略。基于嵌入全球商品链的优势,上海自由贸易试验区虽然可以成为上海发展成为全球港口城市的促进机制,但是它自身的转型还有赖于上海“四个中心”服务战略在产业融合与专业化发展方面给予资源、要素和空间上的综合支持。其次,制度复制并不是简单的制度移植,它的作用在于引入市场机制,以期充分释放城市发展的差异性与多样性。从这个角度看,上海自由贸易试验区对于服务业开放的制度创新探索属于适用性更广的范畴,不能将其与城市发展的目标分割开来看待。

(胡彬　余子然)

全方位开放格局下的中国区域经济协同发展

《国民经济和社会发展第十三个五年规划》中提到全方位对外开放是发展的必然要求。必须坚持打开国门搞建设，既立足国内，充分运用我国资源、市场、制度等优势，又重视国内国际经济联动效应，积极应对外部环境变化，更好地利用两个市场、两种资源，推动互利共赢、共同发展。

一、全方位开放格局的特点

（一）自由贸易试验区开放格局的网格化

自由贸易试验区与“一带一路”倡议的互动构成了我国目前对外开放的新格局。“一带一路”倡议从广度上扩大了我国全方位开放的范围，而自由贸易试验区则从深度上拓展了我国全方位开放的程度。

自由贸易试验区与“一带一路”倡议互动的重点是在西部的重要交通枢纽、开发前沿地带上，通过“点—轴”式开发，依托国际大通道，以沿线中心城市为支撑，以重要的产业园区为平台，打造合作的走廊，在我国沿路、沿边方向构造新的对外开放格局。根据网络布局模式的理论，一定区域内增长极与增长极之间的经济联系，以及经济轴线与轴线之间按照一定的经济技术规律经纬交织而发展成的点、线、面统一体，主要包括商品、资金、技术、信息、劳动力等生产要素的流动网、交通网及通信网等。当内陆地区形成增长极之后，综合交通网络就会不断完善，这为对接“一带一路”的国内大通道建设创造了非常有利的条件。国内大通道建设是“一带一路”的重要组成部分。建设国际经济合作走廊和海上运输大通道，国内大通道建设要走在前面。“一带一路”沿线有相当大的区域在中国境内，加快国内大通道建设，联通“一带一路”境内沿线区域，对于推进“一带一路”建设至关重要。只有与国际经济合作走廊相连的国内大通道建设畅通了,跨境物流和人员流才能畅通,才能推动沿线区域的对外开放,国际经济合作走廊的建设才能真正发挥跨境合作的作用。

在国内大通道的建设中,自由贸易试验区可以发挥引领开放和带动沿线区域经济发展的重要作用。在“一带一路”国内大通道沿线区域合理布局自由贸易试验区,能有效地促进沿线区域改革开放、产业布局调整和经济发展。中国第一、第二批设立的4个自由贸易区由北到南布局在东部沿海地区,对中国东部地区的对外开放和区域经济发展的作用已经显现。根据中国综合交通网和全国骨干流通网络建设规划,从对接“一带一路”国际经济走廊的需要出发,未来自由贸易试验区应该更加向中西部和沿边地区大通道沿线布局,如全国流通大通道体系“三纵五横”中的中线京港澳流通大通道和西线呼昆流通大通道的沿线区域。因此,在湖北、河南、广西、新疆、川渝等地设立自由贸易试验区,对于深化改革开放、促进国内大通道建设、加快区域间经济要素流动和产业布局调整、带动周边区域经济发展和对接“一带一路”倡议等,都将发挥积极而重要的作用。

(二)开放门户的多元化

相比于原来的开放格局,全方位对外开放的门户不再仅限于东部沿海地区。开放门户从东部沿海地区增加到中西部以及沿边地区。

我国对外开放格局演变过程分为两个阶段。第一阶段是1978—1991年东部沿海地区由南向北点状开发的阶段;第二阶段是自1992年邓小平南巡讲话后对外开放自东向西推进的深化阶段。在应用层面上,我国第一轮开放是基于邓小平同志提出的“先富后富”的发展思路,国家的各种政策、资源要素更多地向东部集聚,支持东部率先发展,让东部先富起来。在此思路的指引下,有力带动了区域整体的发展,同时也造成了区域差距,特别是东西发展差距不断拉大。在第一轮对外开放战略部署下,形成了我国这一时期区域发展最显著的两大格局:一是东西差距的格局;二是“两横三纵”的格局。而双向开放阶段,随着“一带一路”倡议的提出,对这两个大的格局产生巨大影响。

(三)增强中国在经济全球化中的引领作用

"一带一路"的实施,提升了中国在全球经济中的"话语权"。"一带一路"是中国利用和施展规则影响力的最好平台,更是中国经济外交的有机组成部分,与"一带一路"沿线经济体倡导政策沟通、设施联通、贸易畅通、资金融通和民心相通以及命运共同体目标,实现从外交服务于经济到经济外交的转变。而自由贸易区将是未来"一带一路"实施的主要途径,中国如何在自己打造的圈子里带好头,形成一种新型区域机制,使得各参与方从中获益,赢得国际支持,考验着中国对国际性组织的管理、组织和运营能力,①这就需要中国积极对接国际贸易新规则,自由贸易试验区就是最好的"试验田"。

全方位的开放格局要求统筹协调国内产业布局调整与"走出去"战略。整体而言,与"一带一路"沿线区域相比,中国处于产业价值链的高端,有能力向这些国家提供各种生产机械和交通运输设备等,"一带一路"沿线将是中国企业"走出去"的重点区域。就中国内部而言,中西部地区在承接东部发达地区产业转移方面也有很大空间。中西部许多区域和"一带一路"沿线国家在比较优势和产业发展阶段上具有一定的相似性,国内大通道建设将消除中西部地区交通不便的障碍,中西部地区资源丰富、低成本生产的优势能得到更加充分的发挥,承接东部产业转移的配套能力也会增强,而且,中西部地区人口众多、市场空间广阔,可为转移产业提供丰富的劳动力和消费潜力。在国内大通道和国际经济合作走廊相连通的条件下,中国区域间产业布局调整和"走出去"战略能够有效结合起来,企业可以在境内外更广阔的空间内配置生产性资源和优化产业布局,在推进"一带一路"建设的同时,促进中西部地区发展。

二、区域经济协同发展的基础

区域经济协同发展,是指区域内各地域单元(子区域)和经济组分之间协同和共生,自成一体形成高效和高度有序化的整合,实现区域内各地域单元和经

---

① 许德友."一带一路":助力中国开放型经济"不一样"的未来[J].长春市委党校学报,2015(3):5-8.

济组分"一体化"运作的区域经济发展方式。协同发展的区域体系有统一的联合与合作发展目标及规划,区际之间有高度的协调性和整合度,共同形成统一的区域市场,商品及生产要素可以自由流动与优化组合,具有严谨和高效的组织协调与运作机制,内部各区域之间是平等和相互开放的,同时也向外部开放使协同发展的区域体系形成一个协调统一的系统,既有利于内部子系统的发展,又有利于与外部系统(如全国性经济系统或全球经济系统)的对接和互动。①

区域经济协同发展包括三项内涵:发挥区域优势、分工合作、双向开放。因此,区域经济协同发展的基础包括以下三个方面。

(一)地区比较优势再开发

区域经济协同发展首先要以地区比较优势再开发为基础,没有显著的区际比较优势,区域之间就没有互补效应和整合的内在动力,也不利于通过区际分工与合作、"强强"联合共生或者"强弱"互补而获得整体大于部分之和的"合成效益"。

地区比较优势,是"一个区域只要具备某种有利于生产发展的条件,这种区位因素就会形成一种优势,产生一种引力,有可能把某些企业吸引过来,从而促成地区经济发展"。地区比较优势理论认为,要发挥区域比较优势,发展主导产业,构造大区域的横向分工,缩小地区差距。这种区域间的非孤立选择可以增强区域的集聚力,集聚则可以放大这种区域间的信任关系的长期稳定性,同时有利于区域间形成一个相互信任和合作的市场环境,增加区域要素的内在联系,减少所涉区域的人为因素割裂来创造联系和协调共同的发展利益。新常态经济下,"一带一路"为中西部内陆城市提供了契机,一种路径选择是后发优势区域通过本地区的努力与创新,在科技演进的次序上并不一致遵守由低级到高级的路径,可以跨越科技进步的某些阶段,直接引进和改造新技术、新产品,同先进区域合作竞争。但中国广大的欠发达地区没有创新的基础与动力,在产业定位方面宜利用其要素禀赋,发挥

① 黎鹏. 区域经济协同发展及其理论依据与实施途径[J]. 地理与地理信息科学,2005(4):51-55.

其比较优势,利用范围经济与规模经济效应;在基础设施建设方面宜注重城市与周边地区的交通基础设施建设;在市场构建方面宜推进同一区域劳动力市场、中间投入品规模生产以及知识信息体系的共享,从而产生溢出效应,对周边区域形成显著的经济影响,最后惠及整个欠发达地区,实现区域经济的协同发展。

根据《推动共建丝绸之路经济带和21世纪海上丝绸之路的愿景与行动》,我国资源能源丰富的西北地区将由此加强区域间分工和协作,优化区域间产能布局和产业结构,由以往对外开放的洼地转变为我国对“一带一路”国家开放的前沿阵地,由资源能源输出地转变为我国面向中亚、南亚、西亚国家的交通走廊、商贸物流枢纽、重要产业和人文交流基地。东北地区(包括东北三省和内蒙古)与俄罗斯、蒙古接壤,是从我国东北端连接“一带一路”国家的主要通道。为对接“一带一路”倡议,东北三省已建立合作机制,依托中蒙俄经济走廊推动企业“走出去”,同时积极发展跨境物流带动域内贸易和投资,这将有助于加速东北三省区域资源整合,推动老工业基地产业转型升级。西南地区(包括广西、云南和西藏)是我国从西南至出海口的重要通道,以及对东盟、南亚国家开放的前沿。“国际通道”及“‘一带一路’有机衔接的门户”的定位和要求,将推动西南地区道路交通、口岸物流等基础设施建设和对接整合,大大降低物流成本,变区位劣势为区位优势,从而加速高级要素集聚,释放区域发展潜能。

东部沿海地区是我国上一轮对外开放的主阵地,也是经济最为发达的地区。“一带一路”倡议的实施,将为我国东部沿海地区寻求新的能源资源产地、产品出口市场以及对外投资目的地,有助于推动该地区资源优化配置及产业价值链整合。中部地区是“一带一路”建设的广阔腹地,这预示着“一带一路”倡议的实施将对内陆地区产生强大的辐射,通过加强与“一带一路”前沿省份政策对接与交通衔接,推动区域间协作和合理分工。[①] 我国地区比较优势再开发如表5-7所示。

① 黎峰,张远鹏. 出口贸易、本土关联与国内市场整合——兼议“一带一路”建设的重点与方向[J]. 当代经济管理,2017(1).

表 5－7　我国地区比较优势再开发

地区	传统的比较优势	产能	路径 →	新的比较优势	产能
西北	资源能源丰富	资源能源输出	交通基础设施建设、农业创新科技	“一带一路”开放前沿、农业科技	交通走廊、商贸物流枢纽、重要产业和人文交流基地
东北	老工业基地、粮食基地	重工业、农业	发挥科技创新和综合服务功能、现代农业	“一带一路”开放前沿、工业基础、农业科技	跨境物流带动域内贸易和投资、工业基地、粮食基地
西南	农业	农业	西南地区道路交通、口岸物流等基础设施建设和对接整合	面向东盟区域的国际通道	跨境物流带动域内贸易和投资、旅游业
东南	开放前沿	制造业、服务业	自由贸易试验区建设、总部经济、对外投资	21 世纪海上丝绸之路核心区	先进制造业、服务业、跨国公司总部
中部	农业	农业	东联西进、贯通全球、构建枢纽	向东与海上丝绸之路连接，向西与丝绸之路经济带融合	交通物流、现代农业、先进制造业

（二）区域合作方式多样化

传统的区域合作方式主要是通过产业链投入—产出进行关联，其推动要素主要是通过资本与劳动力的流动进行物质要素的区际优化配置，其推动力是政府的行政力量，增长源泉是通过资本与劳动力的结合，技术并不扮演重要的角色。

随着区域分工合作的深入，区域合作方式趋于多样化，不仅包括传统的区域合作方式，还增加了跨区域创新合作。跨区域创新合作与传统的跨区域合作有很大不同：跨区域创新合作其推动要素主要是创新要素，如知识和人力资本；推动力不仅包括政府行政，还包括市场机制，增长源泉是技术，合作方式主要是通过创新要素的区际共享，区域分工模式是企业内部价值链的区域分工。

具体来说，跨区域创新合作的方式，一是创新成果的市场交易；二是创新主体的区际流动；三是研发项目的合作。

1. 创新成果的市场交易

创新成果的区际市场交易通过市场机制配置创新成果，创新成果的需求方与供给方通过市场完成交易。当然，作为创新成果的所有者可以进行获益方式的选择，成果出售（如专利的出售）受到空间因素的制约相对较小，而以技术参股等形式的收益方式相对具有地方化的特征。

2. 创新主体的区际流动

创新主体在企业间、区域间的流动，往往伴随着技术知识的转移，新企业获得其所内涵的特定知识以及创新主体原有关系的社会资本。当涉及新知识的传播时，创新主体更可能位于相同或毗邻区域。创新主体的流动，将直接或间接地影响企业技术引用的模式，通过社会网络的传导性将许多企业联系在一起。

3. 研发项目的合作

研发项目的合作主要是高校与企业之间、高校之间及企业之间的技术攻关合作、技术咨询、管理咨询和信息服务等，以市场化运作的方式合作开发项目，实现优势互补，互惠互利，共建创新载体，共享研发成果，是提高企业自主创新能力的一条有效路径。[①] 区域合作方式的多样化如表5-8所示。

表5-8 区域合作方式多样化

项目	跨区域创新合作	传统的跨区域合作
推动要素	创新要素（知识、人力资本）	资本、劳动力等
推动力	政府行政+市场机制	政府行政力量
增长源泉	技术内生性	技术外生性
合作方式	创新要素的区际共享	物质要素的区际优化配置
区域分工模式	企业价值链的区域分工	产业链投入—产出关联

资料来源：高丽娜．跨区域创新合作的内涵、方式及空间特征[J]．学术论坛，2012(12)：134-138.

① 高丽娜．跨区域创新合作的内涵、方式及空间特征[J]．学术论坛，2012(12)：134-138.

(三)对内开放与对外开放一体化

改革开放初期,中国存在较为明显的诸侯经济特征,各地方政府仅仅在中央统一调配下存在区域间的物质交换,表现为东部地区、中部地区及西部地区之间的资源—加工型、劳动—资本型分工模式。20 世纪 90 年代,分税制改革及政绩考核体制又导致了明显的地方保护主义和国内市场分割,表现为各地区都拥有包括资源供给、半成品制造、加工组装甚至产品销售渠道等一整套相对完整的区域内分工体系,全国范围的区域间专业化分工并未建立起来,由此导致严重的国内资源配置扭曲。

在我国全方位对外开放的过程中,对内开放越来越受到关注。因此,新的对外开放格局不仅仅立足于对外开放,还会通过制度复制和互联互通倒逼对内开放。区域协同发展需要各地区打破行政藩篱,建立一套与国际市场规则相匹配的国内市场规则。

从国外经验看,行业协会、跨地区企业集团和跨行政区点轴开发经济地域系统都有助于打破行政藩篱。一是跨行政区组建行业协会可突破行政地域,并赋予有助于区域经济协同发展的相应职能;二是企业集团的市场力量有利于打破行政界限和行政干预,合理安排其内部组织的空间结构;三是跨行政区点轴开发经济地域系统首先从要素的价格形成机制入手,减少行政干预导致的要素错配和低效配置行为,逐渐取消各种政策性保护与隐性补贴,降低市场进入成本和交易成本,减少市场摩擦,从而加强区域市场整合。另外,在区域范围内推进户籍制度、就业制度、社会保障制度、土地制度的联动改革和一体化改革,有利于实现区域范围内的公共服务均等化。

三、区域经济协同发展的主体框架与趋势

(一)沿开放通道的区域协同发展

从中国经济发展的实践来看,对外开放与区域发展密切相关。区域协同发展要求开放门户的多元化,使中西部地区成为开放前沿。而目前的全方位开放格局正是从区域协同发展的角度进行考虑的。“一带一路”倡议的实施,为中西

部地区开辟了开放的通道，而在“一带一路”沿线设立自由贸易试验区促使新的增长极产生，并通过辐射效应带动周边经济发展。

沿开放通道的区域协同发展要求将国内的空间发展格局与区域经济同对外开放紧密结合起来，将中国的沿海开放、沿长江开放和沿边开放联结成一个对外开放的整体。

1. 沿海开放和沿长江开放

沿海开放与沿长江开放的区域协同发展主要是指长江入海口处的城市与长江经济带的战略互动，如上海的城市转型与长江经济带的对接。为推进长江经济带的发展，上海的城市转型应承担开放导向的枢纽节点、功能体系的网络核心和空间组织的核心协调者等多重战略重任，扩大城市区域的腹地范围；建立组织有序、运行高效的空间网络与传导机制；构建全方位的战略通道；建立多层次的长江经济带区域协调机制；健全区域合作机制。

2. 沿长江开放和沿边开放

沿长江开放和沿边开放的区域协同发展主要是指长江中上游的城市与“一带一路”的战略互动。长江中上游的城市处在中西部地区，是连接东部与西部的重要枢纽，例如，重庆未来的战略定位是以制度创新为核心，以可复制、可推广为基本要求，全面落实党中央、国务院关于发挥重庆战略支点和连接点的重要作用，加大西部地区门户城市开放力度的要求，努力建设成为“一带一路”和长江经济带互联互通的重要枢纽、西部大开发战略的重要支点。

3. 沿海开放和沿边开放

沿海开放和沿边开放的区域协同发展主要是指位于华北的沿海城市与“一带一路”的战略互动。例如，天津市依托亚欧大陆桥连接功能，完善多式联运体系，增强对“一带一路”沿线国家及地区转口贸易服务功能，发挥中蒙俄经济走廊重要节点作用和海上合作战略支点作用，推动“一带一路”建设。

(二)以“三大战略”为依托的发展

优化经济发展空间格局、促进区域协同发展的重点是实施“三大战略”，即“一带一路”倡议、长江经济带战略以及京津冀协同发展战略。

1.“三大战略”将重点解决国内的空间发展格局与未来中国面临的挑战

未来中国面临的挑战包括石油、天然气等重要资源供给不足的挑战、出口需求不确定的风险以及工业化和城镇化不协调的矛盾。实施“一带一路”、长江经济带、京津冀协同发展三大战略，既可以保障中国所需石油、天然气、铁矿石等资源的进口，又可以开辟俄罗斯、中亚、中东、印度和东南亚等发展中国家的市场，增加出口渠道，减少发达国家出口需求不确定所带来的风险，还可以缩小东、中、西部差距，促进东、中、西部三大经济板块协调发展，解决东、中、西部城镇化和工业化不协调的矛盾。

2.“三大战略”将打破行政藩篱，促进对内开放

“三大战略”是跨行政区域的战略，它一方面可以突破行政区划的壁垒，通过协同发展解决跨区域的重大问题，例如，京津冀区域的雾霾问题，陆上丝绸之路的风沙治理问题，长江经济带的水资源保护问题，丝绸之路和长江经济带的立体交通问题等；另一方面可以全面深化改革，通过中央政府顶层设计、统一规划和地方政府协同行动来完成。这将减少地方政府不恰当的干预，打破行政壁垒，发挥市场对资源配置的决定性作用。

（三）以城市群为载体的发展

区域协同发展不仅包括国土空间各大板块的分工协作，还包括每个区域内部的城乡统筹发展。国家在区域政策上把城市群作为推进国家新型城镇化的空间主体：《国家主体功能区规划》把城市群作为重点开发区和优化开发区；中央城镇化工作会议首次把城市群作为推进新型城镇化的主体；国家三个“五年规划”连续10年把城市群作为推进新型城镇化的主体；党的十七大、十八大报告连续10年把城市群作为新的经济增长极；2012—2013年中央经济工作会议连续两年提出合理布局城市群；《国家新型城镇化（2014—2020年）》把城市群作为推进国家新型城镇化的主体。

城市群是工业化和城镇化发展到高级阶段的产物，也是都市区和都市圈发展到高级阶段的产物。[①] 以城市群为载体的区域协同发展包括以下三个方面。

---

① 方创琳．中国城市群研究取得的重要进展与未来发展方向[J]．地理学报，2014(8)．

1. 优化提升东部地区城市群

京津冀、长江三角洲和珠江三角洲城市群,是我国经济最具活力、开放程度最高、创新能力最强和吸纳外来人口最多的地区,要以建设世界级城市群为目标,继续在制度创新、科技进步、产业升级和绿色发展等方面走在全国前列,加快形成国际竞争新优势,在更高层次上参与国际合作与竞争,发挥其对全国经济社会发展的重要支撑和引领作用。科学定位各城市功能,增强城市群内中小城市和小城镇的人口经济集聚能力,引导人口和产业由特大城市主城区向周边和其他城镇疏散转移,依托河流、湖泊、山峦等自然地理格局建设区域生态网络。东部地区其他城市群,要根据区域主体功能定位,在优化结构、提高效益、降低消耗和保护环境的基础上,壮大先进装备制造业、战略性新兴产业和现代服务业,推进海洋经济发展。充分发挥区位优势,全面提高开放水平,集聚创新要素,增强创新能力,提升国际竞争力。

2. 培育发展中西部地区城市群

加快培育成渝、中原、长江中游、哈长等城市群,使之成为推动国土空间均衡开发、引领区域经济发展的重要增长极。加大对内对外开放力度,有序承接国际及沿海地区产业转移,依托优势资源发展特色产业,加快新型工业化进程,壮大现代产业体系,完善基础设施网络,健全功能完备、布局合理的城镇体系,强化城市分工合作,提升中心城市辐射带动能力,形成经济充满活力、生活品质优良和生态环境优美的新型城市群。依托陆桥通道上的城市群和节点城市,构建丝绸之路经济带,推动形成与中亚乃至整个欧亚大陆的区域大合作。

3. 建立城市群发展协调机制

建立和完善跨区域城市发展协调机制,以城市群为主要平台,推动跨区域城市间产业分工、基础设施和环境治理等协调联动。重点探索建立城市群管理协调模式,创新城市群要素市场管理机制,破除行政壁垒和垄断,促进生产要素自由流动和优化配置。建立城市群成本共担和利益共享机制,加快城市公共交通"一卡通"服务平台建设,推进跨区域互联互通,促进基础设施和公共服务设施共建共享,促进创新资源高效配置和开放共享,推动区域环境联防联控联治,实现城市群一体化发展。

(胡彬　余子然)

第六篇

“一带一路”中欧货运班列与内陆国际贸易口岸建设

随着我国全方位开放大格局的形成，内陆口岸将成为国际交流、贸易往来的重要枢纽，口岸功能的发挥及运行效率高低将成为衡量内陆地区经济开放水平和竞争力的重要指标。口岸是一个地区对外开放的窗口和桥梁，加快内陆口岸建设，是我国全方位开放的重要举措。地区经济和口岸经济之间存在着正相关关系，这一作用机理会缩小内陆与沿海地区的开放差距，创新内陆开放模式，依托差异化竞争优势形成对外开放的战略腹地和新的经济增长点，为构建全方位、多层次和高水平的对外开放新格局注入持久的动力。

“一带一路”强调对接和内外联动，其既是指政策上的协同性和包容性，更是强调空间连接上的落实。在此之前，虽然从“第一亚欧大陆桥”到“第二亚欧大陆桥”，中欧之间并不乏物理上的交通连接，但是其经济意义和人文交流价值并未凸显。从“亚欧大陆桥”到“一带一路”，时代命题赋予古丝绸之路以新的生机和含义，亚欧区域经济联系从未显得如当前紧密，命运共同体不再仅停留在泛化意义的课本概念上，“中欧班列”使得“一带一路”从梦想走进现实。总之，“一带一路”改变了海权对陆权的绝对控制，提升了内陆区域的经济话语权，并重塑着世界经济地理。

复兴与活力：从“亚欧大陆桥”到“一带一路”

中国加强与沿线周边国家在公共基础设施方面的合作，共同推进基础设施的共享和区域经济发展的深层次合作，在“链接欧、亚，沟通世界”这一旗帜的引领下，集航空、海运、陆运、铁道和管道于一体的综合交通体系初步显现出规模。较好的基础设施建设有助于企业“走出去”，深化中国与“一带一路”沿线国家的经济合作，产生信息流、资金流、技术流、劳动力流以及人文交流等，从而有助于沿线国家的互助合作，拓展双边合作契机、培育新的经济增长点。

“一带一路”是当代地缘学说与新经济地理的实践与突破。地缘政治学说认为，基于距离衰减效应，相邻区域间在经济交流、人文影响、政治互信和风俗人情上的彼此影响会较为显著，而基于市场的交换功能和市场扩展效应，邻近区域在市场分工、要素流动层面更容易形成协同发展效应。而新经济地理理论认为，在“核心—外围”发展模式下，集聚空间的要素扩散也会呈现出“阶梯式”的递进状态，核心区域会逐级将外围圈层纳入其经济空间范围。在交通、通信技术极度发展的今天，“一带一路”是跨大区域经济合作的半径提升，也是经济全球化和区域经济一体化的载体和具体实现形式。

一、再塑地理：大链接与陆地城市的复兴

区域经济的发展和演进过程是经济地理的重塑过程，也是人类社会对“第一自然”的再发现与“第二自然”的再改造过程。科技的进步和交通运输条件的改善使得人类的活动半径不断拓展，传统的自然经济形式逐渐被打破，分工不断细化，越来越多的要素资源、人力资本不断被纳入现代化的组织和分工形式中。“一带一路”建设本质上就是一场规模宏大的、极其深刻的、相互关联的重塑经济地理革命。

自文艺复兴和大航海时代开辟以来，海权控制学说逐渐兴盛。该学说认

为，自工业革命以来，海权一直把握着世界命脉，谁控制了海权，谁就掌握了世界。从葡萄牙的地理大发现、西班牙无敌舰队的兴盛、“海上马车夫”荷兰的崛起，直至近代的“日不落帝国”的兴盛和美国的海洋霸权，无一不在验证着海权的兴盛和陆权的没落。海权和陆权不仅仅是概念上的对比和互换，也是现实世界中政治从属和经济能力的体现。例如，在陆权时代，政治权利的重心和经济贸易的重心皆围绕着陆地中心国家开展，资源禀赋和人口规模直接决定了国家经济实力的大小，而在海权时代，以陆地国家为中心的层级体系被打破，海洋运输取代陆上交通，成为贸易交往的主要方式，制造能力和对外贸易同时成为国家经济实力的重要指标。在2000年以前，海权之所以取代陆权的一个重要原因即在于交通运输方式的革新，蒸汽革命不仅应用于火车上，更广泛地应用于轮船上，相对而言，海洋的运输空间更为广阔，而且运输费用较为低廉，因此也迅速推动了欧美等工业革命起源国攫取了较大的海权利益。

世界日新月异，新的科技革命和运输方式、运输条件的改善极大地推动了陆权经济的复兴。以高速公路、高速铁路（简称“高铁”）为代表的陆地运输方式极大地压缩了经济空间的物理距离，使得经济活动更加趋于集中，时空距离相对缩短。世界银行《2009年世界发展报告：重塑世界经济地理》首次提出了21世纪重大的发展思路，根据新经济地理理论、新贸易理论、新经济增长理论重塑世界经济地理，它提出了经济地理的三个特征：密度、距离和分割。密度是指单位土地产出的经济总量；距离是指商品、劳务、资本、信息、人员和知识流动的难易程度；分割是指国家之间、地区之间商品、资本、人员和知识流动的限制因素，并从原因层面分析了经济地理变迁的动力、集聚、迁移、专业化和贸易等市场力量。报告的结论是这些地理变迁仍然是发展中国家和地区成功发展的基本条件，应当对其给予促进和鼓励。

对中国而言，所谓有效地发动和促进经济地理革命，就在于促进规模经济、要素自由流动和集聚，如城市化、开发区等，不断提高经济密度（包括人口密度、经济总量密度、贸易总量密度和科技密度等）；加强各类基础设施建设，大大缩短物理距离和空间距离，大幅度降低运输成本、物流成本，实行贸易自由化、投资自由化和服务便利化，降低市场准入门槛，扩大市场规模和市场主体规模，提高专业化程度，促进城乡一体化、区域一体化，着力改善人民生活质量，缩小城乡收入差距和地区差距等。经过30年的改革开放,东部沿海区域经济发展已经较为成熟,而中国广大的中西部区域的开放程度和经济发展水平依然相对滞后,因此,提升中西部区域经济发展水平、建设中西部地区经济发展的有效平台是推动中国区域经济均衡发展的有效策略应对。顶层设计和规划是中国经济改革进程中的一项任务计划书,要完善开放格局、提升开放水平,就必须向西开放。邓小平早在1987年就指出:“沿海地区要加快对外开放,使这个拥有两亿人口的广大地带较快地先发展起来,从而带动内地更好地发展,这是一个事关大局的问题。内地要顾全这个大局。反过来,发展到一定的时候,又要求沿海拿出更多力量来帮助内地发展,这也是个大局。那时候沿海也要服从这个大局。”党的十八大报告提出,要“促进沿海内陆沿边开放优势互补,形成引领国际经济合作和竞争的开放区域,培育带动区域发展的开放高地”。就是说,如果仅仅只有东南沿海的开放,而西北地区总是封闭落后,发展成果是不可能惠及整个中国的。

“一带一路”是义利合一的制度设计,其基本思路即是通过欧亚大陆基础设施的建设和改善达到“互联互通”的大链接效果。“一带一路”建设的一项重要举措即是加强区域之间的道路畅通,以道路畅通打造利益相通、民心相通。根据新经济地理理论,交通基础设施会改造区域空间的经济形态,其对交通节点城市的影响尤为显著。以“一带一路”的中国西部主区域新疆为例,作为中国向西开放的最前沿,新疆拥有17个一类开放口岸以及12个二类开放口岸,这些口岸中如阿拉山口、霍尔果斯、伊尔克什坦、老爷庙、红山嘴和巴克图等其经济影响力和声誉影响力均超过以往任何一个时期。开放口岸的形成有利于形成集群效应,形成密集的资金流、贸易流和人力流,并进而推动口岸经济的形成。

“一带一路”本质上是经济组织形式,是依靠当代交通运输方式和科技体系对以往经济霸权主义的一种挑战。在这种经济的再组织中,中国利益与“一带一路”沿线国家主体利益相一致。“一带一路”涉及诸多区域及城市,其以内陆城市为主体,塑造了一条连接东亚和西欧的巨型利益带,而其中陆地城市作为“通道”,其作用凸显。新经济地理理论认为,城市作为“块状经济”中的凸起地带,对本辖区内的其他地区与邻近城市具有经济上的空间交互和空间影响作用。保障通往经济和能源资源中心的战略通道是地缘政治的基本目标。重大交通技术，尤其是像铁路这种跨国应用的技术，直接影响国际体系中各国之间的互动能力。中国推动的以铁路为代表的重大交通基础设施的建设，以地缘经济为基础的陆权战略将会在维护世界和平和推动自由贸易的前提下带来一个欧亚大陆经济整合的新时代。

二、“亚欧大陆桥”与中欧货运班列

“一带一路”包含陆上和海上两个空间范畴。路上丝绸之路经济带东边牵着充满活力的亚太地区，中间串联着资源丰富的中亚地区，西边通往欧洲发达经济体，被认为是“世界上最长、最具有发展潜力的经济大走廊”。丝绸之路经济带依托交通运输干线为发展轴，以轴上经济发达的大城市为核心，链接和带动周围不同等级规模城市的经济发展，发挥经济集聚和辐射功能，由此形成点状密集、面状辐射、线状延伸的生产、贸易、流通一体化的带状经济区域。它体现了经济带上各城市互联互通、集中协调发展和相互促进的思路。

丝绸之路经济地域东起中国，通过北、中、南三线，穿过中亚、西亚和南亚等地区后，途经里海、黑海、地中海沿岸和阿拉伯半岛，西至欧洲和北非，横跨亚欧大陆，将成为亚、欧、非三大洲广大地区经贸、人文交流的大动脉。过去我国对外开放主要集中于东部沿海地区，内陆和沿边地区的开放程度较低。在复杂的国际局势下，对海上通道的依赖已严重限制了我国经济的发展并威胁到国家安全。丝绸之路经济带从西部和北部打通我国对外开放的陆路通道，沿线国家区域对于我国意义重大。在区域发展方面，丝绸之路经济带将激活中西部地区的开放潜力，带动我国中西部地区发展。在能源供应方面，目前我国从中东和非洲进口的石油占进口总量的80%以上，能源进口需要经过霍尔木兹海峡和马六甲海峡。霍尔木兹海峡岛屿、暗礁、浅滩繁多，因受到海湾局势的影响，威胁海上石油运输安全；马六甲海峡水路狭窄，极易封锁，也常受海盗干扰。丝绸之路经济带从路上打通通往中亚、西亚的通道，加强了我国能源供应安全。

“单丝难成线，独木不成林”，要把互联互通的桥梁扩张成网，才能发挥辐射功能，实现区域范围内的畅通互联。对于中国来说，只有建设陆海新丝路便捷的通道和平台，才能实现与中亚、东盟、南亚、西亚、北非、欧洲乃至澳洲等各大经济板块的互联互通，而实现这一宏伟目标的核心工程，就是开辟“新亚欧大陆桥”。其实，为改变对外贸易中对海运的严重依赖，我国早在改革开放初期的20世纪80年代即着手强化陆路交通方面的对外链接，并于1992年正式开通了横贯欧亚的铁路大通道——新亚欧大陆桥（又称“第二亚欧大陆桥”）。新亚欧大陆桥是从中国连云港到荷兰鹿特丹港的铁路联运线，全长10 900多公里，途经中国、哈萨克斯坦、俄罗斯、白俄罗斯、波兰、德国和荷兰7个国家。自新亚欧大陆桥开通以来，新亚欧大陆桥东桥头堡起点的连云港已经开通了至阿拉山口、喀什、霍尔果斯和阿拉木图等集装箱进、出境多条通道，极大地促进了新亚欧大陆桥运输通道的发展。以新亚欧大陆桥为对称轴线，丝绸之路经济带从中国出发形成了北、中、南三大经济轴线及辐射区域。北线为中国经中亚、俄罗斯至欧洲，即从中国出发，经哈萨克斯坦，穿过俄罗斯南部，再经乌克兰、白俄罗斯一带及波兰等东欧国家，最后到达欧洲波罗的海；中线为中国经中亚、西亚至波斯湾、地中海，即从中国出发，经吉尔吉斯斯坦、塔吉克斯坦、乌兹别克斯坦等中亚国家，再向西南方延伸至伊朗、阿富汗等西亚国家，再经波斯湾最终到达地中海沿岸；南线为中国至东南亚、南亚、印度洋，即从中国出发，经老挝、缅甸等东南亚国家，向印度、巴基斯坦等南亚国家延伸，最终到达印度洋沿岸国家。北、中、南三条线路勾勒出丝绸之路经济带的大致轮廓。通过产业间的关联带动以及经济发展的辐射，将对更广泛的地区产生影响，如北非和欧洲地区、欧亚大陆东端包括日本、韩国和东南亚国家在内的东亚经济也将受益。

新亚欧大陆桥东西两端连接着太平洋与大西洋两大经济中心，基本上属于发达地区，但空间容量小，资源短缺；而其辽阔狭长的中间地带亦即亚欧腹地除少数国家外，基本上都属于欠发达地区，特别是中国中西部、中亚、西亚、中东和南亚地区，地域辽阔，交通不够便利，自然环境较差，但空间容量大，资源富集，开发前景好，开发潜力大，是人类赖以生存、发展的物华天宝之地。这里是世界上最重要的农牧业生产基地，粮、棉、油、马、羊在世界上占有重要地位，这里矿产资源有数百种，堪称世界“能源之乡”。经济战略和顶层规划设计指导行动，在习近平主席提出“丝绸之路”战略以前，“新亚欧大陆桥”只是一条贯穿欧亚的普通货运列车，其经济潜能和文化交流意义并未被充分挖掘。而“一带一路”倡议提出以后，各地区根据本辖区的实际情况，设立各种开发区和保税区，试办中国西部农业合作开发区，营造亚欧农产品批发交易中心，其典型表现为“中欧货运班列”的开通。

中欧货运班列是指按照固定的车次、线路、班期和全程运行时刻开行，往来于中国与欧洲以及“一带一路”沿线各国的集装箱国际线路联运班列。中欧货运班列具有安全快捷、绿色环保以及受自然环境影响小等综合优势，已成为国际物流中陆路运输的骨干方式，为服务中国对外经贸发展，贯通中欧陆路贸易通道，实现中欧间的道路联通、物流畅通，推进国家“一带一路”建设提供了运力保障。

从 2011 年 3 月 19 日重庆首趟“渝新欧”班列开行以来，南昌、成都、郑州、武汉和苏州等 16 个城市立足本地区域优势、铁路运输条件和产业基础，相继开通了前往德国杜伊斯堡、汉堡和西班牙马德里等 12 个欧洲城市的集装箱班列。中欧班列的开行有利于推动“一带一路”的建设，加快物流网络现代化建设，全面提升对外开放水平；对节约物流成本，提高国际市场竞争力，促进中国经济社会发展具有积极意义。目前，全国已累计开行中欧货运班列 1 700 列以上。但随着班列的发展也出现了名称标识不统一、市场发展不规范等问题。2016 年 6 月 8 日，中国铁路决定正式启用中欧班列统一品牌。统一品牌中欧班列当日分别从重庆、成都、郑州、武汉、长沙、苏州、东莞和义乌八地始发。此后，中国开往欧洲的所有中欧班列将全部采用这一品牌。2016 年 6 月 20 日，习近平主席访问波兰期间举行了统一品牌中欧班列首达欧洲（波兰）仪式。

“一带一路”为“中欧货运班列”的开通提供了契机，架设了亚欧经济合作的新桥梁。中欧分别属于丝绸之路经济带的两端，是亚欧两大经济体和增长极，彼此互为对方的重要贸易伙伴，在金融、环境、航天、海洋、知识产权、能源、交通、教育和医疗卫生等领域的合作空间较大，尤其是在欧债危机前景尚未明朗的条件下，欧洲需要中国这一新兴经济体扩大对其的投资力度，以促进就业和缓解财政压力。而中国在城镇化、工业转型升级、环境保护和食品安全等方面也迫切需要欧盟在技术、经验等方面的支持。因此，中欧加强合作，在丝绸之路两端发挥引领带动作用，将有效地推动中国丝绸之路经济带建设这一规划的实现，并推进中欧全面战略伙伴关系建设和欧亚经济一体化发展。

实际上，欧亚本身就是一个大陆，经济互补性很强，发展前景广阔。亚欧经济交流源远流长，早在两千多年前，我们的祖先就翻越高山峡谷，走过沙漠草原,开辟了一条贯穿欧亚大陆的丝绸之路,架起了东西方之间往来的桥梁。络绎不绝的商旅通过这条古道开展丝绸、瓷器、茶叶、宝石和良马等各类商品的贸易。今天,随着冷战的结束,各国政治互信日益增强,贸易和投资规模迅速扩大,各种区域和次区域合作蓬勃发展,上海合作组织、阿拉伯国家联盟、海湾阿拉伯国家合作委员会以及南亚区域合作联盟的影响日益扩大,昔日的丝绸之路恢复了勃勃生机。

根据区域特征及功能差异,整个丝绸之路经济带可划分为核心区、扩展区与辐射区。核心区主要包括中国、中亚五国以及俄罗斯。中亚位于欧亚大陆中心,也是丝绸之路的枢纽,扼守亚欧两洲陆路通道,地缘位置险要,能源资源丰富,但经济发展水平整体较为落后。俄罗斯和中国接壤,横跨亚欧大陆,多种资源储量均居世界前列,拥有雄厚的军事科技实力和完善的交通体系,对全球经济和国际局势有着重要的影响力。中国具有较高的能源需求和市场,也具有较强的基础设施建设实力和投资能力,通过能源资源、经贸合作能确保我国能源供给,增加产能输出,促使更多企业“走出去”。核心区的主要合作领域为基础设施、能源、农业等。扩展区主要包括印度、巴基斯坦、伊朗、阿富汗、蒙古和亚美尼亚等西亚、南亚地区。该地区属于丝绸之路经济带的中间地段,对于打造亚欧陆路大交通具有十分重要的战略意义。由于拥有丰富的石油、天然气资源,该地区已经成为世界各大主要经济体争相进行贸易合作的对象,尤其是以美国、欧盟等发达国家为主,也是中国能源进口的主要区域之一。但相比之下,中国与该地区经贸往来比重较小。该区域的主要合作领域为基础设施、能源、旅游和农业等。辐射区包括欧洲、东南亚和日韩等地区。丝绸之路经济带的西端为欧洲地区,虽然在欧债危机的影响下,欧洲国家经济有所下滑,但整体仍为繁荣稳定,对外贸易活跃。尤其以德国、法国和英国为代表的西欧国家,经济高度发达,是世界经济集聚程度最高的地区之一。

欧盟与中国互为第二大贸易伙伴,在经济、科技、文化和教育等领域交流密切,但在“一带一路”倡议提出以前,中国与欧盟的经贸往来主要依靠海路通道,渠道较为单一,在某些重要港口受到由美国主导国家的各种不确定因素的影响。因此,急需拓展陆路通道以扩大合作。东南亚国家及日韩地区虽然不属于丝绸之路经济带的直接沿线国家,但通过海上丝绸之路的建设,以及陆地丝绸之路的辐射带动也将对其产生一定影响。该区域的主要合作领域为港口、能源、日用品和电子产品。

丝绸之路经济带沿线国家多，要想打通亚太经济圈与欧洲经济圈之间的通道，必须首先沿铁路、公路、航空等交通线路和能源管线，实行以点带面，从线到片，依托纵横交错、贯通四方的交通网，开发若干沿线经济走廊。推进经济合作走廊建设，是“一带一路”倡议实施的重要抓手，与我国邻国为基础建设经济走廊具有先天的地理优势。北面的俄罗斯、蒙古同中国有广袤的边境线，强化地缘战略合作是三国关系稳定、实现共同发展的重要前提；西面的中亚、西亚与中国在经济上具有巨大的互补性，具有建设经济走廊的迫切需求；南面的巴基斯坦长期以来与中国建立了友好合作关系和深厚友谊，为打通中国到南亚的陆地通道提供了条件；印度、缅甸与中国接壤，是突破海上封锁的重要区域。通过交通、能源通道、合作园区建设及经济走廊内的投资服务便利化等方式，以主要节点城市为核心，以带状轴线为依托，实现整个经济合作走廊的发展，进一步推动整个丝绸之路经济带的互联互通建设。

《推动共建丝绸之路经济带和21世纪海上丝绸之路的愿景与行动》明确指出，根据“一带一路”走向，陆上依托国际大通道，以沿线中心城市为支撑，以重点经贸产业园区为合作平台，共同打造新亚欧大陆桥、中蒙俄、中国—中亚—西亚、中国—中南半岛等国际经济合作走廊。中巴、孟中印缅两个经济走廊与推进“一带一路”建设关联紧密，要进一步推动合作，取得重大进展。围绕与周边国家合作走廊的建设，将使中国与周边国家的战略伙伴关系不断得到深化，把互利共赢的周边外交与发展经济、改善民生的战略规划纳入一个整体地区发展的框架中，对于调整国内经济结构、维护周边地区稳定，推动地区经济一体化的形成具有重大作用。

三、从“亚欧大陆桥”到“一带一路”经济圈

纵观“一带一路”的地理地缘循环走向，从中国看去，在欧亚大陆可以这样描述：五个梯度、六条通道，在海上则是传统的三条方向性的行列。其中，五个梯度是指欧亚大陆地球经纬线带来的自然地理分区，即东亚、中亚、西亚、中东欧和西欧；六条通道是指连接中国与六大板块的陆地通道和经济走廊，包括通

常所说的中巴经济走廊、中孟缅印走廊、中南半岛陆地走廊、东北亚走廊、中蒙俄北方走廊和雪域高原丝绸之路。

强劲的经济和社会发展势头是推动“一带一路”建设的优势资源，在统筹对内协调发展与对外开放方面，中国致力于打造“一带一路”地缘经济圈，形成横贯东西、连接南北的经济走廊。加快推进基础设施互联互通，努力建设“丝绸之路经济带”“21 世纪海上丝绸之路”“中孟印缅经济走廊”“中巴经济走廊”，筹建亚洲基础设施投资银行，完善区域金融汇兑便利化体系以及政策协调体系，与周边国家一道建立全方位的开放新格局。

交通基础设施对区域经济发展和布局有着深刻影响，通过交通运输与区域经济的相互作用，促使区域经济空间结构发生演化。快速运输线的辐射效应可以造就密集的区域性沿线经济走廊和经济带。铁路干线不仅提高沿线区域的可达性，而且成为区域内生产力布局的主轴线，形成铁路经济带，其发展主轴是综合运输通道，依托是发展轴上紧密联系的城镇群。交通基础设施的连接和通达性有助于区域经济要素的市场贸易和互换，能源和资源开发是“一带一路”建设的重点，中亚地区国家拥有世界上最为丰富的石油和天然气资源，但中亚五国交通基础设施建设的滞后制约了其资源产品的收益，而受限于外部市场环境冲击和新能源开发，海湾地区和俄罗斯的油气出口也受到较大冲击。中国作为此类地区能源资源出口的重要市场，依托于“一带一路”建设，有利于推进中国与上述地区国家在能源、工业园区建设和基础设施建设方面的深层次合作，助力这些国家经济的转型和发展。

“一带一路”建设把(新)亚欧大陆桥推上了前台。基于不同的起点和路径规划，亚欧大陆桥主要有三段线路，即第一亚欧大陆桥、第二亚欧大陆桥和第三亚欧大陆桥。

第一亚欧大陆桥又称西伯利亚大陆桥，它东起俄罗斯的海参崴和伯力，西至荷兰的鹿特丹港，经俄罗斯、中国、哈萨克斯坦、白俄罗斯、波兰、德国和荷兰 7 个国家，全长 13 000 多公里。第二欧亚大陆桥于 1990 年全线贯通，它东起中国的连云港、日照等城市，西行穿越哈萨克斯坦等中亚地区，经俄罗斯、白俄罗斯、乌克兰、波兰和德国等欧洲口岸，全程长达 11 000 公里左右。因为它是继西伯利亚大陆桥之后连接亚欧的第二座大陆桥，故称“新亚欧大陆桥”。第二亚欧大陆桥相对于第一亚欧大陆桥来说具有明显的优势,新亚欧大陆桥比北线西伯利亚大陆桥减少行程 3 000 公里,将亚欧两个大陆原有的陆路运输通道缩短运距 2 000 公里;比绕道印度洋和苏伊士运河的水运距离缩短了 10 000 公里,费用节约 20%,时间减少一半;比绕过好望角的海上运输线缩短运距 15 000 公里;比经巴拿马运河的海上运输线缩短运距 11 000 公里;比经北美大陆桥缩短运距 9 100 公里。第三亚欧大陆桥正在规划和协调之中,按照构想它将构建一个以深圳港为代表的广东沿海港口群起点,以昆明为枢纽,经缅甸、孟加拉国、印度、巴基斯坦、伊朗,从土耳其进入欧洲,最终抵达荷兰鹿特丹港,横贯亚欧 21 个国家的综合铁路运输干线。

2014 年 9 月,习近平主席在出席中俄蒙三国元首会晤时提出共建丝绸之路经济带,打造中蒙俄经济合作走廊的倡议,获得俄方和蒙方积极响应。中蒙俄经济走廊联通中国、蒙古、俄罗斯三国,共有两条通道:一是华北通道,由京津冀到呼和浩特,再到蒙古和俄罗斯;二是东北通道,沿着原有中东铁路从大连、沈阳、长春、哈尔滨到满洲里和俄罗斯。与从西北地区走新亚欧大陆桥相比,这两条通道运输成本低、时间短,经过的国家少,海关通关成本低,具有较大优势。中蒙俄经济走廊把丝绸之路经济带同俄罗斯跨欧亚大铁路、蒙古"草原之路"走廊计划对接,将促进我国东北区域的发展,也符合中蒙俄的切身利益。目前已开通"津满欧""苏满欧""粤满欧""沈满欧"等中俄欧铁路国际货物班列,并基本实现常态化运营。

"一带一路"倡议以"亚欧大陆桥"为交通链接,而其作为六大经济走廊之一也将有利于打通"一带一路"倡议规划的各大经济走廊。

"中蒙俄经济走廊"的建设有利于中蒙俄能源与资源的合作开发,可以加快中蒙俄三方的人员、商品迅捷流动,实现沿边开发开放,对于扩大中蒙俄三国经贸合作、推动区域内外资源与市场的发展具有巨大意义。

中国—中亚—西亚经济走廊从新疆出发,抵达波斯湾、地中海沿岸和阿拉伯半岛,主要涉及中亚五国、伊朗和土耳其等国。与欧亚大陆桥突出铁路交通优势不同,这条连接中国、中亚和西亚沿线国家的经济走廊是一条能源大通道,是中国—中亚石油、天然气管道的必经之地。随着合作的深入,一批物流合作基地、农产品快速通关通道及边境口岸相继启动或开通,双方海关物流更加通畅，中国—中亚—西亚经济走廊将不断延伸到伊朗、伊拉克、沙特和土耳其等西亚及北非地区诸多国家，成为打通欧亚非三大洲的经济走廊。

随着中国与东盟自由贸易区的发展，中国珠三角经济圈与中南半岛国家的经济联系日益密切。中国—中南半岛经济走廊东起珠三角经济区，沿南广高速公路、桂广高速铁路，经南宁、凭祥、河内至新加坡。它以沿线中心城市为依托，以铁路、公路为载体和纽带，以人力流、物流、资金流和信息流为基础，形成优势互补、区域分工、联动开发、共同发展的区域经济体，开拓新的战略通道和战略空间。目前，在两广地区已开始积极推进沿线达成合作的时间，并通过产业园区开发和基础设施互联互通，推进经济大通道的形成，特别是沿线国际性交通运输大通道的建设，必将把中国与东盟更加紧密地联系在一起。

中巴经济走廊是2013年5月李克强总理访问巴基斯坦时提出来的，初衷是加强中巴之间交通、能源、海洋等领域的交流与合作，加强两国互联互通，促进两国共同发展。从南疆的喀什出发，越过喀喇昆仑山口，进入巴基斯坦境内，一直到瓜达尔港。中巴经济走廊北接“丝路经济带”，南连“21世纪海上丝绸之路”，是贯通南北丝路的关键枢纽，涉及港口建设、能源管道、交通基础设施建设和产业合作等重点领域，对带动“一带一路”建设具有较强的示范效应。中巴经济走廊将带动沿线一大批能源、电力、公路和铁路等基建重大项目，也为中巴商贸、物流和教育等方面的交流创设良好的合作机遇。此外，中巴经济走廊从陆路开辟了通向中东的门户，以此为枢纽可把中国、波斯湾和阿拉伯海连接起来，开辟一条绕过马六甲海峡的内陆能源通道。

孟中印缅经济走廊是2013年5月李克强总理访问印度期间提出的，得到了印度、孟加拉、缅甸三国的积极响应。2014年9月，习近平访问印度期间，中印发表《中印联合声明》，共同倡议建设中、印、孟、缅四国经济走廊，加强该地区的互联互通。孟中印缅经济走廊是连接太平洋与印度洋的一座桥梁，区域内的中国西南、印度东部、缅甸、孟加拉国相对而言均不发达，打造“经济走廊”能够通过四国，延伸带动中国、东南亚和南亚的联动发展。中国制造业比较发达，而其他三国制造业相对比较落后。同时，中国在推进现代化建设的过程中需要大量资源和能源，其余三国地区的资源和能源非常丰富，因此，孟中印缅四国产业有很大的互补性。此外，四个国家都是农业大国，在农业方面加强合作，也将对经济发展和地区人民生活水平提高产生积极影响。

进入21世纪以来,全球经济增长格局与中国经贸环境发生的转折性变化,集中表现为双重“重心”的转移。一方面,伴随着以“金砖四国”为代表的发展中国家的崛起,全球经济增长重心和贸易重心已经逐渐从发达国家向发展中国家偏移,但是受限于基础设施供应滞后,以巴基斯坦、孟加拉国、印尼和阿富汗为代表的“一带一路”沿线的广大发展中国家的经济增长潜力面临瓶颈约束,而“一带一路”建设对全球可持续增长提供了新的解决思路和方案。另一方面,由于发达国家尚未从债务危机和金融危机的冲击中恢复,发展中国家受两者的冲击相对较小。因此,自2008年以后的近10年间,全球经济增长贡献份额在发达国家和发展中国家中呈现出历史性的“二八易位”,而“一带一路”所覆盖的核心区域正是这些世界经济的强劲推动地域。

（张祥建　钟军委　李永盛）

节点与链接:城市与中欧货运班列

谁在丝绸之路经济带规划成熟前抢占战略地位,谁就可能在规划中成为节点性城市。也就是说,谁成为中欧货运的集散中心,谁就能掌握未来"新丝路"的商业脉搏。目前中国已正式开行的中欧班列共18条线路。这些班列经由东、中、西部三条国际大通道直达欧洲。开通中欧班列的城市,除义乌和苏州外,其余的如重庆、郑州、成都、合肥、武汉和长沙均居中国的中西部地区。班列的开行为这些地区从闭塞腹地变身为中国开放前沿提供了机会。

对接"一带一路"没有局外人,《推动共建丝绸之路经济带和21世纪海上丝绸之路的愿景与行动》,对省(区)市这个层面提出要求的包括陕西、甘肃、青海、新疆、重庆、云南、广西、西藏、内蒙古、天津、上海、海南、黑龙江、吉林和辽宁15个省市;未对省(区)市层面提出要求但对省(区)市下属的城市或地区提出要求的有四川、广东、山东、安徽、江西、河南、湖北以及湖南8个省;没有提及该市及其下属城市或地区的是贵州、河北、江苏和山西省。

"一带一路"不仅是中国政府提出的时代战略命题,更是沿线国家和各民族群众的共同利益要求。"一带一路"沿线覆盖的诸多区域虽然拥有较好的资源要素禀赋,但长期以来受制于工业制造能力不足、交通设施条件滞后,这些要素禀赋无法转换成现实经济利益,因而制约了其潜在的经济增长潜能。而且,由于区域经济空间的不均衡,在"一带一路"倡议提出后,各区域地方政府都表现出极大的热情,而反过来,"一带一路"成功的关键也正是依赖于这些连接的地方空间。受地形地貌和气候影响,"一带一路"沿线许多国家都存在经济发展不平衡的问题,往往表现为少数中心城市集聚了过多的经济要素,多数地区缺乏经济增长动力且与中心城市经济活动隔离。促进"一带一路"沿线国家的经济发展,打通要素流动的"毛细血管",可以使要素资源更好地流动,参与经济发展,有助于避免出现或者减少经济发展带来的地区发展不平衡加剧的问题。

一、节点:“一带一路”中的城市与产业

世界经济发展的一个共同趋势即城市化,城市化有利于沿线区域更加务实地推动“一带一路”建设,是“一带一路”国际化的窗口,而“一带一路”建设则为城市化提供了区域经济腾飞的契机。城市是现代经济活动的集中区域,反映了区域空间的经济能力和经济活力,在自然经济向市场经济演进的过程中,城市是各种生产要素和生产资源的集聚再分配的场所,也是区域经济联系的核心节点。从市场规律来看,“一带一路”的路线并不是一个有意规划设计的产物,而是经济地理学规律的产物。从世界普遍趋势来看,经济资源和要素往往是向地理位置优越的城市集聚,“一带一路”本质上是一条条连接亚洲经济圈和欧洲经济圈的经济大通道,而这些经济大通道是由沿线上的若干城市相互连接而形成的。“一带一路”的前景如何,最终要靠沿线城市和产业来支撑,因此,“一带一路”实施的关键在于城市和产业。

“一带一路”建设的核心内容不仅涉及铁路、公路和航空等交通基础设施的互联互通和换代升级,也包括输变电站、跨界电网和输气管道等重要设施的建设,是一个涉及领域多、覆盖地域广的巨大战略性、系统性工程,有利于带动中国的对外直接投资,提升中国区际影响力;基础设施的互联互通有利于进一步扩大双边需求,为多维度的经贸交往提供强大的牵引力;基础设施的互联互通将进一步扩大周边国家的工程劳务市场,增加中国在周边地区经济活动的强度和深度;基础设施的互联互通有利于增加边境省份和地区间的经济交流,拉动中国和周边国家的经济发展,在跨界地区率先实现“融合发展模式”。

交通基础设施为企业和要素资源的空间联通搭建了平台,而企业和要素才是微观经济活动的利益主体。企业是国际市场竞争的主体,跨国经营是企业发展的必由之路。改革开放以来,中国企业出现许多“走出去”的先行者,目前进入“井喷”阶段。中国企业具有新的产业优势,中国企业品牌方阵正在形成。“市场逆袭”和“逆袭市场”是企业竞争中的常态,“引进来”和“走出去”更是企业发展战略的重要途径,在全球市场的大风大浪里出入,在国际经济竞争中茁壮成长,在更大半径里优化资源配置,是丝路经济发展的要义,也是企业成长的重要条件。“一带一路”需要自强不息的中国企业,中国企业更需要“一带一

路”。中国企业“走出去”的不仅是具体的产业形态,还表现为资本市场形态的跨国资本运作。2014 年阿里巴巴在美国上市轰动全球,市值达到 1 686 亿美元。阿里巴巴在美国上市,既提示了未来国际资本市场的弄潮者更多来自私营企业,也提示了中国企业全方位“走出去”的趋势性变化。

在各种生产要素中,资金和资本毕竟是最重要也是最稀缺的。在“一带一路”发展中,资本流动和资金流动是所有发展中经济体和发达经济体共同面临的问题,特别是在新兴市场,投资与融资是首要的市场行为。因此,拥有 1.2 万亿美元美国国债和 4 万亿美元外汇储备的中国,也就成为资金市场与资本市场的一种举足轻重的力量。这是中国企业“走出去”的底气所在,也是“一带一路”发展构想能够适时推出、迅速落地的另一个重要因素。金融资本与日益壮大的产业资本结合在一起,将会形成更大的市场力量,在丝绸之路经济带和海上丝绸之路的建设中进一步持续地发挥作用。

“一带一路”为中国基础设施建设指明了新方向,2008 年全球金融危机以来,许多国家纷纷重提凯恩斯主义,以新兴基础设施的建设和更新升级推动本辖区的经济增长。

中短期内,“一带一路”有助于消化过剩产能,但其对经济增长的带动作用有限,原因是“一带一路”虽然有助于消化本国的过剩产能,但是在“基建走出去”的情况下,基建投资对下游产业所产生的推动效应完全贡献给了外国,而不是推动本国经济增长;中长期内,“一带一路”助力亚太经济一体化,战略意义重大,且有助于我国外储投资方向多元化。与美国“马歇尔计划”不同,中国“一带一路”建设采取基建输出的方式,基建投资作为中上游产品,其产生的引致投资、引致消费完全留给了“一带一路”的沿线地区。因此可以说,“一带一路”确实会富强一带、繁荣一路,这是中国赠予地区经济增长的外部效应。

在现阶段国内经济缓慢筑底,国内需求相对疲软的局面下,“一带一路”为国内部分产业中短期内消化过剩产能和去库存提供了契机。依托于港口、公路建设公司等投资主体,通过“走出去”战略,投资于“一带一路”沿线的基础设施建设,并通过运营管理获得部分投资收益。表 6 – 1 给出了基于基建及房地产两个行业对其上游产业总需求的拉动效应和对其下游产业总供给的推动效应的系数表。

表6-1 基建及房地产行业对经济的拉动效应及推动效应系数

行业	拉动效应系数	推动效应系数
基建	1.89	3.05
房地产	2.11	0.18

资料来源:《“一带一路”引领中国——国家顶层战略设计与行动格局》。

从表6-1中可以看出,1单位的基建产出将拉动上游相关产业1.89单位的生产扩张。因此,从短期来看,“一带一路”倡议促进的“走出去的基建投资”将对于国内部分行业如钢材、水泥和煤炭等的出口产生积极作用,主要原因就在于虽然投资“走了出去”,但是生产还是源自于国内的。在推动效应方面,主要指该行业对于下游生产所激发的总供给,例如,1单位的基建产出将总体推动3.05个单位的供给的扩张,这集中体现了基建作为上游产业带动整体经济发展的效用。相对而言,房地产作为下游产业,推动效应就小得多,这是符合经济直觉的。然而,在“基建走出去”的情况下,基建行业这一部分的推动效用对我国而言就损失了,因为基建投资发生在国外,推动效应也发生在国外。因此,虽然修路所用的设备、材料对我国经济仍有拉动作用,但我们无法同时享有道路的使用为当地经济带来的拉动效应。

但是,中长期内“一带一路”助力亚洲经济一体化,战略意义重大,并有利于外储投资多元化,虽然损失了基建投资带来的推动效应,但“一带一路”在中长期内的战略意义仍然可圈可点,因为通过21世纪丝绸之路经济带建设,中国将促进区域经济一体化。

第一,采用资本输出引领亚洲经济的增长,从而带动区域间贸易活动的增长和更广泛的区域合作;通过充分利用各经济体的比较优势做到贸易成本的最小化,从而促进区域之间资源的合理配置,这一点与欧美经济一体化的逻辑是十分类似的。

第二,中国“一带一路”计划着眼于能源和国家安全的重要意义,对“一带一路”的投资将带来经济体外延的扩张。这些基建投资,尤其是后续的运营,将带来与国外更多的能源领域的合作机遇,这将会回补多年来我国经济对于部分能源的议价权方面的劣势,而对外的投资也将逐渐带来国防外延的扩张。

第三,“一带一路”的基金融资与中我国外储占比在65%以上,这有助于我国巨额外汇储备投资方向的多元化。基建投资在严控投资风险的基础上,长远看可能实现比美国国债更高的收益。

二、均衡与崛起:“一带一路”与内陆国际贸易口岸建设

“一带一路”是典型的跨境次区域合作。“一带一路”不是一国的事,而是相邻各国共同的事业。不是某个区域的利益独享地带,而是跨国界的利益共享地带,旨在将安全互信、地理毗邻和经济互补的优势转化为切实合作和共同发展。在国际格局与周边战略形势不断发展演变、中国的发展面临历史性机遇与挑战的大背景下,中国与周边国家基础设施互联互通具有特殊的意义。

第一,“一带一路”的两端连接着东亚和欧盟两个全球最大的经济体,且两个经济体的资源禀赋和专业优势具有巨大的互补性,由此,中欧经济合作有其必然性。

第二,在连接中欧经济空间的中间地带,其主体包括现在的中亚区域、阿拉伯区域以及中东欧区域,其政治经济形势并不稳定,巨大的资源禀赋优势并没有为其居民带来良好的福利供给,而打开资源和产业合作的窗口是其经济发展和政治稳定的根本出路。

第三,在资本过剩、产能过剩和技术过关的前提下,中国有能力提出并实施“一带一路”倡议。经济目标是“一带一路”建设的主旨目标,它是互利的、共赢的,中国恪守联合国宪章的宗旨和对外和平共处的五项原则。在求同存异、公平相待和共荣共生的原则下,“一带一路”是中国主导的战略经济行为,更是在公平市场交易体系下的多边平等互惠行为。

近年来,美国奥巴马政府提出以“重返亚太”为主体的“战略再平衡”设想,俄罗斯、印度、欧盟等全球主要力量也纷纷调整自身地缘战略。大国地缘政治、地缘经济的新一轮竞争日趋激烈。当前美国战略重点“东移”,俄印欧等“东望”之际,地处亚太中心位置的中国,不应将眼光局限于沿海疆域、传统竞争对象与合作伙伴,而应有“西进”的战略谋划。“一带一路”倡议是基于对中国国内发展与国际经济准确深刻的判断,有利于全球区域政治经济的再平衡与中国区域内部的协调发展。

从全球区域来看，中亚和中东欧地带是“一带一路”通道的核心，是人类文明的发源地，自然资源十分丰富。但是，由于种种深层次的原因，许多国家在未来若干年内难以保持稳定和繁荣，该地区若干国家的政治动荡和跨国界的民族、宗教及教派冲突，将对未来全球秩序和大国关系造成严重冲击。因此，中国不能置之度外，必须采取积极主动的新姿态，在这一广阔天地有所作为。这一地带是欧盟、俄罗斯、美国、印度、日本和中国的重要利益交汇区域和竞争空间。同西欧、东亚等区域不同，“一带一路”中的中亚和中东欧区域并未出现美国主导的地区性军事同盟，且地区经济一体化趋势也颇为显现，大国协调机制与竞争合作规则尚未确立，传统意义上的大国实力范围在不断交叉重塑之中。在地缘政治经济合作中，除印度外，中国同西部各国素无瓜葛，产生对抗或冲突的因素很小。而且，中国在西部各国的经济利益日益扩大，在同有关国家共同塑造该地区的安全与发展环境，制定公平的游戏规则层面具有较强的合作潜力。

从国内来看，中国的可持续发展需要新的发展战略，需要在经济转型中同时实现发展战略转型。转型不仅意味着经济发展方式的转变，意味着产业升级，更意味着深刻广泛的改革与更加全方位的开放。战略转型是经济发展新常态的题中应有之义，甚至在经济新常态中起着决定性作用。战略转型并不是简单的转换，而是承前启后，是在与世界经济相互融入中继续抓住机遇、创造机遇，实现生产要素和资源配置的更大循环。30 多年来，中国的经济开放战略经历了东部沿海发展、沿边发展和西部大开发的逐步升级阶段，“一带一路”是中国经济开放的 4.0 全球市场版，是塑造中国东、中、西全方位对外开放格局的开始。

始于 1978 年的改革开放战略强力推动了我国东部沿海区域的经济发展，东部地区在对外贸易和对外交往上拥有得天独厚的地理优势和经济资源，而西部地区的经济社会发展水平则长期相对滞后，对外交往也偏少和较晚。直到 2000 年中央提出西部大开发的规划，局面才开始明显改观。在中国改革开放之初，中国改革开放的总设计师邓小平把发展机遇的发动点放在了中国东南沿海，特别是与香港地区这个老资格的自由港相连的深圳特区，一举推出了东南沿海经济战略。实践证明，这是一个影响全局的意义深远的历史性选择。经过

30多年的发展,中国东南沿海地区包括广东、福建、浙江、上海、江苏、山东和后来设立的海南省,已经成为中国经济发展的第一批核心地区,经济总产出占到全国的一半以上。两个黄金三角——"珠三角"和"长三角"前后形成,一批有高成长潜质的沿海开放城市也成为经济开放的前沿。伴随东部的发展,一时间"孔雀东南飞",持续不断的民工潮以及各种资源,包括各种生产要素即资本、技术、能源、人才与劳动力一路向东南沿海先发展的地区流动,出现了蔚为壮观的下深圳、渡海南的历史性大开发现象。"深圳速度"成为东南沿海发展速度和中国发展速度的代名词。在这个过程中,土地这种不可再生的稀缺资源也从传统的农业用地中分化出来,出现工业用地、商业用地乃至整乡整村用来建设新开发区和新城的"地方政府政策用地"。新的令人心动的"城市化""城镇化"浪潮涌现,并以城市化的名义占去数量惊人的耕地,房地产业从无到有、从小到大,从东南沿海地区起步向内陆扩散,东南沿海地区发展成为占全国GDP12%~16%的庞大产业和产业群集聚地区。

口岸是国家对外开放的门户,是对外交往和经贸合作的桥梁,是国家安全的重要屏障。改革开放30多年来,口岸快速发展,对我国改革开放和现代化建设产生了广泛而深刻的影响。当前,我国改革进入攻坚期和深水区,经济发展进入新常态,对外开放步入新阶段,这些都对口岸工作提出了新的更高要求。2015年,国务院在出台的国发〔2015〕16号文件中明确提出,要扩大内陆口岸对外开放支持"一带一路",具体包括优化口岸服务,促进外贸稳定增长,加强口岸建设,推动外贸转型升级,深化口岸协作,改善外贸发展环境,扩大口岸开放,提升对外开放水平,夯实口岸基础,提高服务经济社会发展能力,以及加强对口岸工作的组织领导等具体措施。此份文件在优化口岸服务、加强口岸建设、深化口岸协作、扩大口岸开放和夯实口岸基础方面提出要求,既安排了清理整顿收费等能够立即启动的措施,又部署了统筹推进全国一体化通关改革、促进互联互通等一系列涉及面广、需多方协调合作的中远期改革项目,兼顾了眼前与长远。在这一政策的引领下,郑州、西安、南昌、阿拉山口和霍尔果斯等内贸口岸纷纷制定了具体举措,推进"一带一路"内贸口岸建设。

完善和发展内贸口岸建设需要继续强化"中部崛起""西部大开发"战略,其中,建立和完善西部大开发总体战略的地缘经济支柱包括四层含义。一是统筹规划并与多国合作，确保西部境外丰富的油气资源和其他大宗商品的供应通道畅通；二是扩大同西部各国的经贸合作和经济援助；三是近年来新疆、西藏等地的和谐稳定受到境外民族分裂主义、宗教极端主义和恐怖主义的多重威胁与困扰，“一带一路”倡议有助力于解决民生和发展问题，有助于筑牢国家安全、民族和谐的战略屏障；四是在供给侧改革中，借力于“一带一路”发展规划，将中国过剩的产能优势和资金优势转化为西部地区的经济优势，有利于中国区域经济的空间平衡，拓展中国经济增长的空间潜能和战略空间。

知识链接

新丝路与中欧货运班列

欧洲在中世纪处于世界体系的边缘，在各个方面都受到奥斯曼帝国的限制。然而，欧洲发明的以蒸汽机为动力的近代海洋交通技术，把世界从“陆权时代”变为“海权时代”。西方国家利用其独特的地理优势所提供的机会引领时代潮流，建立起一套国际政治经济制度，将他们海权大国的利益固定化，我们至今仍然生活在这些制度下。

“高铁”在中国“一带一路”计划的陆权战略中具有重要的意义。地缘政治的目标之一，是控制经济和能源资源的重要通道。铁路作为重要的交通工具，可以通过改变地理条件对国家行为的限制而直接改变地缘政治环境。高铁是改革开放以来中国创建的唯一可以改变整个21世纪国际国内政治经济基本格局的战略产业，它的建设可以对中国的命运产生深刻的影响。当高铁技术突飞猛进的发展开始颠覆人们关于空间和时间的观念时，当人们的空间时间概念发生天翻地覆的变化时，其组织经济活动的方式也将发生变化，陆权时代的回归就成为一种可能。高铁对以地缘经济为基础的陆权战略的意义在于，由中国通往中亚、南亚、中东、东欧、俄罗斯，最后直至西欧的高速铁路将成为贯通欧亚大陆的交通大动脉。这些铁路将增加沿线各国生产要素的流动性，并将它们重新组合。这就会在各国制造出新需求，吸引来新投资，为地区经济一体化打下基础。当高铁改变了地理条件对地缘经济的限制时，它必然改变欧亚大陆各铁路沿线国家对自身利益的界定，从而改变他们在制定发展战略时的视角。当高铁的建设为欧亚大陆的经济整合展现出广阔的前景时，各国的积极性都会被调动起来。

新亚欧大陆桥是我国中西部地区融入经济全球化的一条重要通道，有助于中西部地区对外开放型经济中心的形成。依托大陆桥多元化的运输通道，近年来，新亚欧大陆桥物流运输相继成功组织开行“渝新欧”“汉新欧”“蓉欧快铁”和“郑新欧”等，有效改善了我国中西部地区，尤其是西部地区参与国际贸易的运输条件。借助新亚欧大陆桥，重庆、西安、郑州、成都、乌鲁木齐、武汉等地将逐渐形成中国内陆对外开放的新高地。同时，新亚欧大陆桥将沿线城市连接起来本身就形成了我国东西向的一个重要的国土开发轴线。

自 2011 年第一列中欧货运班列从重庆开出，义乌、厦门、武汉、郑州、兰州等诸多城市相继发出了各自的第一班列中欧货运列车，中欧班列领跑“一带一路”盛开致富之花，其运行已经常态化，并已经成为世界级的品牌班列。2017 年伊始，中欧班列开启中英陆运“直通车”，直至欧洲大陆最西端的国家。根据中国铁路总公司的数据，2016 年，中欧班列共开行 1 702 列，同比增长 109%，其中返程班列 572 列，同比增长 116%。而在 2017 年，多个城市提出了“运力翻倍”计划，其中仅成都和重庆便将合计有 2 000 列开行计划。

2016 年，中国国家发改委发布了《中欧班列建设发展规划(2016—2020 年)》，提出到 2020 年，基本形成布局合理、设施完善、运量稳定、便捷高效、安全畅通的中欧班列综合服务体系，中欧班列年开行 5 000 列左右，回程班列运量明显提高。

中欧班列的开通具有引领亚欧经济一体化、促进区域经济共同发展的多重意义。一来，中欧班列降本提效深受企业欢迎。新型、快速、集装化的中欧班列自 2011 年开行以来，以其运输时间约比海运缩短 2/3、成本约比空运减少 4/5、比公路运输安全性好且绿色环保，开辟了海运、空运之外的大陆贸易通道新模式。二来，中欧班列加快我国对外开放战略，提高发展质量。此外，中欧班列还具有促进中欧贸易平衡、加强社会交往和加速人文交流等作用。中欧班列在国际上的影响力越来越大，成为铁路在中国“一带一路”建设中除高铁之外在深化供给侧改革中的又一张世界名片。

(张祥建　钟军委　李永盛)

“一带一路”的核心网络:中欧货运班列

随着“一带一路”倡议的推进而快速成长的以货运为主的中欧铁路运输班列,以其运距短、速度快、安全性高的特征,以及安全快捷、绿色环保、受自然环境影响小的优势,在短短的时间内,迅速成为驰骋在“一带一路”上的“火车头”。中欧班列以其日趋成熟的物流组织,以“火车头”的冲劲,拉动了沿途国家经贸交往的活跃度,促进了国家间铁路、口岸和海关等部门的密切合作,在“一带一路”倡议将丝绸之路从原先的“商贸路”变成产业和人口集聚的“经济带”中起到重要的引领作用。

中欧班列的特点是“定点、定线、定车次、定时、定价”。自2011年开行以来,中欧班列累计开行数量已突破3 700列,2017年一季度的开行数量更是同比增长了1.75倍。至2017年5月,依托新亚欧大陆桥和西伯利亚大陆桥,已形成西、中、东三条中欧铁路运输通道。西部通道由我国中西部经阿拉山口(霍尔果斯)出境;中部通道由我国华北地区经二连浩特出境;东部通道由我国东南部沿海地区经满洲里(绥芬河)出境。中欧班列国内开行城市达到28个,到达欧洲11个国家29个城市。图6－1为中欧班列当前概况简介。

中国铁路总公司统计显示,2016年,开行中欧班列1 702列,同比增长109%,其中返程班列572列、同比增长116%。2017年中欧班列开行数量较上年同期增加612列,增长158%。

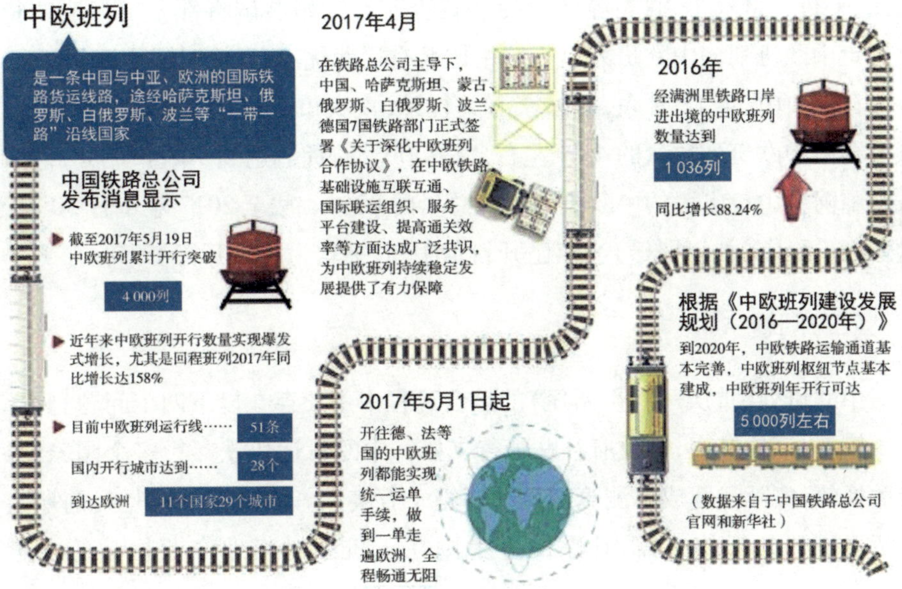

图 6－1　中欧班列概况

一、中欧班列（重庆—杜伊斯堡）

（一）现状

中欧班列（重庆—杜伊斯堡）由重庆团结村中心站始发，利用南线欧亚大陆桥国际铁路通道，经西安、兰州、乌鲁木齐，向西过北疆铁路，到达边境口岸阿拉山口、满洲里和霍尔果斯，进入哈萨克斯坦，再经俄罗斯、白俄罗斯、波兰至德国的杜伊斯堡，全长 11 179 公里，运行时间约 15 天。德国西部城市杜伊斯堡，是开通中欧班列的第一个城市，也是包括渝新欧在内的多条中欧班列的终点站。

这条线路的班列于 2011 年 1 月 28 日率先开通，3 月 19 日正式运行，初始名称为“渝新欧”，2016 年 6 月 8 号，统一命名为中欧班列（重庆—杜伊斯堡，渝新欧班列）。重庆班列服务于重庆产业的发展，其货源主要是重庆生产的 IT 产品和汽车、机械及装备等产品，同时还为华东和华南等地的产品提供服务，逐渐发展成为中国西部内陆向西开放的一条重要物流通道。从欧洲进口日常生活用品、平行进口汽车、酒类等产品的外贸企业已开始尝试将部分走海运的货物改为走中欧班列。中欧班列运行费用比航空运费优惠,运输时限比海运短。

截至2016年12月底,据国家海关统计,重庆市开出的渝新欧班列班次数量占全国中欧班列数量的45%左右,“渝新欧”的货值达到168.8亿元,占所有从新疆阿拉山口出境的中欧班列货值总量的80%。截至2017年4月30日,中欧班列(重庆—杜伊斯堡)当年已开行184列,平均为每周开行12列。

(二)问题

中欧班列(重庆—杜伊斯堡)的运营过程中主要存在以下四个问题。

第一,运价较高,靠政府补贴苦苦支撑。中欧货运快铁穿行多个国家,经过转关换轨,实际运营成本测算超过每标箱1万美元。而政府补贴是目前所有中欧货运班列开行的必需,补贴的多少则在于班列对当地产业拉动的贡献有多大。

第二,中欧班列(重庆—杜伊斯堡)横跨亚欧多个国家,货物每到一个国家,海关都要开箱检查,时间成本昂贵。

第三,货源不足,返程空车。货物种类比较单一,覆盖范围较窄。货物运输大多“有去无回”,回程货源短缺导致运输成本居高不下;一些中欧货运班列存在货源地多有交叉的情况,在货源上必然各出奇招,以避免重复建设导致的大量资金和资源的浪费。

第四,跨境电商的国际邮路运力明显不足,且海运耗时过长,空运运量小、成本过高。

(三)改进

第一,通关及安全方面,重庆通过与沿线国家的沟通,实现了沿途海关监管互认,一次申报、一次查验、一次放行;针对沿途低温难题,重庆研发出15厘米厚的保温材料,给货物穿上“水背心”;研发出集装箱卫星定位跟踪系统,解决了货物运输的安全问题。

第二,货源方面,重庆不断加强在欧洲的货源组织,目前大部分都已实现双向常态化开行,货源也从最初的电子产品拓展到母婴用品、咖啡豆、进口整车等,逐渐覆盖石油、天然气、铁路、太阳能和风力发电等设备。

第三,效率方面,随着兰渝铁路(甘肃兰州—重庆)的开通,中欧班列(渝新欧)从重庆到杜伊斯堡将由常态运行时间的16天左右缩短至12天。

第四,旅游客运方面,新疆的霍尔果斯国际边境合作中心海关于2016年8月正式开关,从设施到气候环境都适宜客运。重庆正在研究沿线各国对旅游开放等方面的规定,对客货两运进行协商。

第五,跨境电商、平行进口汽车、承运国际邮包。2016年中欧班列首次全程运邮测试成功,开辟了性价比更高的国际邮包运输新模式,将带动跨境电商迅速发展,开启"买卖全球"的贸易新格局。

二、中欧班列(成都—罗兹)

(一)现状

中欧班列(成都—罗兹)自2013年4月26日在成都青白江正式首发,经兰州到新疆阿拉山口出境,途经哈萨克斯坦、俄罗斯等国抵达波兰罗兹站,线路全长9 826公里,主要运载电脑、家用电器、机械配件和花木等产品赴欧洲市场。中欧班列这条国际物流大通道的双向稳定运行,促进了"成都造"赴欧、"欧洲造"赴蓉的双向贸易往来。欧洲商品正通过中欧班列源源不断地运往成都。与海运相比,中欧班列是海运时间的1/3;与空运相比,费用仅相当于空运费用的1/5。

2015年,这条中欧班列开行了103列, 2016年开行了453列。其中,去程287列,返程166列;去程货物价值13.65亿美元,返程为1.42亿美元。截至2017年4月30日,2017年此趟班列一共开行227列,开行频率实现了每天1列,甚至一天2~3列。2017年,计划成都将开行国际班列1 000列以上。北线,即成都—莫斯科、托木斯克开行150列以上;中线,即成都—罗兹、纽伦堡、布拉格、米兰开行650列以上;南线,即成都—伊斯坦布尔、阿拉木图开行200列以上。到2020年,成都力争将中欧班列开行量增加到2 000列。

当前,中欧班列(成都)已初步构建起"一主多辅、多点直达"的跨境班列网络,形成了贯通南北、覆盖东西的三条线路:中线(成都—罗兹)途经哈萨克斯坦、俄罗斯、白俄罗斯直达波兰罗兹,运行时间10天,同时延伸到波兰库特诺、德国纽伦堡、荷兰蒂尔堡;北线(成都—明斯克),途经俄罗斯到达白俄罗斯明斯克;南线(成都—伊斯坦布尔),途经哈萨克斯坦、阿塞拜疆、格鲁吉亚直达土耳其伊斯坦布尔,运行时间约15天,对接土耳其、伊朗和格鲁吉亚等国家。成都还在筹备至东南亚、南亚等地区的南向“泛亚班列”,以及“成都—东盟”(越南河内)快线的开行计划。

(二)问题

目前中欧班列(成都—罗兹)的运营主要存在以下四个问题。

第一,线路重复现象严重。目前,国内各地开往欧洲主要区域或同一目的地的班列线路重复,既造成回程空载率居高难下(2016年蓉欧班列的回程班列装车率不足50%)、资源浪费和无序竞争,提高物流成本,也导致对外谈判铁路运价难度增加,不利于行业健康发展,影响我国国际形象。

第二,地方政府过度干预。中欧班列经过几年运行和市场培育,已具备全面市场化运作的条件。由于部分地区靠政府补贴、盲目跟风开行,从而迫使已具备市场化运作的班列平台公司无法按市场化运行,造成不必要的资源浪费和无序竞争。

第三,沿途国家配套基础设施落后。目前,中欧班列途径中亚、俄罗斯、东中欧和蒙古等国家,其中不少国家基础设施建设滞后,信息化程度低,多式联运和分拨都存在很多困难,货物仓储、转运还很不顺畅,在一定程度上影响了班列成本的降低。

第四,相应国际贸易规则缺位。随着中欧班列的兴起,相关贸易规则缺位的现象越发突出,因此,在自由贸易区的框架下,探索中欧陆上贸易规则迫在眉睫。

(三)改进

第一,加快布局海外营销服务网络体系,以增强在欧洲重要节点城市的揽货能力。开通邮政国际快件的国际铁路服务,打造跨境电商规模效应和聚集效应。

第二，探索具有建立内陆自由贸易区特色的国际贸易新规则。成都将推行铁路口岸“一窗口”服务，推行海铁、铁水“一单制”联运，推动国际铁路联运“一票制”互认等。

第三，构建成都至欧洲的综合物流体系。主要以铁路港和航空港为载体，不断扩大成都的陆路物流网以及空中客流、物流网的影响力和辐射范围。加快“两港三网”建设，提高铁路港口吞吐能力，开通更多的航线，争取国际上知名的物流企业到成都，对聚集的贸易提供服务。

第四，海关通关提速增效。通过优化流程在各个环节“争分夺秒”，持续提升通关效率。货物从接单到验放最快只需几分钟，同时，实施全天24小时预约通关作业，当天申报货物当天就能验放通关。

三、中欧班列（郑州—汉堡）

（一）现状

中欧班列（郑州—汉堡）于2013年7月18日首列开行，从郑州圃田集装箱中心站出发，由阿拉山口出境，途经哈萨克斯坦、俄罗斯、白俄罗斯、波兰至德国汉堡站，全程10 245公里，运行时间约15天。途经亚欧6个国家，两次转关，两次换轨，国内段运行时速达120公里，是目前运行速度最快的班列线路。2014年9月1日，中欧班列（郑州）回程发车仪式在德国汉堡比尔外德车站举行。

中欧班列（郑州—汉堡）运载货物的种类由最初的汽车轮胎、工业半成品，到覆盖IT、家电、轮胎、纺织品、文体用品、工艺品和汽车整车等，货物来源几乎全部在河南省境内，现在，货物来源地为河南省的只占20%，全国其他地区则占65%，国外的货物甚至还占了15%。货源覆盖广，集货半径达到1 500公里，形成了稳定的珠三角、长三角、环渤海等经济圈基础货源地，涉及20多个省份，服务数百家企业；依托设在汉堡、华沙、莫斯科和卢森堡的4个境外集疏中心，形成了以哈萨克斯坦、阿拉木图、蒙古扎门乌德等辐射亚洲周边国家和以汉堡为枢纽，以巴黎、米兰、布拉格、华沙，以及沿途换装车站点的波兰马拉舍维奇、白俄布列斯特等辐射欧洲国家的二级集疏中心，货源范围覆盖24个国家的121个城市，货运总量和满载率均排在中欧班列中的第一位。

班列运营线路涉及多口岸，是国内唯一实现多线路运行、多目的地通达、双向集疏、均衡往返开行的中欧班列。中欧班列（郑州—汉堡）2013年开行了13列，2014年开行了78列，2015年开行了97列，2016年开行了251列。截至2017年3月中旬，中欧班列（郑州）已累计开行556列（351列去程、205列回程），总货值28.19亿美元，货重27.06万吨。计划每周4列去程、4列回程，全年开行300列以上。

（二）问题

中欧班列（郑州—汉堡）的运营主要面临以下三个问题。

第一，回程货源不足，空箱现象严重。一方面是由于受目前中欧贸易结构的影响，即对欧贸易中，进口额只相当于出口额的六成左右，进口货源少于出口货源；另一方面也在于欧洲对中欧班列这种相对较新的运输方式了解不多，尚未认可和形成使用习惯。

第二，通关手续办理繁琐。郑州—汉堡的中欧班列运载的基本上都是进出口货物，这就需要货主办理一系列的出入境手续，货运物流信息不能及时查询追踪，难以全面监测集装箱班列的运行情况。

第三，补贴退出机制不完善。中欧货运班列的开通和运行，大多是由当地政府推动的，完全的市场机制还没有形成。

（三）改进

第一，中欧班列（郑州—汉堡）最大的特点就是采取“政府统筹，企业市场化运作”的管理模式，更快地适应集体竞价后的国际市场。由单证中心统一标准，提供国际联运单证预审、制单和打单等相关服务。每天两次定时向客户推送班列追踪信息，还可以提供信息查询、定制和投诉建议受理等服务。

第二，中欧班列（郑州）“运贸一体化”业务全面铺开，通过“直采直运直营”与“一带一路”沿线国家300多家制造商、贸易商等建立直接合作关系。加强与口岸各联检单位的配合，签署合作备忘录，由检验检疫和边防部门共同开展“一关两检”绿色通道，对货运专列实行“优先办理、优先检测、优先放行”。

第三，郑州国际陆港公司首创的“一票式”物流供应链模式包括上门收货、拼箱、短导、报关报检，到站后的吊装、清关、分拨、配送到指定地点。拓展海铁、空铁、公铁等多式联运，实现了去程和回程公路提送货、场站拆装箱、报关报检、铁路运输和融资预结算等全程“门到门”服务。

第四，车载集装箱的GPS定位设备，可以在“一带一路”沿线国家正常采集数据。GPS设备将集装箱的经纬度、运行速度、温度和湿度等信息反馈到后台监测系统中，客户可以在手机终端使用箱体编号查询自家货物的实时位置。

四、中欧班列（苏州—华沙）

（一）现状

2013年9月30日，首趟80006次中欧班列（苏州—华沙）驶出苏州西站，北上从满洲里出境，横跨俄罗斯、白俄罗斯，最终到达波兰华沙，全程运输距离11 200公里，在中国境内行驶3 200公里，时速120公里/小时，历时52小时；俄铁管辖段（俄罗斯及白俄罗斯）7 800公里，历时9～10天；欧洲境内200公里，历时1天。途中在俄罗斯后贝加尔、波兰马拉舍维奇进行换轨作业；在莫斯科完成对俄拆挂、甩挂业务；在终点波兰华沙开展对德、法、意等欧洲国家的分拨业务。出口班列全程最短12天，进口班列全程最短14天，开行频率已由每周2次增加到每周4次。

中欧班列（苏州—华沙）运载的都是苏州及华东地区生产的电脑硬盘、笔记本电脑、液晶显示屏和精密仪器等附加值较高的电子产品。其中，江苏省内货源占34.85%，浙江省货源占24.99%，上海货源占9.73%。该班列72.06%的货物出口至波兰、德国、捷克等中欧地区；10.07%的货物出口至俄罗斯、立陶宛等东欧地区；9.42%的货物出口至荷兰、法国等西欧地区；8.45%的货物出口至匈牙利、意大利等南欧地区。

中欧班列（苏州—华沙）2013年试开了1列，2014年3月则开始常态化，开行35列，并组织了一个批次70个标准箱货物返程，2015年，从苏州发车的中欧班列增加至93列。统计显示，自班列常态化运行以来，截至2015年年底，“苏满欧”“苏满俄”“苏新亚”各线路累计开行进出口班列158列（次），发运标准集装箱13 446箱，发运货物6.88万吨，货值12.24亿美元。仅就2015年而言，

“苏满欧”进出口班列和“苏满俄”“苏新亚”出口班列全年开行122列(次),同比增长248%;货值9.9亿美元,同比增长338%,实现了翻三番。

2017年一季度中欧班列(苏州—华沙)出口班列41列,装载3 748个标箱,货重2.14万吨,货值3.21亿美元,同比分别增长1.7倍、1.8倍、1.8倍和1.5倍;监管进口班列40列,装载708个标箱,货重0.46万吨,货值0.34亿美元,同比分别增长1.7倍、2.7倍、84%和54.5%。2017年前4个月,中欧班列(苏州—华沙)出口开行班列58列,同比增长163%,运送标箱5 266个,增长188%,货值30.5亿元,增长133.33%。截至2017年4月底,该班列共开行303列,安全运送2.7万标准箱出口货物。

(二)问题

中欧班列(苏州—华沙)当前运营中主要存在以下四个问题。

第一,中欧班列开行数量和范围近年大幅增加,但名称标识不统一、市场发展不规范,削弱了品牌影响力。

第二,通关手续繁琐。沿途经过国家较多,通关需要多国协调,浪费在检疫和通关等方面的时间不同程度存在,一些地区的政治不稳定也会导致班列的通行受阻。海关报关手续繁琐,通关时间较长,物流时间难以得到保障,沿线物流信息不能得到及时反馈。

第三,受地理和技术限制,货物范围较窄;难以组织回程货物,空载率较高。

第四,班列功能较单一,国际邮件包裹和跨境电商货物尚未完全打通通路,班列成本优势没有得到体现。

(三)改进

统一品牌、统一标识的中欧班列,是推进“一带一路”建设“叫得响、看得见、有影响”的重要收获和标志性成果。打造中欧班列品牌,推进班列健康有序发展,对提升“一带一路”沿线各国基础设施互联互通和经贸合作水平、适应日益增长的亚欧大陆国际货物运输需求和释放丝绸之路经济带物流通道潜能具有重要意义。改进措施主要是大幅压缩通关等待时间和开辟货源。

第一,苏州海关助推中欧班列(苏州)的发展,主动跟进服务,与满洲里海关驻车站办事处签订《出口转关监管联系配合办法》，探索电子运抵、电子车牌和电子关锁等先进手段，简化通关手续；同时，试点通关一体化，推行“一次申报、一次查验、一次放行”的模式，货物在苏州完成申报、查验等，满洲里口岸通关时间压缩到3小时，并开辟专用申报通道，推广“掌上物流”科技监管，将该班列物流等待时间大幅压缩80%。

第二，开辟国际邮件包裹铁路运输通道和跨境电商货物载运，探索与太仓港无缝对接、海铁联运，吸引日本、东南亚等太仓港过境货物经中欧班列（苏州—华沙）直达欧洲，不断增班扩源。

五、中欧班列（武汉—捷克、波兰）

（一）现状

中欧班列（武汉）2012年10月24日首次开出全国第一趟班列（武汉至捷克帕尔杜比采）的富士康专列，从武汉吴家山站始发，经阿拉山口出境，途经哈萨克斯坦、俄罗斯、白俄罗斯到达波兰、捷克、斯洛伐克等国家的相关城市。中欧班列（武汉）目前有西线和北线两条线路，分别从阿拉山口和满洲里出境，武汉也因此被称为“双龙出关”的城市。其中，西线途经哈萨克斯坦、俄罗斯、白俄罗斯，到达波兰、捷克、德国、法国等地，全程约10 880公里，运行时间约15天；北线到达俄罗斯和白俄罗斯，全程6 645公里，运行时间约10天。中欧班列（武汉）还计划开通“武汉—哈萨克斯坦—伊朗”海铁联运线路，与波斯湾、印度洋对接，形成陆上、海上丝绸之路大环线经济带。

截至2017年5月，中欧班列已先后开通并成功运营武汉至汉堡/杜伊斯堡、武汉至波兰、武汉至捷克、武汉至中亚五国等12条新线路，辐射28个国家。通过中欧班列（武汉）运往欧洲的货物品种涵盖机电产品、电子元器件、显示器、汽车、服装和电器产品，客户主要来自湖北及周边、珠三角、长三角等地区。回程货物包括俄罗斯木材、德国家具和肉类及法国红酒等。

中欧班列（武汉）开行频率从最初的每周两去一回，增加到三去两回，到现在的每周三去三回。截至2017年5月12日，中欧班列（武汉）自2012年开通以来已开行545列，运输货物实载率达96%，货物总价值接近20亿美元。中欧班列（武汉）2014年开行64列，货值1.2亿美元；2015年开行164列（去程92列，回程72列），装载货物14 912标箱，总货运量9.25万吨，货值超过10亿美元；2016年开行234列（去程120列，回程114列），运输货物21 630TEU（1TEU = 20英尺标准集装箱）；2017年计划开行300列（去程160列，回程140列），2017年一季度已开行31列、回程25列，同比分别增长55%和38.9%。中欧班列（武汉）实载率达到95.48%，在全国28个中欧班列中位居第一。

（二）问题

中欧班列（武汉—捷克、波兰）运营中主要存在以下四个问题。

第一，满载去、空载回，货运资源浪费严重。去时满载、回程放空的单向货源是班列开通初期面临的最大问题，中欧班列（武汉）最初面临“吃不饱”的窘境。

第二，运作模式单一，班列线路和服务产品开发滞后，货运量增长缓慢。

第三，缺少地区支撑性物流园。国内各城市的中欧班列，多数都是有物流园区，但缺乏稳定的货源；而中欧班列（武汉）则刚好相反，拥有丰富的货源，却没有物流园区做支撑。

第四，口岸通关报关手续审批繁琐费时。初始口岸无法与铁路中心站实现通用、共用，大量进口食品仍无法通过铁路运至武汉。

（三）改进

第一，中欧班列（武汉）实行运单归并、简化申报，将单一收货人的多个集装箱货物合并为一票办理转关手续，将多个集装箱铁路运输的货物合并为一份报关单申报。

第二，在海外设立办事处，加强海外物流和回程货物组织服务。在阿拉木图设立了中亚代表处，在德国杜伊斯堡设立了欧洲办事处，在莫斯科及托姆斯克设立了俄罗斯办事处，后续还将把欧洲办事处升级为汉欧公司欧洲分公司。

第三，推出铁路跨境货运的“私人定制”业务，让国内个人自用的非贸易物品也可通过中欧班列“门对门”运往欧洲。

第四，实现冷链运输。铁路冷链物流是现代物流的新增长点，随着市场的扩大，需要采取冷藏运输的奶酪、黄油等关联奶制品，以及冰淇淋、快餐原料类食品和药品、医疗器械等将成为中欧班列(武汉)的常客。

第五,积极筹建服务于中欧班列(武汉)的国际物流园。国家发改委正研讨在西南、华东、华中建立中欧班列货物集并中心,武汉市正着力推进汉欧国际物流园项目的落地,使吴家山铁路中心站、东西湖综合保税区与临空港保税区成为我国第一个国际班列发运中心,专业开展铁公、铁空联运。

六、中欧班列(长沙—杜伊斯堡)

(一)现状

中欧班列(长沙)2014 年 10 月 30 日首开,两列满载瓷器、茶叶和机械配件等湖南特色产品的国际货运班列,从长沙霞凝铁路口岸鸣笛启程,分别驶向德国杜伊斯堡和乌兹别克斯坦塔什干。中欧班列(长沙)实行“一主两辅”运行路线。“一主”为长沙至德国杜伊斯堡,通过新疆阿拉山口出境,途经哈萨克斯坦、俄罗斯、白俄罗斯、波兰、德国,全程 11 808 公里,运行时间 18 天。“两辅”,一条线路是经新疆霍尔果斯出境,最终抵达乌兹别克斯坦的塔什干,全程 6 146 公里,运行时间 11 天;另一条线路是经二连浩特(或满洲里)出境后,到达俄罗斯的莫斯科,全程 8 047 公里(或 10 090 公里),运行时间 13 天(或 15 天)。到 2017 年 1 月已开通运行了汉堡、华沙、莫斯科、塔什干和明斯克 5 条线路。

中欧班列(长沙)境外货源地已涵盖德国、法国、英国、意大利、波兰和挪威 6 国,境内货源地辐射华南、华东地区。中欧班列出口的货物主要有电子产品、陶瓷、服饰、机械配件、化工、纺织品、食品和钢铁等,包括长沙地区的茶叶、机械设备、电子产品、肠衣及纺织品,湘潭地区的化工品、氟化铝,株洲地区的机车配件、陶瓷,衡阳地区的钢管、石油套管以及张家界地区的矿产品等都是中欧班列的稳定货源;同时,来自江苏、江西、浙江等外省的电子产品、显示器、玩具和服装等货源也越来越多。欧洲通过铁路运输的回程货物初显规模,主要是食品、机械配件、奶粉、红酒、啤酒、肠衣半成品等商品,通过中欧班列从欧洲运往湖南。

中欧班列(长沙—汉堡)自 2014 年 10 月首发至 2016 年 11 月 26 日,往返运行约 132 列,吞吐量逾 1. 1 万标箱,货值 5. 37 亿美元。2015 年,长沙—汉堡中欧班列开行 73 列、2 319 车,货重 12. 42 万吨,货值 2. 36 亿美元;2016 年共发运进出口货物7 612标箱、17.3万吨，运输收入0.47亿元，货值4.93亿美元。2017年1—3月，湘欧快线共发运进出口货物2 108标箱、4.57万吨，货值0.89亿美元。截至2017年4月底，中欧班列(长沙)发运进出口货物达到14 768标箱，总吨位34.42万吨，总货值6.7亿美元。

(二)问题

中欧班列(长沙—杜伊斯堡)目前主要存在以下四个问题。

第一，市场运营不规范、恶性竞争加剧等问题，削弱了中欧班列运营的影响力。国内中欧班列重合度高，由于货源不足，各地纷纷利用财政补贴争抢货源，造成相互压价、“赔本赚吆喝”的乱象。

第二，货物通关繁琐和物流转运过程中的安全问题。货物转关出口，边境口岸海关会将关锁剪断，重新查验货物，并锁上新的关锁，这一过程繁琐费时且货物安全不能得到保障。

第三，面临运能不足、运价高等问题。中欧班列运输虽然有一定的时间优势，但物流成本高。

第四，综合服务意识和能力不足。随着中欧班列的货源不断增长，一度出现运输集装箱的平板车不足的情况；国外组织货源的效率较低，时间较长，班列回程空载率较高。

(三)改进

第一，长沙海关在确保有效监管的前提下，量身打造通关模式，对中欧班列货物实行“一次申报、一次查验、一次放行”。

第二，管内到达的平板车优先向长沙地区集结，切实保证中欧班列运输需要。

第三，依托铁路优势，建设“中南国际陆港中心”，包括口岸建设、联检大楼等多个项目要积极推进。

第四，铁路将联合政府部门进行招商引资，引进外企，培育市场，形成以霞凝(中南国际陆港中心)为平台，湘欧快线为品牌，把铁路国际通道建设延伸至东盟、中亚、中东、俄罗斯、欧洲，国内干线通道延伸至华南、华东，形成以长沙为“掌心”、以“五指”为扇形的国际铁路物流网络。

七、中欧班列(义乌—马德里)

(一)现状

首趟中欧班列(义乌—马德里)于 2014 年 11 月 18 日从义乌出发,经新疆阿拉山口口岸出境,途经哈萨克斯坦、俄罗斯、白俄罗斯、波兰、德国、法国,历时 21 天,最终抵达西班牙马德里,全程 13 052 公里,是世界上线路最长、途经国家最多的国际铁路货运班列。

中欧班列(义乌)已开通至马德里(西班牙)、中亚五国、德黑兰(伊朗)、车里雅宾斯克(俄罗斯)、马扎里沙里夫(阿富汗)、里加(拉脱维亚)、明斯克(白俄罗斯)、伦敦(英国)8 条线路,是目前开通运行线路最多的城市,并实现去程每周 1 ~2 列、回程每周 1 列。班列运行时间从最初的 21 天压缩到最快 16 天,运行成本下降了近 30%。义乌被确定为我国 12 个内陆主要货源地节点之一,中欧班列的义乌—马德里、义乌—德黑兰被确定为直达班列线路。

从出口商品看,品种从最初的义乌小商品扩展到日用小商品、服装、箱包、五金工具、电子产品等近 2 000 种中国商品,货源地从义乌扩大到安徽、福建、上海等 8 个省。从物流网络看,除了马德里,班列还在波兰的马拉舍维奇、华沙和德国的杜伊斯堡、汉堡设立物流分拨中心,对“一带一路”沿线国家的辐射作用日益显现;从运载能力看,班列一直坚持满载运输,最多时达 108 个标箱,成为我国满载率最高的中欧班列。

截至 2017 年 4 月末,中欧班列(义乌)已往返运行 177 次、13 953 标箱。其中,去程班列 143 次,12 406 标箱;回程班列 34 次,1 547 标箱。2015 年去程 31 列,共计 1 988 标箱;回程 6 列,共计 204 标箱。2016 年,班列往返运行 101 次,8 178 标箱,同比增长 283.6%。2017 年 1—4 月,班列往返运行 35 次,3 083 标箱,同比增长 113.8%。

(二)问题

中欧班列(义乌—马德里)运营中主要面临以下三个问题。

第一,运行时间相对较长。尽管与海运相比,首趟“义新欧”班列可节省一半时间，但与空运相比，21 天的时间仍显得有些长。

第二，运费居高不下，运价竞争激烈。与海运比较，火车运输成本要高，对于一些易变质或附加值较高的商品，如水果和食品，要有空调等防护设施，运输成本就更高。

第三，市场化运作程度不高。回程货物不多，大多需要依靠政府补贴，很难实现正常赢利。由于没有返程货物，运出去的集装箱在卸货后无法运回，不得不在国外直接廉价出售。

（三）改进

第一，优化货物通关流程，启动“公铁联运”通关模式。在加速货物中转效率的同时，扩大中欧班列辐射面。

第二，进一步完善口岸基础设施、加快铁路口岸开放，全力做好服务保障，力争将班列打造成“一带一路”示范工程。

第三，中欧班列（义乌—马德里）提供了畅通高效的进出口贸易服务，随着零担、邮包等一系列物流产品陆续推出，义乌小商品出口欧洲的贸易总成本将逐渐降低，“义新欧”班列的运输效益也将不断提升，运费优势会逐渐显现。

八、中欧班列（哈尔滨—俄罗斯）

（一）现状

哈欧班列（哈尔滨—汉堡）分为出口与进口线路。出口点对点的直达班列是哈尔滨—马拉/汉堡/杜伊斯堡，周班运行（周六发班），全程 9 832 公里，最佳运行时间 16 天，沿途经过俄罗斯、白俄罗斯、波兰、德国，俄境内中途不经停卸货。进口点对点的直达班列是汉堡/杜伊斯堡—哈尔滨，周班运行（周六发班），全程 9 820 公里，最佳运行时间 16 天。沿途经过俄罗斯、白俄罗斯、波兰、德国，俄境内中途不经停卸货。

哈欧班列自 2015 年 6 月开通至 2017 年 5 月 13 日，开行 191 列，累计到发 5 872 标箱，货值 4.8 亿美元，进口缴纳关税 2.56 亿元。其中，2015 年全年累计到发 1 556 标箱，货值 1.1 亿美元，进口缴纳关税约 1 617 万元；2016 年累计到发 2 474 标箱，货值2.1亿美元,进口缴纳关税1.7亿元;2017年累计到发1 842标箱,货值约1.6亿美元,进口缴纳关税0.7亿元。

中欧班列(哈尔滨—俄罗斯)包括出口干线、出口支线和进口干线、进口支线。出口干线为哈尔滨—莫斯科点对点直达班列,周班运行,全程运行14天,7 000公里;出口支线为哈尔滨经满洲里出境,沿途到达后贝加尔、伊尔库斯克、克拉斯诺亚尔斯克、新西伯利亚、叶卡捷琳堡和莫斯科等俄罗斯主要城市站点,货物随到随发。进口干线为新西伯利亚/伊尔库斯克—哈尔滨点对点直达班列,周班运行,全程运行10天,4 300公里;进口支线为莫斯科、叶卡捷琳堡、新西伯利亚、克拉斯诺亚尔斯克、伊尔库斯克、后贝加尔等俄罗斯主要城市站点经满洲里入境,终到哈尔滨,随时组织货源随时发运。

哈俄班列自2016年2月开通至2017年5月13日,开行155列,累计到发11 444标箱,货值约1.6亿美元,进口缴纳关税0.38亿元。其中,2016年累计到发4 234标箱,货值5 614万美元,进口缴纳关税0.2亿元;2017年累计到发7 210标箱,货值9 940万美元,进口缴纳关税0.18亿元。

(二)问题

中欧班列(哈尔滨—俄罗斯)在快速发展的同时,主要面临以下三个亟待解决的问题。

第一,各条线路运营情况参差不齐,沿途基础设施落后,信息化程度低,多式联运和分拨都存在很多困难,货物仓储、转运很不顺畅,在一定程度上影响了班列成本的降低。

第二,轨距不统一,频繁换装。沿途各国的轨距标准不一致,开向欧洲的班列至少需要换轨两次,降低了通行效率。

第三,联运经营人责任界定不清。《国际货协》和《国际货约》在铁路承运人承担赔偿责任、铁路承运人承担延迟交货责任等方面均存在差异。由于法律责任界定不清,也导致服务规范不清晰,服务标准难统一。

(三)改进

第一,完善哈欧、哈俄和中、俄、日、韩陆海联运跨境运输,发展并依托国内班列、国际联运、海铁联运和公铁联运等陆海联运综合物流,参与开放平台建设,创建新型业态,逐步向保税监管、汽车物流、冷链物流、大宗商品集散、跨境电商、物流金融和国际贸易等领域拓展,打造立足黑龙江、服务东北、辐射华北和华东跨境运输的综合平台。

第二,推进"监管互认、执法互助、信息互换",创新优化班列货物监管、查验、换装运作模式,力求助力这条连接亚欧的铁路通道成为一条黄金通道。哈尔滨海关在国内通过"无纸化通关改革"和"关检深化合作"等方式,对班列发运、抵达、离境实施全程监管服务。

第三,开通私人定制班列等综合服务。适时推出品牌班列、直达班列、项目班列、循环班列、普货班列等,以哈尔滨铁路集装箱中心站为集结点组列发运。

九、中欧班列(西宁—安特卫普)

2016 年 9 月 8 日,中欧班列青海西宁至比利时安特卫普首发。首趟班列在西宁双寨物流中心出发,经甘肃、新疆,从阿拉山口口岸出境,途经哈萨克斯坦、俄罗斯、白俄罗斯、波兰、德国,最终抵达比利时第二大城市安特卫普,跨越 6 个国家,全程 9 838 公里。其中,国内段 2 644 公里,国外段 7 194 公里,历时约 12 天,相比近 2 个月的传统海运时间,缩短运输时间 40 天。

中欧班列采用印有中欧班列统一品牌的铁路集装箱,专列共有 44 个 40 英尺标准集装箱,其中,青海喜马拉雅家居有限公司 42 个集装箱,主要商品是家用满铺簇绒地毯;青海藏羊集团 1 个集装箱,主要商品是手工丝毛、丝绒藏毯、手工纯丝毯、机织羊毛藏毯;西宁源羚有机农业科技开发有限公司 1 个集装箱,主要商品是经欧盟认证的即食有机枸杞。

从这条线路中欧班列的首发情况看,主要有三个方面的特点:一是填补了青藏高原没有中欧班列的历史空白。目前,全国已有重庆、成都、郑州、武汉、西安、兰州等 16 个城市陆续开行了通往欧洲城市的集装箱班列,西宁至比利时安特卫普的中欧班列是青藏高原的首列中欧班列,它的成功开行结束了青藏高原无中欧班列的历史。二是全国单一商品集中度最高的中欧班列。首发专列装运的 44 个集装箱全部是青海特色优势产品,这在全国尚属首例。三是青海边境贸易区位优势更加突出。在相当长一个时期,青海商品的出口主要依托沿海地区,中欧班列开通以后,青海与中亚、西亚、欧洲的贸易区位优势将进一步凸显,由原来的对外贸易内陆腹地变成前沿阵地,实现了历史性的角色转换。

十、中欧班列(广州—莫斯科)

2016 年 8 月 29 日,中欧班列(广州—莫斯科)从广州大朗站始发,经由满洲里出境,直达俄罗斯莫斯科卡卢加州沃尔西诺,全程 11 500 公里,共 41 节 40HQ 集装箱,运行 15 天到达目的地。运送货物包括服装鞋帽、布料、家具、灯具、电器和电子产品等。该班列全程运输时间比海运节省 30 天以上,较公路缩短 7 天,运费比空运节省 80%,并集安全、快捷、经济、绿色等优势于一体。中欧班列广州—莫斯科线路的开行大大节约了广州与"一带一路"沿线国家的贸易成本和交易时间,竞争优势明显。图 6-2 为中欧班列(广州)线路示意图。

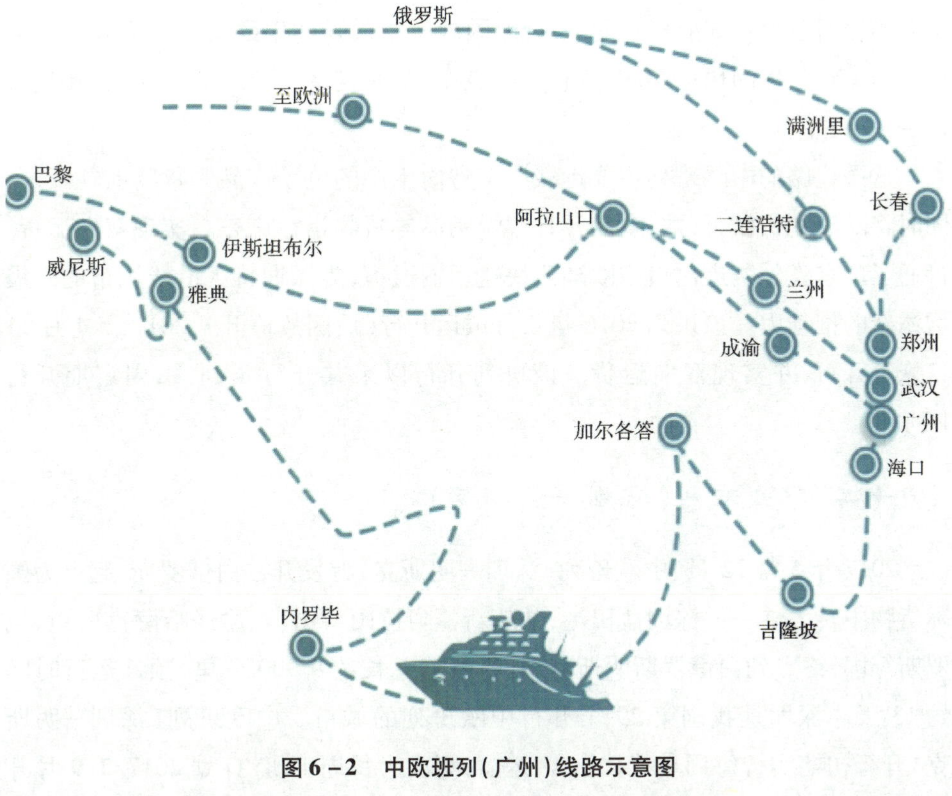

图 6-2　中欧班列(广州)线路示意图

截至2017年5月12日,广州白云区发出的中欧班列已发运集装箱1 107箱,其中重箱880箱,重箱率为79.4%,发运货物9 606.7吨,货物件数151.7万件,出口申报货值折合人民币8.4亿元。自2016年8月发出首列中欧班列以来,已有28列中欧班列从广州白云区发出,基本实现每周1列常态化开行。这条中欧班列线路已基本实现满载运行,创下了国内中欧班列的新纪录。

现在,广州—莫斯科的中欧班列每周准时发运,为珠三角地区的中欧对外贸易商提供了更加便捷、稳定的运输通道,同时弥补了华南地区电子类和日用商品类出口贸易在运输时效上的不足,为中国商品出口欧洲、欧洲产品进入中国开辟了一条安全、高效、便捷的国际进出口贸易绿色通道。

十一、中欧班列(东莞—杜伊斯堡)

2016年4月14日,中欧班列(东莞—杜伊斯堡)自东莞石龙站始发,经满洲里铁路口岸出境,途经俄罗斯、白俄罗斯、波兰等国家和地区,终点站为德国杜伊斯堡,全程运行13 488公里,为目前国内运距最长的中欧班列。列车全部采用时速120公里的快速车底,实行定时发车、限时到达,全程运行19天,相比海运少15天左右。

这条线路的中欧班列主要运载广东省内生产的电子产品等货物前往欧洲,同时将欧洲的机械、仪器、食品及日用快销品等货物运往广东。实现双向运货,打通了广东省外贸进出口中欧陆路快速运输通道,为深圳特区沿线城市的发展增添新的推动力。该班列2016年4月试运开行(后因故停开),2017年4月11日恢复开行,并实现双向运货。该班列开行以来共开行8列,每周定期开行1列。

十二、中欧班列(深圳—明斯克)

2017年5月22日,中欧班列(深圳—明斯克)首发开往白俄罗斯,起点为国际货物中转大港——深圳盐田港,并从新疆阿拉山口出境,途经哈萨克斯坦、俄罗斯等国,终点到白俄罗斯明斯克,运行线路总长约9 900公里,预计运行时间约13天。深圳是我国第29个开行中欧班列的城市。中欧班列(深圳—明斯克)开行初期实行每周单线(出口)运输,频次为每周1班,计划2017年9月开始实现双向运输，运载的是大宗电商产品以及对交货时限有要求的轻工、高科技电子产品，预计行程13天，比以往缩短了2/3的时间。

中欧班列（深圳—明斯克）进出口货值预计全年将突破1 500亿元。这条线路中欧班列的开行，为珠三角、港澳台地区和东盟等地的货物运输开辟了除海运、空运以外的第三种运输方式，可以节省2/3以上的运输时间成本。最为关键的是，通过“中欧班列＋港口运输 ”的海铁联运模式，可以节省三成以上的物流成本。

中欧班列（深圳—明斯克）开行初期只开行出口班列，待粤港澳大湾区、东南亚地区货源稳定后，适时增加班列频次以及返程班列，或开通新的深圳往返欧洲其他国家的线路。该班列是目前广东省内第一条没有政府补贴的中欧班列，计划通过整合货运资源，利用深圳港口及铁路优势，将深圳打造为海、陆、空、铁多式联运的亚洲货物转运中心，促进珠三角地区外贸稳定增长。

有别于其他城市中欧班列由物流公司单一运营服务的情况，深圳始发的中欧班列是以朗华供应链公司为运营主体，集外贸通关、智能物流、保税仓储、跨境电商、民营金控（供应链金融、小额贷款、融资租赁）和会展等综合服务于一体，全方位为客户整合碎片化、分散式服务资源，降低实体企业运营成本，达到客户收益最大化。

十三、中欧班列（新疆—德国）

2017年5月16日，从德国杜伊斯堡发出的首列满载奥地利优质木浆的中欧班列抵达新疆乌鲁木齐国际陆港区，这是新疆开通的首趟铁海联运班列。这趟列车始发于德国杜伊斯堡，经过14天的行程，途经波兰、白俄罗斯、俄罗斯、哈萨克斯坦后进入我国新疆境内。新疆的烧碱、铝锭、粘胶纤维和树脂等产品都将在乌鲁木齐一次性完成报关报检手续，通过铁海联运直达国外，根据“一带一路”的发展规划，将有更多大宗物资在乌鲁木齐国际陆港区集散。

2017年5月26日，从天山南麓的新疆库尔勒火车站货场出发的中欧班列——“新欧地”（新疆—欧洲—地中海），满载着库尔勒经济技术开发区企业——新疆美克化工股份有限公司（简称美克化工）近2 000吨的液体化学品（BDO，一种精细化工原料）驶向德国路德维希港。这条线路的中欧班列从库尔勒经济技术开发区直接开往欧洲，计划穿越哈萨克斯坦、俄罗斯、白俄罗斯、立陶宛、波兰五国，实现运输过程中不解列、不编组，行程大约15天，行驶8 000公里直达运输目的地。

中欧班列“新欧地”开行后将实现常态化运营，预计初期每月1班，而后将上升至10日1班。

十四、中欧班列（江西—吉尔吉斯斯坦）

2015年11月24日，首列中欧（南昌—鹿特丹）班列开行，全程运行12 000余公里，约17天，从江西南昌横岗站始发，途经俄罗斯、白俄罗斯、波兰、德国，终点至荷兰鹿特丹。这趟班列载有40英尺集装箱48个，货物主要为江西赛维LDK太阳能高科技公司生产的太阳能组件，货值约500万美元。这趟班列比海运节省时间28天左右，比空运节省运费50%以上。

2017年4月23日，中欧（俄罗斯—赣州）班列开行，运载的货物从俄罗斯坎斯克通过260多公里的公路运输至巴扎伊哈站，再通过火车经满洲里运抵赣州港，铁路运行7 000余公里。2017年6月1日，江西首发中欧双向班列启动，一列满载47个集装箱的火车从江西赣州港出发，这是江西赣州港首次开行吉尔吉斯斯坦的中亚班列；江西赣州港迎来从俄罗斯返程的中欧班列，标志着江西省首次实现中欧中亚双向货物班列的顺利开行，对接“一带一路”建设的步伐加快。

6月1日到达赣州的俄罗斯—赣州港中欧班列从俄罗斯巴扎伊哈经满洲里到江西赣州铁路口岸南康站，装载了37个40英尺的集装箱，装满了俄罗斯木材。首发的赣州港—吉尔吉斯斯坦中亚班列满载47个集装箱，有家具、布匹等产品。班列途经霍尔果斯，预计11天后到达吉尔吉斯斯坦首都比什凯克的阿拉梅金站。

十五、中欧班列（太原—列索西比尔斯克）

2017年2月15日，山西太原铁路局开行的太原至俄罗斯列索西比尔斯克的中欧班列，装载着太原重型机械集团有限公司出口俄罗斯的大型矿用挖掘机，从太原铁路局中鼎物流园出发，经满洲里口岸，最终抵达俄罗斯列索西比尔斯克站。班列采取集装箱和敞车混编模式,有效满足了到站接卸能力,大大降低了运输成本,缩短了运输时间。

这趟中欧班列由31辆敞车和10辆集装箱车组成,全程运行6 000公里,其中,国内行程2 491公里,国外行程3 509公里。列车于2月20日抵达满洲里,3月初到达列索西比尔斯克。通过中欧班列运送货物到俄罗斯列索西比尔斯克,不仅运输时间比海运缩短20天左右,而且可以有效避免海水侵蚀、船体晃动碰撞造成的货物损耗。

十六、中欧班列(辽宁—德国)

由大连出发的中欧班列自金港站始发,终点站为德国汉堡,主要运载中国南方地区生产的轻工业品及韩、日过境货物。到港的国际集装箱实现卸船直取装车,真正做到车船无缝对接,压缩了港口中转时间,为客户节约了成本。

自辽宁省营口市鲅鱼圈北站始发,经过莫斯科,开往德国汉堡的班列,主要运载由我国南方地区生产的轻工业产品及生活用品。过去,客户在鲅鱼圈发货至莫斯科经海运需要近40天的时间,如今,中欧班列只需12~15天便可抵达莫斯科,运输时间较之前节省了50%还多;同时为我国南方地区的工业产品的国际化销售提供了物美价廉的物流通道,成功地利用了水铁联运运输模式的优势。

2017年5月11日,"辽蒙欧"中欧班列——盘锦港—明斯克·科里亚季奇开通运行。首趟"辽蒙欧"班列载有45个营口港集团自有的40英尺YKP集装箱,从盘锦港金帛湾站始发,经二连浩特口岸出境,途经蒙古国、俄罗斯,终点至白俄罗斯首都明斯克·科里亚季奇车站。盘锦港—白俄罗斯明斯克·科里亚季奇的班列开通后,将保持每周1班的稳定运营,全程运行时间为16天。该班列是营口港集团所属YKP集装箱首次通过中欧班列运输。

大连港目前已经开通了"辽满欧""连哈欧""辽蒙欧""辽新欧"等多条中欧班列。围绕"辽满欧"等国际物流通道,该港接连开通了全国首个冷藏集装箱过境班列、"辽满欧"首个商品车班列和服务于中国最大海外工业园的明斯克过境班列等。

自2017年1月8日班列首发以来,沈阳铁路局积极协调海关、港口等部门,优化通关渠道,优先调配车辆,使到港的国际集装箱实现卸船直取装车,真正做到车船无缝对接。随着运量的不断增加,各相关部门及时整合资源,对沈阳、营口、大连3个城市的中欧班列实行共线运行,既节省了铁路运力,也提高了运输效率。

十七、中欧班列(合肥—汉堡)

中欧班列(合肥—汉堡)于2014年6月26日首发,从合肥到阿拉山口、哈萨克斯坦的多斯特克,再到莫斯科、波兰的马拉舍维奇和华沙,最后抵达德国汉堡,运输距离约10 600公里,运输时间约15天。货源辐射华东地区,货品种类丰富,包括太阳能光伏、液晶面板、笔记本电脑、机械和轻纺产品等。中欧班列(合肥—汉堡)经过一年多的稳定运行,现已基本实现每月4列的常态化运行。

首列中欧班列(汉堡—合肥)于2016年11月20日从德国汉堡出发,途经波兰、白俄罗斯、俄罗斯,于12月8日由内蒙古满洲里口岸入境,于12月12日抵达合肥铁路北站物流基地,全程运行里程10 600公里,历时23天。该趟中欧班列共计41个集装箱,满载来自欧洲的生物医药、机器零配件和特种建材等,由安徽新亚欧国际物流有限责任公司负责组织运营,中国外运股份有限公司负责货源组织。

2016年1—11月,从合肥开行的中亚、中欧班列共发运52班次,货值1.97亿元。2014年6月26日和2015年6月26日,合肥市相继开通安徽省首列国际货运班列(合肥—阿拉木图)以及首列中欧铁路货运班列(合肥—汉堡)。截至目前,两趟班列共开行114列,合肥国际货运班列运行已实现常态化、定期化。

十八、中欧班列(西安—欧洲)

从西安始发的中欧、中亚班列自西安西站新筑站始发,终点站有波兰华沙、德国汉堡、俄罗斯莫斯科、匈牙利布达佩斯多条线路,货物品类从初始的机械设备类拓展为工业原材料、工业零配件、建材、食品、轻工产品和机械设备共6类206个品种。目前,班列为常态开行。

2016年8月18日,西安首趟“中欧班列”驶出西安港,班列从西安出发后,经由新疆阿拉山口口岸出境,沿途经过哈萨克斯坦、俄罗斯、白俄罗斯,最终抵达波兰华沙,行程 9 048 公里,运行时间 12 天。

2016 年 9 月 3 日,首趟中欧班列(西安—汉堡)从西安国际港务区发出,本次中欧班列共 45 车,货品包括机械设备、家居、服装和电子设备等。货物到达欧洲后,通过波兰的马拉舍维奇和德国的汉堡分拨到欧洲腹地各大城市。

2016 年 11 月 18 日凌晨,首趟中欧班列(汉堡—西安)从德国汉堡车站发车,经过 18 天的运行,于 12 月 5 日夜间抵达西安港。此次首趟回程中欧班列(汉堡—西安)整列 41 车,货物来自德国、比利时及荷兰等国家,主要产品有自动化仓储设备、汽车配件、塑料泡沫板、设备零配件及婴儿米粉等。班列经过德国、波兰、白俄罗斯、俄罗斯、哈萨克斯坦 5 个国家。

2016 年 12 月 6 日,首趟中欧班列(西安—俄罗斯)整列 41 车,装载 41 个集装箱,货品包括机械设备和配件、家居用品、灯饰、饮水机、制冰机、铝型材、服装和电子设备等。班列从西安发出后,经由我国新疆阿拉山口口岸出境,途经哈萨克斯坦,终点到达俄罗斯莫斯科。全程 7 423 公里,计划运行时间约 11 天。

2017 年 4 月 1 日,中欧班列(西安—布达佩斯)从浙江集货后在北仑港站装车,前往西安新筑站,搭载中欧班列(西安—布达佩斯),经由我国新疆阿拉山口口岸出境,途经哈萨克斯坦、俄罗斯、白俄罗斯、波兰、匈牙利 5 个国家,全程 9 312 公里,计划运行时间约 17 天,比原来陕西出口欧洲的货物通过铁海联运到达欧洲节省了 30 多天,进一步拉近了西安与欧洲各国的距离。中欧班列(西安—布达佩斯)整列 41 车,货物主要以义乌小商品为主,有上百种品类,包括服装、面料、小电器、玩具和生活用品等。西安—布达佩斯线路是西安开行至华沙、汉堡、莫斯科中欧班列以来开行的第四条中欧班列。

中欧班列(西安—欧洲)从 2013 年 11 月 26 日至 2017 年 5 月 10 日,每周开行3 列,共开行了 319 列,铺设了陕西向西开放、助力“一带一路”建设的重要国际贸易通道,为陕西加快发展增添了助推的力量。

(张祥建　钟军委　李永盛)

中欧班列背景下内陆国际贸易口岸建设思路

构建全方位开放开发格局离不开我国内陆地区的发展,加快内陆口岸建设,打通国际贸易通道,将为我国西部内陆地区发展外向型经济搭建新的平台。中欧货运班列的开通将改变物流和经贸格局,对亚欧经济产生深远的影响,为中国内陆口岸的发展带来巨大的机会。内陆国际贸易口岸城市应该紧紧抓住这一机遇,充分利用各种资源和条件,打造内陆开放的新高地。

一、内陆国际贸易口岸建设的模式

新时期内陆国际贸易口岸建设应从五个方面着力:开辟新的国际大通道,创造内陆开放的区位条件新优势;创新大通关制度,促进内陆对外贸易便利化;优化内陆保税(港)区功能,搭建服务内陆开放的大平台;创新加工贸易模式,构建内陆开放型产业大集群;放宽准入门槛,打造外资投资便利化的大环境。

(一)突出平台效应、网络效应、极化效应和服务集成效应

建设外资投资便利化的大环境,需要整合和服务三大板块:泛太平洋、泛印度洋和亚欧大陆桥,使口岸城市发展成为连接中国大陆→中亚→东南亚→西亚→东欧→中欧→西欧的铁路—陆路枢纽港及泛亚欧国际物流、贸易和金融中心,为商家创造良好的商务和政务环境。

(二)创新平台经济模式的策略、操作方式和收费方式

创新平台经济模式,目的在于发挥平台经济的辐射效应、集聚效应、磁吸效应和长尾效应,汇聚商流、物流、资金流和信息流,打造全方位的服务“一带一路”的枢纽,充分体现四流(商流、物流、资金流、信息流)合一,并促进相互联动,形成集成效应,使口岸城市成为国际经贸资源、要素和产业的组织者、整合者和配置者。

（三）进一步完善口岸城市的功能服务体系，优化营商环境

营商环境主要包括商务服务（金融资源汇聚和服务创新、物流服务、信息服务、会展服务、产业组织对接、商务咨询、中介服务、资源整合、大数据中心、商会组织等）、政务服务（公司注册、工商税务、政策信息、通关服务、商检、政策咨询等）和保障服务（楼宇管理、商务会谈、办公支撑、商务接待、信息系统、企业家俱乐部、健康管理中心等）。通过功能体系的集成与相互协调，提高平台的黏性，实现政策、服务等功能叠加，创新模式（如金融模式创新、物流服务模式创新、信息系统创新等），打造核心竞争力。

（四）健全口岸经济发展机制，增强口岸服务能力

促进口岸与产业互动发展，构建口岸经济产业体系，一是依托内陆开放特征，大力发展现代物流、新兴贸易、现代服务和口岸服务新业态等口岸平台型产业；二是发展临空临港制造、口岸经济金融服务、数据口岸产业和文化创意等口岸依托型产业；三是发展跨境旅游会展、外向型农业等口岸延伸型产业，积极构建以口岸为基础的开放型经济产业体系。

（五）推动口岸经济产业集群化发展

大力促进口岸经济相关产业、企业集聚，形成上中下游产业链的集群，同类产品、同类性质企业的集群，与制造业匹配的生产性服务业的集群。积极推动各类产业集群融合发展，提高资源配置效率，扩大比较优势，不断提升口岸经济规模和附加值，促进产业转型升级。

（六）积极培育外贸新增长点

发展总部贸易，依托各类口岸平台优势，鼓励跨国公司设立区域性国际物流运营中心，建立进口货物专业市场和国际物流集散分拨中心，开展进出口货物国际采购、分拨和中转，打造内陆国际贸易分拨、中转、销售、结算中心。以铁路和国际航空货运为依托，开展货物快速拆拼和集运业务，大力发展内陆在岸转口和过境贸易，吸引周边省市货物转口国内外，培育“一带一路”沿线国家和

地区间开展转口贸易。增设口岸免税店,争取“离境退税”试点,带动境外旅客消费升级。着力增强创新驱动发展新动力,将战略性新兴产业尽快培育成为外贸潜在增长点。

(七)构建外贸综合服务体系

发展外贸企业综合服务平台,为中小外贸企业提供报关、报检、物流、融资、退税、信保、法律等综合服务。加快外贸转型升级示范基地建设,培育一批国家级综合型、专业型和企业型基地。规范进出口环节经营性服务和收费,降低企业经营成本。加强贸易风险、汇率风险监测分析,适时公布风险提示,引导企业有效规避贸易风险。

(八)提升服务贸易的战略地位

把服务贸易作为促进对外贸易和服务业转型升级的重要支撑,加强顶层规划设计,推进服务贸易便利化和自由化。培育、引进、集聚一批具有核心竞争力的市场主体,优化服务贸易结构,扩大服务贸易规模。积极探索“互联网＋”背景下新的服务贸易发展方式,打造服务贸易新型网络平台,提高货物贸易中的服务附加值,促进制造业与服务业、货物贸易与服务贸易以及服务贸易各行业之间的协调发展。

二、内陆国际贸易口岸建设的措施

推进内陆国际贸易口岸建设,需按照党的十八届三中全会指明的路径,在建设“大通关、大通道、大平台”和优化“大环境”、创新加工贸易模式等方面系统推进,真正把内陆从开放的末端变身为开放的前沿。

(一)优化口岸服务

1. 加大简政放权的力度

在现有基础上再取消下放一批涉及口岸通关及进出口环节的行政审批事项,全部取消非行政许可审批。建立规范口岸相关部门行政审批的管理制度,严格控制新设行政审批事项,不得违法设定或变相设定审批事项。明确审查标准,承诺办理时限,不得违法提高审批门槛、延长审批时限。健全完善行政审批制度改革配套管理制度,优化内部核批程序,减少审核环节,在改进服务、高效便民的同时做到放管结合,加强事中、事后监管。研究探索实行联合审批、并联审批。尽快制定公布权力清单和责任清单。规范并发挥口岸相关行业协会作用,促进口岸通关中介服务市场健康发展。

2. 改进口岸通关服务

加强口岸执法政务公开的系统性、及时性,进一步规范和公布通关作业时限。推进口岸监管方式创新,通过属地管理、前置服务、后续核查等方式将口岸通关现场非必要的执法作业前推后移,把口岸通关现场执法降到最低限度。对企业实施分类管理,拓宽企业集中申报、提前申报范围,支持企业扩大出口、增加进口。完善查验办法,增强查验的针对性和有效性。提高非侵入、非干扰式检查检验比例。对查验没有问题的货物免除企业吊装、移位、仓储等费用,此类费用由中央财政负担。同时,加大对有问题企业的处罚力度。对"走出去"企业在国外生产加工的符合我国要求的产品进口予以通关便利。

3. 推进通关作业无纸化

在提高口岸信息化、智能化建设水平方面,推进通关作业无纸化,把纸质的报关单和纸质的随附单证全部转变为电子单证,优化报关单随附单证传输方式,在通关作业的全过程中实现无纸化,提高企业申报效率;加快推进税费电子数据联网进程,取消纸质税单,实现税单无纸化;进一步完善和优化联网核查管理,逐步取消人工核验纸质单证,加快推进监管证件无纸化进程。优化报关单随附单证传输方式,提高企业申报效率,节约报关成本。加快推进税费电子数据联网进程,取消纸质税单,实现税单无纸化。进一步完善和优化联网核查管理,逐步取消人工验核纸质单证,加快推进监管证件无纸化进程。研究取消纸质出口货物报关单(出口退税专用),税务部门可凭海关电子数据为企业办理出口退税手续,提高企业出口退税速度。

4. 促进贸易便利化建设

引入大批国际物流、贸易公司,打造高端商贸和配套服务集群,重点发展国际商品综合贸易、进口汽车商贸、跨境电子商务、转口贸易等高附加值服务贸易、离岸贸易产业,形成具有特色的国际自由贸易服务中心。探索促进生产消费、生活消费便利化新机制，创新流通发展方式和管理模式，建设跨境电商、保税展示交易、大宗商品贸易和期货交割、国际贸易金融等综合运营平台。创新国际投资合作新方式，对接国际贸易新体系，推动互联网经济社会投资贸易方式变革，培育国际经济合作竞争新优势。

（二）推动外贸转型升级

1. 建设对外开放大通道

加快铁路、公路、水运、航空、信息对外通道建设，建设内陆国际物流枢纽。拓展国际铁路联运大通道综合功能，完善铁路常态化运行机制，积极拓展跨国邮包运输和旅游通道，布局完善境内外分拨点和仓储中心。依托铁路口岸、汽车整车进口口岸，引导国际货代物流企业承揽货源。强化货源组织，全面增强国际物流集散功能，打造中欧贸易国际分拨、中转、销售、结算中心，构建内陆地区连接丝绸之路经济带的国际贸易主通道。优化国际客货运航线布局，积极增开内陆国际直飞航线，重点发展通达“一带一路”沿线国家和地区的国际航线。突出航空多元化和差异化发展，构建覆盖各大洲主要枢纽城市的国际航线新格局。加快完善通信信息通道，巩固并不断提升国家级互联网骨干直联点功能，打造通信信息国际口岸。推动与日本、韩国、新加坡和中国香港地区的国际直达通信专线建设，优化调整国际通信传输架构，提高国际通信网络质量，提升为全球客户提供服务的能力，全面建成“国际信息港”和国家级通信信息枢纽。

2. 加强口岸基础设施建设

内陆打通物流、人员流、资金流、信息流和技术流的各种国际大通道，就能改变区位条件，创造出新的比较优势。区位条件是相对的、变化的。在大航海时代前，由于没有航海通道，沿海也不意味着拥有开放的区位优势；相反，历史上中原大地人便其行、货畅其流、客商云集，开放程度比沿海高得多。在航空、铁路快速发展的催生下，陆地和空中交通越来越便捷、便宜，国际大通道迅速改变了内陆的区位条件。油、气管道等能源通道由西向东的走向，充分体现出内陆“近水楼台”的优势。进入信息时代，光纤、移动互联等通信技术推动内陆与世界“零距离”连接。总之，内陆的区位条件已不再停留在传统概念上。当前，内陆和沿海的区位各有各的优势，而且就面向亚欧大陆的开放而言，内陆有显著优势，西部是真正的开放前沿。

以共享共用为目标，整合口岸监管设施资源和查验场地，尽快制定口岸查验设施建设标准。研究规范口岸查验设施建设、改造、运行维护等资金管理，进一步明确资金来源渠道，加大资金投入力度。规范国家对外开放口岸查验设施建设、改造中央基建投资补助申请渠道。利用多种资金渠道，加强边境口岸改造及查验设施建设，改善边境口岸通行条件。统筹使用援外资金，对国际运输大通道所涉及毗邻国家口岸基础和查验设施建设的援助优先予以安排，确保我国与毗邻国家边境口岸通行能力相当以及跨境基础设施互联互通。

3. 积极推进国际贸易“单一窗口”建设

依托电子口岸公共平台，推进国际贸易“单一窗口”建设，加快推进形成电子口岸跨部门共建、共管、共享机制。推动“单一窗口”共享数据标准化，完善和拓展“单一窗口”的应用功能，进一步优化口岸监管执法流程和通关流程。加快推广上海自由贸易试验区“单一窗口”建设试点经验，条件成熟的地区可探索建立与区域发展战略相适应的“单一窗口”。同时，加强风险分析和综合研判，推动监控指挥、全程可视化物流监控体系建设。推进出入境证件电子化，推广旅客自助式通关系统和车辆“一站式”电子验放系统。依托电子口岸公共平台，加快形成跨部门共建、共管、共享机制，打通各部门“信息孤岛”，推进国际贸易“单一窗口”建设，进一步拓展“单一窗口”的应用功能，优化口岸监管执法流程和通关流程，提高口岸信息化和智能化水平；加快复制推广上海自由贸易试验区“单一窗口”建设试点经验，条件成熟的地区可探索建立与区域发展战略相适应的“单一窗口”。

知识链接 国际贸易单一窗口

2005 年联合国贸易便利化与电子商务中心(UN/CEFACT)发布的第 33 号建议书《建立单一窗口建议和指南》，明确指出“单一窗口”的基本含义是“参与国际贸易的各相关方在单一平台一次性提交标准化的信息和单证，各相关政府部门共享信息，审查结果通过单一平台进行反馈，各相关政府部门依托单一平台实现联合监管和服务”。国际贸易“单一窗口”的正式名称是“国际贸易数据系统”（ITDS），其本质是通过利用现代信息技术提升政府的监管水平和效率，通过对国际贸易信息的集约化和自动化处理，达到国际贸易数据共享和大大提高国际贸易效率及效益的目的。

国际贸易单一窗口更适合被理解为贸易商和政府当局提供服务的公共平台。这种服务能够促进贸易商和政府机构之间、政府机构与政府机构之间国际贸易相关信息交换，目的是获得许可证和授权、证书和必需的审批。

2011 年召开的联合国全球贸易便利化会议将全世界不同类型的国际贸易单一窗口分为三类：有限单一窗口（海关、港口、自由贸易区等）；国家单一窗口；国际区域单一窗口。

国际贸易“单一窗口”具有四个方面的特点：一是提升企业运作效率。通过“单一窗口”，贸易经营企业只需一次录入单证数据信息，便可向多个部门递交标准化的信息和单证，减少了重复劳动，并降低了单证数据差错率。同时，通过“单一窗口”界面，企业便可获得相关各部门的反馈信息，提升了效率。多国的实践证明，国际贸易“单一窗口”建成运营后，企业平均节省成本和政府管理节省的费用约为原先的 30% ~50%。二是实现部门信息共享。通过“单一窗口”，各口岸管理部门可实现信息互通和共享，便于相互协调和共同发送指令，企业更容易获得许可证、授权、证书等必要的审批。在国家之间，一国如采用联合国和世界海关组织的国际标准，则可实现与其他国家进行资料和信息交换，如很多国家海关已进行合作和互认。三是提升监管透明度。通过“单一窗口”，货物通关信息在平台上实现可追溯、可追责，增加了监管的透明度，最大限度地防止各类不规范和人为裁定事件发生。四是“倒逼”政府管理部门改革。以开放促改革是上海自由贸易试验区的重要任务。通过“单一窗口”，可“倒逼”口岸通关流程的再造优化，从而促发政府监管部门后台的改革。①

国际贸易单一窗口发展的下一阶段目标是，在能够促进跨境贸易的全球网络中实现国家国际贸易单一窗口的连接，以及在国际供应链上实现信息共享。

① 马海倩，朱春临．深化推进上海国际贸易“单一窗口”建设[J]．科学发展，2016(5)．

4. 支持新型贸易业态和平台发展

支持跨境电子商务综合试验区建设,建立和完善跨境电子商务通关管理系统和质量安全监管系统。加快出台促进跨境电子商务健康快速发展的指导意见,支持企业运用跨境电子商务开拓国际市场,按照公平竞争原则开展并扩大跨境电子商务进口业务。进一步完善相关政策,创新监管方式,扩大市场采购贸易试点范围,推动外贸综合服务企业加快发展,支持扩大外贸出口。

5. 支持地方依托口岸发展经济

依托口岸优势,建设海关特殊监管区域、边境经济合作区、跨境经济合作区及现代物流园区等平台和载体,打造集综合加工、商贸流通、现代物流和文化旅游等为一体的口岸经济增长极。推进内陆与沿海沿边口岸之间的物流合作和联动发展,发展国际物流,构建集仓储、运输、加工为一体的现代物流体系。配合国家产业政策,增设整车、药品等进口口岸。在有条件的口岸支持建设检验检疫指定口岸。完善免税店政策,优化口岸免税店空间布局,促进免税业务健康发展。规范边民互市贸易,支持边境地区发展特色优势产业,促进边贸与产业互促互动。继续发挥边境贸易资源能源通道作用,支持边境贸易企业参与大宗资源能源产品经营。

(三)深化口岸协作

1. 创新大通关协作机制和模式

“大通关”是内陆开放高地的必备要件。然而,现行通关制度对内陆地区有两大不利:一是现行通关模式环节多,既有海关、检验检疫、边防检查等,还有港口、运输、货代等运营单位。规章制度、操作程序各不相同,分别执法和作业,大大增加了企业通关成本。内陆既要面对共性问题,还要协调与沿海、沿边口岸的关系。二是现行执法平台封闭运作,口岸通关管理机构和专项监管机构事权独立, 通关管理信息自成体系,企业需向不同的机构多次申报。而内陆的出口货物一般要到沿海换装、集拼,电子申报数据核对费工费时,内陆企业获得出口许可的时间严重拖延,与沿海、沿边企业难以处于公平竞争的水平。

在“软件”层面建立国际协调机制，驱动不同国家的“硬件”设施“兼容、运转”。以欧亚铁路大陆桥南线为例，长期以来，这条国际铁路联运大通道就客观存在，但没能实现常态化运行，关键是没能打通沿线各国之间体制不统一、规则不同的“软件”障碍，从而没能真正解决跨国联运的便捷通关、运行班列调度、运行价格不统一、货源不稳定且回程货物不平衡等问题。要解决这些大面积、长周期存在的问题，关键是要创新协调机制：铁路方面，建立跨国铁路国际协调机制，核心是各国合作开通“五定班列”——定站点、定线路、定车次、定时间、定价格；优先装车、优先挂运、优先放行，全程监控，编制统一的运行时刻表，统一运单、统一调度。统筹推进全国一体化通关改革，实现全国海关报关、征税、查验、放行通关全流程的一体化作业，推动检验检疫一体化，实现通报、通检、通放。

在管理方式上，协调国与国之间、内陆与沿海之间的通关和口岸，形成协同高效的“一卡通”平台。目前，我国沿海内部实现了大通关，但内陆与沿海仍是“两张皮”，还需重复查验。因此，我国应以电子口岸为基础，运用物联网技术，借鉴国际“单一窗口”运行模式，推动内陆与沿海沿边大通关协作，通过“一卡通”平台，使海关、质检、税务、边防、海事等部门都在这个平台上运行。

2. 促进与周边国家口岸互联互通

海关方面，建立跨国海关的国际协作机制，实行中欧“安智贸”试点和多国海关“一卡通”，保障在始发站报关查验后，沿途各国海关不再重复关检，实现一次报关、一次查验、全程放行。组织方面，由各国铁路部门和内陆省市合资成立铁路物流公司，各负其责，利益共享。运费方面，建立和完善联席制度，明确协商程序和利益调剂方式，实现多赢。积极推动双边和多边口岸国际合作交流，加快加入国际便利运输公约等谈判进程，构建国际运输大通道多国跨区域口岸通关和便利运输协作机制。将边境口岸合作事务纳入与邻国签署的共建“一带一路”合作备忘录等协议，与毗邻国家围绕重点口岸开展合作。建立健全我国与毗邻国家口岸合作机制，加强双边在口岸对等设立、工作制度、安全防范、便利通关和基础设施建设等方面的沟通与协作。支持边境口岸地方政府、口岸查验机构与毗邻国家对应政府和机构开展交流协作，协调解决通关中存在的问题。选择部分条件较好的边境口岸开展查验监管模式创新的国际合作，研究实施“一地两检”“绿色通道”“联合监管”等措施，推动陆路边境口岸提升通行能力和通关效率。

推动国际贸易“单一窗口”建设。依托电子口岸平台，建设国际贸易“单一窗口”。完善相关政策配套和公共信息申报制度，按照国际标准统一“单一窗口”申报数据，实现申报人通过“单一窗口”向口岸管理相关部门一次性申报，口岸管理相关部门通过电子口岸平台进行“信息互换、监管互认、执法互助”的国际贸易“单一窗口”业务流程。

3. 发展多式联运

在完善大通道、大通关建设的同时，加快市内互联互通建设，促进口岸综合功能和整体优势发挥，逐步形成陆路、航空和水运立体发展的综合国际物流网络体系。对于内陆交通枢纽，要加大铁路、港口、航空和公路等基础设施投资建设的力度，完善综合交通体系。一是江海联运，畅通长江黄金水道，提升内河航运能效，开行“五定班轮”，促进内陆出海物流便捷化。二是铁海联运，提高铁路货运能力，开行内陆直连沿海港口的“五定班列”，形成快速物流通道。三是陆海联运，完善国家高速公路网和出省公路通道，开辟通达东南亚、南亚腹地和印度洋沿海的国际公路物流大通道。四是国际航线，增开内陆直飞世界各地的客货运航线。

三、内陆重点贸易口岸的发展定位

政策性和顶层设计之争是中国区域经济发展的常态，从某种程度上来说也确实极大地促进了中国区域经济的快速增长。“一带一路”倡议提出以来，各个地方及城市纷纷提出了自身的定位。

（一）成都口岸建设

如果说，航空出行的便利拉近了成都与世界的距离，而中欧班列“蓉欧快铁”双向稳定开行，则为中欧贸易开辟了物流新通道。深居内陆腹地，不沿边、不靠海，是四川发展的区位劣势。近年，四川架起“空中丝路”与“陆上丝路”，变盆地为枢纽，并从单一的东向开放，向全方位、立体式开放转变（见图 6－3）。

通过“蓉欧快铁”,货物运输时间更短、成本更低,企业资金周转更快。从“引进来”到“走出去”,四川的“开放蛋糕”越做越大。有着8 200万人口、3.27万亿元经济总量的四川,为“一带一路”合作共赢提供了广阔的经济腹地。借助中欧班列,成都对外经贸触角正辐射中亚乃至欧洲全境,作为内陆口岸的优势地位正逐步凸显。

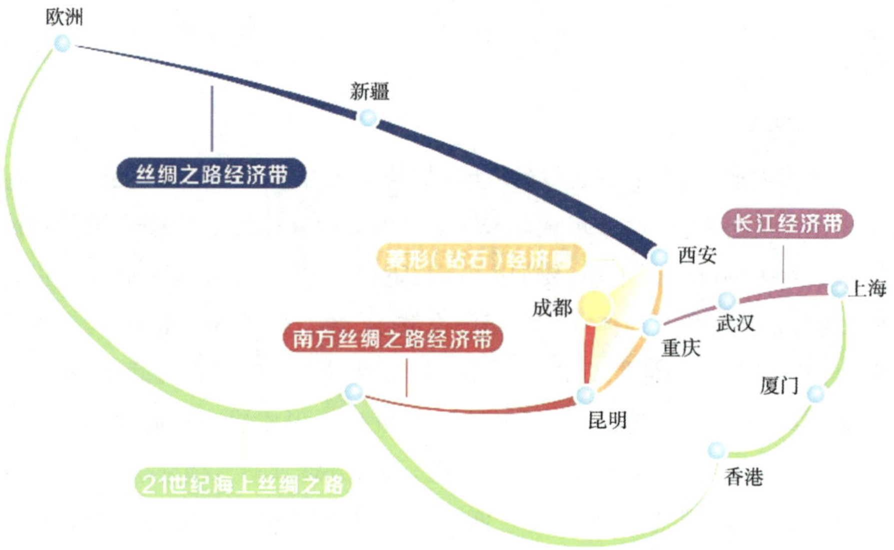

图6-3　成都“一带一路”与“长江经济带”发展战略

图6-3给出了成都“一带一路”与“长江经济带”发展战略的示意图。从图中可以看出,由成都、西安、重庆、昆明4个城市形成菱形(钻石)经济圈,成都和重庆形成对称区域,且由成都发出的中欧班列车次主要经中线和南线到达欧洲区域。

青白江还将建立成都国际铁路港门户网站和内部信息管理平台,通过逐步建设成都国际铁路港与省市大通关信息平台、园区内保税物流中心以及沿海主要港口之间的EDI电子交换平台,推动成都国际铁路港服务水平与国际化接轨。

知识链接

成都“蓉欧+”战略

从2015年开始，成都大力实施“蓉欧+”战略，加快打通成都所有对外通道。历经两年的探索实践，“蓉欧+”战略将蓉欧快铁的功能优势辐射到国内国际更多地区。国内端，相继开通了厦蓉欧、深蓉欧、昆蓉欧、甬蓉欧等互联互通班列；国际端，已延伸至德国纽伦堡、荷兰蒂尔堡、波兰库特诺等地。2016年成都市政府工作报告提出，启动实施“蓉欧+”战略，青白江铁路中心站提升为成都国际铁路港，成都至深圳、厦门、宁波、昆明“蓉欧+”货运班列开通运营，加快打造贯通欧亚、通江达海的“一带一路”大走廊。

按照“蓉欧+”总体战略，成都要织密的不仅是国内网络，还有国际集散网络。国内端互联互通班列开行范围拓展至天津、青岛、广州、南宁等10个以上沿海、沿边、沿江节点城市。在国际端，则将做强库特诺（罗兹）、纽伦堡等主节点，与战略伙伴合作开行公共班列，逐步将干线延伸至鹿特丹、安特卫普、巴黎、马德里等10处海外端点，投资建设运营海外仓（配送中心），加快班列公司海外办事处（欧洲分公司）建设，推动设立法兰克福、阿姆斯特丹等10处以上海外办事处。最终，将形成以成都为中转枢纽的“蓉欧+”跨境班列体系。

目前，蓉欧快铁已形成至波兰罗兹“中线”、至土耳其伊斯坦布尔“南线”、至俄罗斯莫斯科“北线”的三线并行格局，构成了“一主多辅、多点直达”的跨境班列网络，构建起我国西部面向欧洲和泛亚的国际物流枢纽，推动国际贸易和产能合作。2017年，成都计划开行国际班列达1 000列以上，到2020年，蓉欧快铁全年班列开行数量将达到3 000列以上。

“两张网”是成都联通泛亚和欧陆的大布局。由于蓉欧快铁通过中亚、中东欧具有西向北向最便捷路径的独特优势，使之同时具有向中国内陆及沿海国家东向南向辐射链接的强大能力，就使得“蓉欧+”战略能够拓展整个泛亚经济腹地，以形成东方的“泛亚网”。大力拓展波兰罗茨以外欧洲城市的互联互通网络，以形成西方的“欧陆网”。由于蓉欧货运较海运的时间及成本的替代优势，蓉欧线路能够成为“长三角”“珠三角”乃至整个泛亚区域与欧洲大陆的东西方跨境贸易主通道。随着两端节点建设和基础设施互联互通，分别形成欧陆以罗茨、泛亚以成都为原点替代海运的三层辐射区，即具有“最强冰山价格崩溃效应”的核心辐射区（中国内陆)、强辐射区(东亚、南亚、东北亚)以及弱辐射区(其他沿海国家),联通欧陆和泛亚“两张网”,从而形成以成都为重心、联通泛亚和欧陆的战略大格局。

三要素是“蓉欧+”的重要基础。“两张网”由相互联系的通道、节点和成都港三个要素构成。若将“两张网”比喻为神经网络,则通道是神经纤维,节点是神经元,成都港就是神经中枢。一是通道建设。大力推进和拓展“X蓉欧”,将泛亚及欧陆区域的主要节点城市群都与“蓉欧”联通,以做大“X蓉欧”和启动“蓉欧X”的“X”来实现“蓉欧”班列运量扩张。二是东西两端节点群建设。为了迎接即将到来的蓉欧班列运量扩张,欧洲前端罗茨节点的集散基地功能和由罗茨向全欧扩散的相关节点基础设施建设,以及包括我国大陆在内的整个泛亚区域之东方节点群(包括城市或城市群中心节点)建设都应及早规划。三是成都港建设。正在谋划“两港”(成都国际铁路港、成都航空港—成都无水港)思路应加以拓展,应整合无水港和水运港两港口,即整合成都铁路港枢纽、成都航空港枢纽两个无水港和泸州长江港口等省市资源,建设全方位、全功能、综合性服务的新型物流枢纽,建成“蓉欧+”的成都本土基地,从而形成以成都为原点替代海运的三层辐射区。

除了打通对外大通道,对内通道仍在延伸。来自成都市口岸与物流办的统计显示,目前以成都青白江为始发站的国内线路,已相继开通了至上海、宁波、厦门等地的快速铁路货运“五定”班列,在全面打通国内集散网络的同时,实现向东辐射日韩、向南辐射我国港澳台地区,向西南辐射东盟及南亚等区域的互联互通,“蓉欧+”通道网络的战略愿景得到初步实现(见图6-4)。

随着中欧班列“蓉欧快铁”北线,即成都至白俄罗斯定制班列首发,成都深入实施“蓉欧+”战略的步伐全面加快。成都将以本次发车为契机,加快建设“两港三网”,打造立体式、综合型国际物流枢纽,力争把成都建成连接泛欧泛亚地区的国际物流贸易桥头堡、内陆开放高地和国家门户城市。

“+产业”是“蓉欧+”战略的重要内涵,是“蓉欧+”战略有机体的造血细胞。随着东西方货运主通道、成都港及相关节点构成的欧陆与泛亚“两张网”的通联,东西方之间跨境贸易的天量货物及其撬动的大量要素和相关产业必然在成都汇集,从而使得成都既成为东西方贸易往来、产品和要素集散、产业对接、文化交融、创新和人才交汇等实体经济运转中心,又在东西方跨境贸易主通道的物

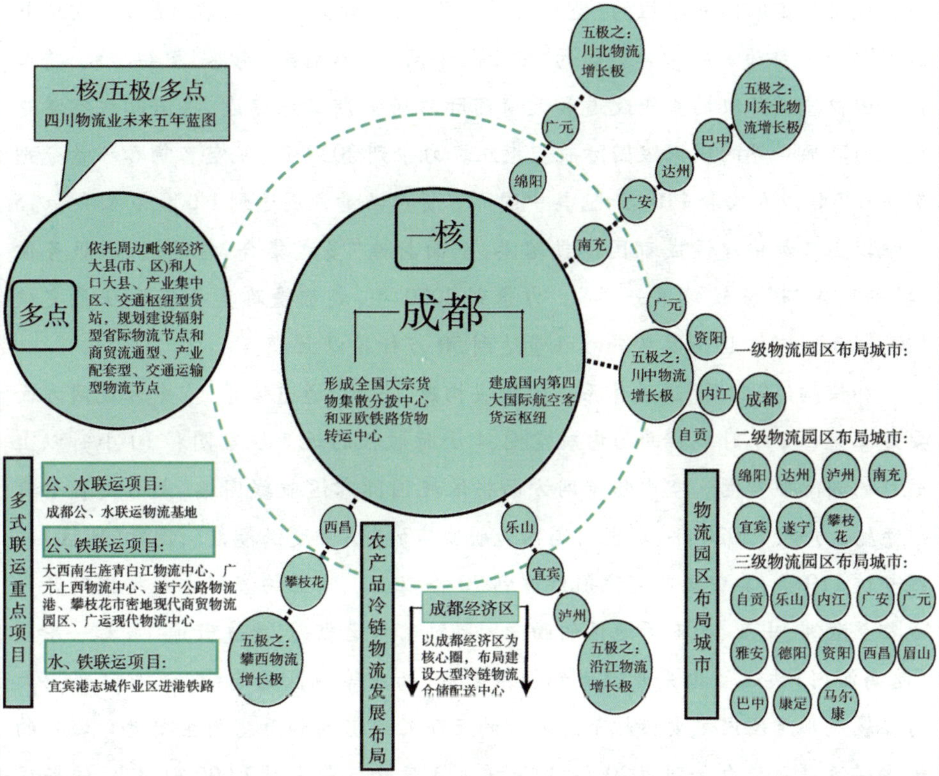

图 6 - 4 “蓉欧 +”战略物流布局

流信息大数据中心的基础上，推动建立并运行引导物流的“成都指数”交易中心，形成“蓉欧 + 物流”“蓉欧 + 实体经济”“蓉欧 + 虚拟经济”的立体化经济地理新中心。通过连接欧陆和泛亚“两张网”功能的不断发挥，节点城市及城市群产业链条重新整合，“蓉欧 + 产业”格局的重新构建，把“物流枢纽——成都港”升级成为具有对三层辐射区产生回波效应和扩散效应的“国际经济枢纽——成都港”，即联通欧亚大陆与泛亚区域两大经济空间的“东西方枢纽”。据成都海关统计，2016 年搭乘蓉欧快铁的企业数量已达约 1 200 家。

完善“两港”枢纽功能。“两港三网”是成都依托国际航空港（双流国际机场、天府国际机场）和国际铁路港，打造立体式、综合型、国际化的物流枢纽，从而形成以成都为国家门户枢纽的“空中客流网”、以成都为西部共享枢纽的“空中物流网”、以成都为亚欧中转枢纽的“陆上物流网”。为完善“两港”枢纽功能，将加快推进双流国际机场扩能改造和天府国际机场一期工程建设，将国际航空港建设成为联通世界的国家级国际航空枢纽。力争到2020年，航空客货吞吐量分别突破6 700万人次和110万吨，其中国际客货吞吐量分别达到1 000万人次和15万吨以上。加快建设成都国际铁路港，全面打造“多式集合、智能现代、服务便捷”的国内“国际铁路第一港”。力争到2020年，成都铁路集装箱吞吐量突破120万标箱，其中国际集装箱吞吐量达到50万标箱以上。

加快构建“三网”通道体系。为加快构建“三网”通道体系，空中客流网方面要建立完善2小时航程的国内航空圈、4小时航程的泛亚航空圈和10小时以上航程的洲际航空圈。空中物流网方面将依托国际客运航线网络，大力发展全货航运输，力争到2020年，实现对国内通航城市的“高密度强覆盖”，国际(地区)航线超过110条，其中国际直飞航线达到70条以上。陆上物流网方面将稳定开行成都至欧洲、中亚、西亚等地区的西向国际铁路货运班列，率先开通“成都—东盟(越南河内)快线”，抢先开通成都至东南亚、南亚等地区的南向“泛亚班列”，大力拓展成都至国内主要枢纽节点城市的互联互通班列和至省内主要港口城市的铁水联运班列。力争到2020年，国际班列年度开行量达到2 000列以上，依托成都、波兰罗兹、俄罗斯莫斯科、哈萨克斯坦阿拉木图、土耳其伊斯坦布尔等5个境内外枢纽节点，建成德国汉堡、法国里昂、匈牙利布达佩斯、伊朗德黑兰和越南河内等10处以上境外分拨转运中心，设立波兰华沙、英国伦敦、俄罗斯莫斯科和土耳其伊斯坦布尔等10处以上境外代表处(办事处)，稳定开行成都到上海、深圳、天津、青岛等15个以上枢纽节点城市的国内互联互通班列。

成都“蓉欧+”的“底气”主要在以下五个方面体现出来。

第一，实施“蓉欧+通道”战略。重点开好“蓉欧快铁”，全面推进“蓉欧快铁”双向加频稳定开行，将干线延伸至欧洲枢纽城市和区域中心城市。

第二，实施“蓉欧+节点”战略。织密国际国内两张集散网络。做强库特诺(罗兹)、纽伦堡等主节点，与战略伙伴合作开行公共班列，逐步将干线延伸至鹿特丹、安特卫普、巴黎和马德里等10处海外端点，投资建设运营海外仓(配送中心)。

第三,实施"蓉欧+腹地"战略。一是做强直接腹地,加大对成都经济区、成渝经济区、临近省域等适铁适箱货源的整合力度;二是抢占竞争腹地,依托"蓉欧+"国内互联互通班列,扩大辐射范围至京津冀、环渤海、长三角和珠三角,延伸揽货范围至日韩、东盟各国等;三是拓展海外腹地,加快建设以波兰库特诺和德国纽伦堡为中心的海外枢纽,扩大辐射范围至欧洲枢纽城市和区域中心城市,形成覆盖全欧的货运网络。

第四,实施"蓉欧+枢纽"战略。全面打造集铁路集装箱中心站、仓储功能区、贸易展示交易区、智能公路港、总部基地五大功能组团于一体的国际铁路港。积极开展招商引资,打造亚欧货物贸易转运中心、跨境电商产业园、冷链食品仓储配送中心及进口汽车综合产业园等产业化项目,重点引进国际货代、国际贸易、跨境电商、冷链物流、平行车进口和供应链金融等品牌企业及中介机构入驻。

第五,实施"蓉欧+产业"战略。依托国际铁路港区位优势及枢纽功能,坚持"三业并举",带动关联性产业发展,构建以现代物流业为引领、临港工业为支撑、现代服务业为保障的有机融合、相互促进的产业发展格局。

(二)重庆口岸建设

重庆是"一带一路"西部建设的桥头堡,是"渝新欧"国际铁路联运大通道的起点。从这里,班列可以从重庆直达德国杜伊斯堡,而重庆也实现了华丽转身——从昔日的内陆城市,一跃成为铁、水、空三合一的开放口岸,成为"一带一路"经济带中国西部的桥头堡。从 2011 年"渝新欧"国际铁路联运大通道诞生至今,"渝新欧"班列从每年的几十列发展为 2016 年的 400 多列,货值占所有中欧班列的 50% 以上。作为国际铁路联运大通道,"渝新欧"从沙坪坝的重庆西部物流园出发,经新疆出境,进入哈萨克斯坦、俄罗斯、白俄罗斯、波兰至德国的杜伊斯堡,全长 1.1 万多公里。目前,通过"渝新欧"运往欧洲的货物主要是笔记本电脑、石油钻探设备和中国制造的轻工产品;运进我国的主要货物有汽车、食品以及一些生产资料。截至 2017 年 3 月 24 日,中欧班列(重庆)开行已累计 1 000 列。

大通道、大平台、大通关体系建设，在彰显内陆开放高地新特征的同时，让重庆走向了世界，也让世界走进了重庆。重庆依托“渝新欧”国际铁路大通道、环线铁路和高铁枢纽、铁路开放口岸，连接“一带一路”，探索“产业链 + 物流链”的内陆加工贸易发展新模式，突出陆路国际运输枢纽和商务聚集区优势，优化加工贸易发展模式，探索信息化平台建设和行政审批便捷化。重庆依托发展江海联运、铁水、陆航等多式联运，形成了横贯东中西、联结南北方的对外经济走廊，更好地参与国际分工，融入全球市场。

中国（重庆）自由贸易试验区涵盖西永、两江、果园港 3 个片区。其中，西永片区面积 22.81 平方公里，分为西永园区（14.97 平方公里）和西部物流园区域（7.84 平方公里）两部分。

西永园区将主要用好“一带一路”区位优势、西部大开发战略支撑点及我国东西部产业转移等战略布局，继续优化加工贸易发展模式。西部物流园区域则将用活“渝新欧”国际铁路大通道、铁路开放口岸等开放资源，构造辐射亚欧的“铁水空公”多式联运体系，为“渝桂新”运行创造条件，进而助推“渝新欧”的双向延伸。

西部物流园区域是“渝新欧”国际贸易大通道起始站、重庆铁路口岸（复合木材、药品、肉类功能）、重庆整车进口口岸、重庆植物种苗口岸、重庆铁路保税物流中心所在地，拥有团结村集装箱中心站和兴隆场特大型铁路编组站两大国际级铁路功能基础设施，物流优势明显。

西部物流园区域将依托陆路国际运输枢纽和商务聚集区优势，探索创新国际贸易合作服务机制，拓展与沿线国家合作发展的“高度”、“深度”和“广度”，推动商流、物流、资金流、人员流和信息流等要素的自由流动，重点发展总部贸易、转口贸易、综合性批发零售、电子商务和仓储分拨等生产性服务业，优化加工贸易发展模式，着力打造陆路国际运输枢纽和开放型商贸服务区，力争经过 3～5 年的改革探索，成为中国内陆首屈一指的铁路枢纽自由贸易区、亚欧陆上供应链运营基地。

（三）郑州口岸建设

2013 年 7 月 18 日开通了由郑州到德国汉堡的集装箱班列，打通了中原至欧洲的陆路物流大通道。郑欧班列往返开行于郑州和德国汉堡，经阿拉山口、二连浩特等口岸出入境，途经哈萨克斯坦、蒙古、俄罗斯、白俄罗斯、波兰和德国汉堡，全程运行时间12天左右，比海运节省25天左右，为企业节约成本、加快资金周转、提升商贸速度提供了便捷的国际通道。运贸一体，放眼全球，郑欧班列以稳健加密、快速提升的思路，实现了去程郑州至汉堡、华沙、杜伊斯堡、布拉格、莫斯科、布列斯特、阿拉木图、塔什干每周4～5班，实现了回程汉堡、华沙、杜伊斯堡、布拉格、莫斯科、布列斯特、阿拉木图、塔什干至郑州每周4～5班。郑欧班列以其稳定、高效、安全、便捷，奠定了极具竞争优势的品牌地位。货物集疏网络覆盖长三角、珠三角、环渤海、东北老工业基地等全国3/4的省（市、区），集疏半径超过1 500公里，并辐射2 000公里的地域。向东与沿海港口对接，通过空铁、海铁联运过境中转，辐射日韩、我国台湾等亚太国家和地区，为河南自由贸易区郑州片区提升综合服务能力提供重要支撑，在运贸一体快速拓展、由物流优势转化为贸易优势的同时，中欧班列为中国（郑州）跨境电子商务综合试验区以及为河南省融入“一带一路”建设搭建了重要的战略支撑平台。

2016年，中欧班列（郑州—汉堡）累计开行251班次，基本实现了中欧班列（郑州—汉堡）的常态化运营，郑欧班列在中欧班列中货物运量排在前列，其中郑州机场货邮吞吐量突破40万吨。

河南自由贸易区建设与打造贯通南北、联结东西的现代立体交通体系和现代物流体系相结合，以促进流通国际化和投资贸易便利化为重点，以国际化多式联运体系、多元化贸易平台为支撑，打造对外开放高端服务平台，发展成为“一带一路”倡议核心腹地。河南自由贸易区郑州片区紧紧围绕国家战略，发挥独特优势，以郑州航空港、中原国际陆港、海关特殊监管区、国家级开发区等为载体，以促进流通国际化和投资贸易便利化为重点，以国际化多式联运体系、多元化贸易平台为支撑，着力深化改革开放，强化体制机制创新，着力打造具有国际水准的内外流通融合、投资贸易便利、监管高效便捷、法制环境规范的对外开放高端平台，发展成为“一带一路”倡议核心腹地，为内陆地区开展国际经济合作和转型发展探索新模式。

知识链接 中欧班列:郑州对接“一带一路”倡议

国家实施“一带一路”倡议,为河南带来前所未有的发展机遇。作为我国现代农业大省,河南与中欧国家在棉花、规模养殖、蔬菜等农业产业化方面加强合作具有明显的优势。此外,河南近年来在发展装备制造业,修筑公路、铁路、水利、环保设施,开展城乡基础设施建设和能源原材料加工等方面形成了强大的产能,正好与“一带一路”倡议和“走出去”战略需要相契合。

作为古丝绸之路的重要发源地和“一带一路”重要节点的省份,河南在“一带一路”倡议格局中的地位举足轻重。郑州作为“一带一路”重要节点的城市、新欧亚大陆桥的战略支点城市,被赋予了建成连通境内外、辐射东中西的物流通道枢纽,承担着“买全球、卖全球”的重任。郑州航空港、郑州国际陆港、中欧班列(郑州)、郑州跨境电商、综合性大口岸等开放平台体系和河南自由贸易区、中原城市群、国家中心城市等列入一系列国家战略。

河南融入“新丝路”渐入佳境,尤其是郑欧班列和“郑卢”货运航线的高速发展,让人们看到了河南对外开放的意识。“一带一路”是一条合作共赢之路,河南正在积极构建一条连接亚欧的共赢通道,它带动各个要素流动起来,在产业升级、结构调整之中,使河南这个内陆省份直接接触外部资源,从而推动河南与“一带一路”沿线国家实现开放合作。

河南是汉唐时期古丝绸之路的东方起点。2014年,我国和其他国家联合申报的丝绸之路项目入选世界文化遗产,其中就包括河南省汉魏洛阳城遗址。河南省的经济规模稳居全国第五位,投资和消费需求空间大。一批产能合作项目和境外合作产业经贸园区建设积极推进。河南拥有铁路“双十字”和“米字形”高铁网,高速公路里程位居全国前列;郑州航空港是全国首个上升为国家战略的航空港经济发展先行区;中欧班列(郑州)已形成境内覆盖23个省份、境外覆盖24个国家的121个城市的集疏网络,是目前全国指定口岸最多、种类最全的内陆省份;电子口岸平台上线运行,关检合作“三个一”通关模式全面推行,实现了与“丝绸之路经济带”沿线9个关区通关一体化;已初步形成了陆空高效衔接、区港联动、多式联运的综合口岸体系和立体开放格局。

中欧班列(郑州)始发郑州,走陇海线出阿拉山口进入欧洲具有明显优势。郑州区位优势明显,地处中原,交通网络发达;国内集货货源覆盖地域最广,货源辐射地半径1 500~2 000公里,覆盖全国3/4的省份;运载货类最多,已达1 000余种,涵盖工业生产、日常生活中的各种生产资料产品;目的地分拨地域最广,欧洲分拨站点覆盖欧洲和中亚105个城市,具备覆盖欧洲全境的能力;合作伙伴最多,经过近3年的运营,郑欧班列境内外合作伙伴已经达到近400家;在欧洲主要贸易城市均设有办事机构,组织返程货物回国;往返班列常态开行的集装箱满载率最高,满载率不断提高;发展多式联运潜力最大,依托航空港及综合交通枢纽发展国际多式联运,具有得天独厚的优势。

运行近4年来,中欧班列(郑州)的运营模式日渐完善,不断拓展海铁、空铁、公铁等多式联运,实现了去程和回程公路提送货、场站拆装箱、报关报检、铁路运输和融资预结算等全程“门到门”服务。

在国家信息中心发布的《“一带一路”大数据报告(2016)》中,河南参与度排名中部第一位、全国第八位,借助中欧班列(郑州—汉堡)国际物流大通道的优势,河南的国外影响力仅次于上海,排名全国第二位。郑州国际陆港公司提供的数据显示,2017年前4个月,中欧班列(郑州)出境平均满载率为112.1%,进境平均满载率为107.1%,承运的商品包括汽车整车、飞机材料及零部件、信息技术产品、医疗器械、高档食品和化妆品等1 300多种。

截至2017年3月中旬,中欧班列(郑州)已累计开行556班(351班去程,205班回程),总货值28.19亿美元,货重27.06万吨。目前,中欧班列(郑州)在总载货量、货物种类、合作伙伴以及业务覆盖范围、往返高频次对开等综合实力上,持续在中欧班列中保持领先。中欧班列(郑州)的开行数量和质量均稳步上升,2014年每周去1回1,全年开行87列;2015年,每周去2回2,全年开行156列;2016年,每周去3回3,全年开行251列。2017年,每周去4回4,到目前已开行101班,5月份每周“去5回5”,7月起,中欧班列(郑州)将逐步实现每周“去6回6”,发车频率近3个月中稳步增加。2017年计划开通350列,实现每周去5回5,2018年将开行500列。

中欧班列(郑州)的常态化运行促进了郑州外向型经济的发展,使郑州有了便捷的国际物流通道,减少了进出口货物的中转环节,加快了通关速度。与海运相比，中欧班列不受自然条件的影响，缩短了运输里程和运输时间，加快了资金流通，拉近了郑州内陆城市与世界的距离，为郑州的国际贸易提供了方便的口岸与物流综合服务，提高了郑州的对外开放水平，吸引了更多外资。

中欧班列（郑州）吸引资源集聚，提高郑州国际地位。在郑欧班列和国际航空港的带动下，势必提升郑州全国性综合交通枢纽地位，必将吸引更多物流、资金流、信息流、人员流等要素向郑州聚集，对郑州对外开放、口岸建设和外贸发展产生积极和深远的影响，为郑州建设“国际商都”和区域性中心城市提供有力支撑，为“建设大枢纽、发展大物流、带动大产业、塑造大都市”的发展方略提供了支撑。

中欧班列（郑州）为“一带一路”倡议增光添彩。对于郑州以航空港综合试验区为统揽，加强“丝绸之路经济带”建设，促进新亚欧大陆桥沿线各国与中原经济区间，特别是郑州都市区建设的区域合作，提升中原城市群整体竞争力，构建内陆对外开放高地，充分发挥郑州影响力、辐射力和带动力及综合交通枢纽优势，为“一带一路”倡议释放能量，具有里程碑式的重要意义。

国际邮寄业务的运输方式，在运输时间和成本上分别比海运和空运有明显的优势。此前受《国际铁路货运联运协定》相关条款的限制，中欧之间的国际邮包运输无法走铁路，往往通过海运或空运，铁路方式运输的国际邮件在转关、报关上与一般产品有很大区别，手续也很复杂。国际邮件业务常态化开展后，将直接带动国际行李邮寄业务大量转向中欧班列，将极大地推动跨境电商产业的发展。

中欧班列（郑州）要以市场机制运行为原则，在杜绝行政干预的同时，杜绝“一管就死、一放就软”的局面；要分清职责，发挥各班列公司的主力军作用，班列货源、运营的具体统筹都应交予各班列公司掌握，避免单一部门垄断经营；政府应支持班列运营公司在其区域的发展，区域之间可以开展合作，站在统一优化的方向建立联动机制，共同应对市场的变化，共同协调国内市场价格。

河南自由贸易区定位是服务于“一带一路”建设的现代综合交通枢纽，完善自由贸易区对接“一带一路”物流体系建设，将有利于中欧班列有序竞争。一是借助自由贸易区平台发展国际物流业务，鼓励远洋物流企业进一步合并重组，提高市场集中度，形成一批国际竞争力强、国际市场份额大的大型物流集团。二是营造良好的市场环境，合理提供政策引导。自由贸易区政府应根据《中欧班列发展规划（2016—2020年）》合理控制补贴力度和时效，枢纽城市可在班列运行初期给予适当补贴，但要逐渐强化市场机制。非枢纽城市应减少班列补贴，引导其为枢纽城市集散货物服务。三是加强自由贸易区与“一带一路”沿线国家国际班列和跨境物流的协调与管理。

《中欧班列建设发展规划（2016—2020年）》将郑州定位为内陆主要货源地节点和铁路枢纽节点的双节点城市，凭借遍布境内外的集疏网络，中欧班列（郑州）去回程满载率达100%以上。依托中欧班列（郑州），郑州构建陆海通道，打造国际物流大枢纽，由内陆腹地走向开放前沿。中欧班列（郑州）沿着丝绸之路经济带一路向西，并对接海上丝绸之路，实现陆海相通，网络遍布欧盟和俄罗斯及中亚地区24个国家的121个城市，境内合作伙伴达1 700多家，境外合作伙伴达780多家。目前，郑州国际陆港正努力让中欧班列（郑州）实现每周“去5回5”往返对开，让其各项运行指标继续领跑国内其他中欧班列。有关资料显示，该班列是目前国内开行中欧班列中唯一双出入境口岸、双通道（阿拉山口西通道、二连浩特中通道）常态往返运行且均衡对开的班列。

郑州国际陆港进入了快速建设时期。铁路一类口岸完成迁转并通过验收，全国第三家、中部首家多式联运海关监管中心落户运营，空、铁、公、海“四港一体”多式联运功能日趋成熟，口岸大通关体系逐步建立。2016年，郑州国际陆港完成货运吞吐量13万标箱，位居全国前三位，已成为丝绸之路经济带上最活跃的物流通道枢纽。

郑州通过中欧班列对接“一带一路”建设。

第一，努力建成“连通境内外、辐射东中西的物流通道枢纽，为丝绸之路经济带建设多做贡献”是郑州国际陆港的发展目标和使命。以此为方向，郑州国际陆港不断加快国家铁路一类口岸、多式联运服务中心、智慧物流信息中心等项目建设的步伐，成为郑州快速融入国家“一带一路”建设的战略支点。郑州陆港公司在国内形成了以郑州为中心的运输、仓储、关检一体化的综合物流服务网络，境外业务网络的构建也取得了巨大进展，向东与沿海港口对接，并与日本、韩国等国家和地区实现海铁、空铁联运，向西在德国设立分公司，构建以汉堡为枢纽的欧盟业务网络。

第二,“运贸一体化”发展是近年来郑州国际陆港发展最显著的特征。依托中欧班列(郑州)覆盖网络,2016年郑欧商城线上线下销售额超过1 000万元,2017年1—4月,线上线下总销售额达到636万元。“运贸一体化”在增强班列自身造血功能的同时,也让消费者享受到“一带一路”倡议带来的便利和实惠。

第三,建设郑州成为全国跨境电商创新发展的新高地,实现“买全球、卖全球”的目标。2014年河南保税物流中心资产规模为4.11亿元,如今达到60亿元;2014年跨境电商业务量2.7万包,如今累计数量已达到1.57亿包,园区内就业人数由2014年的3 000人增加到4万人。河南自由贸易区、跨境电商综合试验区和经济开发综合保税区相继落地,为郑州“一带一路”发展注入了新生动力。通过积极探索,先行先试,郑州经济开发区在政策、机制、模式方面勇于创新,建设完成了综合查验中心和保税仓储设施等项目,与国内40多家园区签订业务合作推广协议,在6个国家建设了海外仓,迅速聚集了一大批跨境电子商务企业,成为名副其实的全球网购商品集散分拨中心。

第四,依托空中国际物流走廊、铁路国际物流枢纽的构建,郑州大力发展口岸经济,加速融入“一带一路”发展大格局的步伐。郑州机场已拥有进口水果、冰鲜水产品、食用水生动物、冰鲜肉类、澳洲活牛和国际邮件经转6个指定口岸从事跨境电商业务,成为国内进口指定口岸数量最多、种类最全的内陆机场。2016年郑州海关监管进口生鲜货物1.7万吨,大幅增长了2.1倍,货值6.1亿元,增长了1.2倍,货物品种新增64种,达到115种,包括来自智利的樱桃、蓝莓,孟加拉国的活黄鳝、螃蟹等,尤其是智利水果包机进口业务增长迅猛,约占全国空运进口智利水果70%的市场份额。河南机场集团相关负责人表示,以机场为中心,郑州已成为中国空运进口水果、海鲜产品和肉类的主要集散地和分拨中心之一。

第五,依托中欧班列(郑州)物流通道,郑州大力发展汽车整车、进境粮食和国际邮政等特色口岸经济。2014年7月,国务院正式批准在郑州设立汽车整车进口口岸,从2014年10月以来,中欧班列(郑州)每班回程都有进口汽车搭载,业务量稳定提升。2016年9月,郑州进境粮食指定口岸开建,该口岸运营后,国外优质粮食可直接在郑州完成进口,助力河南省粮食产业无缝对接国际产业链,加快郑州深度融入国家“一带一路”建设。

(四)武汉口岸建设

中欧班列(武汉)既能辐射华中、华南、华东和西南地区,也能直达“一带一路”沿线28个亚欧国家、60余个城市。中欧班列(武汉)经新疆阿拉山口出境,沿途停靠波兰马拉舍维奇、德国汉堡和杜伊斯堡等地,全程只需15天。自2012年中欧班列(武汉)首发后,截至2017年4月已开行467列,班列运输货物实载率达95.48%,货物总价值接近16亿美元。在全国20多个开通中欧班列的城市中,武汉这些数据均名列前茅。数据显示,2016年中欧班列共开行1 702列。其中,中欧班列(武汉)开行234列,占比达到13.75%。2014年以后,中欧班列(武汉)开始常态化运行,线路延伸到了德国汉堡、杜伊斯堡和俄罗斯莫斯科等地,全程运输时间比水运缩短一半以上,运费则与水运相当,湖北也因此更好地融入“一带一路”倡议中。

推动国际运输通道大发展。重点加大港口、空港建设力度,增加往东北亚方向、东盟方向的东北通道和西南通道,逐步确立国际交通枢纽地位。铁路方面,将沿江高铁纳入国家规划尽快实施,提升“汉新欧”国际铁路货运班列国际化、市场化水平。加快武汉长江中游航运中心建设,加快推进长江深水航道整治工程,加快汉江、江汉运河等高等级支线航道建设。公路方面,要加强并提升主城对外放射路与高速公路衔接通道的道路等级和设施条件,大力发展铁水联运、公水联运等综合运输方式。

武汉将建成长江经济带和“一带一路”电子口岸和国际贸易的“单一窗口”,提高通关便利;鼓励企业在海外设立批发展示中心、商品市场等国际营销网络,将武汉打造成为长江中游地区对接“一带一路”建设的重要枢纽。建立空港、陆港、水港口岸协同运作机制,从金融创新、产业优化、服务升级等方面加强口岸经济支撑体系建设。大力发展口岸金融服务体系,推动跨境投融资创新。健全口岸区域的产业体系,着眼于创新驱动,培育新兴产业集群,建立外向型服务贸易体系,促进口岸间产业协同发展。

(张祥建　钟军委　李永盛)

主要参考文献

[1]卢进勇,邹赫,杨杰．新一代双边投资协定与中美和中欧 BIT 谈判[J]．国际贸易,2014(5).

[2]崔凡．美国 2012 年双边投资协定范本与中美双边投资协定谈判[J]．国际贸易问题,2013(2).

[3]项卫星,张赛赛．中美双边投资协定谈判中的冲突与趋同[J]．东北亚论坛,2017(3).

[4]竺彩华,韩剑夫．"一带一路"沿线 FTA 现状与中国 FTA 战略[J]．亚太经济,2015(4).

[5]赵晓雷．中国开放的大门不会关上,自贸试验区就是一个标杆[OL]．http://www.shobserver.com/news/detail? id = 51366．上观新闻,2017 - 04 - 30.

[6]白绪全．法国与早期欧洲经济一体化——从"煤钢联营"到"欧洲经济共同体"[J]．滁州学院学报,2006(5).

[7]曹英,赵士国．论德意志关税同盟在德国工业化中的作用[J]．湖南师范大学社会科学学报,2001(2).

[8]陈德铭,等．经济危机与规则重构[M]．北京:商务印书馆,2014.

[9]陈志阳．后多哈时代泛自贸化观象:探析与对策[J]．国际经济合作,2012(5).

[10]陈志阳．加快我国自贸区建设面临的四大困难与对策[J]．对外经贸实务,2012(11).

[11]东艳．全球贸易规则的发展趋势与中国的机遇[J]．国际经济评论,2014(1).

[12]杜梅．中国自由贸易区:内涵丰富的经济合作机制[J]．中国经贸,2013(2).

[13]樊董．国际区域经济一体化的经济效应[M]．北京:中国经济出版社,2005.

[14]贺平．地区主义还是多边主义:贸易自由化的路径之争[J]．当代亚太,2012(12).

[15]黄建忠．中国对外贸易概论[M]．北京:高等教育出版社,2007.

[18]康波．18 世纪的英法贸易竞争与 1786 年英法协定——重商主义的演进与嬗变[J]．学术交流,2009(8).

[19]李向阳．新区域主义和大国战略[J]．国际经济评论,2003(4).

[20]隆国强．中国入世十周年:新的起点[J]．国际经济评论,2011(4).

[21]曹云华．21 世纪初的东盟对话政策探究[J]．世界经济与政治论坛,2007(4).

[22]胡琨,陈新．中—瑞自贸区将开启中欧经贸新天地[J]．中国经贸,2011(4).

[23]华晓红,杨立强．中国内地与香港 CEPA 效益评价[J]．国际贸易,2008(11).

[24]金佑炯,安世英．后韩美 FTA 时代的中韩自贸区[J]．上海经济,2011(8).

[25]赖明勇,谢锐．中国—新加坡自由贸易协定的背景、内容及影响[J]．国际经贸探索,2009(8).

[26]李光辉,袁波,王蕊．加快实施自贸区战略的困难及对策[J]．国际经济合作,2014(11).

[27]陆凰腾,马达琮琮．中国—东盟自贸区投资协议防御性条款研究[J]．中国外资,2011(16).

[28]陆蓉．中国—东盟自由贸易区有关投资的法律问题研究[D]．桂林:广西师范大学,2008.

[29]田园,程宝栋,赵亚平．中巴自贸区服务贸易自由化机制分析[J]．国际经济合作,2012(12).

[30]邢厚媛．中国—东盟自由贸易区对我国企业海外投资的影响[J]．国际经济合作,2003(9).

[31]杨正伟．突破南南型区域经济一体化的尴尬看中国—东盟自由贸易区前景[J]．东南亚纵横,2003(2).

[32]贺平,沈陈．RCEP 与中国的亚太 FTA 战略[J]．国际问题研究,2013(3).

[33]唐宇赤．PP 与 RCEP 之对比——浅析亚洲经济一体化发展新动力[J]．现代经济信息,2014(11).

[34]杨逢巧,杨金超．中国对日韩农产品出口影响因素的比较研究[J]．现代日本经济,2014(1).

[35]袁晓莉,王威．中国在中日韩自贸区服务贸易谈判中的策略选择——基于 RCA 指数视角[J]．现代日本经济,2013(4).

[36]张建肖．中日韩自贸区谈判的困难与应对[J]．国际经济合作,2013(4).

[37]陈志阳．中国自由贸易区战略研究[D]．武汉:武汉大学,2015.

[38]李艳丽．中国自由贸易区战略的政治经济分析 [D]．厦门:厦门大学,2008.

[39]新华网:推进“一带一路”建设工作领导小组办公室负责人就“一带一路”建设有关问题答记者问[OL]. http://news. xinhuanet. com/2015 - 03/29/c_1114795525. htm.

[40]陈雨露．共建“一带一路”是中国经济新常态背景下的国家战略[J]．政治经济学评论,2015(4).

[41]郭宏．公共政策与中国企业的跨国投资[J]．外交评论(外交学院学报),2012(4).

[42]国家发展改革委,外交部,商务部．推动共建丝绸之路经济带和 21 世纪海上丝绸

之路的愿景与行动[N]. 人民日报,2015-03-29(004).

[43]顾振华,沈瑶. 利益集团影响下的中国贸易保护政策——基于产业分工的视角[J]. 南开经济研究,2015(2).

[44]韩国高. 我国工业产能过剩的测度、预警及对经济影响的实证研究[D]. 大连:东北财经大学,2012.

[45]韩国高,高铁梅,王立国,齐鹰飞,王晓姝. 中国制造业产能过剩的测度、波动及成因研究[J]. 经济研究,2011(12).

[46]韩玉军,王丽. 中国OFDI逆向技术溢出效应的影响因素研究——基于国别面板数据的非线性门槛技术回归[J]. 经济理论与经济管理,2015(6).

[47]和云. “三个支撑带”与中国区域经济协调发展的若干思考[J]. 区域经济评论,2015(4).

[48]金艳清. FDI对中部地区产业升级的影响研究[D]. 南昌:南昌大学,2012.

[49]李钢,刘吉超. 入世十年中国产业国际竞争力的实证分析[J]. 财贸经济,2012(8).

[50]李国强. 对“加强中国特色新型智库建设”的认识和探索[J]. 中国行政管理,2014(5).

[51]刘卉. 中国—东盟自由贸易区的外商直接投资效应与中国的引资策略研究——基于交易费用、合作博弈、文化的视角[M]. 北京:经济科学出版社,2014.

[52]刘慧,叶尔肯·吾扎提,王成龙. “一带一路”倡议对中国国土开发空间格局的影响[J]. 地理科学进展,2015(5).

[53]刘效梅. 我国境外直接投资的现状、问题和建议[J]. 特区经济,2007(8).

[54]刘祖明,冯怀信. “一带一路”背景下中印两国“认同”利益的建构分析[J]. 当代世界与社会主义,2015(4).

[55]刘钻石,张娟. 中国出口贸易品技术结构的测算[J]. 世界经济研究,2010(3).

[56]罗威. 中小企业税务风险预警系统研究[J]. 会计之友,2012(21).

[57]马颖,李酣. 中国外贸产业结构变迁与国际竞争力演化的经验分析[J]. 当代财经,2011(1).

[58]欧阳罂杰,部志雄. 中国—捷克制成品产业内贸易研究[J]. 北方经贸,2016(7).

[59]祁春凌. 中国对外直接投资:基于投资动因、制度因素以及政治经济学视角的分析[M]. 北京:对外经济贸易大学出版社,2015.

[60]任宗哲,石英,白宽犁. 丝绸之路经济带发展报告[M]. 北京:社会科学文献出版社,2014.

[61]谭蓉娟,翟青. 珠江三角洲装备制造业产业安全测度——基于自主创新视角的实

证研究[J]. 国际经贸探索,2011(3).

[62]王俊生. “一带一路”与中国新时期的周边战略[J]. 山东社会科学,2015(8).

[63]徐梁. 基于中国与“一带一路”国家比较优势的动态分析[J]. 管理世界,2016(2).

[64]王文甫,明娟,岳超云. 企业规模、地方政府干预与产能过剩[J]. 管理世界,2014(10).

[65]西哈努克港经济特区投资政策[N]. 国际商报,2009-04-13(004).

[66]解学梅,刘丝雨. 协同创新模式对协同效应与创新绩效的影响机理[J]. 管理科学,2015 (2).

[67]熊艾伦,蒲勇健,张勇. “一带一路”与过剩产能转移[J]. 求索,2015(12).

[68]徐梁. 基于中国与“一带一路”国家比较优势的动态分析[J]. 管理世界,2016(2).

[69]一带一路愿景与行动文件发布 基础设施互通优先[J]. WTO经济导刊,2015(4).

[70]袁祝,刘颖. “一带一路”倡议对安徽经济发展的影响[J]. 现代经济信息,2015(11).

[71]张述存. 境外资源开发与国际产能合作转型升级研究——基于全球产业链的视角[J]. 山东社会科学,2016(7).

[72]张冬良,尹小玲,宫清华,黄光庆. 低碳经济背景下广深工业竞合关系研究[J]. 科技管理研究,2015(14).

[73]张纪. 智库建设影响国家的未来——访谈中国行政体制改革研究会会长魏礼群[J]. 党建,2015(2).

[74]张可云,蔡之兵. 全球化4.0、区域协调发展4.0与工业4.0——“一带一路”倡议的背景、内在本质与关键动力[J]. 郑州大学学报(哲学社会科学版),2015(3).

[75]张铁山,肖皓文. 中国制造业技术创新能力和效率评价研究——基于因子分析法和数据包络法[J]. 工业技术经济,2015(10).

[76]郑若娟,王班班. 中国制造业真实能源强度变化的主导因素——基于LMDI分解法的分析[J]. 经济管理,2011(10).

[77]钟飞腾. “一带一路”产能合作的国际政治经济学分析[J]. 山东社会科学,2015(8).

[78]周昕. 生产者服务贸易的技术结构及其影响因素——基于技术附加值指标的研究[J]. 国际经贸探索,2014(10).

[79]周颖,陈林莉,潘松挺. 我国境外经济贸易合作区发展研究[J]. 西安电子科技大学学报(社会科学版),2008(5).

[80]祝合良,石娜娜. “一带一路”背景下中国流通企业“走出去”的比较优势分析[J]. 扬州大学学报(人文社会科学版),2017(3).

[81]朱小檬,栾维新,朱义胜. 中美日三国海港集装箱吞吐量增长规律研究[J]. 大连海事大学学报(社会科学版),2016(3).

[82]邹昊飞,段京新. 境外合作区传递中国投资新理念[J]. 中国投资,2015(7).

[83]陈虹,杨成玉. “一带一路”国家战略的国际经济效应研究——基于CGE模型的分析[J]. 国际贸易问题,2015(10).

[84]白永秀,王泽润,王颂吉. 丝绸之路经济带工业产能合作研究[J]. 经济纵横,2015(11).

[85]杜德斌,马亚华. “一带一路”:中华民族复兴的地缘大战略[J]. 地理研究,2015(6).

[86]樊纲,关志雄,姚枝仲. 国际贸易结构分析:贸易品的技术分布[J]. 经济研究,2006(8).

[87]付韶军. “一带一路”建设与中国出口效率提升——基于面板数据随机前沿引力模型的实证研究[J]. 工业技术经济,2016(10).

[88]金玲. “一带一路”:中国的马歇尔计划[J]. 国际问题研究,2015(1).

[89]金中夏. 中国的“马歇尔计划”——探讨中国对外基础设施投资战略[J]. 国际经济评论, 2012(6).

[90]蒋姮. “一带一路”地缘政治风险的评估与管理[J]. 国际贸易,2015(8).

[91]李楠. “一带一路”倡议支点——基础设施互联互通探析[J]. 企业经济,2015(8).

[92]刘育红,王曦. “新丝绸之路”经济带交通基础设施与区域经济一体化——基于引力模型的实证研究[J]. 西安交通大学学报(社会科学版),2014(2).

[93]马岩. “一带一路”国家主要特点及发展前景展望[J]. 国际经济合作,2015(5).

[94]孟祺. 基于“一带一路”的制造业全球价值链构建[J]. 财经科学,2016(2).

[95]桑百川,杨立卓. 拓展我国与“一带一路”国家的贸易关系——基于竞争性与互补性研究[J]. 经济问题,2015(8).

[96]苏杭. “一带一路”倡议下我国制造业海外转移问题研究[J]. 国际贸易,2015(3).

[97]王敏,等. “一带一路”倡议实施与国际金融支持战略构想[J]. 国际贸易,2015(4).

[98]夏先良. 构筑“一带一路”国际产能合作体制机制与政策体系[J]. 国际贸易,2015(11).

[99]叶阳平,马文聪,张光宇. 中国与“一带一路”沿线国家科技合作现状研究——基于专利和论文的比较分析[J]. 图书情报知识,2016(4).

[100]张茉楠. 全面提升“一带一路”倡议发展水平[J]. 宏观经济管理,2015(2).

[101]田巧雨. “一带一路”战略对人民币国际化的影响[J]. 农村金融研究,2016(12).

[102]崔书锋,杨扬. 我国互联网企业参与“一带一路”建设的战略思考[J]. 中国科学

院院刊,2017(4).

[103]张国军,庄芮,刘金兰. “一带一路”背景下中国推进自贸区战略的机遇及策略[J]. 国际经济合作,2016(10).

[104]张光源. 为什么要在“一带一路”建设中强调普惠金融?[N]. 证券日报,2017-05-20(A03).

[105]孙楚仁,张楠,刘雅莹. “一带一路”倡议与中国对沿线国家的贸易增长[J]. 国际贸易问题,2017(2).

[106]王利辉,刘志红. 上海自贸区对地区经济的影响效应研究——基于“反事实”思维视角[J]. 国际贸易问题,2017(2).

[107]林毅夫. 一带一路与自贸区:中国新的对外开放倡议与举措[J]. 北京大学学报(哲学社会科学版),2017(1).

[108]吴弘,祁琳. “一带一路”战略下人民币国际化风险的法律控制[J]. 新金融,2017(1).

[109]李猛. 中国自贸区服务与“一带一路”的内在关系及战略对接[J]. 经济学家,2017(5).

[110]张静中,王文君. “一带一路”背景下中国—西亚自贸区经济效应前瞻性研究——基于动态 GTAP 的实证分析[J]. 世界经济研究,2016(8).

[111]韩晔. 对外开放格局下“一带一路”战略对接自贸区建设构想[J]. 中国物价,2016(8).

[112]项后军,何康. 自贸区的影响与资本流动——以上海为例的自然实验研究[J]. 国际贸易问题,2016(8).

[113]王明昊,吴丹. “一带一路”背景下中俄蒙自由贸易区建设构想研究[J]. 经济纵横, 2016(8).

[114]曹远征. 人民币国际化的源起与发展[J]. 新金融,2016(6).

[115]徐明棋. 上海自由贸易试验区金融改革开放与人民币国际化[J]. 世界经济研究,2016(5).

[116]王嵩青,谢国梁,郑光平,赵勇. “一带一路”战略背景下人民币跨境使用研究——基于四大自贸区与中哈合作中心跨境人民币政策的分析[J]. 金融发展评论,2016(3).

[117]马庆强. 基于人民币国际化的自贸试验区跨境人民币政策研究[J]. 新金融,2016(3).

[118]曹远征. 人民币国际化与“一带一路”[J]. 经济导刊,2016(3).

[119]林乐芬,王少楠. “一带一路”进程中人民币国际化影响因素的实证分析[J]. 国

际金融研究,2016(2).

[120]于津平,顾威.“一带一路”建设的利益、风险与策略[J].南开学报(哲学社会科学版),2016(1).

[121]竺彩华,李锋.上海自贸区建设的主要成就与问题分析[J].亚太经济,2016(1).

[122]赵晓斐.“一带一路”背景下人民币国际化问题研究[J].特区经济,2016(1).

[123]陈华,刘春紫.“一带一路”背景下人民币国际化的秩序与路径[J].中国财政,2016(1).

[124]陈淑梅.“一带一路”引领国际自贸区发展之战略思考[J].国际贸易,2015(12).

[125]孔庆峰,董虹蔚.“一带一路”国家的贸易便利化水平测算与贸易潜力研究[J].国际贸易问题,2015(12).

[126]李忠.在上海自贸区发行“丝路债券”初探——基于人民币国际化的视角[J].证券市场导报,2015(12).

[127]王布衣.上海自贸区金融创新对人民币国际化的促进作用[J].时代金融,2015(32).

[128]韩雅光.“一带一路”背景下人民币国际化战略思考[J].改革与战略,2015(11).

[129]林乐芬,王少楠.“一带一路”建设与人民币国际化[J].世界经济与政治,2015(11).

[130]杜秀红.“一带一路”背景下的中印货物贸易结构分析:2002—2014年[J].审计与经济研究,2015(6).

[131]陈虹,杨成玉.“一带一路”国家战略的国际经济效应研究——基于CGE模型的分析[J].国际贸易问题,2015(10).

[132]陈雨露.“一带一路”与人民币国际化[J].中国金融,2015(19).

[133]范小云,陈雷.国际流动性安排与人民币国际化[J].南开学报(哲学社会科学版),2015(5).

[134]曾婧.“一带一路”战略下的中国自贸区机遇[J].特区经济,2015(8).

[135]李丹,崔日明.“一带一路”战略与全球经贸格局重构[J].经济学家,2015(8).

[136]张华勇.上海自贸区人民币国际化试验研究[J].湖南社会科学,2015(4).

[137]陈平,张浩哲.“一带一路”战略助推人民币国际化[J].金融市场研究,2015(7).

[138]宋国友.“一带一路”战略构想与中国经济外交新发展[J].国际观察,2015(4).

[139]王芳,等.“一带一路”与人民币国际化:相互促进的逻辑[A].2015人民币国际化报告第4章——“一带一路”建设中的货币战略[C].2015:32.

[140]赵大平.人民币资本项目开放模型及其在上海自贸区的实践[J].世界经济研

究,2015(6).

[141]倪月菊."一带一路"背景下中国—海合会自贸区谈判的重启——背景、意义及政策建议[J].国际贸易,2015(6).

[142]韩玉军,王丽."一带一路"推动人民币国际化进程[J].国际贸易,2015(6).

[143]马广奇,李洁."一带一路"建设中人民币区域化问题研究[J].经济纵横,2015(6).

[144]卢锋,李昕,李双双,姜志霄,张杰平,杨业伟.为什么是中国?——"一带一路"的经济逻辑[J].国际经济评论,2015(3).

[145]邹嘉龄,刘春腊,尹国庆,唐志鹏.中国与"一带一路"沿线国家贸易格局及其经济贡献[J].地理科学进展,2015(5).

[146]张红力.金融引领与"一带一路"[J].金融论坛,2015(4).

[147]储殷,高远.中国"一带一路"战略定位的三个问题[J].国际经济评论,2015(2).

[148]安国俊.以人民币国际化助力"一带一路"进程[N].证券时报,2015-01-26(A06).

[149]金玲."一带一路":中国的马歇尔计划?[J].国际问题研究,2015(1).

[150]姜睿."十三五"上海参与"一带一路"建设的定位与机制设计[J].上海经济研究,2015(1).

[151]罗素梅,周光友.上海自贸区金融开放、资本流动与利率市场化[J].上海经济研究,2015(1).

[152]肖本华.中国(上海)自由贸易试验区资本项目可兑换研究[J].新金融,2014(10).

[153]罗素梅,周光友.利率市场化的阶段性特征:基于上海自贸区诉求[J].改革,2014(10).

[154]刘剑文.法治财税视野下的上海自贸区改革之展开[J].法学论坛,2014(3).

[155]乔依德,李蕊,葛佳飞.人民币国际化:离岸市场与在岸市场的互动[J].国际经济评论,2014(2).

[156]黄礼健,岳进.上海自贸区金融改革与商业银行应对策略分析[J].新金融,2014(3).

[157]胡加祥.国际投资准入前国民待遇法律问题探析——兼论上海自贸区负面清单[J].上海交通大学学报(哲学社会科学版),2014(1).

[158]焦武.上海自贸区金融创新与资本账户开放——兼论人民币国际化[J].上海金融学院学报,2013(6).

[159]安树伟."一带一路"对我国区域经济发展的影响及格局重塑[J].经济问题,2015(4).

[160]常修泽.“新四沿”战略打开区域发展大格局[J].人民论坛·学术前沿,2015(15).

[161]常修泽.上海自贸试验区以开放倒逼“五环式”改革[J].经济导刊,2013(5).

[162]方创琳.中国城市群研究取得的重要进展与未来发展方向[J].地理学报,2014(8).

[163]谷永芬,洪娟.长三角地区对外贸易结构与产业结构互动升级研究[J].经济纵横,2011(11).

[164]高丽娜.跨区域创新合作的内涵、方式及空间特征[J].学术论坛,2012(12).

[165]郭锐,王亚飞,陈东.“双向开放”战略实施对我国区域发展格局的影响[J].中国科学院院刊,2016(1).

[166]国务院发展研究中心课题组,许宏强,赵瑞雪.以国内开放对接“一带一路”[J].中国经济报告,2016(9).

[167]侯小菲.长江经济带一体化发展面临的挑战与应对策略[J].区域经济评论,2015(5).

[168]胡彬,赵晓雷.转型视角的上海自贸试验区功能扩展问题研究[J].城市观察,2015(4).

[169]胡彬.上海城市转型与长江经济带发展:战略视角的研究[J].科学发展,2016(12).

[170]胡鞍钢,周绍杰,鲁钰锋,等.重塑中国经济地理:从1.0版到4.0版[J].经济地理,2015(12).

[171]何国忠,张祥建.自贸区对“一带一路”的支撑作用:蜘蛛网和珍珠链效应[J].科学发展,2016(9).

[172]黄先海,陈航宇.自由贸易试验区与开放倒逼改革[J].江海学刊,2017(1).

[173]韩民春,徐姗.国外动态比较优势理论的演进[J].国外社会科学,2009(3).

[174]郝寿义,程栋.长江经济带战略背景的区域合作机制重构[J].改革,2015(3).

[175]孔伟明,常梅.统筹城乡区域发展共建长江经济带升级版[J].宏观经济管理,2013(8).

[176]吕康娟.上海全球城市网络节点枢纽功能、主要战略通道和平台经济体系建设[J].科学发展,2016(4).

[177]卢丽文,宋德勇,李小帆.长江经济带城市发展绿色效率研究[J].中国人口·资源与环境,2016(6).

[178]李志平,白庆华.大都市现代服务业集聚区的形成机理研究[J].现代管理科学,2008(2).

[179]黎鹏．区域经济协同发展及其理论依据与实施途径[J]．地理与地理信息科学，2005(4)．

[180]黎峰,张远鹏．出口贸易、本土关联与国内市场整合——兼议“一带一路”建设的重点与方向[J]．当代经济管理,2017(1)．

[181]李登,于红霞．解析“一带一路”战略以及对中国的影响[J]．中国市场,2016(33)．

[182]李新,张鑫．“一带一路”视域下区域一体化发展探析[J]．新疆师范大学学报(哲学社会科学版),2016(4)．

[183]李安睿．“一带一路”战略给区域经济融合发展带来的机遇和挑战[J]．现代经济信息,2016(15)．

[184]龙永图．“一带一路”战略与中国对外开放战略的新特点[J]．区域经济评论，2016(5)．

[185]廖元和．“三大战略”的特点与中国区域经济新阶段[J]．区域经济评论,2015(2)．

[186]赖满瑢．“一带一路”与自贸区战略对接研究[J]．中国集体经济,2015(33)．

[187]马广琳,刘俊昌．中国区域经济协同发展中存在的问题及对策研究[J]．经济问题探索,2005(5)．

[188]马胜春,黄基鑫．“一带一路”战略与中国区域经济发展——2015 中国区域经济学会年会观点综述[J]．中国工业经济,2015(11)．

[189]尚勇敏,曾刚,海骏娇．“长江经济带”建设的空间结构与发展战略研究[J]．经济纵横,2014(11)．

[190]唐子来,李粲．迈向全球城市的战略思考[J]．国际城市规划,2015(4)．

[191]唐子来,李涛．长三角地区和长江中游地区的城市体系比较研究:基于企业关联网络的分析方法[J]．城市规划学刊,2014(2)．

[192]唐纲．开放也是改革:引领新一轮高水平对外开放[J]．重庆与世界,2015(4)．

[193]滕堂伟,胡森林,侯路瑶．长江经济带产业转移态势与承接的空间格局[J]．经济地理,2016(5)．

[194]吴义爽,徐梦周．制造企业“服务平台”战略、跨层面协同与产业间互动发展[J]．中国工业经济,2011(11)．

[195]王高翔．从内陆腹地到开放前沿[J]．中国投资,2015(4)．

[196]吴启焰．城市密集区空间结构特征及演变机制——从城市群到大都市带[J]．人文地理,1999(1)．

[197]王娟娟．京津冀协同区、长江经济带和一带一路互联互通研究[J]．中国流通经

济,2015(10).

[198]向云波,彭秀芬,徐长乐. 上海与长江经济带经济联系研究[J]. 长江流域资源与环境,2009(6).

[199]许宏强,赵瑞雪. 以国内开放对接“一带一路”[J]. 中国经济报告,2016(9).

[200]许德友. “一带一路”:助力中国开放型经济“不一样”的未来[J]. 长春市委党校学报,2015(3).

[201]徐现祥,李郇. 市场一体化与区域协调发展[J]. 经济研究,2005(12).

[202]王永中. “一带一路”建设与中国开放型经济的转型发展[J]. 学海,2016(1).

[203]汪素芹. “一带一路”战略实施对我国外贸格局的影响[J]. 区域经济评论,2015(5).

[204]姚冬琴. 2015 更大空间、更优格局[J]. 中国经济周刊,2015(1).

[205]姚永玲,董月,王韫涵. 北京和首尔全球城市网络联系能级及其动力因素比较[J]. 经济地理,2012(8).

[206]严效民,胡汉辉. 基于平台理论的区域产业发展平台分析——以苏州工业园区为例[J]. 科学学与科学技术管理,2011(11).

[207]叶琪. 我国区域产业转移的态势与承接的竞争格局[J]. 经济地理,2014(3).

[208]朱惠斌,李贵才. 区域联合跨界合作的模式与特征[J]. 国际城市规划,2015(4).

[208]郑德高,陈勇,季辰晔. 长江经济带区域经济空间重塑研究[J]. 城市规划学刊,2015(3).

[210]赵民,李峰清,徐素. 新时期上海建设“全球城市”的态势辨析与战略选择[J]. 城市规划学刊,2014(4).

[211]张帆. 世界自由贸易区与我国保税区之比较[J]. 时代经贸,2005(4).

[212]张可云,蔡之兵. 全球化 4.0、区域协调发展 4.0 与工业 4.0——“一带一路”倡议的背景、内在本质与关键动力[J]. 郑州大学学报(哲学社会科学版),2015(3).

[213]张红,王雅莉. “一带一路”战略对行政区划的影响和要求[J]. 石家庄经济学院学报,2016(5).

[214]赵义. 以对内开放倒逼改革[J]. 南风窗,2011(26).

[215]赵玉蓉. “以开放倒逼改革”:中国近代经济思想溯源[J]. 探索与争鸣,2015(6).

[216]张幼文. 自贸区试验与开放型经济体制建设[J]. 理论参考,2015(2).

[217]曾婧. “一带一路”战略下的中国自贸区机遇[J]. 特区经济,2015(8).

[218]张国军. “一带一路”视阈下的中国自贸区建设研究[J]. 中国经贸导刊,2016(29).

[219]董新蕾,高志宏,李英杰. 基于贸易便利化协定实施背景下的内陆地区国际贸易

"单一窗口"建设研究[J]. 对外经贸,2016(11).

[220]郭晓欣,钟昌标. 丝绸之路经济带背景下内陆口岸建设问题研究——以青海省为例[J]. 青海社会科学,2016(3).

[221]郝玉柱,王明正. 我国内陆口岸布局实证研究[J]. 物流技术,2014(6).

[222]刘志友. 陆路口岸产业发展与布局研究[D]. 长春:东北师范大学,2013.

[223]蒙少东,陈立飞. 我国口岸管理的国际借鉴[J]. 中国市场,2014(15).

[224]王杨堃. 中欧班列发展现状、问题及建议[J]. 综合运输,2015(S1).

[225]贺丹,李文超. 港口城市中欧班列可持续发展机制与对策——基于"甬新欧"班列的个案研究[J]. 中国流通经济,2016(10).

[226]李佳峰. "一带一路"战略下中欧班列优化对策研究[J]. 铁道运输与经济,2016(5).

[227]许英明. "一带一路"战略视角下中欧班列发展路径探讨[J]. 西南金融,2015(10).

[228]王艳波. 中欧班列建设发展规划研究[J]. 铁道运输与经济,2017(1).

[229]池永明. 中欧班列发展的困境与出路[J]. 国际经济合作,2016(12).

[230]许英明. "一带一路"战略视角下中欧班列综合效益发挥路径探讨[J]. 前沿,2015(11).

[231]董千里,杨磊,常向华. 基于国际中转枢纽港战略理论的中欧班列集成运作研究[J]. 科技管理研究,2016(22).

[232]陈蓉. 关于"汉新欧"在"中欧班列"整合中的SWOT分析研究[J]. 综合运输,2016(1).

[233]李翀宇. 打造中欧班列国际品牌　构建"一带一路"铁路运输新格局[J]. 港口经济,2015(12).

[234]张超,蒋芮. 基于SWOT的中欧班列发展现状与策略分析[J]. 中国市场,2016(41).

[235]蒋晓丹,范厚明. "一带一路"战略下中欧班列开行中的问题与对策探讨[J]. 对外经贸实务,2017(1).

[236]孙彬. 中欧班列国际铁路联运采用多式联运提单对策的研究[J]. 铁道运输与经济,2016(4).

[237]朱学成. 珠江三角洲地区中欧班列平台化运营的探讨[J]. 铁道货运,2016(11).

[238]张磊. 中欧班列发展经验借鉴及相关建议[J]. 港口经济,2016(10).

[239]付新平,张逸轩,万鸿鹄. 我国中西部地区中欧班列通道经济性优化研究[J]. 铁

道运输与经济,2017(4).

[240]李耀华. 我国开通中欧班列后遇到的问题与对策[J]. 大陆桥视野,2015(11).

[241]赵青松. 中欧国际铁路班列运行特点、问题及对策——基于“渝新欧”班列的运行实践[J]. 对外经贸实务,2015(3).

[242]池永明. 中欧班列发展的困境与出路[J]. 国际经济合作,2016(12).

[243]董新蕾,高志宏,李英杰. 基于贸易便利化协定实施背景下的内陆地区国际贸易“单一窗口”建设研究[J]. 对外经贸,2016(11).

[244]郭晓欣,钟昌标. 丝绸之路经济带背景下内陆口岸建设问题研究——以青海省为例[J]. 青海社会科学,2016(3).

[245]黄先海,余骁. 以“一带一路”建设重塑全球价值链[J]. 经济学家,2017(3).

[246]郝玉柱,王明正. 我国内陆口岸布局实证研究[J]. 物流技术,2014(6).

[247]科林·弗林特,张晓通. “一带一路”与地缘政治理论创新[J]. 外交评论(外交学院学报),2016(5).

[248]李晓,李俊久. “一带一路”与中国地缘政治经济战略的重构[J]. 世界经济与政治,2015(10).

[249]柳建文. 机遇、挑战和对策:民族地区如何推进一带一路[J]. 贵州社会科学,2016(10).

[250]蒙少东,陈立飞. 我国口岸管理的国际借鉴[J]. 中国市场,2014(15).

[251]曾向红. “一带一路”的地缘政治想象与地区合作[J]. 世界经济与政治,2016(1).

[252]张振宁. 中国—东盟、中国—新西兰自由贸易区原产地规则比较研究[D]. 济南:山东财经大学,2012.

[253]一带一路与马歇尔计划有根本差别[N]. 人民日报,2015-02-13.

[254]韩永辉,邹建华. 产业空心化与地区债务危机[J]. 国际经贸探索,2016(2).

[255]王雁庆. 离岸市场对货币发行国金融体系的影响——对香港人民币离岸市场发展的启示[D]. 天津:南开大学,2013.

[256]马海倩,朱春临. 深化推进上海国际贸易“单一窗口”建设[J]. 科学发展,2016(5).

[257]于洪洋,欧德卡,巴殿君. 试论“中蒙俄经济走廊”的基础与障碍[J]. 东北亚论坛,2015(1).

[258]祁婧. 我国与蒙古国合作的风险分析[J]. 北方经济,2016(12).

[259]李建军. 全球价值链分工视角下的中蒙俄经济走廊建设[J]. 社会科学家,2016(11).

[260]马鑫,韦梦晨."一带一路"六大经济走廊的发展现状与建设进展[J].第一财经研究院,2017(2).

[261]马鑫,韦梦晨."一带一路"六大经济走廊大盘点[J].第一财经研究院,2017(5).

[262]Gereffi. G. The Global Economy:Organization,Governance,and Development[J]. The Handbook of Economic Sociology,2005:160-182.

[263]Fosfuri A,Motta M,Ronde T. Foreign Direct Investment and Spillovers through Workers' Mobility[J]. Journal of International Economics,1998,53(1):205-222.

[264]Humphrey J,Schmitz H. Developing Country Firms in the World Economy:Governance and Upgrading in Global Value Chains[R]. INEF Report no. 61,2002.

[265]Keller W. International Trade,Foreign Direct Investment,and Technology Spillovers[J]. NBER Working Paper Series,No. 15442,2009.

[266]Krugman Pual R. History and Industry Location:The Case of the Manufacturing Belt[J]. The American Economic Review,1991a,81(2):80-83.

[267]Lall Sanjaya,Weiss Hohn,Zhang Jinkang. The Sophistication of Exports:A New Trade Measure[J]. World Development,2006,34(2):222-237.

[268]Messner D,Meyer-Stamer J. Governance and Networks:Tools to Study the Dynamics of Clusters and Global Value Chains[M]. Duisburg:INEF,mimeo,2000.

[269]Neven D,Siotis G. Technology Sourcing and FDI in the EC:An Empirical Evaluation[J]. International Journal of Industrial Organization,1996,14(5):543-560.

[270]Rui H,G S Yip. Foreign Acquisition by Chinese Firms:A Strategic Intent Perspective[J]. Journal of World Business,2008,(43):21-26.

[271]Taylor R. Globalization Strategies of Chinese Companies:Current Developments and Future Prospects[J]. Asian Business and Management,2002,1(2):209-225.

[272]Bougheas S,Demetriades P O,Morgenroth E L W. Infrastructure,Transport Costs and Trade[J]. Journal of International Economics,1999,47(1):169-189.

[273]Rodrik Dani,Ricardo Hausmann. Economic Development as Self-Discovery [J]. Ssrn Electronic Journal,2003,72(2):603-633.

[274]Deardorf A V. International Provision of Trade Services,Trade and Fragmentation[J]. Review of International Economics,2001,9(2):233-248.

[275]G Grossman,E Helpman. Comparative Advantage and Long-Run Growth[J]. American Economic Review,1990,80 (4) :796-815.

[276]Jacobs Ducruet Delangen. Integrating World Cities into Production Networks: The Case of Port Cities[J]. Global Networks, 2010, 10(1): 92 – 113.

[277]Joy Mazumdar, Usha Nair – Reichert. Does Service Trade Facilitate Goods Trade[R]. Presented at European Economics and Finance Society Meeting, Gdansk, Poland, 2004.

[278]Michael P Devereux, Rachel Griffith, Helen Simpson. The Geographic Distribution of Production Activity in the UK[J]. Regional Science and Urban Economics, 2004, 34(5): 533 – 564.

[279]Markrusen J. Trade in Producer Services and in Other Specialized Intermediate Inputs [J]. America Economic Review, 1989, 79(1): 85 – 95.

[280]Taylor Derudder, et al. Global Urban Analysis: A Survey of Cities in Globalization[M]. London: Routledge, 2012.

[281]Tee R, Gawer A. Industry Architecture as a Determinant of Successful Platform Strategies: A Case Study of the I – mode Mobile Internet Service[J]. European Management Review, 2009, 6(4): 217 – 232.

附录一

英文缩写英中对照表

缩写形式	英文全称	中文译名
CUSFTA	Canada – U. S. Free Trade Agreement	美加自由贸易协定
NAFTA	North American Free Trade Agreement	北美自由贸易协定
CAFTA	China and ASEAN Free Trade Agreement	中国—东盟自由贸易协定
PSA	Partial Scope Agreement	局部自由贸易协定
FTA	Free Trade Agreement	自由贸易协定
FTZ	Free Trade Zone	自由贸易园区
CU	Custom Union	关税同盟
PTA	Preferential Trade Arrangement	优惠贸易安排
GSP	Generalized System of Preferences	普惠制
EIA	Economic Integration Agreement	经济一体化协定
CATS	Conoral Agroomont on Trado in Sorvioos	服务贸易总协定
GPN	General Production Network	全球生产网络
UNIDO	United Nations Industrial Development Organization	联合国工发组织
WEPZA	World Export Processing Zones Associations	世界出口加工区协会
OEEC	Organization for European Economic Cooperation	欧洲经济合作组织
GATT	General Agreement on Tariffs and Trade	关税及贸易总协定
TPP	Trans – Pacific Partnership Agreement	跨太平洋伙伴关系协定
TTIP	Transatlantic Trade and Investment Partnership	跨大西洋贸易与投资伙伴协定
TISA	Trade in Service Agreement	国际服务贸易协定
APEC	Asia – Pacific Economic Cooperation	亚洲太平洋经济合作组织
CEPA	Closer Economic Partnership Arrangement	建立更紧密经贸关系的安排

续表

缩写形式	英文全称	中文译名
RCEP	Regional Comprehensive Economic Partnership	区域全面经济伙伴关系
FTAAP	Free Trade Area of the Asia – Pacific	亚太地区自由贸易区
GMS	Greater Mekong Sub – Region	大湄公河次区域
BIT	Bilateral Investment Treaty	双边投资协定
ISDS	Investor – State Dispute Settlement	投资者与东道国争端解决机制
UNCTAD	United Nations Conference on Trade and Development	联合国贸易和发展会议
RCA	Index of Revealed Comparative Advantage	显性比较优势指数
TEU	Twenty – foot Equivalent Unit	标准集装箱
WGI	World Govern Index	全球治理指数
WDI	World Development Indicator	世界发展指标
TCI	Technology Content Index	技术附加值指数
WEF	World Economic Forum	世界经济论坛
GNI	Gross National Income	国民总收入
RTV	Revealed Technological Value – added	显示性技术附加值
CRA	Contingent Reserve Arrangement	应急储备安排
SDR	Special Drawing Right	特别提款权
IMF	International Monetary Fund	国际货币基金组织
PPP	Public – Private Partnership	政府和社会资本合作
BOT	Build – Operate – Transfer	建设—经营—转让
OFC	Offshore Financial Center	离岸金融中心
AIIB	Asian Infrastructure Investment Bank	亚洲基础设施投资银行
BRICs	Brazil, Russia, India and China	金砖国家
RQFII	RMB Qualified Foreign Institutional Investors	人民币合格境外机构投资者
QFII	Qualified Foreign Institutional Investors	合格境外机构投资者

续表

缩写形式	英文全称	中文译名
FDI	Foreign Direct Investment	外商直接投资
CIPS	Cross – border Interbank Payment System	人民币跨境支付系统
IFC	International Finance Centre	国际金融中心
MIGA	Multilateral Investment Guarantee Agency	多边投资担保机构
CDS	Credit Default Swap	信用违约互换
UN/CEFACT	United Nations Centre for Trade Facilitation and Electronic Business	联合国贸易便利化与电子商务中心
ITDS	International Trade Data System	国际贸易数据系统

附录二

赵晓雷教授及其研究团队介绍

首席专家

赵晓雷，经济学博士。上海财经大学教授，博士生导师，现任上海财经大学上海发展研究院、自由贸易区研究院院长。国务院学位委员会学科评议组成员，全国优秀教师，曾获孙冶方经济科学奖和刘诗白经济学奖。兼任中国经济思想史学会副会长，中国区域科学协会副理事长，上海市政府决策咨询研究基地"赵晓雷工作室"首席专家，中国社会科学院陆家嘴(上海)基地学术委员会委员，上海市建交委科技委委员。专业研究领域为理论经济学、宏观经济分析、城市经济规划及城市群经济。作为首席专家率领团队承接国家社会科学基金重大招标项目"中国(上海)自由贸易试验区建设的实践探索与经验研究"，国家自然科学基金应急项目"中国(上海)自由贸易试验区发展机制与配套政策研究"以及上海市政府决策咨询研究重点课题"未来两年基本建成上海自由贸易试验区的重点工作和推进举措"等国家级、省部级重大课题研究；作为官方认定的评估专家主持上海自由贸易试验区第一年、第二年的第三方综合评估及3年总体评估。

赵晓雷教授及其团队是中国自由贸易区研究的著名智库，在国内国际具有广泛影响。

研究团队主要成员

（以姓名拼音排序）

曹啸，经济学博士。上海财经大学金融学院院长助理，副教授，博士生导师，上海财经大学量化金融研究中心主任。研究方向为金融制度、金融监管与金融发展；在《管理世界》、《金融研究》和《财贸经济》等期刊上发表文章30余篇；曾获第六届高等教育国家级教学成果奖、申银万国奖教金、中振科学研究优秀成果奖、我心目中的好老师等多项奖励。

胡彬，经济学博士。上海财经大学财经研究所副研究员，博士生导师。主持过国家自然科学基金、国家社会科学基金、上海市科委软课题招标重点项目、上海市哲学社会科学规划课题、教育部人文社会科学研究项目、上海市决策咨询重点课题等多项课题的研究；在《中国工业经济》、《世界经济》、《财经研究》和《经济管理》等核心刊物上独立或合作发表40余篇学术论文；获得第七届上海市哲学社会科学优秀成果奖和上海市发展研究中心“面向未来30年的上海”发展战略研究特别奖（合作）；独立撰写和参编多部学术著作。

吴一平，经济学博士。上海财经大学公共经济与管理学院讲席副教授、特任研究员，博士生导师。兼任上海市经济学会理事、浙江省民营经济研究会高级顾问、中国自由贸易试验区协同创新中心和中国产业发展研究院研究员。主持国家自然科学基金面上项目、国家社会科学基金重大项目子课题、上海市政府发展研究中心决策咨询项目等20余项国家级和省部级课题；在World Development、Emerging Markets Review、Journal of Happiness Studies、《经济研究》、《管理世界》、《经济学季刊》、《金融研究》和《中国工业经济》等国内外重要期刊上发表论文多篇；担任American Political Science、Journal Business Ethics、《经济研究》和《经济学季刊》等国内外重要期刊的审稿专家。

殷华，经济学博士。上海财经大学上海发展研究院、自由贸易区研究院助理研究员、博士后。主要研究方向为国际贸易理论与政策和公共政策研究；近年来，在《World Economy》、《Economic Modelling》、《B. E. Journal of Macroeconomics》和《财经研究》等国内外核心期刊上发表论文多篇，参与编写《2016中国自由贸易试验区发展研究报告》等著作；致力于做第三方独立智库，为政府和企业提供决策咨询。

余典范，经济学博士。上海财经大学国际工商管理学院副教授，中国产业发展研究院副院长，美国麻省理工学院访问学者。主持国家社会科学基金重大课题子课题2项,国家社会科学基金青年课题1项,上海市政府发展研究中心重大决策咨询课题、上海市哲学社会科学青年基金课题等省部级课题近20项;论文发表于《经济研究》、《中国工业经济》、《财经研究》和《经济管理》等权威期刊;相关研究成果多次获得省部级领导肯定性批示;研究成果荣获上海市哲学社会科学优秀成果奖、上海市决策咨询课题成果奖等省部级奖励。

张祥建,经济学博士。上海财经大学财经研究所研究员,博士生导师。兼任中国自由贸易试验区协同创新中心和上海财经大学自由贸易区研究院研究员,美国丹佛大学访问学者。主要研究方向为自由贸易区、一带一路、文化产业发展战略和东方经济学;主持完成10多项国家级和省部级课题,并为多家地方政府和大中型企业提供咨询服务;出版个人专著《“一带一路”:中国大战略与全球新未来》(2017);在Journal of Contemporary China、《经济研究》、《管理世界》、《金融研究》、《中国工业经济》和《经济管理》等权威杂志上发表论文80余篇。